ゼミナール

経営学入門

第3版

伊丹敬之
加護野忠男
著

日本経済新聞出版社

は　し　が　き

　本書の初版が出版されたのは，1989年であった．93年には最初の改訂を行い，そして2003年の今，改訂三版の出版にこぎつけた．本全体の基本的枠組みは初版から変えていないが，その中での章構成，章の内容と説明の詳しさについて，かなりの変更を加えた．大改訂と言っていいだろうと思う．

　この本は，生きた経営学の教科書を書きたいという二人の著者のささやかな夢からスタートしたものであった．これまでになかったまったく新しい枠組みをもとに，不安を覚えながら出した初版もそして改訂二版も，さいわい多くの読者に読んでいただくことができた．

　初版の出版から14年．その間，80年代末には日本はバブルを経験し，90年代に入るとすぐにバブルの崩壊で日本経済は低迷をはじめ，それと同時に共産主義体制の崩壊と冷戦構造の崩壊で世界そのものも大きく変化してしまった．そしてグローバリゼーションとアメリカ一国覇権の時代になり，日本は失われた十年とすら揶揄されてグローバル資本主義の荒波に翻弄されているかに見える．この本の歴史は，日本の激動の歴史をちょうどなぞっていることになる．

　しかし，そうした激動があったからと言って，そして内容的には大改訂になっているからといって，この本の初版が目的とした，「生きた経営学の教科書」としての基本的な枠組みを変える必要があった訳でない．たしかに，経営の表層での流行はある．日本的経営の礼賛論が多かった初版の刊行時から，日本批判，アメリカ型礼賛の90年代末へと時代の表層流は変わったかに見える．しかし，経営の深層流の本質は変わらない．時代による変化がないだけでなく，国境を越えても深層部分の論理は同じであるとわれわれは考えている．

　この本は，そうした深層流をわれわれなりの視点で体系的に描いたものであると言っていい．そして，その深層流をよりよく見ようとして現実の動きと格闘してきたのが，われわれにとってのこの10年間であった．その格闘の内容は，本書の各章の叙述にさまざまな形で反映されている．

生きた現実感のある教科書

では,「生きた経営学の教科書」とはなにか.

「生きている」とは,まず第一に現実の経営の実感を感じることができるような内容をもっているということであろう.使っている言葉は抽象度の高いものがかなり入っていても,「現実感」が込められていなければ,生きているとは思えないだろう.第二に,「生きている」とは,動いている,変化していく,発展している,という経営の動態を説明できる内容になっていることでもあろう.そのダイナミズムをこの手でつかめるような,そういう本であれば,「生きている」という感じがもてるだろう.

しかし一方で,教科書であるためには初学者が読んでもある程度理解できるものである必要があり,また知識や論理を体系だてて説明する必要もある.現実の経営の動いている断片を断片のままでただ書き連ねただけでは,論理的な教科書にはならない.経営の基本的な論理は変わらないかもしれない.しかし,われわれはこの基本的な論理を知りつくしているわけではない.さまざまな人々の実践や研究を通じて,新しい論理が明らかにされていく.それを取り入れるために,改訂を行ってきたのである.

初版執筆の際は,二つの苦労があった.一つは全体の体系である.もう一つは,各章の中身に生きた感じと論理性をともにもたせることである.

経営学の分野には,広く受け入れられた論理の体系というものがまだないといっていいだろう.そこで,この種の教科書をどういう構成でつくるかを考える必要がでてくる.それはたんに,説明の便宜のために構成を体系的に考える必要がある,ということではない.もっと本質的な意味がある.その体系の組み方自体が,「経営とはなにか」ということについてのわれわれの答えになってくるのである.

この本では経営を,「環境のマネジメント」「組織のマネジメント」そして「矛盾と発展のマネジメント」という三つの部分に分けることにした.つまり経営者あるいは管理者の仕事としての経営には,その組織の環境をマネジメントすること(ということは環境へ受身に対応するだけではないこと),組織の内部の人間集団をマネジメントすること,という二つの大きな部分がまずある.

しかし,それだけではない.環境のマネジメントのあり方にはさまざまな

手段があり，それらは矛盾することが多い．組織のマネジメントでも，あちら立てればこちらが立たずといった矛盾はたえず起きている．さらに本質的なのは，環境の要請と組織の要請がしばしば矛盾し，経営者や管理者はその矛盾の間の板挟みになることである．つまり，それぞれのマネジメントの内部での矛盾，二つのマネジメントの間の矛盾，そうしたさまざまな矛盾のマネジメントが経営の本質でもあるのではないか．その矛盾のマネジメントからこそ発展が生まれるのではないか．矛盾こそが発展のエネルギーの源泉ではないか．

　初版の制作の段階でこのような枠組みに思い至り，その眼で経営を考えてみて，はじめてわれわれ自身も納得できることが多かった．とくに「生きた」ということとの関連でいえば，その矛盾と発展の部分がこれまでの理論書にはないか，あるいは少なすぎるから，生きた感じが少なかったのだろう．現実的だといわれる経営者の話は，ときに矛盾と発展の部分が多くても，それが断片的であったりまたその面だけを強調してしまうので，生きた感じはしても，理論的・体系的な理解を難しくしていたのである．

今回の主な改訂点

　環境，組織，矛盾と発展，という基本的な枠組みは，今回の改訂でも踏襲されている．その枠組みの中で，三つの大きな改訂のポイントが今回はあった．前回の最初の改訂がかなりマイナーチェンジに近かったのと比べると，今回の改訂はメージャーチェンジになっている．

　一つは，改訂二版まで第Ⅳ部として日本の企業と経営に関する説明を独立させていた部分を，第Ⅲ部までの各章に分散して埋め込んだことである．初版の時代には日本の企業と経営についてのまとまった叙述が必要だとわれわれも考えたが，現在では常識的になっていることも多く，かえって各章に入れた方がわかりやすいと考えたのである．

　改訂の第二の大きなポイントは，第Ⅰ部から第Ⅲ部までの説明をより詳しくし，章を分割し，あるいは新たなトピックを新しい章として入れたことである．とくに第Ⅰ部では変化が大きく，戦略についてはほとんどの章が分割された新しい章となり，企業構造の再編成，資本構造と雇用構造のマネジメントについては新しい章を追加した．第Ⅱ部も章構成自体は大きく変えては

いないが，各章の説明を全面的に書き直してより分かりやすくすることを意図した．第Ⅲ部でも同じような趣旨の改訂が行われ，新たに「場のマネジメント」の章を追加した．

　改訂の第三の大きなポイントは，経営者の役割とコーポレートガバナンスについて新しい第Ⅳ部を設けたことである．時代が変わり，経営者の役割は以前にもまして大きくなり，またそうした経営者をチェックすることをもっとも大きな課題とするコーポレートガバナンスが話題となってきた．第Ⅳ部の内容の一部は旧版にもあったが，一つの独立した「部」として位置づけるだけの重要性があるとわれわれは判断した．

　じつは，経営者の役割，管理者の役割という視点は，第Ⅳ部のみならず本書全体に通底して流れる基本的な視点である．つまり，経営者のための経営学，管理者のための経営学，という視点でこの教科書は書かれているのである．そうした視点が旧版の頃からあったからであろうか，旧版に対するコメントとして，この本は経営「学」の本というより経営のあり方そのものについて説いた本だ，という意見を現場の実務家から頂いた．その視点を，より強く持とうと心掛けて改訂第三版は作られている．

本書の目的と読者対象

　大改訂ではあっても，本書の目的と読者対象は，初版以来，変わっていない．

　経営学というと，すぐに「金儲け」に役に立つ知識を教える学問というイメージを連想する人があるかもしれない．それは，間違いである．

　人間は一人では大きな仕事はできない．そのために組織というものが，生まれる．その組織の運営はどんな原理や原則にもとづいて行われているのか．どんな原理で運営されたときに，組織が効率的なものとなり，社会的に有益なものになりやすいのか．そういったことを研究するのが，経営学である．

　そう考えれば，経営は企業だけでなく官庁にも，大学にも，あるいは国家にも，すべての組織にある．どの経営もこの本の体系で考えられるだろう．しかしこの本は企業の経営を直接的な考察対象として書かれたものである．戦後の日本経済の驚異的な成長が企業の経営から生まれたものであることを考えれば，企業の経営をメインテーマとする体系的な教科書があって当然で

あろうし，日本の企業への国際的な関心の高まり（最近は批判も多いが）からすれば，そうした本が日本に存在する必要性もまた高い．

そうした体系的な教科書として，この本はより具体的には次のような二つの基本的目的をもって書かれている．

> 1．経営現象の理解のための枠組み，概念，理論の提供
> 2．有効な経営行動の提示と，それがなぜ有効かの論理の提供

この二つの目的を，たんに企業全体のマネジメントという立場から見た「経営」に焦点を当ててこの本は書かれているのではない．部にも課にも，組織のすべてのレベルでの経営管理に共通する「経営」というものの共通の思考の基盤を提供することもまた，この本の狙いとしたところである．

第一の目的が達せられれば，読者は「企業経営の理解の知的な面白さ」を感じとれるようになるだろう．第二の目的が達せられれば，読者は現場の「経営のあるべき姿」への示唆あるいは良い経営と悪い経営の識別の基準をある程度得られるだろう．とくに読者がどんなレベルにせよ組織の管理に自分が携わっている人であれば，共感をもって自分の経験を整理でき，かつ自分のなすべきことへの示唆がその論拠とともに得られることを，著者としては期待している．この本の旧版に寄せられた，「経営のあり方そのものの本」というコメントは，こうした期待が一部にせよ実現できたことを物語っていると著者としては考えたい．

われわれは読者として，企業人と学生の両方を念頭に置いた．大学の講義や企業内研修のテキストに使われるだけでなく，自学の書として学生にも企業人にも読まれることも期待して書いた．学生にとっては，第一の目的がより大きいだろう．企業人にとっては，二つの目的はともに意味があるだろうが，第二の目的によりウエイトがかかるだろう．

二つの目的と読者を念頭に置いたために，第一の目的を主とする読者にはこの本はときに「良い経営の姿」についての議論が多すぎるかもしれない．第二の目的を主とする読者には，理屈っぽく感じられるかもしれない．それぞれの危険を承知の上で，二兎を追ってみた．矛盾する二つの目的の間のバランスをとるのがマネジメントの本質であるとすれば，われわれもまたこの

本のマネジメントをしたことになる．初版・第二版に対して寄せられた読者の反応を見るかぎり，この冒険は成功したようである．

その冒険は，次のような二つの共感を読者に呼び起こすことを期待して行われたものである．初版のはしがきにも書いたように，われわれはこの本を読み終わった読者が，経営とはいかにチャレンジングな仕事かと感じていただければと希望している．また，経営学とは実に興味をそそられる学問だと思っていただければとも期待している．経営は，やりがいのある仕事である．だから多くの偉大な人々が，企業の経営に懸命になる．それは，単純な権力欲や，金銭欲では説明できるものではない．その経営を理解しようとする経営学という学問も，底の深い，しかもダイナミックに変化する，興味津々たる学問だとわれわれは思う．

そうした二つの共感をふたたび読者に呼び起こせることを期待しながら，第三版を世に送り出したい．

本書の使い方

この本はさまざまな使い方ができるだろう．4部構成にしてあるのは，その便宜を考えたからでもある．それぞれの部は独立して読めるように書いてある．あるいは各部の中で，個々の章を独立に読んでも，あまり支障はないはずである．

典型的な使い方を簡単に例示すれば，まず経営学総論とでもいうべきコースには，この本全体が必要だろう．戦略を中心に学ぶのであれば第Ⅰ部だけでよいし，それに続いて第Ⅲ部を読めば，戦略の広がりが理解できるだろう．組織の内部管理の基礎知識のためには，第Ⅱ部が適切であろう．その組織の革新に興味のある読者は続いて第Ⅲ部を読むべきだろうし，企業の成長や発展と矛盾との関係を学びたい読者も第Ⅲ部を読む必要がある．経営者のあり方，企業のあり方についてざっとしたことを読みたい読者は，第Ⅳ部だけを読めばよい．

旧版までの伝統を引き継いで，各章には演習問題をつけておいた．その多くは，その章の内容をさらに深めるための議論のきっかけを提供するもので，簡単な答えが本文から見つかるようなものではない．読者がこの本に触発されて，こうした演習問題に例示されるような経営のさまざまな問題を自分の

頭で考えようとすることを，著者としては期待したい．そのためにも，自分で各章ごとに演習問題をつくってみることをすすめたい．その答えはもちろん，読者自身がつくるしかない．

今回の改訂第三版だけの話ではないが，この種の本を書くのには，先人の蓄積が大きな意味をもち，またわれわれのこれまでの勉強や研究のプロセスが大きな影響を与えている．そのプロセスで，当然ながら多くの先学同僚の洞察と知識の恩恵を，われわれは受けている．その人々のお名前を個別にあげるのはあまりに長くなりすぎるのでできないが，ここで心から感謝したい．とくに，われわれの考え方をつくる上で不可欠な貢献をしていただいた多くの共同研究者の方々には，深くお礼申し上げる．

そして，こうした大きな本を作るのには，さまざまな方々の具体的なお力添えを頂いている．とくに今回の改訂では，天野倫文君（東洋大学）と西野和美さん（東京理科大学）には旧版を教科書として使用した経験からのコメントを頂き，さらには改訂原稿を読んでわかりにくいところを指摘して頂いた．共同制作者としての編集者の方々の「あひるの水かき」にも大きく助けて頂いた．本書の初版のプロデューサーである黒沢綬武氏，前回の改訂二版の担当者の西林啓二氏，そして今回の三訂版の共同制作者である堀口祐介氏．日本経済新聞社出版局の三代に渡る編集者の方々のご苦労とご協力に，心からの感謝を捧げたい．

2003年2月

伊丹　敬之
加護野忠男

目　次

序　章　企業のマネジメントとは ……………………………………1
1　企業とはどんな存在か ……………………………………………1
技術的変換体としての企業　　付加価値を生み出す作業　　情報蓄積体としての企業　　ヒトの結合体とカネの結合体としての企業

2　マネジメントとはどんな行為か …………………………………6
酒屋さんのマネジメント　　環境のマネジメント：環境の中で舵取りをする　　組織のマネジメント：他人を通して物事を行う（あるいは他人に協働してもらう）　　矛盾と発展のマネジメント：矛盾から発展が生まれる　　経営の重層構造：さまざまなレベルでのマネジメント

第Ⅰ部　環境のマネジメント

第1章　戦略とは何か ……………………………………………20
1　戦略の定義と内容 …………………………………………………21
戦略の二つの定義　　組織のレベルで異なる内容，視点
2　市場でのポジショニングと経営資源の蓄積 ……………………27
市場でのポジショニング，組織としての実行能力　　経営資源の中核としての見えざる資産　　事業活動が生みだすもの
3　戦略と見えざる資産のダイナミックス …………………………37
見えざる資産蓄積の二つのルート　　企業成長の背後の双方向ダイナミックス

（演習問題）　41

第2章　競争のための差別化 ……………………………………42
1　顧客と競争相手は誰か ……………………………………………43
誰を顧客とするか　　競争相手は誰か　　市場の範囲と競争構造の分析

2　差別化のポイントと競争の武器……………………………………50
　　　　顧客にとっての価値と武器の差別化　　個性の主張という差別化
　　3　市場の変化とダイナミックな差別化…………………………………56
　　　　市場の変化　　競争の焦点のサイクルへのダイナミックな対応　　肯定技術と否定技術の組み合わせ
　　4　反撃への対抗策と非競争への志向……………………………………61
　　　　反撃への対抗策　　市場のすき間を狙う　　非競争への志向という本質
　　　　（演習問題）　69

第3章　競争優位とビジネスシステム………………………………………70
　　1　二つのレベルの競争優位……………………………………………70
　　　　二つのレベルの競争　　ビジネスシステムの多様性と日本の系列化
　　2　ビジネスシステムの構築……………………………………………76
　　　　ビジネスシステムの基本的決定　　ビジネスシステムの優劣の判断基準　　ビジネスシステムと見えざる資産の双方向関係
　　3　競争ドメイン…………………………………………………………85
　　　　「面」の戦略としての競争ドメイン　　ビジネスシステムの変化と競争ドメインの変化
　　　　（演習問題）　91

第4章　多角化と事業ポートフォリオ………………………………………92
　　1　多角化の論理…………………………………………………………93
　　　　範囲の経済，リスクの分散，成長の経済　　相補効果と相乗効果
　　2　選択と集中……………………………………………………………100
　　　　事業ポートフォリオの二つのレベルの戦略的決定　　どんな事業に進出すべきか：個別事業選択の論理　　集中の論理
　　3　企業ドメインと事業間関連性パターン………………………………108
　　　　二つの事業ポートフォリオ・マネジメント　　企業ドメインの意義　　ドメインの表現　　事業間の関連性のパターン決定
　　4　資源配分によるポートフォリオ・マネジメント……………………115
　　　　資源配分の仕掛けの重要性　　積み上げ方式とその問題点　　PPMの枠組み

(演習問題) 124

第5章　企業構造の再編成 …………………………………………125
1　企業の境界線の書き換え ………………………………………126
事業ポートフォリオの再編成と撤退　　五つのタイプの境界線書き換え
2　資源合体と地図の塗り替え，M&Aと戦略的提携 …………132
資源合体と事業地図の塗り替えのメリット　　M&Aの狙いとリスク　　戦略的提携とは
3　境界線書き換えのマネジメント ………………………………141
新事業体の事業合理性と組織合理性　　企業構造再編のジレンマ

(演習問題) 146

第6章　国際化の戦略 ………………………………………………147
1　企業の国際化とその動機 ………………………………………148
なぜ国際化するのか　　国際化の発展段階と典型的経路
2　経営と国境 ………………………………………………………154
国際化とは国境をまたぐこと　　情報的経営資源，付加価値，文化の国際移動　　国際移動のジレンマ　　国際的環境マネジメントの三つの問題領域
3　国のポートフォリオの選択 ……………………………………160
個別の国の選択の論理　　国のポートフォリオの全体のパターン
4　経営資源の移転・活用と空洞化・摩擦 ………………………167
経営資源の移転　　各国資源のグローバル活用　　雇用と技術の空洞化
5　経営の政治化と為替変動への対応 ……………………………176
経営の政治化　　為替変動への対応

(演習問題) 181

第7章　資本構造のマネジメント …………………………………182
1　資本市場との構造的関係のマネジメント ……………………183
企業と資本市場との多様な関係　　資本の出資と法人形態　　株式会社制度の特徴　　株式会社制度のメリットと問題点

2　資金調達の選択 ……………………………………………………192
　　　　直接金融，間接金融，内部金融　　日本企業の金融の特徴
　　3　資金提供者の構成と制御 …………………………………………196
　　　　資本構成の選択　　資本コストと経営の独立性　　株主構成の選択
　　（演習問題）207

第8章　雇用構造のマネジメント ……………………………………208
　　1　労働市場との構造的関係のマネジメント ………………………209
　　　　何を選択するのか：雇用慣行，雇用構成，労使関係　　雇用慣行の選択　　雇用構成の選択　　労使関係の選択　　なぜ難しいのか
　　2　雇用構造の多面的な影響 …………………………………………214
　　　　何を雇用するのか　　ヒトとカネ，その提供するものの違い
　　3　雇用構造の選択の論理 ……………………………………………219
　　　　インセンティブとリスク：経済の論理　　最適な雇用構造とは：経済的論理の中で　　経済活動の場と社会生活の場：参加と所属，個人としての充実感
　　4　日本企業の雇用構造の特徴とその論理 …………………………227
　　　　長期雇用　　年功序列　　企業別組合　　見えざる出資　　日本的雇用構造の長所と短所
　　（演習問題）235

第Ⅱ部　組織のマネジメント

第9章　組織と個人，経営の働きかけ ………………………………238
　　1　人々は何をしているのか …………………………………………239
　　　　個人の業務行動と学習：業績を直接に決めるもの　　意思決定と心理的エネルギー：行動と学習を決めるもの　　目的，情報，思考様式，感情：個人の意思決定と心理的エネルギーの背後に
　　2　何で組織を統御するか：経営の働きかけ ………………………246
　　　　三つの働きかけ：戦略，システム，理念と人　　経営システムで統御する　　理念と人で統御する
　　3　組織のマネジメントの全体像 ……………………………………252
　　　　組織のマネジメントの全体像：経営の働きかけから業績まで　　タテの影響，ヨコの相互作用　　個人の自律性と現場の自己組織性

(演習問題) 260

第10章　組織構造 ……………………………………………261
1　構造設計の基本変数 …………………………………………262
　　仕事の分業関係　権限関係　部門化　伝達と協議の関係　ルール化
2　組織構造設計で考慮すべきこと ……………………………271
　　四つの基本的考慮：情報統合，コンフリクト，人材，副次効果　情報の統合と意思決定のポイント　コンフリクトの吹き出しと解消　人材とのマッチング　人間的な副次効果
3　いくつかの全社的組織構造の試み …………………………282
　　事業部制か職能別組織か　事業部制の悩み　マトリックス組織と戦略的事業単位（SBU）　社内ベンチャー，分社化，アメーバ的細分化
4　選択の基本的トレードオフ …………………………………292
　　四つのトレードオフ　組織のゆれ動き
（演習問題）　296

第11章　インセンティブシステム ……………………………297
1　個人のモチベーション ………………………………………298
　　人は何を欲するか：マズローの欲求五段階説　企業組織に求めるもの
2　組織のインセンティブシステム ……………………………301
　　組織が与えるインセンティブ　見えやすいインセンティブ，見えにくいインセンティブ　評価報奨システムの影響の多面性
3　インセンティブシステムの設計 ……………………………310
　　システム設計の基本事項　インセンティブ決定のベース：貢献をどう測るか　インセンティブのうまい組み合わせ：インセンティブの経済　成果主義的人事のむつかしさ：一つの応用
4　選択の基本的トレードオフ …………………………………320
　　四つのトレードオフ　総合のバランス
（演習問題）　322

第12章　計画とコントロール：プロセスとシステム……323

1　人々が行う計画とコントロールのプロセス ……324
　　誰もが行う計画とコントロールのサイクル　考えるための計画づくり：計画の個人的意義　「制御のため」と「影響のため」：コントロールの個人的意義　コントロールのプロセス

2　計画コントロールシステムの意義 ……332
　　膨大なプロセス集積体の中の情報の流れ　計画とコントロールの組織的意義

3　計画コントロールシステムの設計 ……335
　　計画システムの設計　コントロールシステムの設計　計画とコントロールの逆機能
　　（演習問題）344

第13章　経営理念と組織文化……345

1　経営理念とは何か ……346
　　経営理念とは　経営理念の意義

2　組織文化とは何か ……349
　　組織文化とは　組織文化の具体的表現としての行動規範　組織文化の意義と機能

3　組織文化の生成と共有 ……357
　　価値観とパラダイムの生成　共有と伝承のメカニズム　なぜ定着しないか

4　組織文化の逆機能 ……366
　　思考様式の均質化　自己保存の本能　組織文化のパラドックス
　　（演習問題）370

第14章　リーダーシップ……371

1　リーダーシップとは何か ……372
　　リーダーシップという言葉とリーダーの役割　マネジメントとリーダーシップの違い

2　リーダーシップの源泉とパラドックス ……378
　　フォロワーが決めるリーダーシップの源泉　リーダーシップの二重のパラドックス　哲学，原理原則の必要性

3　リーダーシップの条件 ……………………………………………389
　　　　補佐役の重要性　　変革型リーダーの条件
　　　（演習問題）　395

第15章　人の配置, 育成, 選抜 …………………………………………396
　　1　人の配置 ……………………………………………………………397
　　　　人の配置が決めているもの　　四つの直接的影響と一つの間接効果
　　　　ローテーションのもつ意味
　　2　人の育成 ……………………………………………………………403
　　　　人はいかにして育つか　　OJTの意義とあるべき姿　　研修の意義
　　3　人の選抜 ……………………………………………………………410
　　　　選抜の三つのパラメター　　選抜の鍵としての納得性
　　4　人事のダイナミックスとジレンマ ………………………………414
　　　　人事のダイナミックス　　人事のジレンマ　　管理職インフレの弊害
　　　　エリート育成の重要性
　　　（演習問題）　421

第Ⅲ部　矛盾と発展のマネジメント

第16章　矛盾, 学習, 心理的エネルギーのダイナミックス ………424
　　1　生まれてくる矛盾 …………………………………………………425
　　　　組織のマネジメントに表れる矛盾　　発展が生み出す矛盾　　慣性が
　　　　もたらす環境との矛盾
　　2　矛盾と発展のマネジメント ………………………………………431
　　　　矛盾の解消, 矛盾の積極的利用　　なぜ学習と心理的エネルギーのダ
　　　　イナミズムか
　　3　学習のダイナミズム ………………………………………………435
　　　　企業における個人の学習　　組織の学習のダイナミズム
　　4　心理的エネルギーのダイナミズム ………………………………442
　　　　組織としての有効エネルギーの生成　　場のエネルギーの供給メカニ
　　　　ズム　　ポジティブエネルギーとネガティブエネルギー
　　5　学習とエネルギーの相互作用と矛盾のマネジメント …………447
　　　　学習のために必要な心理的エネルギー　　学習と心理的エネルギーの

　　　　　フィードバック関係　　矛盾のマネジメントとのつながり
　　　（演習問題）452

第17章　パラダイム転換のマネジメント………………………………453
1　パラダイム転換のむつかしさ …………………………………454
　　　　　パラダイムの功罪　　なぜパラダイム転換はむつかしいのか
2　パラダイム転換のマネジメント：四つのステップ …………457
　　　　　トップによるゆさぶり　　ミドルによる突出　　変革の連鎖反応と新しいパラダイムの確立　　トップとミドルの運動論
3　パラダイム転換としての脱成熟化 ……………………………467
　　　　　脱成熟化とその遅れ　　脱成熟化の四つの段階　　成熟の認識　　戦略的学習　　戦略の再構築と変化の拡大再生産　　曲がりくねったプロセスのマネジメント
　　　（演習問題）477

第18章　企業成長のパラドックス………………………………………478
1　失敗の効用 ………………………………………………………479
　　　　　失敗の効用の実例　　なぜ失敗に意味があるのか　　失敗のマネジメント
2　辺境の創造性 ……………………………………………………484
　　　　　辺境の創造性の実例　　辺境の創造性はなぜ生まれるか　　辺境のマネジメント
3　オーバーエクステンション ……………………………………489
　　　　　オーバーエクステンションの実例　　オーバーエクステンションの効用　　オーバーエクステンションのマネジメント
4　ゆれ動き …………………………………………………………492
　　　　　さまざまなゆれ動き　　なぜゆれ動くのか　　ゆれ動きのマネジメント
5　パラドックス・マネジメントの本質 …………………………495
　　　　　偶然とプロセス　　偶然のマネジメント　　プロセスのマネジメント
　　　（演習問題）502

第19章　場のマネジメント ……………………………………………503

1　場の定義と機能 ……………………………………………504
「場」とそれが生むもの　焦点，あるいは容れものの必要性　場の定義

2　場の位置づけ，場のメカニズム ……………………………509
組織のマネジメントでの場の位置づけ　場はいかにして秩序とエネルギーを生むか

3　場のマネジメントとは ………………………………………515
場の生成のマネジメント：場の設定と創発　場のプロセスのマネジメント：場の舵取り　プロセス下手の構造好き

4　マネジメントのパラダイム転換 ……………………………524
ヒエラルキーパラダイムと場のパラダイム　アメリカンフットボールからサッカーへ

（演習問題）　529

第Ⅳ部　企業と経営者

第20章　企業という生き物，経営者の役割 ……………………532

1　企業という生き物 ……………………………………………533
資源配分体としての企業　組織は蓄積し，市場は利用する　分配機構としての企業

2　経営者の役割 …………………………………………………542
経営者の四つの顔　総合判断者としての経営者　経営者に必要な基礎要件——マクロの思考と哲学　世界観——自社を冷静に捉える　組織観——集団の生理と力学の理解　分配の決定者としての経営者

（演習問題）　549

第21章　コーポレートガバナンス ………………………………550

1　コーポレートガバナンスとは何か …………………………551
コーポレートガバナンスの定義　企業の主権者と統治への参加

2　コーポレートガバナンスの主権論 …………………………556
主権の社会的受容の三つの論理　経済合理性　制度的有効性　社会的親和性と権力の正当性

目次 xvii

3　コーポレートガバナンスのメカニズム論 …………………560
　　一時的な不健康からの回復メカニズム　退出と発言　コーポレートガバナンスへの応用　主権論とのマッチ

4　コーポレートガバナンスの国際比較 ………………………567
　　アメリカ──揺れる主権の振り子　ドイツ──共同体感覚の反映　日本──求められる実態に即した議論

5　株式会社での二重の無責任とコーポレートガバナンス ……575
　　二重の無責任　公開会社の問題点　改革のために
　　（演習問題）581

参考文献 ……………………………………………………………582

事項索引 ……………………………………………………………587

人名・企業名索引 …………………………………………………602

コラム

経験曲線 39　市場細分化の次元 45　差別化のあまり，顧客を忘れる愚 55　小事は大事 83　スピードの経済 89　市場のライフサイクル 97　ビジネス・スクリーン 123　米国のM＆Aの波 137　所有と支配の分離──バーリ＆ミーンズの研究 191　てこ（レバレッジ）効果──負債とリスク 201　X理論とY理論──マクレガーの研究 246　コミュニケーション・ネットワーク──レビットの実験 259　有機的組織と機械的組織──バーンズ＆ストーカーの研究 278　事業部制の成立──チャンドラーの研究 284　分化と統合──ローレンス＆ローシュの研究 293　動機づけ＝衛生理論──ハーズバーグの研究 303　パラダイム──クーンの概念 351　パワー・ギャップとリーダーシップ 381　リーダーシップのコンティンジェンシー理論 387　ホーソン実験──メイヨー＆レスリスバーガーの実験 400　玄人と素人──サイモン＆チェースの実験 436　組織的知識創造の理論 439　ヘンリー・フォードの失敗 456　イノベーションにおける偶然と必然 501　職場の物理的デザイン 517　多様な資本主義 568

装丁・山崎　登

序　章

企業のマネジメントとは

1　企業とはどんな存在か

技術的変換体としての企業

　この本は,「企業」の「マネジメント」の全体像を理解するための論理的枠組みを述べようとする本である．その議論の出発点として,「企業」とは一体どういう存在なのか,「マネジメント」とは一体どういう行為をさすのか．それについてのわれわれの理解を読者と共有しておこう．

　まず,企業について．

　あらかじめ結論を言えば,経済体としての企業は,「技術的変換という仕事を行い,それによって付加価値という成果を生み出している」,そういう存在である．

　日本には,180万とも200万とも言われる数の会社がある．日本を代表するトヨタ自動車やソニーといった大企業から,近所の食堂や酒屋さんまで,すべて企業である．そしてすべての企業が,自分が必要なインプットを市場から買ってきて,それに自分が得意とする「技術的変換」を加えて,その結果として生まれてくる製品やサービスを市場で売っている．

　食堂は食材を買ってきて,客が好むような味に料理している．酒屋さんは卸問屋から消費者の買いたそうな酒類や飲み物を仕入れて,それを買いたくなるような陳列の仕方で店舗に並べる．ソニーや松下電器は電子部品材料を買ってきてDVDプレーヤーという製品に必要な部品を作り,外部から購入

する部品と合わせて組み立て，DVD プレーヤーを最終的に売っている．鉄鋼会社は，鉄鉱石から鉄鋼製品を作っている．

食材が料理に変換され，酒が店舗に集められ，電子機器が部品から作られ，鉄鉱石から鋼が生まれてくる．そうした作業が技術的変換なのである．その変換をうまくできる企業が，社会の中で存在を許されている．

誰にでも容易に手に入る財やサービスであれば，とくに企業が存在してその提供を業とする必要はない．その提供プロセスが難しいからこそ，その困難さを解決する努力が企業の「技術的変換」となるのである．

製造企業でなくても，流通や金融といったサービス業でも，企業の仕事の中核的実体は「技術的変換」と言っていい．たとえば，流通企業は，商品の空間的な移動を中核として，またその提供プロセスそのものを担当する企業である．その中核は，商品の空間移動や商品のプレゼンテーションの技術にある．つまり，世界のあちこちに存在する商品を買い付け，それを店舗に一まとめにして集結させ，さらにそれを顧客が購入するプロセスそのものを工夫する．硬い言葉でいえば，すべて，「技術的変換」なのである．

銀行も，資金の出し手と借り手の間にたって仲介を行う仕事である．資金に対する期間的なニーズ（短期か長期か）でも，資金の単位の大きさという点でも，あるいは許容できるリスクの大きさという点でも，資金の出し手と借り手のニーズは千差万別にバラバラに存在している．それらをうまく合致させ資金の需給のバランスをつくりだすための技術的な工夫が，銀行業務の中核である．それもまた，「カネの技術的変換」という仕事なのである．

そういう意味で，すべての企業は「技術的変換体」なのである．したがって，技術がなくなった企業は，もはや本来の意味の企業ではない．たとえば，銀行預金だけをもってその利子だけで収入を得ているような企業は，本来の企業ではなくなった経済的存在である．

付加価値を生み出す作業

もちろん，企業が生み出した製品やサービスは市場で売れてはじめて意味をもつ．売り上げた金額と外部から購入したインプットへの支払金額の差額が，付加価値と呼ばれるものである．これは，企業が外部の市場から手に入れたものからどの位の価値を付け加えて市場で売ることに成功したかを示

し，企業の存在意義を測る基本的指標である．その付加価値から，企業で働く人々の人件費や借入金の金利が支払われた残りが，「利益」と呼ばれる数字になる．その利益から税金が支払われ，その後にさらに残った金額の中から株主に配当が支払われる．

この付加価値を生み出す作業としての技術的変換は，通常，人々のチームとしての組織によって行われる．八百屋さんもご主人と奥さん，そして手伝いの人のチームである．個々の人間が一人で技術的変換をやっている例はきわめて少ない．

その組織集団に属するということが，企業で働くということで，そのために企業は雇用を生み出すという意義ももつ．

企業の行う技術的変換の第一義的目的は，その変換によって生み出される製品を市場で販売することである．趣味で行う技術的変換とはその点が違う．その売り上げは，需要によって決まる．他方，企業がその製品を作れるかどうかは，企業にとって利用可能な技術によって決まる．いくらDVDプレーヤーの需要があると思っても，それを効率的に作れる技術のない企業では，技術的変換がそもそもできない．

つまり，企業は技術のポテンシャルを考えて自らの技術能力を決め，需要のポテンシャルを考えて自らの生産を決め，技術と需要の間をつなぐ技術的変換を行う．それがうまくいけば，付加価値が生み出される．それが企業のやっていることである．「企業は需要と技術をつないでいる」のである．その意味では，企業は需要と技術をつなぐ存在，という言い方もできる．

そのつなぎの作業によって，企業は環境の中で生きている．あるいは，生かされている．その変換の経済効率が，企業の存在のもっとも基本的な意義である．したがって，変換の経済効率（つまりは付加価値の創出効率）が悪い企業は，社会的にみて本質的な存在意義がないのである．

情報蓄積体としての企業

企業は需要と技術をつないでいると先に述べたが，企業は需要や技術に受動的にただ反応しているだけではない．もっと能動的な存在である．

企業は，新しい需要の動きを発見しようとする．さらには，新規需要の創造ができないかと考えて，さまざまな働きかけを行う．そのために多くの新

製品が開発されている．

そうした開発のためにも，企業は技術のポテンシャルを発見し，自ら蓄積しようとする．中には，基礎研究所を設立して，大学と変わらないような大きな資源を基礎研究に投入する企業もある．

さらに面白いのは，こうした知識や情報の蓄積が，とくに蓄積自体を目的として資源投入をすることによって実現されるばかりでなく，事業活動を普通に行っている中でも起きることである．

製品を顧客に使ってもらっているプロセスで，さまざまな意見が顧客から寄せられる．ときにはクレームもある．それらは，貴重な情報源である．あるいは，生産方法を改善できないかと考えて仕事をしている従業員が，生産工程の不具合などについてさまざまな観察をするようになる．それが工程改善の知恵になる．あるいは，その製品を少し変えれば別の用途に使えそうだと思いつくようになる．

これらは，市場や技術に関する知識の蓄積が仕事をするプロセスを通じて増えていく例である．それが可能になっているのは，人々が学習する存在で，その学習が仕事の場で行われるからである．

こうして企業は，需要についての知識・情報，技術ポテンシャルについての知識・情報の巨大な集積をもつことになる．しかも，企業活動をしていなければ生まれない蓄積も大きい．企業は，利益という形で上がってくるカネの蓄積もたしかにするが，それだけではない．事業活動の中では，カネとともに情報もまた流れ，蓄積されていく．

情報と知識は，企業で働く個々の人々の頭脳と手の中に溜まるのがもっとも自然なあり方だが，それと同時に，チームに蓄積されることも多い．チームが全体でひとまとまりの意味のある知識集積をしている場合，その中の誰かを簡単に解雇したりすると，じつはその解雇された人のもっていた知識を企業が失うばかりでなく，残った他の人の知識の意義も小さくしてしまうことがよくある．

つまり，企業は個人には必ずしも還元しきれない情報蓄積体で，有機的な存在なのである．そこに，企業が組織集団としての継続性を重んじる一つの理由がある．企業は，組織的な情報蓄積体なのである．

よく，「企業は人なり」という．そのとき，大切だと含意されているのは，

筋肉労働主体としてのヒトではない．それならば，機械による代替が可能である．本質的に重要なのは，情報の担い手，学習の担い手としてのヒトである．

そのヒトが，組織としてチームとして情報を学習し，蓄積する．その蓄積が，新しい創造の源になる．新しい技術的変換の知識の源になる．したがって，そうした情報蓄積とそこからの知識創造が社会の中で意味をもつときはじめて，企業という存在は長期的に環境の中で生きていける．

ヒトの結合体とカネの結合体としての企業

そうした情報蓄積や知識創造を行うのは，すべて企業に働く人々である．いや，情報蓄積ばかりでなく，そもそも企業の行う技術的変換そのものが働く人々によって行われている．ソニーで技術者が開発し，現場の労働者が生産し，営業員がその製品を売っている．酒屋さんでは，ご主人と奥さんが顧客のニーズを探り，適切な酒を仕入れ，それを配達している．すべて，ヒトの作業である．

つまり，企業はヒトの結合体なのである．その結合は，偶然起きているものでも，たんに感情的につながっているのでもない．彼らが，一人ひとり個人事業主として勝手に行動するのではなく，組織として結合して一つのチームをつくって仕事をしていることには，本質的な意味がある．企業は，多くの人がまとまりをもって行動することによって，個人では達成できない技術的変換をしている集団なのである．企業という組織体が誕生するそもそもの理由は，協働（協力して働く）によって個人の限界を超えるところにある．

しかし，そうしたヒトの結合体としての企業は，市場経済の中の存在である．カネを出して材料を買い，製品を売ってカネを受け取るという，市場経済の中の市場取引を複雑に行っている存在である．そこにカネが流れている．利益というカネの蓄積が生まれている．

つまり，企業による技術的変換に伴って，市場と企業の間にさまざまなカネの流れが発生し，カネの流入と流出の結節点として企業が存在している．企業会計の仕組みが測定し描写している企業の経済活動は，このカネの流出入のプロセス全体である．

そのカネの流れを円滑に行うには，資金（カネ）が必要である．部品を買

えば，その支払いの運転資金が要る．工場や店舗を建て，機械を買えば，その建設資金や設備資金が要る．それらの資金はさまざまな人々が出している．典型例をあげれば，銀行は企業に資金を貸している．株主は企業に，株式という形で株主資本を拠出している．

　それぞれのカネの性格は，かなり異なる．銀行からの借入金は，期限付きで返すことを約束したカネであり，一定の利子を払う義務をもつ．株主の拠出する資本は，返済期限もなく，自己資本として企業の資金的基盤になっている．そして，企業が倒産するような羽目になったときには，株主のもつ残余財産請求権の優先順位は最下位である．他の債権者がまず優先されるという，リスクを負った資金拠出が株式出資である．また，株主の受け取る分配は配当で，利子のように義務的な支払いは受けられず，利益が出たときにのみ受けられる．その意味でも，株主は銀行よりも多くのリスクを負っている．

　そうした性格の異なるさまざまなカネの結合体として，企業という経済体は市場経済の中で存在している．そのカネの結合体へ，企業の技術的変換に伴って売り上げや支払いのカネが流出入している．その巨大なカネの流れの複合体が，企業のもつ一つの本質である．しかし，それはあくまで「一つの」本質であるにすぎない．大切なことは，企業という一つの経済組織体が，働くヒトの結合体であり，それと同時にカネの結合体でもある，という二面性をどうしようもなくもっていることを，きちんと認識することである．

　ヒトのいない企業，カネの存在しない企業，そうした企業はありえない．コインの表と裏のように，つねにヒトの結合体とカネの結合体という二面性をもっているのが，企業なのである．

2　マネジメントとはどんな行為か

酒屋さんのマネジメント

　技術的変換をし，そのための情報蓄積をするヒトとカネの両方の結合体．そうした企業を経営する，ということは一体どういう行為なのか．何をすることがマネジメントということなのか．

　一つの企業のトップの立場を今，想定して，その企業のマネジメントとし

てトップは何をするのかを具体的に考えることから始めよう．話をわかりやすくするために，ごく小さな企業として酒屋さんを例にとり，そのご主人という「トップ」のマネジメントとは何かを考える．

　ご主人は仕事の発展を願っているだろう．そのための成長の一つの戦略は，地域での競争相手に打ち勝って，地域でのシェアを大きくすることである．競争相手から奪い取る需要の分だけ成長できるのである．シェアを大きくするためには，地域のどのような客層を重視し，販売作戦を打つべきか．

　さらには，地域的に拡大することも考えるべきかも知れない．隣接した地域に支店を出すことであるか，あるいは，酒の商売の将来の展望を考えると，コンビニエンスストアへと業態を変化させ，扱う商品の範囲を拡大することによって成長を目指すという戦略もありうる．

　ご主人が考え，決定し，行動に移すべきことは多い．それらはすべて，マネジメントの一部である．

　上に述べた例は，どのような顧客を商売の対象とするか，どのような商品を扱うか，どのような業態にするのか，といった決定であったが，それだけでご主人の仕事が終わるのではない．

　たとえば，商品の仕入れをどうするかを考えなければならない．どの卸問屋から仕入れるのか，その問屋との関係はどのようにするのか（たとえば，専属的になるか，資金面の面倒も見てもらうのか），どの会社の酒を主力商品として仕入れるようにするのか．

　あるいは，とくに資金の調達のために，たとえば酒屋さんを株式会社組織にして店主以外の人からの出資を仰ぐとか，銀行と良好な関係を保つようにして貸し付けによる資金調達の道を確保しておくとか，重要な選択がある．つまり，資金の提供者との関係をどのようにつくっておくべきかを考える必要がある．

　さらに，当然のことながら，店を開き，営業を行うためには，人手が必要である．奥さんの助けだけでは仕事ができないとなったら，誰をどのような形で雇うのか．パートを中心とするのか，あるいは長期的に働いてもらうことを前提にいい人を見つけて雇うのか．そうした雇用関係の選択もまた，ご主人が行うべき重要な決定である．

　これまでに述べてきたことは，ご主人にとっては外の世界へ向かっての決

定であった．顧客，仕入れ先，資金の提供者，労働の提供者，そうした企業の外の世界との間でどのような関係を作ろうとするのか．それが，環境という外の世界へ働きかける，「環境のマネジメント」とでも呼ぶべき，ご主人のマネジメントの重要な部分である．

　しかし，そうした「外向き」の仕事だけがご主人のマネジメントなのではない．店の内部，店で働く人たちのマネジメントという「内向きの仕事」もまた，マネジメントの重要な一部である．

　仮に，ご主人を含めて三人の人がこの店で働いているとしよう．一人だけで働いているときと比べて，ご主人は多くの便益を得るようになった．A君には主に，注文を受けたり，接客をしたりといった店内の仕事をやってもらっている．運転の上手なB君に配達を専門にやってもらっているので，配達範囲も広がり配達時間も速くなった．

　しかし，人を雇うことはメリットばかりではない．このご主人は，一人で働いていたときには出会わなかったような新しい問題に直面するようになる．三人の協働をいかにして行うかという問題である．

　ご主人は，最初は，二人の部下（A君，B君）にいちいち指示を与えて仕事の段取りをし，部下の間の調整を行っていた．しかし，いちいち指示に頼っていたのでは，ご主人がいないと仕事にならない．そこで，さまざまな点で，「人に仕事をしてもらう」ためにご主人として考えるべきことが出てくる．

　たとえば，それぞれがどのような仕事を担当し，分業するかについての大筋を決定して，仕事を分担する．その分担の範囲の中では，もはやいちいち指示を仰がせることなく任せる．しかし，分担をすれば，互いに調整する必要も出てくる．

　たとえば，A君が電話で受けた注文を，B君が配達しなければならない．その伝達をどうするか．また，仕入れはご主人の仕事だとすると，A君は，ご主人に毎日毎日の品目別の売り上げを報告する必要があるだろう．その報告を受けてご主人が仕入れを考える．さらに，突発的な事態が起こったときどのようにして対応し，誰が誰に報告あるいは連絡するかを決めておかなければならない．こうしたさまざまな工夫の積み重ねで，分業の調整が行われる．

内向きのマネジメントはそこで終わらない．さらに，A君やB君がやる気を出して働いてくれるように，動機づけをしなければならない．二人は，それぞれ，夢，願望，欲をもっている．ご主人はそれをかなえるためのさまざまな手段をもっている．そのためのもっとも基本的な方法は，お金である．給料を仕事の成果に応じて出すようにすることで，二人はより熱心に働くようになるかも知れない．

　しかし，多くの人間にとって，お金だけがインセンティブではない．たとえば，A君がいつかは自分もより自由な外回りの仕事をしたいと思っているとすれば，外回りの仕事をさせてあげるという約束も，インセンティブになる．さらに何をもって仕事の熱心さを測るかという問題もある．とくに，外回り中心のB君の仕事はいちいち監視できないので，何か客観的な数字で知ることができればよい．彼がとってくる注文の量，1日の配達量などがその目安となるかもしれない．しかし，もしこの二つの目安だけをおいたのでは，お客に対する態度は悪くなってしまうかもしれない．

　ご主人の悩みは多い．そうした悩みの果てにご主人がA君やB君に対してとる行動が，内向きのマネジメントの中心である．その内向きのマネジメントの本質は，協働を促すこと，である．二人の従業員とご主人の三人のチームが，チームとして協働をうまく行って，個々の人間だけで単独でできることの総和を上回る成果をチームとして出すこと，それが「組織のマネジメント」とでも呼ぶべき，マネジメントの重要なもう一つの部分である．

環境のマネジメント：環境の中で舵取りをする

　前項の酒屋さんの例は，企業のマネジメントの全体像を読者にイメージしてもらうためのものであった．簡単化はしてあるが，主要な要素はすべて入っている．

　そこでは，マネジメントを二つに分けて説明した．環境のマネジメントと組織のマネジメントである．その二分法は，すべての企業のマネジメントに当てはまる．この本全体の説明の流れの基本枠組みである．

　環境のマネジメントとは，企業がその置かれた環境の中で自らの位置を決めていく舵取りのことである．企業のトップを船長にたとえれば，荒海の中の航海の船長による舵取りが，環境のマネジメントなのである．

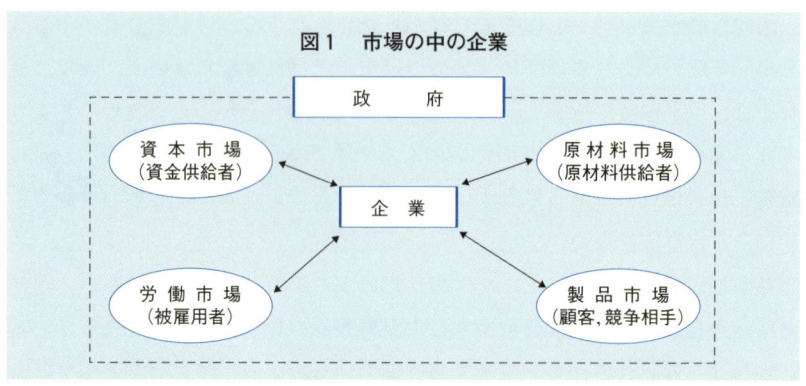

図1　市場の中の企業

　企業は環境の中に生きる生き物であり，生かされている生き物である．その環境の中で，企業は一つの行動単位として動いている．環境の中のさまざまな外部者と，モノやカネのやりとりをしている．海外に工場を建てる，ヨーロッパで資金調達をする，新製品を発売する，すべてが企業の対環境行動の例である．

　そうした環境とのさまざまなやりとりの巧拙で，企業の存続が決まる．海外での生産がうまくいかなければ，企業は経済摩擦を乗り越えられないかもしれない．まずい資金調達をすれば，資金コストが不当に高くなる．

　そのやりとりの全体像は，図1のようなイメージで捉えるとわかりやすいだろう．市場経済の中で，さまざまな市場に存在する外部者との間とのやりとりあるいはつながりの関係の全体図である．

　酒屋さんの例でも，この図のすべてが関係している．製品市場では，まず第一に地域のお客さんがいて，競争相手のコンビニがいる．その市場の中の競争をどう戦い抜くかが，酒屋さんの環境マネジメントの最大のポイントである．原材料市場では，卸問屋との関係をどうつくるかが問題となる．資本市場との関係は，銀行や出資者との関係のことである．カネを出してもらうと，自然に口まで出すようになる．そこをどう裁いていくか．労働市場との関係とは，従業員の雇用関係のつくり方の問題である．

　そして，そうした関係づくりの利害得失を左右する重要な基礎条件を決める存在としての政府がいる．たとえば，かつてお酒を販売するには免許が必要だった．その免許規制が次第に緩和されてくると，製品市場での競争はますます激しくなっていって，環境マネジメントの根本を変えていく．

しかし企業は，こうした市場環境の中で，ただ受動的に行動しているだけではない．企業は自分の環境のある部分を選択できる．たとえば，どの事業を手掛けようか，どの国の市場へ進出しようかという選択ができる．それは，自分が参加する製品市場としてどこを選ぶかという選択の問題である．あるいは，企業は環境をある程度動かすことができる．顧客を説得したり，政府に働きかけたり，あるいは画期的な新技術を開発してこれまでは予想もできなかった新製品を世の中に送り，世の中の流れを変えることすらできる．それは，すでに選ばれた製品市場や原材料市場の中での自分のポジションを動かそうとする行動である．

　比喩的に言えば，企業とはたんに環境の中で外部者とやりとりをしているばかりでなく，自分の位置をも替えていく生き物である．場所を替え，敵を替え，環境の犠牲にならないように，能動的に動いている．さまざまに自分の環境の中での位置づけを替えようとしている．

　もちろん，環境が企業の思いのままになるわけではない．しかし，環境のどこを自分の活動分野として選択するか，そこでどのような関係を外部者とつくるか，それを企業はマネジメントしようとしている．つまり，地図の上の航路を決めること，環境の中の利害関係者との関係を決めること．その二つの行動によって，自分の航路についての舵取りをしようとしている．

　それが環境のマネジメントであり，第Ⅰ部のテーマである．

組織のマネジメント：他人を通して物事を行う（あるいは他人に協働してもらう）

　経営の本質は，"Doing things through others"．つまり他人を通して自分がしたいことを行うことだ，という名言が古くからある．それは，組織のマネジメントの本質である．

　組織とは，人間の集団である．その人間の集団が，集団全体にとって望ましいこととトップが考える方向に向かって動くことが想定されている．トップの立場に立てば，まさに「自分が望ましい」と思っている方向への企業としての行動を，自分以外の他人の集団に実行してもらうのである．

　それは，自分が自分の行動をいかに決めるか，いかに律するか，という問題とは根本的に異なる．他の人間，感情もあり，知恵も心もある他人に働い

てもらって，望ましい物事を実行してもらうのである．集団の中の一人ひとりの個人が努力をする気にならねばならない．彼らの心情や能力やくせに，十分に心を配る必要がある．

　しかも，酒屋さんの例でも明らかなように，人々は分業をし，そして協働している．人間一人ひとりを配慮するだけでは不十分なのである．人々の努力がうまくつながって，分業と協働のメリットが出るように工夫しなければならない．物事をなすためには，人々の協働が不可欠だからである．

　協働を促すこと，それが経営のもう一つの本質である．そのためには，分業と人の配置の工夫がいる．人々の間の意思疎通と調整のための工夫がいる．動機づけのための配慮もいるし，集団の雰囲気や組織文化といった目に見えないものにも気を配る必要がある．

　小さな組織，とくに一時的な組織ならば，関係者が協力を意識するだけで，自然発生的な協働が起こるかもしれない．しかし，協働すべき人の数が増え，協働を継続しようとすれば，自発的な意思だけに任せておくわけにはいかない．協働を促したり，人々を協働に動機づけたりする活動が必要になる．それが組織のマネジメントである．

　マネジメントとは，支配あるいは管理と訳されるが，組織のマネジメントの本質は，人々の協働的努力の条件の形成と維持にある，とわれわれは考えている．それは条件の「形成」と「維持」なのである．それを行うのが経営者の役割である．マネジメントの本質は，「複数の人々の活動を制御すること」あるいは「人々を支配すること」と捉えない方がよい．それでは，経営者や管理者が人々の活動を完全に支配しているかのごとくのニュアンスが生まれる．

　それは現実として，正しくない．人々はそれぞれに判断力をもち，自律的に動ける能力と希望をもち，お互いにコミュニケートしながらそれぞれに動いている．いわば，組織の中の人々はつねに何らかの形で自ら管理している．協働をすることを当然のことと捉える人の集団であり，人々に自律的な協働能力があるのであれば，当然のことである．経営者が行うことができるのは，これらの人々に影響を及ぼすことである．人々がもっている自然な協働の能力を，うまく利用することである．そのための条件づくりが，組織のマネジメントなのである．

それは人間の脳と，体の状態の管理との関係に似ている．脳は人間の体を完全に細かく制御しているわけではない．体の各部分あるいは細胞には，自律的な協働能力がある．たとえば，血管が切れれば，それを補修するように自律的に傷の周辺の細胞が変化し始める．決して脳から細かい指令が出て細胞が動き出すのではない．脳は個々の細胞の動きをいちいち制御しているわけではない．

　しかし，脳が体の状態の管理にまったく無関係なわけでもない．手を切って血が出れば，脳が感知して血を止めようとする行動を人間にとらせるだろう．たとえば，包帯をするとか．個々の細胞の動きの大枠に，何らかの形で脳も関与している．細胞たちの「協働的努力」の仕組みの形成と維持を，脳はたしかにしているのである．

　組織の中の人々も，自律性を一方ではもち，しかし，放っておかれると間違った方向へ突っ走ったり，バラバラになったりする危険をもつ．「任して任さず」が組織のマネジメントのこつだとしばしば言われるのは，そのゆえだろう．

　協働意欲と自己主張，そして自己弛緩，そうした矛盾しかねない特性を兼ね備えているのが生身の人間である．その人間の集団が協働によって望ましい仕事を達成できるようにマネジメントするのが，「組織のマネジメント」とこの本で呼ぶものである．それは，言い換えれば，人間の集団のマネジメントであり，人間とその集まりについての深い洞察のいる仕事である．

　それが，第Ⅱ部のテーマである．

矛盾と発展のマネジメント：矛盾から発展が生まれる

　環境のマネジメントは外向きのマネジメント，組織のマネジメントは内向きのマネジメントと言ってもいい．

　こうした内と外のマネジメントは，第Ⅰ部と第Ⅱ部でくわしく説明するように，それぞれ基本の論理をもち，それぞれのマネジメント上の要請をもつ．しかし，困ったことに，それらはしばしば矛盾する．相反する要請を企業にする．たとえば，市場環境への柔軟な対応への要請からすれば，競争相手がすでに新技術の開発に成功してしまった事業，シェアを大きく奪われてしまった事業からは，早々と撤退した方がいいように思える．しかし，組織の内

部の調和や秩序のためのマネジメントの要請からは，手順を踏んで，みんなが納得するように組織内の対応をしたうえで事業の改革を行った方が長期的にはより望ましくも思える．

　環境のマネジメントは変化と革新を要請することが多く，組織のマネジメントは規律と安定を要請する，といったように一見矛盾する．それらの矛盾に，企業はどのような折り合いをつけていくのか．

　企業は，外部から見て矛盾に思えること，「おかしい」ことを，しばしばする．もちろん企業が間違っていることもありうる．しかし，二つのマネジメントそれぞれから生まれる互いに矛盾する要請が，一見するとおかしい行動を企業にとらせている場合も非常に多い．たとえば，組織のマネジメントの要請ゆえに，既存の組織文化を一夜には変えられず，環境の変化にまわりくどいルートでしか対応できない．あるいは，環境のプレッシャーを利用して組織の内部の革新をやろうとするから，組織のマネジメントとしては一見，無理に見えることをあえてするときがある．

　外向きのマネジメントと内向きのマネジメントの間の矛盾ばかりでなく，さまざまな矛盾あるいはトレードオフ（あちら立てれば，こちらが立たず）を企業は抱え込んでいる．別に矛盾する経営を行っているから矛盾が生まれるのではなく，変化する環境の中で変化への抵抗が案外強い人間たちを相手にしていれば，矛盾は自然に生まれてくる．その矛盾の前向きの解決は，企業のマネジメントのきわめて重要な部分である．その重要性は，この本でぜひ強調したい．

　矛盾は，企業にとって悩みの種であると同時に，発展のエネルギー源でもありうる．それが可能なのは，企業が，矛盾をテコに自らを変えていける生き物でありうるからである．ガラパゴス諸島の動物たちが，その島の環境に適応するように自らを変革させて生き残ったように，企業もまた環境の激変とともに生まれる矛盾に立ち向かって，自らを発展させていくことが可能なのである．

　一般的にいって，矛盾には二つの対応がありうる．一つは，矛盾する要求のどちらかをとり，他をしりぞけるという対応．もう一つは，矛盾を二者択一的に捉えずに，それを解決しようとする努力から新しい道が生まれないかを発展的に模索しようとする対応である．

その二つの対応のマネジメントが、この本でいう「矛盾と発展のマネジメント」である．とくに第二の対応をとるとき、企業は自ら中身を変え、自己を変革していくことになる．新しい解決への模索から、人々の能力が変わり、考え方が変わり、あるいは資源の蓄積が変わっていく．その結果，新しい発展への道が開けてくる．

じつは，多くの企業の発展の経路はそのようなものである．決して，事前に経営者が計画したとおりに矛盾なく発展してくるものではない．むしろ，矛盾の解決にこそ，企業の真髄が表れる．

矛盾から発展にいかにつなげていくか．ときには，いかに望ましい矛盾をつくり出すか．そのための矛盾と発展のマネジメントが，第Ⅲ部のテーマである．

経営の重層構造：さまざまなレベルでのマネジメント

われわれは，以上の三つのマネジメント（環境，組織，矛盾と発展）を企業のトップの立場から解説してきた．酒屋さんのご主人も，小さいながら一つの企業のトップであった．それはいわば，企業組織のピラミッド，あるいは三角形の頂点に立つ人の目から見たマネジメントの説明であった．

しかし，こうした三つのマネジメントは，企業のトップマネジメントだけに要請されるのではない．形や責任の範囲は違っても，ミドルマネジメント（管理者）にも，原理的には同じ要請がされる．

ミドルマネジメントにとっても，自分の環境をマネジメントすることは重要である．彼にとっての環境とは，市場環境のような外部環境ばかりでなく，大きな企業組織の中の自分の管轄下の部署以外の部分という組織内環境もある．いずれも彼にとっては環境であり，その環境の要請を考えて自分の組織単位の対「環境」行動を決める必要があるのは，外部環境への行動を主に考えるトップの場合と同じである．もちろん，ミドルマネジメントには，自分の管轄下の人間の集団という「組織」がある．その「組織のマネジメント」が，ミドルにとってはもっとも親近感があるものかもしれない．

そうした自分の部下のマネジメントのための要請と，「環境」のマネジメントのための要請がしばしば矛盾するのは，ミドルマネジメントでも同じである．ミドルでも，矛盾と発展のマネジメントは大きなテーマである．

図2 マネジメントの入れ籠構造

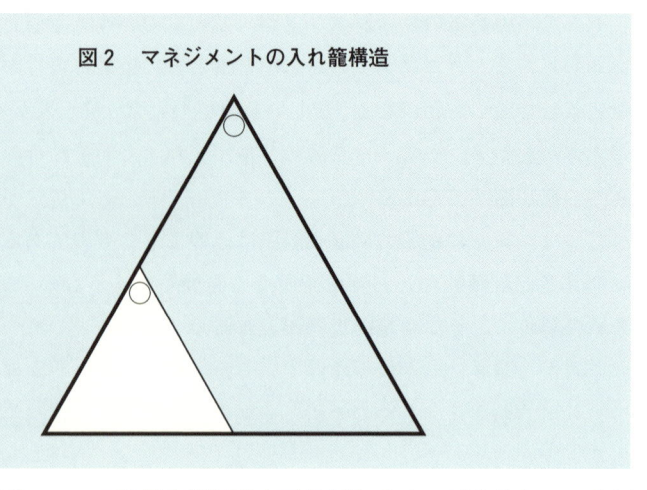

　比喩的にいえば，一つの組織を階層的な三角形とイメージすると，マネジメントは三角形の頂点でつねに必要とされる，と言える．三つのマネジメントが三つとも必要とされる．図2のように，一つの大きな三角形を描き，それを企業組織と考えよう．その頂点で企業全体のマネジメントをするのがトップである．その三角形に補助線を一本引くことにより，小さな相似の三角形がもう一つ生まれ，その小さな三角形にも頂点がある．そこに位置するのがミドルである．その小さな三角形にも，三つのマネジメントが必要となる．三角形の頂点に必要なマネジメントという意味では，大きな三角形のマネジメントとなんら変わるところはない．

　理想的に見ると，新しい小さな三角形は必ずもとの大きな三角形の中にあると考えられるかもしれない．つまり，大きな三角形の枠の中に新しい小さな三角形は入っている必要があると考えられるかもしれない．たしかに，ミドルの自由裁量の余地は当然トップにおけるよりも小さい．また，ミドルの決定はトップの方針や戦略に沿って行われる．しかし，ときには小さい三角形が，大きな三角形の枠をはみ出すこともある．あるいは，大きな三角形がさらに大きくなり，それに合わせて小さな三角形も変わらなければならなくなることがある．このように，大きな三角形と小さな三角形との間に矛盾や不釣り合いができてくることもある．このような矛盾や不釣り合いも，企業の発展の原動力となることがある．

　さまざまなレベルで，同じような原理のマネジメントがある．そのマネジ

メントの共通の原理を,この本全体を通して,解説したい.

そして,三つのマネジメントの基礎理解の枠組みの説明をした後に,経営者の役割やその統治(それがコーポレートガバナンスと言われる問題の本質である),そして日本の企業と日本の経営者についてのわれわれの観察を述べることにしよう.それが,この本の第IV部である.つまり,最後にはトップマネジメントに戻ることになる.

しかし,三つのマネジメントの原理の多くはミドルもトップも変わらない.その三つのマネジメントの基礎理論が,この本で描く企業のマネジメントの全体像である.

第 I 部

環境のマネジメント

第1章

戦略とは何か

　環境のマネジメントの中心に位置するのが，製品市場との企業の関わり方を述べた「企業活動の基本設計図」としての戦略である．たとえば，一つの事業の中でどんな市場セグメントをターゲットにするか，あるいは競争相手との戦い方を全方面作戦で行うのか，どの方面へ絞るか，戦いの武器としては何を使うのか．複数の事業を行っている企業であれば，どの事業にもっとも大きな資源を配分するのか，将来のためにどのような新事業に進出しておくべきか．

　いずれも，序章の図1（10頁）の中の，製品市場での顧客と競争相手への対応の基本的な方針のことである．それが，多くの経営学の教科書でもっとも重要な経営上の意思決定とされている，「戦略」という概念の中心的内容である．

　製品市場が企業にとっての環境の中のもっとも大切な部分であることを考えれば，「製品市場との関わり方の基本方針」としての戦略というものが環境のマネジメントの中心に位置するのは，当然である．企業は需要があってこそ経済的に存在・発展できる．その需要は製品市場からもたらされるものである．だからこそ，製品市場が他のすべてに優先する企業にとっての最重要の環境要因となる．

　もちろん，図1の中の他の市場との関係をどうつくるかも，環境のマネジメントの問題として，企業にとって大切である．しかし，それらはあくまでも製品市場への供給を円滑に行うために必要とされるものである．それは，当たり前のことだが，明瞭に認識しておいた方がいい．いかに資本があっても，いい人材をそろえていても，質の高い原材料や部品の供給体制があって

も，製品市場での展開に失敗してしまえば企業の命運は断たれる．

原材料・部品市場との関係のつくり方は，第 3 章のビジネスシステムの議論として登場する．そして，資本市場や労働市場との関係のつくり方の基本方針は，第 7 章と第 8 章にかけてそれぞれ議論される．それで，環境のマネジメントの全体像が一応，完結する．

この章では，戦略の定義や内容の一般的議論と戦略のダイナミックスの中核としての経営資源について，議論する．そして，競争のための戦略や事業構造の戦略の議論が次章以降，始まる．

1　戦略の定義と内容

戦略の二つの定義

「製品市場との関わり方の基本方針」というのが，戦略のもっとも簡潔な定義だが，それだけでは簡潔すぎる．その基本方針が含むべき内容，果たすべき役割，実際に意味をもつためのキーワード，などを考えると，より詳しい定義をしておくことが重要だと思われる．

まず第一の定義は，戦略が果たすべき役割やそのキーワードを入れ込んだ次のような定義である．

> 戦略とは，「市場の中の組織としての活動の長期的な基本設計図」である．

企業の事業活動が利益という成果を生み出すかどうかは，次の二つの条件で決まる．まず第一に，企業が提供する製品やサービスを顧客が選択してくれること．第二に，提供のコストが顧客の払ってくれる価格より小さいこと．

そのために，企業は組織として多くの人々の協働体として活動する．その協働がうまくいくためには，二つの条件が必要になる．一つは，みんなが共通の方向を目指して動くこと．第二に，個々の人々の活動や作業がきちんと効率よく行われるように組織に資源や能力が整っていること．この二つの条件が満たされるために，組織の人々が共通に理解する方針としての戦略が大切になる．

つまり，企業の長期的発展のためには，市場で自社製品が選択される魅力をつくること，その実現のために組織内の活動とその能力の基盤を整えること，それが素朴に重要なのである．戦略とは，この二つの要件を実現するための基本構想である．以上の戦略の定義は，その基本構想として望ましい五つのキーワードをつなげたものになっている．

第一のキーワードは，「**市場の中の**」．戦略のよしあしはあくまで市場競争の中で判断されることを意味している．企業が市場で競争しているのは，顧客という恋人を競争相手から勝ちとるためである．そのためには，たんに競争相手よりも優位に立つだけでなく，顧客にきちんと選択してもらえるような魅力を自社製品がもつ必要がある．戦略はしばしば美しい言葉で飾られることが多いが，美しい言葉でかっこよく表現されていても，それだけでは戦略として何の意味もない．顧客を競争相手から勝ち取れるような構想になっている必要がある．

第二のキーワードは，「**組織としての**」．これは，戦略が，組織という人間集団を率いるための構想であることを含意している．生命のないカネやモノの集団の設計図ではなく，生身の人間集団の活動の設計図なのである．そう考えれば，戦略の設計が人間くさい配慮をし，人々が燃え立つような内容をもつことに配慮することの重要性がはっきりするだろう．心も知恵も感情もある人間のベクトルを合わせ奮い立たせられる力が，戦略にはなければならない．

しかも，戦略という設計図が組織の人々に共有されていることの意義は大きい．基本設計図という大きな見取り図なしに個々人が行動をとると，バラバラになってせっかくのポテンシャルが結集されなくなってしまうからである．そうした共有が可能なように，戦略は工夫されなければならない．

第三のキーワードは「**活動**」．戦略が実行可能なアクションの構想でなければならず，実行のためには資源配分の裏づけが構想の中に入っている必要があることを含意している．たんなるかけ声，スローガンは戦略ではない．後に述べるが，スローガンと戦略の取り違えがいかに多いことか．

第四のキーワードは「**長期的な**」．長い時間的視野を見すえた構想が必要であることを，含意している．戦略は長期的な展望をあたえようとするものであり，短期の目先の現象にとらわれてはならない．

今何をして，それが将来にどうつながるかという長期的な絵がないと，不安で今の活動にも力が入らない．あるいは，将来のために，現在を犠牲にするような活動をとってまで蓄積をすべきときがある．その蓄積のプランがないと，短期的視野ではすぐに蓄積が枯渇し，事業活動が立ちゆかなくなる危険が大きい．短期のその場しのぎの構想では，とてもいい戦略とはいえない．

　第五のキーワードは，「**基本設計図**」．ここで基本という言葉が使われているのは，大きな構想を語るのが戦略であって，ディテールを設計することではないことを意味する．実施計画の詳細まで事前に設計することなどできない．そうした詳細は，現実の動きに合わせて柔軟に決めていくべきものである．必要なのは，現実に柔軟に対応するための基本方針としての基本設計図なのである．

　さらに，設計図という言葉は，何ものかを作り上げるための構想，つまり「こうしたい」という意図や夢を込めた構想であることを含意している．たんなる予測に近い構想では，到底いい戦略にはならない．現実にあるもの，自然に放っておけばなるようなものを描いたところで，いい戦略ではない．「こうしたい」という意思，構想が戦略である．自分たちはどういう企業になりたいか．それを語るのが，戦略という構想である．

　こうして定義される基本設計図としての戦略が，さらにどのような要素を含んでいないと現実的有効性が生まれにくいかを考えたのが，次のような戦略の第二の定義である．

> 戦略とは，「企業や事業の将来のあるべき姿とそこに至るまでの変革のシナリオ」を描いた設計図，である．

　図1-1が，あるべき姿と変革のシナリオ，という戦略の二つの部分と目標および現状との関連を示している．

　目標は，到達すべきゴールを示すもので，たとえば世界シェア一位を目指す，といったようなものである．その目標を達成するために，企業活動の内容がどのようなものになっていなければならないかを描くのが，「あるべき姿」の部分である．たとえば，アメリカ市場への展開をどんな製品を中心に行うか，欧州での販売と生産の体制をどのようにすべきか，というような企業活動に即した基本的な設計図である．

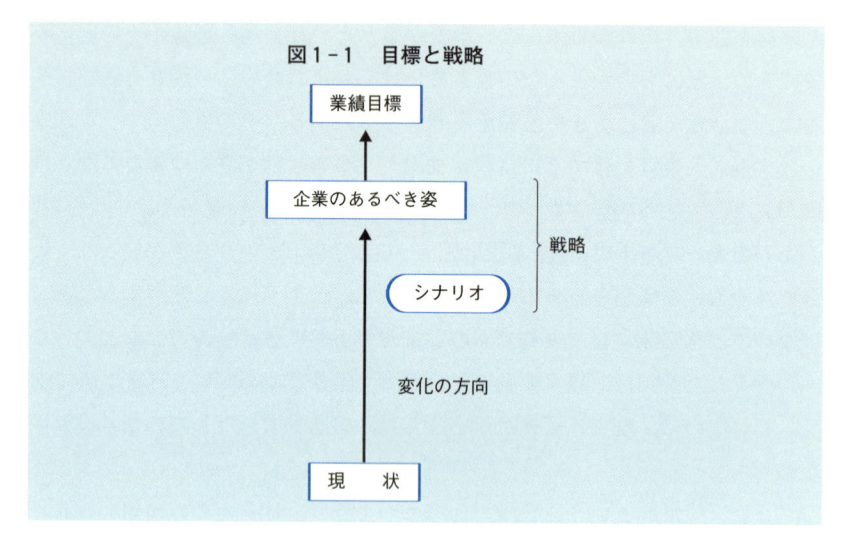

```
         図 1-1  目標と戦略

              ┌──────┐
              │業績目標│
              └──────┘
                ↑
          ┌──────────┐  ┐
          │企業のあるべき姿│  │
          └──────────┘  │
                ↑        ├ 戦略
             ┌────┐     │
             │シナリオ│     │
             └────┘     ┘

             変化の方向

              ┌────┐
              │現  状│
              └────┘
```

　しかし，企業の現状を考えると，その「あるべき姿」との間にギャップがあるのが普通であろう．そのギャップを埋めるために，さまざまな変革が必要とされる．たとえば，アメリカ市場で通用するようなずば抜けた新製品を開発する必要がある，あるいは欧州での販売体制強化のための抜本的改革が必要である，といったようなことである．そうした変革が起きなければ，現状から出発して，あるべき姿には到底到達できない．その到達のための変革のシナリオが，戦略の第二の部分なのである．

　この図は簡単に見えるが，二つの含意がある．一つは，目標そのものを決めることを戦略の内容に入れていないこと．もちろん，目標をまず決めなければ，あるべき姿は描けないであろう．したがって，適切な目標の設定は，戦略を決めるうえでじつに重要なステップである．しかし目標を決めるということは，戦略の内容を決めるための準備作業をしただけで，戦略そのものの内容を決めることにはまったくなっていない．それを強調するために，わざわざ目標を戦略の内容とは別の上位概念にして，分離している．

　なぜそうした分離が重要かというと，目標を決めただけで戦略を決めたと錯覚する人が多いからである．目標だけなら，それはたんなるかけ声であり，スローガンにすぎない．戦略という「活動の設計図」の内容としては，企業活動のあるべき姿とそこに至る変革のシナリオが示される必要がある．たんなるかけ声では戦略にならない．

第二の含意は，「変革のシナリオ」という部分が明確に戦略の一部として示されていることである．つまり，あるべき姿を示すだけでは戦略とは言えない，という含意である．あるべき姿と変革のシナリオと，二つがそろって始めて戦略を決めたことになる．しばしば，変革のシナリオの部分がないために戦略がまったく動かなくなることが多い．そのために，「二つをセットで揃える」ことを強調する必要が出てくる．

　もちろん，変革のシナリオをこと細かにすべて将来まで描き出すことは，戦略をつくる時点では不可能だろう．しかし，行われるべき変革の大筋と，その変革のために具体的に第一歩をどのように歩み出すか，は決める必要がある．大筋と第一歩，それが描かれるべき変革のシナリオの内容である．

組織のレベルで異なる内容，視点

　戦略という「基本設計図」は，すべての組織の長が自分の率いる組織の活動の長期構想としてもつべきものである．

　序章の図2（組織の三角形とその頂点）を思い出してほしい．三角形の頂点にいるその組織のトップには，自分の下にあるすべての組織体のための戦略が必要である．企業全体の三角形の長としての社長には，企業全体の戦略が必要である．しかし，その中のより小さな三角形としての，たとえば事業部のトップとしての事業部長には，事業部全体の活動の設計図としての戦略が必要になるだろう．事業部がさらに製品ごとに分かれているような場合には，その製品ごとの担当の課長にも戦略があるだろう．

　そうした組織のさまざまなレベルの三角形の頂点のすべてに，前項の定義どおり，それぞれの担当の組織の活動の設計図が必要なのである．

　複数の事業を営む企業で一つの事業を担当する事業部長レベルの戦略を，事業戦略という．あるいは，事業戦略の焦点はその事業での競争にあるので，競争戦略という呼び方も可能である．その事業での市場競争に打ち勝つために，顧客にアピールし，競争相手との優位性や違いをつくるための設計図としての戦略である．

　たとえば，松下電器産業の半導体事業の責任者は，半導体事業全体を競争上，有利な方向へ引っ張っていくための戦略を考える必要がある．ただし，単独の事業しかない企業の場合は，社長の戦略が競争戦略となる．たとえば，

半導体専業に近いアメリカのインテルでは，半導体事業の競争戦略は社長の戦略となる．

　複数の事業を営む企業における社長レベルの全社の戦略を，企業戦略と呼ぶ．複数の事業の間の資源配分や共通の能力基盤を決め，さらには新しい事業を育てるための資源配分や能力育成の設計図，という戦略である．あるいは，複数の事業全体の構造が問題の焦点となることから，事業構造の戦略という呼び方もできる．選択と集中，そして事業全体の組み合わせの妙を出すことが，事業構造戦略（あるいは企業戦略）の鍵となる．

　松下電器をふたたび例にとれば，松下電器はオーディオビジュアル（AV）事業をはじめ，白物家電事業があり，半導体事業も通信事業も行っている．さらには，乾電池や電球，電子部品，産業機械など，多岐にわたる事業を行っている．性格も，競争相手もそれぞれに異なる複数の事業の間の資源配分をどうするのか．松下電器としての全体の方向性をどのように出していくのか．それが企業戦略であり，事業構造の戦略とこの本で呼ぶものである．

　事業構造戦略と競争戦略は，その内容や鍵がかなり違う．事業構造戦略では事業間の資源配分が鍵となる．一方，競争戦略では市場対応行動のプランが鍵となる．設計図を描くべき項目がかなり違い，複数の事業の競争戦略をただ集めれば事業構造戦略になるわけではない．したがって，それぞれ分けて議論しないと混乱する．この本では，競争戦略を第2章と第3章で扱い，事業構造の戦略を第4章と第5章で扱う．

　もう一つ，言葉の整理をしておこう．戦略論では，戦略と戦術という二つの言葉をよく使う．戦術とは，戦略を実行するための細かな活動計画である．しかし，戦略と戦術の区別は意外に厄介である．

　二つの言葉は，組織の三角形の図で捉えるとわかりやすくなる．戦略は一つの組織の長にとって全体の経営のための基本設計図である．その組織の中の下部組織単位（つまり小さい三角形）があるとき，その長にもまたその人なりの戦略がある．しかし，上部組織（大きい三角形）の長の立場からすれば，下部組織の基本設計図は自分の戦略の実行のための細かな活動計画という位置づけになるだろう．だから，それは上部組織の長にとっては戦術と呼ぶべきものである．

　つまり，下部組織の長の戦略という一つの基本設計図の構想に対して，二

つの呼び方がされるのである．小さな三角形の長にとってはそれは戦略，しかし同じものが大きな三角形の長にとっては戦術，ということになる．

　戦術ばかりで戦略なし，という企業が案外多い．それは，現場の戦略はあるが，事業全体，企業全体の戦略がまっとうにつくられていない企業である．

2　市場でのポジショニングと経営資源の蓄積

市場でのポジショニング，組織としての実行能力

　競争の戦略であれ事業構造の戦略であれ，基本設計図としての戦略なるものが成功するためには，当たり前に考えて二つの条件が必要である．それは，外向きの成功要件と内向きの成功要件という二つの条件である．

> **外向きの成功要件**
> 　戦略が示す基本設計図が，市場の状況，産業の動向をきちんと理解して作られていて，市場という基本的な環境動向の中にきちんと自社を位置づけている（ポジショニングしている）こと．

　極端な例を出せば，自動車時代の到来を迎えた1930年代のアメリカで，いかに優秀な馬車を造ったところで，企業としての成功はおぼつかない．顧客の動向を無視した事業のコンセプトになってしまっている．市場の理解がないのである．あるいは，東アジア企業が競争力を高めてきた90年代に彼らを無視して，日本市場での競争が国内企業だけで行われているような錯覚をもって基本設計図をつくれば，その設計図ははじめからゆがんだものになっていて，とても企業は競争に勝てないであろう．競争の状況の理解がないのである．

> **内向きの成功要件**
> 　基本設計図として決められた市場での企業の行動の基本方針を実際に有効に実行できるだけの資源や能力を企業がもつこと．

　資源や能力に不足が多い企業がいかに立派な市場対応計画をもったところで，絵に描いた餅に終わる．したがって戦略を策定しようとする際に，自社

の資源や組織能力を考えることが当たり前に重要となる．

　たとえば，90年代の日本の流通業で多くの企業が積極的な出店戦略をとった．しかし，その出店の投資をきちんと賄えるだけの資金的裏づけや出店後の店舗をマネジメントできる能力をもたなかった企業も案外あった．そうした企業が，2000年前後から次々と破綻し始めた．そごうやマイカルがその例である．大規模出店による成長という基本設計図自身は，環境との関係で言えばそれほど悪くなかったのかも知れない．しかし，企業のもっている資源や能力との関係を軽視しすぎた設計図になっていたのである．

　この二つの成功要件は，ともに必須ではある．しかし，企業が基本設計図としての戦略を描く際の思考の順序としては，どちらを先に考えるか，どちらを優先するか，という点で考え方が二つありうる．

　一つは，市場でのポジショニングをより優先して考えようとする考え方．ポジショニング・スクール（ポジショニング派）とでも言うべきであろう．第二の考え方は，資源や能力をより優先して考えようとする考え方．経営資源スクールとでも言うべきであろう．

　どちらの考え方をしても，もちろん他方が必ずなければいい戦略にはならない．ポジショニングがきちんとしていても（たとえば競争相手の弱点をうまく突くような戦略を考えても），それを実行する能力が自分になければ成功しない．あるいは，自分の能力にあった戦略を考えたとしても，市場の中でうまく顧客にアピールできているようになっていなければ，成功しない．

　しかし，基本設計図の描き方には，やはり二つの傾向があり得る．それは，自画像の描き方に似ている．ポジショニング・スクールとして設計図を描くと，自分と他人との関係の中で自分はどうなるか，その関係はどうかを描くことになる．経営資源スクールとして設計図を描くと，自分は何者であるか，自分の中味を中心に描くことになる．

　つまりは，企業という環境の中の生き物の基本設計図を，環境との接点を中心に描くのがポジショニング型，企業の内部の模様を中心に描くのが経営資源型，ということになるであろう．ともに必要である．しかし，強調点の違いはある．

　あえて言えば，アメリカ企業の戦略はポジショニング型，日本企業の戦略は経営資源型，という違いがありそうである．ポジショニング型設計図では，

まずポジショニングを決めて、その実行に必要な資源はその設計図に合わせて調達してくればいいと考える．経営資源型設計図では，まず経営資源の蓄積を決めて，その蓄積が有効に利用できるようなポジショニングを見つけようとする．

　二つの考え方のどちらを取るかは，好みの問題でもあるが（つまり外部志向的か，内部志向的か），資源の調達が市場でどの程度可能かにも依存するであろう．必要な資源の調達がさまざまな手段で広く可能な状況にあれば，ポジショニング型で十分通用する．しかし，資源の調達を内部蓄積に依存することが多いような状況であれば，経営資源型でないと現実的でなくなる．おそらく二つの型の違いは，アメリカ経済は資源や能力が市場調達できる可能性がより高く流動的で，日本経済は資源や能力が内部蓄積されるのが一般的で市場調達の可能性がより低い，という特徴を反映したものであろう．

　重要なのは，戦略を成功させるためには，二つの考え方をともにもたなくてはいけないということである．戦略というと，すぐにポジショニング型中心に考えてしまうというバイアスをもつ人たちもないではない．しかし，この本では，経営資源型の考えもきちんと強調したい．そのために，この章で経営資源とは何かという議論をしておこう．

　ここでいう資源には，さまざまなものが含まれる．資源という言葉からまずイメージされるのはモノとカネであろう．工場，機械設備，情報システム，短期運転資金，長期資金，さまざまなモノとカネの資源を企業はもっている．組織能力というと，人材の力，技術力，販売のノウハウ，あるいは信用力やブランドなどが思い浮かぶであろう．

　こうした資源・組織能力と戦略との関係は，いわば二重になっていると考えるのがよいだろう．一つは，製品市場での企業の行動プランの基本としての戦略を実行するために，資源の配分の計画が同時につくられ，組織能力の裏打ちがある市場対応行動計画（市場ポジショニング）であることが基本設計図の中で明瞭になっているという関係である．市場対応行動が前面に出て，その背後できちんとした資源と組織能力の「利用」計画による裏づけが確保されている，という関係である．表と裏に直列につながっている関係と理解すればいい．

　第二は，資源や組織能力の蓄積の計画が基本設計図の中に組み込まれてい

るという関係である．市場対応行動の設計図とならんで，資源と組織能力の「蓄積」のための設計図が作られ，その二つの設計図を合わせて全体の基本設計図となっている．市場対応行動の計画と資源・能力の蓄積計画とが，並列の関係にある．

第一の関係では，資源と組織能力は「利用」されるものであり，第二の関係では，「蓄積」されるものになっている．こうした二つの側面が戦略と資源・能力との間にあるのは当たり前で，過去から蓄積された資源や組織能力は利用すべきものであり，しかし将来のことを考えれば新たな資源や組織能力を蓄積すべきなのである．

このような二重の関係を考えると，じつは戦略という基本設計図そのものの中に資源と組織能力の利用計画と蓄積計画がともにきちんと組み込まれていなければならない，ということになる．つまり，市場対応計画と資源・能力の利用・蓄積計画が，戦略という企業活動の基本設計図の二つの主要な部分になるのである．

いずれにしても，その二つの主要部分は，ともに基本設計図の中になければならないのだが，そのどちらを中心に基本設計図を描くかは，二つの行き方がありうる．先にあげた二つの自画像の話である．

一つは，企業活動と製品市場との接点を中心に描く，ポジショニング中心の描き方である．顧客にどんな製品でどのようなアピールをするか，競争相手にどう対抗するか，といった市場行動中心に設計図を描く．第二は，自分の資源と組織能力の蓄積と利用を中心にした描き方である．自社はどのような能力を売り物の企業にするのか，何が自社の独自性なのか，どのような能力をつけるべきか，ということを中心に描く．

経営資源の中核としての見えざる資産

ヒト・モノ・カネといった資源と技術力や信用・ブランドといった組織能力とを総称する言葉として，経営資源という言葉を使うことにしよう．経営に必要な資源と能力の総体，といったほどの意味である．前項の議論から明らかなように，経営資源の利用と蓄積の基本方針は，戦略の重要な部分である．

経営資源にはじつに多様なものが含まれている．その中で，企業の競争上

の優位性の源泉にもっともなりやすい資源はどのようなものだろうか．それが理解できれば，そうした資源に注意を集中して戦略をつくればばよい．何が優位性の源泉になりやすいか，まず，資源の汎用性と固定性の観点から経営資源の分類を考えてみよう．

企業が保有する経営資源の中でもっとも汎用性が高いのは，資金である．それは，基本的に市場経済が貨幣を交換媒体とする経済だからである．カネさえあれば，市場で売っているものならなんでも買える．そしてカネは，それが生み出された経緯とは無関係にどこでも同じように購買力をもつ．だからカネは汎用性が高い．現金，預金，有価証券などがこれである．

カネよりも汎用性は低いが，土地や設備などの物的な資源もかなりの汎用性をもつ．企業の外部ではあるが，他の企業なども利用できる流通網なども含まれる．同じ機械や設備でも，企業の中で内製されたものは汎用性が低く，企業特異性（ある企業にとってのみ意味をもつという特異性）が高い．同じように，系列化された流通網も汎用性は低いだろう．

物的資源と同じように汎用性と企業特異性を同時にもつのは，労働力としての人的な資源である．人的な資源の汎用性の程度も，資源の特性に応じて異なる．未熟練の労働力は汎用性が高いであろう．一方，企業の特異的な能力や熟練を必要とする労働力は，汎用性が低いであろう．

人的資源や物的資源よりも企業の特異性が高いのは，企業の内外に蓄積された知識としての情報的経営資源である．企業の内部に蓄積されたノウハウ，技術，熟練，顧客情報，企業の外部に蓄積された当該企業についての信用，イメージ，ブランドなどが，情報的経営資源の例である．組織能力と言われているものの実体は，こうした知識という情報的経営資源なのである．企業にとっての資源が企業の外部に蓄積されているのは意外に聞こえるかもしれないが，面白い事実である．

たしかに技術などは，かなりの汎用性をもつこともないではないが，それでもノウハウなどになると，企業による違いが大きい．同じ自動車の生産のノウハウでも，トヨタのノウハウを日産ですぐ使うわけにはいかないだろう．

情報的経営資源の多くは企業特異的であり，他の企業が自由に使えるものではない．それは情報的経営資源の多くが，企業の具体的な日常の仕事のプロセスの副産物として蓄積されてくるものだからである．ノウハウなどはそ

の典型である．したがって，日常的な仕事のプロセスが似ていなければ，他の企業ですぐ使うわけにいかない．

　企業の情報的経営資源としてややわかりにくいものに組織文化とか，従業員のモラールなどがある．それらはすべて人に体化されたものだが，人そのものが大切な資源なのではなく，その人たちの頭と心に宿る目に見えないものが大切なのである．その目に見えないものも情報の一種と考えて，これらも情報的経営資源の一部と考えよう（詳しくは伊丹敬之『新・経営戦略の論理』日本経済新聞社刊を参照）．

　経営資源の分類のもう一つの軸は，企業にとっての固定性である．つまり，ある資源の量を増減させるのに時間やコストがどれくらいかかるかによって，固定的な資源と可変的な資源に分類しようというわけである．別な言葉で言えば，外部からの調達の容易さの程度による分類である．短期契約の労働というヒト，原材料や簡単な機械などのモノ，外部導入資金というカネ，などが比較的可変的な資源の例であろうし，熟練労働者というヒト，大規模な工場設備というモノ，長期固定的な自己資本というカネ，などは固定的資源の例であろう．

　ただ，これらの固定的資源も，カネさえ出せばおそらく入手可能なものである．その意味で「真の固定性」はあまり大きくないといっていいのかもしれない．それに対して，顧客の信用とか，ブランドの知名度，技術力，生産のノウハウ，組織文化，従業員のモラールの高さ，というここで情報的経営資源と呼んでいる目に見えない資源は，固定性のきわめて強いものが多いといえよう．たんにカネを出せば手に入るというものではない．その蓄積は普通，スローテンポでしか行えず，金銭的代価を支払うだけで確実に蓄積できる性質のものでもない．ずいぶん，他の資源と性格が違う．

　以上の二つの軸で経営資源の分類をまとめたのが，図1-2である．

　この図が示すように，汎用性と固定性との間には負の関係がある．汎用性の高い資源は，一般に市場からの調達が可能であり，その獲得や蓄積にあまり時間はかからない．それに対して，企業特異性の高い資源は市場からの調達が困難で，獲得や蓄積には時間がかかる．

　こうした経営資源の中で，競争上の優位性，つまり他の企業が真似できない優位性の源泉になるものは何だろうか．それは，目に見えない情報的経営

図1-2 経営資源の分類

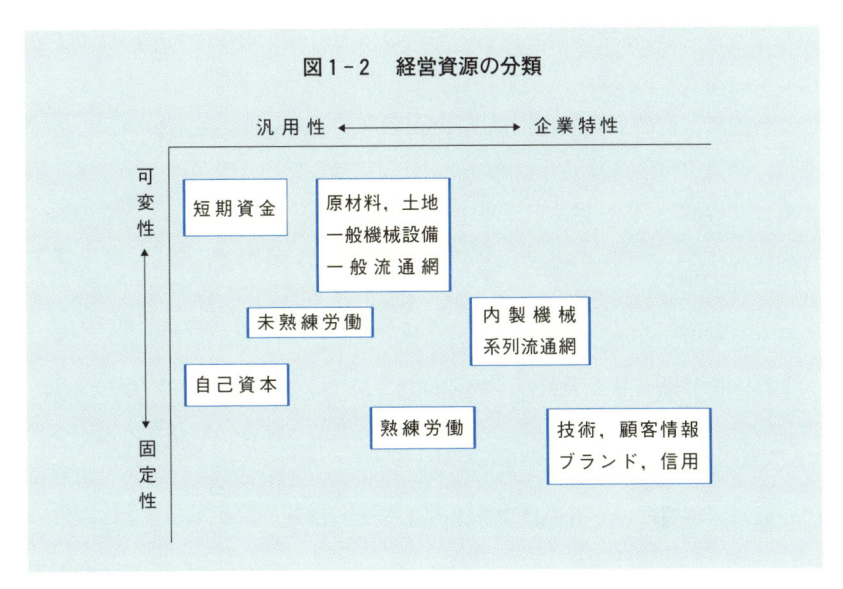

```
                汎用性 ←――――――→ 企業特性
可  ┌──────┐  ┌──────────┐
変  │短期資金│  │原材料，土地  │
性  └──────┘  │一般機械設備  │
↑              │一般流通網    │
│              └──────────┘
│          ┌──────┐    ┌──────┐
│          │未熟練労働│    │内製機械  │
│          └──────┘    │系列流通網│
│   ┌──────┐                  └──────┘
│   │自己資本│
│   └──────┘  ┌──────┐  ┌──────────┐
↓              │熟練労働│  │技術，顧客情報│
固                └──────┘  │ブランド，信用│
定                            └──────────┘
性
```

資源である．なぜか．

それは，この資源だけが，企業特異性が高く，かつ固定性が高いという特徴をもっているからである．

言い換えれば，情報的経営資源は次の三つの性質をかねそなえていて，だからこそ他社との優位性の基本的な源泉になる可能性が高い．

> 1．カネを出しても買えないことが多い（したがって，自分でつくるしかない）
> 2．つくるのに時間がかかる
> 3．複数の製品や分野で同時多重利用ができる

カネをだして買える資源なら，カネを用意できる競争相手にすぐ同じものをもたれてしまう．つくるのに時間があまりかからないような資源なら，これまた競争相手もすぐ同じことがやれる．そんな資源では競争上の差別力の源になど，なれるわけがない．

しかも，その情報的本質のゆえに，情報的経営資源は，いったんでき上がるとさまざまな形で多重利用が可能になりやすい．顧客の信用がある製品の成功ででき上がれば，それを他の製品が利用することが可能となる．つまり，売りやすくなる．ある事業で培った深い技術蓄積は，複数の分野で同時に使

われうる．「同時多重利用」によって，競争力の源をじつに効率的につくり出していることになる．

この本質（同時多重利用）は，「ただ乗り」と言い換えてもいい．この本質は，情報的経営資源以外の他の経営資源にはない．A製品の工場で働く労働者は，「同時」にB製品の工場で利用されるわけにはいかない．物理的に不可能である．設備にしても，遊休設備の転用という形で，一見すると多重利用に見える使われ方がありうるが，本質的に「同時」に多重利用しているわけではない．カネも，同時に他の分野で使うことは不可能である．

では，なぜ見えざる資産についてはただ乗りが可能になるのか．それは，情報のもっている本質，モノやカネという物理的な存在とは違う情報の本質が，ただ乗りを可能にさせるのである．

一般に，情報というものは次のような三つの特徴がある．

1. 同時に複数の人が利用可能
2. 使いべりしにくい
3. 使っているうちに，新しい情報が他の情報との結合で生まれることがある

第一に，たとえば，技術情報を考えてみよう．その情報をAさんがもっていると，Bさんは知ることができない，ということはないし，Aさんがに教えると，Aさんはもはやその情報を知らないことになってしまう，ということもない．一つの情報を同時に複数の人が利用可能なのである．つまり，同時多重利用が可能である．

第二に，Aさんがこの技術情報を使っていると，情報自身が減っていくということはない．ただし，その情報が多くの人に広まって，差別的な価値が小さくなるということはありうるだろう．したがって，情報は使いべりしにくい．つまり，多重利用がマイナス効果を生みにくい．

第三に，この技術情報をあちこちで使っているときに，Aさんが他の技術情報を得る機会をもったとしよう．この技術情報は，単独では大きな価値はないが，Aさんの技術情報と結合させると新しい価値のある技術のベースになるというようなことはよくある．情報の多重利用が新しい情報を生む源となるのである．

こうした本質的な理由が根底にあるために，情報的経営資源は同時多重利用が可能で，使いべりせず，しかも多重利用から新しい情報的経営資源が生まれてくる，ということになる．

事業活動が生みだすもの

多くの経営資源の中で，見えざる資産（情報的経営資源）の重要性をこの本で強調するのは，それが優位性の源泉だから，というだけではない．それが事業活動の「結果として」生みだされてくる数少ない経営資源の一つだからである．戦略は見えざる資産を利用もするし，生みだしたりもするのである．

普通，資源は事業活動のインプットとして捉えられる．事業を成功させるには，ヒト，モノ，カネが「必要」というときには，「インプット」として必要ということが考えられている．しかし，事業活動のアウトプットでもある，という資源もある．インプットとして必要であり，またアウトプットとしても出てくる，という資源である．事業活動の設計図を描くことが任務である戦略を考える際には，このインプット＝アウトプットの二面性を備えた資源はとくに重要であろう．

事業活動の生みだす資源としてもっともあたり前なのは，「カネ」である．コストを上回る収入を得ることによって，その差額の利益を間違いなく事業活動は生みだしている．カネは事業活動のインプットでもあり，アウトプットでもある．

見えざる資産という情報的経営資源も，事業活動によって生みだされていく．今までなかった情報が蓄積されていくという意味では，まさに「生みだされていく」わけであり，また蓄積がその後の事業展開の基盤を形成するという意味でも重要である．

たとえば，シャープやカシオのLSI技術などはまさにそれである．両社が電卓事業に注力することによって生みだしたLSIの技術資源が，その後の事業展開に大きな影響を与えている．技術の蓄積が，いくつかの事業分野で行われ，それらが結びつけられて新しい分野への進出の引き金になる．そんなプロセスが現実にきわめて多い．

生みだされるのは，技術という情報的経営資源ばかりではない．目立つものが生みだされるばかりでもない．微妙なところで，事業活動による情報的

図1-3 事業活動の生みだすもの

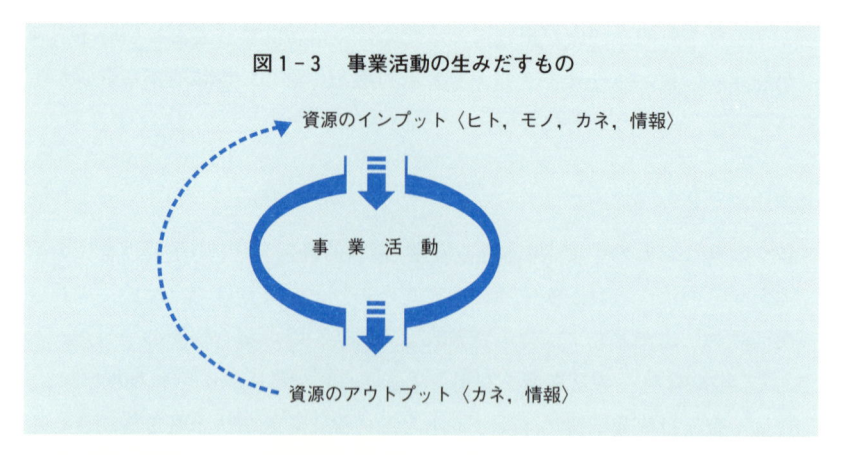

資源のインプット〈ヒト，モノ，カネ，情報〉

事業活動

資源のアウトプット〈カネ，情報〉

経営資源の蓄積という波及効果が生まれている．たとえば，一つの優れた商品をもつことによって小売店の信用という情報的経営資源が生みだされ，それが後の事業展開に好影響を与えるという波及効果がよくある．その波及効果を考えれば，たった一つでも「明らかに優れた」商品を開発することの方が数十のまあまあの商品を作るよりトータルの効果は大きい．優れた商品の開発という事業活動は，情報的経営資源（その商品の技術はもちろん，小売店の信用も含めて）をも生みだしてくれるのである．

こうして図1-3にまとめられているように，事業活動はカネと情報の二つを生みだしていることになる．カネと情報は，事業活動のインプットであると同時に，アウトプットでもあるのである．こうした意味でも，カネと情報が競争力と事業発展の源泉になる，二つの資源なのである．

そして，その二つの資源のうち情報的経営資源という見えざる資産だけが，汎用性と固定性という特徴をもっている．だからこそ，見えざる資産こそが経営資源の中核になるのである．

そうした情報的経営資源の圧倒的部分は，じつは組織に働く人々に担われている．どこか，棚の中にしまってあったり，宙に浮いているわけではない．情報はどこかにたまる必要がある．だからこそ，じつはヒトという資源が競争力の源泉を担っていることになる．それゆえに，「人材」が最大の資産なのである．労働力としてのヒトなら，機械で置き換えられるかもしれない．しかし，情報的経営資源の担い手は，究極的にはヒトしかなれない．ヒトが重要なのは，情報的経営資源という見えざる資産の担い手だからである．

3　戦略と見えざる資産のダイナミックス

見えざる資産蓄積の二つのルート

　事業活動から見えざる資産が蓄積されてくるということは，戦略と見えざる資産の間に面白い双方向のフィードバック関係があることを意味する．一つは，戦略を成功させるために見えざる資産が必要という関係．もう一つの方向は，逆に戦略の実行プロセスからさらに新たな見えざる資産が蓄積されてくる，という関係．第一の方向は，見えざる資産が原因となって戦略を成功させる．第二の方向は，戦略が原因となって見えざる資産の蓄積に成功する．

　見えざる資産の蓄積には，ふつう二つのルートがある．直接ルートと業務副次ルートである．直接ルートとは，見えざる資産の蓄積を第一義的目的として直接的な資源投入が行われることによって蓄積が起きるというもの．ブランドづくりのための広告宣伝，新技術開発のためのプロジェクト，従業員のサービスの質の向上のための研修，などがあげられる．

　業務副次ルートとは，事業活動遂行のための日常の業務・仕事のプロセスを通じて副次的に見えざる資産が蓄積されてくる，というもの．たとえば，高品質の商品やサービスを提供し続けるという日常の仕事をきちんとしていると，ブランドができてくる．既存製品の改良や工程改善という日常業務から，地味なノウハウが蓄積されてくる．サービスに厳しい顧客への対応をうるさがらずにきちんとしているうちに，顧客に鍛えられてサービスの質が上がってくる．

　日常の仕事は，今の事業を成功させるためにきちんと実行しなければならない．どうせしなければならない日常業務の仕事だが，工夫次第で見えざる資産の蓄積が大きくもなったり小さくもなったりする．たとえば，要求の厳しい顧客を敬遠すれば，顧客に鍛えられるという資源蓄積ルートを放棄していることになる．

　見えざる資産の蓄積には，この業務副次ルートがきわめて重要である．直接ルートは，蓄積のスピードは速いかも知れないが，蓄積されるものの深

さ・堅固さには不十分であることが多い．業務副次ルートは，蓄積のスピードは遅いだろうが，地に足が着いた堅固なものが蓄積される可能性が高い．だから，副次ルートが大切なのである．

つまり，仕事の仕方が見えざる資産の蓄積をかなり決めている．そしてその仕事の内容を大枠として決めているのは，企業の戦略なのである．

だから，戦略が見えざる資産の蓄積に大きな影響をもつ，戦略の実行プロセスで新しい見えざる資産が蓄積されてくる，と言えるのである．

その蓄積が起きる本質的理由は，業務を実行するプロセスが同時に実行する人々にとっての学習の機会になっていることにある．人間はきわめて高い感覚機能と学習能力をもった存在である．その点で，機械とはまったく違う．人間は，実行するプロセスで同時に観察をし，考えている．手が動くと当時に，目も頭も動いている．その目と頭から情報が入り，処理され，蓄積される．そこから学習が生まれる．つまり，人間にとって，行動することは学習することでもあるのである．

企業成長の背後の双方向ダイナミックス

そのような学習の累積の結果として，戦略と見えざる資産の間の双方向のダイナミックな関係が生まれてくる．

今日の戦略は，昨日までの見えざる資産の蓄積を利用しようとする．そして一方，今日の戦略が，業務副次ルートを通して明日の見えざる資産の蓄積に大きな影響を与える．その明日の新たな蓄積ができるおかげで，明後日の新しい戦略が可能になっていく．

この論理が働いて，さまざまな面白いダイナミックな戦略現象が起きる．たとえば，技術が戦略をドライブする，という現象．あるいは，ある事業での徹底的な競争優位の追求が企業に変化対応能力を蓄積させる，という現象．さらには，挫折からの蓄積．

技術が戦略をドライブするとは，一つの深い技術蓄積がその技術を核にした戦略を自然に組織の人々に構想させる，ということである．シャープの液晶技術がその好例である．

シャープは電卓ビジネスでの競争上の優位をつくるために，30年近く前に半導体と液晶の内製に乗り出し，成功する．その成功のおかげでシャープの

液晶技術は伸び，その後シャープは液晶技術開発の世界的な先頭を走り続ける．その結果，その技術を応用した数多くの製品を家電の分野で出してきた．

たとえば，液晶画面をもったビデオカメラ（液晶ビューカム），あるいは液晶ディスプレーのノートパソコン．あるいは，液晶ディスプレーを利用した最終商品の開発ばかりでなく，液晶ディスプレーそのものを部品として売るというビジネスも拡大させてきた．液晶技術という見えざる資産の徹底的利用を目指した戦略が動き始めたのである．

経験曲線

アメリカのコンサルティング会社，ボストン・コンサルティング・グループ（BCG）は，ある時点での企業の累積生産量（商品を生産し始めてからその時点までの生産量の累計数量）とコストとの間に，ある明瞭な関係があることを発見した．それは，累積生産量とコストを，両対数の目盛りの座標軸をもつ平面にプロットしていくと，ほぼきれいな直線になる（図A）という事実である．これは，累積生産量が10％増加すると，コストがa％減少する（aの大きさはこの直線の傾きによる）ということを示している．これを普通の目盛りをもつ座標軸に示すと，図Bのような曲線になる．この曲線をBCGは，「経験曲線」と名付けた．

このような現象が生じるのは，①習熟による労働者の能率向上，②作業の標準化と作業方法の改善，③製造工程の改善・改良，④生産設備の能率向上，⑤活用資源ミックスの変化，⑥製品の標準化，⑦製品設計の合理化などの理由による（D．エイベル＆J．S．ハモンド『戦略市場計画』ダイヤモンド社）．経験曲線は，累積生産量が大きい企業は，低コストを享受でき，競争相手よりも価格競争力が大きいということを示している．この優位性を生かす一つの戦略は，将来のコスト低下を先取りして，低価格で需要を掘り起こし，累積生産量を拡大する戦略である．しかし，競争相手が同様の戦略を展開した場合には，泥沼のような価格競争がもたらされる危険もある．

図A　対数座標軸のもとでの経験曲線

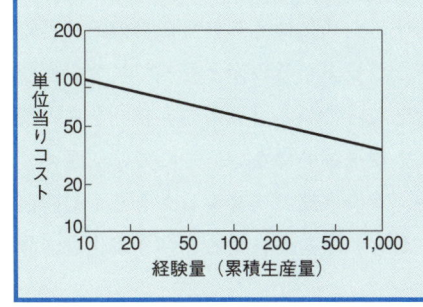

図B　普通の座標軸のもとでの経験曲線

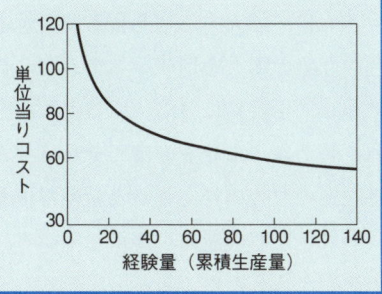

そればかりか，液晶技術の蓄積がシャープ全体の技術の核となりはじめ，液晶技術の利用と蓄積というフォーカスを中心に企業全体の戦略が構想されるようになっていく．そこには，二つの戦略構想への深い影響があった．一つは，液晶技術という見えざる資産をなるべく利用できるような戦略を考えようとする思考をもたらしたこと．もう一つは，その資産のさらなる広がりと深さをつくるように技術開発を考え，新事業展開戦略を考えようとする思考である．

つまり，企業の中のさまざまな戦略的行動の間に，「液晶」という一つの技術コンセプトで芯が通ったのである．技術が戦略をドライブ（駆動）している．見えざる資産が戦略の中心に位置しているのである．

見えざる資産が，圧倒的な競争優位と変化対応力の源泉になっている好例が，ヤマト運輸である．ヤマト運輸が日本の宅配便市場を創造し，そして急拡大した市場の中で今もなお圧倒的なシェアを誇っている背景には，見えざる資産の蓄積があった．

ヤマト運輸が市場創造に成功した鍵は，ビジネスとして成り立ちにくいと思われていた小口の宅配を，経済の論理に見事に乗るようにきちんとした仕事のシステムを全国的につくり上げたことにある．その仕事の仕組みを成立させている要は，荷物の集荷から配達までのネットワークをきちんと管理するシステム力（たとえば，荷物の追跡システム）と集荷と配達の両方を現場で行うセールスドライバーの質である．ともに，見えざる資産の典型的な例である．

トラックは誰でも買える．しかし，システムはおいそれとはつくれない．セールスドライバーの訓練も時間がかかる．それだけの細かな蓄積の巨大な集積があるから，競争相手が容易に追いつけないのである．

さらに，拡大する宅急便需要に対応するためにつくられた荷物の追跡と管理のための膨大な情報システムが，新たな見えざる資産となって代金引換便サービスを容易に可能にする大きな力となっている．カネの支払いをこの情報システムに乗せるのは，それほど大きな飛躍ではない．ここでは，既存の宅急便のための見えざる資産の蓄積が，次の事業（代金コレクトと企業間信用の供与）への能力を提供している．新しい事業が行えるという変化対応能力をもたらしたのである．

挫折から見えざる資産の蓄積が始まることもある．失敗した戦略の実行のプロセスの中で懸命に人々が蓄積するにいたる見えざる資産があり，その蓄積が次の戦略展開につながることがかなりある．

たとえばキヤノンは，70年代にカメラからシンクロリーダー（磁気記録事業）や電卓というエレクトロニクス事業に進出しようとしたが，その事業戦略自体は結局失敗した．しかし，そのプロセスで培ったエレクトロニクスの開発力や流通ルートが，複写機ビジネスでの成功の一つの基礎となっている．さらには幅広くプリンターやカメラの電子化のための技術的基盤ともなった．

このように，さまざまなパターンの企業成長の背後には，見えざる資産の面白い蓄積プロセスがある．それゆえ，見えざる資産の中核的重要性は洋の東西を問わない．情報的経営資源という見えざる資産の重要性を最初に主張したのは，われわれ著者二人が参加した本（吉原英樹他『日本企業の多角化戦略』，1981年，日本経済新聞社刊）であったが，見えざる資産の広がりやその重要性は，たとえばコアコンピタンスというアメリカの学者の概念の中で使われたりして（C．K．プラハラード，G．ハメル『コアコンピタンス経営』一條和生訳，日本経済新聞社），資源ベース戦略論（Resource Based View）の重要な中核概念となってきている．

(演習問題)
1. 戦略が失敗したと思われる例を自分で見つけ，その例ではこの章の「戦略の二つの定義」の内容のどこが問題だったのか，考えなさい．
2. ポジショニングスクールと経営資源スクールのそれぞれに偏った場合，どのような戦略的欠陥が表れる傾向になりがちでしょうか．
3. マーケットシェアが高いことが競争力につながると言われます．その原因の大きな部分はマーケットシェアが高いことが見えざる資産の蓄積につながることですが，なぜそうなるか企業の生産経験，顧客との接触の二つの観点から考えなさい．

第2章

競争のための差別化

　前章で戦略という言葉の主な内容について解説をしたが，第2章から第6章まで，より具体的な分野ごとに，戦略をつくる際にどのようなことを考える必要があるのか，戦略の論理を述べていく．大きく分けて，三つの分野が取り上げられる．

　第一に，競争戦略．製品市場を一つに限定して，そこで事業を行う際の競争のための戦略を論じる．この問題は，顧客のニーズを満たすための競争相手との差別化の戦略（第2章）と，そうした差別化を実行する企業の供給体制としてのビジネスシステムの戦略（第3章）に分けて論じられる．

　第二に，事業構造の戦略．複数の事業を営んでいる企業がその複数の事業分野全体の戦略をどう考えるべきか，という問題である．企業が相手にする製品市場が複数に増えた場合の企業全体の戦略である．この問題は，企業の中の事業の組み合わせ（ポートフォリオ）や選択と集中の問題を中心に論じる第4章と，さらに企業合併による事業構造の変化や提携なども含めた事業地図の塗り替えの問題まで扱う第5章に分けて議論される．

　第三に，国際化戦略．この問題は，企業が相手にする製品市場や原材料市場などが複数の国にまたがる場合の「国境マネジメント」の問題を扱う．たとえば，国内だけの需要に頼っていた企業が海外の需要の開拓に乗り出す，さらには生産拠点を海外に求める，といった戦略である．そのときには，市場が新しいばかりでなく，相手にする政府も，あるいは文化や法律の制度もなにもかもが従来の市場とは違ってくる．

1 顧客と競争相手は誰か

誰を顧客とするか

　競争戦略とは，ある事業での企業の市場対応行動の基本設計図である．その事業での市場競争にうち勝つために，顧客にアピールし，競争相手との優位性や違いを作るための設計図としての戦略である．

　優位性や違いが生まれていることを，差別化ができているという．したがって，競争戦略という基本設計図の中核は，差別化のための設計図である．

　差別化は，競争相手との違いを顧客が認め，実際に自社の製品を選んで買ってくれてはじめて，完成する．ここでまず大切なのは，たんに競争相手との間に何らかの差があることが差別化ではないことを認識することである．企業の側が勝手に「この点では，自社製品は競争相手よりも違う」と思い込んでいても意味はない．その差が，顧客にとって価値のあるポイントについての差であることが必要であり，しかも，顧客の実際の選択につながるだけの十分な大きさの差でなければならない．つまり，顧客による十分な価値の違いの認識が生まれてはじめて，差別化は成功したと言える．

　差別化のための設計図を描こうとするとき，二つの基礎的な要因について明確な認識が必要となる．第一に顧客を誰と考えるのか，第二に競争相手は誰だと考えるのか．それは，「価値の違いの認識」を誰にしてもらうのか，誰との違いを認識してもらうのか，という問題で，きわめて重要である．

　それはあまりにも基礎的なことだが，そんなことは普通の事業ならば最初から決まっている，と思ってはならない．顧客を誰にするのかもじつは企業の選択，競争相手が誰になるのかも企業の選択次第で変わることがありうるのである．

　もちろん，顧客を誰にするかを決めたとしても，その「誰」以外の人には製品を売らないということではない．あくまで，設計図をつくる際に想定する主要な顧客を誰にするか，という問題である．このターゲット設定を甘くすると，万人向けのように見えて誰も買ってくれない製品を開発してしまったりする．普通は，想定するターゲット顧客はかなり狭く絞る必要がある．

たとえば，ヤマト運輸が宅急便に乗り出したとき，主要な想定顧客ターゲットのイメージは家庭の主婦であった．だから，彼女たちに便利な集配の仕方（酒屋さんやお米屋さんを取扱所に），彼女たちが理解しやすい価格設定（全国一律1000円），彼女たちに訴えやすいサービス設計（翌日配達），などの設計図の中身が浮かび上がってくるのである．

つまり，ターゲット設定を狭くする最大の目的は，設計図を決める側の発想が焦点をもつことを確保することにある．広いターゲットは，ぼけた発想の原因になってしまう．

その狭いターゲット設定での成功が波及効果を生んで，じつに多様な顧客層に結果として受け入れられていくということはよくある．宅急便は，決して主婦だけが利用したのではなかった．幅広く多くの国民に受け入れられた．それは，「狭く入って広く出る」という戦略の成功によく見られる現象の典型例である．

一つの企業にとって，一つの製品市場で対応する顧客には，さまざまなタイプが同時に存在することが普通である．その多様な顧客層をめがけての差別化をはかる設計図を描く際に重要なのは，市場細分化をきちんと行ったうえで，ターゲット顧客の絞り込みを行うことである．つまり，一つの市場がさらに細かいいくつものセグメントに分かれているのが普通で，そのセグメントごとにターゲット顧客を絞るという作業が必要とされることが多い．

一つの市場が，まったく同じような行動や選好をもつ買い手から構成されることはない．広告に敏感に反応する買い手もいるし，価格に敏感に反応する顧客がいるかもしれない．価格よりも，むしろ品質やデザインを求める顧客がいるかもしれない．所得も年齢層も違い，地域ごとに好みや事情が異なる顧客がいる．

たとえば，自動車市場は，技術やスタイルにうるさい若者市場と，クルマに居住性と経済性を求めるファミリー市場，さらにはステイタスや贅沢さを求める市場と，別なセグメンテーションもできる．同じく，レコードやCDの市場は，ジャンル別，年齢別の市場に分かれていると思うべきだろう．

そうしたさまざまな市場のセグメントを細分化したうえで，どこに焦点を絞るのか，あるいは絞らずにあえて全体を企業としては狙うのなら，それぞれのセグメントごとにどのような戦略を立てるのか（たとえば，セグメント

ごとに微妙に違う製品を開発するのか），そうした決定のための基礎として，市場細分化は非常に重要である．

その際には，ユニークな細分化が必要とされる．定型的に，教科書に載っているような細分化の例をうのみにして，たんに所得だけで細分化してはならない．細分化の仕方そのものに，その企業が市場をいかにきちんと理解しているかが表れるのである．

顧客をユニークな視点で細分化し，そのうえで，細分化されたどのセグメントを狙うか，選択されたセグメントで想定ターゲットをどう絞るか．それが「誰を顧客とするか」という問いに対するもっとも重要な答えである．

競争相手は誰か

こうして設定された顧客が，価値の違いの認識の主体である．そして，その認識主体に対して違いを誰との間で作ろうとするかが，「競争相手は誰か」という問題である．

ある製品市場を一つ想定すれば，競争相手が誰であるかは，なかば自明で

市場細分化の次元

市場の細分化は，顧客の特性をもとに，他の顧客グループとは異なったニーズをもつ集団を識別することによって行われる．そのためには，詳細な顧客調査が必要である．その切り口としては，たとえば，次のようなものがある．
①使用者のタイプ，②使用場所，③使用頻度，④求められる機能・性能，⑤価格に対する敏感さ，⑥用途，⑦ブランド知覚とブランド忠誠

また，デモグラフィック（人口統計的）なデータをもとに，顧客の一般的な特性をもとに市場の細分化が行われることもある．その切り口としては，次のようなものがあるといわれている．
①地域，②所得水準（消費財の場合），③規模・業種（生産財の場合），④年齢や性別（消費財の場合），⑤職業

もちろん，この二つの切り口の間には関係がある．デモグラフィックな分類は，通常は，近似的な方法として用いられる．

市場が複数にセグメントされているとき，個々の企業は，どのセグメントで競争するかを選択することができる．一つの市場の中で，ほとんどのセグメントで競争している行動をフルライン戦略と呼び，単一あるいは少数のセグメントに焦点を合わせる行動を，焦点化と呼ぶ．後者の政策をとる企業を，ニッチャーと呼ぶこともある（D.A.アーカー『戦略市場経営』ダイヤモンド社）．

ある場合もたしかに多い．テレビという製品市場であれば，もっとも自明な競争相手は他のテレビメーカーである．しかし，つねにそうとはかぎらない．競争相手が意外なところにある場合もあるし，あるいは競争相手とは与えられるものではなく，企業が選択するものであるという場合もある．あるいは，「選択」とまでいかなくとも，数多く存在する競争相手の中で，誰をメインの競争相手として強く意識するか，という問題も重要である．

いずれの場合でも，差別化が自社と誰かとの違いを顧客に訴える戦略である以上，その「誰か」がはっきりしなかったら差別化のポイントを何にするか，どのように訴えるかという差別化戦略の考えようがなくなってしまう．

競争相手が意外なところにある場合とは，典型的には二つ考えられるだろう．一つは，競争相手が顧客自身である場合．たとえば，夕食の食材の配達をする事業を考えてみよう．その日のおかずの献立を決め，必要な材料一式をそろえて配達する事業である．その企業にとって，最大の競争相手はじつは顧客である．主婦が自分で買い物に行こうかそれともこの企業のサービスを利用しようかと考えている，その比較の相手は自分なのである．多くのサービス業にとって，もっとも手ごわい競争相手は顧客自身なのである．

もう一つは，形のうえでは全然別な製品やサービスなのに自社が提供している製品やサービスと同じ機能を果たす場合である．代替品と言ってもいい．

代替の範囲は実は広い．その広さをきちんと考えないと差別化のあり方を間違う．たとえば，ボールペンの「字を書く」という機能に注目すると，他のボールペンや筆記用具の供給者と筆記用品市場で競争をしていると見なすことができる．しかし，宣伝の手段として見れば，使い捨てライターやティッシュなどの供給者を競争相手として，小景品（ノベルティ）市場で競争しているのである．市場によって差別化のポイントが違ってくるだろう．

数ある競争相手の中で誰をメインの競争相手と意識するか，という問題もまた重要である．それを間違えると，戦略が間違う．それが起きた例が，90年代の日本の半導体産業であったようだ．80年代は，半導体のみならず多くの産業で，日本企業は他の日本企業とアメリカ企業を国際競争のメインの相手としていればよかった．しかし，90年代になると東アジア企業，とくにまず韓国，台湾の企業，そして中国の企業が新規参入してきて，次第にメインの競争相手と考えなければない状況になっていた．

それにもかかわらず，いまだに国内他メーカーやアメリカ企業を意識しすぎて，東アジア企業に対する競争の意識が必要なレベルに達していなかった産業もかなりあった．半導体産業がその一例であった．競争相手のメインは誰かの認識について，日本企業自身がピントはずれだったのである．そのために，効果的な対抗策を考えるのが手遅れとなった．

市場の範囲と競争構造の分析

先にボールペン企業の例で，小景品市場に競争相手がいるのかもしれない，と述べた．しかし，ボールペン企業は小景品市場で競争「しなければならない」わけではない．その市場を相手にしないことも戦略的な選択として可能である．そこにいる競争相手との差別化が自社の特徴からして難しければ，その市場を避けるという手段は当然あっていい．そのとき，この企業は「自分が相手にする市場の範囲」を自分で決めている．それは自分の構想であり，選択である．

市場の範囲は誰かが与えてくれるものではない，というと奇異に聞こえるかもしれない．たしかに「日本の鉄鋼市場」という言い方をすれば，市場の範囲は自明に決まる部分が多い．しかし，「日本の高性能低価格建築素材の市場」といったら，その範囲はそれほど自明ではない．

鉄鋼とは，作る側に立った製品の定義であるが，買う側からすれば，本当は鉄鋼そのものを買っているのではなく，鉄鋼が提供してくれる機能を買っているはずである．したがって機能を代替する製品が現れれば，アルミでもチタンでもエンジニアリング・プラスチックでも，何でもいい．鉄鋼企業はそれらの製品の供給者との競争と差別化を考えざるをえなくなる．化粧品を化学産業の一部と捉えるのはやはり作る側の発想だが，「夢を買っている」と思えば，イメージ産業が市場の定義になってもいい．

こうした市場の範囲の議論は，基本的に「製品の定義」あるいは「事業の定義」をどのようにするのか，という問題である．ドラッカーの有名な言葉を引けば，「われわれの事業は何なのか．われわれは何を売っているのか」である．鉄道業を「輸送サービス」の企業と捉えるか，「二本のレールの上を電車が走って人やモノを運んでいる事業」と捉えるかで，市場の範囲が変わってくる．顧客も競争相手も相当に変わってくる．

市場の範囲の定義の難しさは，たんに製品や事業の本質の捉え方の難しさからくるばかりではない．世の中は，なだらかに代替関係をもった多くの類似の製品から成り立っているからでもある．オーディオ製品を例にとれば，ラジカセ，ウォークマンからミニコンポまでなだらかな代替関係にある一般向けのオーディオ市場がある．その一方で，一台で何十万円もするようなスピーカーやアンプのハイエンドの市場もある．さらには，DVDなどのオーディオ・ビジュアルの世界とつながったオーディオ機器の世界や，プレイステーションなどのゲーム機器とつながっている市場の部分もある．

　たんに代替関係でつながっているだけではなく，補完的な関係でも市場はつながっている．たとえば，引っ越し会社は，荷物を運ぶという意味では，運送業の会社である．段ボールなど引っ越しに必要な物品の提供も，引っ越しサービスを補完するために必要なものには違いない．引っ越し会社が自分の市場を「荷物を運ぶ」ことだけに限定するか，引っ越しに必要なさまざまな物品の提供から転居先での生活の定着のために必要なサービス（たとえば転入届やガス・電話などの手続き代行）まで含めて自社の市場と考えるか．それは企業の側の選択の問題なのである．

　このように，市場の境界には，普遍的に妥当なものは存在しない．そうして幅広く展開しうる市場の広がりの中で，自社にとっての市場の範囲をどう選択するか．それはもっとも大切な戦略的選択なのである．

　市場というものを主に構成しているのは，その市場が対象としている顧客，お互いにライバル関係にあるとそれぞれの人々が考えている競争者である．面白い市場の範囲の選択ができたときそれは，①製品の定義，②競争相手の確定，③誰が本当の顧客かの確定，といった差別化戦略の基礎になる三つの要素をユニークに規定していることになっている．そこから，ユニークな差別化戦略が生まれる．

　ただし，顧客と現に存在する競争相手だけが市場を構成する人々ではないことにも留意すべきである．その市場には，代替品の脅威もあり，新規参入の脅威もあるだろう．あるいは，原材料や部品の供給メーカーの存在もまた，市場の競争構造を考える際に考慮すべき要因である．企業の差別化戦略のあり方に影響を与えるからである．

　たとえば，自社製品の根幹になる部品や製品の組み立てそのものを外部の

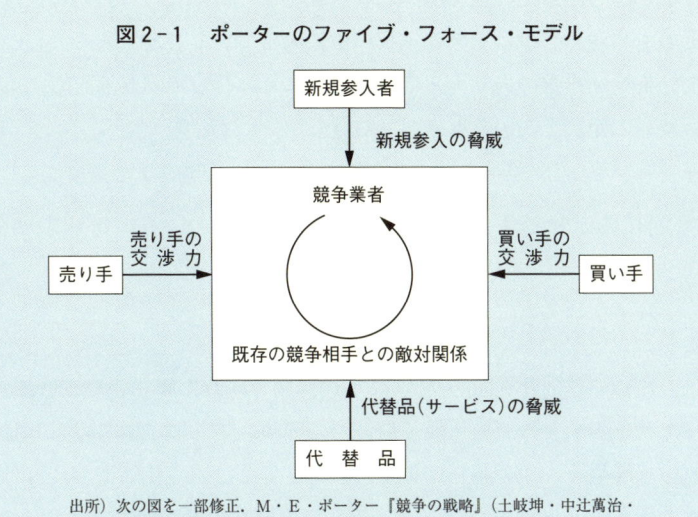

図 2-1　ポーターのファイブ・フォース・モデル

```
                    ┌─────────┐
                    │ 新規参入者 │
                    └─────────┘
                         │
                      新規参入の脅威
                         ↓
                    ┌─────────┐
                    │ 競争業者 │
   売り手の               ↻             買い手の
┌─────┐交渉力 ┌─────────────────┐ 交渉力 ┌─────┐
│売り手│─────→│                 │←─────│買い手│
└─────┘      │ 既存の競争相手との │      └─────┘
             │   敵対関係        │
             └─────────────────┘
                         ↑
                  代替品（サービス）の脅威
                         │
                    ┌─────────┐
                    │ 代 替 品 │
                    └─────────┘
```

出所）次の図を一部修正．M・E・ポーター『競争の戦略』（土岐坤・中辻萬治・服部照夫訳）ダイヤモンド社，1982年，18ページ，図表1-1.

メーカーからの供給に頼っている場合，そのメーカーの行動を読まなければ自社の差別化戦略はつくれない．その部品メーカーが競争相手や新規参入者にも同じように供給する可能性が十分あるのならば，差別化のポイントはその部品の性能や組み立ての効率に依存したものにするわけにはいかない．すぐに競争相手に真似される可能性が高いからである．

デジタルカメラの市場が，そうなっている．三洋電機が多くのデジカメメーカーの製品の組み立てをOEM（Original Equipment Manufacturer）メーカーとして請け負っている．そうした市場での差別化のポイントは，デザインも含めた製品開発や他の関連製品とのつながり方になっていくであろう．部品の性能そのもので差別することはできない．

以上のような考察のまとめとして，一つの市場での競争構造の分析の第一歩として参考になる枠組みを最後に紹介しておこう．図 2-1 はM．ポーターによる「業界構造を決める五つの力（ファイブフォース）」と呼ばれる枠組みである．差別化戦略にとってのこの枠組みの意義は，すでに説明したことで十分であろう（この枠組みは，実は事業構造の戦略を考える際に，どの事業の利益率が高くなりうるかを考えるのに適した枠組みである）．

こうした分析枠組みを使って，市場での競争構造の分析に一歩踏みだして

みればよい．しかしその際に明示的に意識しなければならないのは，市場の範囲そのものが，じつは企業の選択の中に入っていることである．この図のような分析を，複数のありうる市場の定義ごとに行ってみたうえで，市場の範囲，製品の定義を決めるべきであろう．

2　差別化のポイントと競争の武器

顧客にとっての価値と武器の差別化

　競争のための差別化戦略の鍵は，二つの勝利を同時に勝ち取ることにある．一つは，競争相手との間の比較優位性での勝利．第二に，顧客の心を引き寄せるという勝利．二つの勝利は必ずしも同じではない．競争相手との間には優位性をきちんとつくったけれど，それでも顧客の心はつなぎ止められず，売り上げは上がらずじまい，ということがある．

　何について差別化を行うべきかを決定するには，市場の競争が何をめぐっての競争になっているか，を理解することが基本的に重要である．その競争の焦点についての差別化をすることが必要だからである．

　市場での競争の焦点は何かを考える出発点は，何といっても顧客にとっての価値である．企業の間の差を感じ，ある企業を優位と認める主体は，顧客だからである．そのためには，顧客がどのような要求（ニーズ）をもつか，その要求にどのように応えて価値を提供するかを考えなければならない．この点を忘れて「売り手にだけわかる差別化」あるいは「競争相手だけを見た差別化」をする企業が意外と多い．

　顧客に価値を提供するには，顧客の多面的なニーズを見なければならない．その全体を「ニーズの束」と呼ぼう．その束をあえてまとめれば，顧客は，

- 価格
- 製品そのもの（性能，品質，デザイン，付帯ソフトなど）
- サービス（アフターサービス，支払い条件，購入のしやすさなど）
- ブランド（製品や企業の社会的評価，など）

という四つの要素すべてに何がしかのニーズをもっている．そのニーズの束

は，製品の特性や顧客層の特性によって変わる．さらには，その束の中のどこに顧客の注意が集中しやすいかも，さまざまに変わりうる．たとえば化粧品では，価格はそれほど大きな要素にはならないだろうが，ティッシュペーパーでは価格が圧倒的に重要かもしれない．清涼飲料水では，購入のしやすさが鍵になる．顧客の中でも，リードユーザーと呼ばれる新しいものへの先導役をつとめる顧客層は製品の性能やイメージにうるさいが，一般的な顧客は価格をもっとも気にするかもしれない．それも，製品によって変わるだろう．

もっとも大切なポイントは，顧客のニーズは束であり，単一の次元のものではないことを認識することである．

こうした多面的なニーズのすべてを自社の訴求ポイントにしようとすると，二つの問題が発生して，結局はうまくいかないだろう．一つは，すべてがポイントでは，顧客への訴求がぼけたものになる．特色のない企業ということになってしまう．第二に，どんなに資源の豊かな企業でも，すべてのニーズの側面で競争相手との優位を構築することができるというのはまれである．普通は，あちこちを強化しようとして八方美人的戦略になり，資源の分散を招き，優位性をどこでも明確にはつくれなくなる危険性が大きい．

したがって，まず第一に考えるべきことは，顧客のニーズの束の中でもっとも顧客が敏感だと思われるポイントに差別化のポイントをもってくることであろう．そのポイントを「ニーズの核」と呼べば，ニーズの核を差別化のポイントにするのが，まず第一の鍵である．

その核となるポイントで，競争相手との間に顧客が十分に認識できるだけの差を作る必要がある．それは，その核のポイントを中心に，競争の武器を差別化する，と表現できる．

上で四つに大別した顧客のニーズの束のまとめを使うと，武器の差別化には大別して次の四つのパターンがありうることがわかる．

①製品差別化
②価格差別化
③サービス差別化
④ブランド差別化

①製品差別化 製品やサービスの機能や品質そのもので競争相手との差をつくる．一般にもっとも有効な差別化戦略だと思われている．機能や品質の差別化を継続的に行うためには，技術という情報的経営資源が必要だし，どのような機能やデザインを顧客が欲しているかを，他社よりも早く知るためには，顧客の好みを探るための仕組みがいる．

②価格差別化 製品は似ていても，価格で差をつくる．同等の機能・品質を安い価格で提供する．価格差別化という言葉がなじまなければ，低価格戦略と言ってもいい．開発から販売まで一貫して価格を下げることができるようにする，徹底して規模の経済を利用してコストダウンをする，などという行動が必要とされるだろう．

しかし，どのようにして低コストを実現するかは，業界や企業によって変わる．たとえば，流行があまりない日用品の場合には，大量生産，大量流通が鍵になるかもしれない．鮮度が要求される生鮮食品の場合には，ロスを減らせるかが鍵になる．このような鍵を，競争の鍵ということにしよう．

③サービス差別化 製品や価格は似たようなものでも，サービスの違いで勝負する．つまり，補助的なサービスで差をつける．納期，納入時の手伝い，アフターサービス，金融の付加，購入のしやすさなどさまざまなサービスがある．たとえば，清涼飲料水の場合には，飲みたいときにすぐに手に入れることができるように，自動販売機のネットワークを構築することによって購入のしやすさのレベルを高めることができる．この場合には，流通と物流が競争の鍵になる．

④ブランド差別化 顧客の心にブランドを確立すれば，価格が高くても製品は似たようなものでも買ってくれる．ソニーがおそらくそれによって大規模に成功している例であろう．ソニーの製品だからという理由で，とくに製品の機能や品質，価格を多少犠牲にしても買う顧客は多いという．

こうした武器の差別化による顧客のニーズの核への差別化が，差別化戦略のもっとも基本である．その戦略については，三つの注意が必要であろう．

一つは，核として選択したニーズの要因以外の面でも，顧客は最低限の許容水準を自分なりに設定しているのが普通であるということ．たとえば，価格に敏感な顧客も，製品の品質がある最低限のレベルを満たしていなければ，いくら安くしても買ってくれない．ニーズはやはり束なのである．その束の

すべての要素について，最低限の許容水準をを満たしたうえで，ある一点について大きく焦点を当てるのが肝心である．

　第二の注意は，こうした最低限の許容水準さえすべてニーズの束で満たしていれば，実はニーズの核として何を選ぶかは競争状況次第で複数の選択が可能だということ．さまざまな顧客が一つの市場にはいて，顧客層によってニーズの核が違う可能性があるからである．たとえば，日本の自動車産業で言えば，トヨタはサービスの差別化，ホンダは製品の差別化を，それぞれ中心的な武器として選んできたと思われる．

　第三の注意は，武器の差別化はただポイントを決めればいいというものではなく，実際に具現化するためにはその武器をきちんと経済の論理にかなってつくれるような体制を企業側が自分で用意しなければならない，ということ．規模の経済を追求するのなら，大量生産の設備をもつ必要がある．ブランド差別化を戦略にしたのなら，ブランドの構築と維持のための体制をきちんと考えなければならない．そうした企業側の供給体制の問題が，次章でビジネスシステムとして取り上げる問題である．

個性の主張という差別化

　ニーズの核での差別化は，製品とか価格という個々の武器で競争優位をつくろうとする戦略である．しかし，個々の武器だけの差別化でなく，企業としての個性の主張によって顧客の心を勝ち取ろうとする差別化戦略もある．個々の武器の差別化によって競争相手との間に大きな違いを出そうとするのではなく，自社の提供するもの・サービスの全体性で競争相手との間に大きな違いをつくり出し，それを自社の特徴として打ち出す．

　こうした個性の主張という差別化には，一般的に二つのパターンがある．

　一つは，製品の個性を競争相手とまったく異なるものにし，あるいはまったく異なったイメージの企業であることを売り物にするという戦略．製品の個性とは，製品の特徴や付加サービス，さらにはブランドなども含めた集合体という意味での「個性」である．製品の斬新さを強調するホンダの差別化戦略や「ソニーらしさのあふれた製品」ということを強調するソニーの戦略は，個性の違いを売り物にしている戦略の例である．あるいは，スターバックスコーヒーもその例で，他のコーヒーショップとは「明らかに」個性の違

うサービスを提供して高い価格にもかかわらず市場で受け入れられている．こうした個性の違いの強調に成功した場合，顧客は特定の製品を買うのではなく，いわば「企業を買っている」ことになる．

　ある市場に新規参入する企業の戦略は，多くの場合，個性の違いを強調することが必要である．その市場でのプレーヤーとして顧客に認知されるためにも，個性の違いの強調が必要である．その個性の違いを，価格を中心に訴える企業もあるだろうし，製品開発で訴える企業もあるだろう．

　新規参入ばかりでなく，マーケットシェアの低い企業の差別化戦略も「一点豪華主義」的な個性の違いの強調が成功することが多い．この種の企業は，市場全体に受け入れられることより市場の中のどこかのセグメントに受け入れられることを優先すべきだし，そうしても構わないポジションにいるから，この種の戦略がとりやすい．同じ理由をひっくりかえせば，マーケットリーダーにはとりにくい戦略ということにもなる．

　個性の主張の第二のパターンは，「微妙な差別化の集積」，つまり先に述べた四つの差別化の武器すべてで微妙に差をつけて，その微妙な差の集積が，顧客に自社の製品を選択させる動機になることを狙っている．そうした微妙な差別化の集積を達成できる企業は限られているので，集積として個性の主張にまで持ち込むことが可能になる．

　たとえば，トヨタの差別化戦略がその例であろう．先にトヨタをサービス中心の差別化の例としてあげたが，微妙な差別化の集積も重んじていると思われる．とくにどこが際だって優れているのでもないのだが，全体として見るとかなり圧倒的な差が生まれ，実はそれがトヨタの個性になっている．

　微妙な差の追求とは，一つひとつを取り上げれば大したことのない差別化をあちこちで行う，ということである．当然に，漫然とした資源分散になってしまう危険がある．意識して「微妙な差別化」を行なわなければならない．

　漫然とした焦点の分散との違いは，二つある．第一の違いは，すべての武器を使おうとはするのだが，しかしその中でも中心が複数にせよ，想定されていることである．そこへはかなりの集中が行われる．

　第二の違いは，微妙な差別化を多くのニーズのポイントで実行するには，相当な供給体制の工夫が企業側に意識されて準備されていることである．そのために，ビジネスシステムの工夫が非常に重要となってくる．したがって，

そうしたビジネスシステムを市場全体をカバーするようにつくりやすい立場にある，強いコスト優位性をもった企業やマーケットリーダーかあるいはそれに近いポジションにある企業に向いた戦略である．ビジネスシステムの重要性については，次章でさらに述べる．

個性の違いの強調による差別化も微妙な差別化の集積も，競争の激しい現代の市場ではますます必要になる戦略のタイプである．ニーズの核を中心と

差別化のあまり，顧客を忘れる愚

競争相手との差別化を考えようとするあまり，ときとして顧客にとって価値のないことまでしてしまうという失敗が案外多い．

このような失敗は，不特定多数の顧客を相手にしている企業で起こることが多い．顧客やその要求は見えないが，競争相手の動きは具体的に見え，よく目立つからである．社内で営業部門の発言力の強い企業でも，競争相手の動きに目を奪われ，顧客にとっての価値を忘れるという失敗が起こることが多い．営業から，「競争会社にはこんな商品があるのに，うちはいったいどうなっているのか」という声が出てくると，それに抵抗することは難しく，競争に対抗するための商品の開発が進められてしまう．それが顧客にとってどのような価値をもつかの検討は二の次になってしまう．

かつて家電メーカーの間で，ビデオ・デッキに関して，機能・性能競争が押し進められ，一般消費者が使いこなせないほど複雑な商品がつくられてしまったことがある．「競争相手がこんな機能をつけてきたから，わが社はこんな機能を」ということで，あまり使われない機能までつけられてしまったからである．最近では，パソコンに関して，同じような失敗が繰り返されつつあるように思える．顧客がついていけないほど高度な機能や性能を目指した競争が展開されているが，基本ソフトの品質の信頼性や，安心して使うことができるサポートなど，顧客が本当に求めている価値はいっこうに提供されていない．最近のIT不況は，顧客を忘れたために起こったといえるかもしれない．

軍事戦略とは違って，経営戦略は，敵〔競争相手〕に勝つことだけが目的ではない．顧客の支持を得ることができなければ，競争相手と共倒れすることさえある．片眼で競争相手を見ながら，もう一方の眼では，顧客をきっちりと見据えていなければならない．難しいことではあるが，競争相手に対抗するために自分達がやろうとしていることが，顧客にとって本当に価値があるかどうかを真摯に考えなければならない．

顧客価値，競争相手との差別化や独自性，自社の都合と能力の三つをきっちりと見据えることが不可欠である．現実の世界で，この単純な原則を貫くことは容易なことではない．単純であるがゆえに難しいといえるのかもしれない．戦略をつくるのは，全知全能の神様ではなく，思考能力に限界があり，しかも感情に支配される人間だからである．

した差別化が成功するのならそれにこしたことはないが，市場競争はそうはさせてくれない．競争相手がすぐに反応してくるからである．そこで，より反撃のしにくい，個性の主張にまで持ち込んだ差別化努力が必要となる．

当然のことながら，個性の違いや微妙な差の集積とはいっても，顧客のニーズの束を満たす必要がある．ニーズの核は深く満たし，核でないところでも必要最低限はきちんと満たす必要がある．そのうえで，微妙な差を集積し，あるいは個性の違いを強調するわけである．

前項で述べたニーズの核での差別化戦略は個々の武器で，この項の個性主張戦略は自社の提供するもの，サービスの全体性で，それぞれに「大きな違い」を競争相手との間に生み出そうとしている．つまり，「明らかな違い」が差別化戦略の最大の鍵なのである．

それにしては，日本企業には「横並び」が多すぎる．それは，戦略の基本に反する．

3 市場の変化とダイナミックな差別化

市場の変化

前節の議論は，差別化戦略の基本的なポイントについての議論であった．そうした議論を現実の市場で適用しようとするときに注意しなければならないのは，競争の起きている市場はつねに変化していくということである．

たとえば，ある時点では競争上の焦点が製品の機能であった市場が，類似の機能をもった競合製品が多くなるともはや製品機能の差別化は難しくなってきて，価格競争に競争の焦点が移行してしまうかも知れない．あるいは，顧客のニーズもすでに旧来のニーズは満たされたために新しく進化していくかも知れない．そうした市場の変化に対応できるような差別化戦略をもっておくことは，きわめて大切である．

市場の変化としては，次の三つの変化が差別化戦略を考えるうえで重要なものである．

1．競争の焦点の変化
2．ニーズの進化
3．技術の進化

　三つの変化は同時に起きることもあれば，単独で起きることもある．競争の焦点は，ニーズが進化しなくても技術が進歩しなくても，ただ競争相手の間の競争が熾烈になることだけによっても変化する．もちろん，ニーズや技術が進化すれば，競争の焦点も変わっていくだろう．ニーズの進化は，同時に進化したニーズへ対応した製品が供給されることによって現実化するが，それを供給するには技術が進化している必要があるだろう．したがって，二つの進化は現実にはペアで起きることが多いだろう．

　そこで，次の項では競争の焦点の変化への対応を扱い，次々項ではニーズの進化と技術の進化の組み合わせという市場の変化への対応を扱う．それぞれ，変化していく市場へ対応したダイナミックな差別化戦略である．

競争の焦点のサイクルへのダイナミックな対応

　競争の焦点は，多くの場合同じようなサイクルを描いて変化していく．それは，市場における合成のパラドックスとでもいうべき現象によって起きる．

　競争の武器の差別化として，①製品差別化，②価格差別化（つまり低価格戦略），③サービス差別化，④ブランド差別化，という四つの差別化の武器があると前節で述べた．ブランドの差別化は必ずしもすべての企業にとって可能ではないが（つまりブランドをつくり上げるのはかなり難しいから），他の三つの武器は何らかの形で一つの市場で競争しているすべての競争相手が武器にしようとするものである．

　普通，その三つの武器の間には，企業にとっての好ましさという点で一般的に序列がつけられる．製品差別化がもっとも望ましく，サービス差別化がその次，価格差別化は最下位という順序である．しかし，大半の競争企業が同じことを考える．そのため，競争の焦点は，製品からサービスへ，そして価格へと，図2-2のようなサイクルを描くのである．

　まず多くの企業が製品差別化を争ってしようとする．すると，類似製品が出回ることになって，製品差別化は結局はある期間しか有効でなくなる．そ

図 2-2　競争の焦点のサイクル

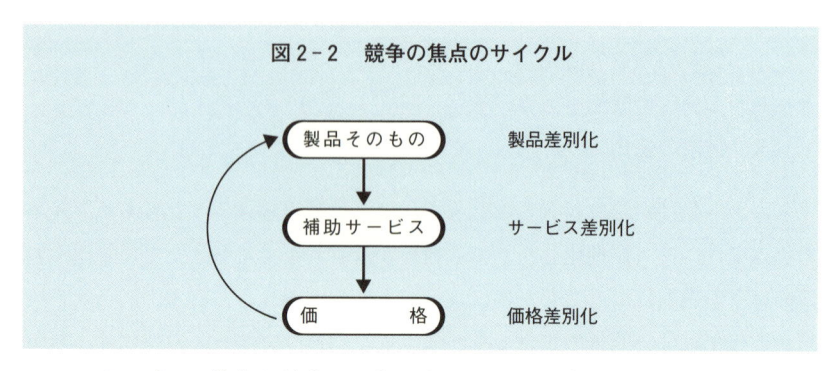

```
製品そのもの    製品差別化
    ↓
補助サービス    サービス差別化
    ↓
  価　格       価格差別化
```

こで，サービスの競争が始まることになるが，これもそれほどは長続きしない．再び，どこも似たようになる．それで，結局は価格競争にたどりつく．

つまり，各企業が同じように武器の好ましさを考えていると，各企業の行動の合成としていずれの武器も武器でなくなってしまうというパラドックスが起きる．それで競争の焦点のサイクルが生まれる．このサイクルは，製品のライフサイクルと同じような動き方になるであろう．製品の導入期，成長期は製品差別化，成長後期から成熟期にかけてはサービス差別化，そして成熟期になると価格が主な競争の焦点になる．

このように一つの製品の競争の焦点がサイクルを描いて移っていくとき，企業が差別化戦略としてとるべきスタンスは二つありうる．一つは，競争の焦点の変化に合わせて自らの武器も変化させていくというスタンス．もう一つは，自分の得意な武器は一定に定めて（たとえば，製品差別化をつねに中心にする）複数の製品や市場セグメントを組み合わせて，結果としてどこかではきちんと競争の焦点に適合した部分をつくること．

第一のスタンスはすべての市場で勝とうとする戦略であり，第二のスタンスは自分の得意でない市場では競争上不利になることをあらかじめ覚悟して，しかしどこかでは勝てるようにする戦略である．

第一のスタンスがとれるような経営資源の蓄積と組織としての敏速さがあるのなら，第一のスタンスが望ましいだろう．しかし，多くの企業は，それほど敏速でもないし，それほどの資源もない．したがって，そうした企業が第一のスタンスを狙うと，結果としては蛇蜂取らずに終わる危険性が高い．

したがって，第二のスタンスが現実的には望ましいことが多い．もちろん，自分のメインの武器とは違う場合でもそれぞれの段階で競争の焦点になって

いるニーズの核には，最低限の対応をしないとぼろ負けになってしまう．そのための準備は，サイクルの変化を見通して用意しておく．しかし，自分のメインの武器までサイクルに合わせて変えることはしない，という戦略である．それは，「市場は変化するが，自分の競争の武器の中心は変えない」という，ある意味でパラドックスの戦略的スタンスである．

たとえば，日本の家電業界では，ソニーはつねに製品差別化を中心に，松下電器はつねにサービス差別化を中心に，三洋電機は価格差別化を中心に，それぞれ武器を造ってきたと思われる．家電業界には多くの製品分野があり，市場セグメントがある．ライフサイクルも違えば，顧客の層も違う．つまり，サイクルが動いている製品市場分野が多様に存在するのである．そこで，それぞれのセグメントごとに競争の焦点が異なるという性質を利用することによって，三者三様の戦略がともに成立しうる．

この第二のスタンスをとるとき，ブランドでの差別化ができる企業は強いだろう．たとえば，仮に競争の焦点が価格に移っている時期でも，ブランドがあればブランド差別化でかなり勝負できる．ブランドは，市場の変化を乗り越える力を企業に与えてくれる，と言ってもいいだろう．

肯定技術と否定技術の組み合わせ

第二のタイプの，市場の変化，ニーズの進化と技術の進化がペアで起きるような状況へのダイナミックな差別化戦略を次に議論しよう．

ニーズの進化の典型的例として，パソコンプリンター市場を考えてみよう．この市場で最初にメインの技術となったドットマトリックスプリンターは，騒音が大きく印字品質の改善にも限界があった．文字を点の集合で表し，その一つひとつの点へ機械的に押印していたからである．そこで，もっと静かに，もっときれいに，とニーズが進化していく．だがその進化へは，新技術が開発されないと対応できない．そこで開発された技術の一つが，インクジェットプリンターであった．

つまり，多くの市場のニーズの進化の背後には，古いニーズに対応する旧技術と新しいニーズに対応する新技術があるのである．そして，ニーズの進化に対応するには，新しい技術を開発して新しいニーズに対応した製品差別化をするというのがもっとも望ましい差別化戦略となる．ニーズが進化しよ

うとしているときに，いくら古いニーズでの低価格戦略をとっても，市場はあまり反応してくれないだろう．

このような旧技術を肯定技術という．現存の大きなニーズに対応して，そのビジネスを「肯定している」という技術，という意味である．自社の既存製品，既存技術の延長線上の技術である．一方，新しいニーズに対応できる技術を否定技術という．古いニーズへの対応で成立してきた既存の技術の価値を否定するような技術だからである．パソコンプリンターの場合のドットマトリックス技術とインクジェット技術が，肯定技術と否定技術の例である．

こうした状況で古いニーズに応える既存ビジネスで競争上の優位を確立している企業は，しばしば否定技術の開発に遅れ，ニーズの進化とともに敗れていく．つまり，否定技術の開発を積極的に進めることは，自社の既存ビジネスを衰退させる原因を自社内につくることになるため，否定技術の開発へ資源を回すことへの反対が組織内で起きやすい．

しかし，ニーズの進化に対応したダイナミックな差別化を考えれば，否定技術と肯定技術を必ず組み合わせてもつ，という戦略が必要であろう．市場の変化とともに企業が衰退しては困るのである．

この技術戦略に裏打ちされたダイナミックな製品差別化戦略は，三つの効果が期待できる．

第一の効果は，意外なことに，肯定技術の改良という効果である．否定されまいとするバネが利いて，既存技術が進歩をとげるという効果である．

第二の効果は，否定技術の進歩である．肯定技術を乗り越えなければ否定技術の市場的意味はない．それがよくわかる組織状況だからこそ，否定技術の進歩が加速する．

第三の効果は，否定技術の開発に成功した場合，大きな製品分野としては同じ市場（たとえばパソコンプリンター）なのだから，肯定技術製品がその市場で築き上げた市場関連の見えざる資産をそっくり否定技術製品が使えるという効果である．つまり，肯定技術製品と否定技術製品とが市場関連の経営資源の共通利用ができるのである．

第一の効果は，案外ばかにならない大きさであることが多い．新技術の実用化よりも，既存技術の改良の方がはるかに成功確率が高いからである．また，この効果は，自社内に否定技術があって社内競争での「否定されまいと

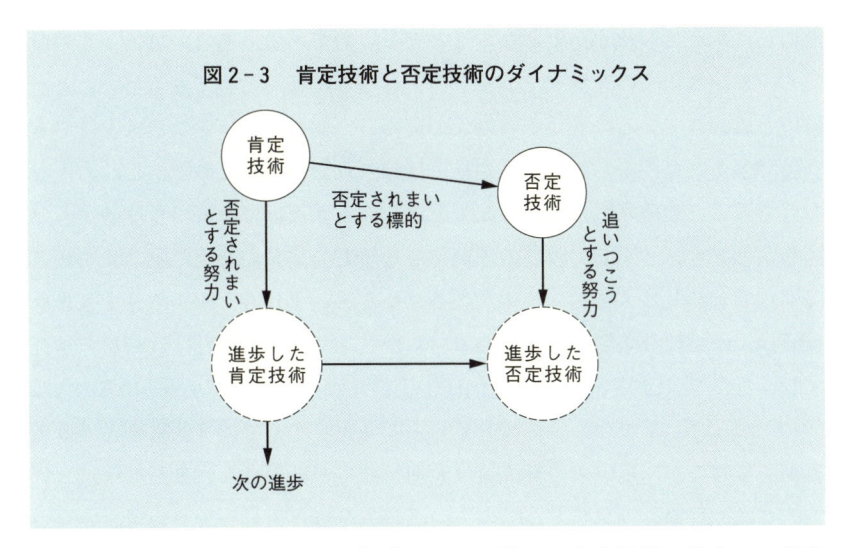

図 2-3 肯定技術と否定技術のダイナミックス

[図: 肯定技術 →(否定されまいとする標的)→ 否定技術、肯定技術 ↓(否定されまいとする努力)→ 進歩した肯定技術、否定技術 ↓(追いつこうとする努力)→ 進歩した否定技術、進歩した肯定技術 → 進歩した否定技術、進歩した肯定技術 ↓ 次の進歩]

する」標的があることによって促進される．逆に，肯定技術の社内での存在は，否定技術にとっては乗り越えるべき「動く標的」となって，技術努力を加速させる．

しかし，肯定技術と否定技術を同居させるのは，組織のしがらみを考えると，難しい．だから，多くの既存企業の王者が否定技術に敗れるのである．パソコンプリンターの分野ではエプソンが，ドットマトリックスでトップメーカーであったし，またそれの否定技術としてのインクジェットでもトップになっている．肯定技術と否定技術の組み合わせに成功したのである．

4 反撃への対抗策と非競争への志向

反撃への対抗策

競争戦略という以上，自分が何かの戦略を打ったら，競争相手がそれに対抗して反撃をしようと考えることを当然予想すべきである．たんに市場全体の動向ばかりではなく，競争相手の対応もまた当然に変化するのである．したがって，ありうべき反撃への対抗策を考えないような競争戦略，差別化戦略は意味がない．

だから，前節の議論のように，単純な差別化を超えた個性の主張という模

倣のしにくい差別化が必要となることが多いのである．あるいは，多くの産業で，単純な価格の差別化，つまり値下げ競争は戦略として良くないことが多いと思われているのも，その最大の理由は，価格を下げることは誰にでも真似できることだからである．容易に反撃される差別化なのである．

もちろん，競争相手が利益を十分上げながら値下げに対抗できるかどうかはわからない．しかし，製品の差別化なら新製品開発が必要だし，サービス差別化でもサービス体制の強化が必要である．いずれも，時間やさまざまな資源投入が必要な差別化戦略である．しかし，低価格戦略だけは利益を無視すればただちに誰でもとれる．だから，価格差別化は容易に反撃されやすい．

したがって，反撃への対抗策をきちんと考えたうえで競争戦略を立てる必要があるのだが，反撃への対抗策は大別して二つに分けられるだろう．

一つは，反撃を予想して，二の矢，三の矢を自ら用意したうえで，いくつかの展開のシナリオをもって競争戦略を段階的に実行すること．たとえば，製品差別化をニーズの核への対応の中心とするとき，一つの新製品の開発だけを考えるのではなく，半年後の新製品投入，翌年の新製品投入まで考えたうえで，シリーズとして市場に新製品を投入する，という戦略である．競争相手が反撃のために彼らなりの新製品を投入してくることへの対抗して，さらにこちらも次の新製品をぶつけるのである．

そうした戦略がとられている実例が，パソコンである．パソコンの新製品投入は季節ごとに行われるというほど，頻度が激しい．そして一つの製品の生産量も限定していて，売れ行きがよくても増産は行わず，次のモデルの投入に資源を割くという．

反撃がありうることを想定した対抗策の第二の範疇のものは，反撃しにくいような戦略をそもそもとることである．反撃しにくい戦略はさらに二つに分けると理解しやすい．一つは，相手の反撃意欲が小さくなるような戦略をとること，第二は，相手が反撃をしようとする際に障害が生まれるような戦略を考えることである．

たとえば，競争相手が反撃すると自分の首を絞めてしまう結果になるような戦略は，相手の反撃意欲をそぐ．競争相手のドル箱商品の代替品を出す戦略が典型的である．代替品に対する反撃としてその類似品を競争相手が出そうとすると，自分のドル箱商品との共食い（カーニバリゼーション）が競争

相手の社内で起きてしまう．そうするとそのドル箱商品の担当者から苦情が出て，つい類似品を出すことを躊躇する．つまり，反撃をしにくいのである．

あるいは，設備投資戦略で先手をとって大規模投資をしてしまうと，競争相手は対抗投資をしにくくなる．なぜなら，対抗して自分も大投資をすると，業界全体として供給過剰になることが目に見えていて，その過剰ゆえに値崩れが起きることが心配となる．値崩れが起きれば，自社の製品の利益が減ってしまう．既存の工場の採算が悪くなる．そのために，対抗投資を単純にはできにくくなり，結果として反撃意欲はそがれる．

反撃しにくい戦略の第二，意欲はあっても障害があるために反撃しにくくなる戦略，のもっともわかりやすい例は，模倣をしにくくすることである．たとえば特許で技術的に障害をつくったうえでの新製品投入である．

いわゆる参入障壁を高めようとする戦略はすべて，この範疇の戦略である．技術的な障壁以外に，必要な資源を先手を取って押さえてしまう戦略も参入障壁，反撃障壁を高めることになる．たとえば，コンビニの競争では，コンビニに転向しやすい酒屋さんを先手をとって素早くフランチャイズ化してしまう．競争相手のコンビニのフランチャイジーにとっては，店舗を速いスピードで展開していくための資源の供給が少なくなってしまったことを意味する．それが，素早い反撃の障壁となる．

同じような例に，流通の特約店化，系列化がある．自社の流通網に競争相手が乗れないようにして，かつ競争相手が自前で系列化をすればそれだけ大きなコストがかかるようにし向ける．

反撃しにくい状況をつくり上げるためにしばしば大きな意味をもつのは，自社のコスト体質をきわめて強いものにして，徹底的なコスト優位をつくり出し，かつそのコスト優位を競争相手に知らしめる努力をすることである．

大きなコスト優位があると，同じような価格で製品を売っていても利益がより巨額になり，資金的な余裕が生まれる．その資金力が，万一価格競争になっても耐えられる体力を自社にもたらす．あるいは，広告や販売促進などさまざまな競争上の手段を打つための原資となる．こうして，競争相手に価格競争に訴えることをためらわせ，反撃はおろか，そもそも自分から下手な競争戦略を仕掛けることを怖くさせる．つまり，大きなコスト優位があると，それは価格戦争の抑止力にもなるし，価格戦争へ対抗できる準備にもな

り，そのうえさまざまな差別化戦略をとれる源泉にもなる．

　コストの圧倒的優位を微妙な差別化あるいは個性的な差別化と組み合わせることができれば，その効果はさらに大きいだろう．とくに，微妙な差別化を可能にするのは，コスト優位がもたらしてくれる資金という原資であることが多い．したがって，リーダー企業の差別化戦略は，規模の経済を使ったコスト優位とそれをもとにした微妙な差別化であることが多い．トヨタはその典型例である．

　コスト優位そのものは，それだけでは競争戦略でも差別化でもない．差別化とは，あくまで顧客のニーズを競争相手よりもよりよく満たして顧客に価値を提供することだからである．コスト優位は，低価格戦略（価格差別化）をしない限りそれだけでは顧客の価値に直接にはつながらない．しかし，大きなコスト優位がもたらす資源上の余裕が，顧客へのさまざまな価値を提供する源泉になる．だから，競争戦略の背後の要因として，コスト優位は大きな意味をもつのである．

市場のすき間を狙う

　競争相手からの反撃を考えると，そもそも競争相手が少ない，あるいはまだいない分野に自ら参入する戦略が有望となる．しかもそれが，有力な競争相手候補が参入したくない理由があるような分野ならなおのこと望ましい．しかし，そうした市場分野が大きな形で手つかずで残っていることは考えにくい．だが，小さな市場のすき間なら，ありうる．

　そうした市場のすき間となっているセグメントを狙う戦略は，中小企業が大手企業に対抗してとることも多く，自分だけの小さな場所という意味の「ニッチ」という言葉を使って，ニッチ戦略とも言われる．大手企業は，市場も小さいので参入しても仕方ないと思う．ニッチ戦略は，中小企業ばかりでなく，大企業でも新規事業でしばしばとる戦略である．

　すき間戦略が成功するには，二つの要件が必要である．一つは，すき間を発見すること．第二に，そのすき間への参入に自分は成功すること．じつは，すき間があることを多くの人が気がついていたかも知れない．しかし，そのすき間をビジネスの論理で経済的に採算の合う事業とするための工夫がかなり必要であるために，すき間として放置されていた可能性も高い．その工夫

がきちんとできる用意が自社の側にないと，すき間への参入に失敗する．

　すき間を発見するためには，素朴な，こだわりのない目で顧客のニーズを観察し，まだ満たされていないニーズがあるかを綿密に考える必要がある．

　顧客のニーズというと一般にはつい，顧客がすでに何かを欲しがっている，欲しいと意見を述べているような要求，と受け取りがちである．しかし，顧客のニーズはそれだけではない．三つのタイプのニーズがある．

　第一のタイプのニーズは，顧客もニーズを自分で感じていて，多くの企業がそのニーズがあることを知っているニーズ．第二のタイプのニーズは，顧客自身はすでに潜在的にそのニーズを意識しているのだが，既存企業がそれに気づいていないようなニーズ．第三のタイプは，顧客自身もそうしたニーズを自分がもっていることに明確には気がついていないようなニーズ．

　第一のタイプの典型例は，既存市場での既存製品のニーズである．それをめぐっての企業間の奪い合いが差別化戦略の中心的な中身であろう．

　このタイプのニーズが市場のすき間になっている状況というのは，既存企業がそのニーズに気がついてはいるが，それを採算ベースで満たすための条件を欠いている場合である．人件費などが高く，小回りが利かないと言われる大企業では採算ベースを満たせない小さな需要を，中小企業が満たしている場合がその例である．たとえば宅急便の初期の段階では，郵便小包の存在からも個人の小口の運送需要があることはわかっていたのだが，それを採算ベースでどう満たしたらいいのか，どの運送業者も考えつかなかった．だから，ニーズがあるのはわかっているけれど，参入しようとは思わない．

　第二のタイプのニーズは，市場のすき間戦略ばかりでなく，多くの市場創造の成功例の背後にあるニーズである．潜在的ニーズを掘り起こす，という表現が正しいであろう．

　市場のすき間との関連で言えば，既存企業がそのニーズに気がつかないのは，現場の情報が企業の側に不足しているからかもしれないし，そういう市場があると思ってもみない，調べもしない，といった「企業の思い込み」あるいは「発想の硬直化」による場合もある．いずれの場合も，ニーズの情報が手に入る企業とそうでない企業があって，情報の格差が発生するからすき間が発生する．逆に言えば，情報の格差があるから，素朴に綿密に考えるニッチャー（ニッチを狙う人）がすき間を発見できる．

第三のタイプのニーズは，多くの爆発的な市場創造に成功した製品に当てはまるニーズである．たとえば，ファミコンのような製品が出てくるはるか以前に，子供にコンピュータでゲームをやりたいかと聞いてみても，子供たちはどんなことがゲーム機で可能なのか見当もつかずに，そんなもの要らないと言った可能性がある．

　あるいは，今でこそ電卓というものが日本中の事務所や家庭に大普及しているが，電卓が登場したころには「そろばんがあるからそんなもの要らない」という答えが消費者の多くの感覚だったろう．宅急便についても，ゴルフ道具を送ったりスキーを送ったりするニーズは，宅急便というサービスが現実に人々の前に登場して，なるほどさまざまな使い方がありうるなと思えてからはじめて意識するようになるニーズであったろう．

　この第三のタイプのニーズは，ほとんどつねに市場のすき間として出発し，それがすき間などでなく巨大な市場に発展していくことが多い．そして，初期段階ですき間を狙う企業が顧客に訴え，顧客を説得してはじめて需要が顕在化してくる．

　ホンダがアメリカのオートバイ市場を事実上つくっていった1960年代のアメリカの消費者とホンダの関係がまさにそれだった．当時，アメリカのオートバイ市場は，年間6万台程度のマニア向け大型オートバイばかりの市場だった．そこへ，ホンダはスーパーカブという50ccの超小型オートバイを持ち込み，普通の家庭の生活の中でオートバイを使うことを提案していった．すでにニーズが顕在化していたわけではないのである．その結果，年間100万台を超える市場が開拓された．

　宅急便の今日の需要の多くを，宅急便が登場した当時には顧客に聞いても「そんな希望はない」と答えたかもしれないような需要がかなりを占めている．宅急便の普及に伴って，顧客自身が使い方を開発していったようなものである．したがって，宅急便の成長は，初期の段階はすでに顕在化していた小荷物需要のすき間からはじまり，次第に「消費者も知らなかったニーズ」が生まれてくることによって，爆発的に加速したのである．

　もちろんこの第三のタイプの場合，企業側の戦略として必要とされるのは，顧客の説得だけではない．そのニーズを満たすための製品やサービスを供給できるビジネスシステムをきちんとつくることが非常に重要な戦略となる．

そして，第一のタイプの場合にも，従来は採算の合う供給は不可能と思われていた状況を変えられるビジネスシステムを企業の側が用意する必要がある．第二のタイプの場合も企業の側が気づけばすぐに供給が可能になることは少なく，やはり新しいビジネスシステムの構築が必須になるだろう．
　こうして，市場のすき間狙いのためには，新しいビジネスシステムを構築することが必要となることが多い．とくに，すき間から大きな市場創造へと発展するような場合にはとくにそう言える．
　そうしたビジネスシステムの構築の背景には，革新への性向，既存秩序の破壊をいとわぬリーダーシップや組織の風土が必要であろう．なぜなら，すき間とは「常識で考えれば存在しないもの，相手にするにはとるに足らぬもの」だからである．だから「すき間」という名前がついている．
　ここでのポイントは「実行」にある．すき間の存在に気がつくだけなら，多くの人が気がつくかもしれない．しかし，それを埋めてみようと実行する人の数はガクンと減るのがつねである．
　革新とか既存秩序の破壊は，すき間から市場創造へ向かうような戦略にはとくに必要である．そのときには，既存の秩序を壊して，新しい市場の秩序をつくりだすような動きがどうしても必要になる．ホンダはアメリカで流通網を自前でつくるところから始めなければならなかったし，ヤマト運輸はお米屋さん，酒屋さんを配達のネットワークに組織化することから始めなければならなかった．
　そうした革新や既存秩序の破壊は，勇猛果敢な精神から生まれてくるものではないことが多い．むしろ，小さな実験をステップ・バイ・ステップでやってみる精神から生まれてくる．小さな実験の積み重ねと，そしてときどきのジャンプの中から，革新や秩序の破壊は生まれる．
　じつは，小さな実験の積み重ねは，すき間を発見するための情報の格差のためにも必要である．市場の情報を蓄積するためのもっとも効率的な道は，市場での実地の実験的事業活動によって顧客の反応を手ざわり感覚で得ることである．技術情報の蓄積も，研究所や実験室だけから生まれるのではなく，現場の作業の実験の積み重ねから生まれる．そうした意味で，すき間戦略をとるための最大の要件は，実験を重ねることであり，戦略とは実験であると深く認識することである．

非競争への志向という本質

　市場のすき間を狙うという競争戦略は，じつは競争状態のゆるやかな場所を狙っているという意味で，競争を避けている戦略ともいえる．そこには，「非競争を志向することが競争戦略である」というパラドックスがある．

　しかしそのパラドックスは，じつは反撃への対抗策を考える競争戦略にも，武器の差別化や個性主張の差別化を狙う競争戦略にも，共通して言える．

　反撃への対抗策を考えて，相手の反撃意欲を小さくするとか反撃の障害をつくる戦略の必要性を述べたが，それは相手の反撃がないようにして競争のゆるやかな状態をつくろうとする努力であった．

　差別化戦略もまた，同じ側面をもっている．差別化に成功した場合を考えてみると，その差別化のポイントについてそれだけの満足を顧客に与えているのが自社だけだから，顧客は自社の製品を選択してくれている．その意味では，「自社だけが顧客にそのメリットを与えている」という点で，部分的ではあるが独占的な要素，競争がその瞬間にゆるやかになっているという側面が存在する．したがって，差別化戦略もまた，究極的には競争がゆるやかになる状態を狙おうとして懸命に差別化努力をしている行動なのである．

　なぜ企業は，競争の激しい状態をいやがるのか．理由は簡単である．競争が激しければいずれは価格競争になって製品価格が下がってしまい，市場に参加しているすべての企業が利益ゼロあるいはマイナスの状況になってしまうからである．それが経済学の教科書が教える競争の結末であり，現実に起こりうる状況である．

　このような市場全体で利益ゼロとなっている状態を，経済学者は資源配分の理想的な状態と考える．しかし，個々の企業の視点から見ると，この状態は望ましいものには見えない．むしろ，企業は利益を得られる可能性があると思うからこそ市場に参入し，多大な努力を払い，危険を冒すのである．それにもかかわらず，市場における競争は，個々の企業の利益をゼロにしてしまう方向での調整を行う．この矛盾した関係こそ，市場という調整のメカニズムの面白さではあるが，現実の市場ではこのメカニズムが貫徹していないように見える．多くの企業がかなりの額の利益をあげている．あるいはその利益はいずれ消え去るものかもしれないが，消え去る前に利益を享受できる

期間がかなり許されているケースが多い．

　それは，企業の競争戦略によって，市場競争の調整メカニズムが簡単にしかも短時間のうちに貫徹しにくいような部分を企業がつくろうとするからである．たとえば誰もが簡単に参入ができないような技術的状況にしてみたり，他社が簡単には真似のできない製品にしてみたり，あるいはときには談合をしたり，さまざまな形で「経済学の教科書に書いてあるような状態に市場競争をもっていかないような」努力を企業がしているからである．

　それが非競争への志向という競争戦略のパラドックスである．それを言い換えれば，競争戦略の本質は企業として経済学の教科書の逆張りばかりを行うことである，となるだろう．

　競争しているからこそ，それから逃れるために企業は競争のゆるやかな状態を志向しようとして戦略を打つ，しかしその成功は長続きせず，再び競争が直接的に激しくなり，そしてまたふたたび非競争を目指して戦略を打つ．

　つまり，非競争への志向と競争状態の繰り返しというパラドックスに競争戦略の本質があるのである．

(演習問題)
1. 音楽用CDの産業が需要の伸び悩みと競争の激化で苦しんでいます．どのような新しい競争相手が登場してきたのでしょうか．CDメーカーが取るべき競争戦略を考えなさい．CDの使用そのものでの取り合いの相手，顧客のCDへの支出を取り合う相手，など幅広く考えなさい．
2. 個性の主張という差別化の戦略が成功するためには，その企業はどのような条件を備えている必要があるでしょうか．
3. 顧客のニーズの核への対応の武器としての，価格，製品，サービス，ブランドが時間的にどのようなサイクルを描いて市場の競争の中心として動いていくか，具体例をあげながら考えなさい．市場が生まれるときには，何が武器の中心になることが多いか．そのあと競争の推移とともに，どのように中心的武器が変わって行くか．なぜ，そうした変化が起きるのでしょうか．

第3章

競争優位とビジネスシステム

1　二つのレベルの競争優位

二つのレベルの競争

　競争戦略とは，競争相手との間に差をつくり，競争上の優位性をつくることを主眼とする．その競争は，実は二つのレベルで行われていると考えると現実が理解しやすくなる．

　第一のレベルは，顧客との接点での差別化の競争である．これが，前章の議論のテーマであった．顧客のニーズの核での差別化，個性を主張する差別化，いずれも顧客に競争相手との差を訴える戦略である．顧客に自社の製品を選択してもらうのが競争戦略の最終的な目的であるのだから，このレベルの競争がもっとも基本的な競争となる．

　しかし最終的に製品やサービスが顧客に届けられるまでには，長い供給のための活動の流れがある．第二のレベルの競争は，その供給システム全体を優位性のあるものにしようとする競争である．そのシステムの優位性ゆえに，結局は第一のレベルの競争で勝てるようになる．つまり，差別化に成功する．したがって，第二のレベルの競争の焦点は，第一のレベルの競争に勝てるように継続的に差別化していくことが可能になるようなシステムをつくれるか，である．

　要するに，第一のレベルは顧客との接点での差別化の競争，第二のレベルは顧客との接点にいたるまでのシステムの競争，ということになる．

図3-1　業務の流れ

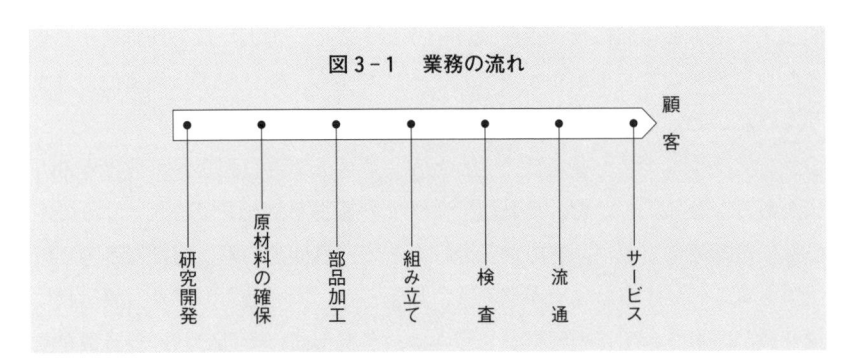

研究開発 → 原材料の確保 → 部品加工 → 組み立て → 検査 → 流通 → サービス → 顧客

　本書では，その顧客との接点までの長い供給の流れのシステムを，ビジネスシステムと呼ぼう．その長い供給の流れはさまざまな業務活動からなっている．典型的なメーカーの例で言えば，原材料の確保があり，製品の開発があり，部品の生産があり，そして最終製品の組立生産がある．さらにそうして生産された製品の在庫と物流があり，販売活動があり，アフターサービスや代金回収も必要となる．

　その業務活動の流れは，図3-1のように，長い川のような流れとなる．（この流れ全体を，バリューチェーンともいう）その流れ全体をきちんと実行できるようにシステムをつくらなければ，顧客に製品がそもそも届かない．ただし，その流れのどこに重点を置くかは企業によって異なるかも知れない．顧客との接点での差別化をしたいポイントが企業によって異なる以上，それは当然であろう．このシステム全体がうまく機能するかによって，第一のレベルの差別化が可能になるかどうかが決まってくる．

　そのビジネスシステムとは，事業を行うための資源と，資源を活用する仕組みのシステムである．商品やサービスの開発のための要素技術，生産技術，工場の設備や配置，セールス・スタッフの人数，販売と流通の仕組み，情報システム，流通チャネルを管理していくノウハウ，人々を動かす組織，などがそのシステムを構成する要因となる．

　たとえば，フェデラルエクスプレスというアメリカの企業は，広大なアメリカ大陸で翌日配送を最初に実現して大きく成長した会社である．アメリカでは，UPSなどの宅配便会社がすでに存在していたが，翌日配送は経済的には成り立たないというのが，宅配業者の常識であった．アメリカで翌日配送しようとすると，トラックではなく，飛行機を利用しなければならない．夜

間にすべての都市間に飛行機を飛ばそうとすると，莫大な数の飛行機が必要となり，膨大なコストがかかってしまう．だから，翌日配送は経済的にはなりたたないと，宅配便業者は考えていた．

フェデラルエクスプレスは，もっと安いコストで翌日配送が可能にする方法があることに気づいた．それは，すべての荷物を深夜までにアメリカの中心部にある町まで運び，そこで仕分けをして，目的地の町に届けるという方法である．一見すると効率が悪そうに見えるが，中心となる町から放射状に飛行機が運用されるこの配送システムは，各都市間にそれぞれに飛行機を飛ばすよりはよほど安上がりである．その形が，自転車の車輪のハブとスポークに似ているので，「ハブ・アンド・スポーク」システムと名づけられた．実際には，フェデラルエクスプレスはテネシー州メンフィスをハブとして，翌日配送のシステムを実行に移した．

この例では，フェデラルエクスプレスの差別化のポイント（顧客との接点での）は，翌日配送というサービスであった．その差別化を経済的に採算の合う形で実現するためのビジネスシステムが，「ハブ・アンド・スポーク」システムであった．フェデラルエクスプレスの成功は，ビジネスシステムの競争優位が可能にしたサービス差別化によるものであった．

つまり，差別化のポイントの決定はある意味で誰でもできるが，そのポイントを経済的な採算をとりながら実行するためのシステムづくりは，誰にでもできることではない．そこで，真の競争優位の差がつく．そのうえ，このようなビジネスシステムのレベルの競争優位は，競争相手がまねることのできないものであったり，まねるには時間がかかるものであることが多い．そのために，ビジネスシステムの優位は長期にわたって持続することが多い．なぜ，ビジネスシステムをまねるのは難しいのか．

一つの理由は，ビジネスシステムそのものがあまり目立たないことが多いからである．顧客に見えるのは，製品であり，サービスであり，価格である．そうした差別化の武器の背後にある経営資源や仕組みは，顧客には見えない．もちろん，競争相手にも見えにくい．だから，まねが難しい．

もう一つの理由は，ビジネスシステムの構成要素である経営資源の中には，蓄積に時間がかかるもの，競争相手には手に入れられないもの，競争相手がさきに手に入れてしまうと後から手に入れるのが難しいものがあるからであ

る．さらに，たとえなんらかの経営資源はもっていても，それをうまく活用するための仕組み・システムをつくるのは難しい．部分だけをまねしても，仕組み・システムにはならないのである．

ビジネスシステムの多様性と日本の系列化

さまざまな産業で長期にわたって競争に打ち勝ってきた企業は，ビジネスシステムの優位性をもっていたおかげで，短期的にはつまずくことがあっても長期的には成功してきた．トヨタ，ソニー，松下電器，資生堂，日本コカ・コーラ，IBMなどなど，いくつもの国のトップ企業の例がすぐにあげられる．

これらの企業は，たんにたまたま差別化を成功させてきたからトップの地位を維持してきたのではない．独自のビジネスシステムをつくり出し，そこでの競争優位をベースにそれぞれの業界をリードしてきた．たとえば，製品差別化だけならば競争相手にリードされることもあった．低価格戦略でもつねにリーダーだったわけではない．サービスの差別化でもときに負けることもあったであろう．しかし，個々の製品の競争の武器の一つひとつの差別化ではリードされるときがあっても，後から挽回することが彼らには可能であった．すぐれたビジネスシステムのゆえである．

顧客への訴求という意味での差別化に成功しても，背後のビジネスシステムが経済性豊かに構築できないと，結果として企業の安定的成長は不可能になる．そのいい例が，アマゾン・ドットコムのような多くのインターネットビジネスである．たしかに，インターネットによって，本の購入が格段に便利になった．しかし，アマゾンは本の在庫と配送のシステムの構築にはそれほど成功していない．だから，在庫と配送のコストがかさみ，売り上げは伸びるが利益はいつまでも赤字という状態が続くのである．

成功してきたビジネスシステムは，決して単純なものでも，均一なものでもない．それぞれの国のそれぞれの産業の状況に適合した，たくみで多様なビジネスシステムづくりがある．

たとえば，産業によってビジネスシステムはずいぶん違う．建設業のビジネスシステムと自動車産業のビジネスシステムはかなり異なる．建設業では，受注の量と場所が一定しない．この不安定さに対応するために，大手の建設

会社の多くは，設計と受注活動に特化し，実際の建設作業には，独立した下請け会社を使うというビジネスシステムが一般的である．これに対して，製造業はより多くの従業員を内部でかかえているのが普通である．

同じ流通業でも，百貨店とスーパーとではビジネスシステムが異なっている．百貨店は，メーカーや卸の商品を販売するが，売れ残ったものは返品するというビジネスシステムをとっている．メーカーや卸にとっても，安い値段で売られ，商品やブランドイメージの低下を防ぎたいという気持ちがあるからである．これに対してスーパーは，売れ残りのリスクを負担する代わりに，より安く仕入れるというビジネスシステムをつくっている．

国によっても，ビジネスシステムはかなり異なる．日本の自動車や家電メーカーを中心にして発展してきたビジネスシステムの一つの典型的側面に，部品メーカーやディーラーの系列化という現象がある．これもまた，ユニークなビジネスシステム設計の例である．

アメリカの自動車メーカーの多くは，商品企画や組み立て生産のほかに，部品を自社で開発・生産し，販売やアフターサービスはメーカーからは独立したディーラーで行うというビジネスシステムが中心である．これに対して，トヨタをはじめとした日本のメーカーは，商品企画と組み立て生産を自社で行い，大半の部品を独立あるいは系列の部品メーカーから調達し，系列のディーラーで販売し，アフターサービスも行うという仕組みをもっている．

日本の部品メーカーもディーラーも，アッセンブリー・メーカーとしての自動車企業，家電企業からは独立した企業である．しかし，アッセンブラーと部品メーカーやディーラーとの関係は，長期的に継続し，かなり固定的な関係となっている．取引相手の数は少数にしぼられるのが普通で，いったん取引が開始されると簡単には取引停止になることもない．GMの部品取引業者の数が1万2500，トヨタはわずか300という．

こうした取引相手の多くは系列と呼ばれ，親企業からのかなりの影響を受けている．親企業がそうしたビジネスシステムの設計をして，部品供給や製品販売のシステムをつくり上げてきたのである．そのビジネスシステムは，本来ならば売り手と買い手という利害の対立しかねないアッセンブラーと部品業者の間に，面白い協力関係を生む仕組みとなってきた．新車開発での初期段階からの開発協力，アッセンブラーからの技術供与，部品メーカーへの

コストダウンでの指導努力，緊急時の無理な要求への柔軟な対応などである．

つまり，互いに利害の共同体のような長期的関係を作るから協力が生まれる．また，長期的な関係に入ることによって，お互いに事情もよくわかり，コミュニケーションもスムーズにいくようになる．だからこそ，協力関係も生まれやすくなる．そういったメリットを積極的に認めようとする面白い分業関係のビジネスシステムが，日本の製造業の多くの場面でつくられてきた．その結果，良質な部品が安いコストで生産できるようになった．

また，そうした緊密な関係のあるビジネスシステムだからこそ，トヨタのように部品在庫を極力おさえ，部品の生産と組立を同期化させるという仕組み，カンバン方式による生産が可能になる．

カンバン方式と一般に言われているのは，生産ラインの諸工程の間の作業量を調整し，中間在庫を極力なくすような仕組みである．その原則は後工程引き取りで，後の工程が自分の必要なだけの部品を前工程に取りにいく．その部品の移動とともに「カンバン」を移動させ，カンバンの量によって前の工程は，いつ，どれくらい生産すべきかを自然に指示される．販売の最終需要との接点でも，販売が必要だと思って引き取っていく分だけ最終工程は最終製品を作るという原則である．そして，その最終製品の生産に必要なだけの最終の一つ前の工程の生産が行われ，それが前へ前へとさかのぼって，すべての工程の生産が起動されていく．単純に言えば，市場で売れる分に応じてすべての生産工程を起動させている．

この生産の流れの仕組みは，いくつかの点で欧米でそして従来の日本の企業で当たり前であった管理の仕組みと違う．たとえば，生産工程の間の中間在庫を極力少なくする，という点である．「必要なだけ，必要なとき」に作るようにすれば，仕掛品の在庫はゼロですむ可能性すらある．

もう一つの違いは，生産工程間の複雑な調整をする情報の流れを仕組む際に，「市場を情報の流れの起動点に」していることである．需要量の情報が生産工程をカンバンに乗って次々と前工程へとさかのぼっていく．このやり方は，中央の生産計画にしたがって，前工程から生産が始まり，そこで作られたモノが後工程へいわば押しつけられていくという従来のやり方と明らかに違う．多品種少量生産にはきわめて適している．

この仕組みは，生産プロセスのどこかで大きな故障が発生した場合には，

システム全体が止まってしまうリスクをかかえている．小さな故障でもそれが他に波及しないうちに迅速に処置をしないと，システム全体に大きな影響が及ぶ．カンバン方式では，故障の解決を安定的かつ迅速にできるような状況でなければ部品の供給を実行できない．そういうリスクがあるからこそ，このやり方は欧米では常識にならなかった．しかし，部品メーカーの系列化ができている日本では可能であった．

2　ビジネスシステムの構築

ビジネスシステムの基本的決定

前項では多様なビジネスシステムの例と，その中でも日本企業のユニークなビジネスシステムとしての系列化とカンバン方式をくわしく解説した．そうした例の中にもすでに出てきているが，ビジネスシステムを設計するということは一体何を決めることなのか，その戦略的決定の内容の基本をこの項では解説しよう．

大別して次の三つの大きな決定が，ビジネスシステムの設計のために一般的に必要となる．

> 1．分業関係の構造の決定
> 2．情報，モノ，カネの流れの仕組みの設計
> 3．調整と規律のメカニズムの工夫

①分業関係の構造の決定　分業関係とは，製品の最終的な顧客への提供までの長い業務活動の流れの中で，すべての活動を自分でするわけではなく，他社にやってもらう活動が必ず生まれる（たとえば，家電の小売店），その他社との分担（つまり分業）の関係のことである．

分業の構造の決定は，さらに二つの大きなものに分かれる．一つは，どの活動を自社で担当し，どの活動を他社に任せるか，という決定である．たとえば，あるメーカーは，部品を外部から買ってきて，商品の企画と組み立てだけを行い，流通や販売は他社に任せるというビジネスシステムを構築している．日本の自動車メーカーは，自社では商品開発と最終組み立てを行い，

部品の生産を他社に任せるという選択をしている．

　また，別の会社は，商品企画と販売だけを行い，製造は下請けのメーカーに任せるという仕組みをもっているかもしれない．このような企業をメーカーと呼ぶには躊躇を感じるが，製造能力をもたないメーカーという意味で，ファブレス・メーカーと呼ばれることもある．

　もう一つの分業構造の決定は，その他社に任せた関係をどのような関係とするか，である．日本の自動車メーカーの場合，系列という長期継続的取引関係を結び，緊密な協力関係をつくるという選択をした．アメリカの自動車メーカーの場合は，取引関係はもっと純粋な市場取引に近い関係が選択されている．つまり，そのときどきの状況に応じて部品をもっとも安く供給してくれる業者から買う，業者は頻繁に取り替えられるというドライな関係である．だからこそ，GMは1万2500もの業者と取引関係をもっている必要があるのである．

　②情報，モノ，カネの流れの仕組みの設計　これは，ビジネスシステムの構築のもっとも基本的な部分である．

　たとえば，コンビニエンス・ストアのビジネスシステムには，情報とモノの流れについての数多くの工夫がある．コンビニエンス・ストアは，店舗面積の制約から，店舗内の商品品目の数を2000から3000に絞り込まなければならない．そのためには，売れ筋の商品に絞り込む必要がある．売れ筋の商品は固定しているわけではない．その売れ筋をきちんと見つけるために，POS（販売店情報管理）システムが使われている．何が売れたかを店頭のレジに打ち込むと，それが同時に中央のコンピュータにつながってデータベースとなる．そこから，どんな天候のどんな日に何が売れるかの傾向が見つけられる．そうした情報をベースに，一日数回の配送で個々の店舗に運ぶ商品の量を調整する．そして，それが可能なような柔軟な配送システムと商品の発注システムの全体が動いている．

　イタリアのアパレル企業ベネトンは，生産後染めという生産技術を開発することによって，末端の販売店から得られた情報をもとに商品の補充サイクルを短縮することに成功した．ベネトンは，本社と各店舗を情報システムで連結し，各店舗は売り場の棚以外には在庫をもたないようにしている．在庫を減らすためには，商品を速く供給する仕組みがなければならない．在庫切

れによって，商品があれば実現できていた売上機会を逃すという機会損失が発生するからである．ベネトンは，商品を縫製あるいは編み上げた後に染めるという後染めの技術を開発することによって，補充のサイクルを短縮し，商品供給のスピードを速くした．

　顧客の立場に立ってみると，日本のコンビニもイタリアのベネトンも，結局のところ，提供される製品が顧客のニーズにぴったり合っている確率を高めるようなビジネスシステムをつくり上げていることになる．つまり，製品差別化あるいはサービス差別化を，スピーディで的確な商品供給という形で成功させているのである．こうして差別化に最終的にはつながらなければ，ビジネスシステムの意味はない．顧客はビジネスシステムを買っているのではなく，商品を買っているのである．

　③システム全体の情報・モノ・カネの流れの調整と規律のメカニズムの工夫　情報・モノ・カネの流れは，自然に起きて，自然に調整されるものではない．システムを工夫する側が適切な流れが起きるような調整弁をなんらかの形で用意しなければならない．たとえば，コンビニが用意している店舗からの発注ルールである．

　あるいは，なんらかの全体の調整のための統合のメカニズムの用意が，メーカー，卸，物流，小売りという縦の一気通貫のシステムとして必要となるだろう．ただし，これはすべての活動を一つの企業が行うという垂直的統合が必要だということではない．必要なのは，流れ全体の調整である．

　企業統合をした場合の方が調整がうまくいく場合もあるし，統合しない方がかえってうまくいくということもある．たとえば，コンビニエンス・ストアは，チェーン店を自社で保有するのではなく，フランチャイズ制度を利用して，組織化している．フランチャイズ制度は，一方で調整のために必要なルールの順守や，情報の交流を可能にし，他方で，独立した企業家としてのバイタリティを取り込むことができるという効果をねらった制度である．個々のフランチャイジーの独立性豊かな努力が，全体の調整をかえって効率的にする効果をもっている．

　また，前節で述べたカンバン方式は，まさに情報とモノの流れの両方をカンバンによって調整しようとする，新しい調整方式なのである．

　システム全体の規律のメカニズムとは，システム全体でさまざまな人々が

分業をしている，その分業の努力にゆるみが出ないような規律づけのメカニズムである．それがないと，ついゆるみや甘えが出て，ビジネスシステムがきちんと機能しない．

　そうした規律のメカニズムの一つの例が，日本の系列によく見られる，ビジネスシステムの参加者の間の競争を促進する「見える手による競争」である．この場合の参加者とは，たとえば下請けの部品メーカーである．系列化によって，こうした継続的取引関係がぬるま湯的な関係に堕する危険と，情報的に硬直的あるいは狭くなってしまう危険が生まれることを防ぐために，買い手の親企業の見える手が，部品メーカー同士の競争を促進しようとして，さまざまな工夫をする．

　たとえば，部品の納入の際に，買い手の企業が複数の（しかし少数の）企業に発注する慣行（複社発注）があるのは，その例である．取引停止の脅威の源泉と，納入業者相互の比較の相手づくりとが同時に行われている．あるいは，買い手が少数の発注先の技術や設備のレベルに細かく目を配り，製品の質やコストの情報を詳しく手に入れて比較する，などというのも，一種の競争を促進するメカニズムである．

　ときには，「A社はこういう生産設備の工夫をしているが，おたくも見習ったらどうか」などと情報を教えられたりする．いずれの例も，買い手が競争を促進させるための比較，情報流通などを積極的に行っている．

　普通の市場取引ならば，多数の競争者が存在して，その中でつねに代替されてしまうという緊張関係が規律のメカニズムとなる．いわば見えざる手が競争を促し，規律をつくり出している．

　系列関係では，基本的に少数の企業の間の競争なので，見えざる手のメカニズムは存在しない．しかし，買い手の「見える手」が競争を促進させることはありうる．先にあげた例の，部品メーカーの間の相互比較，情報交換の促進などは，見える手が動いている例である．日本の自動車メーカーの中でも，こうした見える手が十分に機能せずに下請けがぬるま湯の関係になってしまっていたところがある．それは，ビジネスシステムの規律のメカニズムの工夫に失敗した例である．

ビジネスシステムの優劣の判断基準

ビジネスシステムの優劣の基本的な判断基準は，次の三つである．

> 1．有効性：ビジネスシステムから商品やサービスを受ける顧客にとって大きな価値があると認められるか
> 2．効率性：同じ価値あるいは類似の価値を顧客に提供できる他のビジネスシステムと比べて経済効率がよいか
> 3．模倣の困難性：競争相手にとって模倣が難しいか

ビジネスシステムの評価基準の中でもっとも大切なのが，顧客にとっての価値である．しかも，競争相手も同じように顧客への価値提供，顧客のニーズの満足を目指しているであろうから，競争相手との比較優位が明瞭な大きな価値を提供できるか，という顧客にとっての有効性の基準である．

この基準は，言い換えれば差別化の成功へのビジネスシステムの貢献という判断基準である．差別化戦略のためのビジネスシステム，というビジネスシステムの位置づけが明瞭に出る判断基準である．

顧客に対して同じ価値あるいはよく似た価値を提供できる二つのシステムがあるとすると，より少ない資源投入（ヒト，モノ，カネ）でそれが実現できるビジネスシステムの方がよい．このような判断基準を効率性の基準という．これが，ビジネスシステムの優劣を評価する第二の基準である．効率的であれば，同じ価値をより低い値段で提供できる可能性がある．企業にとっての経済効率性の基準，といえよう．

しかし，効率性と有効性とはトレードオフの関係にあることが多い．トレードオフとは，一方を立てれば，他方が成り立たなくなるという関係である．つまり，差別化のためにきわめて有効なビジネスシステムをつくったが，じつはコスト倒れで利益がまったく出ないという効率性の悪さが問題になることが案外ある．先に述べたインターネットビジネスのビジネスシステムの失敗には，有効性を売り物にして効率性を犠牲にしたものが多く見られる．効率性の判断の本当の難しさは，効率性と有効性とのバランスのとり方にある．

ビジネスシステムの第三の評価基準は，競争相手による模倣の難しさである．そもそもビジネスシステムは他の差別化の武器と比べると模倣が難しい

ことは，すでに述べた．しかし，それでも模倣はされる．そのうえ，比較的まねしやすいビジネスシステムもある．

ビジネスシステムの競争優位が，差別化の競争という第一のレベルの競争とならぶ第二のレベルの競争の中で生まれてくるものであることを考えると，競争相手による模倣の困難性は，ビジネスシステムの競争優位にとって本質的に重要なものであることがわかるだろう．この問題に対する対応の一つが，最近よく聞くビジネスモデル特許である．ビジネスシステムの仕組みの一部について特許をとり，模倣を禁止するのである．

ビジネスシステムは，目に見える仕組みだけでなく，目に見えないものによっても支えられている．模倣の難しさを究極的に担保するのは，じつはそうした目に見えない部分，見えざる資産であることが多い．それは，従業員のしつけや風土，信用といったものであることが多い．あるいは，小さなことの積み重ねである．

このようなものに支えられた仕組みは，簡単にまねができない．目に見えるシステム，たとえばITの情報システムのようなもの以外のところで，工夫をすることが重要なのである．

模倣しにくいビジネスシステムの一つのパターンは，じつに多くの多様で細かな工夫の積み重ねでシステムができているということである．突出した能力をもつ目に見えるシステムもいいが，小さな工夫の寄せ集めで特別な結果をつくることができれば，競争相手はまねが難しい．その小さな工夫の大半を模倣しなければならないからである．

このことを端的に示している例として，京セラが買収した競争相手の社長とのエピソードがある．京セラは，アメリカの競争相手に勝ってその会社を買収することにした．買収後もそれまでの社長に経営をしてもらうことになったので，その社長を日本に呼び寄せて京セラの工場を見せたところ，彼は工場をみて失望したと言った．京セラの工場には，どこを見ても特別な技術はない．誰でもが知っているコモンテクノロジーばかりだというのである．しかし京セラの稲盛氏はこう言った．「だからその相手は負けたのだ」

その論拠はこうである．もし京セラが特別の技術をもっていれば，それを超える技術さえ開発すれば勝てたはずだ．しかし，京セラはコモンテクノロジーしかもたずに，しかし，そこから特別の製品を作ることができる能力を

もっている．こちらの方がまねは難しいのだと．

　模倣しにくいビジネスシステムのもう一つのパターンは，現場学習による実験の継続がシステムの中で起きて，それがビジネスシステムを不断に進化させていく，というパターンである．

　たとえば，コンビニの業界でセブン-イレブンが圧倒的なビジネスシステム優位を維持できているのは，セブン-イレブンが，仮説検証のための実験を通じて，新しい情報を先行してつくり，それを自分たちの知識として継続的に学習しているからである．

　実験を通じて，さまざまな情報を生み出すことができる．しかも，この情報は自分たちしかもっていない独自の情報であり，ビジネスシステムゆえに集まる情報である．いずれ，他社にもわかることになるかもしれないが，この情報があればリードを継続することができる．その要は，ビジネスシステムがさせてくれる現場学習と実験による，先行と進化なのである

ビジネスシステムと見えざる資産の双方向関係

　そうした学習や実験の大切さ，あるいは目に見えない仕組みのもたらす模倣の困難さを考えると，いいビジネスシステムと見えざる資産の間には面白い双方向の関係があることがわかる．

　まず第一に，ビジネスシステムのよさを背後で支えているものの多くが，見えざる資産なのである．

　ビジネスシステムを機能させるのは，風土，しつけ，などすべてシステムを使う人々が担っている癖や努力のほとばしりである．そうした見えざる資産が大きな意味をもっている．さらに，ビジネスシステムの模倣可能性を小さくしているのも，目に見えにくい小さな要因の積み重ねであり，現場学習の結果としての情報の蓄積であった．

　つまり，ビジネスシステムの有効性の発揮にも効率性の確保にも，また模倣の困難性の担保のためにも，小さなこと，目に見えないことなどの見えざる資産がじつに大切なのである．

　第二に，ビジネスシステムの構築の仕方が見えざる資産の蓄積を左右する．それが，将来の企業の能力ベースに影響を与える．

　たとえば，セブン-イレブンのビジネスシステムは，現場学習を促進する

仮説検証型のシステムとして機能している．だからこそ，現場の改善のための情報蓄積が現場発で大量に起きる．そうした学習が起きるようになるのは，学習するような仕事を現場の人々がするようにビジネスシステムが仕向けているからである．学習促進型のシステム，と言ってもいい．

同じような「学習への影響」は，もっと根本的にビジネスシステムの基本的の決定の第一である「分業関係の構造の決定」からも生まれる．分業の構

小事は大事

小事は大事という諺があるが，経営には，この諺が成り立つ側面が多い．

たとえば，かつて日本の銀行は，毎日支店ごとに，帳簿上の金額と現金とを照らし合わせる清算という業務をしていた．たとえ一円合わなくても，全員で残業して，合うまで齟齬の原因追求をしていた．ときには，全員で机の下まで潜って小銭が落ちていないかどうかを確かめることもあったという．ところが，いつ頃からか，一定の金額を決め，それ以下なら，清算を途中で止める銀行が出てきたという．「たった一円のためにいったいどれだけの残業代を払っているのか」という，一見すると合理的な理屈で止めてしまったのである．その頃から日本の銀行はおかしくなったのである．小さなことで妥協し始めたら，あとは歯止めがきかなくなってしまったのである．こうして銀行はバブルにのめりこんでいってしまったという意見がある．

松下幸之助の例も同じである．些細なことが大切な理由はいくつかある．

第一は，小さな慣行の中に先人の知恵が隠されているからである．

経済合理性とは，分かっていることを前提にして，費用効果を考え，判断を働かせることである．しかし，われわれは神様ではないから，すべてのことを事前に知り尽くすことはできない．逆にいうと，世の中についてわれわれが知っていることはごくわずかである．分かっている事を前提に考える経済合理性とは，うがった見方をすれば，分からない多くのことを無視することでもある．そこから間違いが起こるのである．わからないことも勘案する必要がある，その手段は，先人の知恵を利用することである．

小事が大事となる第二の理由は，些細なことの妥協が大きなことの崩壊の始まりになりかねないことである．大きな堤防が蟻の穴のような小さなところから崩壊するのと同じである．上で述べた銀行の例でも，このような現象が見られる．人間の弱さを考えると，あることで妥協してしまった後で原則を守り抜くのは難しいのである．

小事が大事となる第三の理由は，小事へのこだわりが経営者の価値観を部下に伝える重要な手段となることである．部下は，経営者が何にこだわっているかを見ることによって，その本音の価値観を知るのである．だからこそ，些細な事にこだわる経営者の姿勢は，部下に経営者の価値観を伝える重要な手段となるのである．

造の決定の中心は，何を自社が行って，何を他社に任せるか，ということであった．第1章ですでに議論したように，仕事を現場で行う人間は，学習能力のある人々である．とすると，ある仕事を自分が行えば，その仕事をやることによって発生する学習は自分のものになる．他人にその仕事を任せれば，他人が学習することになる．その学習の成果としての情報蓄積が企業の業務改善，研究開発，戦略実行，さまざまな局面で重要なものであれば，その学習が起きるような仕事は他社にアウトソースしてはならない．自分で行うというビジネスシステムにして，学習の成果を自社にキープできるようにすべきであろう．それが，第1章で述べた，見えざる資産の蓄積の業務副次ルートのもつ重要な意義の一つの帰結である．

「経営者の仕事は大きいことを考えることと小さなことを大切にすることだ」という松下幸之助の言葉がある．中程度のことは部下に任せればいい，という意味でもあるが，小さなことの強調が面白い．氏は，この章の言葉で言えば，ビジネスシステムの小さなことにこだわったようである．氏に叱られた人々は小さなことで叱られた人が多いという．なぜ，松下幸之助は小さなことにこだわるか．一つの答えは，ビジネスシステムの全体の機能がじつは小さなことの集積に支えられているからであろう．

しかしもう一つの答えは，小さなことをないがしろにすると，そこから組織のタガがゆるみ，現場での学習と実験の努力がそこなわれるようになるからであろう．つまり，小さなことから人々が現場で学習しようとする努力が影響を受けてしまう．そこから，見えざる資産の蓄積と崩壊の差が生まれる．大きな堤防がアリの穴から崩れる，あるいは，一事が万事なのである．

3　競争ドメイン

「面」の戦略としての競争ドメイン

前章の差別化の議論とこの章の前節までのビジネスシステムの議論をまとめると，競争のための戦略とは，次の三つの選択を中心とする事業活動の基本設計図であることが理解できるだろう．

> 1．どんな製品・市場のセグメントを事業対象とするか
> 2．その製品・市場で，どのような差別化をするか
> 3．その差別化のために，どのようなビジネスシステムを構築するか

　第一の選択と第三の選択が，かなり構造的な選択として基礎的に重要である．いったん選択された製品・市場のセグメントからは，撤退は容易ではない．また，ビジネスシステムの構築も実に手間のかかるもので，簡単に替えられるものではない．しかし，差別化のポイントは，じつは製品や市場のライフサイクルに応じて変化していくことも多いし，柔軟に対応しなければならない問題であろう．

　その第一と第三の構造的選択を横軸と縦軸にして地図を描けば，ある企業の競争戦略の全体像は図3-2のようになるであろう．

　つまり，製品・市場とビジネスシステムのそれぞれの広がりを企業が選択することによって，企業が自分の仕事と選択した範囲が図の上で面として決まるのである．この面を，「競争ドメイン」（競争領域）と呼ぼう．競争戦略の基本的な選択は，この「面」の選択である．

　面の選択であるから，それは縦だけの選択でも横だけの選択でもない．面積をもった領域全体について，大きさと形の両方の選択が行われる．つまり，競争ドメインの大きさと形をどうするかが，競争戦略の中核の設計図なのである．そのドメインの中で，差別化のための設計図がさらに描かれる．

　製品・市場の広がりを企業が選択するものであることは，市場の範囲が実は企業の選択であるという前章の指摘から明らかであろう．一つの市場セグメント，一つの製品をもつだけの企業は少なく，中小企業でも一つの事業分野の中での複数の製品ラインをもち，市場とするセグメントも複数にわたるのが普通である．それは，企業は誰に何を売るのか，というもっとも基本的な決定である．

　製品・市場の広がりを，市場の需要に対するヨコの広がりだとすれば，ビジネスシステムの広がりとは，業務の流れのタテの深さの拡大ということになるであろう．企業は何を自分が実際に行う業務とするのか，というこれまた基本的な決定である．

　そして製品・市場のヨコの広がりとビジネスシステムのタテの広がりのか

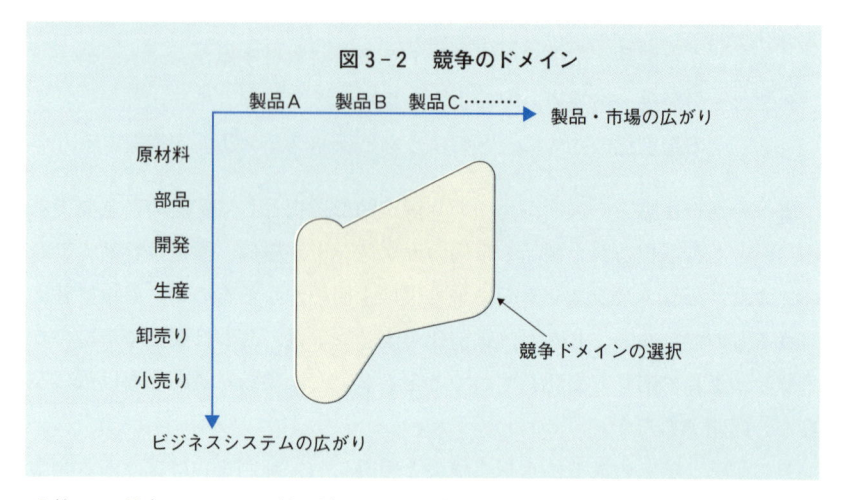

図3-2 競争のドメイン

製品A　製品B　製品C………→製品・市場の広がり

原材料
部品
開発
生産
卸売り
小売り

↓ビジネスシステムの広がり

競争ドメインの選択

け算で，競争ドメイン（領域）の広さ（面積）が決まる．その面積が広ければ，この事業でこの企業が差別化のためにとりうる手段の幅が広くなるであろう．

　ビジネスシステムの広がりを大きくして自社の業務の幅を大きくすれば，自社のコントロールのもとにおける競争の手段が増えることになる．たとえば，電子機器メーカーが基幹部品を外部調達するという広がりの小さなビジネスシステムを選択すると，製品の機能による差別化を主体的にはできなくなるだろうし，コスト優位も基本的にはつくれない．部品の生産から原材料の確保まで内製化すれば，それだけ資源投入は増えるだろうが生産コストの引き下げのために工夫できる手段の幅は広がるだろうし，新しい部品を開発して製品の機能や品質で勝負する余地も増えるだろう．

　製品・市場の横の広がりを大きくすれば，自社のビジネスシステムから生まれるさまざまな競争の手段を相乗的に使える範囲が拡大することになり，競争の手段を強化するための資源投入をしやすくなる．それもまた，競争の手段を結果的に拡大することになる．

　つまり，競争ドメインの広さは，競争の手段の武器庫の多様性，懐の深さにつながるのである．だから，差別化の可能性を拡大する．もちろん，ドメインを広くとってそれにきちんと対応するにはそれだけの資源投入が必要となり，その資源投入に見合って武器庫が充実しているかどうかがもっとも大切な問題である．しかし，ドメインを広くとることによって，企業としての

対応の幅が広がり，それが競争の武器のレパートリーを広げて企業としての懐の深さにつながることは確かであろう．

たとえば，日本の多くの産業では競争ドメインを広く選択し，川上から川下まで，とくに流通も含んだビジネスシステムを積極的に構築し，かつ幅広い製品ラインのあちこちで絶えざる製品革新をしてきた戦略が，概してより大きな成功をおさめてきた．トヨタ，ホンダ（とくにオートバイ），松下電器，資生堂などの戦略がその典型である．

その戦略の強みは，微妙な差別化の集積をコスト効率高く可能にする多様な競争手段が提供されたところにあるであろう．しかも，この戦略から蓄積されてくる経営資源もまた多様でかつ膨大なものになる．だから，他社が簡単にはまねのできない戦略的なポジションをこれらの企業は獲得し，その「戦略的プロテクション」が比較優位を持続的に維持させた．

ビジネスシステムの変化と競争ドメインの変化

しかし，こうしたビジネスシステムをベースにした競争優位が，永続するとは限らない．むしろ，90年代以降とくに進展の目覚ましいIT革命や高速ロジスティックス（物流システム）という大きな技術革新の波の中で，ビジネスシステムの技術的可能性について革命的な変化が起き，それが新しいビジネスシステムを考案しようとする企業にとっては追い風になっている．

この章であげてきたような，近年めざましいビジネスシステムをつくり出した企業の多くが，強靭なロジスティックスをもっている．フェデラルエクスプレス，ヤマト運輸，セブン-イレブン，みなそうである．そして，その強靭なロジスティックスの背後に，強力な情報システムがある．IT革命と高速ロジスティックスが，ビジネスシステムの根本的な変化を促しているのである．情報ネットワーク技術の進歩がなければ成り立たなかったであろうビジネスシステムも，最近は多く見られる．

ただし，新しいビジネスシステムは，情報ネットワーク技術に引っ張られてなかば自動的に生まれてきているのではないことに注意すべきである．旧来のシステムのボトルネックを解消するというきっかけから，新しいビジネスシステムが生まれることが多いが，そのボトルネックを解消する知恵は，情報ネットワーク技術が大きな変化を遂げる以前から出され，試みられてき

たという例が多い．たとえば，ヤマト運輸の荷物追跡システムは，電話が情報伝達の主役であった80年代からすでに構築され始めていた．そのシステムが情報ネットワーク技術の革新とともに大きく進化したのである．

そして，このようなビジネスシステムの変化の過程で，主役の交代が起こることが多い．ビジネスシステムで圧倒的優位を築き上げた企業が，新しい変化に対して意外な脆さを見せるからである．いったんビジネスシステムで優位を築き上げた企業が，そのビジネスシステムを変えるのは難しい．それにはさまざまな理由がある．

一つには，既存のビジネスシステムの中で仕事をしている人々は，その中での仕事の仕方しか考えなくなってしまうことである．したがって，新しいシステムへのアイデアがそもそも生まれない．

第二に，いったんシステム化されたビジネスシステムを組み替えるのは，新たなビジネスシステムをゼロからつくるよりも難しいことが多い．既存のシステムの関係者の利害が既得権益となって，システムを変化させまいとする大きな障害になってしまうからである．

第三に，既存のシステムの優位性がもたらした成功ゆえに，その心地よさが組織の中の企業家精神を弱めてしまうからである．

既存のリーダー企業が案外こうした脆さを自ら内包している一方で，ビジネスシステムの大きな変化は，競争ドメインとその中での競争状況に二つの大きなインパクトをもっている．

第一のインパクトは，ビジネスシステムの変化が一つの事業分野・製品市場分野の中での差別化の可能性についての根本的な変化をもたらすことである．第二のインパクトは，一つの事業分野で優れた新しいビジネスシステムをつくることに成功した企業に，そのシステムを利用して他の事業分野に進出する大きな糸口を与えることである．そのために，業界の境界を超えた融業化が起こりうる．

競争ドメインの観点から見れば，第一のインパクトは縦方向のビジネスシステムに広がりと深さを与え，第二のインパクトは横方向の製品市場の広がりを与える，と理解できるであろう．

まず第一のインパクトについて．新しいビジネスシステムは，差別化の可能性に大きなインパクトを与え，既存のリーダーの競争優位を根本から覆す

スピードの経済

　伝統的なビジネス・システムの基本的な設計思想となっていたのは，規模の経済である．これにたいして，最近出現しつつある新しいビジネス・システムの設計思想となっているのはスピードの経済である．情報があれば，不確実性をなくし，無駄を取り除くことができる．仕事が速くできるし，商品の生産や販売の速度をあげることができる．ここからスピードの経済が生み出される．スピードの経済は，次の四つのメリットからなりたっている．
　第1は，スピードそのものが競争優位の源泉となり，顧客にメリットを与えるという効果である．トステムは，代理店の情報端末から注文があれば，翌日にサッシを工事現場まで納入できるという体制を整えた．これは，納期に追われ，しかも混乱に満ちた現場で作業をしている工務店と，そこに商品を供給している代理店にとっては，大きなメリットである．スピードは競争の重要な武器になるのである．
　スピードの経済の第2のメリットは，情報を利用することによって，在庫回転率を上昇させ，投資効率を高めることができるという効果である．投下資本利益率は，売上高利益率と回転率の積である．

$$\frac{利益}{投資} = \frac{利益}{売上高} \times \frac{売上高}{投資}$$

　情報を利用することによって，この投資回転率をあげることができる．大阪の堺にあるファルマは，パソコンを使った情報システムと配送の仕組みを組み合わせ，零細な薬局をよみがえらせた．各店舗は，パソコンから売れ筋情報を入手し，それをもとに発注情報を入力する．本部はそれを問屋ごとに集計し，問屋からは単品バラで配送される．それによって，少ない在庫で売れ筋の商品をうまく回転させることによって，在庫投資の回転率が改善されたのである．ファルマ加盟店の在庫回転率は，一般小売店の約5倍．売上高利益率は平均の約80％と低いが，それでも在庫投資の利益率は約4倍になる．このように情報をうまく活用することによって，在庫回転率が改善され，投資効率を高めることができるという効果は，コンビニエンス・ストアで利用されている．
　スピードの経済の第3の効果は，スピードをあげることによって，ロスを少なくできるという効果である．発注—生産—配送—販売サイクルのスピードをあげることによって，売れ残りのロスを少なくできる．それがもっとも大きな効果を発揮するのはファッション業界である．イタリアのアパレル会社，ベネトンは，後染めの技術を開発することによって，末端の販売店から得られた情報をもとに商品の補充サイクルを短縮することに成功した．
　この第3の効果から，もう一つの重要な効果が出てくる．それは，実験コストの削減という効果である．スピードをあげることによって実験コストを下げることができるのである．

可能性がある．

　今や世界最大のパソコンメーカーになったデル・コンピュータが既存の大手（たとえばコンパック）の競争優位を覆したのが，そのいい例である．デルは，インターネット直販による注文生産，しかし市場に近いところに最終組立基地を立地させての早い納品，電話による便利な相談・コンサルテーション機能，などきわめて新しいビジネスシステムをつくった．

　そのシステムの多くの側面が，既存のリーダーには対抗しにくいものであった．既存のパソコンメーカーの多くは，旧来の卸から小売りへという間接流通の体制と大量の営業スタッフを抱えていた．また，生産方式も見込み生産で大量の在庫をもち，市場から遠い立地の海外の安い生産基地からの供給であった．デルのビジネスシステムはそれをすべてひっくり返し，旧来型のビジネスシステムのパソコンメーカーには太刀打ちできない低価格戦略とサービス差別化を同時に可能にしたのである．デルが新しいビジネスシステムをつくれた背後には，IT革命と高速ロジスティックがあった．

　ビジネスシステムの変化が生み出す競争ドメインへの第二のインパクトは，製品市場の広がりの可能性へのインパクトである．その基本的理由は，優れたビジネスシステムがもつ大容量高速情報ネットワークと高速ロジスティックスがさまざまな製品市場分野で同時多重利用可能であることが多く，かつそのシステムが可能にする情報の蓄積という見えざる資産もまた同時多重利用だからである．その多重利用が，新しい製品市場分野への進出を可能にする資源ベース，能力ベースになる．

　たとえば，ヤマト運輸が，代金引き換え便に乗り出して金融と物販の一端に手を染め始める．さらには本の販売に乗り出して，無店舗小売業への歩みを始める．自社の運輸網と情報システムがその背後にある．

　あるいはセブン-イレブンが決済機能を中心とする銀行業に乗り出す．その背後には，セブン-イレブンが販売情報管理のためにつくり上げてきた巨大な情報システムがある．そのシステムにカネについての電子情報を乗せることによって，決済業務は技術的に簡単にやれるのである．

　こうしてビジネスシステムが，業界の横の垣根をなくし横断的な融業化をもたらすという傾向が生まれている．ビジネスシステムの変化が製品・市場の広がりの変化を促すという現象が起きているのである．その結果，これま

での産業分類の枠では捉えきれないような企業が現れ，既存の業界の構造は大きく変わることになるであろう．

そうした変化の起点が，ビジネスシステムにあることが面白い．それだけ，ビジネスシステムが重要なのである．競争ドメインの地図の縦方向の変化がIT革命と高速ロジスティックスによって起きている．縦方向（ビジネスシステム）の進化，融合，統合の可能性が大きく生まれてきたのである．その縦方向の変化が実際に起きると，それが横方向の変化（製品市場）の広がりへとインパクトをもつ．

つまり，企業の事業構造自体が，ビジネスシステムの変化で影響されてくるのである．競争ドメインの変化は，一つの企業がもつ事業の組み合わせ（つまり事業構造）に大きな影響を与える．

その事業構造を決めている戦略的論理は何か．それが次章のテーマである．

（演習問題）
1. 日本では，宅配便のネットワークが高度に発展し，コンビニエンスストアの店舗網の密度もきわめて高い．このような環境のもとでのインターネットを使った消費者相手の小売業（いわゆるＢ２Ｃ）のビジネスシステムの典型的な発展形態はどのようなものになるでしょうか．それは宅配便も発達せず，コンビニもあまりない国でもＢ２Ｃのビジネスシステムとどのような違いが出てくるでしょうか．
2. アウトソーシングのメリットとデメリットを考えなさい．そして，メーカーの戦略にとって，経理業務のアウトソーシングと設計業務のアウトソーシングがどのような戦略的重要性の違いをもつか，考えなさい．
3. 競争のドメインの広さが，どのような論理で競争の手段の武器庫の多様性，懐の深さにつながるのか，具体例とともに考えなさい．

第4章

多角化と事業ポートフォリオ

　洋の東西を問わず，企業の発展とともに，単一事業企業の大半は事業分野を多角化することによって複数事業企業へと変質していく．松下電器はソケットの製造販売から，日立製作所はモーターの製造から企業としてのスタートを切ったが，その後次々と事業の範囲を拡大し，今ではともに総合エレクトロニクスメーカーとなっている．

　事業の範囲の拡大は，環境変化のリスクから逃れようとして行われる場合が多い．商品の普及そのものが，市場の成熟，衰退をもたらす．新しい技術革新が，産業の成立基盤を脅かすこともある．後進国の追い上げによって，国際的な競争力を失ってしまったというケースもある．いずれの原因にせよ，通常は，一つの産業は，発展から成熟へというライフサイクルをたどる．そうした環境変化のリスクの犠牲になって企業自身が衰退してしまわないように，多くの企業は多角化によって成長を維持しようとする．あるいは，たんに変化へのリスクの削減という後ろ向きの動機ばかりでなく，自らの事業機会を広く求め，さらに成長しようとして事業の範囲の拡大をしていくことも多い．それもまた多角化である．

　いずれの動機による事業の範囲の拡大にしろ，その選択はただむやみに範囲を拡大していくものではない．どの事業に進出すべきか，拡大していく事業相互の間の関連をどのようにつけていくか，事業の間の資源配分の優先順位をどうつけるか，古くなった事業構造を再編してどの事業から撤退をすべきか，など事業範囲の拡大にともなって発生する企業の選択は多い．

　その選択の基本設計図が，企業全体の事業の構造の選択という意味での「事業構造の戦略」である．それが，この章と次章のテーマである．ここま

での前二章が一つの事業の中の競争の戦略の問題を扱ったのに対して，企業全体としての複数事業の組み合わせの戦略の問題である．

まずこの章では，多角化とその結果生まれる事業のポートフォリオのマネジメントの問題を扱い，次章では事業ポートフォリオの再編成や企業の買収・合併といった企業そのものの構造再編の問題を扱う．

1 多角化の論理

範囲の経済，リスクの分散，成長の経済

　企業の多角化は，すでに述べたようにさまざまな動機で行われる．既存事業での企業成長に問題が発生しての多角化，企業の内部に資源が蓄積されていってその有効利用のために新分野に進出する多角化，企業家精神豊かに新しい有望事業を手掛けたいという多角化，など動機は前向き後ろ向きさまざまである．

　しかし，動機があるだけでは多角化は成功しない．多角化していく先の新分野で成功できる根拠がきちんと存在している場合にのみ，多角化は成功する．その根拠が，多角化の論理である．企業は，そうした論理の存在する新事業への多角化を目指す必要がある．

　以下にその論理を「範囲の経済」「リスクの分散」「成長の経済」と三つに分けて説明するが，その全体を共通して貫くのは，「組み合わせの妙」という論理である．

　多角化していく先の新事業と既存事業との間は，なんらかの意味で組み合わせがいい，という意味である．組み合わせの妙は，資源利用の妙かも知れない．新事業と既存事業が資源を共通に利用できるために，組み合わせると合理的という妙が生まれる．あるいは，リスク削減という組み合わせの妙かも知れない．二つの事業を行っていると単独事業の場合よりも企業全体のリスクを小さくできるという合理性，すなわち妙である．多角化の論理の説明は，複数の事業の組み合わせの妙の説明になる．

　以下，三つの組み合わせの妙を説明しよう．

　①**範囲の経済**　これは，企業が複数の事業活動を同時に営むことによって，

それぞれの事業を独立に行っているときよりも，コストが割安になる，という現象をさしている．コスト的に割安だから，事業範囲を広げると割安になり，多角化が成功する．

たとえば，半導体事業とコンピュータ事業をそれぞれ独立して行っている二つの企業，A，Bがある場合と，同じような規模と事業内容で二つの事業を一つの企業の中で行っている企業Cがある場合を考えよう．そのとき，企業Aと企業Bの費用の合計よりも，企業Cの二つの事業の費用の合計の方が低い場合，この二つの事業の間に範囲の経済が存在するという．このとき，企業Cは半導体事業では企業Aよりコスト面で有利になり（あるいは少なくとも対等になる），コンピュータ事業では企業Bよりコスト優位になる（あるいは少なくとも不利にはならない）．範囲の経済とは，事業の範囲を広げていくと節約ができる，といった意味で「経済」的なのである．

こうしたメリットが事業の範囲の拡大から生まれれば，単一事業企業がそれぞれの事業を行っている状態よりも複数事業企業の方がコスト面で有利になり，企業は範囲の経済を利用しようとして複数事業へと多角化していく．

範囲の経済が生まれる原因は，基本的には，未利用資源の活用にある．一つの事業を行うのに必要とされる資源が，じつはその事業だけでは完全利用できないようなものであったり，あるいは一つの事業を行っているうちに生み出されてくる経営資源があっても，その蓄積を既存の事業では利用しつくせなかったり，さまざまな理由で企業の中には未利用資源が発生する．その活用が，新しい事業を割安で手掛けられる元手となる．その未利用資源は，企業内にはある意味で「タダ」で存在するわけだから，活用しただけ得になる．だから範囲の経済が生まれる．

未利用資源が既存の事業から発生するのは，いくつかのパターンがある．一番わかりやすいのが，既存事業の生産活動から副産物が出てくる場合であろう．これを結合生産物という．たとえば石炭からコークスを作ろうとすると，コークスだけでなくピッチなどの副産物が出てくる．それは化学工業の原材料になるので，コークスを作る企業は，同時に化学工業へのコスト優位をもっていることにもなる．

しかし，もっとも一般的なのは，既存事業で蓄積された情報的経営資源（見えざる資産）が，他の分野でも使えることであろう．たとえば，既存の

事業が生みだす技術はその典型例である．情報的経営資源の特性として「同時共通利用」ができるので，他の事業分野でも技術が生かせる．その企業にとっては「タダ」で利用可能なため，その技術を独立に蓄積しなければならない企業と比べればコスト優位になる．

　ブランド，顧客の信用，流通網など，さまざまな資源が他の分野での利用可能性をもっている．かつ，既存分野で利用しつくされていない．それを利用して新事業に乗り出す．

　合成繊維の企業が，繊維分野の技術開発努力の結果つくり上げた化学技術を生かして，プラスチック，薬品といった事業を手掛けるのが好例である．カメラの開発生産のプロセスで，エレクトロニクスの技術が蓄積されると，その技術は事務機器の開発や生産にも使える．そうすることによって，その技術を開発するための固定費が複数の事業や製品によって分担されるので，各々の分野では，固定費の負担が小さくなる．

　こうした「既存事業の副産物」としての未利用資源ばかりでなく，既存事業がなんらかの理由で遊休資源をもつこともある．それが範囲の経済の源泉になる．たとえば，遊休土地を生かしてレジャー産業や不動産業へ進出しようとする．あるいは，季節的に工場や人員の繁閑の違いがあることを利用して，暇な時期に別の製品を作る．コンピュータの大型機を導入したが自社だけでは使いきれないので，外部の計算サービスを受け入れるようにして新しい事業とする，などである．ただし，遊休資産を使っての範囲の経済は，企業にとって新しい事業の柱となるような大きなものは出にくい．

　②リスクの分散　すべての資源を単一の事業に集中して投入しているときには，その事業の産業環境が変化していくリスクが企業のリスクそのものになってしまう．それでは成長に問題が出るため，多角化してリスクを分散できることがある．

　既存事業の最大のリスクは，その事業での市場のライフサイクルによって産業そのものが成熟から衰退へ向かうというリスクであろう．日本の繊維産業はこうしたリスクに早くから直面して，多角化を繰り返してきた．あるいは，ある事業で自社のメイン技術が陳腐化するような技術開発に競争企業が成功してしまうなどの不測の事態が発生したとき，企業は大きな危機に直面することになる．それも既存事業だけに集中していることのリスクである．

かつて味の素は，協和発酵によるグルタミン酸ソーダの新しい生産技術の開発によって，主力としていたグルタミン酸ソーダ事業での技術的優位を根底から覆されかねないリスクに直面した．そこで味の素は，加工食品事業などへの多角化を開始するのである．

複数の事業をもっているときには，その中の一つの事業で危機的な事態が発生したとしても，その影響は和らげられる．このような効果は，証券投資における分散投資とアイデアはまったく同じである．この効果を実現するためには，環境からの影響が互いに無関係かあるいは逆の影響を受けるような事業同士を組み合わせるとよい．それこそ組み合わせの妙で，できれば一方に悪影響が出るときには，他方に好影響が出るような事業の組み合わせが多角化によってできれば，それにこしたことはない．

③成長の経済　成長の経済とは，成長することそのものがもたらす経済的なメリットを一般にはさし，そのメリットが新事業での成長の追加を狙った多角化を意義あるものにする．

成長の経済は，規模の経済と間違われやすいが，二つの概念はまったく異なる．規模の経済は，成長の結果企業が大きくなった後で生まれる「大きいという状態そのもの」がもたらしてくれるメリット（費用低下）である．大量生産のメリットがその典型である．成長の経済とはそれとは違い，成長するプロセスそのものが経済的なメリットを企業にもたらす，という意味である．言い換えれば，企業がある程度の率で成長したときもっとも効率的になるので，その成長のために新事業を付け加えようとする．

なぜそういった「成長のプロセス自体がもつメリット」が生まれるかといえば，一般に次のような二つの源泉がある．

第一の源泉は，コスト構造の変化を成長が引き起こしてくれること．平均費用の低減がもたらされ，企業の競争力が強くなる．その一つの例は，企業成長とともに従業員の年齢構成が若くなっていって，一人あたり人件費が低下していくことである．つまり，成長している企業がその成長に必要な労働力を若い人たちで補給しようとすると，従業員の平均年齢が下がる．そうなると年功賃金制のもとでは一人あたり人件費は安くてすむようになる．この仕組みは，成長が止まると企業にとってはコスト負担を急増させることになる．そこで成長の維持への強い欲求が働くようになる．

市場のライフサイクル

　市場や産業には，ライフサイクルというものが存在することが多い．ライフサイクルは，典型的には，図のようなカーブをたどる． 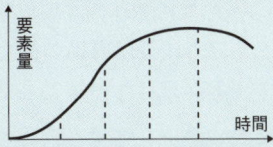
　この図の各段階にさまざまな名称がつけられている．第1段階は，導入期で，新しい商品が市場に導入される時期である．この時期には，需要は小さいが，需要を創造するための大きな投資が必要になる．第2は，成長期で，需要の急速な成長が見られる時期で，競争者の参入も増加し，価格が低下する．第3は，競争期で，需要の裾野はさらに拡大するが，競争者間で厳しいシェア争いが演じられる．製品の差別化や市場の細分化が明瞭になってくる．この段階の後半から競争による一部の競争者の淘汰が始まる．第4は，成熟（飽和）期で，需要が停滞しはじめ，価格はさらに低下し，競争者間の競争も激化する．撤退する企業も増加する．第5は，衰退期で，需要は縮小し，多くの企業の撤退が始まる．

　ライフサイクルの各段階ごとに，企業の競争の戦略は異なる．導入期には比較的高価格で，先端顧客のみを対象とした（スキミング）戦略が実行されるが，成長期になると，低価格を武器にする企業が増えてくる．成熟期になると，差別化や市場細分化が重要な戦略となる．ライフサイクルの初期の段階では，製品技術の開発に力点がおかれるが，成長期以降は生産技術の革新が重要になる．

　このようなライフサイクルは，多様な原因から生じる．①顧客によって製品やサービスの導入の時期に差があること，②耐久財の場合には，普及によって商品の売上げが減少していくこと，③流行のあるような商品では，商品にたいする飽きが出てくること，④技術革新によってより優秀な製品が出現すること，⑤国際的な競争構造の変化などである．しかし，現実には，製品や産業の需要がこのようなきれいなライフサイクルにそって推移するケースは稀で，商品の需要量は，下の鉄鋼や繊維のように，波動を示すことが多い．

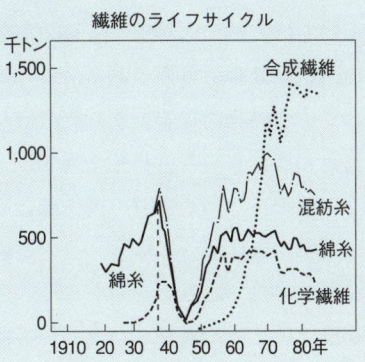

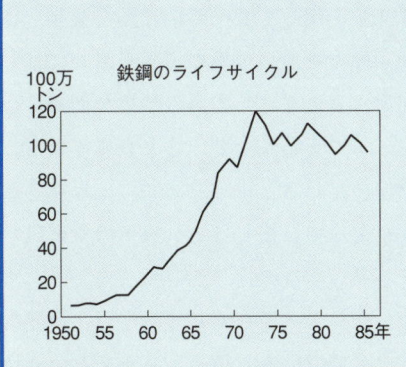

第二の源泉は，組織が成長することによる，心理的なエネルギーの供給である．たとえば，企業が成長しているという事実が働く人々に元気を与え，コミットメントをより多くする．その結果として，企業の業務を人々が効率的に遂行するようになる．

企業成長が企業内部の人々にさまざまなインセンティブを与え，人々の企業に対する貢献意欲を引き出すという効果をもつことはよく知られている．たとえば，成長は昇進の機会というインセンティブを従業員に与え，それがエネルギーにつながる．

成長の経済を実現し維持していくためには，企業はある程度の率で成長を持続しなければならない．必要な成長率を超えて既存事業の市場が拡大しているときには，その市場の成長に乗ることによって，企業は成長の経済を実現できる．あるいは市場の成長率が鈍化しても，その中でより大きなシェアをとれれば成長の経済を維持できるだろう．しかし，それには限界がある．そこで，多角化による成長の維持が望ましいことになってくる．

相補効果と相乗効果

こうした三つの多角化の論理の中で，もっとも重要なのは範囲の経済である．この論理が大半の多角化の成功の背後にあると言ってもいいだろう．

範囲の経済は，典型的な資源利用の妙という組み合わせの妙なのだが，この経済効果にはじつは二つのものがある．利用される資源が何かによって効果の発生理由と限界が異なる，二つの組み合わせ効果がある．それは，相補効果（コンプリメント効果）と相乗効果（シナジー効果）である．

上であげた例で言えば，工場の遊休部分を使って暇な時期に別の製品を作るのが相補効果の典型である．この効果は，二つの事業や製品が互いに補い合って一つの物的資源をより完全に利用するようにしている効果である．いわば足し算的な組み合わせ効果で，1＋1で2を作っていると表現できる．

この効果は，物的資源の遊休部分を使い終わるともうその先には存在しない．工場の遊休部分の場合，その遊休を使ってしまえばそれ以上の生産は物理的に不可能である．

相乗効果とは，繊維メーカーが蓄積した化学技術を使って高度な化学品の分野を手掛ける場合の範囲の経済が，典型例である．見えざる資産という情

報的資源を，二つの分野がともに使っている．しかも，化学品分野で技術を使っている分だけ繊維分野がその技術を使えないというようなことはなく，互いに干渉し合わずに共通利用ができている．いわば，ただ乗りが可能になっている．そのうえ，新しい化学品の分野で開発された技術が繊維の高度化に役に立つ可能性すらある．お互いに相乗的にいい効果をもたらし合える．

　相乗効果は，比喩的に言えば，1＋1 が 3 になっているような，掛け算的な組み合わせの効果である．そうした掛け算的効果が生まれる理由は，相乗効果の背後にある情報的経営資源の特徴にある．情報ゆえに，一つの分野で使っても減るわけではない．かえって，二つの分野の情報の組み合わせから新しい情報が生まれてくる可能性すらある．

　相補効果が物的資源を二つの事業が使うという組み合わせの妙であるのに対して，相乗効果は情報的資源を二つの事業が使い合っている．物的資源には使用量の限界があるが，情報的資源には使用の物的限界などない．相乗効果の方が相補効果よりレベルが高く，かつ効率的な効果だと言える．

　従来の多角化の理論書の多くは，ここで言う相補効果と相乗効果の両方を含んだ意味で，相乗効果という言葉を使ってきた．ここでの相乗効果という言葉の定義は，そうした従来の定義よりは狭い．しかし，相補と相乗という二つの概念をきちんと使い分けた方が，多角化の論理の広がりをきちんと理解できる．

　相補効果は目に見える物的資源の共通利用の効果だけに，わかりやすい．しかし，効果には限界がある．その本質は，「二人合わせて一人前」ということである．一方，相乗効果は，目に見えない見えざる資産の共通利用の効果であるからわかりにくい．しかし，効果の限界はあらかじめ定まっているわけではない．その本質は，「ただ乗り」である．そのうえに，二つの分野の相互作用でそれこそ「相乗的に」効果が出ることもある．

　多角化の論理の一番の核は，この相乗効果である．それも，静的な相乗効果（静的シナジー）だけでなく，動的な相乗効果（ダイナミックシナジー）がつくり出せるような事業の組み合わせであれば，じつに望ましい．

　ダイナミックシナジーとは，一つの情報的資源をある事業がある時点につくり出し，それを別な事業が将来の時点で利用していく，という時間差をもった相乗効果である．その典型例は，既存事業が築いた技術の蓄積が新しい

事業の発展の基盤となり，その基盤ゆえに新しい事業での競争戦略を有利に展開するシナリオを描ける，という例である．そのうえ，将来時点ではこの二つの事業がともにその技術蓄積を利用できている．将来時点での静的な相乗効果と，現在から将来へとつながる相乗効果と，二つの相乗効果がこの例では生まれている．それはまさに，現在から将来へとつながる「組み合わせの妙」である．

　見事な企業成長のプロセスを追ってみると，ダイナミックシナジーがその中核にあることがじつに多い．多角化戦略が目指すべきは，このダイナミックシナジーである．

　たとえば，インクジェットプリンターなどで発展しているエプソンに，このダイナミックシナジーがある．そもそもエプソンは時計メーカーであった．その時計生産のために蓄積した金属精密微細加工技術が，インクジェットのヘッドの生産に利用され，他社製品より圧倒的に画質の優れたプリンターの開発に成功した．金属精密微細加工技術という情報的経営資源についてのダイナミックシナジーが，エプソンの成長の一つの大きな要因なのである．

2　選択と集中

事業ポートフォリオの二つのレベルの戦略的決定

　多角化をさまざまな理由で行う結果，多くの企業がさまざまな事業群を組み合わせとしてもつことになる．その全体のことを，事業ポートフォリオという．

　ポートフォリオとは，もともと財務あるいは証券の世界の用語で，所有有価証券一覧という意味である．証券投資においては，個別の証券の魅力だけで投資を決めるだけでなく，全体としての組み合わせの観点も重要である．安定株と成長株をうまく組み合わせる，などというのがその例である．それを強調するためにポートフォリオ投資という考え方があるが，事業分野の決定もまったく同じで，個別の事業の魅力を考えて進出先事業を選択する一方で，事業の組み合わせが全体としてどんな効果を出すかも考える必要がある．

　事業ポートフォリオをどのようなものにすべきかという戦略的決定には二

つのレベルの決定がある，と思っていいだろう．もっとも基礎的な第一レベルの決定は，事業ごとの個別の決定とも言える，事業の選択と集中である．選択とは，まずそもそもどんな個別事業への進出を選択すべきかという問題であり，集中とは企業がポートフォリオのうちのどこに経営資源を集中すべきかという濃淡の問題である．この二つの戦略的決定は，ともに個別の事業に的を絞った決定である．どの事業への進出を選択するか，どの事業を選択してそこに集中するか．このレベルの決定の問題をこの節で扱う．

　事業ポートフォリオの決定の第二のレベルは，ポートフォリオ全体のレベルの決定で，ポートフォリオ全体の特徴やバランス，方向性などが対象となる．どんな大きな領域の中に大半の事業が収まるようにするか，全体としてどこを目指すか，事業の間の関連性をどうつくろうとするか．企業のドメイン（領域），事業間の関連のパターン，などの問題として，次節で扱う．

　この二つのレベルの決定は，理想的に言えば第二のレベルの「大きな全体」の決定をまず行い，その枠の中で個別の事業についての選択と集中を決める，という順序であるべきであろう．しかし現実には，ドメインや関連のパターンは，個別の決定が積み重なった後に事後的に考慮の対象となることが多い．

　そうなってしまうのは，一般的な人間の思考のくせの表れでもあるのだろう．単純には全体から個へと進まなくて，個から出発して全体を振り返り，その後にその全体的理解をもとに個に戻る，という順序が普通である．それも考えて，この二つのレベルの決定の説明の順序を，まず個別の事業の決定からこの本では始める．しかしそれは説明の順序にすぎず，決定のあるべき順序を意図したものではない．

どんな事業に進出すべきか：個別事業選択の論理

　それではまず，個別事業としてどの事業に進出すべきかという選択の論理から議論を始めよう．

　どんな事業に進出したらいいかの選択の判断基準は，大別して三つある．

1．その分野の発展性
2．その分野での企業の競争力
3．その分野から他分野への波及効果

①**事業分野の発展性**　市場の成長性がそのもっとも重要な基準となる．そもそも事業構造の戦略自体が市場の盛衰という変化のリスクに対抗して成長を続けようという環境のマネジメントの戦略なのだから，この点がもっとも重要な選択の基準になるのは当然である．

ただ，市場の成長性だけが発展性の基準ではない．仮に新しい事業の成長性がそれほどでなくとも，その企業の既存の分野との代替関係が強い分野であれば，危険分散の観点からもその企業にとってはその事業の魅力が大きくなるだろう．もちろん，代替的でかつ市場の成長性が高い分野があれば，その企業にとっての発展性がきわめて高い新事業である．天然繊維や化学繊維の企業が合成繊維事業を手掛けるのが，その典型である．

もう一つの発展性の判断基準は，技術の発展可能性である．その新事業に必要な技術が将来その企業にとって重要な意味をもつ場合，その事業の貢献は新しい需要を企業にもたらすことではなく，新しい技術をもたらすことかも知れない．日本の多くの電機・通信機メーカーが1950年代から半導体分野へ積極的に進出していったのは，市場の成長性というより技術の発展性のゆえであった．半導体技術が将来のエレクトロニクス技術の核になると思えば，市場需要はさておいても進出するだけの必要性があったのである．

②**その企業が新分野でどの程度の競争力をもてるか**　新分野での競争力の源泉のかなりの部分は，既存の分野でつちかった経営資源が新分野でどの程度利用できるか，そしてどの程度新分野での競争に有効か，で決まる．つまり，既存分野との範囲の経済がどの程度大きいか，である．

たとえ，発展可能性のある市場であっても，企業が十分な競争力を確保できなければ，その企業が得ることのできる成果は限られている．低成長事業でも，企業の競争力が強く，市場を深く耕すことができる場合には，そのような事業から大きな成果が期待できるかもしれない．

新しい事業分野での競争力を決定するのは，その分野に投入できる経営資源の量と質である．そのためには，個々の事業でどのような競争戦略が展開可能か，そのためにどの程度の経営資源が必要か，企業としてどの程度の経営資源の投入が可能かについての判断が必要である．

範囲の経済の源泉は，既存分野の経営資源が新分野に転用できることであった．完全な未利用資源であれば直接には費用をかけずに転用できるし，低

いコストで転用できる資源があれば，その分野での競争力はそれだけ強くなるだろう．とくに，情報的経営資源のもつ相乗効果が新分野での競争力の源泉をもたらしくれることが多いであろう．

相乗効果は，市場関連の相乗効果と技術関連の相乗効果に大別される．市場関連とは，企業の市場活動（たとえばマーケティング，あるいは流通）に関連した経営資源を転用することによって生まれる相乗効果を利用したもの，という意味である．それを利用するのが市場のつながりのある分野への多角化である．技術関連とは，技術的につながりのある分野への多角化で，企業の技術資源の転用によって可能となる．たとえば，味の素は調味料事業だけの単独事業の企業から，市場関連で加工食品の分野へ，技術関連でアミノ酸技術を使った化成品の分野へと多角化していった．

新分野での競争力は，新分野への参入の力と，参入後の差別化の力からなっている．参入にも差別化にも役立つような転用可能な経営資源があれば，新分野での競争力はきわめて強くなるだろう．一般に，市場関連の経営資源は参入に役立ち，技術関連の経営資源は差別化に役立つことが多い．

したがって，市場関連の多角化は参入には成功しやすいが，その後の差別化で苦労することも多い．反対に技術関連の多角化は参入には苦労するが，いったん参入に成功して技術的な差別化が可能なら大きな成功につながりやすい．市場も技術も関連した多角化がもっともいいのは，参入と差別化の両方で有利になりやすいからである．

③新分野が企業全体にどのような波及効果をもつか　先に述べた競争力という判断基準は，蓄積された経営資源を通してこれまでのその企業の事業活動全体が新分野をどう助けられるか，という問題であった．ここでの波及効果は，方向としては逆の効果を考えるもので，新分野で事業することが既存分野あるいは企業全体の将来にどのような効果をもつか，という問題である．多角化の論理として述べた，リスクの分散や成長の経済は，こうした波及効果を考えるときの基本論理として使えるだろう．

ここでは，その基本論理とはやや違った視点になるが，その波及効果を経営資源の蓄積への波及効果，組織の人々の心理への効果，という二つの点で論じてみよう．したがって，実際に波及効果の判断をする場合には，以下の議論とリスク分散，成長経済という二つの論理を組み合わせて考えればよい．

ある個別事業を選択したことから全体に対して生まれる波及効果には大別して二つある．一つは経営資源の蓄積による効果．新分野の事業から生まれてくる経営資源の蓄積がどのようなメリットを企業全体に対してか，である．もう一つは，心理的効果．ある新しい事業をするということが企業内外の人々の心理にどのような影響をあたえ，企業の活動をどのようによりよい方向へ導くか，という効果である．

　まず，経営資源の蓄積による波及効果について述べよう．多角化と経営資源は，お互いに影響を及ぼし合うという双方向の関係をもっている．多角化は，一方では，既存の経営資源を有効に利用する手段である．しかし他方では，新しい経営資源を獲得，追加する手段でもある．それは，第1章で論じた，見えざる資産の蓄積のための業務副次ルートがあるからである．

　ある事業を手掛けるということは，その事業で成功しようとする日常の業務活動の努力，ビジネスシステムの構築の努力から，新しい経営資源を生む努力にもなっているのである．

　新しい事業分野で真剣に競争を行うことによって，その分野に関連した経営資源の蓄積が行われたことの好例は，日本の通信機メーカーの半導体事業である．あるいは，第1章で紹介したキヤノンもいい例である．キヤノンは，シンクロリーダーと呼ばれる磁気記録事業，電卓に進出したが，これらの事業は事業採算としては失敗であった．しかし，社内に，エレクトロニクス技術の蓄積をもたらすという役割を果たしていた．この技術が，カメラそのもの，事務機分野でのその後の成功の布石となったのである．

　じつは，こうした経営資源の波及効果のある新事業は，事業の発展性に関して述べた技術の発展性と深い関係がある．技術の発展性とは，その技術の波及効果を含むと考えてもいい．発展性のある技術とは，深さと広がりのある技術であろう．そうした性質をもった技術が波及効果をもちうることを考えると，新事業の波及効果とは一般に，その事業で蓄積される経営資源の深さと広がりの大きさに依存している，といっていいだろう．

　第二の波及効果は，心理的効果である．新事業をすることが心理的影響を企業の内外の人々にあたえる一つの例は，すでに第1節の成長の経済のところで述べた，心理的なエネルギーの供給である．将来性の豊かな分野へ積極的に打って出るという経営姿勢が人々を奮い立たせることがある．心理的効

果のもう一つの例は，その企業がこれから進んでいく大きな方向性を象徴する意味を新事業がもつときである．そうしたシンボル的な意味をもちうる新事業があるときには，多少の採算は度外視してもその事業に進出する意味は大きい．

このような波及効果を考えた個別事業の選択の論理は，市場の発展性や競争力といった観点だけを考えていたのでは非合理的に見える選択を要請することがありうる．とくに，今は企業の競争力が必ずしも十分にないのに，波及効果ゆえに新事業をあえてする，ということがありうる．そのような戦略をオーバーエクステンション（突出あるいは背伸び）という．多くの企業は，成長の踊り場でオーバーエクステンションをしている．中には意図せざる結果としてのオーバーエクステンションもあるが，この戦略のもつ経営資源蓄積効果と心理的効果をよく考えての，あらかじめ意図された注意深いオーバーエクステンションがあるべき姿である．オーバーエクステンションについては，さらに第18章で扱う．

集中の論理

集中という言葉は，すでに複数の事業をポートフォリオとしてもっている企業が，そのポートフォリオの中の特定の事業にとくに大きな資源投入をしようとするという意味で，この章では使う．集中を極端に推し進めれば，多角化はしないで単独事業でいく，ということになるであろうが，ここでは一応，複数の事業からなるポートフォリオをもっている企業が，そのポートフォリオの中での集中という濃淡づけを考えている状況を想定して議論を進める．その意味でこの項では，「既存ポートフォリオの中での集中」を議論することになる．

なぜ，すでにある事業ポートフォリオをもっている企業が，わざわざその中での集中ということを考えなければならないのか．それは，多くの企業のポートフォリオが「限度を超えた分散」をしてしまっていることが多いからである．そして，なぜ分散をしてしまうかといえば，前項で述べたような個別事業の選択の論理があまりに各事業の個別ごとに使われた，ある意味でバラバラな進出決定が歴史的に積み重ねられてきた企業が多いからである．

あまり全体のバランスを考えないで個別の決定をしてきた結果，過度の分

散が起きてしまい，改めて集中を考える必要が出てくる．つまり，集中の必要性は，過去の事業構造の戦略が十分に事業構造全体のバランスなどを考えてこなかった結果として生まれている，とも言える．

なぜ全体のバランスよりも個別の事業の問題があまりに優先されるような事業選択，資源投入の決定になってしまうのか．それを考えることは逆に，集中を可能にするためにはどこに注意を払わないといけないかを考えることにもなるだろう．まずその議論をしよう．

そうした分散の大きな原因は，個々の事業での「横並び」投資と「再投入」投資がかなり頻繁に起きることである．

横並び投資とは，その事業での競争相手もするから，自分もする，という投資である．長期的な戦略的合理性を深く考えての投資ではない．競争戦略とは，他人と違ったことをやって差別化することに本質があるのに，個々の事業では必ずしもその本質が守られていない．

「再投入」投資とは，企業の中で投資資金を利益という形で稼いだ事業分野が，その金を自分たちの将来のために再投入してくれと要求して行われる投資のことである．「誰がその金を稼いだのだ」とすごまれるとなかなか迫力があるし，再投入がかなり期待できると思わなければ，そもそも利益を大きくしようというインセンティブが個々の事業を担当する部門で小さくなってしまう危険もある．だから，再投入投資が戦略的合理性の限界を超えて行われる傾向が強くなる．

もちろん，再投入のすべてが悪なのではない．成熟していても安定している事業，これからもある程度の成長が期待できる事業，それらへの再投入投資は当然あっていい．問題は，再投入がそうした合理性の限度を超えて行われる危険が大きいことである．

こうした傾向に抵抗するため，あえて集中ということを強調する必要が出てくる．それは，組織の慣性への抵抗という組織的論理，人間臭い論理と言えるだろう．

もちろん，集中にはこうした組織の慣性への抵抗という意味を超えた，別の前向きの論理もある．経済的な論理としての「差別化の可能性の拡大」と組織的論理としての「組織の焦点」という論理である．

差別化の可能性の拡大とは，特定の事業を選んでそこに資源投入を集中す

れば，その事業で競争の武器の差別化や個性の主張という差別化を実現できる可能性が高くなり，したがってその事業での成功の確率が高くなることである．差別化のためには必ず資源投入が必要なのである．その資源投入の結果，新製品開発に成功したり，新しい付加的サービスの供給体制がつくれたり，あるいは規模の経済を利用してのコスト優位をつくれるようになる．

　集中による組織の焦点づくりとは，ある特定の事業への資源の集中によって，組織に働く人々が自分たちは何をすればいいのか，何を目指せばいいのか，そのベクトル合わせができるようになる方向づけができることである．その方向づけによって組織の焦点が生まれ，人々の知恵とエネルギーを結集しやすくなる．

　以上の議論は，集中ということそのものの必要性の論理であった．それが理解できたとして，しかし一番大切なのは，どこに集中するのか，という特定の事業の選択の問題である．それを間違えれば，「誤った集中」となって，みじめな結果に終わってしまう．

　この特定の事業の選択にあたっては，すでに前項で述べた個別事業の選択の論理がそのまま当てはまる．決定すべきことは，その事業への進出ではなく，その事業への集中であるということを理解して，同じような論理をきちんとあてはめればよい．

　ただ，既存ポートフォリオの中の集中ということだから，たんなる新事業分野への進出とは異なる点も必然的にある．たとえば，既存事業のどこかに集中するための資源配分をしようとすると，別の事業への配分から資源を割く必要が出てくるだろう．

　既存の別事業から資源を割くということは，その部分の資源投入を薄くすることである．企業全体では資源に限界があるのが普通だからである．薄くされる事業にとっては，マイナスということになるだろう．そのマイナスと集中のプラスを総合判断する必要が出てくる．それは組織の中ではやっかいな判断となる．それが難しいからこそ，上で述べたような横並び投資や再投入投資が横行する．とくに，資源投入を薄くする事業を担当する人たちのモラール（やる気）が心配になる．

　そこで，じつは事業構造全体の戦略という「大きな展開の絵」をもつことが助けになる．たしかに，薄い部分はつらい．しかし，全体の中の役割をせ

めて示されれば，つらい道も歩きようがあるだろう．

多くの日本企業は，そうした薄い部分をつくることを避けすぎた．低業績分野でも「ガンバレ」，高業績分野では「ますますガンバレ」．しかし，それではもはやムダが多すぎる．だが，焦点を絞って集中しても，組織全体がもつには，大きな展開の絵が必要である．つまり，事業構造全体の「大きな展開の絵」という戦略がない企業には，集中という戦略はとれないのである．

3　企業ドメインと事業間関連性パターン

二つの事業ポートフォリオ・マネジメント

前節では，個別の事業への選択と集中の論理を議論した．この節では，事業ポートフォリオ全体についての戦略的論理をはじめよう．

企業がもっている事業ポートフォリオは，さまざまな歴史的積み重なりででき上がってきたものである．それを，ゼロベースでいきなりつくり直すことはできない．したがって，いきなりまっさらな戦略の設計図を描くのではなく，既存の事業ポートフォリオを少しずつ動かしていく，その動きのマネジメント，という意味での事業ポートフォリオのマネジメントというスタンスが必要になる．

そのマネジメントは，二つの部分に分けて議論するとわかりやすいと思われる．第一の部分は，ポートフォリオ全体の性格づけというマネジメントである．たとえば，さまざまな事業活動の分野を大くくりにした活動のドメインを示すことによって，ポートフォリオ全体の性格づけをする．あるいは，事業間の関連性についての基本方針を示し，望ましい関連性を持った事業には注力するが，そうでない事業はとくに注力しない，あるいは切り離すことを考える，というマネジメントである．それがこの節のテーマである．

事業ポートフォリオのマネジメントの第二の部分は，第一の部分が決める全体的性格づけに合うように事業間の資源配分を実際にどう行うか，というマネジメントである．第一の部分で決まったことを現実に資源配分として具体化するマネジメント，といってもいい．次節でこの問題を議論する．

企業ドメインの意義

　事業ポートフォリオの性格を主に決定するのは，企業ドメインの決定と事業間関連性のコンセプトの決定である．

　企業ドメインの決定は，企業が事業活動を行う領域の決定である．それによって，事業ポートフォリオ全体の性格づけが，「どんな分野で生きていくのか」という観点からなされる．

　ここでは多様な選択肢がある．もっとも広い選択は，コングロマリットのように，どんな事業分野にでも進出するというドメインの選択である．この場合には，じつはドメインはないといった方がいいかもしれない．企業の中には，ドメインをあらかじめ限定しないまま，個々の多角化の結果として，多様な事業分野に進出しているところもある．

　しかし，大部分の企業は，より限定されたドメインを選択している．たとえば，NECは80年代まで，コンピュータとコミュニケーション（C&C）というドメインを選択していた．このドメインは，コンピュータと通信が重なり合う部分を自分たちの主な活動領域とするという，わかりやすくまたうまく機能したという評価の高いドメインである．

　企業ドメインを決定することで，企業は二つのものを同時に決めていることになっている．一つは，多角化の広がりの程度である．どのくらいの「広さ」で事業分野を拡大していくのか．コングロマリットのケースでは，その広さはほぼ経済全体，あるいは製造業全体といったような広さにも等しい．総合素材産業というドメインを決めれば，「素材」に関連した分野に限定しているという程度には「広さ」の限定がある．

　企業ドメインが決めているもっと大切なものは，企業のアイデンティティ（同一性，あるいは基本的性格）である．どのようなアイデンティティをもつ事業領域を自社の活動分野として選ぶか，という性格規定の問題である．

　競争の戦略のところでも，競争ドメインという言葉が登場した．これは，一つの事業の中での製品・市場の拡がりと，業務の流れのビジネスシステムの広がりとの掛け算で決まるものであった．企業のドメインも競争ドメインもともに，「市場と技術の掛け算で決まる企業の活動領域」という意味では共通点があるが，その適用の場所が違う．企業のドメインとは，企業全体の

活動分野であり，競争ドメインとは，個々の事業の競争の場をさす．以後，この章でドメインという場合には，企業全体の企業ドメインのことを指すものとする．

　しかし，なぜそのような性格規定を選択する必要があるのか．企業が発展できるような事業であれば，なにも規定をもうけずにどんどんやったらいいではないか．ドメイン設定の意義はなにか．

　第一は，ドメインを限定することによって，企業の意思決定者たちの注意の焦点が限定されるという効果がある．世の中には多様な変化が起こっている．この中から，新しいチャンスや脅威を発見するためには，情報の収集が必要である．ドメインを限定することによって，その領域での深い情報を収集することができるようになる．限定しなければ，人々は荒野をさまようだけになる危険がある．

　あるいは，注意の焦点ができることによって，企業としてどの方向への事業展開を提案すればいいのか，という人々の発案のベースが提供されることになる．事業の展開といっても，どんな具体的な事業を取り上げるかの発案はトップがすべてするわけにはいかない．第一，トップがその発案に必要な情報をもっていないことが多い．したがって，企業の現場に近いところから新事業の種があがってくることを期待することになるが，そのときに人々の発案の共通のベースがないと，さまざまな方向への事業展開が等しく提案されるようになる．その中での選別は難しく，あげくのはては資源分散につながる危険がある．注意の焦点をつくる効果は大きい．

　ドメイン設定の第二の意義は，ドメインを限定することによって，どのような経営資源の蓄積が必要かについての指針を与えることができることである．たとえば，写真フィルムの会社が，ドメインを機能面から「映像の記録」と定義した場合には，たんに銀塩フィルムの技術だけでなく，電子映像，印刷，出版，画像処理などの技術蓄積が必要になることについて企業の中に共通理解が生まれるだろう．

　あるいは，これから必要となる経営資源がなにかを明らかにするだけでなく，そのドメインでの企業活動にとって鍵となる経営資源の蓄積がなにかも明らかになるだろう．その鍵は，これまでつちかってきた自社の強みと深い関連がなければならない．その鍵を明瞭にすることによって，自社の強みを

さらに強化し，深くしていくように資源配分の重点が決まるだろうし，人々の日常の資源蓄積活動の指針も与えられることになる．

たとえば，Ｃ＆Ｃというドメインは，コンピュータと通信技術の融合を進めるような技術が自社の強みであり，そこに資源蓄積の重点が置かれるべきであることを明瞭にする．それはコンピュータの分散処理の技術であり，分散処理のプロセスを全体として通信技術でつなげるネットワーク技術であり，あるいは通信のコンピュータ化の技術であり，またそうした処理を推進するための半導体技術である．

ドメイン設定の第三の効果は，企業全体を一つの組織とする一体感をつくることである．この効果は，多角化が進んで多くの事業分野をもった企業の各分野の人々が，互いに何の関係もない別々の組織で働いているかのごとき分裂感をもたないためにも必要である．一体感が生まれる一つの源泉が，「自分たちがやっている多様な事業を貫く一つのアイデンティティがある」という感覚である．そのような一体感のない企業では事業間の協力もしにくいために，範囲の経済を実現できにくいだろう．

現実には，ドメイン設定は，いくつかの事業への多角化が進んだのちに行われることが多い．アイデンティティの危機を迎え，あるいは資源分散のマイナスが表面化しそうになってから，企業を一つにまとめるドメインの必要性を痛感する企業が多いのである．しかし，あらかじめ早い段階でドメイン設定は考えておいた方がいい．

ドメインの表現

ドメインの意義が組織の人々の思考の指針になることである以上，ドメインを設定する際は，その表現形態に十分注意して，人々に伝わりやすい，人々にインパクトを与えやすい表現を選択する必要がある．

ドメインの定義と表現を行うための切り口には，多様なものがありうる．ドメインそのものは市場，技術，そして企業が果たすべき機能の三つのものの掛け算として決まるものだから，切り口も，市場軸を中心とした切り口，機能軸を中心とした切り口，技術軸を中心とした切り口の三つに大別できるだろう．

第一の市場あるいは顧客の軸によるドメインとは，共通の顧客を軸にして，

その顧客に対する総合的なサービスの提供をドメインとしたものである．たとえば，阪急電鉄をはじめ，鉄道会社の多くは，鉄道を利用する顧客に焦点を合わせ，デパート，劇場，娯楽，物販，住宅開発，不動産，タクシーなどの事業に進出している．これは，共通の顧客を切り口にしたドメインの限定をもとにしたものである．

　第二は，どのような機能を果たすかについての切り口で，ドメインの定義を行うケースである．損害保険会社が，総合安心企業というドメインを選択し，安心を売るための保険だけでなく，警備保障や事故防止事業に進出するのも，機能を軸にしたドメインの定義である．

　第三は，技術あるいは能力の切り口であり，企業のコアとなる技術，能力をもとに将来のドメインを定義する方法である．松下電器が一時期標榜していたヒューマン・エレクトロニクスというドメインは，人間とエレクトロニクスの接点の技術やノウハウが松下電器の強みであり，それをテコに新しい事業の展開を図っていくという戦略を反映している．

　どのような軸でドメイン設定を発想するにせよ，ドメインの設定はかなり創造力を必要とする作業である．それはドメインを表現する「言葉」の発見の作業であり，なによりも「自分はなにものなのか」という自己規定をズバッとする作業である．それが創造力を欠いたおざなりの言葉で表現されていれば，企業の人々の思考にインパクトを与えることはないだろう．

　理想的なドメインの表現は，次の三つの条件を満たしているものである．

　第一の条件は，ドメインとして表現された分野が「未来への方向性と広がり」をもつこと．それゆえに，人々に夢を感じさせ，かつ縛られた発想でなく広がりのある発想を許す．

　第二の条件は，「自社の特徴あるいは強み」をポイントをついたわかりやすい言葉で表現していること．それが自信につながりあるいは指針を与える．

　第三の条件は，「手ざわり感覚」があること．現場の人々がドメインの表現と自分たちの仕事とを手ざわり感覚で結びつけることができることである．ドメインの表現を彼らの現場の仕事の翻訳あるいはまとめとすれば，その翻訳はあまり直訳であってはまずいが，しかしチンプンカンプンの訳であってもまずい．手ざわりを通して感じられるつながりがなければならない．NECのC&Cにはこうした三つの条件がすべて備わっていると思われる．

図4-1　ドメインの切り口と条件

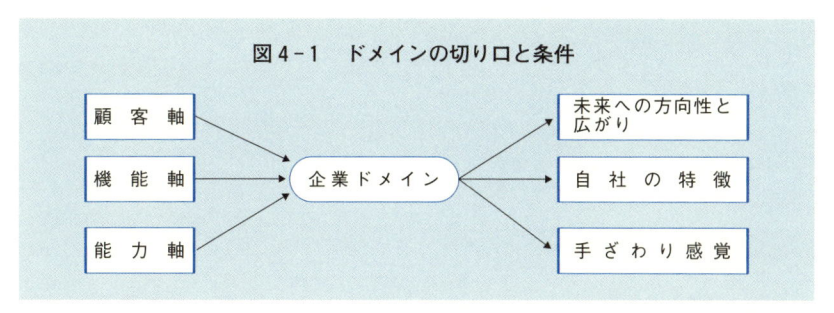

```
顧客軸 ─┐
機能軸 ─┼→ 企業ドメイン ─┬→ 未来への方向性と広がり
能力軸 ─┘              ├→ 自社の特徴
                       └→ 手ざわり感覚
```

　しかし，現実の企業がつくっているドメインなるものは，こうした条件を備えていないものが多い．その誤りの典型例は，「今やっている事業をすべて含みうる抽象的な傘」としてのドメイン表現である．百貨店が市民産業というドメイン設定をする，あるいはスーパーがコングロマーチャントというドメイン設定をする，鉄鋼メーカーが総合素材産業というドメイン設定をする，こうした例がそれにあてはまりそうである．

　その企業が，さまざまな理由で歴史的にあちこちの分野に手を出してきた場合，多くの事業分野を「すべて含む」傘のようなものとしてドメインを考えてしまう．傘であるから，その下にはすべての（あるいは大半の）事業分野を収めようと考える．しかし，その傘としての表現はたとえば「総合電機メーカー」などと表現されたら，あまりに抽象的すぎて方向性も広がりも，強みも手ざわり感覚もなくなってしまう．

　こうした誤りは，「どんな経緯で進出した事業であれ，今やっている事業のどれも仲間はずれにしてはまずい」と無意識のうちに思いこんでドメイン設定をしてしまうから起きる．しかし，ドメイン設定は過去の意思決定のまとめであってはならない．将来に向けての方向性の決定であるべきである．

　ドメインは「限定をする」から意味がある．「すべてを包含する」から意味があるのではない．ドメインからはずれる事業をもっている場合，その処置は別立てで考えるべきで，ドメイン設定の段階で無理をするべきではないだろう．

事業間の関連性のパターン決定

　事業ポートフォリオの全体は，事業間の関連性という観点から，なにかのパターンを示していると考えられる．つまり，個々の事業間の関係のパター

図 4-2　事業間の関連パターン

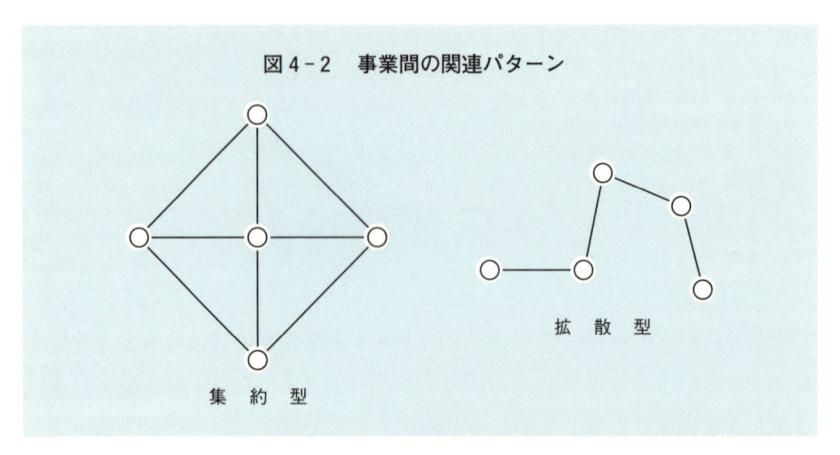

集約型　　　　　拡散型

ンのことである．個々の事業の一つひとつを点でプロットして，その点の間に関連性があるときに線を引くとすると，その線の引かれ方のパターンと言ってもいい．

その全体パターンとして企業の選択の対象になる主なものは，事業間の関連の密度と関連をつなぐ鍵である．密度とは，関連性が強いかどうか．関連をつなぐ鍵とは，たとえば関連性が技術の共有でできているか，市場の共有でできているか，事業間で共通利用するものは何か，ということである．

複数の事業間の関連の密度の選択とは，点の間の線がどの程度密に引けるような事業ポートフォリオにするか，という選択と言っていい．集約的に線が引かれるものが集約型パターン，拡散的にしか線が引けないものが，拡散型パターンである．図で表せば，図 4-2 のようになる．

集約型は，範囲の経済を重んじて，経営資源の有効利用の密度を高くしようとする戦略である．事業間の距離が短いものが多いばかりでなく，相互に関連し合っている度合いも高い戦略である．収益性の面で優れている戦略と言えることが多い．拡散型は，成長の経済とリスク分散を重んじる戦略であることが多く，経営資源の展開が広がりやすい．事業間の距離を一つひとつ測ればそれほど離れていなくても，相互関連の密度は弱い．展開性が高いので，成長性に優れていると一般には言えるだろうが，経営資源の利用密度は低く，収益性は集約型より劣るだろう．

拡散型の最たるものが，落下傘型と呼ばれるパターンであろう．関連性という視点から見ると，ちょっと遠い分野へまず進出をして，そこでの新しい

経営資源と旧来の経営資源との間のすき間をうめていくことによって，すき間の分野への多角化がいずれ生まれることを期待する，というのが落下傘型である．落下傘のように新天地に舞い降りてから，そこと旧天地とをつなぐ努力をしようするわけである．旧来の経営資源が転用可能性が低く，しかし資金の余裕が比較的ある企業は，ときどき落下傘型をとることが必要かもしれない．

事業と事業の間をつなぐ関連の鍵は，しばしば二つの分野の間で生まれる範囲の経済のベースになる資源がどのようなものか，という問題に帰着する．すでに上で議論した，市場関連資源，技術関連資源，それぞれをベースとするつながり方は，その例である．この鍵を何にするかで，その企業の事業ポートフォリオの性格がかなり決まっていることが多い．

たとえば，エプソンのような技術志向の強い企業の事業間の関連性は，ほとんどの場合，技術が関連の鍵となっている．時計事業とプリンター事業とは精密金属加工技術でつながり，そのプリンター事業と有機ELディスプレイ事業はインクジェット噴射技術でつながっている．あるいは，多くの事業が密度高くまとまっているシャープの場合，液晶技術がそのまとまりのベースにあり，液晶技術が戦略をドライブした，とすら言えそうである．

すでに言ったように，そうした技術ベースの関連性の方が，市場で受け入れられるまでは苦労が多いが，いったん受け入れられると持続的な差別化が可能になりやすい．また，市場への自社のアイデンティティのアピールもしやすい．市場関連で顧客がつながっているからという関連の鍵をベースにさまざまな事業をもってしまうと，万人向けではあるが誰にもアピールしない，たんなるよろず屋になってしまう危険性も大きい．

4　資源配分によるポートフォリオ・マネジメント

資源配分の仕掛けの重要性

いくらドメインを見事に決めても，また事業間の関連性のパターンをはっきりさせても，あるいは選択と集中すべき事業を決めても，そうして戦略の指針にしたがった資源配分が実際に各事業に対して行われないかぎり，すべ

ては絵に描いた餅である．事業活動には資源の投入がいる．企業として，それぞれの事業にどのくらいの資源とエネルギーをそそぎ込むべきかを，決めなければならない．とくに，資金ならびに人材という経営資源の量的配分が問題となる．そうした資源配分をきちんとしてはじめて，事業ポートフォリオ全体のマネジメントが具体化する．

その資源配分をどのような指針で行えばいいのかを決めているのが，じつはこれまで議論した事業構造戦略のすべての決定である．どの事業を選択し，集中するか，ドメインをどこに定めるか，関連性のパターンをどうするか．

しかし，こうした戦略的決定をすれば現実の企業の中での資源配分が動き出すわけではない．それは，こうした戦略的決定と現実の資源配分のための仕組みとが必ずしも連動していないからである．その結果，「いい意図をもった事業構造の全体構想の中でのまずい資源配分」といった間違いが生まれやすい．たとえば，ドメインの中核になる新事業を始めようとするのだが，じつはいい人材の配分が不十分になる．あるいは，既存事業が「自分たちがカネをかせいでいるのだ」と主張しすぎて，新しい分野へ十分に資金が回らない，とかである．

したがって，戦略と資源配分を連動をさせるような仕掛け，システムをきちんと考えることが重要となってくる．しかし，この資源配分の決定はそれだけ現実的に重要であるからこそ，企業内の利害や考え方の違いがもっともあらわに出てくる．組織内の対立も生まれやすい．そして妥協の産物にもなりやすい．

こうした事業間の資源配分は，企業にとっては全社的な配分の問題である．したがって，この資源配分のやり方を議論することは，全社的な意思決定のやり方について議論することになる．まず一般的な方法とその問題点から見てみよう．

積み上げ方式とその問題点

もっとも一般的な方法は，積み上げ方式であろう．この方式にはさまざまなバリエーションがありうるが，基本的には国の予算配分に見られる形式と同じで，個々の事業から必要な経営資源の量を申告させ，個別の事情を考慮しながら，経営資源の配分を行う方法である．この場合配分は，要求額をど

のように削るか，という形で行われている．

　基本的に，各事業の必要資源量と事業の将来についての情報をもっとも多くもっているのは各事業の現場なので，事業間の資源配分はなんらかの形での積み上げのプロセスが必須となる．しかし問題は，積み上げられた資源要請の処理のプロセスにある．

　ほうっておけば，十分な情報をもたない本社の部署あるいは経営会議のような合議体が否応なしに要求額を調整する作業をすることになる．そのときのもっともよくある解決は「痛み分け」で，みんな一律に近く要求額を削られる，あるいは前年度の資源配分にいくらか増分するという形で配分をする．

　つまり，積み上げ方式では，「資源の必要度と投入による貢献度に応じて資源配分すればよい」という単純な原理が守りにくいのである．その理由をまとめれば，次の三つになる．

　一つは，個々の事業の資源の必要度や貢献度の情報を正確に把握するのが難しい．そもそも現場は過大に要求する傾向がある．

　第二には，必要度や貢献度の事業間の相対比較をするのが難しい．情報が正確でも，相対比較は難しい．たとえば，ある事業は研究開発のために今10億円の投資が必要といい，別な事業は市場の衰退を食い止めるための流通投資に10億円が必要だ，とともに正確な情報がわかったとして，その相対比較をどうしたらいいのか．あるいは，それに組織内の利害の対立が加わった場合には，相対比較の難しさはますます大きくなる．

　第三の問題は，個々の相対比較だけでなく，そうした個別事業の情報がまちまちの観点から生まれてくる中で，企業全体としての資源の必要度と貢献の全体像をなんらかの統一的視点にもとづいてつくる必要性があることである．その全体像をどうつくるかが難しい．全体像を見なければ，全体的な配分の決定はできないはずだが，その全体像を配分の決定をする人々にとってわかりやすい形で描くのは決してやさしいことではない．

　この三つの問題点を解決して全社的な資源配分を効率的に行うために開発されたのが，PPM（Product Portfolio Management）という手法である．その基本的な枠組みは積み上げ方式を精緻化し，かつ全体戦略的視点を加えたもの，と言っていいだろう．ただ，前進ではあるものの，新たな問題点も生み出している．

PPMの枠組み

　PPMの基本的枠組みは，二つの部分から成り立っている．一つは，各事業の資源の必要度，貢献度，発展性についての全社的な全体像を描く部分．もう一つの部分は，その全体像の中で，望ましい資源配分のあり方を提示する部分である．

　第一の全体像の描写の仕方は，PPMの中にさまざまなバリエーションはあるものの，基本的には各事業をその事業の企業にとっての魅力度とその事業での強み（競争力）という二つの次元でとらえて，二つの軸の平面のどこに各事業が位置するかをプロットしようとする．事業の魅力度はその事業の将来の成長性で測られることが多く，また競争力は現在のマーケットシェアで測るのがもっとも単純で一般的なケースである．それをすると，たとえば図4-3のようなプロットができる．この図で，一つの円が一つの事業を表し，その円の大きさはその事業の企業全体の中での比重を表している．典型的には，その事業の売上構成比が用いられる．

　こうしたわかりやすい全体像が，比較的まぎれのないしかも相対比較可能な尺度で表現されれば（成長率，シェア，などはたしかにまぎれがなく相対比較可能である），資源配分の基礎的資料としての価値は大きいだろう．こうした全体像をもとに，企業は自分の戦略的構想にしたがって資源配分をすればいいのである．

　その資源配分の指針として，典型的なPPMのやり方では，キャッシュフローの観点から，各事業の競争戦略の基本的方向を示唆し，かつキャッシュフローのバランスが時間的にとりやすいような資金配分の方針の示唆が生まれてくる．それが，PPMを構成する第二の要素である．以下でその考え方を説明するが，キャッシュフロー原理にもとづく資源配分の指針は，事業ポートフォリオの全体像の描き方として上で述べたやり方とは必ずしも論理の必然でつながっているわけではないので，上の全体像のプロットは以下のキャッシュフロー原理とは関係なく使えることを注意しておこう．

　PPMでは，各事業の性格によってキャッシュフローのパターンが違うところに注目する．典型的な例を言えば，投資があまり必要でなく，しかし一定の利益は期待できる事業は，キャッシュフローを生み出す事業である．し

図4-3　PPMのプロット

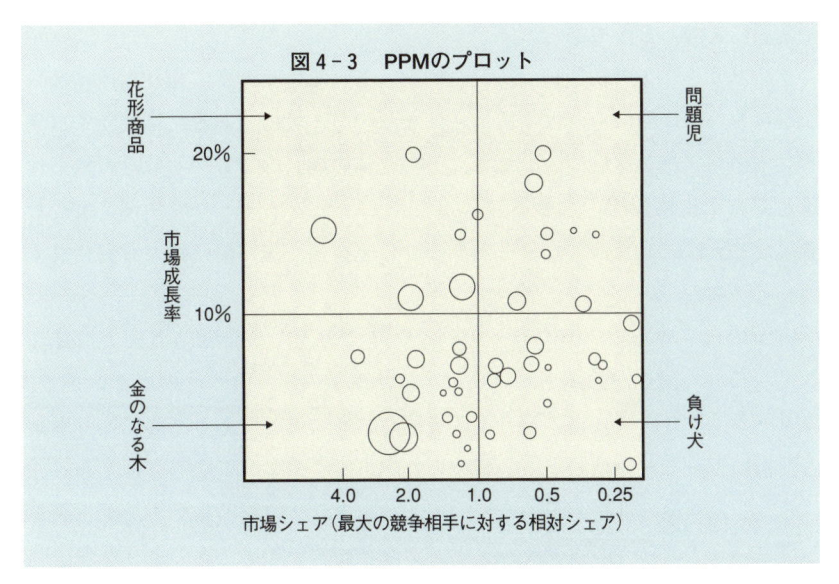

花形商品　　問題児
市場成長率
20%
10%
金のなる木　　負け犬
市場シェア（最大の競争相手に対する相対シェア）
4.0　2.0　1.0　0.5　0.25

かし，将来のために今先行投資をする必要がある事業は，キャッシュフローを消費する性格をもっている．そうした事業の性格に応じて，各事業への資金配分を考え，かつ企業全体として資金のバランスがとりやすいように事業を組み合わせてもつべきだ，という指針が生まれる．

したがって，先行投資が必要な事業を同時にたくさん抱えるのもよくないし，カネを生み出す事業ばかりをもってそれを投資する先の事業が少ないような事業ポートフォリオもよくない，という指針が生まれる．

キャッシュフローとは，（会計的な）利益に減価償却などの非現金支出でありながら費用計上されているものを足し戻し，さらに会計上の費用にはただちに計上されない現金支出（設備資金や在庫投資，売上投資）を差し引いたものである．そのバランスを考えて事業のポートフォリオをつくることはたしかに大切なことである．キャッシュフローは，事業が生み出す現金収入というアウトプットと，どの程度の資金を投入すべきかという戦略的な現金支出（つまりインプット）の両方がからんだ数字だからである．単純な会計的な利益だけで判断するのはまずい．

一つの事業からのキャッシュフローは，ライフサイクルに応じて時系列的にさまざまなパターンをとりながら企業からある時期にはカネを要請し，ある時期には企業にカネを戻す．つまり，資金の需要者側にまわることも，供

給者側にまわることもある．

　ライフサイクルの初期には，資金は投入されるばかりで，売り上げにはつながらない．後期になれば事情は逆になるのが一般的である．似たライフサイクルのパターンをもつ製品でも，その全体の成長のスピードとその結果到達していく市場規模の大きさによってキャッシュフローのパターンは変わる．たとえば，成長のスピードがあまりに急なら，短期間に膨大な資金投下の必要がある．

　PPMでは，キャッシュフローのバランスを考えた事業戦略構築の指針として，二つの観点が強調される．第一は，事業の組み合わせのバランスで，キャッシュフローの性格の違う事業を同時にもつことである．第二は，事業の性格によって，典型的な競争戦略の基本方針が生まれてくることである．

　そうした事業の性格の違いについて，ボストン・コンサルティング・グループというアメリカのコンサルティング会社が言い始めた次のような面白い分類がある．これは，PPMによる事業ポートフォリオの全体像のプロット軸を使って，事業の魅力と自社の競争力をそれぞれ大小に二分して，事業を次のような四つの平面のどこかに位置づけようとする．

　「金のなる木」は，普通は成熟期の分野で事業自体の将来性には大きな魅力はない．しかし，そこで自社の競争上の優位性が高い事業，今は資金の主たる供給者の機能を果たしている分野である．

　「花形商品」は，成長期であって事業としての将来の魅力も大きく，かつ自社の競争上の優位性の高い分野．現在は大きな資金流入（優位性があるから）と同時に資金投下も必要としている（成長投資がいるから）が，将来はライフサイクルの変化とともに資金投下の必要も減り，「金のなる木」に変わっていく可能性のある事業である．

　「問題児」は，成長期にあって産業としては魅力が大きいが自社の競争上の優位性が高くない分野．現在かなりの資金投下が必要（成長と優位性確立のため）だが，将来それが大きな資金供給者になってくれるかどうかわからない．競争上の優位性を改善しなければならないからである．またその改善のための努力には，成長期のライフサイクルに追いついていく以上の資金投下が必要となって，金食い虫になる．しかし，将来の産業としての魅力は大きい．企業にとってはジレンマである．

「負け犬」は，成長の鈍化などで産業としての将来の魅力も小さく，しかも競争力をあまりもたない事業．成長投資はいらないが，しかし優位性があまりないから資金も入ってこない．ネットでは資金のむしろ需要者であることも多く，将来供給者になる見込みもあまりない分野．企業としては戦略的撤退を真剣に考える必要のある分野でもある．

このような性格の違いをどう組み合わせれば，キャッシュフローの理想的なバランスが得られるのか．

まず，負け犬はないのが望ましい．金のなる木は当然いくつかもちたい．しかし，これだけでポートフォリオができていると，将来の不安が大きい．したがって当然，花形商品が多ければよい．ただ，花形商品ばかりでもダメである．現在の資金供給者がいなければ，将来の見込みだけでは企業はまわっていかない．将来性のある分野すべてで企業が競争上の優位を確保できるというのはあまり現実的な想定ではない．したがって，問題児をいくつか選択的にかかえるのも必要であろう．将来，金のなる木に育つ可能性もあるからである．

以上の筋書きは，キャッシュフローのバランス効果を生みだすための一つの理想型として，性格の違う分野を組み合わせる典型的な例の一つである．しかし，キャッシュフローの決定要因の一つに競争戦略があったことを考えると，このバランス効果を生むための第二の重要な要因が出てくる．つまり，現在の資金供給者，将来の資金供給者，などという各分野ごとの性格（これは企業が各分野に与える戦略的役割といってもよい）に合った競争戦略をとることである．

たとえば，金のなる木にさらに資金投下をしてシェアを高めようとするのは，資金効率上あまりよくない．花形商品では，競争上の優位性を維持するための競争戦略がぜひとも必要で，資金投下を惜しんではならない．現在の資金効率はある意味で二の次である．問題児の競争戦略はもっとも難しいが，基本的には選択投資が必要である．

ここではごく単純な，分野の役割と競争戦略の対応の一つの型を示しただけである．紋切り型にこの対応をやってはならない．各分野にあてはまるべき役割は企業によって変わってくる．しかし異なった競争戦略を必要とするキャッシュフローの流れを考えて，各分野の役割に合った競争戦略を全体の

バランス効果のために選択することが重要なことは，どの企業にも言える．

　PPMの枠組みを使うと，各事業の資源の必要度と貢献をカネの次元までまとめられるし，また事業間の相対比較も相当可能になっている．企業の事業ポートフォリオの全体像も描きやすい．こうしたことを大企業でシステマティックに行うための手法として，大きな意味をもっている．組織の大きいところでは，負け犬にあたる分野さえ，驚くほど多くかかえていることすらある．その意味で広く使われている手法ではあるが，しかし問題もある．

　その最大の問題点は，PPMは事業が生み出す資源をカネにだけ限定して考えていることである．しかし，第1章でも強調したように，事業活動が生み出すものはカネと見えざる資産としての情報的経営資源，この二つなのである．そして情報的経営資源が，競争力の源泉なのである．その大切な資源が，各事業の間でぐるぐる回ってダイナミックに使われる．そのプロセスを無視してしまっている．企業の長期戦略のためには，キャッシュフローのダイナミックスと見えざる資産のダイナミックスが，ともに大切なのである．

　第二の問題点はモラールの問題である．各事業の役割を明確に差別化するのがPPMの特徴である．それにしたがって，各事業単位の目的とミッションが決められるが，事業単位のミッションの中には，事業単位の意気を消沈させてしまうようなものが含まれている．とりわけ，負け犬や金のなる木として位置づけられた事業単位は，十分な資源を配分してもらえず，内部での投資もままならない．将来の発展が限られているとなると，事業単位の内部の人々の動機づけは難しくなる．

　その一方でPPMは，資源配分の不要あるいはもうすべきでない事業単位を明確にするという効果をもっている．上で述べてきたような問題点があるにもかかわらず，PPMが多くの企業で採用されてきた本当の大きな理由は，そこにありそうだ．PPMの効果は，じつは，事業からの撤退というきわめて難しい問題を解決し，その必要性をハッキリさせるという面で大きいのである．このような重要な問題を考えるにあたって，多面的な配慮をしていた場合には，物事は進展しない．この場合には，きわめて単純な論理で，人々を納得させなければならない．PPMはそのための論理として有効だったのである．

　結果として，PPMは前向きというよりは後ろ向きの手法であるといえる

ビジネス・スクリーン

　図4-3をより高度にしたのが，GEのビジネス・スクリーンである．これは，事業の競争力と事業の魅力を多数の基準をもとに評価しようとしたものであり，この二つの軸をそれぞれ3等分し，事業を九つのタイプにわけ，資源配分の方針を決めようとしたものである．

GE（ゼネラル・エレクトリック）：投資優先スクリーン

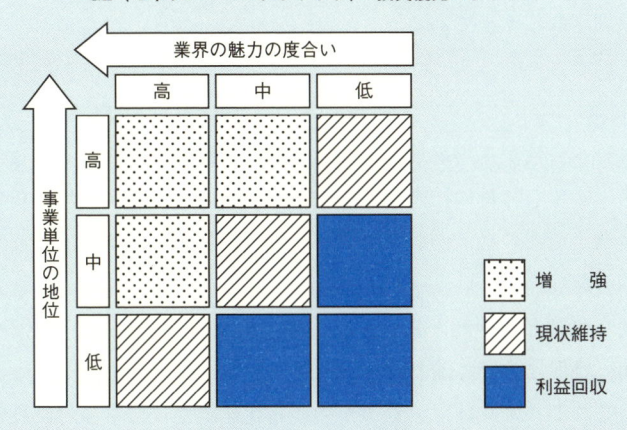

業界の魅力の度合い ←

事業単位の地位 ↑

	高	中	低
高			
中			
低			

凡例：
- 増　強
- 現状維持
- 利益回収

業界の魅力の評価基準

評価基準	指　標
1. 市場規模	3年平均の業界規模（ドル価格）
2. 市場成長率	10年間の実質年平均市場成長率
3. 産業の収益性	事業単位および3大競争相手の3年平均売上利益率（ROS）：名目，インフレ調整後
4. 循環性	売上げの傾向値からの年平均乖離率
5. インフレへの対応	価格変化率と生産性変化率の和にたいするインフレによるコスト変化率，5年間平均
6. 非アメリカ市場の重要性	国際市場の全市場に対する割合，10年間平均

事業単位の地位の評価基準

評価基準	指　標
1. 市場における地位	市場占有率（全市場），3年間平均 国際市場占有率，3年間平均相対的市場占有率（SBU対3大競争相手）2年間平均
2. 競争上の地位	以下の点で競争相手より上位か，同等か，下位か： 品質 技術上のリーダーシップ 製造／コストのリーダーシップ 流通／マーケティングのリーダーシップ
3. 相対的収益性	3年間の事業単位の売上高利益率マイナス平均売上高利益率（対3大競争相手平均）：名目，インフレ調整後

かもしれない．しかしそれでも，多くの企業にとって後ろ向きの整理はじつは重要な事柄なのである．後ろ向きの撤退を行うことによって，前向きの行動に努力を集中することができるからである．

前向きの方向性を示すのは，基本的にはやはり事業構造の全体戦略，とくにドメインのあり方とダイナミックシナジーを中心とする大きな展開の絵である．PPMのような資源配分の論理とドメインやシナジーの論理をうまくかみ合わせるところに，企業の長期的な将来を考えた事業構造の戦略の現実的な実行の鍵があるのであろう．事業構造の全体戦略の構想の重要性があらためて強調されるべきである．

（演習問題）

1. ビール会社が工場跡地を使って不動産事業へ多角化する場合とビール生産に必要な酵母の技術を使って医薬品・バイオ事業への多角化する場合とを，範囲の経済の源泉，範囲の経済の効果のタイプ，さらなる多角化への発展性，という三つの観点から比較しなさい．
2. 既存事業との距離が短い分野への多角化のメリットとデメリットを，短期，長期に分けて論じなさい．
3. 企業のドメインは，いくつかの多角化を経た後に事後的に設定されるのがいいのか，多角化をする前に事前に設定されるのがいいのか，あるいはその中間か，現実的可能性を含めて考えなさい．

第 5 章

企業構造の再編成

　大きな技術革新や産業構造の変革期には，多くの企業が事業ポートフォリオの徹底的な再編成を考えるべきなのが，つねである．ポートフォリオの中での選択と集中をすれば，必然的に再編成につながるからである．ポートフォリオの再編成は，さまざまな環境変化のリスクにさらされている企業にとっては洋の東西を問わず必要なのだが，現代の日本企業にとっては，この問題はとくに重要である．

　事業ポートフォリオの再編成の先には，企業の構造そのものの全体的再編成である企業合併や事業統合が待っている可能性もある．しかも，事業ポートフォリオのマネジメントのためだけでなく，ビジネスシステムの強化のための企業合併や事業統合もありうる．

　そうしたさまざまな形での企業構造の再編成は，じつは企業と企業の間の境界線を引き直す，事業地図の書き換えにつながる．それだけ大きな，戦略的構造変化，企業活動の基本設計図の改革作業になる．それは，自社の社内の資源配分を変えるだけでなく，自社が属する産業の構造そのものにまでインパクトを与える戦略的変化であることがしばしばである．大型企業合併が産業地図の大変化につながることを考えてみればいい．

　それを自社に有利なように動かすことを企業としては考えるであろう．こうして企業構造の再編成は，産業構造を含む自己の環境自体を自分に有利なように変化させようとする，環境のマネジメントとしてもっとも高度な戦略的決定になる．

　それが，本当の意味でのリストラクチャリングであろう．環境変化が急激かつ世界的になってきている時代に，こうした真のリストラクチャリングが

不断に企業に要請されるようになっている．その問題をこの章では論じる．

1　企業の境界線の書き換え

事業ポートフォリオの再編成と撤退

　事業ポートフォリオの再編成は，「再」であるだけに悩みも大きい．白地に新しい事業ポートフォリオを編成していくのとは違う次元の悩みがある．それは，既存の事業ポートフォリオがもっているさまざまな意味での慣性を打ち破ったうえで，編成をし直すということが不可欠になるからである．

　その慣性がもっとも大きな悩みとなるのは，事業ポートフォリオ再編成のために，ある事業からの撤退を決定しなければならないときである．もちろん，撤退を考える以上，その事業から上がっている利益が満足のいく水準には達していないのであろうが，利益が少なくても撤退は納得しがたいと多くの組織で思われている．それは四つの意味で，撤退障壁とでもいうべきものが存在するのが普通だからである．

　第一の撤退障壁は，撤退によってその事業の取引関係者（製品の顧客や原材料・部品の供給業者など）に迷惑をかけることになり，それによって企業としての信用に傷がつくという問題である．

　第二の撤退障壁は，撤退がその当該事業のみならず広く組織内にもたらす心理的マイナスである．やはり失敗したか，わが社はやはり競争力がないのか，などの思いを社員たちがもつことになる．それで元気がなくなる，組織の勢いがなくなる，という恐れである．撤退のみならず多くの後ろ向きと解釈される重要な戦略的意思決定を行う際に経営者が考えざるをえないマイナスのインパクトである．

　第三の障壁は，撤退にかかわる責任問題である．撤退を真剣に議論すべき時期にたまたま経営担当者である人の責任で，その事業がそこまで悪い状態になったとは限らない．むしろ，大分前の担当者あるいはその事業への進出そのものを決めた経営者の責任であることが多いだろう．撤退の決定をすることは，その責任問題があることを明らかにすることになってしまう．その責任を明らかにすることを避けるための，実は撤退に対する障壁が生まれて

しまう．そのうえ，現にその事業の経営担当者となっている人からは撤退しようという意見が生まれてくることは考えにくい．ここでも責任問題が絡む．

　しかし，撤退の最大の障壁は第四の障壁，撤退する事業で働いている従業員の雇用の問題であろう．撤退する以上は，その仕事はなくなる．その事業で働いている人々の雇用をどうするのか．簡単に解雇することのマイナスは大きい．従業員全体へのモラールに大きな悪影響がでる．しかし，かといって，雇用のためだけに赤字続きの事業を存続させるわけには行かない．どこかでなんらかの形での雇用の確保をしないかぎり，多くの日本企業ではドライな撤退はできない．

　こうした四つの障壁のもつマイナス効果を小さくしながら実質的に自社の事業ポートフォリオからある事業をはずす（つまり撤退することと同じ）ために，さまざまな工夫が行われることになる．

　もっともドラスティックなのは，完全に廃業して営業権などを他社に譲渡することである．営業権を引き継ぐ企業を確保することで，顧客への迷惑は最小限に食い止められる．しかしその場合でも，雇用の確保のためには廃業した事業からの社内配置転換や他の企業への就職の面倒を見る，といったような努力・工夫が行われる．

　事業移管や事業統合という手段も使われることが多い．事業移管とは，そこで働いている従業員ごとある事業を，そっくり他の企業へ移管することである．形としては，事業の売却ということになる．事業統合とは，二つの企業が同じ事業の分野で新会社を共同出資でつくり，その新会社へ二つの企業がともに事業移管を行う，というものである．

　その新会社がいずれは二つの企業のどちらかの企業に吸収されることが想定されている場合には，その事業統合は実質的には事業移管で，そのプロセスをゆるやかに行っていることになる．あるいは，将来とも両企業がなんらかの関係をその新会社ともち続けることを想定している場合には，これは一種の戦略的提携と解釈できるであろう．

　事業移管も事業統合も，企業としての形は変わっても，事業は継続するから取引関係者へのマイナスは最小限で食い止められ，雇用も確保されている．ただし，移管や統合に相手企業が応じる際の条件が，過剰雇用でない状態に事業をしたうえでの移管や統合への了承であることも多い．その場合には，

過剰雇用の部分への対応策は，廃業の場合と同じような対応策が必要とされる．しかし，働く人々にとって雇用の転籍は大きな問題で，たんに仕事が確保されているから大丈夫というだけでない，所属感の心理的問題が大きく存在することは指摘されるべきである．この種の問題は，第8章（雇用構造のマネジメント）でふたたび述べることになるだろう．

こうした工夫はあるものの，事業移管も事業統合も，もともとの企業の既存事業のポートフォリオからその事業が消えることには変わりはない．事業ポートフォリオの再編成となり，実質的に撤退の一種と考えるべきであろう．

では，どのような事業からの撤退を考えるべきか．撤退事業候補はどのような論理で決めるべきか．

基本的な論理は，前章で述べた新事業の選択の論理と同じである．範囲の経済，リスクの分散という効果がその事業を維持することによって大きいのかどうか，事業の発展性はあるのか，その事業を維持することの波及効果は大きいのか，などである．

じつは，撤退事業候補を考える際に，第2章で競争状況を把握する枠組みとして説明した業界構造の五つの力（図2-1），という枠組みが役に立つことが多い．そもそもこの枠組みは，どの事業が魅力的か，高い利益率が期待できるかを考えるためにつくられた．だから，買い手や売り手の交渉力が大きくクローズアップされている．こうした交渉力が強ければ，自社の事業が利益をあげられる余地は小さくなる．たとえば，買い手の交渉力が強ければ（例として，買い手の数が少なくてしかし自社と同じような供給する企業の数が極めて多い場合には，買い手は強い立場にたつ），自社製品の販売価格は下がってしまい，利益率は悪くなる．

事業からの撤退を考える最大の原因は，利益が上がらないことであろう．なぜそれほど利益が上がらないのかを冷静に分析するために，この枠組みは使える．自社の競争戦略が悪いためにその事業の収益性が低いのなら，撤退せずに競争戦略の抜本的変更で対処できるかも知れない．しかし，業界構造そのものに低収益の原因がある場合も多い．その場合には，その構造そのものにきちんと対応した戦略をとらなければ意味がない．廃業は，その構造そのものからの離脱という戦略だし，事業移管や統合は競争企業の数を減らし，かつ残存企業の規模を拡大するという意味で，「業界構造への戦略的対応」

になっている.

　アメリカの優良企業GEがもっている撤退のルールとして有名になったものに，その事業で世界的に一位か二位の地位になれないのなら撤退する，という原則がある．単純なルールでわかりやすいが，上に述べた撤退障壁のことを考えると，そんな単純なルールでいいかと誰しも疑問をもつだろう．

　さらに言えば，そんなルールを適用したら，ほとんどの事業から撤退することになってしまうような企業もじつはあるだろう．一位・二位ルールは，そうした地位を目指すように各事業担当者が努力するという努力目標としては意味があるだろうが，撤退のルールとしては，単純すぎる．もっとも，それほどドラスティックに単純なルールをもたないかぎり，さまざまな障壁をもっている撤退という決定はできない，ということであるのかも知れない．前章の最後で，PPMという枠組みの解説をした際にも，それが案外広く使われる理由の一つは撤退への納得性づくりだといった．それほどに，撤退は面倒なことなのである．

五つのタイプの境界線書き換え

　事業からの撤退，さらにはそれに関連した事業移管や事業統合は，企業と企業の間の境界線を書き換えるという，企業構造の再編成としてはじつに基本的な設計変更，戦略転換の一部分である．

　企業と企業との境界線とは，業界や市場という地図をイメージしたときに，企業と企業とを分けている線である．世界地図上の国境の線と似たものと思えばいい．境界線には，二つのタイプがある．一つは，同じ事業の中の競争相手同士の間の境界線．たとえば，みずほ銀行として合併をする前の日本興業銀行，富士銀行，第一勧業銀行との間の境界線をイメージすればいい．もう一つのタイプは，工程の流れ，市場での売買関係でつながっている二つの企業の間の境界線．日産自動車と部品供給業者との間の境界線がその例である．これらの境界線は，不断に書き換えられている．企業構造の再編成とは，そうした境界線の書き換えになるのである．

　前項で説明した事業移管とは，この境界線の書き直し作業の一つで，企業Aの中にあった事業㋑が切り出されて，企業Bの中にあった事業㋺の中に吸収されていく．Aという企業の境界線の中にこれまであった事業㋑のヒトと

図 5-1　企業の境界線

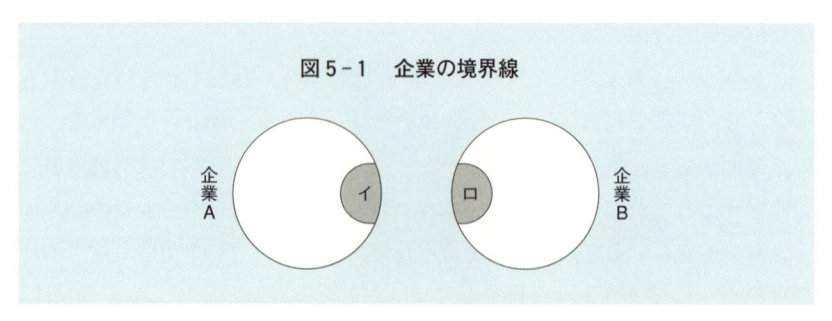

　資産が，Bという別な企業の境界線の中に移動する．事業①についての境界線が企業Bの境界線と一致するように書き直されている．日本たばこ産業に旭化成が食品事業を売却したのが，その例である．

　事業統合では，企業Aの中の事業①と企業Bの中の事業回がともに切り出され，二つの類似した事業が合体して新しい企業がつくられる．二つの事業がそれぞれA，Bの境界線の外に出て，新しい企業の境界線がつくられる．東芝と三菱電機がモーター事業で，日立製作所とNECが半導体メモリー事業で，こうした事業統合を発表している．石油化学業界でも，個々の製品事業ごとに複数の企業が共同出資の合弁子会社をつくり，これまで本体あるいは子会社で行っていた事業を継承させるケースがよく見られる．それも，このタイプの境界線の書き換えの例である．

　事業①と事業回が同じ産業に属する場合の事業移管や事業統合は，事業ポートフォリオの再編成につながる境界線の書き換えになる．事業①と事業回が工程的にあるいは市場取引関係でつながっている場合の事業移管や事業統合は，じつは移管や統合をした後の責任企業にとってのビジネスシステムの構造再編になる．

　事業移管の極端なケースが，企業買収である．移管先の企業Aに企業Bが丸ごと移動していく．つまり，境界線の書き換えとしては，Bの境界線がAの中に完全に取り込まれて，二つの企業の間の境界線が完全に消滅する．

　同じように二つの企業の間の境界線が完全に消滅するケースとして，企業合併がある．二つの企業がお互いの間の境界線をなくして，合体した一つの企業を新しく誕生させるケースである．これは，事業統合の対象事業が，二つの企業の事業全体の大半あるいはすべてになった場合とも言えて，事業統合の極端なケースである．新たに誕生する新企業の境界線の中に，AとBの

境界線がともに取り込まれている．

　企業合併と企業買収とは，似てはいるがその本質が違う．国の例で言えば，企業買収は，ある国が別の国を植民地化する，あるいは併合するケースと同じである．経営権をどちらがもつかははっきりしている．企業合併は，二つの国が合体して新しく一つの国をつくることに等しい．どちらかが他方に対して権力を握るという関係が，あらかじめはっきりしているわけではない．

　日本では，合併する二つの企業の間に規模などに大きな差があっても，実際の法的手段は大きい企業が小さい企業を吸収買収する場合でも，理念としては二つの資源の合体，それも二つの人間集団の合体とM＆Aを捉えるのが常識的である．合体つまり合併である．その意味では，日本には合併はあっても買収は少ない，といえそうである．

　だが，二つの現象はM＆A（Merger ＆ Acquisition）という言葉（日本語では企業合併・買収）として，ひと括りの表現がなされることが多い．二つの英語の頭文字をとった言葉である．それは，随分と性格の異なる二つのタイプの境界線の変更をひとまとめにしてしまった言葉で，日米でその具体的な主な部分も違う．M＆Aという言葉を使うとき，日本では Merger が多い，アメリカでは Acquisition が多い，と理解するのがいいだろう．

　企業間の境界線の書き換えの第四のパターンは，Aという企業からある事業のヒトと資産が分離独立して別の企業が生まれるケースである．境界線で言えば，Aという企業の境界線の中に新たな線が引かれ，その線の向こう側のヒトと資産が独立して別な新しい企業としての境界線をもつようになる．これは「事業独立」と呼べるだろう．これも企業としては一種の撤退であり，事業ポートフォリオの再編成につながっている．この例は，MBO（マネジメント・バイ・アウト）や，のれん分け創業とそれに等しいスピンオフ，元従業員による会社資産の貸与を受けての創業など，いくつもの興味深いケースを含んでいる．

　事業移管，事業統合，企業買収，企業合併，この四つのタイプの境界線書き換えでは，複数の企業が境界線の書き換えに共同参加して，「資源の合体」が何らかの意味で起きている．それに対して，第五の書き換えパターン，事業独立，ではそれとは逆に資源の分離独立が起きていると言える．

　資源合体が起きている企業の境界線の書き換え方には，じつはきちんと書

き換えが太い線で行われるケースばかりでなく，ゆるい形もある．それが，戦略的提携である．二つの企業間の境界線を完全に引き直してどちらかの中に一方が入るというのではない．しかし，二つの企業が緊密な関係に入ることを確認し合って，それぞれに資源の補完関係，資源の共同利用の関係をつくろうとするのである．

提携は一見メリットが多いように見える．二つの企業にとっては，便利な資源の相互利用に見えるからである．だが，実際の実行のプロセスで，境界線の線引きの曖昧さ，共同作業の曖昧さゆえに，うまくいかないケースも多い．アンダーセン・コンサルティングの調査によれば，1999年以降三年間に行われた世界の大企業間の企業提携の351件のうち，ほぼ六割が失敗あるいは期待はずれだったという．

2　資源合体と地図の塗り替え，M&Aと戦略的提携

資源合体と事業地図の塗り替えのメリット

企業のさまざまなタイプの境界線の書き換え（つまり企業構造の再編成）の結果，経済的に意味のあることが二つ起きる．一つは，資源合体であり，もう一つはその結果としての事業地図の塗り替え，言葉を換えれば産業構造の再編成である．

企業の境界線は，経営権の境界線である．したがって，書き換えはいずれも，経営権の再編成，企業構造の再編成なのである．だれがどのような資源の集合体を経営した方がより効率的なのか．企業構造の再編成の本質は，この経営の再編成の効率につきる．

資源の合体はわかりやすいであろうが，事業地図の塗り替えとはどういう意味か．それが起きることがなぜ企業にとって戦略的に重要なのか．

その基本的な理由は，事業地図が意味している業界構造・産業構造が，「構造として」その業界に基本的に大きな影響をもっているからである．たとえば，五つの力モデルからもわかるように，売り手の数が多すぎて，買い手の交渉力が強すぎるような業界構造では，個々の企業がいくら努力しても高い利益率をあげるのは，無理である．あるいは，日本の多くの産業は，企

業数が多く，そのうえ，小さな企業が多い状況にある．そのため，その産業全体が国際競争力を十分にはもてない存在になっている．

そうした産業では（たとえば，医薬品や化学），個々の企業規模も国際競争の相手となる外国企業に比べて小さく，産業内の事業連鎖の分業を細かく分けすぎている．つまり，一つの企業の境界線の範囲が小さくて，細かすぎる分業になっている．しかも，それらの産業は，国際競争力強化のための資源投入がかなりの規模で必要とされるような状況にある．こうした業界構造そのものを変革するような事業地図の塗り替えが必要なのである．

構造そのものに問題の本質があるということは，その産業が抱えている問題が，たとえば過剰雇用とか過剰設備のような産業全体の資源の全体量の問題ではなく，資産とヒトの企業間の分布のあり方という，「構成」に問題があるということである．企業間の分布が非効率さの源泉なのである．

たとえば，多くの企業に同じ事業の技術者が別れて分布し，各企業ごとの技術者集団の塊が小さいために，幅の広い研究開発ができない非効率．あるいは，多くの企業が小さな生産設備を重複してもっているために，大量生産の利益をどの企業も享受できない非効率．それは，産業全体の資源総量に問題があるのではなく，企業間資源分布に問題がある．事業地図の塗り替えは，その非効率を是正するために意味がある．

しかし個々の企業ベースで見れば，結局のところその意義は，資源合体をすることのメリットから生まれる．全体的には同じ資源量が産業全体の中にはあっても，合体をして一つの経営権のもとにその合体された資源をおくと，メリットがあることがある．

資源合体から発生しうるメリットのポテンシャルは，二つある．第一のポテンシャルは，「規模の経済」や「範囲の経済」を享受しやすくなること．第二のポテンシャルは，重複投資のムダが省けて同じ投資金額をより効率的な使い方ができるようになることである．

規模の経済とは，一つの企業がある事業で大きな事業規模を確保することにより，事業のコスト効率を高くできるという規模のメリットである．いわば，大きな事業規模で固定費を広く薄く負担できるという効率である．一方，範囲の経済とは，いくつかの事業を一つの企業が行うと，それぞれの事業の間に相乗効果が生まれたり資源の共通利用ができたりして，コスト効率がよ

くなる，という効果である．

　規模の経済も範囲の経済も，一つの大きな資源投入をするとその資産を大規模に使ったりあちこちで使うことによって，資源の投入が生きてくる，効率が高くなる，という現象である．資源の合体をもたらす企業の境界線の書き換えが起きて，大規模な資源投入ができるようになることによって，規模の経済も範囲の経済も使いやすくなる．

　とくに，研究開発投資と情報システム投資は，規模の経済と範囲の経済の源泉として，ますます重要になってきている．それは，グローバリゼーションとIT革命が，この二つの投資の重要性を急速に高くしているからである．

　グローバルな競争を勝ち抜くために，技術の優位性が日本企業にとってますます高まっている．東アジア諸国の台頭と相まって，単純な生産効率を国際競争力の源泉とする時代は，日本にとっては終わりつつある．そのために必要な研究開発投資は，典型的に規模の経済と範囲の経済が効きやすい．なぜなら，一つの研究開発の成果を生み出すための努力を，世界規模の大きな市場の需要を満たすために使えば，当然，小さな需要にだけ使うより効率はよくなる．あるいは，一つの研究開発の努力が，複数の事業分野で使えるような基礎的で応用範囲の広いものなら，範囲の経済が生まれるだろう．

　一方，IT革命もまた，規模の経済，範囲の経済が効きやすい投資である．情報システムのいいものを一つもつことができると，その情報システムは規模が拡大しても事業範囲が拡大しても，共通に使えるメリットをもつ．そのうえ，多くの産業でITがビジネスシステムのあり方を根本から変えつつある．金融はそのいい例である．

　第二のポテンシャルである重複投資のムダの排除は，企業Aと企業Bがともに類似の事業をしていると，同じような投資を重複してせざるをえないので，資源の合体によってそのムダが省ける，ということである．

　たとえば，銀行のオンラインシステムがその典型例である．銀行として営業する以上，一つの銀行が一つのオンラインシステムをもたざるをえない．しかし，二つの銀行が合併しても，オンラインシステムは原理的には一つですむ．一つのコンピュータシステムの上を二つの銀行分の情報を走らせるのは，あまり問題なくできることである．

　研究開発投資もそうした例である．研究開発によって生まれる技術は，二

つの企業が別々にやっていた同一事業でそれぞれ活かせるはずである．研究開発が生み出す技術という知識は，あちこちで使っても使い減りのするようなものではない．

M＆Aの狙いとリスク

さまざまなパターンの企業の境界線の書き換えで，なんらかのM＆Aがほぼ必然的に発生する．事業移管ならば，移管事業の買収ということになる．事業統合は，事業単位の合併であるし，企業買収あるいは合併はまさに企業全体での合体であり，合併である．

こうしたさまざまなM＆Aの本質は,すでに述べたように資源合体である．しかしM＆Aを主体的に行う企業の側の視点に立つと，それは資源をワンセットで外部から手に入れる手段と見ることもできる．

これまで日本企業では，多角化あるいはビジネスシステムの改革のための資源調達は，内部調達方式が主だった．しかし，M＆Aを中心とする外部調達の方式もまた重要性を増している．とくに，海外への進出に際して企業買収という手段をとる企業が増えてきている．ソニーによるコロンビア・ピクチャー（現ソニー・ピクチャー・エンターテインメント）の買収やブリヂストンによるファイアストーンの買収が，そうした例である．

これらの例が示しているように，M＆Aは多角化のためだけに行われるのではない．ソニーの場合はソフト産業への多角化であったが，ブリヂストンによるファイアストーンの買収はタイヤ事業のなかでの買収であり，タイヤ事業の中での全世界的地位の確立のための買収であった．

こうした海外での大型買収ばかりでなく，最近では事業のリストラとの関連で，事業移管に伴うM＆Aがかなり増えてきている．そうしたM＆Aの背後にある狙いや論理は，どのようなものであろうか．

M＆Aには，合併あるいは買収される側と，合併あるいは買収する側という二種類のプレーヤーが存在している．通常は，この二種類のプレーヤーの間で合意が成立することによって，M＆Aが起こる．このように合意のもとで行われるM＆Aを，友好的M＆Aという．しかし，両者の合意によらないM＆Aもある．買収される側の意思におかまいなく，無理矢理に買収することによって行われるM＆Aを，敵対的M＆Aと呼ぶ．

敵対的なＭ＆Ａは，証券市場で対象となる企業の株式を買収することによって行われる．そのために，市場価格より高い買収価格を設定し，その価格で株式を買収するという宣言が行われる．このような宣言をテイクオーバー・ビッド（ＴＯＢ）あるいはテンダー・オファーと呼ぶ．市場価格と買収価格の差を買収プレミアムという．

このような買収プレミアムは，敵対的な買収のときだけではなく，友好的な買収の場合にも存在している．この買収プレミアムがなぜ支払われるのかを考えることによって，Ｍ＆Ａが行われる理由を理解することができる．

市場で成立する株価は，その企業が，今後も独立の企業として存在した場合に株主が得ることができるであろう将来の利益を反映したものと考えることができる．より正確にいえば，株価と発行済株式数の積である時価総額は，その企業が将来生み出すであろう利益の現在価値である．買収する側は，買収対象となる企業に，市場で評価された以上の価値があるとみなすわけだから，買収プレミアムを支払う．

すでに述べたように，二つの企業が独立した企業としてではなく，一つの企業として運営されることによって，資源合体によるメリットが生まれる．そうした合体された大きな資源の塊がもたらしてくれるメリットを，資源の内部調達・内部開発によって自力でその塊をつくることによって実現する方式がたしかにある．しかしＭ＆Ａによる外部調達方式が選ばれる基本的な理由は，時間の節約にある．

内部調達方式では，資源の蓄積に時間がかかり，新しい事業を運営するための組織をつくるのに時間がかかる．それに対して，すでに存在する経営資源と組織をワンセットで買えれば，その時間が節約できる．これが，買収プレミアムを支払ってもＭ＆Ａが行われる根本的な理由である．

しかし，時間が節約できたとしてもＭ＆Ａによって手に入れられる資源の価値は，つねに予想どおりとは限らない．さまざまな問題が発生しうる．

第一には，Ｍ＆Ａが行われる段階で得られる情報が限られているリスクである．敵対的な買収の場合には，買収される企業の経営者の協力が得られないわけだから，被買収企業の経営の実態について正確な情報をつかむのが難しい．友好的な買収の場合でも，買収される側は自分たちの企業や事業をよく見せようとしがちで，伝えられる情報にバイアスがかかりやすい．

米国のM＆Aの波

①第1の波

まず第1の波が1895年から1905年頃にかけて起こった．この時期，米国市場は，鉄道網の発展と技術革新によってローカル市場から全国市場へと拡大していき，企業は激しい競争にさらされた．そんな中で，高い生産効率と，競争回避を目指して，またマーケット拡大を目指して次々と水平統合が行われ，巨大独占企業が誕生したのである．

この大きなブームは，アメリカの全製造業にわたって沸き起こったが，特に石油，タバコ，鉄鋼業に多くみられた．USXやスタンダード・オイル，アメリカン・タバコといたアメリカの巨大企業の多くは，この時期に誕生している．このような第1の波は，「独占へのM＆A」(merging for monopoly) と呼ばれている．

②第2の波

第2の波が起こったのは，1920年代である．第1の波の後，1910年代になると，独占に対し法律による規制が強まってきた．それにより企業は水平統合を制限され，垂直的統合によるM＆Aが盛んに行われるようになってきた．

第1の波が独占的巨大企業を生み出したのに対して，第2の波は多くの第2位企業を生み出した．第1の波が「独占へのM＆A」ならば，第2の波は「寡占へのM＆A」(merging for oligopoly) といえるであろう．それゆえ，第1の波よりも社会，経済に対するインパクトは弱かったといわれている．

③第3の波

1950年の中ごろに始まり，1960年をピークとして，1970年まで続く第3の波の特徴は，コングロマリットの誕生といえるであろう．第1，第2の波を経て反トラスト法が強化されたのを受けて，企業は異業種間の買収・合併による成長を志向した．この成長志向のゆえに第3の波は「成長へのM＆A」(merging for growth) と呼ばれている．

これまでのM＆Aの3つの波には，大きな共通点があった．それは，どの波も経済の繁栄期に起こっているということである．経済の繁栄期には，より高い利益を目標としてM＆Aが起こる．その結果として株価が上がる．いずれ株価が下がることによって，このM＆Aがしだいに衰えていくというパターンである．

④第4の波

第1，第2，第3の波がいずれも好景気の時期に起こったのにたいして，1975年以降の第4の波は，不景気で，株式市場の沈滞期に起こっている．

この時期は，メガ・マージャーの時代と呼ばれるように，巨大企業同士のM＆Aが大きな特徴である．巨大企業の買収・合併は，当然，取引金額も大きくなるので，社会，経済に与える影響は非常に大きいといえる．

また，これまでは友好的M＆Aが多かったのに対して，1975年以降は，敵対的M＆Aが積極的に行われるようになってきた．それにともなって，買収に関するテクニックも多彩になってきた．例えば，買収を仕掛けられたとき，より好ましい相手（ホワイト・ナイト）に買収してもらうというような方法も，この時期に出てきたといわれている．

友好的に買収を行おうとしていても，競争相手が敵対的な買収を仕掛けてくるかもしれないから，意思決定を迅速に行わなければならないかもしれない．じっくりと調査をしている暇がないときもあるかもしれない．このような理由から，M＆Aは，限られた情報をもとに行わなければならないことが多い．そのために，高い買い物をする結果になることがかなりある．

第二の問題は，M＆Aを行う経営者の心理や関係者の思惑である．M＆Aは，トップ経営者の決断が目に見える結果をすぐに生み出すという意味で，目立つ意思決定である．頻繁に起こる出来事でもないから，大きなM＆Aが行われれば，経済紙の第1面で報道されることになるであろう．人々の話題になることも多い．もしM＆Aの決断を行えばそれが大きな出来事，歴史的な出来事になるという状況では，トップ経営者とくに野心のある経営者は，より大きな出来事を自らの判断で起こそうという方向で考えがちである．

また，M＆Aは投資銀行によって仲介されることが多いが，この投資銀行も，話をまとめることによって仲介手数料を得ることができるので，M＆Aを実現する方向で話を進めがちである．このような状況では，冷静に物事を進めるのは容易ではない．その結果，後から見ると，適切ではない判断が行われることもある．

第三の問題は，二つの企業を統合するのが意外に難しいことである．買収にともなうプレミアム以上の価値を実現しようとすると，短時間に，二つの企業の統合を行わなければならない．しかし，実際の統合は容易ではない．

その難しさはさまざまな理由から生じるが，もっとも本質的なのは，企業文化の違いである．人々のものの見方，考え方，感じ方の違いである．買収される企業と買収する企業は，それぞれ異なった文化をもっていることが多い．異なった企業文化の中にいる人々が，うまくコミュニケーションを行い，協力し合うのは，容易なことではない．

第四の問題は，M＆Aの進行プロセスの中途で，当初想定した重要な経営資源が失われる危険をはらんでいることである．たとえば，対等の合併ではない買収の場合，買収した企業の経営者や管理者よりも買収された企業の経営者や管理者が不利な立場におかれることが多い．現実にはそうではなくても，被買収側の人々はそのように受けとりがちである．買収された企業の経営者や管理者の中には，独立した企業であるということに魅力を感じていた

という人々がいるかもしれない．買収によってその魅力がなくなってしまう，と考える人々が企業を去る危険がある．それによって，人の中に体化されていた経営資源が失われたり，組織がうまく働かなくなってしまい，買収の価値を実現することが難しくなることがある．

戦略的提携とは

　M＆Aは，企業と企業とを組織的に統合して固い結びつきをつくろうとするものである．M＆Aによって，どちらかの企業の独立性が失われる．複数の企業が一つの大きな組織として統合されるからである．

　それに対して，企業の独立性を維持したまま，企業間にゆるやかで，柔軟な結びつきがつくられることがある．ライセンス供与，技術提携，共同開発，共同生産，合弁事業の設立，販売委託，生産委託，などその形はさまざまである．そして，そうした提携を形あるものにするために，提携契約の一種の担保しての資本参加が行われることもある．

　このような企業間の結びつき，協調関係を総称して「戦略的提携」という．戦略的提携は，異業種の企業間で行われることもあれば，同一産業で競争している企業間，ある企業とそのサプライヤーの間で行われることもある．この協調関係の中に，大学や政府機関が参加することもある．それではなぜ，このような戦略的提携が行われるのか．どのような論理が存在するのか．

　戦略的な提携のもっとも基本的な狙いは，経営資源の不足を補い合うことにある．しかし，経営資源の不足を補い合うだけであれば，他にもさまざまな方法がある．経営資源を市場で買うということもできる．こうした方法は市場取引による資源入手と呼べる．それは，継続的な関係をつくらないような取引の方法である．一方，すでに述べたように，M＆Aは資源をワンセットで手に入れて組織的統合をしてしまうケースである．

　戦略的提携は，ちょうどその中間にある関係である．市場取引や組織的統合によっては得ることのできないメリットがあるからこそ，戦略的提携という中間的な結びつきが選ばれる．あるいは，戦略的提携に意義があるとすれば，市場と組織の中間的な形態が意味をもつときである．

　この中間的な関係がもつメリットは，両極端である市場取引関係と組織的な関係との対比を通じて明らかにすることができる．

まず市場取引との比較で，なぜ戦略的提携という方法が選択されるかのメリットを考えよう．それは，補完的利用の対象となる資源を二つの企業の間で市場取引することが難しいからである．市場取引とは，必要な場合に必要なだけ，そのときどきに価格をつけて取引することである．しかし，たとえば技術開発の結果の共同利用とか，流通チャネルの共同利用というような状況で，必要に応じて技術使用料を払うとか，流通システムの使用料をあたかも運送会社への運賃の支払いのように従量制などで行うのは，じつは難しい．

それは，補完的に利用する対象となる資源が物的資源ではなく，情報的経営資源であることが圧倒的に多いからである．情報的経営資源の市場取引が難しいのは，二つの理由による．一つは，情報的資源に価格をつけるのが難しいこと．情報的資源に価格をつけようとすると，その資源の中身である情報を知らなければならない．しかし，その情報が開示されてしまった後では，その情報にお金を払う動機はなくなってしまう．

もう一つの理由は，ある種の情報は，マニュアルなどのパッケージ化された情報として市場で取引できるようにすることが難しいからである．継続的に協働する場をつくって学ぶ，伝授するということが必要となる．複数企業間の能力の共有，能力の創造に対しては，市場取引はうまく機能しない．

組織的統合を完全に行って資源の補完的利用でなく合体をしてしまえば，こうした困難はなくなる．しかし，組織的な統合は新たな問題を生み出す．市場という不安定な関係あるいは面倒な関係ではなく，あまりにも安定した関係ができあがってしまうと，今度は組織特有のマイナスが顔を出す．

たとえばインセンティブの問題である．一生懸命に働こうという意欲が低下してしまう危険がある．組織の中で，人々のやる気をうまく引き出すのは容易ではない．組織の中で，適切な方向で人々のやる気を引き出すためには，インセンティブ・システムをつくり出す必要があるが，第Ⅱ部でも述べるように，適切なインセンティブ・システムをつくることは難しい．たとえば，組織的統合をして一つの組織の中になってしまうと，寄らば大樹の陰になってしまい，努力のレベルが落ちる危険がある．

あるいは，階層関係のマイナスもある．組織の中では，階層的な上下関係が存在する．階層的な上下関係は，仕事の調整に関してメリットをもつが，いくつかのデメリットももっている．上の人の判断が間違うと，すべて間違

ってしまうという危険がある．上の人の意向に反したことは言いにくく，そのために上の人に適切な情報が伝わらない危険がある．さらに，一つの組織の中に統合されてしまうと，関係が固定化してしまう．それもまた，組織的な統合のデメリットである．

　こうした組織的統合のもつデメリットを避けるためにも，完全な統合をせず，独立企業としてのメリットを保つために戦略的提携が行われる．たとえば，独立自営であるために生まれるインセンティブを利用する．組織的な上下関係ではなく，独立した企業として対等の関係をつくることで，よりよく情報を還流させ，学び合い教え合うことを狙う．多様な関係をつくることによって，異質な情報を取り入れ，新しい知識を獲得する機会を増やす．

　こうして，市場では難しく，組織にしてもマイナスの多い状況を打開するための方策として，戦略的提携に意味がある場合がある．しかし，このような微妙な関係は，戦略的提携の難しさの源泉でもある．戦略的提携の中には，それを崩壊させる力が内在している．

　競争相手同士が提携する場合には，お互いがつねに裏切るという可能性をもっている．学び合うという建て前で協働しても，相手に教えるよりは，自分が学ぶことが優先されるかもしれない．お互いが得る価値や学ぶスピードに違いがあるために，一方が不公平を感じるかもしれない．それぞれの企業から派遣された人々が，親元の企業に目を向けているために，実際の協働がはかどらないというケースもある．異質な企業文化を背景にしているために，協働がうまくいかないということもありうる．

　だからこそ，先に紹介したように，戦略的提携の六割があまりうまくいかないというようなことが起きる．しかし，このような難しさがありながらも，戦略的提携が増えてきているのは，激しい環境変化の中で，巨大企業といえども独力では対応できないような変化が起こっているからであろう．

3　境界線書き換えのマネジメント

新事業体の事業合理性と組織合理性

　戦略的提携の難しさやM＆Aのリスクのところで述べたように，企業の境

界線を書き換える作業はさまざまな難しさをはらんでいる．したがって，境界線書き換えの際には，そのきちんとしたマネジメントが不可欠である．そのマネジメントのあり方をこの節では考えよう．

そのマネジメントの第一のポイントは，境界線書き換えの結果生まれる新事業体について，事業合理性と組織合理性という二つの意味での合理性が確保されるようにすることである．それは，新事業体について，戦略，経営体制，組織文化の三つの面できちんとした絵を描くことである．

新事業体について事業合理性が高いとは，書き換え後に一つの事業体として生まれるものが経済合理性を高くもっているということである．そのためには，その合理性をもたせるための戦略を準備することができる必要がある．そうした戦略の絵を描けることが，事業合理性の中身となる．

事業合理性のポイントは，資源合体がもたらす新しい資源の結合によって，競争力の本質的強化の展望があるか，である．競争力が弱いからこそ企業構造再編成の必要が生まれたはずであるから，規模の経済，範囲の経済による競争力強化ができるか，資源の重複投入を回避してコスト節減をきちんと実行できるか，についてきちんと手配りする必要がある．

事業統合の多くは，二つの企業の資源の結合の仕方が限定的であるために，真の規模の経済，真の範囲の経済が十分には生まれない危険がある．小さな二つの事業を統合しても，規模の経済の限界にも，範囲の経済の限界にもまだ到達できないことが多い．安易な事業統合は要注意である．

企業合併にしても，合併後の新事業体の内部にあまりに重複があれば，その重複のコスト負担だけで経済合理性はなくなってしまうだろう．その重複を解消できる戦略を描けないかぎり，合併後の経済合理性は確保できない．

書き換えで生まれる新事業体は，たんに経済合理性をもつだけでなく，人間の集合体としての組織合理性ももつ必要がある．その問題の核心は，新事業の組織の経営体制と組織文化の問題に帰着するだろう．

まず経営体制の絵が描けるとは，新事業の責任体制，その事業への経営管理の体制，責任者の人選，などについてきちんと対応できることである．

とくに，合弁方式の事業統合は，責任体制がしばしば中途半端になりがちで，事業統合のポテンシャルが顕在化できにくくなる危険が大きい．どちらが主導権をもつかがはっきりせずに決断が遅れないか．合弁の統合企業に行

った人は，自分の派遣元の本社の方ばかりを向いて仕事してしまわないか．当たり前に考えるべきことは多い．

　組織文化の絵を描けるとは，新事業体という新しい組織に入る人々の心理的軋轢と組織文化の衝突を最小化させる方策を，かなりの程度準備できるか，ということである．

　事業移管と企業合併では，この絵が難しいだろう．事業統合でも難しいが，この場合はまだ「新しい小さな組織をつくる」という統合のプロセスが小さな規模であるために，案外問題が解決しやすい．事業移管では，移管される事業の人々が受け入れる側の組織に順応する必要がある．企業合併では，二つの組織文化が角をつき合わせる状況が長続きしやすい．

　この組織文化的軋轢の問題は難しい．そのために，対処のパターンとして衝突と軋轢の表面化をさけるようにぬるま湯の処置を続けがちである．しかし，それが最悪のパターンであろう．むしろ，経済的合理性の高い境界線書き換えならば，軋轢があるものと割り切って，それを早い段階で吹き出させた方がいい．軋轢に抗しきれない程度の事業合理性しかないのなら，そもそも境界線書き換えなどすべきでない．

　戦略，経営体制，組織文化という三つの絵は，相互に矛盾する危険をもっている．たとえば，事業の経済合理性のために必要な戦略が，資源を出し合っている企業の内でより優位な資源をもっている方の企業の人々を優先して活躍させることを要求して，そのために組織内の心理的軋轢が増してしまう，といった例がそれである．

　こうした三つの絵はすべて必要とされるのだが，優先順位をはっきりともたなければならない．多くの場合，戦略の絵を最優先にすることが，資源効率向上，競争力強化という境界線書き換えの本来の目的のためには必要であることが多い．

企業構造再編のジレンマ

　境界線書き換えのマネジメントの第二のポイントは，このマネジメントはじつにジレンマやパラドックスに満ちていることをきちんと理解し，それを乗り越えるための戦略的構想やビジョンの準備をすることである．さらには，決断のための哲学が要求されるかも知れない．

ジレンマの第一は，必要性と能力のすれ違いである．
　たとえば，撤退をはじめとする事業ポートフォリオの再編成に取り組む必要性が高い企業には，その再編成をやりとげるだけの能力が小さいことが多い．事業ポートフォリオの再編が必要になっているということは，撤退や整理が必要な事業を抱えてしまっているということである．そういう状況に追い込まれたのは，その企業が「失敗の歴史と理由」を内在しているからであろう．そうした失敗をしてきた企業に，ただでさえ難しい事業ポートフォリオの再編成あるいは撤退などということを成功させる能力があるのか，という皮肉な疑問をもたざるをえない．
　企業の境界線の単純な書き換えでなく，それを拡張しようとするのが多角化であるが，多角化についても必要性と能力のすれ違いは起きやすい．一般的にいえば，多角化の必要性が低い企業は，多角化のための十分な資源をもつが，多角化の必要性が高い企業は多角化のための資源が不足しがちである．
　それはなぜかといえば，基本的に多角化のための資源は本業がもたらすからである．本業の資源が潤沢な企業は多角化の能力が高いのだが，逆に言えば，潤沢な資源をもたらすような本業をもっているということは，多角化がそれほど緊急には必要でないことをも物語っているのである．
　たとえば，多角化のための本質的な資源は，範囲の経済の源泉になる資源，つまり技術など情報的資源である．多角化の成功のためにはそれらが必要だが，そうした情報的資源は同時に本業での競争力の源泉でもある．その競争力の源泉が豊富であれば，たしかに多角化もしやすいが，しかし本業でも強いことを意味する．したがって，多角化を考える必要性がそのような企業は小さい．
　企業構造再編のジレンマの第二は，魅力と競争の激しさの連動である．
　事業ポートフォリオの再編成では，撤退をするだけでなく何らかの魅力的な事業への集中が必要となるだろう．事業統合や企業合併でも，魅力的な統合の相手先の企業を探す必要がある．さらには，多角化の場合の新規進出の場合でも，魅力的な事業分野を発見する必要がある．
　しかし，自分にとって魅力的な事業分野，魅力的な統合先企業は，他社にとっても同様に映る可能性が高いと思うべきであろう．とすると，その事業分野へ進出や集中してくる競争相手は多くなるだろう．魅力的な統合先企業

は引く手あまたになる可能性が高い．つまり，企業構造再編の相手先，対象先事業での競争は，激しくなる．したがって，魅力と競争の激しさが連動してしまう．競争が激しければ，そこから最終的に生み出せる利益は小さくなるだろう．多くの成長市場が，過当競争で誰も利益が出ないような状況に簡単になってしまうのは，このジレンマの典型例である．

　魅力と競争の激しさのジレンマのもう一つの例は，多角化で進出先を選ぶ際，既存事業での競争がそのまま多角化先に持ち込まれる，というジレンマである．既存事業での競争相手にも自社と似たような経営資源の蓄積があるのが，普通である．だからこそ，その分野での競争相手として生き残っている．その相手がやはり多角化を考えるとすれば，自分たちと同じような分野で蓄積した経営資源を利用しようと思うことが多いのが自然である．だとすると，ユニークな多角化戦略を考えない限り，自分にとって魅力の大きな分野では既存事業の競争関係がそのまま持ち込まれることになる．

　さらにもう一つの例は，参入の容易な分野は参入後の差別化が難しく，参入の難しい分野は参入に成功すればそのあとの差別化はしやすい，という傾向があることである．したがって，参入の成功の容易さが魅力で進出先を選ぶと，そこでの競争が激しくなって長期的には成功しにくく，長期的な成功を基準にすると参入が難しくなる．

　ジレンマの第三は組織の慣性である．

　第Ⅲ部でよりくわしく議論するが，組織は跳ぶことを嫌う生き物である．しかし，企業構造の再編成になるような撤退や企業の境界線の書き換えは，あきらかに企業に「企業の構造そのものを変える」という跳躍や方向転換を要求する．そこにジレンマが生まれる．コンセンサスや組織内の納得性を重視すれば，大きな構造再編はできない．しかし，構造再編をしなければ，船全体が沈没するリスクが高くなる．

　しかも，あえて跳躍を決断して企業の境界線を書き換える作業に乗り出したとしても，新しく生まれる企業組織の慣性に再びぶつかる．上で，新事業体の組織合理性がなければ境界線の書き換えは成功しないと述べたが，その合理性の確保は決してやさしくない．しかし，組織合理性を重んじて新しい事業体の方向性についての経済合理性を犠牲にすれば，その新事業体が沈没する．あるいは，そもそも再編成へと離陸できる確率が低くなってしまう．

こうして，さまざまなパラドックスやジレンマに，企業構造の再編成は遭遇する．多角化もまた類似のジレンマがあることが示された．多角化と企業構造の再編成を主な内容とする「事業構造の戦略」は，このようにパラドックスやジレンマとの戦いなのである．それを解決し，くぐり抜けるには，地道な努力とならんで，しっかりした戦略構想が必要である．ドメイン，事業選択の方向性と論理，ポートフォリオの全体パターン，選択と集中の論理，事業移管や企業合併の論理と構想，それらについての基本設計図がきちっとしていなければ，人々にパラドックスやジレンマを超える努力を期待しにくいだろう．

つまり基本設計図が指し示す大きな展開の絵のないところでは，人々はジレンマから抜け出せない．その大きな展開の絵を与えるのが，戦略の役割なのである．

(演習問題)
1. 企業の境界線の書き換えの五つのパターンを，図5-1の枠組みを使って図示してみなさい．たとえば，事業移管とは企業と事業の境界線が現行の線引きからどのように変化することでしょうか．
2. 企業構造の再編成が日本であまり進まない大きな理由は，すでに働いている人たちへの雇用への配慮を経営者が考えるためだとよく言われます．雇用への配慮をしつつ，しかし戦略第一，雇用第二という原則をきちんともつことのメリットとデメリットを考えなさい．そして，この原則をきちんと守った企業構造を再編成しようとするとき，どのような経営上の手配りが必要とされるでしょうか．
3. 企業合併は二つの企業の融合が難しいためにしばしばうまくいかないと言われます．その融合に成功するための条件，必要と思われる具体的手段として要になりそうなものは何か，考えなさい．そして，日本の銀行業で90年代に相次いだ合併にはこうした条件がどの程度満たされているか，具体的に検討しなさい．

第6章

国際化の戦略

　多くの日本企業の活動は国境を越え，地球全体に広がっている．企業にとっての市場が国境を越えて外国まで及ぶこと，あるいは企業の事業活動の基地が国境を越えること，つまり市場と活動基地が国境を越えることが，企業の国際化である．

　市場とは，製品の販売市場のときもあるし，企業活動の投入要素（ヒト，モノ，カネ）の調達市場のときもある．活動基地とは，メーカーの場合，生産活動の基地と開発活動の基地である．つまりは，販売，調達，生産，開発といった事業活動のさまざまな面で，その活動の場が外国に拡大することが国際化なのである．

　市場と活動基地の地域的拡大は，企業にとってとりたてて珍しいことではない．主に大阪地域で販売をしていた企業が関東へ拡大したり，東京の近くに唯一の工場をもっていた企業が九州に新しい工場を建設したりすることはよくある．そうした国内での地域的拡大と国際化が本質的に違うのは，どんな点なのか．そしてそれゆえに，どのような経営上の課題が生まれるのか，それを考えるのがこの章の役割である．

　国際経営は，この本の基本的枠組にそって，二つの大きな問題領域からなると整理できるだろう．一つは，国際的な環境のマネジメントである．複数の政治と経済を相手にして，資源などの国境移動とグローバル活用を考える，国際的環境の中の戦略の問題である．第二の問題領域は，国際的な組織のマネジメントである．グローバルに広がった企業活動のためにつくられる国際的経営組織を，いかにつくり，動かしていくか，という問題である．二つの問題領域の本質的論理は，本書の第Ⅰ部（環境のマネジメント），第Ⅱ部

（組織のマネジメント）の基本論理が適用できる．

しかし，「国際」ゆえに特有の問題も発生する．それをとくに国際的環境マネジメントに焦点を絞って扱うのが，この章の役割である．

1　企業の国際化とその動機

なぜ国際化するのか

日本企業の国際化は，昔から行われていた．資源の乏しい日本の企業は，調達市場の国際化を明治時代から行っていた．また販売市場の国際化も，多くの企業にとって「輸出」という形で昔からあるものである．

しかし，最近は世界全体のグローバリゼーションもあり，日本企業の国際展開は急速に進んでいる．たとえば，生産基地の国際化が急速に進んでいる．アメリカでは，日系企業による自動車現地生産が200万台を超える巨大な規模になっている．日本の国内市場で売られている衣料品の多くが，中国大陸で日本企業の委託あるいは管理のもとで生産されたものである．さらには，開発基地の国際化も進展している．たとえば，日本企業によるソフト開発が中国やインドで行われている．

こうしたさまざまな形での国際化を，企業はなぜするのだろうか．その本源的理由は，次のような当たり前の二つの理由である．

1. 市場を求めて
2. 比較優位の源泉となる資源を求めて

「市場を求めて」とは，主に販売市場をさす．国内の市場が飽和する，あるいは衰退していく．それに代わる市場を見つけてさらに成長を続けたい．これが第一の本源的理由である．たとえば，輸出を始めようとする企業の大半が，この理由によって国際化していく．あるいは，最近のように中国の経済発展が巨大になってくると，その中国の国内市場を求めて，日本企業が中国に工場をもとうとする．

第二の理由は，「資源を求めて」である．鉄鉱石や石炭といった輸入可能な資源を求めての国際化は，調達市場を海外に求めることになる．海外での

資金調達もその一例である．しかし，労働力のように国の間を簡単には移動できない資源の比較優位を求めての国際化では，調達市場を海外にするのでなく，その資源を使う活動基地そのものを海外にもっていく必要がある．つまり，生産基地の国際化である．安い人件費を求めての海外生産は非常によく見られる現象だが，それはこのタイプの国際化の例である．

　外国のある国での資源が比較優位をもつのは，その価格が国内調達より安いか，資源の機能や品質が優れているか，どちらかである．同じような資源の国内調達より海外調達の方が価格が低くてすむのは，一つには，国によって需給条件が違うからである．資源がその国では豊富だとか，経済発展の段階が違うために労働力の価格が低い，といった需給条件である．細かな作業が必要となる製品の生産では，粘り強く仕事をできるような労働力が必要である．生活の習慣が決めてしまうようなデザインのセンスが，競争優位の源泉になることもある．

　しかし，そればかりでなく，国によって経済のさまざまな制度が違うために，比較優位の源泉になる格差がつくことがある．たとえば，日本では食管制度のために米の価格が人為的に高いが，その制度のないアメリカでは米が安い．それを利用してアメリカでせんべいを作ったり，酒を造ったりする戦略がありうる．あるいは，外国企業への税法上の優遇措置がある国では，企業の税引後利益の面での比較優位をその国はもつことになろう．

　このような国の競争優位を利用しようとする国際化が，第二のタイプの国際化の本源的な理由である．

　企業活動が本質的に経済活動である以上，こうした本源的な理由から企業はまず国際化をはじめるのだが，その国際化が次の国際化の理由を準備している面がある．たとえば，輸出で市場をアメリカにつくった企業が，アメリカの保護主義的政策から身を守るためにしぶしぶ現地生産に踏み切る，といった例である．最初の「市場を求めて」の国際化がなければそもそも生まれない，国際化への理由である．

　こうした，本源的国際化から派生してくる新たな国際化の理由を，「派生的理由」と呼ぶことにすれば，それは大別して次の三つに分けられるだろう．

3．国際政治システムとの調和を求めて

4．国際経済システムとの調和を求めて
5．国際的なマネジメントの効率化のために

「国際政治システムとの調和を求めて」とは，国々の間の政治的な利害の対立によって企業活動が悪影響を受けないようにするために，という意味である．

その典型例が，貿易摩擦回避のための海外立地である．あるいは，そのために市場あるいは活動基地の国際化を進めようとすることである．市場を求めてではなく市場を失わないために，比較優位を求めてではなくそれを失わないために，という理由であることがこの第三の理由となることが多い．すでに本源的理由からの国際化をしている企業がそのメリットを国際政治のきしみによって失わないように，防衛的に国際化をさらにすすめるのである．

「国際経済システムとの調和を求めて」とは，国際経済システムの特徴ゆえに自社の事業活動が悪影響を受けないように防衛的に動くとか，さらにはその特徴を有利に使おうとして，という意味である．

典型例は，為替リスクへの防衛措置として，ドル建ての売り上げの多い企業がドル建てで費用を発生させて，為替変動の利益への影響を小さくしようとして海外に調達や生産の拠点を設ける，といった場合である．あるいは，国際的な金融制度の違いを利用して，ヨーロッパで社債発行をして調達した資金を為替スワップをかけたうえで国内の証券投資に回すと利ざやがかせげる場合，財務の国際化が起こることもある．

こうした国際的な経済，主として為替と金融のシステムとの調和を求めての国際化も，そもそもその前に本源的理由による国際化がないと，大きな規模では発生しにくいであろう．ここでは，為替の存在と経済制度の違いの存在が，国際化の理由になることが多い．

最後の派生的理由は，本源的な理由で国際化した事業活動を効率的に管理していくために，より国際化する方向での経営展開が望ましくなる場合である．たとえば，アメリカに自動車を輸出していた企業が，アメリカ市場での活動をもっと効率的にし，かつニーズによりマッチした製品をタイムリーに提供するために，現地で生産を始める，という例である．市場を求めての国際化が活動基地の国際化へと展開していく場合に，かなり多い理由である．

この理由が生まれる背景には，事業活動が国際的に広がるとそのマネジメントの難しさが，かなりの負荷を企業にもたらすということがある．国際的に広がるとは，たんに距離的に広がるばかりでなく，言葉も文化も慣習も好みも，さまざまに違うことを意味する．そのとき，市場に近いところでものを考え，モノを作る，という考え方は十分にありうる．

　こうした三つの派生的理由があり，しかも大きな比重をもっている点が，国際化が国内での地域的拡大と本質的に違う点である．国内での地域的な拡大であれば，政治は違わないし，経済の制度も違わないし，為替も存在しない．あるいは，地域的な言葉や文化の差も小さい．そこに国内経営と国際経営の本質的な差がある．

　派生的理由があるということは，国際化は国際化を呼ぶ，という傾向があることを意味する．国際化することによって，次の段階の国際化の理由を準備していることにもなっているからである．企業は成長のために国際化し，その国際化が国際化に伴うリスクを生み，そのリスクを小さくするために企業はさらなる国際化をする，それがまた企業をさらに成長させてもいく，という流れが基本にある．したがって，国際化は始まると自己増殖の傾向がある．そのために，多くの企業の国際化は典型的な経路をたどり，段階を踏んでいく．

国際化の発展段階と典型的経路

　前項で述べたような国際化の理由は，典型的にはある順序で発生してくる．その順序は次のようなものであることが多い．

1. 輸出入
2. 摩擦回避型投資
3. コスト優位型投資
4. 市場立地型投資
5. グローバル型

　まず第一段階は，輸出あるいは輸入である．製品の輸出という販売市場の国際化，原材料の輸入という調達市場の国際化である．

　そうした国際化の基本的な理由は，国内で「市場の限界」に企業がぶつか

図6-1 国際化の発展経路

```
輸出・輸入 → 摩擦回避型投資 → 市場立地型投資
         ↓         ↓
         → コスト優位型投資 → グローバル型
```

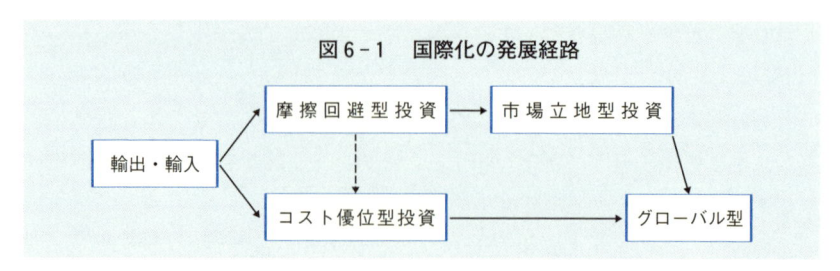

ることである．国内の販売市場が飽和して，輸出に目が向く．自動車の輸出がその典型的な例である．あるいは，国内市場が未成熟であるために，輸出市場中心に企業の販売戦略がつくられることもある．それも国内市場の限界である．VTRの市場がアメリカを中心にまず発達し，日本のVTRメーカーははじめから輸出主導で販売を考えていったのがこの例である．

調達側でも，原材料の市場が国内では限界があるので輸入先を求めて企業は国際化していく．その際，外国にすでに輸入可能な形で存在する原材料をたんに輸入する場合もあるし（石油は，日本にほとんど供給がなく，外国からのストレートな輸入が始まった例である），外国に存在する原材料を輸入可能な形に加工する作業を日本企業が海外で行うものもある．

こうした市場の限界による輸出入型の国際化につづいて，第二段階では摩擦回避型の生産活動基地の国際化，つまり海外直接投資が本格的に始まる．摩擦回避とは，輸出の相手国のさまざまな保護政策との摩擦をさけるために，企業が生産拠点をその国にもち始めることをさす．輸出入によって築いた市場の地位，ブランド，商圏などの確保のため，などが主な理由である．

この形には，先進国型と発展途上国型がある．先進国型とは，日本からの輸出によって現地の産業が被害を受け，それを保護するために現地国政府がローカルコンテンツ（現地生産調達比率）を高くするよう保護政策をつくり始めることに呼応する生産拠点の海外進出である．日本の自動車メーカーのアメリカ進出は，基本的にこのパターンである．発展途上国型とは，現地の産業振興あるいは外貨の獲得のために，現地に産業をつくりたい現地国がこれまで輸入していた製品の国内生産や，輸出していた原材料をさらに加工した製品の輸出をすすめる政策をとるのに対処するための，生産拠点あるいは加工拠点の進出である．日本の繊維メーカーや家電メーカーの東南アジアへの工場進出は古い歴史をもっているが，その多くはこのパターンである．

いずれの型も，現地国政府の政策との摩擦回避と市場確保のための海外生産基地進出であることは変わりない．

この摩擦回避型の海外直接投資につづいて出てくるのが，コスト優位投資型の海外進出である．それは，生産基地の海外立地を，国内立地とのコスト格差を主な理由として決める海外進出である．世界中で，日本も含めてもっともコストの安い国で生産をする，という戦略である．90年代半ばからの怒濤のような日本企業の中国進出は，中国という国の市場としてのポテンシャルがその背景にあることもあるが，圧倒的に安い人件費を求めてのコスト優位投資型の海外進出の典型例である．

コスト優位の原因は，人件費ばかりでなく，税金の違い，為替変動などもその大きな理由になることがある．発展途上国などでは，外貨獲得のために輸出企業には税金上の特典を与えるところがある．あるいは，たとえばアメリカへの輸出をするときに，日本から輸出するより関税が低い国がある．さらには，ドルベースで輸出している製品の生産基地をドルとの為替があまり変動しない国に設けた方がリスクが小さい，という意味でのコスト優位投資もありうる．

国際化の次の段階は，市場立地型投資である．これは，販売市場に生産拠点を同時に設けるというもので，形の上では摩擦回避型投資と違わないのだが，進出の理由が違う．現地国との摩擦を避けるためといういわば「後ろ向き」の理由でなく，現地で生産した方が現地市場のニーズによりフィットした経営ができる，という「前向き」の理由である．

もちろん，コスト面で大きな不利があるのに市場立地投資が行われるということはありえないが，単純な生産費の比較で国際的な活動基地の立地の決定を行わないのが，このパターンの投資である．市場に立地することの目に見えない価値を重んじるわけである．

それがさらにすすむと，グローバル型という最後の段階になりうる．世界中に生産基地も開発基地ももち，調達市場も販売市場も世界中にまたがっている．市場立地もコスト優位も摩擦回避もすべて考えたうえで，世界を一つの単位として企業の環境のマネジメントの戦略が立てられている．日本の企業は90年代以降，急速にこのパターンになってきている例が多い．

以上が典型的な発展経路であるが，最近のグローバリゼーションの進展は，

これとは違う積極的な発展のパターンを生み出している．たとえば，衣料品のユニクロは，国内供給のためにコスト優位投資型の海外進出を輸出も摩擦回避も関係なく始めた．それは，日本の国内市場への供給の基地を海外に求めようとする，他の産業でも90年代に大量に始まった動きの典型例の一つであった．また，中国へのマブチモーターの進出がその典型であるように，世界のあちこちに市場を求めたうえでコスト優位投資型の直接投資を始める例もある．生産される製品の仕向け地が日本市場であるのと，第三国市場であるのとの違いはあるが，生産基地の立地としてはコスト優位を徹底的に狙おうとする戦略である．

このようにコスト優位投資型の戦略が最近はとくに大きくなっているが，以上のような典型的経路を考えた場合の企業の国際化の戦略を大きく分ければ，一つにはこうした段階のどこに自社を位置させようかという選択がある．第二の選択は，その段階のどこにあるかをよく理解したうえで，その段階に適した国際的な環境のマネジメントの基本方針を選ぶことであろう．

第一の段階の選択の核心は，環境の動きとともにどのタイミングでどの段階を選ぶか，であろう．国際化を躊躇する企業が多く，そのタイミングが遅れがちになるのに気をつけるべきであるが，基本的には国際環境が否応なしに決めてしまうことが多い．つまり，どこかの段階にとどまり続けようとする選択は国際環境が許さない可能性が強い．

2　経営と国境

国際化とは国境をまたぐこと

企業の国際化とは，市場と活動基地が国境を越えることなのだが，国境を越えることによって，国際化特有の（国内での地域的拡大とは違った）問題が多く発生する．国際経営とは，経営と国境の問題なのである．

それは，国境を越えることによって，さまざま環境要因が変わるからである．その主なものは，次の三つである．

一つは，市場環境である．需要のタイプ，取引慣行，市場構造，さまざまな点で国内とは違う市場で企業は活動していく必要がある．所得も，人口構

成も，市場の基礎環境が国によって違う．労働力の供給構造も違う．製品市場としても，原材料・部品の市場としても，国境が変わると市場環境が変わってくる．

　第二に，国境を越えると政治（と軍事）の制度が変わる．したがって，企業は複数の国にまたがって（つまり本国と現地国）活動するために，複数の政治を相手にする必要がでてくる．国家の安全保障の問題にも企業活動が絡んだりし始める．たとえば，かつて富士通がアメリカで半導体メーカーを買収しようとしたり，新日本製鐵がアメリカで非鉄金属の会社を買収しようとしたが，結局アメリカの国防省の反対で実現しなかった．アメリカの安全保障に関係があるというのである．

　国境を越えると変わる第三の環境要因は，文化と言語である．そのために企業内部のコミュニケーションは一段と複雑にならざるをえないし，異なった文化圏では，社会的に「許される」企業行動自体が違う可能性すらある．

　国際経営とは，こうした三つの環境要因が複数化した状況のもとでの経営である．だから，国内の経営にはない複雑な環境のマネジメントが必要になる．たとえば，企業活動が政治あるいは国の利害の対立に巻き込まれる．通貨の違いとその間の為替の変動に巻き込まれる．異なった税制など，制度間の矛盾に巻き込まれる．あるいは，複数の文化や民族の行き来から生まれるさまざまな問題に，たとえば単純なコミュニケーションの難しさから民族の誇りの問題まで，企業活動が巻き込まれることになる．

情報的経営資源，付加価値，文化の国際移動

　こうして国境を越えると変わる環境要因を求めて，それを利用あるいは克服して，企業の活動は国際化していく．しかし，市場の国際化にしろ活動基地の国際化にしろ，企業活動が国境を越えるとは，より具体的には，なにが国境を越えると思えばわかりやすいのか．なにが国際移動をするのか．

　もっとも簡単な答えは，モノやヒトやカネが国境を越えて行き来する，というものであろう．企業の国際経営のあり方次第で，たしかにこの三つのものの国際移動が影響を受ける．たとえば，企業の国際化が輸出入中心であれば，モノの移動が中心で，モノとは逆方向にカネの移動が生まれるが，ヒトの移動はそれほどでもないだろう．しかし企業が直接投資を始めると，モノ

は完成品という形では流れなくなり，カネも本国から現地へ投資という形で初期には大量に流れる．しかし，その後は現地で完結する部分が増え，現地から本国へのカネの流れは小さくなるだろう．しかし，ヒトの流れは大きくなるだろう．

　こうしたヒト，モノ，カネの国際移動の背後では，じつは次の三つのものが国境を越えている．それが大切な移動である．それらのものの国際移動が可能になり，スムーズに継続されるような状況をつくれるかどうかで，国際経営の成果は決まってくる．

>　1．情報的経営資源
>　2．付加価値
>　3．文化

　情報的経営資源とは，第1章で述べたように，技術，ノウハウ，ブランド，経営管理能力，といった情報を中心にした目に見えない経営資源のことである．企業の活動基地の国際化は，まさに企業の技術やノウハウ，経営管理能力などが国境を越えて他の国で活用され始める例である．海外で工場を運営しあるいは開発基地を設けることは，一つには本国から現地国へそのような資源が流れるからこそ可能になる（それらの多くが技術移転と呼ばれる）．これらは，本国から他国への情報的経営資源の移転の例である．

　またそうした活動がすすめられると，逆に，現地から本国へ情報的経営資源が移転されていくという流れも生じてくる．アメリカ企業の中では，日本の子会社での品質管理のノウハウを本国へ移転したところが少なくない．同じように，日本の自動車企業は，アメリカの西海岸のデザインセンターで開発されたデザインをもとに，グローバルにデザインを移転している．

　逆に，本国から技術などが現地へ移転することにより，本国が技術の空洞化を起こさないか，という心配も生まれる．それが多くの海外直接投資で企業が頭を痛める問題なのだが，なぜ頭を痛めるかといえば，企業活動の国際化が情報的経営資源の国際移動になっているからである．

　情報的経営資源の移転という観点から捉えると，市場の国際化よりも活動基地の国際化の方が資源移転が一般に大きい．だからこそ難しい．しかし同時に，活動基地が移ってくる方がたんに輸出市場となるよりも現地国にとっ

ては望ましい．その理由は，現地国への資源の移転がより大きいからである．

　第二の移転は，付加価値の移転である．付加価値とは，製品の売上高からその生産販売に要した外部支払い（原材料費や外部サービス費，ただし人件費は入れない）を差し引いたものである．企業の利益と支払金利，減価償却，人件費の合計がそれにあたる．企業という組織が生み出した価値である．

　企業活動の国際化によって，それが国境を越える．たとえば，日本企業のアメリカへの輸出の場合，その製品の付加価値の大半は日本企業の手に落ちて，日本の労働者と企業ならびに投資家の間で分配されることになる．アメリカから日本へと付加価値が国境を越えている．これは，アメリカ企業のシェアを奪って日本企業の輸出が伸びている場合を考えればもっと明瞭である．これまでアメリカ企業がアメリカの労働者と企業の間で分配していた付加価値が，日本企業と日本の労働者の手に渡るようになるのである．その付加価値を支払っているのはアメリカの消費者なのだから，付加価値は完全に国境を越えている．

　アメリカに日本企業が生産基地を設けるようになると，生産に必要な人件費がアメリカの労働者に支払われるようになるから，付加価値のうちの労働者への分配分はアメリカの労働者に落ちるようになる．輸出と比べると，労働者の取り分だけ日本からアメリカへ付加価値が戻ったような計算になる．

　同じように，中国に日本の繊維企業が生産基地を移転してその製品を日本へ逆輸入すれば，その生産にかかわって生まれる付加価値は日本から中国へ移転していっている．日本の労働者の取り分が減って，中国の労働者の取り分が増えている．

　こうして，企業の国際化のあり方（この例では，輸出か現地生産か）によって，付加価値が国境を越えるパターンが変わる．この場合は，雇用がどの国で発生するかに応じて，付加価値が国境を越えたり越えなかったりする．それはつまり，国の間での付加価値の取り合いのパターンが，企業の国際化の仕方によって変わってくることを意味する．だから，生産面での海外直接投資が現地国にはより大きな分配をすることになって，現地側からはより歓迎されるのである．反対に，国内の雇用の空洞化を招くとして本国側からは歓迎されにくいのは，直接投資が付加価値の国際移動だからである．

　文化も，企業活動が国境を越えるとともに国から国へと移動する．それが

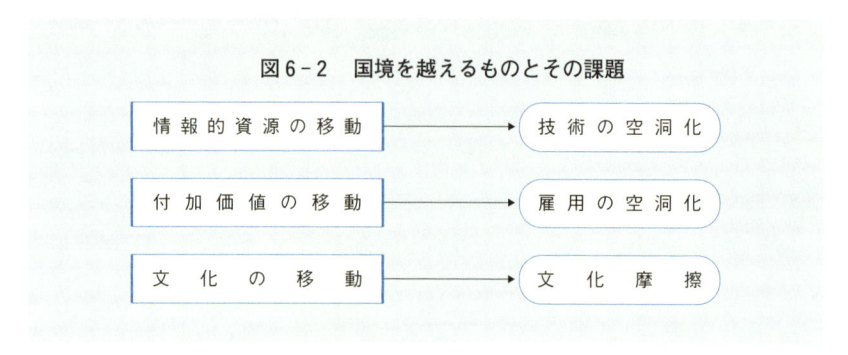

図6-2　国境を越えるものとその課題

```
情報的資源の移動  →  技術の空洞化
付加価値の移動    →  雇用の空洞化
文化の移動        →  文化摩擦
```

企業の国際化に伴う第三の移動である．

　それはさまざまな微妙な形で起きる．たとえば，輸出によってモノが国境を移動すれば，そのモノが体化しているその国の文化が，自然に他の国へと移動する．ワインの輸出がフランスの文化の輸出になっている面がある，というようなものである．あるいは，国際的な企業活動が必然的にヒトの国際的移動を頻繁にする．タンザニアに駐在する日本の企業人が日本の文化をタンザニアの人々に見せている，という面がある．

　さらには，活動基地が国境を越えることによって，ある国の経営の仕方に内包された文化的な側面（たとえば，ヒトとヒトとの付き合い，話し合いの仕方の慣習）もが移動していくことはよくある．生産現場の仕組みや技術の中にも，文化的な要素が濃いものが交じっている可能性がある．企業の国際経営が異文化とのインターフェイスの問題だ，というのは文化移動が起きるからで，それが許容可能な文化移動になるかどうかが問題なのである．

国際移動のジレンマ

　こうして，ヒト・モノ・カネの国際移動の背後での情報的経営資源，付加価値，文化の移動には，共通する問題点がある．その問題点を解決することは，国際化の戦略の大きな課題である．

　その共通点とは，三つの移動とも「ある程度国境を越えさせなければ，企業活動の国際化自体が成功しないが，しかし移転をしすぎると問題が生じる」ということである．

　「国際移動がある程度ないと国際化自体が成功しない」というのは，情報的経営資源については自明であろう．移転可能な資源はすなわち，海外での

国際競争力の源泉そのものなのである．付加価値の移動についても，たとえば，本国から現地へ付加価値を移転することが本国側で受け入れ可能でなければ，生産の直接投資はそもそもやれない．本国で付加価値を海外移転することに反対する声が高まれば，企業活動の国際化は遅れてしまう．

　文化についても，その国際移動がある程度許容されなければ，たとえば日本の製品への反発が起こるだろうし，日本の企業の経営の仕方にも拒絶反応がでる危険がある．あるいは，日本の本社とのコミュニケーションの慣習も不都合な部分が出てくる危険がある．文化をまるごと国際移動させることはできないが，海外で許容可能なような形に直して移動させることができなければ，日本企業の海外展開は究極的には成功できないだろう．

　しかし，情報的経営資源も付加価値も文化も，国際移動をしすぎることによる弊害も容易に想像できる．それが資源の場合は本国の空洞化であり，付加価値の場合も雇用の空洞化などの本国への悪影響であり，また文化移動のしすぎの場合は現地国での文化摩擦，反発である．

　こうした国際移動のジレンマゆえに，三つの問題が生じる．一つは，移動そのものの難しさという問題．そのために，移動が起きるように意図的に移転の戦略を考える必要がでてくる．第二に，その難しい移転を成功させることによって，本国に発生する問題．空洞化の問題である．移転して行ってしまった後をどうするのか．第三に移転が成功して海外でのオペレーションが曲がりなりにも軌道に乗ると，それが今度はさまざまな現地の資源へのアクセスを可能にしてくれる．そうした世界各国のさまざまな資源をグローバルにどううまく活用するか．それが第三の問題である．

国際的環境マネジメントの三つの問題領域

　国際経営は，すでに述べたように，国際的な環境のマネジメントと国際的な組織のマネジメントからなる．二つのマネジメントは，ともに国際化によって国境を越えるものは一体何なのかをきちんと考えたうえで，行わなければならない．それが国際特有の問題をもたらす．その基礎理解のための解説が，前節の役割であった．

　次節以下では，その「国際特有」の問題の整理を受けて，国際的環境マネジメントの三つの大きな問題領域について，そこでの企業の選択の論理を考

えていこう．国際的な環境の中での企業活動の基本設計図としての，国際化の戦略の問題である．

第一の問題領域は，国際化としてどこで企業活動を行うべきか，どこの国へ国際化していくか，というもっとも基礎的な問題である．しかも，相手先国は一カ国ではなく複数であるのが普通であるから，この問題は，事業ポートフォリオの問題と同じように，国のポートフォリオの選択の問題となる．

第二の問題領域は，国際移動にかかわる問題で，この節で移動のジレンマとしてまとめた領域の問題である．それは主に，経営資源の国際移転とグローバル活用の問題とそれに派生して起きる本国での空洞化の問題である．

第三の問題領域は，国際化が複数の国と経済の体制を相手にせざるをえないことから発生する問題である．国際政治との調和，国際経済との調和を考えた環境マネジメントの問題である．とくに，経済摩擦から生まれる政治問題への経営としての対応，複数の通貨を扱わざるをえないことから生まれる為替変動への対応，その二つがこの第三の問題領域の中でとくに大きな具体的問題であろう．

3　国のポートフォリオの選択

個別の国の選択の論理

国のポートフォリオの選択とは，市場の国際化であれば市場の選択，活動基地の国際化であればその立地の選択である．販売市場として，調達市場として，生産基地として，開発基地として，どの国を選び，国々を組み合わせたポートフォリオをどのように選択するか，という問題である．

その選択の論理は，事業ポートフォリオの場合と同じように，個別の国の選択の論理とポートフォリオ全体のパターンの選択の論理とがある．

ただ，問題は事業構造の選択よりも複雑になる．それは，ある国を国際化の対象とするかどうかという「進出」の選択だけでなく，進出を販売でするのか，調達でするのか，生産や開発までその国に基地を置くのか，といったように企業活動のどの機能の部分まで進出するか，という選択が必要となるからである．

個別の国の選択の基本的論理は，

1．国の発展性
2．その国での自社の競争力
3．その国での事業活動の自社全体への波及効果
4．カントリーリスク

という四つの観点から論じることができる．これらのうち，最初の三つは，事業構造の戦略における個別事業の選択の考慮項目とまったく同じである．

第一の要因，国の発展性とは，販売市場であれば需要の大きさ，成長性である．調達市場であれば，調達すべき投入要素の供給の大きさ，価格や質の面での魅力，成長性，などが考慮の対象になる．

生産基地としての国の選択では，生産活動の基盤（たとえば，労働の質，原材料の供給体制，一般的な技術状態）や生産費用の比較優位，開発基地であれば技術者の供給状況などが主な考慮要件になるだろう．

国の選択との関連で発展性を考える際に忘れてはならないのは，上にあげたような詳細なミクロの考慮をすると同時に，マクロのそして歴史的な考慮をすることである．たとえば，その国の経済発展の段階が歴史的にどのような段階にあるのか，マクロ経済の発展の可能性はどうか，産業構造はどのように発展しそうか，金融構造はどうなっているのか，その国の政治体制の将来はどうなると予想されるか，といった問題である．国の選択には，マクロの政治経済的な判断がどうしても必要とされる．

第二の要因は，その国での自社の競争力である．それは，販売市場としての進出の際での自社製品のその市場での競争力を考えるという問題ばかりではない．販売市場としての進出であれば，競争力とは自社の製品の国際競争力を考えればよい．しかし，調達市場としての進出を考えるときには，競争はその調達の対象となっている原材料や部品を優先的に有利な条件で調達できるような能力が自社にあるか，という問題となる．それがなければ，いくら国として有望でも進出すべきでないだろう．

たとえば，鉱山のような現地政府の許可がいるような資源開発のために進出しようとする場合は，現地政府への食い込みとか魅力的な開発プロジェクトの提示の能力などが競争力になる．

生産基地としての進出の際の競争力は，大別して二つある．一つは現地へ移転する技術などの情報的資源のもつ国際競争力である．生産基地としての進出ができ，かつそれが現地の企業や他外国の企業がその国に生産基地をもつよりも競争力があるためには，本国から移転していくはずの技術などの資源に国際競争力がなければならない．たとえば，日本の自動車企業がアメリカに生産基地を設ける際の競争力が，その生産技術と生産システムの優秀さにある，というようなことである．

　もう一つの生産基地進出の競争力の源泉は，現地での経営能力である．経営能力は，工場の管理能力だけでなく，現地への技術などの移転の能力，そして現地での必要な投入要素（たとえば人材や資金，材料）の調達能力である．こうした能力がなければ，その国につくった生産基地は国際競争力をもてない．この中でも，現地への技術などの移転能力は国際化特有の問題で，成功のカギを握る重要な問題である．

　国の選択における競争力の分析の根底にあるのは，これまでの本国などでの事業活動で企業が蓄積してきた経営資源が，ある国に進出することをどの程度まで助けられるか，という視点である．したがって，外国への進出は，その企業が蓄積した経営資源の海外への移転の問題に本質的になる．

　国の選択の第三の要因は，波及効果である．ある国へ進出することが，本国あるいは他の外国での企業活動にどのようなメリットをもたらすか．

　波及効果には，事業の選択の場合と同じく，経営資源の蓄積への効果と，組織への心理的効果と，二つある．たとえば，世界のリード市場になっているようなリーダーの国がある．第二次世界大戦後のアメリカは長いことそうであったし，今も多くの分野でそうである．そうした国に販売市場を確保することは，さまざまな波及効果を生む可能性がある．たとえば，世界全体の需要動向のバロメーターとしての情報収集，世界的な信用，世界に通用する技術の錬磨，などである．海外進出での情報的資源の移転は，本国からの移転という一方通行だけで考えるべきでない．

　あるいは，「夢を海外に」という心理的な効果を，組織に与えてくれる効果もありうる．ファッションの企業がミラノやパリに進出したいと思う理由には，「自分たちも本場で通用する」という心理的効果がありそうだ．

　国の選択には，その国のもつ特性から生まれる危険を考えに入れる必要が

ある．それが第四の要因，カントリーリスクである．その国の市場としてのリスク，活動基地としてのリスクという一般的なリスクは当然，発展性，競争力，波及効果のところで考えるべきリスクであるが，そのどこにも入りにくい．しかし国ゆえに発生するリスクが大別して二つある．

一つは，革命や大きな政治的な変動といった政治のリスクである．政治体制の変動や，その国の政策（債務支払い停止などの金融政策，保護貿易政策，税務政策，資本政策など）の変動のリスクもある．

もう一つのカントリーリスクの源泉は，為替変動である．国際金融情勢の変化によって，その企業の事業とは関係のない理由である国の通貨が変動してしまうことが多くなった．それは企業の世界的な売り上げや利益に，数字のうえで直接に影響をもたらす．アジア通貨危機で，タイやインドネシアへの進出企業が大きな影響を受けたのはその好例である．

こうしたカントリーリスクを考えると，他の条件は同じなのに特定の国が進出先として魅力が大きくなる，ということは十分に考えられる．たとえば，ドルベースの売り上げが大きい企業の場合，為替がドルに連動しているような国への生産基地投資の方が為替差損が発生しにくくて望ましい，といったような例である．

以上のような四つの観点からの総合判断が，国の選択には要求される．単純に，その国の市場としての魅力だけで判断してはならない．

国のポートフォリオの全体のパターン

多くの国へ進出している企業は，国のポートフォリオをもっていることになる．そのポートフォリオ全体のパターンにも選択があり，戦略的な判断が必要となる場合がある．つまり，ポートフォリオを構成する国々の関係をどのようなものと考えて全体のポートフォリオの性格づくりをしていくか，という選択である．その選択として大きなものは，国々の間の連携のあり方の基本方針の選択ともいうべきものである．そこには，大きく分けて三つの選択肢がありうる．

一つは，マルチドメスティック（multidomestic）と呼ばれる方針で，それぞれの国を一つひとつ多様な存在と考え，国ごとに対応した製品開発，マーケティング，生産などの戦略をとる．個々の国に供給する製品はどこかで

図6-3　国際的ポートフォリオ戦略

```
マルチドメスティック戦略  →  グローバル戦略
              ↘      ↙
             グローカル戦略
```

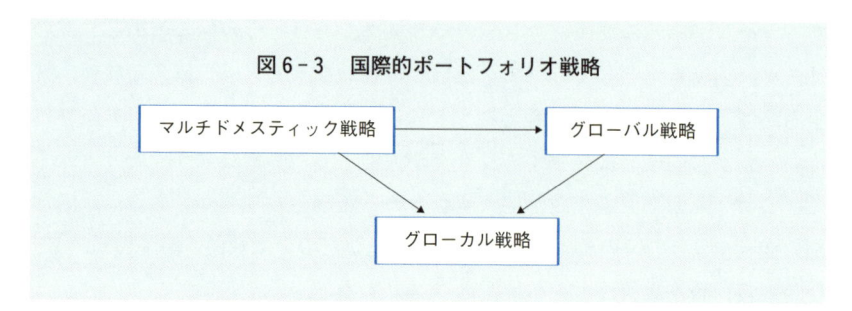

集中生産する可能性は十分あるが，しかし基本的にそれぞれの国別に仕様なども別にして供給する．

　多くの国の単純和として世界を考え，各国ごとの戦略の単純な集合体として企業全体の国際戦略ができているという方針である．国々の間の連携の度合いはあまり強くない．市場だけでなく，生産拠点や開発拠点が分散型となることが多い．

　この戦略は，現地の要求にきめ細かく対応できる，関税や非関税障壁の設定などの政治的なリスクに対応することができる，為替の変動などの経済的なリスクに対応しやすいなどのいい特徴をもっているが，同時に，グローバルな効率化をはかることが難しい，現地での競争優位を築くのが容易ではないという問題ももっている．

　もう一つの方針は，グローバル（global）と呼ばれる戦略の形で，全世界を一つの目で見て，共通した需要動向があれば，共通した製品を多くの市場へ提供し，そのためにもっとも効率的に生産と供給ができるような世界的体制をつくろうとする方針である．この場合には，生産拠点や販売拠点は，それにもっとも適したところに集中的に立地することが多い．生産や開発を日本で行い，そこから世界に商品を輸出するというかつての日本企業の戦略は，グローバル戦略の典型である．

　このグローバル戦略は，上で述べたマルチドメスティック戦略とは逆に，グローバルな効率化を実現することができる，現地市場での競争優位を築くことが容易であるという特徴があるが，他方で，現地の要求にきめ細かく対応することが難しい，政治的リスク，国際経済的なリスクに対して脆弱であるという欠点をもっている．

　第三の選択肢はグローカル（glocal）という方針で，これは前二者の中間

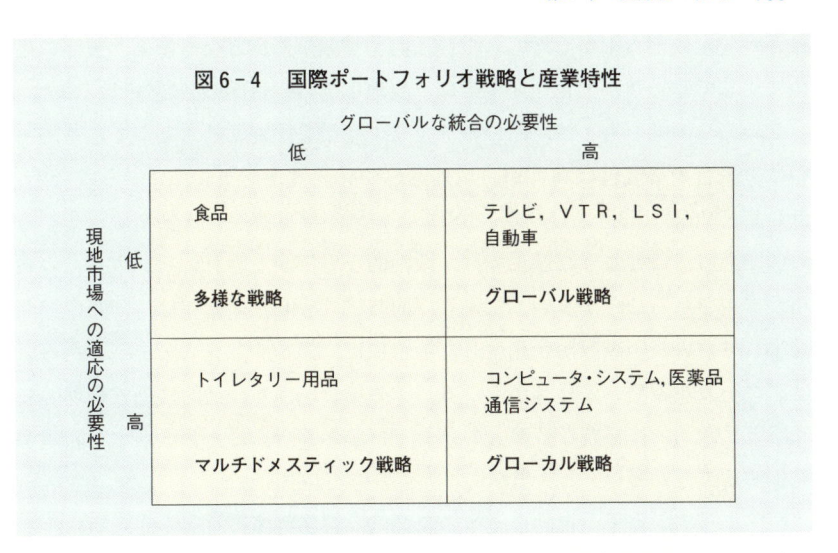

図 6-4　国際ポートフォリオ戦略と産業特性

	グローバルな統合の必要性 低	グローバルな統合の必要性 高
現地市場への適応の必要性 低	食品 **多様な戦略**	テレビ, VTR, LSI, 自動車 **グローバル戦略**
現地市場への適応の必要性 高	トイレタリー用品 **マルチドメスティック戦略**	コンピュータ・システム, 医薬品 通信システム **グローカル戦略**

的な方針で，この言葉自体，グローバルとローカルの折衷語である．つまり，一方で全世界統一の求心的方針を共有しながら，しかし各国別の自律性のある戦略も存在させる．世界戦略は各国戦略の単純和でもないし，各国戦略は世界戦略の一部を構成する部品でもない．自律性のある各国戦略が全体をにらみながら形成されている．国と国との連携は，バラバラでもなく，かといって中央集権的に厳しくつながっているのでもない．

　この戦略は，上述の二つの戦略の欠点を補い合おうとしたものであり，それぞれの長所をうまく生かすことができるという特徴をもっている．しかし，そのために，国際的なマネジメントを適切に行うことができなければならないが，それは決して容易なものではない．

　上述の三つの戦略のどれが採用されるかは，企業の歴史，業界の競争構造，企業の国際経営の能力など，さまざまな要素によって影響されるが，産業や製品の特性が重要な意味をもっていることが多い．

　国際ポートフォリオの全体の構造に影響を及ぼすこのような産業や業界の特性は，国際的な統合の必要性の大小，現地の市場への適応の必要性の大小の二つの軸で捉えることができる．

　商品開発の固定費が大きい産業，生産工場や開発に関して規模の経済が作用するような業界，効率性が競争優位の源泉になるような業界では，国際的な統合の必要性は高い．逆に，現地の文化や生活習慣への配慮が必要な商品，

顧客の要求にきめ細かく対応した製品開発が競争優位となる産業，製品の価値に比して輸送費が大きい産業では，現地市場への適応の必要性は高い．

この二つの軸をもとに，四つのタイプの産業を区別することができる．一つは，統合の必要性は高いが，現地適応の必要性があまりないような産業．テレビ，VTR，時計，自動車，LSIなどの国際標準商品を提供する産業がその例である．このような産業では，政治的な摩擦がなければ，グローバル戦略が採用されることが多い．しかし，同時にこうした産業では，国際摩擦が発生しやすい．国際摩擦が発生した場合には，マルチドメスティックあるいはグローカル戦略への移行が起こる．その場合には，経済的に見て合理的な戦略と，政治的に必要な戦略とのギャップがあるために，さまざまな問題が発生することが多い．

事実，日本の電子，自動車産業の企業は，貿易摩擦に対応するために，アメリカや西欧などの市場への工場の立地を強いられたが，これらの生産拠点の利益率は高くない．このような問題は，経済的に見て合理的な戦略と政治的に必要な戦略とのギャップから生じたものである．

第二は，国際的な統合の必要性はあまり高くないが，現地への適応の必要性の高い産業．生活習慣に根ざした食品，生活関連のトイレタリー用品などの産業がこの例である．このような産業では国際的な企業があまり多くないが，それでもP&G，ユニリーバなどの国際的な企業が現れている．これらの企業は，マルチドメスティック戦略を採用することが多い．

第三は，国際的な統合の必要性も，現地への適応の必要性もともに高い産業．医薬品は，開発の固定費が大きいために，国際的な統合が必要であるが，同時に，各国の認可が必要であるという意味で，現地への適応も必要である．同じように，コンピュータも同様に開発の固定費が大きく，現地の要求に合わせたソフトの開発がともに必要な産業である．このような産業では，グローカル戦略が採用されることが多い．

最後は，グローバルな統合の必要性も現地への適応の必要性もともに高くない産業．インスタント・コーヒーや清涼飲料などの食品がこの例である．このような産業の企業は，国際的なポートフォリオ戦略の採用に関して，かなりの自由度をもっている．

4 経営資源の移転・活用と空洞化・摩擦

国際的な環境のマネジメントの第二の問題領域は，経営資源や付加価値が国際化にともなって国際移動していく際の問題である．そこには，次のような三つの課題がある．

1. 経営資源の移転
2. 各国の資源のグローバル活用
3. 本国の空洞化対策

自社が蓄積してきた強みを国際的に移転することによって国際化がはじめて成功できるのだが，その移転をどのように行うのかが第一の課題である．第二の課題は，国際化してさまざまな国のさまざまな資源へのアクセスをもった企業として，そうした世界的に散在している資源全体をどのようにグローバル活用していくかである．第三の課題は，国際化して付加価値や技術が移動していくときに，本国での事業活動が空洞化しないかという課題である．

経営資源の移転

企業活動が国際化していってかつ進出先で成功できるのは，進出先の現地国で必要とされる競争力の源泉をきちんとその企業が確保できたときである．多くの場合，その確保のためには，現地国で行う業務活動の競争力豊かな実行のために必要な資源を，現地国へ移転する必要が生まれる．普通は，その移転は本国から行われるであろう．

生産基地の国際化を考えてみればいい．たとえば，日本の自動車企業がアメリカで工場を造ってそこで競争力のある車を現地生産するためには，日本で蓄積した生産技術を移転できて効率のいい生産ができなければならない．販売市場だけの国際化の場合には，日本で生産された製品そのものが国際競争力をもっていれば問題は少ないが，現地でのブランドの浸透も必要であろう．それは，ブランドという資源の国際移転なのである．

海外へ移転した業務活動が成功するためには，その活動に必要な資源のうち日本から移転されるものが，現地企業のもっている資源と同等かそれ以上

の価値をもつ必要がある．国際化成功の最大の源泉は，あくまで日本での蓄積とその移転なのである．

経営資源の移転がもっとも問題になるのは直接投資，それも生産基地の海外展開の場合である．それを中心に以下で，移転の戦略を考えてみよう．

経営資源の中でも，情報的経営資源の海外移転が最大の鍵になる．多くの場合，物的な資源は現地調達をすればいい．人的な資源は，基本的には現地の人材を使うのが当然である．したがって，移転を考えるべきは情報的経営資源なのである．

情報的経営資源の移転戦略を考えるときに基本的にもっとも大切なのは，なにを移転しようとし，なにを移転しようとしないか，という仕分けである．本国で行っている生産や販売で必要とされている情報的経営資源は多い．そのすべてを短期間の間に移転するのは不可能に近い．したがって，どんな資源が移転の重点になるのかを仕分けする必要がある．その仕分けには，次の二つのポイントについての判断が鍵になる．

1．自社の競争力の鍵となる情報的経営資源はなにか
2．どのような情報的経営資源の移転可能性が高いか

海外生産をしてつくられる製品は，どこかの市場で誰かと競争をして販売されていく．そのときの競争力の鍵となるものをつくり出すのに必要な情報的資源は，ぜひとも移転しなければならない．鍵をつくり出すのにあまりクリティカルでないものなら，移転はしなくても現地式でいい．

たとえば，現地生産・現地販売をして，現地の企業と競争するような状況の企業で，競争の鍵がコスト競争力であるとする．そのコスト競争力を現地で生産しても維持していくためには，なにを移転すべきかを考える必要がある．あるときには，それは鍵となる部品の輸入かもしれない．そのときには，うまい部品輸入の仕組みをつくることが最大の課題になる．あるいは生産の仕組みそのもの，生産の技術そのものが現地企業とのコスト格差の最大の原因かもしれない．そのときには生産システムを大幅に移転して，技術的優位を確立することが鍵となり，その移転に全力を注ぐべきである．

第二の判断は，移転可能性である．情報的経営資源の中には，移転可能性の高いものと低いものとが当然ある．たとえば，生産設備に体化されてしま

っているような技術はもっとも移転可能性が高い．機械をもっていくことが移転の大部分になるからである．しかし，現場の熟練となると，移転は少し難しくなる．さらに，下請けとの分業関係と密接な付き合いといった企業の強みは，下請けごとの海外進出を考えないかぎり，海外への移転が難しい．

　一般に移転可能性が高いのは技術資源である．それが移転の中心になることが多い．技術資源の中にもさまざまな段階がある．技術資源を，ハードの技術，ソフトの技術，ヒューマンウエアと三つの部分に分ける考え方がある．ハードとは生産設備に体化された技術，ソフトとはそれを運用するソフトウエアの技術，ヒューマンウエアとは現場の労働者と機械設備（ハードウエア）や生産システム（ソフトウエア）との相互作用のあり方をさす．つまり，機械とシステムと人間とのかかわり方の技術が，ヒューマンウエアの技術である．標準化の方法，職務分担の技法，などさまざまなヒューマンウエアの技術がある．

　ハードの移転可能性は高い．ソフトがそれにつぐ．しかし，ヒューマンウエアの移転はそう簡単にいかない．人間とか集団の動き方の慣習としての文化に密接に関連するからである．しかし，ヒューマンウエアの部分に日本の生産技術の多くの特徴があるといわれている．

　したがって，生産技術が日本企業の競争力の鍵だと判断するのなら，この部分の移転可能性を高めるようなマネジメントのあり方を考える必要が大きいであろう．日本式の生産の仕組みの海外移転と呼ばれるものの実体は，大きな部分がヒューマンウエアの移転のケースであることが多い．

　では，移転すべき情報的経営資源が仕分けられたとして，その移転のプロセスの鍵となるのはなんだろうか．

　まず第一に，移転できるような深い蓄積が国内にあることである．しかも，移転しやすいように外国でもわかりやすい形で蓄積がされていることである．たとえば，現場のノウハウが計器や治具という形をとっていて誰でも使えるようになっていることである（つまり，ノウハウの単純化，ハード化）．あるいは，生産ラインにしても，自動化をかなりすすめて，熟練の度合いの低い労働者でも動かせるラインを開発することである．

　第二は，ヒューマンウエアに代表されるような「目に見えにくい部分」にじつは大きな鍵があることを認識することである．そして，その「目に見え

ない部分」を海外の組織とヒトが習得するのに必要なプロセスを，徹底的に考えることである．こうした目に見えない部分の整備ができれば，かなり条件の違う国へ出かけていっても移転はできる．

　第三は，こうした目に見えにくい部分を中心にした情報的経営資源の移転のためには，進出先の人々が日本の現場と直接の接触をもつことが重要であることを認識することである．現場研修の大切さ，個人的な接触によるコミュニケーションの大切さ，と言い換えてもいい．技術移転に成功している多くの企業の共通の特徴は，海外の工場から大量の労働者を日本へ長期間派遣して研修していることである．それは，情報的経営資源の移転のプロセスが現場観察と人的接触に依存するところ大であることを物語っている．やはり，ヒトが移転の最終的な担い手なのである．

　移転の第四の鍵は，情報的経営資源を体化した機械設備などについては，それを内製化し，しかも最新鋭のものを現地へもっていくようにすることである．内製化が望ましいのは，設備を現地の事情に合わせて多少の変更をしやすいからである．最新鋭のものが望ましいのは，自動化がすすんでいて設備自身が技術を内包している度合いが高いからであり，さらに最新鋭のものである方が現地の人々が習得のインセンティブがわきやすいこともある．インセンティブの問題はかなり大切で，「発展途上国だから古い機械で十分」というのでは現地国の国民感情との摩擦も起きかねない．

各国資源のグローバル活用

　グローバルに活動している企業は，各国に蓄積した資源，各国でアクセスできる資源をグローバルな視点から活用して，国際競争力を高めることが望ましい．それが，一つの企業として国境を越えて経営資源を移動できる立場になった企業にとって，優位性の源の一つである．

　ヨーロッパのデザインセンス，日本の生産技術，アメリカの企画力，インドのソフト開発能力，中国の優秀でかつ低コストの人材．例をあげただけでも，世界のあちこちに，それぞれの地域が他の地域よりも優位性をもつと思われる資源が存在していることがわかる．それらをグローバルな視点で活用できれば，国際競争力の強い製品ができ上がる可能性が強いことはわかりやすい道理である．問題は，それが実現可能か，ということである．

もちろん，その一部はすでに大規模に行われている．中国で日本企業が生産基地を設けて世界への輸出を行っている産業は，かなり多くなっている．それは，日本の生産技術と製品技術を中国の人的資源と結びつけることによって成功している例である．

　海外の資源のグローバル活用の基礎条件は二つある．一つは，活用できるような資源に対するアクセスがきちんとあること．アクセスの源がなければ，活用どころの話ではない．第二のポイントは，それをグローバルに融合して使える体制をもつこと．

　その基礎条件を満たしやすい状況として，三つのポイントをあげることができる．第一に，グローバルな，あるいはせめて一定地域に限定したとしても多くの国にまたがった，分業のネットワークを企業がもっていること．それをもてればその分業拠点の一つひとつが資源アクセスの源となりうる．

　第二は，それぞれの分業拠点で人材の現地化がすすんでいること．その現地の人材が，現地の資源へのアクセスのルートになってくれる．

　第三に，各国の資源を利用可能な多国籍の従業員たちが，相互に融合協力しあえるような経営体制と経営力をもつこと．それによってグローバル融合ができなければ，各地の資源アクセスは宝のもち腐れになる．

　日本の産業の中には，90年代に東アジアを中心に，欧米にもまたがったそうした分業のネットワークを築き上げてきた企業がかなりある．とくに日本のエレクトロニクスと精密機器産業の企業のグローバルネットワークは，世界でも第一級のものであろう．

　たとえば，日本で基幹部品の開発と初期生産が行われ，それを作った製品の基本的な組み立てが東アジアで行われ，最終組み立てあるいは調整が欧米で行われて，欧米で販売される．そんなネットワークが，90年代の積極的な直接投資のおかげででき上がってきている．そのネットワークをつくり上げた直接的な動機は，当面のコスト競争力の強化であったかも知れないが，その結果生まれた分業のネットワークが各国資源のグローバル活用の基盤として機能する可能性をもっている．

　逆に言えば，そうしたグローバル活用をにらんで，分業のネットワークを積極的に展開していく必要があるだろう．そして，そのネットワーク展開を可能にするのは，ふたたび日本国内で蓄積した経営資源の強みである．その

強みがあるから分業できる．その強みを移転して，分業拠点でも強みをつくれる．前項で経営資源の移転の重要性を述べたが，それを移転できる企業は分業のネットワークを築ける可能性が強く，したがって各国資源をグローバルに活用できる可能性が強くなる．

雇用と技術の空洞化

　経営資源の移転にしろ，分業ネットワークの構築にしろ，あるいは各国資源のグローバル活用にせよ，それを推進することによって日本国内に生まれる不安も一方である．それが空洞化の不安で，その解決は資源の国際移動にかかわって発生する第三の課題である．

　空洞化には二つのものがありうる．一つは，雇用の空洞化．海外展開と移転によって，国内の事業の規模が減少し，そこでの雇用が少なくならざるをえないという問題である．これは，雇用の確保を大きな目的とする多くの日本企業にとって，海外展開をためらわせる大きな障害となっている．もう一つの空洞化は，技術の空洞化．海外への技術移転の結果，国内に技術ベースのなくなる分野が生まれることである．

　いずれの空洞化も，海外への活動基地の移動によって国内の基地が閉鎖ないし縮小されるという直接的な形で起きることもあるし，海外に国内事業所（典型的には工場）の競争相手ができ，その競争に負けて国内事業所の事業の衰退が始まる，という間接的なパターンもある．競争に負けるのは，国内市場の場合もあれば，海外市場を奪われる場合もあるだろう．

　二つの空洞化のうち，直接的短期的に人々が恐れるのは雇用の空洞化だが，じつは技術の空洞化の方が長期的にはより恐ろしい問題をもっている．雇用の空洞化は，他の事業での雇用さえ発生すれば，穴埋めができる．しかし，技術ベースの喪失は，代替がきかない危険が大きい．

　一般に，技術には二つの必要性がある．一つは製品の生産のためにある技術が必要である，という場合．もう一つは，新しい技術をつくり出すために，古い技術あるいは基礎技術あるいは関連技術についての知識やノウハウが必要である，という場合．つまり，生産のための必要性と次の技術開発のための必要性である．

　たんに生産のための必要性であれば，技術がなくなってもその製品そのも

のを輸入することによって，技術をもたないことのマイナスは補いうる．しかし，技術開発のポテンシャルとの関連である技術が国内にあることが必要であるときには，簡単に輸入というわけにはいかない．技術はそもそもヒトに体化されるもので，その技術をもったヒトを日本に移動させることしか本質的な輸入の道はないからである．

　たとえば，なぜ70年代から80年代にかけてアメリカ企業がVTRやコンパクトディスクの開発ができなかったのか．その大きな理由の一つは，部品技術と精密実装技術がアメリカに十分な形で存在しなくなってしまっていたからである．では部品技術と実装技術を輸入すればよいではないか，ということになるかもしれない．しかし，それらの技術はきわめて広範囲にさまざまな企業に分散して保有されており，しかもチームとしての技術体系全体を輸入しなければならない．それは，ほとんど，電子部品産業のかなりの部分と民生用エレクトロニクスの生産チームのかなりの部分を輸入することになってしまう．とてもできない相談である．

　技術の空洞化が恐ろしい本質的な理由は，チームとして行う技術開発のプロセスでの協力とコミュニケーションの容易さの問題にある．ある新技術の開発をすすめていくうえで，なにかの要素技術が必要であることがわかったとする．それを誰かが担当しなければならない．空洞化とは，その担当できるヒトが国内にいないということである．

　国内にいないと，まずどこに担当できるヒトがいるかを発見するのに時間がかかる．それが見つからないから開発プロジェクト全体が前へすすまなくなる．さらに見つかったとしても，担当できるヒトに協力してもらうための交渉にさらに時間がかかる．協力のための対価の支払いというコストもかかる．国外から協力を求めるときの対価と，国内で手軽に協力してもらうときの対価とでは大きな違いがあるであろう．

　協力をしてもらえることがわかったとしても，次には開発プロセスでのコミュニケーションの問題がある．国の違う，言語や習慣の違う人間が，技術開発という時間の猛烈なプレッシャーのもとで協働するのは容易ではない．

　こうした理由で，技術の空洞化が自社内で起きるのも困るし，国内の他企業で起きるのも困る．もちろんだからといって，すべての技術ベースを国内に確保しようとするのも現実的ではないだろう．そこには選択が必要だが，

技術ベースの喪失の長期的インパクトをよく考える必要がある．

では，雇用と技術の空洞化の恐れにはどのような対応を考えればいいのか．

雇用の空洞化への対応は，雇用機会を他に求めるのが基本であろう．海外への生産基地の移転の多くは，個々の企業には抗いがたい国際比較優位と経済摩擦の大きなトレンドの中で起きている．そのトレンドに逆らうのは，長期的にはできない相談である．

さいわい，日本企業の多くは新しい技術革新のフロンティアに立っている．国内に新事業開発の種は多い．そうであればこそ，中・長期的には技術移転をしてもそれほどの心配を国内の事業・産業にする必要はないであろう．

したがって，雇用の空洞化への最大の対策は，国内での新製品分野，新事業分野の開発である．むしろ，生産の海外移転を積極的にすすめて，国内での新分野開発に拍車をかける圧力とする，という戦略があってもいい．

では，技術の空洞化への対策はどうしたらいいのか．技術の維持と発展がモノづくりと密接に関連していることを考えると，生産の海外移転を完全にはしてしまわない配慮が必要となる．

ここでは，アメリカの空洞化が大きな教訓となる．生産基地を低コストを理由に世界中にばらまき，あるいはOEMにし，自分がモノづくりをしなくなったために，国内に技術のベースがなくなりつつある分野が出てしまった．

モノづくりを実際に行っていて初めて，その技術はすすんでいく．ある電子部品をつくるのをやめ，しかし技術だけを保存しようとすると，その段階での技術の保存はできるかもしれない（それすら難しいが）．しかし，その段階でストップした技術を保存することになってしまう恐れも強い．

つまり，何年か後にその技術がどうしてもいることになったとき，技術は残っていたにしても古くて競争力がなくなっていた，ということになってしまう危険がある．実際のモノづくりをし，そのモノの市場競争の中でもまれていくというのは，技術の改良にとってきわめて必要なことなのである．

こう考えると，モノづくりをある部分国内でし続けることが，技術空洞化を「技術開発のポテンシャル」という観点から防ぐための，重要な対策になることがわかるだろう．これは，雇用の空洞化を小さくする手段にもなっている．空洞化への対応は，技術や付加価値の国際移動にからんで実に本質的，かつパラドキシカルな問題である．単純なコスト優位だけの判断で決められ

ない．しかも長期的なインパクトの大きい問題をはらんでいる．

　幸いなことに，日本企業の海外との分業体制のつくり方は，これまでのところ雇用と技術の空洞化が比較的起きにくいパターンの分業体制のつくり方になっている．

　とくに東アジアとの分業のネットワークについて言えることだが，分業は製品間分業，機能間分業，工程間分業，そして産業間分業と，多岐にわたって形成されてきている．しかも，東アジアでの生産と日本国内の生産システムとの統合，連携の度合いが強く，緊密な関係を日本国内の工場ともちつつ分業が進展していっている．これは，アメリカ企業の東アジアネットワークが，本国の生産システムとかなり独立した前線基地となる傾向をもつのとは好対照である．

　海外での生産活動をさす言葉に，日米で意味深長な違いがある．アメリカでは，「オフショア生産」という．それは，オフショアつまり自国の海岸から離れたところで生産する，という意味で，オンショアにその製品を持ち込む，という意味が暗示されている．つまり，現地調達によって「海外」で生産し本国の市場に向けて販売するというニュアンスをもっている．

　日本では，「現地生産」と呼ぶ．現地，つまり市場のあるところで作るのである．もちろん，その製品は現地で販売されることが暗示されている．だから本国に持ち帰ることを「逆」輸入とさえ表現する．

　二つの言葉のニュアンスの違いに表れているのは，海外生産を本国の生産システムの外延と捉えるか独立前線基地と捉えるか，という違いであり，市場をどこに想定しているか，という違いである．日本企業の海外生産は，本国の生産システムとかなり密接に統合されていて（言い換えれば，あまり独立せず，「外延」として考えられている），市場はもっと現地に向けられている．つまり，現地の市場に浸透していくために，本国と統合された生産基地を展開しているのである．

　その統合のために，海外へ移転していく生産活動と日本に残る生産活動との間の緊密な体制をつくろうとする傾向が日本の産業には強い．そのため，単純な産業の一括移転が起きるのではなく，かなり複雑な工程間分業が生まれる．それが，分業のネットワークの真ん中に位置する日本で行われる作業の工夫の余地を生む．日本に残せる作業は何かを考えられるようになる．そ

れが，雇用と技術の空洞化を防ぐ構造的要因になっている．

空洞化とは，真ん中に穴のあいたドーナッツ現象である．しかし，今日本と東アジアの間で起きていることはピザの拡大現象と見るべきである．ピザの拡大の第一歩は中心から周辺への部分移転である．第二歩としてピザの中心を埋めるべく新しい産業の拡大が起きる．たしかに，時間的には第二歩がやや遅れるために一時的に苦しい時期もある．しかし，基本的に分業のネットワークのつくり方がピザ現象を可能にしている．

将来にわたってもそのパターンを意図的に踏襲していくことが，もっとも本質的な空洞化対策になる．その対策は，分業を推し進めながら空洞化を防ぐという二つの側面をもった対策になっているからである．

5　経営の政治化と為替変動への対応

第1節で，国際化の派生的理由を三つあげた．国際政治との調和，国際経済との調和，国際マネジメントの効率の追求，である．それぞれに，企業活動が本源的な理由で国際化し，複数の国にまたがって事業が行われることから派生してくる国際化への理由であった．この三つの理由による国際化の課題のうち，環境のマネジメントとして国際化の戦略としてとくに頭が痛くかつ国際化に特有の課題は，国際政治と国際経済の問題であろう．この節では，それぞれの範疇の問題の中でそれぞれに中心的課題となる問題を一つずつとりあげて議論をしておこう．経営の政治化（各国の政治とのかかわり方）と為替変動への対応である．

経営の政治化

国際的な企業活動と政治とのかかわりは，大別して二つの問題になる．一つは，国によって異なる法律などの経済制度の違いにどう対応するか．もう一つは，国としての利害の対立が本国政府と現地政府の間に生まれ，それが経済摩擦となり，それへの各国の政治的処置にどう対応するかである．

異なった制度への対応は，すでにこの章でもさまざまな項で述べてきた．基本的には，その制度の違いを有利に利用することと，面倒ではあっても複数の制度への複雑な対応をきちんとすることであろう．税制への対応がその

典型である．自社の社内の制度が日本の経済制度を基礎につくられたものであることをよく理解して，それを外国でそのまま通用すると思ったり，あるいは押しつけたりしないことである．

つぎに，経済摩擦から生まれる政治問題への対応について．対応の原点は，その企業の国際的な活動がもたらす政治問題の本質を見極めることである．一般に，企業活動による摩擦から生まれる政治的問題は，二つに大別できる．

一つは，その企業活動によって損害をこうむる一部の人々が政治を自分に有利に動かそうとして政治問題化しているもの．どの国でも，政治問題というのは一部の人々へなんらかの具合いの悪いことが集中することによって，その人々の声高の抗議の行動から生まれることが多い．

基本的には，それは付加価値が国境を越えて移動してしまうことによって発生する被害が原因となるだろう．80年代にアメリカの自動車企業と自動車労組がワシントンに働きかけて保護措置を求めたのは，その典型である．2000年代には，日本の繊維産業が対中国で日本政府に働きかけている．この種の問題の場合には，その国の国内にそうした政治的動きに反対するグループが同時に存在するのがつねである．

自動車の場合，アメリカの消費者や日本車を取り扱うディーラーが日本車を支持するのがそれであろう．繊維の場合，日本の消費者や流通業者が，対中国の輸入規制に反対する．そうした相反する政治的動きを考えつつ，むしろ自分と利害をともにする相手国の国内勢力を味方につけるように対処する必要がある．

政治問題化が即座に相手国政府が敵対的政策をとることにはつながらないことを理解することが，この場合は肝要であろう．現地国内の政治プロセスがあるのである．そして，現地国内の政治バランス次第で，政策の変動も十分ありうることを念頭において経営をする必要がある．

もう一つの政治問題のグループは，企業の活動が国家主権を脅かすと受け取られることによって発生する政治問題である．国家の安全保障にからむ問題や，投資摩擦のように「誰がこの国を所有することになるのか」といった問題にからむ問題がその例である．ここでは，問題はただちにナショナリズムとつながり，相手国政府が敵対的政策をとることが多い．

この種の問題は，避けて通ることが対応の基本で，その国を企業活動の場

として選択しないか，選択してもこの種の政治問題が極力発生しないよう注意をはらって経営をするか，どちらかであろう．

政治とのかかわりはきわめて複雑で，ここで述べたこともまったくの入門にすぎないが，政治の問題は国際化につきもので消えることがないことを最後に強調しておこう．企業がどのように国境の壁を乗り越えようと努力しても，世界が多くの国々の国家主権に分かれているかぎり，政治の問題はなくならない．しかも企業の活動はますます国際化していく以上，国際経営とは企業と国際政治とのかかわり方の問題にますますなっていくだろう．企業が現地化をすすめ，インサイダー化していくことは，問題への対応策にはなりえても，政治問題をなくすことにはなりえない．

その意味で，企業の国際化は経営の政治化につながらざるをえない．経営の政治化とは，企業が政商になるというようなことではない．企業経営への国際政治，関係国の政治のもつ意味合いを真正面から受け止めて，きちんとした対策を用意することである．

為替変動への対応

国際経済の仕組みが国内の経済ともっとも本質的に違うのは，複数の通貨（とその背後の金融政策）の存在である．つまり為替の問題である．その為替の交換率が変動するのが変動相場制だが，為替変動によってさまざまな問題が新しく発生する．それへの対応をどうするかが，国際経済システムへの調和を求める国際経営の環境マネジメントとしては最大の問題であろう．

為替の変動は，この15年ほどますます激しくなっている．本来の決済手段の取引市場という面を超えて，投機的な性格が強くなっているし，少しの情報で大きく振れる傾向も強まるだろう．それは，為替市場が三つの異なる性格を一つの市場で同時にもっていることから生まれる，本質的な傾向である．

これは為替にかぎらず，「市場」というものの性（さが）のようなものであろう．為替の取引市場が発達し多くの人が参加するようになると，決済の市場という初期の性質に，投資のための市場という面が加わり，そして投機の市場へと市場の性格がさらに複層化してくる．為替市場がそういった三つの本質（決済，投資，投機）を同時にもつものであり，その三つの性格が一つの市場価格（つまり為替レート）に集約的に表現されてくるところにある意味で

図6-5　為替変動への対応策

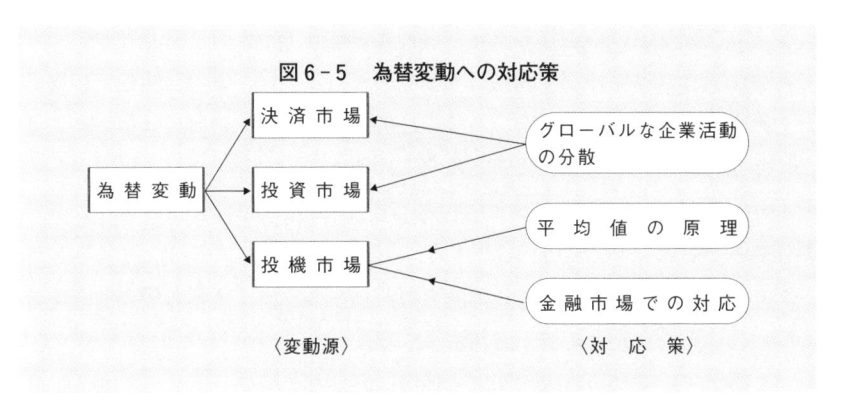

```
                    ┌ 決 済 市 場 ◀──┐
                    │              │── グローバルな企業活動の分散
為 替 変 動 ──┼ 投 資 市 場 ◀──┘
                    │
                    └ 投 機 市 場 ◀──── 平 均 値 の 原 理
                                   ◀──── 金 融 市 場 で の 対 応
        〈変 動 源〉              〈対 応 策〉
```

は無理があることを，十分に認識すべきである．

　異なった通貨の購買力を示すのは，決済市場としての為替のレートのもっとも基本的な意味である．資産の投資先としての魅力を示すのが，投資市場としての為替のレートである．投機市場からでてくる為替レートは，いわば人気投票の結果のようなものである．

　そうした三つの性格があるからといって，実際に決まるレートは一つだから，そこでさまざまな問題がでてくる．その一つが，経済の購買力面での実体とあまり関係のない理由での，大きなしかも短期的な為替相場の変動である．しかし決済手段もこのレートで変化するのだから，企業はこの変動に惑わされ，さらにはふりまわされかねない．とはいっても，手をこまぬいているわけにはいかない．なんらかの対応策が必要になる．

　国際的な企業経営は，固定為替の制度のもとのものとかなり本質を異にするようになる．80年代半ばに円高がどんどん進行していったとき，多くの日本の企業人が「円が高くなってももう仕方がない．せめて安定してほしい．しょっちゅう変わるのが一番困る」と言ったのが，この辺の本質を思わずついた言葉である．

　為替の変動がかなりひんぱんにあるということは，円に換算したときの製品の価格が国によって変動してしまうということであり，また生産の費用を構成している投入要素の値段も国によって為替だけで変化してしまうことである．つまり，売っているものの値段が国によって変わってきてしまい，どこで売れば円換算の利益が一番大きくなるかが変わってくる．またモノをつくる費用も国によって変動し，どこでつくればいいかが変わってくる．

つまり，売り上げの通貨と支払いの通貨が違うことから，為替変動によって利益が実体とは関係なく変動してしまう．あるいは，財の需給に直接関係なく価格が変化する．しかも，為替の投機から，すべての財の価格が結局はかなり大きく変化してしまうことになる．

こうした状況に対応してつくられるべき，「為替の変動を組み込んだ経営の仕組み」とは一体どのようなものだろうか．基本的にいえば，「短期のランダムな為替変動には惑わされ危険を負わないように，長期の傾向的な為替変動には適応的な企業行動がとれるような」，そんな仕組みであろう．

一つのアイデアは，市場と生産基地の国際的な分散を行うことである．分散によって，三つのメリットが期待できる．第一は，生産拠点の分散によって，為替変動の影響を受けるのは売上高だけでなく費用も変動し，結局はその差額としての利益の変動は小さくできる可能性が生まれる．

第二は，短期のランダムな為替変動が平均値の原理で企業として吸収できること．もう一つは，長期的な傾向的変動に対応するためのベースを国際的にあちこちにもてるようになること．

もう一つのアイデアは，標準的な社内為替レートを決め，それだけを内部の意思決定や業績評価の際に使うべき為替レートとすること．これは短期の為替変動に企業行動が振り回されるのを防ぐことが目的である．しかし，それだけでは不十分である．社内レートは固定できても，現実には為替は動く．それによって現実の利益もまた大きく変動する．

そういった投機的変動の吸収は財務的な手段，つまり国際金融市場での為替のからんだ財テクによるしかないだろう．たとえば，為替のヘッジであり，多通貨による資金調達である．これらは，投機的変動の発生するその場でその変動を吸収してしまい，企業の実体経済に与える影響を極力少なくしようとする考え方である．

つまり，投機的な変動は，平均値の原理で対応するか，金融市場の手段で吸収するか，その二つである．傾向的な変動に対しては，企業行動そのものを国際的な観点で機敏に変えられるような構造を企業内にもつことも考えられる．「安いところでつくり，高いところで売る」という原則にどの程度忠実になれるか，という体質づくりの問題である．

しかし，それは本質的にかなり難しい．なぜなら，為替市場という金融市

場での価格変化のスピードと実体経済の生産や開発の体制が変化できるスピードの間に，あまりに大きな差があるからである．ある為替変動が傾向変動なのか，短期的な投機変動なのかを見間違うと，猛スピードで駆けまわるオートバイに歩いてついてまわろうとするような，そんな間違いを犯してしまう．おそらく，実体経済の方の変化は大きな国際経済の動向にしたがって対応し，為替で右往左往しないような基本方針が望ましいのかもしれない．

(演習問題)
1. 日本の自動車メーカーのアメリカでの現地生産の歴史的パターンと中国での現地生産のそれとを比較しなさい．国際化の戦略の枠組みを用いて，同じ現地生産の展開でも二つのパターンの間にどのような戦略的な意味の違いがあるか，考えなさい．
2. 情報的経営資源の移転のための方法を幅広く考えなさい．とくにヒューマンウェアの移転のために必要とされる要件は何でしょうか．
3. 政経分離の日本，政経密着のアメリカ，という表現がある．政治と経済（あるいは経営）との関係についての日米の最近のスタンスの違いを表現したものですが，この表現に込められている経営の政治化への日本とアメリカのスタンスの違いを，より具体的かつ包括的に考えてみなさい．

第7章

資本構造のマネジメント

　序章で説明したように，企業という生き物はカネの結合体であり，同時にヒトの結合体である．その二つの側面を分かちがたくもっている．カネとヒトは，企業にとってその基本要素としてじつに本源的な資源なのである．

　そのカネは資本市場から企業に流れ込み，労働市場からヒトが企業に参加してくる．序章の図1を改めて見てみよう．企業は，製品市場や原材料・部品市場を相手にしているばかりでなく，資本市場や労働市場を相手にして市場経済の中で生きている生き物なのである．

　前章までの環境のマネジメントの議論は，主に製品市場と原材料・部品市場とのかかわり方をマネジするという意味での環境のマネジメントであった．この章と次の章では，企業の本源的資源としてのカネとヒトについて，それぞれの市場との関係の仕方のマネジメントについて議論をしよう．

　資本市場と労働市場との関係は，企業の本源的資源の関係であるだけに，つねに大量の取引をしているという日常的取引の関係では，普通はない．むしろ，いったん構造をつくると，それがかなり長続きするタイプの構造的関係である．たとえば，資本の出資がそうである．毎月のようにほとんどの出資者が変わるとか，一年たつと出資者が様変わりしているということは普通の企業にはない．働いているヒトにしても同じように，きわめて流動的な取引関係ではなく，雇用関係は働くヒトと企業との間のかなり長期的構造的な関係になる．労働市場が日本よりは流動的といわれているアメリカでも，普通はそうである．従業員のほとんどが一年や二年で入れ替わってしまう企業は，アメリカでもめったにない．

　そうした意味で，企業と資本市場，労働市場との関係について企業が行う

選択は，構造の選択，制度・慣行の選択とでもいうべきものになる．したがって，この章のタイトルを「資本構造のマネジメント」とし，次章のタイトルを「雇用構造のマネジメント」としている．ともに，企業の基本的な性格を決める環境マネジメントである．

1　資本市場との構造的関係のマネジメント

企業と資本市場との多様な関係

　資本市場との間の構造的関係を企業がマネジしようとするのは，鶏と卵の関係に似ている．企業という存在そのものが誰かが出資しなければ誕生しない．しかし，いったん誕生した企業は，その成長の過程でさまざまに資金調達の必要が出て，資本市場とそのための関係をつくり，資本市場から出資を含むさまざまな資金提供を受ける．その資金提供者たちの構成によって，企業の性格そのものが変わってくる．

　もっとも分かりやすい例として，序章でも使った酒屋さんの例を考えよう．酒屋さんのご主人が最初は出資者であると想定するのがふつうであろう．この段階では，個人と企業との区別はそれほどはっきりしない．いわば，オーナー経営である．しかしご主人はその後の成長資金を確保するために，知り合いの人々を中心にほかの出資者を募るかも知れないし，銀行との関係ももとうとするだろう．ほかの出資者の投資が大量になってくると，酒屋さんはもはやオーナー経営ではなく，その出資者たちの声がかなり反映されるようになりそうだ．銀行からの借金に大きく頼ると，結局は経営の最後の決断は銀行の承認が必要になってしまうかも知れない．ご主人を中心としたオーナー企業という性格から，かなり変わってくるのである．

　さらに成長して，仮に株式会社としてその株式を市場公開するようになったとしよう．そうすると，お店を見たこともないという株主が大量に出てくる．彼らは，毎年の配当金と公開市場での株価の動向に主な興味があって，業績が上がっているかぎり経営の内容そのものには大きな興味を示さないのが普通である．しかし，ここでも株主としてこの酒屋さんという企業と彼ら資本の提供者との間には厳然たる構造的関係があり，株主としての権利が法

的に保証されている．

　知り合いの出資者，貸し付けをしてくれる銀行，市場で株を買う顔も知らない株主，などなど，さまざまな資本市場の関係者と酒屋さんとの間には構造的な関係が生まれてくる．その構造的関係のマネジメントを考えるのが，企業の経営者としての重要な仕事の一つである．

　その仕事の広がりは，日本を代表するような国際的な大企業になれば，じつに巨大なものとなる．株主にもいろいろな株主があり，彼らはあちこちの国から企業の株式を保有しに来る．負債調達をさせてくれる金融機関にしても，普通の銀行から生命保険などの銀行以外の金融機関まであり，彼らもまた世界中に散らばっている．彼らとの構造的関係をどう保つかは，じつに複雑な問題となる．

　そうした資本市場との構造的関係のマネジメントを考えるときのもっとも基本的な枠組みは何か，その枠組みの中で行われる選択の基本論理は何か．それがこの章のテーマである．

資本の出資と法人形態

　企業あるいは会社というのは，普通，法人である．法律があろうがなかろうがともかくこの世に存在している自然人とは違う，法によってその存在を認められた法人である．その法人というのを何をベースに規定するかといえば，現在の会社法では出資である．企業という経済組織体が市場経済の中で生きていくためには，その企業の根幹に種銭とでも言うべきカネがなければならない．その種銭としての持ち分資本あるいは自己資本（エクイティキャピタル）を出すということが出資である．それを誰がどのような権利義務関係で出資するかによって，法人の形態がさまざまに定められている．われわれがいちばんよく耳にする株式会社というのは，そうした法人の一つの形態なのである．

　出資と借り入れとは，企業に資金が提供されるという点だけは同じだが，権利義務関係がまったく異なる．借り入れによって調達された資本は，他人資本と呼ばれる．借り入れは，返済が想定されていて，いわば「企業から逃げることが想定されているカネ」である．そして，それに対してはあらかじめ決められた金利を支払わなければならない．一方，出資とは，返済を予定

せず，しかも出資に対する見返りを利益の分配という形でしてもらうという条件での資本の拠出である．このようにして調達された資本は，いわば企業の基礎的な資本となるので持ち分資本あるいは自己資本と呼ばれる．持ち分という言葉は，その出資が企業に対する「所有」の感覚をもつことを想定している．それは，返済を予定していないという意味で「逃げない資本」であり，利益が上がらなければ見返りの分配がないことも覚悟しているという意味で，リスクを負う資本である．

　企業のもっとも原初的な形態は，法人にならない個人企業である．個人企業では，自己資本を企業者が全額出資している．その資本は個人の財産から拠出され，その企業の所得は個人の所得の一部となる．同時に，企業者は事業にともなうリスクをも負担する．もし，損失が出れば，その損失は企業者によって負担される．それは，企業者の個人財産によって償われ，その責任限度には限定がない．たとえば債権者への支払い義務は，最終的に企業者に全面的にかかってくる．このような責任を「無限責任」という．

　日本の商法は，さまざまな法人企業の形態を法律的には準備している．合名会社，合資会社，有限会社，株式会社などがその主なものである．

　合名会社は，個人企業と同様，無限責任を負う企業者によって構成される．個人企業との違いは出資者の数で，それが単独でなく複数となる．合名会社において出資者は社員と呼ばれる．合名会社の社員（自己資本の出資者としての企業者）は，企業活動から得られる利益をその出資の割合に応じて受け取ることができるが，同時に，事業活動が生み出した損失を負担しなければならない．その責任の割合は出資比率によるが，限度は無限である．

　合名会社の経営責任は，企業者である社員によって遂行されるが，社員になるためには，出資が必要である．しかも，出資者は無限責任を負う．このような条件を設定しているかぎり，経営の責任者になれる人々は限定される．

　合資会社は，無限責任をもつ出資者と有限責任をもつ出資者という二つのタイプの出資者をあらかじめ区別して，会社をつくったものである．そこが合名会社と違うところである．有限責任とは，出資額を限度として損失に対して責任をもつという意味である．それ以上には，個人の財産で損失の負担の義務を負わない．

　無限責任社員も有限責任社員もともに会社の自己資本の出資者であり，利

益分配を受ける権利をもち，損失の負担の義務を負う．企業が大きな損失をだして破産したとしても，有限責任社員は出資金がゼロになるという意味で損失を負担するが，無限責任の社員は損失に対しては無限の責任を負う．企業の経営は，無限責任を負う企業家によって行われ，有限責任社員は，企業経営に対する消極的な参加者である．彼らは，業務執行や代表権をもたない．合資会社では，有限責任社員が拠出資本を他人に譲渡したいときには無限責任社員の同意を必要とすると定められており，資本の交換可能性は低い．

　合資会社では，有限責任社員という存在の導入によって広く資本を集める道が開けた．それと同時に，無限責任を負う企業に経営の基本的役割を担わせているという意味では，合名会社のよさも残している．ただ，出資金の譲渡が自由でないという意味で，自己資本の調達の範囲はまだ限られ，無限責任社員をおく必要から，やはり企業の中核になれる人についても個人の財産がある人といった限界もある．その点をよりゆるやかにしたのが，株式会社である．

株式会社制度の特徴

　株式会社制度は，会社制度の中ではもっとも発展した会社制度であり，日本やアメリカにおける現代の会社の多くは，株式会社という法律的な形態をとっている．株式会社の制度は，企業とさまざまな関与者，とりわけ資本の提供者との利害関係を調整する優れた制度であるからである．

　ほかの会社制度と比べると，株式会社制度は次のような特徴をもっている．

　①全出資者の有限責任　株式会社制度の第一の特徴は，すべての自己資本出資者が有限責任しかもたないこと．自己資本の出資者は，実際の経営にあたる経営者をも含めて，出資額を限度として企業の負債に対して責任を負い，それを超える負債に対しては責任を負わない．

　②持ち分の証券化と譲渡可能性　株式会社制度の第二の特徴は，出資と引き換えに，会社の持ち分を示す証券，株式が発行され，その証券が第三者に自由に譲渡できること．現代では，株式を流通させる市場（株式市場）が形成され，譲渡がよりスムーズに行えるようになっている．株式は，企業の財産の持ち分を示すと同時に，将来の利益の配分を受ける権利，企業が清算されたとき残余財産の配分を受ける権利をも示す．

③**会社機関の設立**　株式会社制度の第三の特徴は，会社の経営を行い，それを監視する機関が設立されていること．会社の経営は，被雇用者である経営者によって行われる．この経営者は，株主である必要はない．経営者を監視する機関として，取締役会という機関が設けられる．取締役は，株主総会における株主の選挙によって選ばれる．取締役会という機関を通じて，経営者の日常の活動が監視される．株主の利害は，この取締役を選ぶ権利によって保護されている．

企業の経営者は取締役である必要はないが，日本企業では大半の場合，経営者は取締役を兼ねている．逆にいえば，取締役の中に企業の経営担当者以外の社外取締役がほとんどいないのが日本の特徴である．それは取締役の選任が社内からの選抜で行われるからで，日本の取締役はしばしば実質的に従業員の代表として選ばれ，その選抜は従業員の昇進の最終段階として位置づけられている．株主の代表として選ばれているのではない（ただし，2002年の商法改正で社外取締役の存在を強化する法改正が行われた．その影響はまだわからない）．

現代の株式会社制度はこのほかにも，会社と多様な利害関係者との取引の結果を記録し株主ならびにほかの利害関係者に公表する会計制度の発達，それを公表するディスクロージャー制度の発達などによっても支えられている．

株式会社のさまざまな仕組みの中で，持ち分譲渡の自由に制限を加え，株主総会の承認がなければ持ち分の譲渡を行えないということにした法人が有限会社である（ほかにも最低出資金の違いなどがあるが，それほど本質的ではない）．こうした譲渡制限があるために，株式市場での公開は有限会社の場合はできない．逆に言えば，不特定多数の株主の存在を許さないようにしたのが有限会社で，合資会社と株式会社との中間的な形態である．

有限会社は日本でもかなり存在するが，日本の企業の大半は株式会社形態をとっていると言っていいだろう．しかしドイツなどでは，有限会社は広く採用されている法人形態である．たとえば，自動車メーカーとして有名なBMWも，自動車部品メーカーとして世界的な存在であるボッシュも，ともに有限会社という法人形態をとっている．それは，不特定多数の株主が存在する構造を資本市場につくらない方がよい，という経営者による選択の結果

と思われる．

　つまり，こうした法人形態の選択そのものが，じつは資本市場との構造的関係のマネジメントの第一歩なのである．ただし，日本企業の大半は株式会社という法人形態を選んでいるので，もしさらに選択の可能性があるとすれば，株式を株式市場に上場して公開する公開企業になるかどうか，という点であろう．それもまた，市場で売買する一般株主の存在を望ましいと思うかどうかという大事な構造的関係の選択になる．

　日本の大企業の中にも，サントリーとか出光興産といった市場で公開していない企業がある．アメリカでも，ジーンズで有名なリーバイ・ストラウスという大企業は以前は公開企業であったが，株式市場での上場を自分で取り下げて非公開企業に変わっている．そこに選択の余地はあるのである．

　日本の企業の大半が株式会社形態をとっているといっても，こうした法人の法律的な性格と実質との間には，しばしば乖離がある．たとえば，日本の中小企業の多くは，法律的には株式会社という形態をとっているが，実質的には合資会社に近い形で運営されている．日本の中小企業の経営者は，銀行からの借り入れに対して個人保証を求められるのが常である．企業経営者は，企業の負債や損失に対しては，実質的に無限責任と言うべき巨大な責任を負っている．また株式の出資者も，有限責任で譲渡自由とはいえ，上場していない中小企業の株式を売買する市場もないので，譲渡の可能性は限られている．

株式会社制度のメリットと問題点

　株式会社制度は日本のみならず，世界中の国々での企業法人組織の基本形態として広く使われている．旧共産主義体制から市場経済へと移行した国々でも先を争って，株式会社を設立可能にすることが移行プロセスの第一ステップとして行われている．

　それほど広く普及しているのは，株式会社制度が法人制度としていくつかの基本的なメリットをもっているからである．

　そのメリットは，基本的に三つに大別できる．第一のメリットは，法人という組織の設立や改廃などをきわめて容易にしたことと，そこから派生するメリットである法人制度としてきわめて柔軟性に富むこと．第二のメリット

は，資源の調達が容易になるような制度であること．第三のメリットは，企業の中の権力関係をきわめて明確に量的に確定できる制度であること．

第一のメリットの法人制度としての柔軟性の貢献は，経済活動の世界で「法人」という存在を容易に可能にし，そしてその存在のありようがじつに多様であり得ること．つまり，経済活動を自然人だけの世界から解放し，多様な経済関係を可能にしたことによる貢献である．

株式会社の設立は，有限責任の出資者を募るだけで可能になった．さらに，株式会社という法人は，それ自体が一つの存在としての生命を主張できるようになり，株式の譲渡によって株式会社を創設した自然人たちの生物的寿命の限界とは関係のないゴーイングコンサーンとなることが可能になっている．

また，株式会社の一部あるいは全部の売却も，株式の譲渡が自由であるだけに簡単になっている．二つの法人を合体させることも分割することも，法人がさらに子会社として別法人を所有することも，その所有を合弁で行うこともできる．すべてが，株式の譲渡・所有関係を複雑につくることによって自然人と法人を切り離すことを多様に可能にする貢献である．

この貢献が生む一つの大きな派生的メリットは，事業を創造するという企業家的な活動に対して大きなインセンティブを与えることができることである．企業家は事業を創造する際に株式会社を設立し，その資本の多くを出資する．事業成功の暁には，その株式を公開市場で売却するか，他企業へ企業ごと売却できる．その売却によって手に入れることのできる巨額の利益が，事業の創造という危険な仕事に取り組む企業家たちにインセンティブとなり，そのような危険な仕事に出資しようとする投資家たちにも誘因となる．

株式会社制度の第二のメリットは，資本と経営者という二つの大切な資源の調達を容易にしたことである．資本の巨大な規模での調達が，有限責任での少額出資も可能という原理によって容易になった．多くの人がその程度のリスクなら負えるから，幅広い出資を募ることが可能になったのである．また，リスキーと思えるような事業への出資も，有限責任原則の投資家は許容できる．言い換えれば，社会の幅広い人々の危険資本の供給への参加を可能にした．また，経営者という人材についても，株式会社制度では経営者が株主である必要がないために，広く人材を募ることが可能になる．

株式会社制度の第三のメリットは，企業内の権力関係を明確にできるということである．株式会社の最終的な権力関係は，株式の保有量による議決権の大小によって決まる．資本多数決の原則によって，一株一票の投票による権力の大小関係をつくりだしている．

　それは，二つのことを意味する．一つは，個々の株主がもつ権利の大きさに大小関係が生まれるということ．一人一票の平等ではなくなる．それは，民主主義の政体での自然人としての個人が「一人一票」という平等性の原理のもとで主権を格差なくもっていることと比べると，大きな違いである．あるいは，経済組織体の世界の中でも，協同組合制度がしばしば「出資者の平等」原則をもっていることとも明瞭に違う．

　第二の意味は，その権力の量が出資額によって明確に紛れなく量的に確定されていること．個人の株主の間の微妙な力関係などという不明確な，したがってもめごとが起きやすい関係ではなく，量的にはっきりした大小をつくっている．それは，企業の経営に関するもめごとの最終調整のためには必要なメカニズムである．

　こうした権力関係の明示はさらに責任の大小の明示にもなって，きわめて重要である．たとえば，二つの企業によるジョイントベンチャーをつくろうとする場合，どちらが過半数の株式をもつかが大きな交渉事項になる．それは，出資金の額を小さくしたいための交渉ではない．出資比率を決める点にポイントがある．過半の出資比率をもった側が権力関係として明確にメインになり，かつ責任をもつことを明確にしていることにもなっている．

　しかし，このような株式会社制度も，いくつかの欠点をもっている．

　株式会社の制度の第一の問題点は，企業の経営者と出資者である株主との間に利害の対立が生じる可能性があることである．この可能性は，株式会社制度の成立の初期のころからつねに問題とされてきた．たとえば資本主義の父とさえ言われるイギリスの経済学者アダム・スミスは古典的著書『国富論』の中で（初版，1776年），株式会社制度に対しては懐疑的な意見を述べている．彼は，株式会社では出資者でない経営者の怠慢が生じ，他人のカネを無駄づかいする可能性がつねにあるから，この制度は運河，銀行などルーティンな活動をしている分野に限るべきだと主張している．

　このように，株式会社の制度の問題は，株主の情報不足とコミットメント

の不足のために,経営者が株主を裏切る可能性がつねに存在することである.この欠点を補うために,株主の権利を保護するためのさまざまな制度がつくり出されてきた.経営の状態を正確に公表するための会計制度,その会計制度が適切に運用され,企業の現実を正確に表現しているかどうかを監査する監査制度などがそれである.

　第二の問題点は,株式所有の分散がすすみ,経営活動が複雑になると,株主が企業を支配する力を実質的に失ってしまうという問題である.経営者や取締役に株主が不満をもつ場合,株主総会の投票で取締役を解任し,自分たちの利益を擁護する取締役を選任することができる.しかし,株主の多くは,企業経営それ自体よりもそこから得られる利益の配当に関心をもつにすぎないから,これらの株主を説得し委任状を集めるような膨大なコストがかかることはしなくなる.また,企業経営に高度な能力と知識が要求される場合,

---

所有と支配の分離——バーリ&ミーンズの研究

　1930年代にバーリ&ミーンズは,株式所有の分散がすすむとともに,株主が会社にたいする実質的な支配権(とくに経営者の任免権)を失うという事態が招来されることを指摘し,それを「所有と支配の分離」と名付けた.彼らは,最大株主の所有比率をもとに,経営者支配(20%未満),少数支配(20～50%),多数支配(50～80%),独占的支配(80%以上)という類型にわけ,アメリカの大企業(最大200社)の44%が,経営者支配の段階に達していると主張した.このような現象を「経営者革命」ということもある.

　株式所有の分散は,企業が証券市場からの資金調達を活性化させるにしたがってすすむから,株式所有の分散と経営者支配は企業の発展の必然的な結果であるといえるかもしれない.日本でも,多くの企業がこの経営者支配の段階に達しているが,日本の場合には,それが企業の発展にともなう必然的な結果というよりは,むしろ戦後の財閥解体によって,政策的にもたらされた.その後,旧財閥系の会社では,株式の相互所有(持ち合い)がすすんでいる.

　しかし,株式所有の分散は必ずしも株主の力を弱めるだけではない.むしろ,株式所有の分散が乗っ取り(テイクオーバー)の脅威を高め,かえって株主の意向を重視しなければならなくなるような状況が招来されることもある.このような現象を「株主反革命」と呼ぶこともある.日本では株主反革命は起こらなかったが,これは旧財閥系の企業をはじめとして多くの企業で,株式の持ち合いを通じて,株式所有の安定化がはかられ,企業の敵対的な乗っ取りが難しかったからである(A.A.バーリ&G.C.ミーンズ『近代株式会社と私有財産』文雅堂銀行研究社).

現在の経営者に代わりうる経営陣を探しだすのは容易ではない．このようにして，株式所有の分散がすすみ企業経営が複雑化するとともに，株主が会社を支配する力は失われていく．株主に代わって経営者が会社を支配し始める．

このような現象を，所有と支配の分離という．それをより劇的に表現して，経営者革命と言ったりもする．

所有と支配の分離によって，株主は支配者から，受動的な利益の享受者に変わってしまう．事実，大多数の株主は企業の経営に関与しようというような意図はもたない．彼らにとっては，株価の上昇と配当の獲得という利益の享受が主たる関心事なのである．企業の経営者としては，そうした大半の株主の性格変容を理解したうえで，株主との構造的関係をどのようにマネジメントしていくかを考えなければならない．

2　資金調達の選択

直接金融，間接金融，内部金融

前項で述べたような問題はもつものの，株式会社制度はメリットも多く柔軟な制度でもある．したがって，世界中に急速に普及していったのである．そして日本では，株式会社設立の要件がややゆるめであることもあって，株式会社だらけになっている．そうした株式会社を念頭に，資本市場からの企業の資金調達について，さらに考えてみよう．

資金調達は，企業の運営にともなって発生する資金使途の拡大のために必要となる．資金の使いみちには，成長資金と緊急資金の二つのタイプがありうる．成長資金とは，企業が発展し成長していくための資金使途で，設備投資や研究開発投資のための長期資金や在庫の積み増し，その他の短期の決済資金のための運転資金，などである．

緊急資金の調達とは，不時の出費や企業業績の短期的悪化に伴う資金圧迫時の運転資金である．これは，すでに借り入れている負債の返済を迫られたときの必要資金などが入るであろう．あるいは，販売先からの支払いが急に滞って資金計画が狂った場合に決済資金が緊急にいることになる．それが調達できなければ，仮に業績自体は黒字でも，決済できないというだけの理由

で企業が倒産することもありうる．

　成長資金はかなり計画的に必要となるもので，長期的な資金調達計画をつくればいい．しかし，緊急資金は必要となったらすぐにでも調達できるスピードが必要となる．したがって，二つのタイプの資金をきちんと調達できるように資本市場との構造的関係をつくっておくことは，企業にとって重要で，とくに緊急資金のルートをもっておくことが大切である．

　一般に，資金調達の源泉は，株主の拠出，負債，利益の留保，の三つである．利益の留保とは，企業が稼いだ利益のうち，株主に配当せずに企業の内部に留保しているもので，自己資本の一部をなしている．業績のいい企業ほど，この内部留保によって必要資金の調達を行う傾向が強い．つまり，資本市場とは関係のない自己資金による調達である．

　負債による調達は，大きく分けて金融機関（銀行）からの借り入れ，社債などの発行による調達，企業間信用の利用による取引相手からの調達，の三つとなる．三番目の企業間信用は，資本市場を経由しない資金調達となる．

　金融機関からの借り入れを間接金融という．たとえば，銀行は預金者から集めた資金を仲介して企業に貸している．銀行という間接的な存在が，資金の最終的出し手（この場合は預金者）と資金の最終的受け手としての企業の間に存在するので，間接金融という．それに対して，企業が資金の出し手から資本市場を通じて直接的に調達するような金融を，直接金融という．株式発行による資金調達や社債の発行による資金調達が直接金融の主な例である．

　資本市場の経由の有無を考えると，企業にとっての金融の手段は，資本市場を直接に使う直接金融，間接的に使う間接金融，資本市場を経由しない内部金融（つまり内部留保資金を自分で使うこと），という三つの金融のルートをもつことになる．この三つのルートの比重をどう構成するかは，企業の資本市場との構造的関係のマネジメントとして最も基礎的な選択である．

　直接金融は，資本市場で不特定多数の資金の出し手から調達をする手段であるから，緊急資金の調達には不向きである．しかし，成長資金の調達には向いている．とくに，株式発行は「逃げない資本」の調達になるから，長期的に企業に資金が滞留することが必要となる設備資金や研究資金の調達には向いている．

そうした直接金融を多用したいと考える企業は，資本市場での信用や評価を高め，そこでの調達の便宜を図る証券会社や投資銀行と良好な構造的関係を保つ必要が，一般的にはある．あるいは，資本市場での投資家の間の評価を高めるためのPR活動も，資本構造のマネジメントとして直接金融のためには大切となる．ただし，直接金融の可能性は，そのための資本市場の整備の状況に依存する．戦後の日本では資本市場の制度的整備がそれほどすすまず，直接金融が企業にとっての主な金融の手段となることはなかった．

間接金融は金融機関との取引であり，緊急資金の調達には向いているし，借り換えの可能性がきわめて高い場合には，成長資金の調達もこの手段で十分に可能である．欧米でも日本でも，多くの企業が銀行との間にクレジットラインの設定ということをしている．クレジットラインとは，借り入れ可能限度とでもいうべきもので，実際に借り入れるかどうかは未定のまま，しかし緊急時でもこの限度まで借り入れられるという限度設定をしておくのである．企業は必要に応じて，銀行に申し出るだけでこの限度まで借り入れられる．その限度設定をしてもらうためには，銀行との関係を良好に保つという努力が企業側に要請される．それもまた，間接金融のための構造的関係のマネジメントである．

クレジットラインの設定が正式に行われていなくても，ある特定の銀行が企業にとって緊急時も含めて資金借り入れの主な担い手になる，ということは洋の東西を問わずしばしば見られる現象である．日本ではそうした銀行をメインバンクと言い，ドイツではハウスバンクと言う．

日本企業の金融の特徴

メインバンクを中心とする間接金融を中心とした資金調達が，日本企業の特徴である．とくに戦後の成長期にはこの傾向が強かった．そのために，日本企業の負債比率（総資本の中の負債の比率）は，欧米の企業よりかなり高かった．しかし，最近では日本企業の内部留保も厚くなってきて内部金融の比重が高まり，また直接金融のための資本市場の整備も進んできたので，間接金融の重要性は低くなっている．それでも，日本の企業にとってはまだメインの金融の手段である．逆に，90年代のアメリカ企業は負債による調達が多くなったために，日米の負債比率の格差は縮小する傾向にある．

メインバンクは，その企業と取引のある金融機関の中の主役のようなもので，もっとも取引量が大きく，また慣行的にその企業の金融について主な責任をもつと目される存在である．多くの場合，メインバンクは株主としても大きな存在である．たとえば，マツダが倒産の危機に瀕したとき，メインバンクである住友銀行は緊急資金の供給だけでなく，トップおよびミドルの経営陣の派遣を中心とする支援体制をつくった．

　こうした負債を中心とした資金調達は，いくつかの意味をもっている．一つは，それが資本市場への資金の供給者（たとえば，個人の預金者，投資家）からの直接の資金調達でなく，金融機関を通した「間接的な」資金調達であり，ある意味では銀行の資金配分の枠の中での資金調達であることである．

　つまり，銀行による「信用割り当て」（貸し付けのことを信用という表現をとることがある）がかなりの程度起きるメカニズムによって資金調達が行われてきた，ということである．銀行がもっている貸付可能資金を銀行が企業に配分（割り当て）していて，しかもその配分原理は利息を高く払う用意のある企業が資金配分を受けるという単純な価格メカニズムでない部分がある．とくに，高度成長期には，金利は固定されており，金利による調整というメカニズムが十分には機能しなかった．それよりも，銀行による割り当てが重要な意味をもっていた．

　逆に，一つの企業の借り入れ全体に占める個々の金融機関のシェアもあまり変動しないのが通例で，単純に安い金利で貸す用意のある銀行からの借り入れを多くするように短期的に借り入れ先を変えるような，価格中心的行動を企業の側もとっていない．もちろん企業は金利の高低に反応して資金調達をしようとするが，それは資金調達の全体の量を決めるものであって，どの金融機関からいくら借りようという借り入れ比率を短期的に左右するようなものではない．

　こうした資金の調達と供給のパターンは，80年代後半の資金余剰時代になって変化はしたものの，基本的には戦後の長い時期にわたって日本企業の資金調達のパターンの典型であった．その結果，銀行と企業の間の取引関係は，市場での金融取引なのだが，単純な価格メカニズムではない，という面白い種類のものになってきた．

　負債中心の日本の企業金融のもう一つの意味は，担保能力さえあれば資金

調達がかなり可能であったことである．その結果，貸し付けによる信用創造は，企業のたんなる利益業績の数字から正当化されるよりもかなり大きな資金調達を可能にしてきた．そのとき，最大の担保物件となってきたのは，なんといっても土地である．したがって，日本の地価の上昇は，土地をもっている企業の担保能力を高める作用をする．それが日本の企業金融を支えてきた一面であった．

それは，土地などの担保となりうる資産が企業への信用創造として経済活動の拡大に貢献する，面白いメカニズムをつくってしまっていることになっている．土地などの資産市場での価格形成が，資金のフローに大きな影響を与えてきたのである．それが，高度成長期を支えた資金調達を可能にした信用創造を生み出した一つの大きな原因だった．またこうした資金調達は，構造不況になった企業の，事業構造を転換させるための資金の大きな源泉であった．たとえば，最近の大都市での成熟産業の工場跡地から生まれている資金も土地担保の信用創造によって供給されている一面があり，それがこれらの企業の事業転換を容易にしていた時期もあった．

しかし，このようなメカニズムがバブルをつくりだす一つの原因にもなっていた．土地担保の貸し付けが，その資金の使途にかかわらず行われるようになってしまい，その資金が土地投機にまわって土地価格を異常に上昇させる原因になったからである．そして，バブルの崩壊後の90年代，土地価格の大幅下落とともに，土地担保が足らないという理由だけで大量の銀行の貸し付けが不良債権と見なされることにもなってしまった．こうして，高度成長期を支えた日本の金融システムは，バブルの崩壊とともに不安定になってしまったのである．

3　資金提供者の構成と制御

資本構成の選択

前項で述べたような日本の企業の間接金融重視の特徴は，企業の資本全体の構成として，負債の構成を高めるという選択に，結果的になっている．

しかし，それは日本企業全体としての平均的特徴であって，すべての企業

が同じような傾向だったわけでもない．各々の企業は，資本市場との構造的関係をそれぞれの事情に応じて行っている．

その構造的関係の選択としては，二つの選択が重要である．一つは，三つの資金源（株主出資，内部留保，借り入れ）の間の構成比率の選択である．資本構成の問題という．第二の選択は，株主出資の中での株主構成の選択である．どのような株主をどのような構成比でもつのがいいのか．

これらの選択は，資金提供者の間の構成の問題，と総括して理解できる．誰に，どんな資金を，どのような比重で出してもらうのか，という問題である．そして，そのうえに経営者は企業の環境マネジメントとして，こうした資金提供者が企業に対して好ましくない影響力を与えないように，彼らの行動を制御できるような配慮すらする．それが，この節全体の議論のテーマである．

この項では，まず資本構成の問題を扱おう．

資本構成の問題は，三つの性格の異なる資金提供者の間の構成の問題である．三つの資金源をそれぞれ株主資本，内部資本，負債資本，と呼ぼう．そして，株主資本と内部資本を合わせたものを，この本では自己資本と呼ぶ．ただし，株主資本という言葉を，株主の拠出金と内部留保の合計額，と定義する用語法もある．つまり，この本で言う自己資本＝株主資本と定義するのである．

この本で自己資本を株主の出資金と内部留保，つまり株主資本と内部資本の合計として定義し，株主資本という言葉を株主が実際に拠出した資金に限定して使うのは，内部留保という資金の性格について，少なくとも二つの解釈がありうるからである．そのために用語の選択に慎重になる．

内部留保が企業という組織が自分で事業活動の中から蓄積したカネであるのに対し，株主の出資金は事業活動に企業組織の外から出資されたカネだからである．出資をしたのが株主なのだという意味で，たしかに株主出資金はまぎれもなく株主のものである．しかし，内部留保は一体誰のものか．

その答えには二つの立場がある．一つは，株式会社は結局，株主のものだから，その株主が主体となる企業が内部に留保したカネは結局，株主のものとなる，という解釈．第二の解釈は，企業という組織体がためたカネが内部留保で，その組織体には株主以外にも働く人々が貢献している．したがって，

内部留保の帰属は「企業のもの」と答えるほかはなく，それを企業の関与者の中の特定のグループ（たとえば株主）に帰属させることはできない，という解釈．

第一の解釈をとれば，株主出資金と内部留保の合計がすべて株主資本である．第二の解釈をとれば，株主資本という言葉は出資金に限定して，内部留保と株主出資金の合計には自己資本という言葉をあてる，という解釈になる．

この解釈の問題は，結局，内部留保とは誰のものかという問題の解釈となり，第Ⅳ部で扱うコーポレートガバナンスの問題に深く絡んでくる．結局，企業というものは誰のものなのか，という解釈が背後にあるからである．

企業の経営者の立場に立てば，三つの資金源はそれぞれに異なった制約や特徴をもっている．だから，三つのものの相互の構成比率を考える必要が出てくる．

第一の制約的違いは，財務的リスクの違いである．

借り入れは，返済の義務がありまた利子支払いの義務もある．業績が悪かろうがどうしようが，その義務は待ってくれない．だから，負債の比率が高くなると企業としての財務的リスクは高くなる．義務的支払い，義務的返済をできなくなる危険が，利益が十分に上がらないときには，高くなるからである．

株主の出資金（つまり資本金）は，配当を支払う必要があるが返済の義務はなく，返済の資金準備の必要がなくて永続的に使えるお金である．配当支払いの必要も，利益が上がればそれを分配するのであって，分配の義務があるのではない．したがって，直接的な財務的リスクのかなり小さい資金である（ただし，分配を小さくしすぎると株価が下がったり，次の増資の際に資本金出資を引き受けてもらうコストが高まるという間接的リスクはある）．

内部留保は，もっとも財務的リスクの小さな資金である．この資金からは配当の支払いの必要も生まれないし，もちろん内部でためた自己資金だから返済の義務もない．経営者がフリーハンドで使える余地がもっとも大きい資金である．

資本金と内部留保の合計値である自己資本が，企業の使用する総資本の額に占める割合を自己資本比率と言い，企業の財務的健全度の指標としてよく使われる．それは，こうした財務的リスクの小ささゆえである．

三つの資金源の第二の違いは，現金流出と費用あるいは損金としての性格の違いである．費用あるいは損金とは，企業の利益（つまりは課税対象所得）を計算する際に，製造原価などと同じように費用として差し引くという計算（これを損金算入という）が可能な費目である．

　借り入れに対する利子支払いは，銀行に支払われるという意味で現金流出が生じるし，完全に損金として扱えるという会計原則が税務当局の取り扱いである．資本金に対する配当金は，利益の分配というのがその趣旨であるから，企業があげた利益に対して所得税を支払った後に残る税引き後利益から分配可能になる費目である．したがって，配当は現金流出は生じるが，しかし損金算入はできない．内部留保に対しては，それを使ってもなんらの現金の外部流出も生じず，もちろん損金として算入するものもない．

　したがって，借り入れは利子支払いという現金流出が大きく，また利益の額もその分だけ減る．しかし，利益が減れば課税所得が減って税金支払額も減る．簡単化のために法人所得税が40％と考えれば，1億円の利子支払いをするとそれによって税金支払いは4千万円だけ減る．利子がない場合には利益にまるまる税金がかかるが，利子を支払うとそれだけ減額した所得に対して税金がかかり，税金支払い額が減るからである．

　他方，資本金は配当支払いという義務的でない現金流出があるが，配当支払いによっては利益の額は減らない．しかし，利益計算の際に損金算入できないということは，利子の場合のように実質的な国家補助にも近いような税金減額ということは一切生じない．

　したがって，単純に税引き後の現金流出のことだけを考えるのであれば，同じ量の資金調達を借り入れでするのと資本でするのとでは，借り入れの方が有利となる．損金算入によって税金支払額が減少するためである．しかし，支払いの財務的リスクを考えると，資本金による調達の方が有利になる．内部留保の利用は，こうした問題が一切起きず，しかも経営者が企業の手元にすでにある資金としてフリーハンドで使える（資本金による調達は株主への出資の説得という手間がある）ことになる．

　以上のような議論からもわかるように，資本構成の決定は，なかなか難しいトータルバランスの問題となる．

　日本の企業のごく平均的な姿では，内部留保と資本金とはほぼ同じ大きさ

である．そして，両方を合わせた自己資本と銀行借入との比率も，かなり1に近くなってきている．間接金融重視と言われながら，利益を営々として上げてきた結果，累積の内部留保の積み増しが大きくなってきたため，こうした結果になっているのである．さらに，優良企業と言われる企業の多くは，内部留保と資本金の比率が2対1を超えるほどに内部留保が大きく，もちろん銀行借り入れは少ない．トヨタ銀行といわれるようにトヨタ自動車（以下トヨタ）は，実質的に銀行借り入れゼロの企業である．

　もちろん，トヨタのような優良企業なら，利益の大半を配当で株主に分配し，借り入れを中心に資本構成を考えてもいいはずである．借入返済の財務的リスクを心配するような状況にはないはずだし，借り入れの方が損金算入ができるから，税引き後には有利となるはずである．トヨタならば，安い借入金利で銀行が貸してくれるであろう．そして，必要ならば，増資による調達をすればいい．しかし，トヨタはあまり増資もしないし，借り入れもない．つまり，資本市場から資金調達をほとんどせずに，内部留保を使うという内部調達だけで，資金需要のほとんどを賄っている．

　トヨタだけではない．財務体質が優良だと言われる企業ほど，借金ゼロ，自己資本による資金調達を目指す，とくに内部留保を主な資金源としようとする．一体なぜか．それは，資本構成を決める際に，企業の経営者としての考慮要件として財務的リスクや現金流出以外に資本コストと経営の独立性という二つの重要な要件があり，その要件に照らすと借り入れ実質ゼロ，増資もあまりなし，という資本市場との構造的関係のつくり方が望ましいと考えられているからであろう．

資本コストと経営の独立性

　三つの資金源の構成を企業の経営の立場で考えるときに重要になるのは，資本コストと経営の独立性という要件である．三つの資金源はこの二つの点で，かなり性格が異なる．

　資本コストとは文字どおり，その資本を使ったときに企業が負担しなければならないコストである．借り入れの資本コストがもっともわかりやすい．金利支払いのことである．ただし，前項で述べたように金利支払いは損金算入が認められるので，税引き後の実質金利が借り入れの資本コストとなる．

そのコストは，税金の分だけ低い．

資本金の資本コストとしては，まず第一に配当支払いがある．しかし，それだけではない．増資を行って資本調達をした場合，増資に応じてくれた株主に対して企業が負う義務は，その株主の価値を損ねずに，むしろ増加させることである．つまり，株価を維持できるだけの負担を企業がする用意があると思えばこそ，株主は増資に応じてくれた．その付託に応えるのに必要な犠牲，という意味の資本コストがかかってくる（その計算は多少専門的になるのでここでは説明を省略する）．

配当支払いだけが資本金の資本コストだと考えると，一株あたりの配当金がかなり少ないと言われる日本企業の資本金のコストはかなり低いことになる．しかし，株価の維持が最低限必要というコストを考えると，増資による資金調達の資本コストはかなり高いことになる．80年代の半ば以降のバブル

てこ（レバレッジ）効果——負債とリスク

　企業は負債と自己資本の比率を変えることによって，自己資本利益率を変えることができる．とくに，負債比率を上昇させれば，事業利益率が負債の利子率より高いときには，自己資本利益率をあげることができる．このような効果をてこ効果という．

　たとえば，企業が事業を行うために1億円の資金を用い，そのもとで10％（1000万円）の事業利益をあげることができ，負債の利子率が5％である場合を考えてみよう．このとき，すべて自己資本で経営を行った場合は，自己資本利益率は10％（1000万円／1億円）である．負債の比率を50％にしたときには，自己資本利益率は15％（(1000万円－5000万円×5％)／5000万円）となる．さらに負債比率をあげ，90％としたときには，自己資本利益率は55％（(1000万円－9000万円×5％)／1000万円）にまで上昇する．

　しかし，事業利益率が負債の利子率よりも低くなると，今度は逆に，負債比率が高ければ高いほど，自己資本利益率は低下し，事業利益はプラスなのに自己資本利益はマイナスになることもある．事業利益率が1％になったとき，全額自己資本で経営をしたとき，利益率は1％である．しかし，負債比率が50％のときには，自己資本利益率はマイナス3％（(100万円－5000万円×5％)／5000万円），負債比率が90％のときはマイナス35％（(100万円－9000万円×5％)／1000万円）となる．このように，負債比率が高まれば，事業利益率の変動にともなって，自己資本利益率の変動が増幅される．つまり，それだけリスクが大きくなってしまう．リスクの大きさを考えれば，負債に頼る経営は限界をもつのである．

期に日本の企業は株式発行による資金調達（エクイティファイナンス）をかなり巨額に行った．そのとき，こうした意味での真の資本コストを多くの企業が考えていたか，は疑問である．資本コストとして配当支払いだけを意識していた企業が多かったと思われる．

それまで低いコストで株式発行ができる資本市場の状況がたまたまあったため，多くの企業が不必要なまでに資本金を増額させてしまった．その結果，株価が下がるのは，いわば株式の供給が増えてしまったのだから市場の需給原則からして当然の部分があった．そのうえに事業の利益率がバブルの崩壊のおかげで悪くなり，結局は膨れ上がった自己資本（エクイティファイナンスでかなり増加）の利益率はかなり下がってしまった．

内部留保の資本コストは，概念的にもっとも厄介である．内部留保を何らかの目的で企業として使ったときに，実際には資金流出も支払いも一切生じない．しかし，そのお金をほかの目的に使ったら，なんらかの利得が手に入ったはずである．それをある目的に使ったということはその他の利用法からの利得を犠牲にしていることになる．それが，機会コストの概念である．

したがって，内部留保の資本コストは，その資金によって得べかりし利得の大きさ，ということになる．内部留保を株主のものと解釈する立場に立てば，その得べかりし利得は結局，株価が維持されるために必要な金額ということになり，資本金の資本コストと同じことになる．

内部留保を企業そのもののものと解釈すれば，内部留保の資本コストは，その企業のフリーな資金のもっとも効率的な使い方がもたらす利得の大きさということになるだろう．

企業の最適資本構成は，この資本コストのトータルがもっとも小さくなるように三つの資金源の比重を定めることによって得られる，というのが資本コストを基準にしての資本構成の選択の論理である．さらにテクニカルな説明は経営財務論の教科書に譲るが，概念的にはこうした理解でいいだろう．

しかし，現実の企業の資本構成は，資本コストだけでは決まっていない．第二の要件である経営の独立性を，資本構成を実質的に決める立場にいる経営者は必ず考えるからである．

三つの資金源は，それに依存した場合の経営の独立性に大きく異なった影響をもつ．いわば，経営独立性コストが違うのである．

図7-1　資本構成の選択

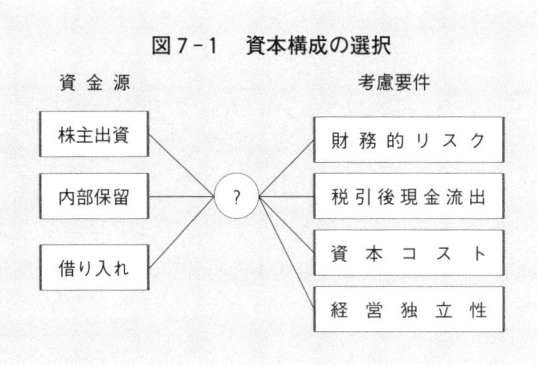

```
資 金 源              考 慮 要 件

株主出資              財 務 的 リ ス ク
内部保留      ?       税引後現金流出
借り入れ              資 本 コ ス ト
                     経 営 独 立 性
```

　借り入れに大きく依存すると，銀行が必ず経営に口を出してくるであろう．カネを出すことは口を出すことなのである．銀行としての債権保全のためにも当然の行動と言える．したがって，借り入れの経営独立性コストはかなり高い．だから，資本コストや税引き後現金流出の面で借り入れが有利に見えても，多くの企業はできることなら借り入れを避けようとするのである．

　資本金にも，経営独立性コストはある．特定の株主が多くの株式を保有し始めれば，その株主が経営に口を出すのは自然であろう．また将来，増資を行おうと考えていれば，必ず株式市場での評価に気を配った経営のあり方，利益の出し方を考えなければならなくなる．その配慮の分だけ，経営の独立性は失われている．

　内部留保は一応，経営者がフリーハンドで使える資金である．したがって，その経営独立性コストは，内部留保の使い方が異常に非効率で株式市場その他から批判を受けるのでないかぎり，ほとんどゼロといってもいいだろう．

　こうした資本コストと経営独立性の総合判断の結果，その企業の経営者が最適と考える資本構成と，それにもとづく資金提供者との関係のもち方が決まる，と考えていいだろう．日本でのこの総合判断には，ある種の傾向がある．その傾向とは，借り入れはゼロに近いが，金融機関とは付き合いをきちんとしておくのが望ましい．いつカネがいるかわからないからである．資本金は，企業の規模に応じて適切と思われる規模にするよう調節する．基本的には，できることなら内部留保中心の資本構成にしたい．つまり，基本的には経営者にとっては，内部留保，株主資本，借り入れ，の順で好む度合いが落ちていく，という傾向である．

それが，多くの企業にとって，環境のマネジメントとしての資本市場との関係のあり方の望ましい姿に，まずは映るであろう．

ただし，二つの留保条件がある．一つは，資本市場全体が提供する資金調達のメニューの制度的現実である．たとえば，戦後のかなりの長い期間，企業の外部資金への需要は旺盛で（内部留保があまりなかった），しかも銀行が資金のフローを握っていた．そういう状況のもとでは，増資はままならず負債資本の比率が高くなるのは当然であった．

第二の留保条件は，以上のような「経営者にとって望ましい」資本構成をしていくと，株主資本金の部分は案外小さくなる．したがってその背後の株式数も小さくなり，時価総額（株式数×株価）が小さくなる危険がある．そうなると，その企業を株式市場で買収するためのコストが敵対的買収者にとって小さくなっていることを意味する．敵対的買収の危険が高まるということは，経営の独立性が究極的になくなっていくことを意味する．したがって，むやみに資本金を小さくするような過小資本金の資本構成もとれなくなる．

株主構成の選択

株式会社として会社の経営に究極的な法律的権利をもっているのは，株主である．したがって，そうした株主の構成をどのようにするかもまた，資本市場との構造的関係についての経営者の大きな選択である．

株主の構成の変化は，二つのルートで起きる．その両方に，経営者は大きな影響力を行使しようとして，ある意味で制御しようとしている．一つは，増資による新株主の増加である．第二は，既存株式を誰かが売り，誰かが買うという行動での構成変化である．

増資の決定は，日本では取締役会の決定事項である．したがって，実質的に取締役会が経営者の協議機関となっている日本の企業では，経営者が実際には株主構成の選択をしていることになる．しかも，第三者割当増資といって，誰に増資を割り当てるかを取締役会が決めることもできる．市場で不特定多数の株主に新株発行をするだけが，増資の手段ではないのである．こうして，経営者は株主構成の制御に強い影響力をもっている．

さらに既存の大株主がその持ち株を売却する場合にも，その株式をどこへ「はめ込むか」について経営者が大きな影響力を行使する．関係会社，グル

ープ会社などを典型例とする安定株主がはめ込み先に選ばれることが多い．

　こうした株主構成の選択の際の考慮要件となるのは，第一にはもちろん誰が出資に応じてくれるか，という考慮．出資できる資金の豊富さによってある株主は好まれ，別の株主は好まれないということがありうる．

　第二の考慮要件は，株主としての安定度．安定株主という言葉があるが，その意味は，よほどの理由がないかぎり株式を売却したりしない株主，ということである．つまりは企業へのコミットメントが高い株主である．

　コミットメントが好まれるのは，企業の株の買い占めなどによる株の引き取り要求や経営への口出し，はては企業の乗っ取り，などということを経営者が警戒するからである．この配慮は，経営者に対するサイレント度の高い株主を選ぶ配慮にもつながる．経営に口出ししない株主が好まれる傾向があるのである．

　株主構成を決める第三の考慮要件は，株式保有によって企業活動への協力度が高まるインセンティブが生まれるグループかどうか．株式保有のインセンティブ効果，と言っていい．少なくとも二つの株主グループがこのインセンティブ効果をもっている．

　一つは，従業員である．従業員持株制度などで従業員が株主になれば，企業は自分たちのものという意識をもてるようになるだろう．実際，そのために株式の大半は従業員が保有しているという企業もあるくらいである．

　第二のグループは，取引先である．日本ではとくに，ときに「お付き合い」と称して，取引先の株式を保有することが，取引上の信用を高めあるいは維持するための手段に使われる．このインセンティブ効果をもったグループは，しばしば安定度の高い株主グループでもある．さらに，これが株式持ち合いにもつながる．

　こうした三つの要件の背後にある意味で共通にあるのは，経営の安定と独立に好ましいような株主が好まれる，という傾向である．

　しかし，経営者が行っている株主構成の選択は，どの株主を好むかという選択ばかりでなく，構成比率の制御ということもある．たとえば，誰に最大手株主になってもらうか，その株式比率はどの程度に抑えると経営への過度の干渉が防げるか．あるいは，同率一位に最大手株主を二人つくることによって，その大株主同士の間の相互牽制が働いて，やはり経営への一方的干渉

を避けられる．

　こうした株主構成の制御を，実際には多くの企業が行っている．それは，企業というものの環境の中の舵取りとしての環境のマネジメントを，資本市場相手に行う立場にある経営者としては，当然といえるものでもある．

　つまり，資本構成の問題でも株主構成の問題でも，経営独立性の維持が企業の経営者の多くが自然に考える，重要な考慮要件なのである．それが，資本市場との構造的関係のマネジメントの本質の一つである．

　しかし，以上の説明は基本的には実際に構造的関係の選択をしている経営者の立場にたった議論であるが，本質的にはその選択は「企業としての」選択のはずである．とすると，法律的な意味で企業の所有者であると目される株主の立場や利害は，こうした企業の構造的選択にどのように影響してくるかをさらに考える必要が出てくる．

　つまり，面白いことに，企業による資本市場との構造的関係の選択の対象になっている株主が，じつは企業の実質的な構成者の少なくとも一員なのである．株主至上主義的な考え方をする人からすれば，株主は企業の「構成者の一員」なのではなく，「構成者のすべて」だと言うかも知れない．

　どちらの見方をとるにせよ，実際には経営者が資本市場との構造的関係の選択の中心にいる．そこで問題がねじれてくる．株主至上主義者は，経営者が株主を選択するとはもってのほかで，経営者はたんに株主の意向にそってほかの資本市場関係者との構造選択をすればいいのである，ということになるだろう．

　しかし，企業がカネの結合体であるだけでなくヒトの結合体でもあるという側面を重視する立場に立てば，経営の独立性を重んじ，企業という経済組織体の長期的な発展を考えた資本市場との構造的関係のつくり方が望ましいということになるだろう．

　この問題は，第Ⅳ部で本格的に議論するコーポレートガバナンスの問題に深く結びつく，本質的で難しい問題である．コーポレートガバナンスの問題は，90年代以降，日本でも大きく議論されるようになった．また，アメリカでもコーポレートガバナンスにかかわるさまざまな改革と事件が続いている．

　アメリカの株式会社制度の最近の現象が投げかけているのは，「株式会社

制度での株主のあり方」という根本問題なのである．それは言葉を換えれば，「企業は誰のものか」という問いかけでもある．本当に株主だけのものと考えていいのか．

　経営者が行う資本市場との構造的関係の選択は，環境のマネジメントとして企業と企業の利害関係者との間の関係の骨格をつくり，かつ企業とは何かの問題にかかわってしまうだけに，こうした基本的な問いかけにどうしても立ち入ってしまう．

　この問題については，第Ⅳ部で改めて議論することにしよう．

(演習問題)

1. 旧ソ連や中国などの共産主義体制の国が市場経済へと移行する際に，まず第一に行われる改革が株式会社制度の整備です．なぜこれらの国々で株式会社制度の整備がとくに重要となるのでしょうか（それに比べると，資本市場の整備はかなり遅れるのが普通です）．
2. 財務体質が優良な企業とは自己資本比率の高い企業だと言われ，「無借金経営」が企業の優良度の指標であるという常識があります．他人資本を有効に使うこともまた企業経営にとって意味があるという議論があるのに，なぜこの常識が生まれているのでしょうか．
3. 日本の上場企業の株主構成のこの30年間ほどの変化を調べ，その変化がどのような理由によって引き起こされてきたか，考えなさい（その変化のごく概括的な特徴は，個人株主の比重の大幅な減少，それを埋め合わせる大きさの外国人株主の比重の増加，事業法人株主の比重の若干の減少，というものです）．

第8章

雇用構造のマネジメント

　労働市場と企業との関係の一つの基本的な表現は，企業が働くヒトを市場から調達してくる，という経済学の教科書によく出てくるような記述であろう．しかし，それは適切な表現だろうか．

　たしかに雇用者としての企業は，被雇用者としての働く人々に労働市場からの参加を求めている．そこでは，経済的な市場調達関係の側面がたしかにある．しかし，企業で働く人々にとって，企業はたんなる経済的存在として所得を得る場として機能しているばかりでなく，自分の人生の長い時間を過ごし，仕事を通じての個人的な学習や成長，さらには挫折を味わったり，同僚とのさまざまな社会生活が自然に生まれてしまう場でもある．企業は多くの人々にとって，否応なしに経済活動へ参加する場でもあり，社会生活としての所属の場ともなっている．

　さらに，雇用される側の従業員は企業のコアを形成する存在で，企業そのものとも言える面がある．そのうえ，雇用される側の中から経営を担当する人間が出てくるのが常で，その場合には，雇用されている人が雇用する決定をもしているという二重の関係が生まれることになる．

　このように，雇用するということ，雇用されるということには，たんに資源調達という表現で，企業＝主体，従業員＝客体というような表現をしてしまうことを超えた，かなり広がりのある内容がある．

　労働市場と企業との構造的関係のマネジメントを考える際には，そうした広がりのある雇用というもの，あるいは企業活動への参加と所属という問題を多面的に捉える必要がある．それが雇用というものの本質だからである．そして，その多面性を考えたうえでの，総合判断が企業としてのマネジメン

トに求められている.

　前章で扱った資本市場との間の構造的関係は，企業がカネの結合体であるという側面からの環境のマネジメントの問題であった．この章で扱う労働市場と企業との構造的関係は，企業がヒトの結合体であるという側面からの環境のマネジメントの問題である．それは，ヒトの多面性，雇用の多面性ゆえに，主体と客体のねじれをも視野に入れざるをえない，かなり複雑な問題となるだろう．

　言葉を換えれば，この章で扱うのはヒトの結合体の，構成のマネジメントの問題である．そして，その結合体をいかに構成するかという問題は「自分自身をいかに構成するか」という問題であると同時に，労働市場という企業にとっての環境との接点をどうつくるかという環境のマネジメントの問題なのである．

　ヒトの結合体としての企業のマネジメントの問題には，労働市場との構造的関係という環境のマネジメントの問題だけでなく，そのヒトの結合体が構成されてからの内部の，組織のマネジメントの問題もある．人々にいかに働いてもらうか，という問題である．それは，第Ⅱ部で扱う．

1　労働市場との構造的関係のマネジメント

何を選択するのか：雇用慣行，雇用構成，労使関係

　ヒトの結合体の構成の問題としての労働市場との構造的関係のマネジメントにおいて，基本的な選択の対象となる事柄は三つあると考えていいだろう．

　第一の選択は，働く人々の中でも，企業としてメインの存在，コアの存在と思われる人々との雇用慣行の選択である．メインの雇用慣行の選択と呼べるだろう．典型的な日本企業のイメージで言えば，正社員（コア社員）として正式採用される人々との雇用慣行をどうするか，という問題である．

　そうしたメインの人々以外にも他の雇用慣行の人々が企業で働く場合がかなりあるのだが，第二の選択は，そうしたさまざまに異なった雇用慣行の人々の，構成比重の選択である．同じイメージ例をつづければ，パート社員は正社員とは違った雇用慣行の人たちで，構成の問題とは正社員とパート社

図 8-1　三つの選択

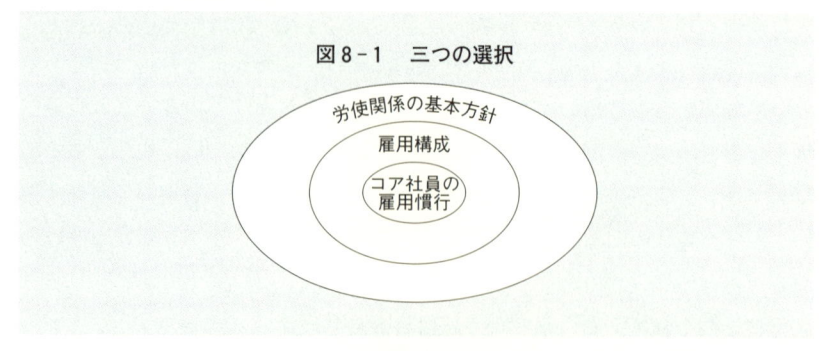

（労使関係の基本方針 ⊃ 雇用構成 ⊃ コア社員の雇用慣行）

員との比率をどうするのかという問題である．

　第三の選択は，労使関係の基本方針の選択である．働く人々はたんに受動的に企業の言いなりになる存在ではない．多くの場合，集団として自分たちの利害を企業に対して主張する．そうした働く人々の集団に対して使用者としての企業はどのような基本的スタンスで臨むか，という問題である．ふたたびイメージ例を続ければ，そうした集団としての典型的組織が労働組合だが，その労働組合との関係をどのようなものとして構築していくのか，という問題である．

雇用慣行の選択

　雇用慣行とは，雇用の開始と終了，そして雇用が継続している間の，雇用の形態についての基本原則のことで，それが慣行という形ででき上がっているもののことである．雇用の原則は，制度的に成文化されたり文書としての契約となっているものばかりでなく，慣行として扱われているものにむしろ重要なものが多い．その慣行全体は，じつは企業によって選択されそして働く人々によって受け入れられているからこそ，慣行として成立している．

　慣行というと，労働市場で標準的に成立していて企業としては選択の余地が小さいものと思いがちだが，市場で受け入れられるかという限界はもちろんあるが，企業として選択は可能であるし，市場で標準的な慣行自体が，多くの企業の選択の集積として成立している．

　雇用慣行の中でとくに重要な選択の対象となると一般的に思われるのは，雇用の期間，雇用の保証のあり方，雇用中の仕事のあり方，賃金支払いの原則，この四つであろう．

①雇用の期間　これは，雇用を開始するときに長期雇用あるいは期間無限定を前提とするか，短期あるいは期間限定を原則とするか，という問題である．のちに述べるように，日本の企業の正社員の多くは，期間無限定の長期雇用が原則的な慣行であった．文書としての労働契約は一年限定の契約なのだが，それが継続されることが慣行としての原則なのである．

②雇用の保証のあり方　これは，期間と連動する部分がある．長期無限定の慣行を選択すれば，それはできるかぎり雇用を自社で保証するという約束を暗黙にしたことに近い．しかし，長期無限定ではあるが，じつは自社内での雇用保証はせずに，「関係会社も含めてどこかで雇用されるように企業として努力する」という保証の仕方もある．さらには，雇用期間は長期とするが，明確な取り決めをつくっておいて，いざというときには雇用保証はない，という保証に関する慣行もありうるであろう．

③雇用中の仕事のあり方　この主なものは職務の内容の変更についての慣行である．スペシャリストとして一つの職務（たとえば経理，たとえば旋盤工）という職務をずっと行い，その変更を基本的には予定しないという慣行もあるし，さまざまな職務を多面的に経験する（つまり職務内容の変更が起きることをあらかじめ想定する）という慣行もありうる．

④賃金支払いの原則　たとえば勤務年限に応じた支払い原則（いわゆる年功制）とか，毎年の成果に応じた成果主義賃金とか，その慣行にはさまざまなものがありうる．さらには，この原則には仕事に応じて連動する程度や類似のグループ（たとえば類似の職務，類似の年齢）の中での個人差のつけ方の原則，などもあるだろう．

雇用構成の選択

　第二の大きな選択は，異なった雇用慣行の人々のグループを企業内でどのような比率で抱えることにするか，という構成の選択である．たとえば，日本の企業では，正社員と呼ばれる長期期間無限定の雇用保証のある人々のグループと，パートと呼ばれる雇用時間の自由度はあるが雇用保証は小さい人々のグループに働く人々に，大別されているのが普通で，パートの比率が年々高まっている．

　あるいは，ストック型社員とフロー型社員という分け方もある．長期的蓄積

と長期雇用を慣行とするストック型社員と，短期的に市場から雇用して雇用保証はあまりないが賃金はその分高い可能性もあるフロー型社員に分ける．

この構成については，どの程度の異質性のあるグループの存在を許容するか，グループ間の比率をどうするか，中心的な選択になるだろう．

労使関係の選択

労使関係の基本方針については，もちろん労使協調路線でいきたいという基本方針を，多くの企業はもちたがるだろうが，もっとも基本的な選択は労働組合の存在を認めるかどうかであう．日本の企業にとっては，日本国内ではクローズドショップ制（労働組合に属していないと雇用できない）なので存在を認めるかどうかが選択というよりは，いくつもの組合が一つの企業の中に存在することを認めるかどうかが選択の問題かも知れない．

しかし，日本企業がアメリカへ行って現地で雇用関係を持つときに，労働組合を基本的にもたないような労使関係にしようとしている企業もある．労組の存在そのものが選択可能なのである．さらに言えば，日本の労働市場全体で見ると，労働組合組織率（従業員の中で労働組合に参加している割合）は20％を割っている．労働組合なしという企業が，実態としては多い．そうした企業では，労使関係をどうするかは実質のある選択の問題なのである．

労働組合の存在を認めたとしても，その組合と使用者側の経営者との間の協議や交渉のあり方についての選択もさらにありうる．たとえば春闘といって，毎年2月から3月にかけて賃金交渉が行われるような交渉の慣行が，長い間日本の産業界では恒例となってきたが，それを自社として続けるべきかどうかは一つの選択の例である．それは，労使関係についての原則になっているばかりでなく，毎年のベースアップという賃金支払いの原則も絡んだ問題なのである．

また，労働組合との間の経営に関する協議体である労使協議会のあり方を具体的にどのように選択するか，というのも労使関係の基本方針の選択の例であろう．

なぜ難しいのか

こうして，労働市場との構造的関係の選択の具体的な内容を説明していく

と，その内容がじつに多岐にわたり，かなり難しい選択であることが想像できるだろう．だからこそ，経営学の一分野として労務管理論があり，経済学の一分野として労働経済学があり，その両者の融合領域として労使関係論という分野があるのである．

より専門的な議論はそうした分野のテキストに任せるとして，この章ではその難しさの本質がなにか，それが経営するということの本質とどう絡んでくるのか，といったことを中心に議論することにしよう．

内容が多岐にわたることだけが難しさの原因ではない．一つには，雇用する側と雇用される側のそれぞれが思惑と利害をもっているので，その両者の接点を作ることが難しい．ある意味で，典型的な交渉の難しさである．

そのうえ，たんに，主体と客体の間の接点づくりの交渉という，よくある交渉事（たとえば，原材料供給業者という客体と自社という主体の間の交渉）ではなく，客体であったヒトが企業で働き出せばその中から企業のコア人材になるヒトが出てくるような，客体との間の交渉なのである．つまりは客体が主体に転化してくることをあらかじめ想定したうえでの交渉という，複雑な交渉なのである．だから，接点づくりが余計に難しくなる．

たとえば，企業の都合で解雇を容易にできることを雇用慣行の原則とすると，雇用量の調節が柔軟に景気状況などに応じてできるという意味では，雇用する側にとっては望ましい．しかし，簡単に解雇される危険があるという意味では，雇用される側にはマイナスになる．したがって被雇用者は，そのマイナスを小さくするようにさまざまな交渉上の要求をするという反応をするようになる．たとえば，労働組合が雇用量の調整を許す際のルールを明確に定めるように要求する，といった具合である．

そういうルールをつくると，かえってそのルールに縛られて，柔軟な雇用調整をしようとした目的自体が必ずしも貫徹できないような自縄自縛状態になる危険がある．それがアメリカでは現実に起きてしまった．

しかしここまでは，主体と客体の間の交渉がもたらす意外な結末の話である．さらには，交渉の相手である働く集団の代表者の中には，将来経営陣に加わるキャリアの可能性がある人が存在するかも知れない．単に柔軟な雇用調整を原則としてしまうと，そうした人をも雇用調整の対象にしてしまう危険を抱えたり，逆に将来は経営に加わりそうな人が働く側の内部の取りまと

めに困ったり，複雑なことが起きてしまう．日本の企業の労働組合の役員の中には，その後，企業の経営陣に入っていくことを想定している人材がかなりいるのが現実なのである．

雇用構造の選択が難しい第二の理由は，雇用するということ，あるいはヒトが組織の中で働くということが，雇用する側にとっても雇用される側にとっも，じつに多面的な影響をもつからである．その多面性が，選択の判断基準を複雑にする．働く人々のリスクやインセンティブ，あるいは生き甲斐や仲間との所属の感覚，さまざまな判断基準が雇用に関連して生まれてきてしまう．

たとえば，短期雇用を雇用慣行の原則とすると，そのときどきに応じて必要な能力のヒトを雇えるというメリットはたしかに発生する．しかし，雇用される側は短期で辞めることが前提になっている以上，その組織に対するコミットメントや忠誠心は生まれにくいだろう．あるいは，周りのヒトと協調するようコミュニケーションをとれるように努力しよう，その職場社会の人間関係に気を使おう，より熟練の低い同僚に教えよう，という気持ちにもなりにくいであろう．いわば，契約の仕事の内容と期間が終わった後はどうでもいい，というスタンスが雇用される側に生まれるのも当然なのである．

それが企業にとってはマイナスになる．そうしたマイナスが生まれるのは，企業での雇用というものが，ある特定の仕事をこなすという側面ばかりでなく，職場のチームとの人間関係，周りの人々も含めた学習活動，などという多面的な側面を同時に分かちがたくもっているからである．

次節でその多面性をさらに深く議論しよう．

2　雇用構造の多面的な影響

何を雇用するのか

企業は労働市場と構造的関係をつくり，雇用構造を決めるのだ，と前節で述べた．その雇用とは，一体何を雇用しているのか．

二つの答えがありうる．一つは，経済組織体としての企業が雇用しているのはスキル（人々がもつ技量）である，とするいわばスキルベースの考え方．

ある人がもっているスキルが，企業の経済活動のために意義がある．だから，企業はそのスキルを買おうとしている．しかし，スキルだけを物的資源のように人から分離させて売買することはできないので，人材として労働力を雇用している，という考え方である．

第二の考え方は，企業が雇用しているのはヒトである，とするいわばヒトトータルの考え方．ヒトがもちうるスキルは変わりうる．学習によっても，企業側の教育投資によっても変わりうる．しかも，そのヒトはどの程度一生懸命働こうとするか，周りと協働をするための対人努力をどの程度するか，などこれまたさまざまな程度やパターンがありうる存在である．たんに同じ仕事をするロボットではない．そういう多様性をもったヒトをトータルとして企業は雇用している，雇用せざるをえない，というのがこの考え方である．

企業はもちろん，経済活動のための組織である．それが第一義的な定義であることは間違いない．したがって，第一のスキルベースの考え方を基本にもつことは，第二のヒトトータルの考え方をする場合にも当然といえる．現実的には二つの考え方の違いは，第一の考え方主体あるいはそれだけに着目するか，あるいは第一の考え方のベースの上に第二の考え方をきちんと上乗せしようとするか，という違いという形で顕在化するのであろう．

二つの考え方の違いから，雇用構造に大きな違いが生まれてくる．

スキルベースの雇用の考え方では，労働契約はそのスキルのサービスを売買する契約である．スキルの価値がある分だけ企業は働く人に賃金を支払い，雇用期間はそのスキルに価値がある期間だけに限定され，その価値がなくなったときが雇用の解消の時点となると考える．

一つの企業でいらなくなったスキル，あるいは価値が低いと評価されるスキルも，別の企業へ行けば必要になる，あるいは高い価値で評価されることもありうる．その評価の違いを求めて，スキルは企業間を移動していこうとする．そして，個人はそのスキルの所有者として自分のスキルを高めるような努力を自分で投資し，その投資への見返りを大きくするために，自分のスキルがより高く評価される企業へと移っていく．

企業の側も，さまざまなスキルの集合体として企業を運営しようとする．たとえば，企業内部の仕事について職務記述書を十分に用意して，どのような仕事をすればある職務が務まるかを明示的に明記する．それは職務の標準

化につながり，レベルの高低こそあれ企業の特異性はあまり大きくない標準的なスキルの集まりとして，企業の仕事の仕方全体が設計される傾向をもつ．だから人々は企業から企業へと自分のスキルをもって動ける．

つまり，ポータブル（移動可能）なスキルを中心にした雇用構造になり，人材の流動性が高くなるということが，スキルベースの考え方の自然の帰結であろう．また，労働組合をつくる場合にも，同じスキルの人々が企業横断的に一つの組合をつくるという考え方に自然になっていくだろう．その一つの形態が産業別労働組合である．

ヒトトータルな雇用の考え方をとると，雇用するということはたんに必要な時期だけ働いてもらえばいい，ということではなくなる．人々のスキルは多様に企業内で蓄積可能だということになり，それゆえに企業特異性も生まれやすいし，人々によるスキルの蓄積のためには，企業側も投資する．そして，一つのスキルの価値がなくなっていくと，企業内訓練と本人の努力の両方で，スキルの転換を図って雇用そのものは継続しようとする．

雇用構造は，雇用期間も長くなる傾向をもち，職種転換が雇用後起きることも想定したものになる．したがって，ある人にある時点で行ってもらう仕事の内容は，その人の過去からの蓄積や人的ネットワークに応じて決まっている．だから，簡単には標準的に記述できるようなものでない可能性が高くなる．賃金支払いも，そのときどきのスキルの価値だけで行うわけにはいかなくなり，企業への過去の貢献への報酬支払いという側面が生まれたりする．

人々が企業から企業へと移動するのは，スキルの価値を求めてではなく，働くべき場所としての組織の価値を求めての移動ということになる．したがって，人間が自分の住む共同体を簡単に変えられるかという側面から考えても，移動がそれほど頻繁に起きることはやや想像しにくい．労働組合もまた，スキル中心で働く人々が結集するということではなくなり，一つの組織に働く人々が結集するという考え方になる．その一つの形態が企業別労働組合である．

こうした二つの考え方の間での企業としての選択は，ヒトトータルの考え方をどの程度重んじるか，という選択であろう．スキルベースの考え方が基本にあることは間違いないものの，第二の考え方を重んじる程度が大きくなれば，スキルベースの合理性からは，ややはずれた雇用構造が選択されても，

総合合理性としてはおかしくない．

　二つの考え方の間の選択は，ヒトの社会の中の出来事になるから，その社会の中での価値観に依存する可能性も高い．もちろん，どこの国の企業も第二の考え方がゼロではないことはたしかであろう．しかし，ときに単純な経済合理性（スキルベースの合理性）が勝りすぎる総合判断をすると，間違うことがある．それは，スキルをもっているのが結局は生身の人間であるという側面を軽視し，そしてそのヒトが企業に提供しているはずのスキルにすら，じつはさまざまな側面があることも軽視してしまうからである．

　そうした，ヒトが提供するものの本質を考えてみよう．それは，カネが企業に提供するものとの違いを見てみると，わかりやすくなる．

ヒトとカネ，その提供するものの違い

　カネはある意味でヒトの対極にある「資源」である．たとえば，カネには感情も学習能力もないし，しかもまったく同質である．一人ひとりの人間が違うのとはまったく逆に，一万円札はどこにあっても誰のものでも，同じ一万円の購買力をもっている．カネとの違いを議論することによって，ヒトというものの企業にとっての本質の一部が浮かび上がるだろう．

　従業員というヒトが企業に対して提供しているもの，さまざまな資金提供者が提供するカネが企業に対して拠出するもの，いずれも「サービス」である．前者は労働・管理サービス，後者はカネのサービスである．二つのサービスの間にはしかし，かなりの違いがある．

　第一の違いは，ヒトの多様性，カネの同質性である．

　従業員が企業に拠出するものは労働力であり技術であり知識であり，そして心理的エネルギーである．そうしたさまざまな「資源・サービスの束」を提供している．そうしたものが総合として整ってはじめて，企業の業務が円滑にすすむ．

　多くの従業員は，ロボットのような単純な労働サービス（しかも簡単に貨幣価値換算できるもの）を，貨幣と引き換えに提供している存在ではない．彼らが提供する資源・サービスの束としての多様性は，カネの同質性と著しい対照をなしている．一人のある従業員が提供するものがすでに束であって多様であり，また異なった従業員が提供する束もまた異質であるという意味

でも多様である．そうした二重の多様性は，ともにカネにはない．

　第二の違いは，変化あるいは学習可能性の違いである．ヒトは学習してその結果，変化していけるが，カネは学習して変化することはない．

　従業員の拠出する資源・サービスの束は，その内容が時や状況に応じて変化できる柔軟性をもっている．たとえば，営業スタッフとして拠出され始めたサービスが，本人の努力によって経営者としてのサービスへと変化していける．あるいは機械技術の持ち主として企業に参加した従業員が，電子技術をも仕事の過程で身につけて，新しい技術を提供できるようになる．つまり，従業員は学習する存在なのである．

　第三の違いは，ヒトのサービスの供給不確実性とカネのサービスの確実性である．

　従業員の拠出するこうした多様な資源・サービスの束は，じつは本当に提供されているかどうかが確かめにくいという特徴ももっている．従業員がそのもてる知識やエネルギーを約束や期待どおり実際に投入しているかどうかは，極端に言えば本人以外に確かめようがないケースも多い．つまり，労働の自由裁量の余地は，相当に大きい．

　たとえば，熟練の形成がなにかの障害で遅れたり，隠れた怠業ということが発生したり，ということは企業組織にはつねにある．その意味で，従業員の拠出する資源サービスの束は，いったん拠出が始まった後でも供給される量や質の不確実性・変動性があり，また確認可能性も低い．

　カネはまったくそれとは違う．資本はいったん拠出されたら，まぎれもなくその資金量だけの資本としての機能を果たすものである．カネそのものには，いったん提供された後の自由裁量の余地はない．

　第四の違いは，提供者との個人的分離可能性である．労働サービスはヒトから分離可能ではないが，資本は提供者から個人的に分離可能である．

　従業員の提供する労働サービスは，ヒトに一体化されたものである．そのヒトが直接提供するほかはないものである．つまり，提供者個人から分離不可能である．しかし，カネの提供者にとって，自分が提供するカネは個人から分離可能である．

　その結果，カネの提供者としての株主は，同時に複数の企業に投資できるし，その投資の限界は資金保有総量である．一方，従業員は普通，同時には

一つの企業ないしはごく少数の企業にしか労働サービスを提供できず，しかもその提供の限界は1日24時間の時間と自分がもっている一つの体という限界にきびしく制約されている．つまり，資本は分散投資ができるが，労働については分散労働は本質的にはできない．

カネとヒトとの間の第五の違いは，代替可能性である．

資本は，その同質性ゆえに，誰の拠出するカネでも同じ意味をもっている．一億円は，誰が提供しても一億円なのである．しかし，企業組織の中に組み込まれた労働の資源・サービスの束は，代替可能性がより小さい．

すでに指摘したように，労働サービスはかなり企業特異的な特徴をもつものである．この技術は彼しかもっていない．あるいは外で入手できない．さらには，その技術だけを単独でほかの企業にもっていっても役に立ちにくいことも多い．

もちろん，従業員のサービスの束は多様であるから，その中には代替可能性のきわめて高いものも含まれる．単純労働がその例である．しかし，労働サービスの多くが簡単には代替できないからこそ，企業間の競争上の優位差が生まれ，企業の個性が生まれるのである．

3 雇用構造の選択の論理

インセンティブとリスク：経済の論理

雇用構造とは，企業が労働市場から人材を採り入れようとするときに，企業にとって望ましくかつ働く人々も受け入れてくれるような状況にするために企業がつくる，労働市場との構造的関係のことである．前項に説明したようなカネとヒトの提供するものの違いがあるために，労働の場合の構造的関係は，資本の場合よりはよほど複雑にならざるをえないであろう．そして，ヒトトータルの考え方を重んじる程度が高くなればなるほど，複雑になっていくだろう．

その複雑な構造を選択するための論理には，二種類ある．一つは，経済的な論理．働く人々がある雇用構造にどのような意味で経済的な望ましさを感じるか，という論理である．それをこの項で説明する．第二の論理は，より

心理的な論理．ある雇用構造を働く人々が受け入れると，その構造のもとでの企業と個人との関係，個人とその職場のほかの人々との関係がかなり決まってしまう．そうした一種の社会的な関係が働く人々の心理としてどのように受け入れられるか，望ましさを感じるか，という論理である．それを次項で説明しよう．

雇用構造の経済的論理の中心となるのは，雇用される側の人々のインセンティブとリスクの論理であろう．インセンティブとは，その雇用構造のもとで働くことによって個人がどのような経済的なメリットを受けるか，そしてそのメリットゆえにより大きな努力を企業活動に投入しようと考えるか，という問題である．他方，ある雇用構造が人々の経済的メリットにかなりの不確実性をもたらすことがありうる．ここで言うリスクとは，その不確実性の大きさのことである．そのリスクが大きすぎれば，人々はその雇用構造を忌避するかも知れない．

賃金支払いの例で言えば，成果に応じて賃金が決まる歩合給という支払い方法はインセンティブ効果がかなり大きい．努力をすればそれだけ報われることになるからである．

しかし，歩合給は成果が何らかの要因で変動してしまうことのリスクを給料をもらう側に負担させていることにもなっている．たとえば，天候によって売り上げが変動するアイスクリームスタンドの従業員の給料を，アイスクリームの売り上げに完全に比例させると，もし嵐でアイスクリームがまったく売れないと，その人の給料はゼロになってしまうことになる．つまり，天候のリスクを，働く人も完全に負ってしまう．それではリスクを負担しすぎであろうから，普通は給料には固定部分があり，その上乗せを歩合で決めるということになる．

雇用の保証や職務の変更についても，それぞれにインセンティブとリスクがありえよう．

さらに，働く人々に与える経済的インセンティブは，雇用する側の企業から見れば出費となる．働く人々に負担させるリスクを減らそうとすれば，企業の側がその分のリスクを負うことになるだろう．

こうして，雇用される側と雇用する側，両方のインセンティブとリスクを考えて，雇用構造の経済的論理の基本がつくられていく．

働く人々が感じるインセンティブが高くなるように、そしてリスクの負担が過度にならないように、なおかつインセンティブとリスクのバランスが適切にとれるように、それが論理の中心である。

その論理を、長期安定的雇用と短期流動的雇用という雇用形態と、成果中心賃金（つまりは歩合給）と固定的賃金（つまり固定給）という賃金支払いの原則を例にとって、説明しておこう。ただし、さまざまなトレードオフ関係が発生して、論理の応用も簡単ではない。

①**長期安定的雇用と短期流動的雇用**　前項で述べたヒトの提供するものの特徴の議論の中で、学習可能性は高く代替可能性は低いというヒトの特徴から、長期雇用は企業内での人々の学習意欲を高めるインセンティブ効果が期待できる。短期雇用という雇用構造にしてしまうと、そこで学んだものを使える代替的な雇用が少ないような場合には、どうせ学習しても仕方がないと思い、学習のインセンティブが小さくなるだろう。

しかし、与えられた仕事をこなすためのインセンティブは、案外、短期流動的雇用の方が高い可能性が強い。なぜなら、流動的ということはきちんと働かなければ解雇されてしまう危険が高いからである。

しかし、この効果がどの程度生まれるかは、労働の提供の不確実性と提供の確認可能性の大きさが左右している。解雇される危険があるとしても、それは、成果が悪いということが自分の努力の小ささのせいだと上司に見破られて、はじめて発生する危険である。

その確認可能性が低い場合には、一般には長期雇用ではじめてその確認ができるようになる。なぜなら、いくら提供が不確実かつ確認しにくいといっても、いわばそれはさぼりを隠すことで、長期的には隠し切れない可能性が高いからである。

したがって、長期的には隠せないとあらかじめ思っていれば、短期的にもさぼったりはしなくなる。だから、不確実性が高く確認可能性が低い場合、何か別な手段で実際にきちんと働くことを担保しないかぎり、短期雇用のもたらす努力のインセンティブ効果が小さくなるだろう。

一般に、普通の日常業務と将来のための学習活動を比較すると、それぞれのための努力の確認可能性は学習活動の方が低いであろう。日常業務をきちんと遂行しているかでどうかはうそはつきにくいが、学習をしているかどう

かは学習成果が目に見えにくいだけに，うそをつきやすい．

　②成果中心賃金と固定的賃金　こうした雇用期間と解雇の危険という観点以外に，短期的成果依存型賃金かあるいは短期的成果に依存しない賃金かという賃金支払いの原則も，働くヒトのリスクとインセンティブに影響を与える．

　成果依存型賃金は，インセンティブ効果が高いだろう．しかし，成果自体が働いている個人の責任を超える要因で変動する危険もあり（たとえばアイスクリームの売り上げと夏の暑さ），短期成果依存型賃金は過大なリスクを働くヒトに負わせる危険がある．

　ここでは，前項で述べた労働と個人が分離不可能であることが重要な意味をもっている．分離可能なら，働くヒトはそのリスクをどこかで中和する手段をもてる．それなら，雇用構造からある程度のリスクを負ってもいいと思うかも知れない．しかし，リスクを中和する手段がない以上，雇用構造そのものが過度のリスクをもたらしてもらいたくない．

　働く人にリスクを大きく負担させるような雇用構造にすると，その雇用構造の中でせめてリスクを小さくしようと働く人々が考えて，人々の行動が過度に保守的になったりする．それは，企業にとっても望ましいことではない．極端な場合には，雇用関係に入ることすら忌避するかも知れない．

　成果依存型賃金のインセンティブ効果は，労働提供の不確実性と努力そのものの確認可能性が小さいような場合には，とくに大きくなるだろう．努力投入は他人からは確認できなくても，成果は確認できる．したがって，成果に賃金が依存しないと，努力を投入しても自分にはメリットがこないうえにさぼってもわからないという状況だということを意味する．その場合は，努力投入は低くなってしまうであろう．

最適な雇用構造とは：経済的論理の中で

　そこで一つの典型的な環境状況として，個人の学習の意義が大きく，また環境の不確実性も大きく，さらに個人の努力の確認可能性が低い状況を考えてみよう．この状況は，たんに仮設例であるのではなく，技術進歩が速い環境の中で，組織の中で人々がチームとして協働するような状況のエッセンスを捉えた状況設定例といっていい．技術進歩が速いということは，学習の意義が大きくかつ環境は不確実ということを意味する．またチームとして働く

ということは，その中で一人が仮に努力を怠っても，すぐには誰のせいかはわかりにくい状況ということを意味する．

　この環境条件のもとでの最適な雇用構造は，長期的雇用でかつ成果型賃金を組み合わせたものになる可能性が高い．その論理は，以下のようなものである．

　長期的雇用だから，環境の不確実性から生まれるリスクのうち，雇用の保証という面で，働くヒトは守られている．しかも，長期的雇用でかつ成果型賃金だから，学習をして将来の成果があがりやすいようにしようとするインセンティブが働く．逆に短期雇用では，環境が不確実なだけに自分がその環境変化のあおりを食って簡単に解雇される危険が出てくる．そうならば，そもそも雇用関係に入りたくないと考えるであろう．

　さらに，個人の努力の確認可能性が低いから，短期的には努力を怠ってもわからない可能性が高くなるような状況ではある．しかし長期雇用であれば，いずれは努力の大小はどこかで見えてくる可能性が高い．それを考えると，それほどサボらない方がいいと思えて，結局，努力へのインセンティブは大きくなる．賃金が成果型賃金であればなおのこと努力のインセンティブは高くなる．ここが非成果型賃金だと，長期的に雇用が保証されていることがマイナスに働いて，努力のインセンティブは減る危険もある．

　以上の説明は，ある一つの状況を仮定したうえで，その状況での最適な雇用構造が何になりそうかの論理的推測をしたものである．この例からもわかるように，雇用の最適構造は，環境の不確実性や努力の確認可能性，学習の可能性などのさまざまな状況要因に応じて決まってくる．したがって，ある特定の雇用構造がかなり普遍的に望ましいというような簡単な結論は，もとより無理なのである．

　だが，そこで考えなければならないのは，一つの企業として提供する雇用構造が，さまざまな環境状況に対してしばしば統一的に適用されざるをえないことである．それぞれの事業のもつこうした環境状況ごとに雇用構造を変えればいいという議論はありうるが，一つの企業としての統一性，組織内のフェア感覚，そして雇用構造の管理の煩雑さ，などを考えると，一つの企業の雇用構造はそれほど多様にはできないのが普通だからである．

　したがって，一つの企業としての雇用構造選択のための経済的論理の基本

は，その企業にとってもっとも標準的な環境を想定して，それに最適な基本構造をリスクとインセンティブの総合判断で決める，というものであろう．その後に，個々の事業環境などに応じて微調整をするのが，現実的であろう．

経済活動の場と社会生活の場：参加と所属，個人としての充実感

　前項までの経済的論理の議論は，基本的にはスキルベースの雇用の考え方をベースに，しかしそのスキルをもったヒトが単純なロボットではなく，インセンティブも欲しがるし，リスク回避もしたい経済的存在だという点を考慮に入れた議論であった．その意味では，ヒトトータルの考え方も一部に重んじてはいる．しかし，やはり経済組織体としての企業の雇用構造の選択の論理の基本を，スキルベースの雇用の考え方中心に述べたことになっている．

　しかし，ヒトトータルの雇用という考え方をさらに重んじていくと，企業が職場の社会生活をさまざまな意味で提供している存在だということをも考慮に入れた，雇用構造の議論がさらに必要になってくる．

　企業はそこで働く人々にとって，経済活動の場，所得を得る場であると同時に，社会生活の場ともなっている．

　多くの生身の人間にとっては，企業は「労働サービスをカネと引き換えに渡す場所」以上の役割を果たしている．それは，企業に長い時間滞留し，そこで人々が共同作業をしようとすれば，否応なしにそこに人間の社会が生まれ，共同生活が生まれるからである．企業はごく自然に，社会生活の場にもなるのである．だから，職場の調和を人々は求めたくなる．だから，その社会生活での人生の生きがいを人々は要求する．単純な経済活動一本槍ではないのである．

　それは，「会社人間の多い日本に特有な現象」ではない．欧米でもどこでも，企業は「経済活動の場」と「社会生活の場」という二面性をもっている．その社会生活としての場としての企業の重要性は，人間が企業の中で過ごす時間の長さを考えれば，ただちに納得がいく．

　1年間365日は，時間にすると8760時間である．そのうち，動物としての生命維持のために使っている時間を除く人間がなんらかの活動に自由に使える時間「自由裁量時間」は，5000時間強であろう．人々が年間2000時間働くとすると，そのうち4割近い時間を人々は職場で使っている．じつに大きな

部分なのである.

　その時間の長さだけでなく,人々は自分の仕事の内容にさまざまなレベルの自己実現や自己充実を求めることが多い.それゆえに,企業の中の活動から人々は二重の意味で社会生活の中での個人としての充足という感覚を得ていることになる.一つは,職場の共同体の中での人間関係の充足,もう一つは仕事の中からの自己充実.仕事からの自己充実は,絶海の孤島で一人ノミを振るうといったような絶対個人的充実だけではなく,職場社会の周囲の人々や顧客から自分の仕事の価値を認められるという社会的充実あるいは他者志向的充実もまた大きな要素であろう.

　人間関係の満足にしろ仕事の充実にしろ,人々が働いている職場が社会生活の場となっているからこそ生まれてくる.だからこそ,人々がどのような働き方を好むかという問題,つまり雇用構造のあり方を考える際に,そうした社会生活の場が雇用構造によってどのように影響を受けるのかという視点が大切なのである.

　たとえば,短期流動的でかつ成果主義万能の雇用構造にすれば,おそらく職場の社会生活としての場はそもそも生まれにくいか,生まれたとしてもギスギスしたものになるだろう.もっとも一方で,長期安定的雇用も度が過ぎればぬるま湯としがらみだらけの場を生み出す危険があり,その企業は社会生活の場としては活気の欠けたものになる危険をもっている.

　現在の経営学は,社会生活の場としての企業の雇用構造の問題を理論的に十分に解決するだけの準備をもたないが,そこでの論理の基本は,企業への「参加」だけでなく,「所属」を感じられるような雇用構造をつくるということであろう.

　組織に対する「所属」とは,長い期間にわたる関係で,目的は鋭角的に意識された単一のものというわけでなく,関係は深くなり,組織に属する人間たちとの付き合いも深くなる.その一方,組織への「参加」は,意図をもって(その意味で限定された目的を達成するために)起きるもので,関係の期間もべつに長期になる必然性は小さく(目的を達すれば参加をやめてもいい),そして関係もある意味で浅い.参加の目的にかかわる範囲で関係をもてばそれでよい.しがらみも少ないが,しがらみというコインの裏側にある「関与」も小さくなる傾向がある.

多くの人は，経済活動の場としての企業に「参加」という動機でかかわりを持ちはじめ，結果として「所属」に至る，ということになるだろう．しかし，国による違いもある．日本での個人と企業の関係は「所属」に近く，アメリカでの関係は「参加」に近い，とおそらく多くの人が二つの国の平均的な傾向を理解しているであろう．日本では「就社」する，アメリカでは「就職」する，という象徴的な表現がその違いを端的に示している．

　こうした日米の違いがあるのは，必ずしも普通の企業に限定されるものではない．たとえば，演劇の劇団という組織についても同じことが言えそうである．演劇を誰がつくっているのかを日本と欧米で比べると，日本では固定的なメンバーからなる半永続的な劇団組織という形態で演劇が生産されているのに対して，欧米の演劇生産システムではそういう組織は希で，プロデューサー方式と一括して呼べそうな，プロデューサー・演出家・作家というトップを構成する少数の固定的メンバーがプロジェクトごとに俳優やスタッフを採用するという方式が圧倒的に多いという．オーディション方式である．日本では俳優たちが劇団組織に「所属」する．アメリカでは公演プロジェクトに「参加」する．

　もちろん企業は，職場共同体という社会生活の場をつくるために生まれるものではない．経済活動を究極の目的として生まれるものである．そもそも，参加がベースなのである．しかし，参加という状況が長く続くと，職場社会の関係維持とその中への所属が多くの人にとって大切になってくるのであろう．つまり，参加から所属への感覚が生まれてくる．そして，所属の感覚が生まれることによって，そこでの個人としての職場社会の中の充足欲求がさらに強くなる．そうした企業との雇用構造を，人々はどこかで望んでいる部分がある．とくに日本では，それがアメリカよりも強そうである．

　そうした所属感が生まれるためには，短期流動的な雇用構造よりは長期安定的な雇用構造が望まれるであろうし，またその中の賃金支払いについても，きわめて大きな格差の存在は，職場の社会的安定を損ねる影響をもち，恵まれる立場の人によっても避けたい構造の一つになる可能性がある．したがって，格差の比較的小さな報酬体系が好まれたりする．

　第5章（企業構造の再編成）で述べたように，事業移管や事業統合にともなって働く人々が雇用の面で企業を転籍することへかなり強い抵抗を示すこ

とが日本では多い．その背後に，この所属感の心理的問題がある．これもまた，雇用構造の選択が所属の感覚の影響を受けざるをえない例である．

この項で述べた所属の感覚，自己充足の感覚は，雇用構造の議論をする際に大切なだけでなく，いったん雇用関係に入った後の組織の中のマネジメントの問題として，インセンティブシステムの設計にも深く関連する．その議論は，第11章でさらに深められるであろう．

4　日本企業の雇用構造の特徴とその論理

長期雇用

日本企業は，こうした雇用構造の選択を実際にはどのように行ってきたのだろうか．それを振り返ってみよう．

一般に，日本的経営の三種の神器といわれるものがある．終身雇用，年功序列，企業別労働組合，の三つである．いずれも，労働市場と企業との間の構造的関係の日本的特徴である．経営にはじつは，戦略も資本構造も組織マネジメントもさまざまにあるはずなのだが，「日本的」という特徴は何かと問うと，その答えがすべて雇用構造に集中するというのは，指摘されるべき事実であろう．ヒトの扱い方に，日本の経営の特徴があるのである．

終身雇用とは，正規の従業員として採用された場合に，経営上の大きな困難や従業員の大きな不手際がないかぎり，厳密に言えば定年まで雇用されるという暗黙の契約である．それは，企業の雇用継続の態度と言ってもいい．たしかに，景気変動に応じて雇用調整をレイオフという形で比較的頻繁に実施するアメリカの多くの企業と比べれば，こうした特徴は日本に濃い．

ただし，終身という表現は実じつは正確ではない．実際に仕事人生を終えるまで終身を一つの企業で過ごす人は，日本でもきわめて限られている．どこかの段階で，その企業が基本的には世話をして，他の企業（たとえば関係会社など）へ移っていくのが実態である．しかし，雇用が始まるときに，雇用の長期継続を暗黙にせよ前提として雇用関係に入り，かつ長い間の雇用の保証に近いものを実際に企業が与えている．その意味で，この本ではこれを長期雇用と呼ぶ．

それは，単純な勤続年数の結果としての長さだけのことではない．アメリカでも多くの人々の勤続年数はかなり長く，結果として雇用が長期にわたることは多い．鍵は，雇用が始まるときの暗黙の前提，慣行としての考え方にある．また，雇用の継続の態度や意思の有無で判断すべきだろう．そうした意味での長期雇用をとっている企業があることはあるが，社会的な慣行として成立はしていないと思われる．日本では，これだけ労働市場の流動化が叫ばれながら，実態としてはまだ慣行として成立していると思われる．だからこそ，2001年に大手エレクトロニクスメーカーが早期希望退職を大量に募ったときに，「終身雇用の崩壊」と騒がれたのである．実態としては，崩壊はせず，あまりの過剰雇用の中高年層の部分にだけ部分的に希望退職が実施されたのであろう．

　こうした長期雇用は大企業に限ったものではなく，程度の差こそあれ，中小企業にもまた「長期雇用的」な企業が多いのが日本の特徴と思われる．

　こうした雇用構造を選択すると，さまざまな労働市場との対応の特徴が生まれる．一つは採用の仕方である．長期雇用を前提とすれば，定期的にかなりの人数を計画して採用する必要があるし，それで企業の人員計画に大きな問題は生じなくなる．いつ大量にやめるかわからないのでもないし，いらなくなればすぐ解雇できるのでもない．したがって定期的計画的な採用が必要になる．その典型が，毎年四月の新卒採用ということになる．また，採用が新規卒業者中心になって中途採用が少ないのも（急成長している企業を除いて），定期的採用による長期雇用という方針のゆえである．

　長期雇用の慣行がもたらすもう一つの労働市場への対応は，企業側の都合で人が余り始めたときの対応が，基本的には「雇用確保」をしようとする対応になることである．企業側の都合とは，一つには事業の不振であり，もう一つは企業組織の人事昇進上の都合である．

　事業が不振に陥ったとき，長期雇用的な企業は，社内の配転，関連企業への出向，あるいは時間を限った一時的レイオフ，さらには再就職の斡旋，再就職先との賃金格差がでたときの補給，などさまざまな雇用保証的な対応をする．たんに，労働市場へ人々をほうり出してしまうことはしない．

　組織の人事昇進上の都合とは，管理職などのポストの不足から昇進の道のなくなった人の関連企業などへの配転である．ここでも，基本的には雇用保

証的に動くのが日本企業の特徴である．

　高度成長時代には，長期雇用といえば勤め始めた企業にずっと所属することであった．真に「終身」雇用だったのである．しかし，最近は「終身」の意味が変わり始めている．勤め始めた組織にずっと所属する人ばかりでなく，関連企業への転籍が早い段階で始まるようになってきた．それでも雇用の保証を企業がするという態度には大きな変化がなく，その意味では，終身雇用とは長期一企業勤続だけを意味するのではなく，勤続する組織は変わっても長期の雇用保証をしようとする慣行，つまり長期一企業保証という慣行と理解したほうがいい．

　長期雇用のメリットについては，じつは前節ですでにいろいろな形で議論してきた．そこでは，働く人たちのメリットを主に強調したが，企業にとっても大きなメリットが生まれうる．だからこそ，この慣行が長続きしている．

　メリットは大きく分けて二つある．一つは，企業へのコミットメントとモチベーション．企業の発展と自分自身の経済上，仕事上の発展とが密接に関連していると思える慣行なら，企業活動への努力の投入がより大きくなることは十分ありうる．第二のメリットは，企業内での熟練形成や技術蓄積ができること．熟練も技術も人に体化されるものである．その人の移動が激しければ，企業組織の中にはなにも蓄積されなくなってしまう．あるいは技術やノウハウの継承もできなくなるだろう．継続的な雇用はその蓄積を可能にし，さらに雇用が長期になるのが当たり前であれば，人々の蓄積への努力もまた大きくなるであろう．

年功序列

　こうした雇用慣行と密接に関連しているのが，年功序列である．年齢に応じて，賃金や地位が上がっていく，という人事慣行である．結果としてこうした傾向があることは，日本だけでなく世界中どこにもあるが，日本の年功序列は「年齢の序列と賃金や地位の序列の逆転をなるべくさけようとする人事慣行」と考えるべきだろう．そこでも，本質は，結果としての年齢と賃金の対応関係ではなく，逆転をさけようとする人事方針にある．

　年功序列制がうまく機能している企業では，実力主義的年功人事が行われているのが普通である．それは，仕事の実質的権限は若くても実力のある人

がもつように工夫しながら，賃金や地位といった表面の制度では年功制を守ろうとする方針のことである．それによって，仕事の効率の維持と職場の人間関係の調和とを両立させるようにしている．

年功制も，厳密な意味ではあちこちの企業で崩れ始めている．とくに年功的な賃金の支払いの体系は，組織内の中高年層の数が巨大に膨れ上がるという組織の高齢化が進んできた90年代以降，もはや経済的にもたなくなってきている．しかしそれでも，年齢による序列という社会秩序を企業組織の中でも重んじようとする傾向は，アメリカなどと比べればかなり強い．

企業別組合

長期雇用的に雇用関係が結ばれれば，一つの企業に働く人々は長期間仲間でありつづける．職種に関係なく，同じ職場の仲間になる．そうした状態が当たり前になれば，労働組合も企業別になるのは自然な話である．

企業別労働組合という労使関係のもっとも大切な点は，二つある．第一は，仕事の種類に関係なく企業を単位として，基本的には一つの組合で労働者が組織されるということ．つまり，ブルーカラーもホワイトカラーも同じ組合組織に属する．第二は，その組合が会社側と労使交渉をする主体となるので，上部労働団体（産業別の労働組合連合）は存在するが，基本的には交渉の当事者でもなく交渉のコントロールもほとんどできないこと．アメリカなどの産業別組合では，職種別に組合があることが多く，労働交渉も上部団体に大きく依存したプロセスになるのが普通である．

日本のような労働組合であれば，労働組合もその企業の将来を考えるようになるのはごく自然で，労使の協力の体制がつくりやすいのは事実であろう．

日本企業の組織内の職種間賃金格差は，アメリカなどと比べれば小さい．とくに，ブルーカラーとホワイトカラーの賃金格差は小さい．その大きな理由は，両者が一つの組合をつくっているからで，一つの組合の中で賃金格差を大きくするのには抵抗感が強い．

長期雇用的でかつ企業別組合という制度のもとで社内での昇進という形で人事が行われると，労働組合の幹部の経験が人事のルートの一つになる可能性は高くなる．事実，日本の企業の労働組合の幹部の多くは，専従の労働運動家ではなく，管理職へと転じていくケースが多い．

ただし，こうした企業別労働組合に所属するのは，基本的には長期雇用保証の暗黙対象になっている正社員たちだけである．その一方で，日本の企業はパート採用の人々の比率を高めて行くという雇用構造をとってきた．いわば，雇用の二重構造を一つの企業の中で生んできたのである．

最近では，パート社員の労働組合への参加さえも議論されるようになってきた．二重構造問題は企業の人件費対策としてはわかるし，働く側のフレキシブル労働の要求に対する対応という面もあることは確かであろう．しかし，企業の雇用構造としてそうした二重構造が隠微な形で長期的に拡大することは，おそらく望ましくないだろう．

見えざる出資

こうした雇用慣行と労使関係から生まれるのは，働く人々が企業活動の長期的なパートナーであるという意識である．株主と並んで，ときには株主に優先して，企業の「実質的オーナー」という意識が自然に芽生える．これは，コーポレートガバナンスの問題であり，日本企業にとってはじつに本質的な問題と言える．第Ⅳ部でさらに掘り下げた議論をするが，ここでは雇用構造と直接関係をもつ，働く人々による企業に対する見えざる出資の問題を論じておこう．

長期雇用保証が存在するが年功的な賃金の傾向が強いという状況から，見えざる出資の感覚は二つのルートから生まれる．

一つは，年功賃金体系のもとで，働く人々が若年時に受け取る賃金が彼らの生産性より低いという状況が発生しうる．そのために，一種の過小支払いとでもいうべき時期がかなり続く．その過小支払い分は，企業の留保利益として企業の中に蓄積され，投資される．その分が，従業員の見えざる出資なのである．

年功賃金は，勤続年数に応じて単調に増加するが，他方，従業員の企業に対する貢献は，年齢とともに変化する．年齢に対応して生産性がどのように変化するかについて，確固たるデータはないが，一般的には次のような推移をたどると考えるのが妥当である．

まず，企業への参加によって，従業員はさまざまな熟練を形成していく．従業員の生産性は，この熟練の形成と比例しているだろう．熟練に伴う生産

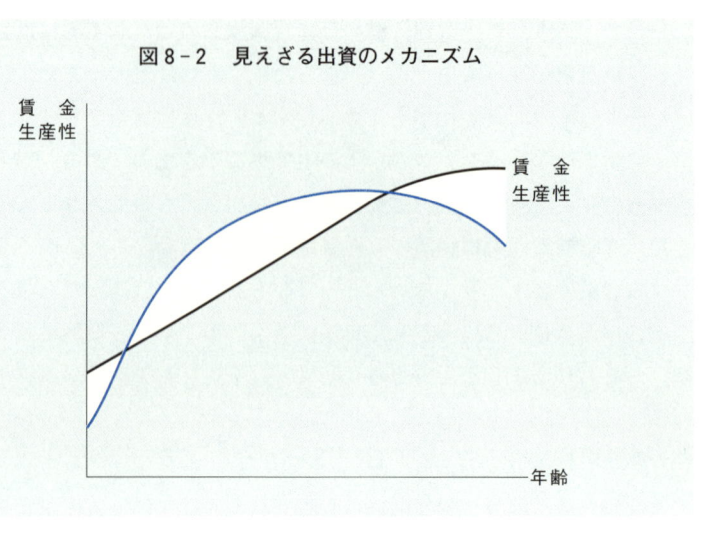

図 8-2　見えざる出資のメカニズム

性は，勤続年数の増加とともにある年齢までは増加するが，どこかでピークを打ってその年齢から先では生産性は低下し始める．

つまり，勤続年数と生産性との関係は，ある年齢で生産性がピークに達するというゆるやかなU型の曲線で示されると考えることができる．

一方で賃金が勤続年数とともに単調に増加する年功制であれば，賃金と生産性の間にはアンバランスが生まれる．それが図8-2の白い部分である．勤続の初期の段階を除けば，従業員はある年齢までは自分の生産性以下の支払いしか受けず，その年齢を超えれば生産性を超える賃金の支払いを受けるというアンバランスである．

このアンバランスは，従業員と企業の双方にとって重要な意味をもっている．従業員にとって，これは一種の投資であり年金制度である．若年期の過小支払は，高年期の過大支払いという形で還付される．しかし，その還付は，固定的なものではなく，企業の業績によって左右される．それは一種のリスク投資なのである．

これは，従業員持株制やストックオプションの制度と類似しているが，決定的な違いがある．この投資に対する報酬を受け取る権利は，自由に売買できず，企業に勤め続けているかぎりにおいて，確保される．それは，従業員が企業に対して拠出した特殊な出資金で，一種の人質とも見なせる．従業員は実質的に出資者なのである．

見えざる出資は，もう一つのルートでも発生する可能性がある．それは，好況による利益増加をストレートにボーナスとして従業員にすべて分配せず，押さえられることがあるというルートである．「将来の厳しい時期に備えて，あえてボーナスをそれほどははずまない」などと説明されたりする．その分だけ企業の留保利益は増えることになる．つまり，利益好調の時期にもその成果分配を十分には受けずに将来に備えておく，という意味で，その留保利益増加分は従業員による見えざる出資と考えることができる．

　企業の側からすれば，こうした見えざる出資はいずれも自己資本の中の内部留保の充実に貢献する．内部留保は前章でも議論したように，経営者のフリーハンドの余地がもっとも大きな，そして直接的な資金コスト支払いを考えなくてもいい資金である．企業の発展のために長期的に投下できる資金である．

　それが，企業の積極的な投資の資金源の一部として機能してきたのが，過去の日本企業であったのであろう．しかし，組織人口の高齢化とともに，いわば年金支払いと同様な時期に日本の企業は今，さしかかっている．過去は成長と発展に機能した見えざる出資が，今はその出資金の払い戻しを求められる状況になっている．

日本的雇用構造の長所と短所

　このような日本的雇用構造は，さまざまな長所と短所をもっている．

　日本的な雇用構造の第一の長所は，従業員の企業への一体感・所属感を高めることができることである．長期雇用，見えざる出資，年功制，企業別組合，さらには企業内の格差の小ささは，企業の中の一体感を高めるのに貢献している．その結果，複雑なインセンティブ・システムをつくらなくても，ある程度の意欲を引きだすことができる．

　また，このような雇用構造は，従業員の熟練，とくに企業に特異的な熟練の形成に大きく貢献している．このような熟練が蓄積されることによって，企業内の調整が容易になっている．

　同時に，企業の内部での昇進が行われるために，企業内部の競争が促進され，それが人々の貢献意欲を高める役割も果たしている．

　また，このような雇用構造が，雇用の保証，格差の拡大の抑制などによっ

て，社会の安定にも貢献している．

　しかし，このような日本的雇用構造が欠点をもっていることもたしかである．第一の欠点は，企業の固定費を高めることである．アメリカの企業では，人件費は変動費だと考えられているのに対して，日本では，長期雇用を前提としているため，固定費と見なされている．高い固定費をもつ企業は，操業度を維持するために，利益よりも売上高の確保を目指した戦略をとりがちである．それが長く続きすぎると，利益率は落ち，資本の効率は下がってくるだろう．

　第二は，雇用の確保を優先した戦略のために，資源配分の非効率が生み出されることである．従業員の雇用の確保のために，シナジーのない分野への多角化が行われるのは，この典型例である．ここでも資本効率の悪化が心配される．

　第三に，正社員とパートという二重構造を雇用に内包していることである．その二重構造は，さまざまな意味での差別感を生むことになれば，働く人のインセンティブにも影響するし，また職場の社会生活の場の心理的安定のためにもマイナスであろう．異なった雇用慣行の人々の多様な存在をもっとオープンに体系化するなどという対策がないと，短所になってしまう．

　第四は，若い人々に十分な活躍の機会を与えることができにくいという問題である．年齢による逆転を避けるという年功制度のもとでは，将来性のあるエリート候補に若いうちから大きな仕事の場を経験させて，大きな発想のできる経営者候補に育てるのが難しい．

　第五は，自由感の欠如である．日本では，外部の労働市場がそれほど整備されていないために，不満があっても企業から出ていくのは難しい．かなりの決心と勇気がいる．そのために，企業や仕事に不満があっても，企業の中にとどまらざるをえない．日本と欧米との比較研究では，従業員の企業に対する不満がもっとも大きいのは日本であるという結果が得られることが多い．このような結果が得られるのは，不満があっても，企業を離れることが難しいからである．企業の中の人々は，自由が欠如しているという感覚をもつことが多い．それが人々に息苦しさを与えてしまう．

　こうした状況が変わりつつあるという面もある．労働市場の流動化が進んでいる部分があるからである．しかし，その流動化は，多くのジャーナリス

ティックな発言ほどには進みそうにない．この章で議論してきた，雇用構造の多面的影響とその選択の論理を考えれば，短期流動的でない長期安定的な雇用構造のメリットはかなり大きいと思われるからである．そのメリットを大きく減じるほどに若い世代の価値観が変わるのかどうか．答えはまだ出ていない．

（演習問題）

1. 何を雇用しているのかということについて，スキルベースの考え方とヒトトータルのベースの考え方とがある．それぞれの考え方のどちらかに偏るとどのような経営上のマイナス，社会的なマイナスが起きるか，具体例とともに考えなさい．
2. あなたの会社（あるいはあなたが就職したいと思っている会社）の賃金制度は，どのような賃金支払いの原則の上に作られていると思いますか．建前として言われている論理ではなく，実際の賃金制度とその現実の運用の仕方が意味している賃金支払いの原則は何かを考えてみなさい．
3. 見えざる出資の考え方の背後には，賃金以外の雇用慣行がどのように関連していると思いますか．最近，年功賃金制度が改革され，成果主義制度に移行しているとよく言われます．その移行の後では，従業員の見えざる出資はゼロになっていると考えていいでしょうか．具体例をイメージしながら，考えなさい．

第Ⅱ部

組織のマネジメント

第9章

組織と個人,経営の働きかけ

　企業は人間の集団である．その集団を組織して，チームとしての活動を行うことによって企業行動の実体が作られている．その組織の活動は，組織に働く多くの人々の協働作業として行われる．その協働をなんらかの意味で統御するのが，「組織のマネジメント」である．

　マネジメントとは，組織のメンバーを「制御すること」ではない．たんに命令する，服従させる，規律を与える，といったような，「コントロールあるいは制御」というにおいの強いイメージだけで捉えるべきでない．たしかに，そうした言葉で表現するのが的を得ているような「経営」をしている経営者もいる．しかし，一般的な理解としては，もっと中立的な意味での「協働作業の統御」が，組織のマネジメントの内容だと考える方が正確である．「統御」というやや硬い言葉を使っているが，それは，人々に動きを「促し，率い，舵取りすること」と考えればよい．経営とは，人々の協働を促し，率い，そして協働全体の舵取りをすることなのである．

　では，人々が組織の中でしていることは，よりくわしく考えると何なのか．組織のマネジメントとは，その人々の動きを主にどんな手段で，あるいはどんな観点から統御しようとすることなのか．つまり，組織の中で個人は何をしているとイメージすればいいのか，経営の統御とはどのような手段による働きかけを人々にすることなのか．

　そうしたきわめて基礎的なことをきちんと理解する作業を，組織のマネジメント全体の導入としてこの章でまず行っておこう．次章以降の個別のトピックの説明はすべて，この基礎的枠組みにもとづいている．

1　人々は何をしているのか

個人の業務行動と学習：業績を直接に決めるもの

　組織は個人の集まりである．その個人たちの協働として組織の活動が生まれてくる．その協働ぶりを，組織の業績を良好な水準に保つために統御しようとするのが，組織のマネジメントである．

　業績とは，企業の場合，利益，成長，雇用の維持，社会的貢献，と具体的な内容はさまざまでありうるし，複数でもいいのだが，ともかく業績への目的志向を「経営する」という行為はもっている．それは，組織の存在目的でもある．

　しかし，業績を直接的に決めているのは，経営そのものではない．経営の働きかけの結果として導き出される，組織に働く人々の業務行動である．たとえば，工場の人々が生産し，営業が販売し，財務は資金調達をする．販売スタッフが顧客を訪問する，人事部長が新人の採用をする，研究者が製品開発のための実験をする，そういったもろもろの業務行動の総体のよしあしによって，直接的には組織の業績が決まってくる．

　当たり前のことである．組織のすべての実際の仕事は，組織に働く第一線の人々によって行われる．彼らの業務行動が，外部の環境条件と絡み合って，組織の業績を決める．したがって，経営する人間はあくまで間接的にしか業績への影響をもつことができない．

　人々の業務行動の集積として組織の活動が生まれ，そこから組織の現在の成果が生まれてくるという意味で，業務行動は「現在の」組織としての協働の成果・業績を決めている．しかし，組織の中にいる人々はもう一つの重要な活動を行っている．それは，学習である．たとえば，業務行動とそれがもたらす結果から，人々は新しい知識を得ている．

　もっとも単純な場合，このようなやり方をすると仕事がうまくいく，このようなやり方は失敗をもたらすという経験であり，なぜそうなるのかについての知識がそれにともなって得られることもある．さらには，協働している仲間から教えられることもあるかもしれない．あるいは，自分自身が仕事の

場とは独立に勉強を重ねることもあるだろう．その総体が学習である．

　能力の蓄積，技能の形成，知識の拡大，人材の熟知，組織風土の会得，さまざまな学習を人々は，組織の業務活動との関連で行っている．その学習は，組織の人的ネットワークの中で，人々に教えられたり教えたりしながら，そして企業外部の人に教えられたりしながら，行われていく．学習とは，すでに誰かがもっている知識を得ることを意味するだけではない．試行錯誤を通じて，誰もが知らなかった知識をつくり出すことも学習である．

　その学習は，ただちには現在の組織の業績にはつながらない．しかし，学習の蓄積が将来の業務行動をより適切なものにする可能性が大きく，それゆえに将来の組織の業績を決める大きな要因になる．だから，学習は学習する個人にとって大切なばかりでなく，組織にとってもきわめて重要なのである．

　そして，企業という組織は，現在のためだけに存在するものではない．将来への継続が当然，考えられている．人々の学習は，将来の協働のポテンシャルを決める．それだけ重要なのである．

　つまり，組織という協働という場では，人々が行う次の二つの活動が重要な意味をもつ．

業務行動 ──→ 現在の協働の成果を決めるもの
学習　　 ──→ 将来の協働のポテンシャルを決めるもの

　とくに，学習に目を向けることによって，組織ははじめて真にダイナミックな，時とともに変化できる存在となる．この二つは，完全に独立ではない．行動の結果，学習するということがある．また学習の結果が，次の行動を決める要因になるということもある．

意思決定と心理的エネルギー：行動と学習を決めるもの

　業務行動と学習が現在と将来の組織の業績を直接的に決めるものであるとして，個々の人間による業務行動の選択，学習の選択は何が決めているのだろうか．

　個人の行動は，それが業務行動であろうと，学習するという行動であろうと，ベクトルにたとえられるだろう．方向と大きさ，その二つがともに重要なのである．方向とは「何をするか」ということ．大きさとは「どの程度一

生懸命にその方向での行動をとるか」ということである．

　行動ベクトルの「方向」を決めるのが，人々の意思決定である．

　組織のメンバーは大小さまざまな意思決定を行う．業務行動の場合であれば，生産の決定，工場建設の決定，製品デザインの決定，部品調達の決定，機械修理の決定，新事業開発の決定，新製品価格の決定，などさまざまな意思決定が綾を織りなして，組織全体の決定の細部が，大枠が，つくられている．そうした無数の意思決定は，組織のあちらこちらで分散して行われていく．勝手に行われるというのではないが，分担せざるをえないほど，組織全体の意思決定の総体は複雑である．

　複雑なうえにさらに厄介なのは，人々が自分の担当分野の意思決定をしたからといって，それがすぐに十分な業務行動や学習につながるとは限らない，という現実である．意思を決めた後でもそれを実行するのをためらう人，遅らせる人が，たくさんいる．生半可に実行する人も多い．そして，決定の内容をどの程度実行するか，一生懸命に行うか，によって実際にとられる業務行動や学習の濃さと程度は変わってくる．組織の業績を決めるのは，こうして「現実に実行された」業務行動である．意思決定そのものではない．

　そしてさらに，意思の決定とその実行の間には，かなり深い溝がある．それは，業務行動でも学習でも同じである．意思決定が選択するのは，方向だけである．その方向に向かって，実際に動きだす，努力が始まるには，時としてその深い溝の上を人々はジャンプして飛び越さなければならない．

　たとえば，経済分析の結果，大きな設備投資が必要だということがよく理解でき，投資をしようと決定をする，しかし，本当に巨額の資金を投入していいのか，最後までためらう．あるいは，研究開発の将来を見越すと自分のチームはある分野の深い学習を先行させることが必要だと，頭では判断できた．しかし，短期の競争に勝つような製品を開発する圧力も一方で強い．その状況の中で，営業の連中に文句を言われることを覚悟で，長期的な学習活動に実際に乗り出せるか．

　そこにはジャンプが必要なことが多い．そのジャンプのためには，大きな心理的エネルギーがいる．踏み切るだけの押す力としてのエネルギーが必要なのである．

　ジャンプが大いに必要なような決定の実行ためだけでなく，ジャンプをし

た後に強固な力で実行する努力のためにも，心理的エネルギーがいる．さらには，決断自体はそれほどのジャンプではない業務行動でも，それを地道に強力にやり続ける継続的な努力の背後にも，かなりの心理的エネルギーが必要とされるであろう．いずれも，「人間のやる気」という平たい表現で言われるようなことである．

比喩的な言い方をすれば，業務行動と学習は人々の「身体」が行うこと，意思決定と心理的エネルギーは人々の「頭」と「心」の中で起きること，と仕分けができるだろう．「身体」が行うことは外から見えるが，「頭」と「心」の中は外からは見えない．

このように，業務行動，学習，意思決定，心理的エネルギー，この四つが人々が組織の中で行っていることであり，発生させているものであり，その全体が人々の協働の総体である．その総体を経営は統御しようとする．

しかし，統御のために経営が直接的に働きかけられるのは，人々の意思決定と心理的エネルギーという「外からは見えない」部分だけである．彼らの業務行動と学習は，最終的には彼らに任せざるをえない．彼らが実行者だからである．したがって，この二つには直接的には働きかけられず，意思決定と心理的エネルギーをとおして間接的にのみ働きかけられる．

目的，情報，思考様式，感情：個人の意思決定と心理的エネルギーの背後に

では，個人の意思決定と心理的エネルギーを決めているのは何か．それを理解する必要がある．なぜなら，経営の統御のために直接的に働きかけられるのは，組織に働く人々の意思決定と心理的エネルギーそのものではなく，それを彼らが自分で決めている際のメカニズムに登場する彼ら個人の基礎要因だからである．まず，意思決定のメカニズムがどのようなものか，概念的議論をしてみよう．

現実の意思決定は，きわめて複雑な心理的過程の産物であると考えるべきであろうが，経営学ではそのメカニズムの基本を次のように想定するのが普通である．

まず意思決定は，ある個人が外界から何らかの情報を受け取ることから起こる．その情報と意思決定の間には，大別して二つの関係がありうる．

第一の関係は，入ってきた情報がほぼ自動的に一定の意思決定をもたらす，

という関係である．たとえば，コンビニの店長による商品の補給のような，ルーティンの仕事を行っている人を考えればいい．ルーティンの仕事として在庫調べをし，その在庫の情報にしたがって大半の場合かなり定型的に意思決定が決まってくる．この場合には，このような決定をルーティン化された意思決定と呼ぶ．ルーティン化された意思決定では，ある情報に対応してどのような行動をとるべきかは，その人の記憶の中にしまい込まれている．

情報と意思決定の第二の関係は，入ってきた情報をもとに，複雑な思考過程が引き起こされ，その思考と判断の結果としてある行動が選択されるという関係である．このような意思決定を，問題解決型の意思決定という．

問題解決型の意思決定では，まず外界から受け取った情報の意味が明確化される．たとえば，ある会社の事業部長が，その事業部の当月の売り上げが前月よりも減ったという情報を受け取ったとしよう．この情報は，さまざまなことを意味し得る．事業部の戦略がうまくいっていないことを意味するかもしれないし，たんに営業部門の努力が不足しているということを意味しているだけかもしれない．どのような意味が引き出されるかは，事業部長がもっている情報や知識に依存している．

このように，人が記憶としてもっている知識や情報が異なれば，人が引き出す意味も異なってくる．

事業部長の思考様式も，意味の確定に影響を及ぼすかもしれない．ここで思考様式と言っているのは，個人としての認識のパターンや判断の様式である．それはたんに意味の確定に影響を及ぼすだけでなく，人がどのような情報に注目するかにも影響を及ぼすであろう．認識が違えば，どこに目をつけるのかも違うからである．

情報の意味がわかると，事業部長は問題を定式化し，解決するための行動を選ばなければならない．たとえば，営業部門の努力が不足しているとすれば，いかにして営業のやる気を引き出すかが問題となる．この問題を解決するには，いくつかの行動の代替案を編み出さなければならない．営業を叱責してやる気を起こさせるという行動もありうるし，新しいインセンティブの仕組みを導入するという行動をとることもできる．どのような問題が立てられるか，どのような代替案が編み出されるかは，事業部長が個人としてもっている目的，知識や思考様式に影響されるだろう．

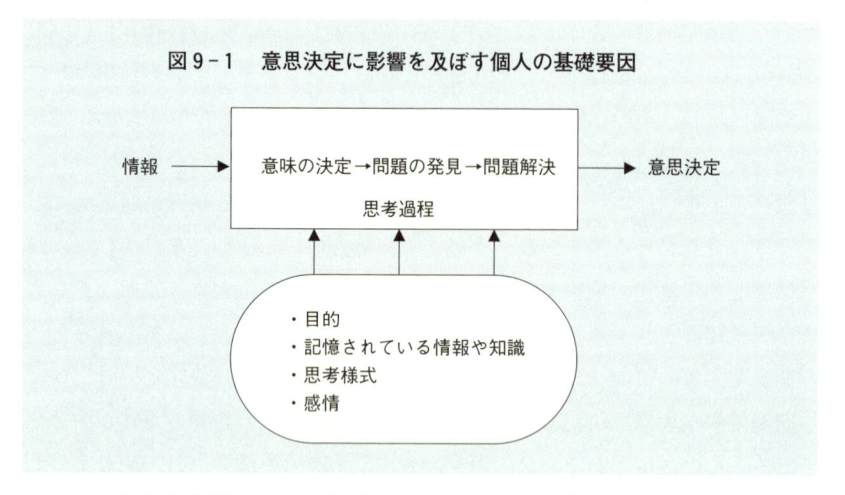

図9-1　意思決定に影響を及ぼす個人の基礎要因

情報 → ［意味の決定→問題の発見→問題解決　思考過程］ → 意思決定

・目的
・記憶されている情報や知識
・思考様式
・感情

　このような代替案がいくつか存在するときには，その中からどれかを選択しなければならない．この選択に大きな影響を及ぼすのは，事業部長の目的である．この目的をもとに，事業部長は判断を下す．その結果が，意思決定であり，取られるべき行動の方向である．

　このような複雑な思考過程全体に，感情が影響を及ぼすということも十分にありうる．感情に流されてしまって，冷静な判断や選択ができなくなることもあるし，情熱があるために，通常では思い浮かばないような創造的な代替案が編み出されるかもしれない．

　以上のように考えると，個人の意思決定を決める主な要因は，個人がもっている目的，情報（記憶されている情報や知識），思考様式（認識と判断のパターン），感情，という四つの基礎要因であると言っていいだろう．

　心理的エネルギーの大きさが決まってくるメカニズムにも，この四つの基礎要因が大きな影響を与えると思っていい．とくにその中心は，個人がもっている感情のありようであろう．なんらかの理由で個人的に感情が高揚している人は，組織の仕事への心理的エネルギーの供給が大きくなるであろう．あるいは，経営からの働きかけによってモチベーションがわいて，感情的にハイの状態になり，それが仕事のための心理的エネルギーを高めることも，もちろんあるだろう．

　個人の心理的な感情だけでなく，目的，情報，思考様式もそれぞれに微妙な影響を心理的エネルギーの供給に与える可能性がある．自分の仕事の内容

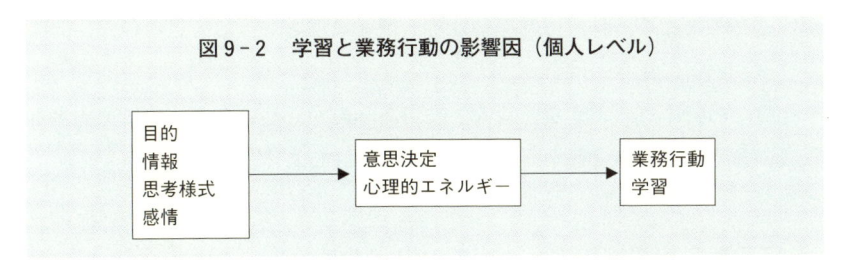

図9-2　学習と業務行動の影響因（個人レベル）

```
┌─────────┐     ┌──────────┐     ┌────────┐
│ 目的    │     │ 意思決定 │     │ 業務行動│
│ 情報    │ ──→ │ 心理的   │ ──→ │ 学習    │
│ 思考様式│     │ エネルギー│    │         │
│ 感情    │     │          │     │         │
└─────────┘     └──────────┘     └────────┘
```

が個人の価値観や目的意識と同じ方向のものなら，エネルギーがわきやすいであろう．あるいは過去の経験からの情報で，ある業務行動がいい成果をあげそうだと判断していれば，その種の行動にはやる気が出るだろうし，逆にどうも情報の内容が悪い，あるいは自分の思考様式にはそぐわない行動を取らざるをえない，というような状況では，心理的エネルギーの水準が高くなるとは考えにくい．

こうした心理的エネルギーの大きさが，たんなる意思決定から実際の行動へと人を踏みきらせる大きな要因であることは，すでに以上のように述べたとおりである．ここでの事業部長の例でそれを示せば，事業部長の場合には，実際にモノをつくるとか売るという行動をすることは少ない．それよりも，自分自身の事業の方向性についての選択の結果を人に伝える，制度を変えるというのが事業部長の行動であることが多い．

組織の管理者の行動は，コミュニケーションという行動にかかわったものであることがほとんどである．しかし，そのような行動を実行に移すにも，心理的エネルギーが必要である．反対する人もいるだろうし，成功するかどうかも確実ではない．そこでは，勇気とか，執念とか，さまざまな心理的力，エネルギーが必要とされる．現実の世界では，行動の方向を決めただけでは，不十分なのである．情報がそろい，目的があって，そして同じような思考様式をもっていても，踏み切って努力を始める人とそうでない人がいる．

以上のように，組織の業績から始まって，業務行動，学習という業績を決める直接的要因を考え，その背後にある意思決定と心理的エネルギー，さらにその背後にある四つの個人的基礎要因を見てきた．それらの関係を図示したのが，図9-2である．

こうした枠組みの中で考えてみると，組織のマネジメントのための経営の統御あるいは経営からの働きかけは，人々のもつ次の四つの基礎要因に働き

かけることになる．目的に働きかける，情報に働きかける，思考様式に働きかける，感情に働きかける．

そのために，どのような経営の手段があるのか．それを全体的に把握するための大きな枠組みは何か．それを次節で議論しよう

2　何で組織を統御するか：経営の働きかけ

三つの働きかけ：戦略，システム，理念と人

経営の働きかけの全体像を理解するための枠組みとして，戦略で働きかける，経営システムで働きかける，理念や人で働きかける，という「三つの働きかけ」の枠組みをこの本ではもつことにする．この三つのものを経営者が決める，設計する，提供することによって，組織で働く人々への経営としての働きかけの全体像ができている，と理解する枠組みである．そして，その働きかける対象は，直接的には個人の四つの基礎要因，究極的には業務行動と学習である．

X理論とY理論──マグレガーの研究

マグレガーは，管理者が人間についてもっている日常的な理論には2種類のものがあると主張した．一つは，X理論で，次のような前提から成り立っている．①人間は生来仕事がきらいで，なろうことなら仕事はしたくないと思っている．②人間は，強制されたり，統制されたり，命令されたり，処罰するぞとおどされたりしなければ十分な力を出さない，③人間は命令されるほうが好きで，責任を回避したがり，あまり野心をもたず，なによりもまず安全を望んでいる．

もう一つは，Y理論であり，次のような前提から成り立っている．①仕事で心身を使うのは当たり前のことであり，遊びや休憩の場合と変わりはない，②人はすすんで身を委ねた目標のためには自ら自分にムチ打って働く，③献身的に目標達成につくすかどうかは，それを達成して得る報酬しだいである，④人は，条件しだいでは責任を引き受けるばかりか，自らすすんで責任をとろうとする，⑤企業の問題を解決しようと，比較的高度の創造力を駆使し，手練をつくし，創意工夫をこらす能力はたいていの人に備わっている，⑥現代の企業においては，日常，従業員の知的能力はほんの一部しか生かされていない．

マグレガーは，現在の社会では，Y理論をもとにマネジメントを行うべきであると主張している（D．マグレガー『企業の人間的側面』産業能率大学出版部）．

図9-3　経営の働きかけ

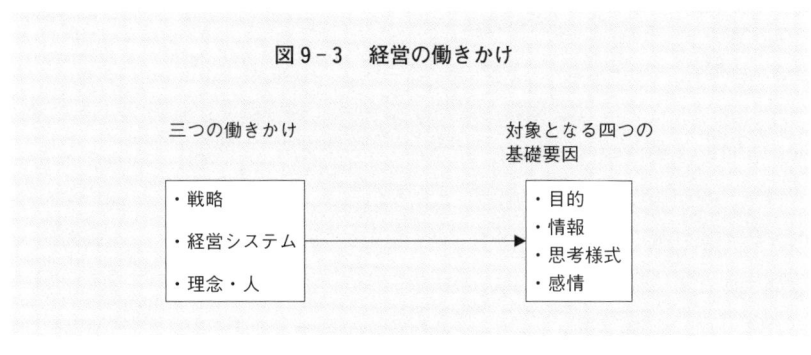

```
    三つの働きかけ              対象となる四つの
                               基礎要因
   ┌─────────────┐          ┌─────────────┐
   │・戦略        │          │・目的        │
   │・経営システム │─────→   │・情報        │
   │・理念・人    │          │・思考様式    │
   │             │          │・感情        │
   └─────────────┘          └─────────────┘
```

　具体的なイメージ例として序章でも述べた酒屋さんのご主人の例を振り返って，その枠組みの解説をしよう．

　①**戦略による働きかけ**　ご主人は部下を二人もっている．彼らの業務行動と学習の統御が，酒屋さんとしての業績を上げるための組織のマネジメントの主な内容となる．そして，業務活動と学習への働きかけが成功するためには，直接的には二人の部下の目的，情報，思考様式，感情へ働きかける必要があるというのが，前節までの議論であった．

　戦略という環境のマネジメントの手段を決めるという作業をすでにご主人は行っていると考えよう．たとえば，どのような店にすれば地域社会に受け入れられるか，どの客層をメインのターゲットにするか，扱い商品をどうするか，ということである．

　戦略を決めるという作業の主な狙いはもちろん環境のマネジメントなのだが，そのご主人しかできない決定の内容が，きちんと部下二人に伝えられているということは，じつは彼ら二人への四つの要因への働きかけになっている．つまり，戦略の決定は組織のマネジメントの第一歩でもある．

　たとえば，どのような店にしたいかという思いは，それに部下が共鳴する場合には，彼ら個人の目的に内在化されるかも知れない．そうなれば，ご主人の理念や目的が部下の個人の目的に入り込めることになって，目的の同一方向性が高まる．すると，ご主人と部下，部下二人，それぞれの間で目的自体が似てくることによって，それぞれが取る決定も相互につじつまが合いやすくなるだろう．あるいは，目的が類似していると互いに理解すると，心理的にも一体感が生まれ，心理的エネルギーが供給されやすくなるだろう．

　こうして戦略の内容の明確な伝達は，部下の目的への影響というインパク

トをもつ．さらに，戦略の伝達は，部下の情報の認識や思考様式にも影響を与えるであろう．

たとえば，どのような戦略を実行するために自分たちが仕事をするのか，ということを理解すれば，主なターゲットとすべきお客さんのクレームはとくに重要な情報だという認識が生まれるだろうし，彼らの要求を満たすためのきめ細かなサービスは具体的に何だろうかをつねに考えるという思考様式を部下がとることにもつながるだろう．

あるいは，戦略が達成しようとする目標の高さ（たとえば，地域で断トツの信頼を得る店にしよう，地域のためになるようなことは目先の利益にならなくても積極的にやろう）は，部下の感情のありように直接的に影響するかも知れない．人は，大きな目標，意味深いと思える目標を目指すときに，感情のレベルが高まるのが普通だからである．

こうして，戦略を明確にもつこと，そしてそれをきちんと組織に伝えることによって，組織をマネジメントするための経営の働きかけの第一歩が達成される．

②経営システムによる働きかけ　これは，人々の仕事の実際の仕組みのシステムをどのように設計するかで，人々の四つの要因に働きかけようとするものである．

経営システムとしてこの本で重視してそれぞれに章を設けて詳説するのは，組織構造，インセンティブシステム，計画とコントロールのシステム，の三つである．

組織構造とは，酒屋さんの例で言えば，二人の部下の分業の体系と相互の調整，そしてご主人への報告のシステムのことである．組織としてそうした基礎構造をもって仕事をするという意味で，それを組織構造という．

インセンティブシステムとは，ご主人が部下に与えるご褒美の仕組みのことである．給料の出し方がそのもっとも典型的な例であろう．

計画とコントロールのシステムとは，業績を測定し，それをご主人がチェックして必要ならば仕事のやり方を変えるような指示を出す，そのための仕組みである．こうした測定とチェックがあることをあらかじめ二人の部下が知っていることが重要で，そのためにきちんと仕事をしようとする規律が生まれてくる．

こうした三つのシステムを主な要素とする組織のマネジメントのための全体的システムを，経営システムという．それを部下の心理や性癖を考慮に入れながらたくみに設計し運用することによって，部下の四つの基礎要因（目的，情報，思考様式，感情）に微妙な働きかけができる．次項でよりくわしくそれを見る．

③**理念と人による働きかけ**　理念による働きかけとは，酒屋さんの目指す理念，あるいは酒屋さんの組織文化などをご主人が工夫することによって，部下に働きかける，ということである．

人による働きかけとは大別して二つのものがありえる．一つは，ご主人の属人的リーダーシップによる働きかけ．第二は，部下の選別，育成，配置による働きかけ，である．

第一の働きかけは，リーダーに人々がついていくという現象によって統御がなされるケースである．第二の働きかけは，いわば，四つの基礎要因をもっている「人」そのものを，働きかける以前に経営の側が選択しているケースとも言える．次々項でよりくわしく見る．

内向きのマネジメントとしての組織のマネジメントの中心は，経営システムと理念・人による働きかけである．しかし，戦略は，環境のマネジメントのために設計されるものであることが第一義的な意味であるが，その組織への浸透・共有は組織のマネジメントの第一歩でもある．

経営システムと理念・人というそれぞれへの働きかけのうち，前者はシステム設計というハード的な匂いのする働きかけであり，後者は人がらみのソフト的な匂いの強い働きかけである．この二つの働きかけについてくわしく述べるのがこの本の第Ⅱ部（組織のマネジメント）の基本的な内容であるが，その概要を次項と次々項で紹介しておこう．

経営システムで統御する

経営システムで人を統御するとは，そのシステムのつくられ方次第で人々の四つの基礎要因が影響を受けることを深く認識して，統御のためのシステム設計を行うということである．「システム設計」がキーワードである．

たとえば，組織構造は分業と組織内のコミュニケーションの仕組みを決めるのが中心だが，それを決めると人々の役割が決まり，人々の間の情報の流

れが決まる．それは，各個人の目的や情報に大きな影響を与えるだろう．

　さらに，役割意識と日ごろ接する情報がその人の思考様式に影響を与えることもしばしば見られる現象である．たとえば，酒屋さんの店員が電話で注文を取ってそれを卸問屋に伝えることだけが役割という組織構造にすると，店頭に来た，まだ買うべきものがはっきりとはしていない顧客の細かい問い合わせを丁寧に聞くと情報が手に入りやすいという思考様式は，生まれにくい．電話で注文する客はすでに自分の買うべきものと量を決めた人だからである．したがって，すべての店員が定期的に店頭販売をするという組織構造にすることが，思考様式を顧客志向にするために望ましいのかも知れない．

　インセンティブシステムの設計の仕方は，もっとも直接的には部下の感情に働きかけるのであろう．あるいは，目的に働きかけるという場合もあるかも知れない．給料の払い方を店全体の業績に応じて払う方式を取り入れれば，経済的な欲求を通じてその人の満足が高まり，それが感情という要因にプラスの効果をもつだろう．

　つまり，うれしくなる，いい思いをする．あるいは，店の業績を高めたいという目的を店員が内在化させるかも知れない．さらには，新規顧客の開拓件数で給料のある部分が決まるというインセンティブシステムにすると，新規開拓を重んじるという思考様式に部下の思考のパターンが変わっていく可能性がある．

　インセンティブシステムは，部下の四つの基礎要因のうち，主に感情，ときに目的や思考様式にインパクトを与えるシステムと理解していいだろう．

　計画とコントロールのシステムとは，業績測定とフィードバックの仕組みのことである．人は自分があげた成果を見て，将来の行動を改めるかどうかの判断の材料とする．あるいは，自分の成果がどのように評価されるかを考えて，自分の行動を決める．さらには，フィードバックを上司からもらうことは将来の改善の情報にもなるし，あるいは評価があるという励みにもなる．

　酒屋さんの店員も，毎週，店の業績と自分の貢献がきちんと測られて，評価のフィードバックと自分自身の行動でどこを気をつけなければならないかを指摘されれば，翌週からの動きを変えようとするだろう．貢献のはかばかしくないことを指摘されれば，落ち込むかも知れないが，その指摘の仕方次第では翌週のやる気につながるかも知れない．さらに，計画とコントロール

のシステムで測られるようなことに，なるべく注意の焦点を向けようとするような思考様式に変わっていくだろう．

そうした業績の測定とフィードバックは，それをやりすぎると「自分は信頼されていないのか」と面白くない感情が生まれる可能性もある．じつに多様な影響をもつ，大切な経営からの働きかけである．計画とコントロールのシステムの設計は，個人の基礎要因のうち，主に情報と思考様式に働きかけ，ときには感情に働きかけることによって，組織の統御に役立つ．

第Ⅱ部では，第10章（組織構造），第11章（インセンティブシステム），第12章（計画とコントロール：プロセスとシステム）と，順を追って経営システムの設計の論理的枠組みを解説していく．

理念と人で統御する

人はパンのみにて生きるにあらず，とよく言う．経済的な損得，周りの評価などだけで人の行動が律せられているわけではない，という意味の発言と理解していいだろう．組織のマネジメントのための経営の働きかけを考える際にも，当然，そうした本質を人々がもっているのなら，それを大いに考慮する必要がある．その考慮にもとづく「人間臭い」経営の働きかけが，「理念と人で統御する」という概念でくくった部分である．

その一つの主なものは，経営者が経営の理念を表明し納得を求め，そして組織の文化の形成に大きな努力を払うことによって，人々のもつ四つの基礎要因に影響を与えようとする経営の働きかけである．理念と文化で統御する，と言ってもいい．

組織の存在理由としての理念は，働く人々の目的にも影響を与えるであろうし，価値観としての理念は彼らの思考様式に影響を与えるであろう．あるいは，理念に賛同することで感情のレベルの高まりがある場合もあるかも知れない．

あるいは，組織の中の人々の多くが共有している価値観や思考様式という意味での組織文化は，その形成と共有の促進を図ることによって，まさに人々の目的や思考様式に影響を与えようとする働きかけである．そして，そうしたものを共有している人が多いという事実が，じつは人々の感情の水準を高めることもある．人はやはり群れる動物で，自分と似たような価値観，

思考パターン，認識の仕方をもった人が周りにたくさんいると，それがうれしいことが多いのである．

こうした理念的な働きかけばかりでなく，もっと直接的に経営者の人格や人柄で人々を引きつけ，統御しようとするのが，属人的なリーダーシップによる働きかけである．

たとえば，酒屋さんのご主人にカリスマ性があり，部下がそのカリスマに引きつけられて，あの人のためならなんとか努力をしようという気になる．そんな現象をイメージすればよい．それゆえに部下たちが，酒屋さんのためになる行動や学習をすることをいとわなくなる，ということである．リーダー個人と部下たちの間の人間関係を引っ張るリーダーシップである．これが経営の働きかけの中心であることは，古来繰り返し強調されてきたことである．

部下の人事的な処置（選別，育成，配置）による働きかけもまた，もっとも基礎的な働きかけで，そもそも酒屋さんでうまく働けそうな人を採用する，彼らを育てるからきちんと仕事ができるようになる，そういった働きかけをイメージすればよい．

人材育成と人事配置の問題も，経営全体を統御する際にどの経営者も配慮しなければならない．たとえば，どのような組織構造にするかという問題は，その組織構造が意味する役割をこなせる人がいるかに依存して決まるであろう．現有の人材の有効配置という経営の働きかけをまず優先させて，その人材に適合するような組織構造を設計する，ということも十分ありうる．

人の配置と育成は，「人で統御する」という言葉を，「人そのものを統御することによって人で統御することになる」と理解すれば，じつに基礎的に大切な経営の働きかけであることがよくわかるであろう．

以下の章では，第13章で経営理念と組織文化の問題を扱い，第14章でリーダーシップ，第15章で人の配置，育成，選抜を考える．

3　組織のマネジメントの全体像

組織のマネジメントの全体像：経営の働きかけから業績まで

前節までの説明は，組織の業績を出発点にして，どんどんとさかのぼって

図9-4 組織のマネジメントの全体像

経営の働きかけ　個人の基礎要因

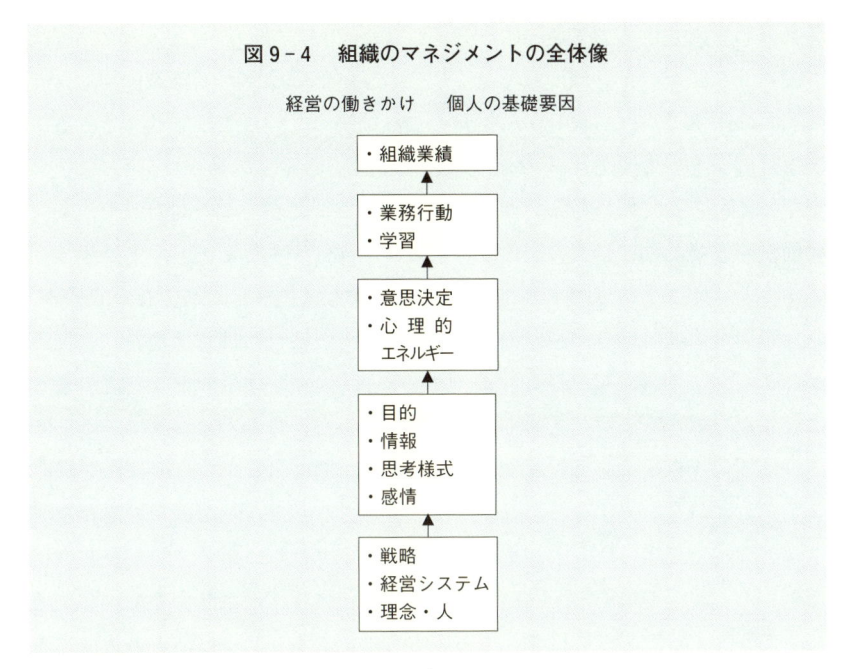

- 組織業績

　↑

- 業務行動
- 学習

　↑

- 意思決定
- 心理的エネルギー

　↑

- 目的
- 情報
- 思考様式
- 感情

　↑

- 戦略
- 経営システム
- 理念・人

いって経営の働きかけにまで至った．その意味では，組織のマネジメントの全体像の解説であった．その全体像をあらためてまとめて図示すると，図9-4のようになるであろう．

　この全体像を見て，二つのことを強調することが大切である．一つは，実際に組織のマネジメントを行おうとする側が操作可能なのは，図のもっとも下の「経営の働きかけ」だけであること．したがって，その設計や提供がいかに行われると組織のマネジメントがきちんと行われやすくなりそうか，その全体像を段階を追ってこの図は示している．

　第二に，下端の経営の働きかけから上端に近い「業務行動」と「学習」（つまり，組織に働く人々の行いとして現実的に意味のあるもの）までの間には実に長い距離があることである．この距離の長さゆえ，ある経営の働きかけが実際の及ぼすインパクトは多様になり，また拡散して効果が薄くなることもある．

　その距離の長さが，組織のマネジメントを難しくしている一つの大きな要因である．その距離の遠さのもつ意味は，深く認識される必要がある．だから，「当たり前のことを6割の人が行っていれば，その企業は優良企業」と

さえ言われたりするのである．

　論理的な距離の長さばかりでなく，その長い部分はすべて組織に働く人々の個人の内部で，彼ら自身が結局のところは決めていることばかりであることも，経営を難しくしているもう一つの要因である．つまり，「他人に仕事をやってもらっている」という序章で表現したことが，この図の四つの基礎要因から業務活動，学習に至るメカニズムの部分がすべて個人の中で起きることだということに，図示されている．「経営とは任せること」なのである．

　指示命令系統という，組織のあり方を論じるためにしばしば使われる言葉があるが，この言葉は誤解を生みやすい．経営とは，「命令をして従わせること」だと考える誤解である．この距離の長い図からわかるように，たんに部下に「何々をせよ」と指示すればすむような話ではない．命令はたしかに必要だし，命令を出すことを経営者はできる．しかし，その命令の内容を部下がどの程度忠実に守るか，その指示では十分ではないディテールをどの程度きちんと現場で埋めるか，そして何よりもどの程度一生懸命その内容を実行しようとするか．それはすべて不確実なのである．じつは彼らの裁量に委ねられているのである．カネの提供するものと違ってヒトの提供するものには供給の不確実性が高い，と第8章で書いた．それはまさにこのことである．

　しかし，彼らに委ねられている裁量の余地が広いといっても，彼らは本当にきちんと実行するかと疑うだけでは，あるいは頻繁にチェックするだけではヒトは動かない．彼らは感情の動物でもあるから，信頼が必要となる．

　つまり，任せっぱなしにするには不確実性が高すぎる．しかし，任さないことには自分一人では仕事はできないし，第一，人の信頼感に傷がつく．ですから，基本は任せる．こうして，「任して任さず」という考え方が，組織のマネジメントの根幹の見方になるのである．

タテの影響，ヨコの相互作用

　経営の働きかけという観点から組織の中の経営現象の全体像を解説してきたこの章では，タテの影響の存在をしばしば指摘してきた．タテ，つまり経営者から現場の人々に至るまでの，組織の三角形のタテ方向のことである．

　経営の働きかけの多くは，業務行動や学習を委任した側（典型的には経営者，管理者）から委任された側の意思決定や心理的エネルギー，さらにはそ

の背後の，個人目的，情報，思考様式，感情へと，組織としての協働がうまくいくような方向へ影響を与えていこうとする試みである．たとえば，インセンティブを与えて人々の心理的エネルギーを高めようとする，というのが典型的な影響の例である．これが組織のマネジメントのもっともわかりやすい部分である．

つまり，影響という概念が組織のマネジメントの中心概念なのである．それは，たびたび述べているように，マネジメントが「直接制御」とは違うことを意味している．影響という言葉は，自由な意思をもつ人々に働きかけるという意味をもっている．人々を無理矢理に動かすことではない．

影響という現象は，基本的にタテのプロセスである．しかし，組織の中で人々が自分たちなりに意思決定や心理的エネルギーを決めようとしているときに考えるのは，決してタテからの影響の要因だけではない．組織の他のメンバーの行動を彼らは互いに見ている．互いにコミュニケーションをしている．いわば，ヨコの相互作用も組織の中ではつねに起きている．そして，その相互作用のインパクトによって，人々の業務行動が変わり得る．学習の努力も左右される部分がある．

たとえば，開発の人間と販売の人間が同じチームを組んで新製品開発プロジェクトをすると，開発と販売の間に相互作用が起き，情報の共有がすすみ，目的の共有も発生しうる．さらにはお互いの思考様式の学習もできるかもしれない．そうすることにより，市場のニーズを掘り起こせるような真に革新的な製品開発とその効果的なマーケティングが可能になる．つまり，開発と販売の行動の協働がうまくいくのである．その基本は，メンバーの間の相互作用であって，経営者からの指示ではない．

あるいは，同じような製品を売っている違う地域の営業部隊の間に，ライバル意識が生まれ，それが人々の心理的エネルギーを高め，人々の意思決定のための情報収集をさらに綿密にさせる，というような例もあるだろう．

つまり組織のメンバー同士でヨコにさまざまな相互作用が起き，それによって協働関係が形成され，維持されていくプロセスが組織の中では動いているのである．その相互作用の結果，自然発生的（自己組織的あるいは創発的）に協働関係やライバル意識が形成され，それが意思決定や心理的エネルギーの供給につながっていくプロセスである．

このヨコの「相互作用」のプロセスを，タテの「影響」のプロセスと区別したのは，組織のマネジメントの重要な要素として，このような自然発生的要素があることを強調したいからである．

しかし，そのヨコの相互作用の枠組みもまた，決して単純に100％自然発生なのではなくて，経営者や管理者によって設定された部分がかなりある．したがって，経営の働きかけとは，たんに個人の個別の意思決定や心理的エネルギーへのタテの影響だけを狙ってのものばかりでなく，ヨコの相互作用を起こすための状況づくりを狙った働きかけも十分ありうるのである．

タテの「影響」プロセスは，影響を受ける側の組織のメンバーからすれば，「他律」的なにおいの強い現象であろう．タテの系統の中で，それなりの意図があっての働きかけであることは自明だからである．それに対してヨコのプロセスである「相互作用」は，メンバーが自己組織的に協働関係に貢献するプロセスである．それは，かなりの「自律」のにおいの強い現象である．

つまり，組織のマネジメントとは，自律と他律のミックスからなるものなのである．

「制御」という概念に象徴されるように，組織のマネジメントを管理者による徹底的な「他律」の活動，と捉えるのは正しくない．と同時に，組織のマネジメントを組織のメンバーの自己組織的活動が中心と捉えるのも正しくない．他律的部分もあれば，自律的部分もある．問題は，その二つの部分の相互依存のダイナミックスにある．「自律と他律の並存」という一見矛盾しそうなところに，組織のマネジメントの本質がある．

個人の自律性と現場の自己組織性

なぜ，組織のマネジメントが，自律と他律のミックス，あるいは併存なのか．それは，すでに述べたことだが，個人の自律性と現場の自己組織性という二つの現象が，組織の中では起きている，ともに大切な現象だからである．それを最後によりくわしく解説しよう．

①**個人の自律性**　そもそも，組織の人々のそれぞれの意思決定と心理的エネルギーは，ともにかなり自律性の高いものである．他人に律せられ，誘導されてそのとおりに出てくるようなものではない．それは，一人ひとりの個人が自律性の高い存在だからである．

心理的エネルギーの自律性は，多言に及ばないだろう．個人の心の中に生まれるエネルギーは，誰かに命令されて生まれてくるようなものではない．その人自身の心理から生まれてくる．その生まれてくるプロセスに，経営と組織の中の出来事がさまざまな形で働きかけるのである．それは，ときに意外な形をとる．

　たとえば，祭りのにぎわいの中に入ると周囲の熱気に感染して多くの人がうきうきとエネルギーを生み出すように，熱中して仕事をしている仲間の感情空間に入り込むと，人の心にエネルギーの火が点火される．あるいは，社会に貢献していると実感できるような仕事に主体的に参加できる機会が，人の心理的エネルギーを引き出したりする．あるいは，もっと当たり前の例としては，多くの金銭的な報酬が高い業績を達成すれば得られるという仕組みが，人々のエネルギーを駆り立てることもある．

　しかし，これらすべての例で，エネルギーの発生と経営の働きかけの間の関係は確定的なものではない．エネルギーは生まれるかも知れないし，生まれないかも知れない．最後は，個人の自律に依存する．

　意思決定に関しても，組織の中の人々はかなりの自律性をもっている．たしかに人々が意思決定する分野あるいは範囲は，組織の中の役割分担の中で大きな枠として決まってはいるだろう．だが，その枠の中で具体的にどのような内容の決定をするかについては，次の二つの意味でかなり自由度が実際にはある．

　第一に，組織は分権せざるをえない．一人の人間の情報処理能力に限界があるからである．それが分担，分業の基本的な理由である．分権すれば，その件についての意思決定は基本的に分権された人に任されたことになる．完全な自由度はなくとも，かなりの自由度をその人が実際にはもってしまう．

　第二に，権限の分散があるばかりでなく，意思決定につながる情報処理も分散的に行われる．多くの人が，自分が手に入れた情報，自分がその情報から発見した意味にもとづいて決定を行っている．そして，その情報処理のために，人々は情報を交換し，コミュニケーションを保つ．そうした情報交換の全体を「情報的相互作用」と呼ぶとすれば，情報交換行動は分散的に，個々の人の自律性のもとに基本的には行われる．

　中央のコンピュータがすべての情報処理の根幹を司る，というイメージで

はなく，個々のパソコンが自律的に情報処理を行い，そしてそれぞれをつなぐネットワークが存在して，ネットワーク全体として分散処理が行われている，そういうイメージである．

分権と分散的な情報交換は，組織のそれぞれの人々の意思決定がかなり自律性をもって行われざるをえないことを意味する．もちろん，自律性は完全なものではない．それでは，組織としての協働がおぼつかなくなる．協働のために，経営の働きかけは人々の意思決定の間の整合性をとって，各人の決定が足並みのそろったもの，つじつまの合ったものにしようとする．それが，調整の努力である．調整の必要があるという事実自体が，じつは意思決定が基本的には自律性のかなりあるものであることを意味している．

こう書くと，意思決定での個人の自律性は組織にとって必要悪なのか，という疑問が出るかも知れない．そうではない．積極的な意味もある．それは，個人の自律性とイニシアティブを尊重することによって生まれるメリットがあるからである．

第一に，情報的な意味では，それぞれの人に決定を任せることによって，その人がもっている情報，集められる情報をもっとも雑音なく有効に使える，というメリットがある．その人がもっている情報を報告させて，誰か上の人が決定するようにすることもたしかにありうるが，その場合には情報のゆがみ，遅れ，洩れが必ず生じる．個人の自律性とイニシアチブの尊重の第二のメリットは，心理的エネルギーへの好影響である．自律性が高ければ，その人は自分の仕事を自分でコントロールする割合が高いことになる．多くの人にとってそれは，他人に命令されてただ従うだけという場合よりも心理的エネルギーを駆り立てられる可能性が強い．

②**現場の自己組織性**　組織の中の人々の意思決定と心理的エネルギーは，たしかにその根源は人々の個人の中で起きるもので，その意味で自律性の高いものなのだが，しかし人々は組織の中でたんに個人として野中の一本杉のように存在しているのではない．彼らの現場には周りの人々がいる．その周りの人々のとる行動に影響され，あるいは自分が周りの人々に影響をあたえ，現場での一種のグループ現象が必ず起きる．その多くは，自己組織的なものである．上から命令され，あるいは誘導されて現場の人々の間の相互作用が発生するばかりでなく，彼ら自身の間で，自然にグループ行動が起きる．

それを自己組織化現象という．自己組織化とは，外部からの介入がなくとも自分たちの間で，秩序をつくるあるいは構造を変えるという意味での「組織化」が起きる，ということである．誰かほかの人が組織化をするのではなく，自分たちで組織化してしまう．

たとえば，企業の営業の現場担当者が急激な需要変化に対応するために，工場の現場の人々と話し合って製品の出荷スケジュールを変える．あるいは，さらには出荷の仕方の仕組みそのものを変えていく．あるいは，部品工場が

コミュニケーション・ネットワーク——レビットの実験

　社会心理学者のレビットは，集団におけるコミュニケーション・ネットワークにかんするさまざまな実験を行った．さまざまなタイプのコミュニケーション・ネットワークが，仕事の効率や面白さにどのような影響を及ぼすかを知ることが狙いであった．

　ある実験では，代表的なコミュニケーション・ネットワークとして，図Aのサークルと図Bのウィールが取り上げられた．サークルは全員が平等の地位を占めるネットワークであり，ウィールは1人が中心となる階層的なネットワークである．コミュニケーションのコードが決まっている単純な仕事では，ウィールがもっとも少ないメッセージの量で，もっともはやく仕事を成し遂げることができた．それにたいして，コミュニケーションのコードが事前に決められないような複雑な仕事では，サークルがもっともはやく仕事を成し遂げることができた．また，サークルでは，コミュニケーションのコードについての新しい提案がより頻繁に行われ，それが人々に受け入れられやすかった．実験に参加した人々の満足感も，サークルのほうが高かった．

　この実験は，階層的な関係は絶対ではないということを暗示している．階層的な関係は，単純な仕事を成し遂げるのには向いているが，複雑で多くの人々の意見を取り入れなければならないような仕事，創造的な仕事を遂行するためには階層的な関係は適していないといえるのである．

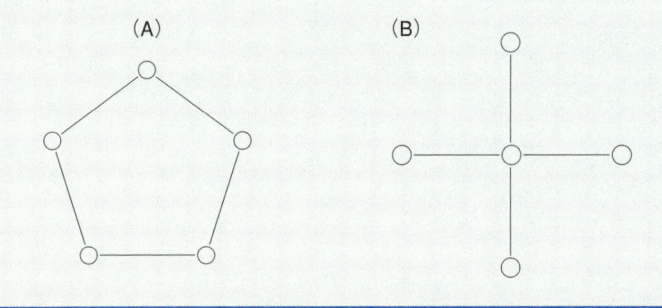

(A) 　　　　　　　(B)

火災になって操業不能になったとき，その工場と類似製品を作っている社内の他の部品工場や関連会社の工場が即座に連絡を取り合って，失われた生産を取り戻すために，自分たちが緊急生産で何を作るかを考え始める．本社の細かい指示を待つのではなく，自分たちで自律的に組織化が始まる．もちろん，その後で本社も乗り出すのだが，現場の動きは自己組織的に動き出す．

経営の働きかけは，このように個人の自律性と現場での自己組織性をもった組織の人々に対して行われる．タテも大切，ヨコも大切．その両方に働きかけるのが，経営の働きかけなのである．

(演習問題)

1. 経営の手段変数から個人の基礎要因への働きかけを経て個人の業務行動と学習へと至る長い影響の道のり（図9-2）を，ある工場のマネジメントを例にとって具体的にくわしく述べてみなさい．たとえば，工場長のとる経営の手段から生産現場の工員さんの行動と学習までを，工場長が決める工場組織の構造の具体的措置を出発点に考えてみなさい．
2. 経営の働きかけとしての，戦略，経営システム，理念と人，という三つの手段は，それぞれにどのような特徴や長所・短所があるだろうか．全体像を考えなさい．
3. 組織は個人を抑圧する存在である，という意見があります．この章の個人の自律性と現場の自己組織性の議論を下に，組織が抑圧の存在になってしまう状況とはどのようなものかを考えなさい．

第10章

組織構造

　組織構造とは，組織における分業と調整の体系のことである．組織の中ではさまざまな協働が行われている．協働の基本は分業である．しかし，協働が有効に行われるためには，分業した仕事の調整が必要である．調整が行われなければ，分業は非効率になるばかりか，ときには分業そのものが意味をもたなくなってしまう．

　組織の中で，どのような分業を行うか，それをいかにして調整するかについての，基本的な枠組みを決めたのが，組織構造である．実務の世界で，組織機構，組織編成あるいはたんに組織と呼ばれることもある．

　組織構造はたしかに分業と調整の基本的な枠組みではあるが，人々の分業とその調整には，組織構造以外にも多様な手段がある．リーダーあるいは管理者が，その都度，指示や命令を出すことによって人々との分業のやり方を決め，それを調整することも可能である．人々の集団がもつ自然な協働能力を利用して，分業とその調整を行うこともできる．小さな組織では，これだけで分業と調整を行うこともできるかも知れない．

　しかし，組織が大きくなってくると，そうはいかない．分業と調整の大筋を決めておくことが必要になってくる．ある管理者はどの範囲の人々に指示をするのか，誰がどのような仕事をするのか，誰が誰に連絡するのか，をあらかじめ決めておかなければならない．それが組織構造である．

　しかし，逆に言い換えれば，組織構造だけで分業とその調整のすべてを行うことはできない．それを補完するさまざまな仕組みや行動が必要になる．組織構造はあくまでも大筋を決めたものであり，その意味で基本なのである．組織構造は，組織の骨格にあたるものであると言えるかも知れない．骨格は

生物の基本的な形を決めるが，骨格だけでは生物は生きていけない．

　組織構造は，経営者・管理者によって設計される．その設計の際の，基本変数は何か（つまり何を設計するのか），設計するにあたっての重要な考慮事項とは何か，代表的な組織構造としてどのようなものがあるのか．これらの疑問に答えることが，この章の課題である．

1　構造設計の基本変数

　組織構造の設計とは，次の五つの基本設計変数についての選択のことである．

> 1．組織における仕事の分担をいかに行うか，つまり役割（職務）をいかに決めるか（分業関係）
> 2．役割の間の指揮命令関係をどうするか（権限関係）
> 3．どのような役割同士を結びつけてグループ化するか（部門化）
> 4．役割の間の情報伝達と協議のあり方をどうするか（伝達と協議の関係）
> 5．個々人の仕事の進め方を，どの程度まで規則や規程として事前に定めておくか（ルール化）

　このうち，分業関係と権限関係は分業の体系についての設計変数，部門化から伝達と協議の関係とルール化までの三つの変数は，調整の体系を組織内につくるための設計変数である．

仕事の分業関係

　組織が，その目的を達成し，社会的任務を果たすためにはさまざまな仕事が遂行されなければならない．メーカーがその仕事を行うためには，製品の製造，販売，開発という仕事が必要である．これらの仕事を基本的な職能（あるいは機能）と呼ぶ．商業では，仕入れと販売が基本的な職能となり，銀行では預金の獲得と融資，振替決済や外国為替などが基本的な職能となる．

　しかし，そうした基本職能以外の仕事も企業には必要である．どんな業種であれ，企業として利益があがっているかどうかを知るために，会計あるい

は経理という仕事がいる．人の採用や配置を決定する人事などの仕事も必要である．メーカーや商業では，資金を調達したり運用したりする財務の仕事も，基本職能ではないが，事業継続のためには必要不可欠である．これらの仕事は，組織の本来の仕事に直接関係するわけではなく，補助的あるいは間接的職能（機能）である．

これらの職能は，さらに分割できる．メーカーの基本職能の一つである製造という職能は，さらに開発，生産作業，品質検査などの仕事に分けることができる．さらにそれを，より細かな仕事に分けることができる．このようにして細分化され，個々の人に割り当てられた仕事を，職務という．

分業とは，これらの仕事を誰が担当するかを決めたものである．

分業は，組織にさまざまな利益をもたらす．

第一は，分業によって，それぞれの仕事が単純化できるという利益である．この効果は，現場での作業でとくに顕著である．一つの複雑な仕事を比較的単純な仕事に分けることによって，多くの人々，ときにはあまり熟練をもたない人々を仕事に参加させることができる．分業は，個々の仕事を単純化し，それによってより熟練度の低い人々を，簡単な訓練で利用することができる．

第二は，個々の人々が専門化した仕事に携わることによって，専門的な熟練した能力を形づくることができるという利益である．分業によって体験学習の範囲を限定することで，より深い熟練を形成し，より高度な知識を獲得することができる．これは，とりわけより高度な熟練や専門知識が要求される仕事の遂行にとって重要な意味をもっている．工場における熟練工，銀行の国際為替ディーラーなどがその例である．

仕事が高度に専門化されているときには，専門訓練を受けた専門家を外部から雇うということもできる．現代の組織がきわめて高度な仕事を遂行できるのは，分業によって，専門家の高度な知識や熟練を利用できるからである．

分業には，同時に短所もある．その第一は，仕事の単調化である．とくに，単純化された反復作業は，人々に疎外感や単調感を生み出す危険がある．第二は，分業が，組織内の人の流動性を失わせ，組織の変化への対応能力を下げてしまうという欠点である．とりわけ仕事が高度に専門化しているときには，組織の中での人の移動は簡単には行なえない．環境の変化，技術の変化によって企業の中の職務が変わることがある．既存の職務が不要になり，新

たな職務が必要になることがある．しかし，すぐれた技術者を財務部門に配置しても，彼の能力や熟練は生かされない．能力の不一致が生じるのである．

第三は，専門化が組織内の対立（コンフリクト）を助長するという欠点である．専門化した仕事を行うためには，それに応じた能力が形成されるだけでなく，それに応じたものの見方や発想が形づくられなければならない．

後に詳しく論じるように，分業にともなって人々に異なったものの見方が形成されるという側面を組織の分化という．分化にともなって組織内部のコミュニケーションは難しくなる．また，分業をしている人々がそれぞれの仕事に愛着をもち，それに一体化しているときには，自分自身の仕事を守るために，組織全体にとっては利益をもたらすが，自分自身の仕事には不利な決定に抵抗するということもありうる．また，分化は，部門間の利害対立を生むこともある．対立は，分業にともなう必然的な結果であるとさえいえるほどである．

これらの長短を考慮に入れて，どの程度の分業を行うかを決め，それをもとに個々の人々の職務を決めることが，組織構造の決定の第一の問題である．

権限関係

仕事の分業関係が組織の中のヨコの分業関係であったとすれば，権限関係はタテの分業関係といえる．権限関係を決めるとは，上司と部下との間の権限をどのように分割するか，あるいは上司が部下にどのような権限委譲を行うか，という問題である．それは，上司と部下の間の役割の分業と考えることができる．

組織の中では，じつにさまざまな意思決定が行われる．設備投資の決定から部品の購入価格の決定，セールスマンの訪問先の決定まで，じつに多種多様な意思決定が毎日行われている．その決定を仮に権限委譲しないとすると，すべてをトップの経営者が決めることになる．それは，一人の人間の能力としてとてもできることではない．したがって，権限の何らかの委譲は組織としては必須のことになる．その委譲のあり方を設計するのが，権限関係の委譲である．それは，意思決定の責任を分担するという意味で分業なのである．

ただし，権限関係の決定の中には，調整のための意思決定の権限を誰がもつかという権限関係の決定もある．しかしそれも，分業をするためには必須

になる調整という仕事の権限の所在の問題と捉えればよい．

意思決定権限の関係についてのもっとも基本的なのは，分権と集権の問題である．集権とは，意思決定の権限をできるだけ組織階層の上部に集中しておくような権限関係の決め方であり，分権とは，それを組織階層の下部に分散させる方法である．分権と集権は，分権か集権かという二者択一の問題ではなく，どの程度に分権化するかという程度の問題である．この程度は，どのような意思決定事項を分権するかという視点（より多くの意思決定事項が分権されているほど，分権化の程度は高い）から捉えることができるし，委譲された意思決定に関して，どの程度の自由裁量の余地を与えるかという視点（自由に決定できるか，それとも上司の決済や上司への報告が必要か）から捉えることもできる．

一般に，集権的な組織は，意思決定の権限が上部に集中されているために，その意思決定者が広範な範囲の情報を集めたうえで大局的な決定ができるという利点をもつ．しかし，逆に現場の方から見れば，いちいち上部の決裁を仰がなければならないために，意思決定に時間がかかることになる．さらに，上層部に情報が集まるといっても，その情報の集大成のプロセスで雑音や遅れが入ることも予想される．つまり，現場の情報が十分には上昇部に伝わらないことが多いのである．そのため，集権的な組織では意思決定の質が低下するという欠点がありうる．

この問題は，ある特定の大切な意思決定に関して（たとえば，大手顧客からの緊急供給要求にどう応えるか），集権的であれば集まる情報の範囲が広くなるが，しかし情報の質は劣化している危険があるということである．情報の量，範囲，質について，集権と分権ではそれぞれに長所と欠点がある．

権限委譲のインパクトは，情報の量と質の問題だけではない．人々の自律性の問題が関わっている．集権的な組織では，下層部の人々が意思決定に参加できず，自律性をもっていないという疎外感が出てくる危険がある．分権的であれば，人々の参画意識を高めることができる．

つまり，意思決定のスピード，その際の情報の量と質，そして下層部の自律性と参画意識，さまざまな軸で集権と分権はそれぞれに長所と短所をもっている．その総合判断で，権限関係の設計はなされざるをえない．

最近，組織のフラット化の必要性が叫ばれる．それは，権限関係の設計の

問題として，何段階もの組織階層の上の方にいかないと意思決定ができなくなっているような，過度の集権が起きてしまっている組織が多いということの現れであろう．フラット化とは，権限委譲のことなのである．

部門化

　分業と不可分の関係にあるのが調整である．調整をともなわない分業は不毛である．部品の生産数量と製品の生産数量の調整が行われなければ，また前工程と後工程との調整が行われなければ，組織の中にさまざまな非効率が発生する．分業の調整には，さまざまな方法がある．市場も，企業間の分業を調整する手段である．市場では，調整は神の見えざる手によって行われる．それに対して組織では，調整は，意識的につくり出されたシステムを通じて行われる．それを，神の見えざる手ならぬ，経営者の「見える手」による調整が組織内で行われる，と表現したりする．もっとも，組織はそもそも，市場では行うことのできないより複雑な分業を調整することの必要性から生み出されたものである．

　組織構造の設計の第三の基本変数は，その調整のために人々をグループにまとめてそのグループ全体を任される人（部門長）をつくり，その人にグループ内部の調整を任せる，そうしたグループづくりの方針である．つまり，誰と誰，どの仕事とどの仕事を一つの部門とするか，という問題である．

　大きな組織では，通常，複数のレベルでの部門化，グループ化が行われている．まず，幾人かの人（あるいは職務）が一つのグループにまとめられ，それがさらに大きなグループにまとめられる．このようにして，組織階層が出現する．大きな組織では，なぜこのような階層的なグループ編成によって調整が行われるのか．それは，効果的な相互作用ができる人間の数に限りがあるからである．

　調整のもっとも原始的なやり方は，関係する人々の相互作用によるものである．相手の動きを見ながら，互いに連絡を取り合いながら仕事の調整を行う方法である．しかし，人と人とのコミュニケーションに手間がかかることを考えれば，直接に相互作用できるグループの規模にはおのずと限界がある．

　すべての人の相互作用によって調整を行うのではなく，リーダーである管理者が調整を行うようにすれば，相互作用の数を減らし，調整の負担を減ら

図10-1　縦長の組織と横広の組織

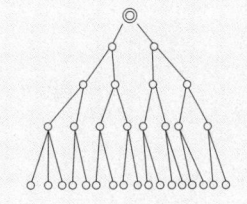

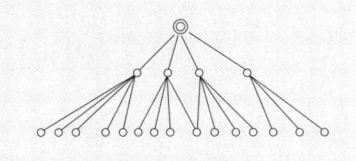

すことができる．また，管理者が調整という仕事に専門化すれば，彼は調整に必要な技能を生み出すこともできる．管理者をおくことによって，相互作用は簡素化され，調整はより容易になり，より上手な調整ができる．これが，管理者の存在理由である．

　この場合でも，一人の管理者が管理できる部下の数には限りがある．管理者の認識や情報処理能力に限りがあるため，管理者が効果的に調整を行うことのできる人数にはおのずと限界がある．一人の管理者が管理できる部下の数を統制範囲（あるいは管理の幅）という．統制範囲の限界は，個々の管理者の情報処理の能力に制約があるために生じる．統制範囲を超える部下をもった場合には，管理者は仕事の調整を十分に行えなくなるであろう．

　組織全体の統制範囲を狭めると，縦長の（tall）組織ができ上がるし，統制範囲を広げると横広の（flat）組織ができ上がる（図10-1）．縦長の組織は，きっちりとした管理が行えるというメリットがあるが，逆に，管理者の数が増大するという欠点があり，横広の組織は，管理者の数が少なく，トップまでの伝達経路が短いという長所があるが，管理が行き届かないという欠点がある．このように，部門化の第一の問題は，グループの規模をどの程度にするか（言い換えれば階層の数をどの程度にするか）という問題である．

　部門化に関するもう一つの問題は，部門化の方式，つまり，それぞれの階層レベルで何を基準にしてグループを束ねるか，の決定である．グループの束ね方にはさまざまな基準がある．同一の職能単位として束ねる方法（職能的な部門化），製品あるいは顧客を単位として束ねる方法（製品別あるいは顧客別部門化），地域を単位として束ねる方法（地域別部門化）などがその代表である．それぞれの部門化の方式には，長短がある．職能的な部門化と事業を単位とした部門化という二つの方法は，職能別組織と事業部制組織の

問題として昔から議論されてきた．第3節で議論する．

伝達と協議の関係

　分業の調整にかかわる第四の構造設計基本変数は，分業している人々の間のコミュニケーションと協議である．誰と誰がどのような状況では連絡を取り合い，協議するという構造にしておくか，というシステム設計である．

　組織におけるさまざまなコミュニケーションの結節点になっているのは，管理者である．彼は，下からきた情報をそのまま上に伝達するのではない．その情報をもとに独自で決定を下すこともあれば，その情報を編集，圧縮して上に報告することもある．また，上からきた情報をそのまま下に伝えるのではない．それをもとに意思決定をし，意思決定の結果を下に伝えるかもしれないし，情報を解釈しなおして，部下に伝えるかもしれない．

　つまり，一人の管理者に対して，何を上司や部下に伝達し，何を伝達しないかという基本方針が必要になる．

　階層的な組織において，伝達の基本は，上下間のものである．部門化を行えば，その部門に関する事柄の他の部門との調整のための伝達は，他部門との調整の必要な問題の発生を部下から伝えられた上司が，他部門の自分と類似の責任者と連絡を取り合って協議をする，というのが普通の組織の取り決めであろう．つまり，部下同士の間には，インフォーマルな連絡はあるかも知れないが，公式的には部門の長という階層を経た後のヨコの連絡になる．

　部門化によって，部門内部の伝達が簡素化されるだけでなく，命令の統一性が高まるという効果も期待できるし，情報の集中化もできる．しかし，他方で欠点もある．最大の欠点は，異なったグループの間の伝達と調整に時間がかかるという問題である．階層的な伝達経路を厳格に適用した場合には，異なったグループの間の連絡や調整は，それぞれのグループの管理者を通じて行われなければならない．しかも，これらの管理者が直接的に行うこともできない．これらの管理者のそのまた上位の共通の管理者を通じて行わなければならない．伝達と調整はきわめてまわりくどいものになってしまう．

　このようなやり方をとると，伝達に時間がかかり，伝達の内容に歪みが生じたりする欠点があるだけでなく，管理者の情報伝達の負荷があまりにも大きくなってしまう．伝達に時間がとられて，肝心な意思決定が行えないとい

う危険もある．

　このような事態を避けるための避難措置として，タテの階層を補完するヨコの横断的な伝達や協議の経路が置かれることがある．そのための手段も多様である．それぞれのグループに横断的な伝達や協議を担当する連絡係（リエゾン）を設置する，グループの代表者が集まって構成される会議や委員会を設ける，横断的な調整を専門的に行う担当者あるいは管理者を任命する，などの方法がある．

　横断的な経路を通じてたんに情報の伝達だけでなく，仕事の調整をも行おうとしたときに問題となるのは，タテの権限関係をもっている管理者と，ヨコの調整経路との間の権限の優先度の決定である．ときには，両者の決定に矛盾があるかもしれないからである．基本は縦の権限関係にあるという原則がある場合には，タテの管理者の判断が優先されるであろう．横断的な調整経路がほぼ対等の権限をもっている場合（あとで述べるマトリックス組織のような場合）には，両者の矛盾を解消するためにさらなる調整が必要となる．解消のためにかえって時間がかかったり，うまく解消ができなくて混乱が起こったりする．このような対立の解消の難しさが，横断的組織の最大の欠点である．

ルール化

　分業の調整を行うためのもう一つの基本的な方法は，ある一定の状態が起こったときに人々がとるべき行動をあらかじめ決めておくことである．ある条件のもとでは，このように行動する，決定するというルールや手続きを決めておけば，いちいち協議しなくても，また，場合によっては管理者が介在しなくても仕事の調整を行うことができる．もっと正確に言えば，調整が必要なくなる．

　このようなルールや手続きをプログラムという．xという事態が発生したときにはaという行動をとり，yという事態が発生したときにはbという行動をとるというように，想定できる事態に対応した各人の行動を決めたものがプログラムである．

　高度にプログラム化された仕事の調整の典型例は，消防署の火災出動である．火災の連絡があると，その大きさに応じて，一つあるいは複数の消防署

で，いくつかの仕事が独立して（いちいち管理者の指示がなくても）開始される．消防車のエンジンをかける，装備を準備する，出火場所を調べる，火災の種類を調べそれに応じた消火道具を用意する，などの活動が行われる．いちいち管理者の指示を仰いでいたり，協議していたのでは，その間に火事が大きくなってしまう．

このように，行動のプログラム化によって調整の負担は大きく軽減できる．同じような協働現象は，工場でも起こっている．始業のベルが鳴ると同時に，管理者の指示がなくても，あちこちで段取り，部品の点検，機械の点検や調整などの分業が秩序だって行われる．

したがって，想定でき，しかも日常反復的に起こる事態については，それに対応するための行動をプログラムしておくにこしたことはない．しかし，不確実な世界ではつねに何らかの不測の事態，想定されていなかったような事態が発生する．行動のすべてをプログラム化するわけにはいかない．

しかし，予想できる事態に関してはプログラムをもとに行動し，例外的な事態についてのみ，管理者あるいは協議による調整を行うようにすれば，調整の負荷は軽減できる．行動プログラムとして想定されていない事態が発生したときにのみ上司に報告し，その決裁を仰げばよい．この原則を「例外による管理の原則」という．例外原理は，通常の状態での管理者の負荷を軽減するとともに，必要な事態が発生した場合に管理者による調整を可能にするシステムである．

行動プログラムは，個々人の経験や職場の慣習として，個人の頭の中に存在するものもあれば，規則，職務分掌規程，あるいは標準作業手続として文書化されている場合もある．このような文書化をすすめることを，組織のルール化ともいう．

文書化の利点は，行動プログラムを明確化する，新しく配置された人々にも簡単に伝達することができるという点にある．これらの文書は，仕事を行い，それを調整するための組織の知恵やノウハウを客観化したものといえるであろう．行動プログラムは，組織的な学習の成果である．失敗や成功の経験をもとにプログラムが変更され，書き換えられていくことによって組織は進化する．

しかし，文書化は，ときには問題を引き起こすことがある．ルール化され

た規則が厳格に適用されたときには，規則や手続きの順守が重んじられ，その規則や手続きがいったい何のためにつくられたかが忘れられてしまったり，時間がたつとともに規則や手続が複雑化することが多い．ルール化は官僚的組織の特徴であるが，官僚的組織では，このような問題が生じやすい．

2 組織構造設計で考慮すべきこと

四つの基本的考慮：情報統合，コンフリクト，人材，副次効果

前節では，組織構造設計の基本変数の個々についてその設計の際の基本的考慮を述べたが，この節では組織構造が全体としてあるいは間接的に決めてしまっている大事なことに目を向けて，それらの要因とは何か，その要因への考慮をする際の基本スタンスは何か，を議論しておこう．

前節で述べたような五つの組織構造の基本変数の設計によって，その組織の中で起きる二つの基本的なことが，じつは決まってくる．

その一つは，組織の中の情報の流れである．仕事の分担を決めるということは，じつはその分担した仕事の間の情報の流れが調整のために必要になるということを意味する．権限関係を決めれば，誰が誰に報告の義務を負うかが決まる．それも情報の流れのあり方を決めている．部門化をすれば，その部門内の情報はその部門の長のところに集結するように流れるということであり，他の部門との情報の流れは基本的にその長を通して行うということになっている．伝達と協議のあり方を決めるということは，もっとも直接的に情報の流れを規定していることになっている．さらに，ルール化をすれば，そのルールの範囲内で処理されるべきことはその担当者以外に情報として流れないということも意味している．

組織構造の決定はまた，組織の人々の間のコンフリクト（対立）が起きる構造も決めていることになっている．それが，第二の要因である．

製造の仕事と販売の仕事を分業すれば，それぞれの担当者は製造をしやすいように動いたり，販売しやすいようなことを要求したり，その担当の仕事をスムーズに行うという利害を自然にもつようになる．したがって，販売は顧客の言うことを聞きたがり，製造は技術的に安定した操業を求める，とい

ったコンフリクトが生まれがちになる．

　権限関係を決めれば，自分に与えられた権限の範囲の中のことを大切にし，それが有効に実行できるようにさまざまな要求を他の人にするようになる．あるいは，自分の権限の範囲でないことには注意を向けなくなる．そこからコンフリクトが発生するだろう．部門化をするということは，異なった部門間のコンフリクトが潜在的に生まれることを，じつは意味している．セクショナリズムといわれる現象がまさにそれである．

　伝達と協議の関係を決めるということは，協議の場で意見の対立が起きることを想定した設計なのである．ほっておけば対立が大きくなる危険があるから，小さな食い違いのうちに伝達と協議を始めた方が対立が抜き差しならない調整に持ち込まれずにすむ．ルール化をすれば，「前例にない，ルールにない」といって他部門からの要求をつきはねる人が出てきそうだ．そこでも，ルール化自体がコンフリクトの芽をつくっている．

　組織構造を設計する経営者・管理者は，こうしてじつは組織構造の決定が決めてしまっている，情報の流れとコンフリクトの芽というものを，十分に考慮しなければならない．

　以上の二つの基本的な要因に加えて，どのような組織構造が自分の組織には望ましいかを考える構造設計者の立場として必ず考えなければならない第三の要因がある．それは，その組織構造を動かしていく人々（つまりは管理者）の人材としての資質や能力の問題である．つまり，彼らの能力に応じた，人材の質に応じた組織構造にしなければならない．そうでなければ，どんなに理論的には望ましい組織構造に見えても，それを動かす段階で失敗する．

　その典型例を一つだけあげれば，管理者の統制範囲という議論である．一人の管理者が何人の部下を見るようにすることが望ましいかということは，部門化のあり方を決める際にはきわめて重要な考慮事項であろう．その管理能力を超えて部下の数を増やせば，目が届かなくなって組織は動かなくなる．

　そして第四の考慮要因として，組織構造のつくられ方次第で多様に生まれてくる，さまざまな人間くさい副次的効果がある．たとえば，組織内の人々のライバル関係やパワー関係に対して組織構造がもつインパクトである．具体例をあげれば，社内カンパニーをつくるという構造設計をすれば，カンパニープレジデントは「えらい人」という認識が社内に生まれるかも知れない．

それは，プレジデントになる人の非公式のパワーに影響を与えるであろう．

以下この節では，情報の流れ，組織内のコンフリクト，人材とのマッチング，人間的な副次効果，この四つの観点から組織構造設計の際に考慮すべき要因を解説してみよう．

情報の統合と意思決定のポイント

組織構造の決定は，人々の間の情報の流れと意思決定のポイントを決めている．つまり，誰のところにどんな情報が流れ，その流れのどのポイントにいる人が何の意思決定をするのか，ということを決めているのである．

人々は，さまざまな情報（組織構造を通じて伝達される情報と意思決定に関与する人々の知識として保存されている情報）を総合して，その意味を判断し，行動する．組織構造が違えば，またその中の位置が違えば，その位置に流れ込む情報は異なり，情報の内容や性質が異なるであろう．

たとえば，一つの製品分野の工場と営業部門があったとしよう．工場長には生産に関する情報が当然，流れ込む．営業部長には市場に関する情報が流れ込む．では，来年の生産計画，新製品開発計画の意思決定は，誰がやるのがいいのか．単純に考えても，市場と生産の両方の情報を統合したうえで，生産側の都合だけでもなく市場の都合を過度に優先するのでもなく，事業全体としての視野のもとでの意思決定をするべきである．

そのための情報統合の仕方として，三つの案がありうる．一つは，工場長か営業部長かどちらかに事業全体の決定の権限を与えて，その人が生産と市場の両方の情報統合をする．第二の案は，二人が協議して合同で情報を統合し，かつ事業全体の決定をする．二人の合議がまとまらなければ，生産担当の副社長と営業担当の副社長が話し合って決める．それでも合意がつくれなければ，社長が最後には情報統合と決裁とを行う．第三は，工場長と営業部長の上に事業部長というポジションをつくり，その事業部長が情報統合をし，かつ事業全体をにらんだ決定をする．

どれも現実にありうる情報統合の仕方である．次節でよりくわしく論じるが，事業部制という構造をつくれば第三の情報統合をすることになる．職能別組織という組織構造を選択すれば，第二の情報統合を想定することになる．

組織構造が情報の流れと統合のポイントを決めてしまっているのは，構造

が示す権限や伝達の明示的なメカニズムが原因であるばかりではない．分業の仕方，部門化のあり方によって，人々の日常の業務行動の仕方のパターンが決まることによって，その業務行動を通じての人的な接触のパターンが変わってくるためでもある．

たとえば，事業部制をとって同じ事業の販売と生産の人間が同じ組織単位に属すれば，ひんぱんに個人的に会う機会も多くなる．人のネットワークが組織構造にしたがって生まれてくる．その接触から，コミュニケーションが生まれ，お互いの理解が深まり，あるいは知らず知らずのうちに生産の人間が販売の情報を気にし始める．自然に生産と販売の調整がとれてくる面がある．つまりは，さまざまな相互作用が人的な接触から生まれるのである．これはいわば，目に見えない，いつの間にかの情報統合になっている．

情報の統合と意思決定のポイント（組織内の位置）については，三つの原則が一般的には望ましい．第一の原則は，一つの意思決定に必要なさまざまな情報が統合されるポジションにいる人が，その件についての意思決定をするのがもっとも情報効率としてはいい，という原則である（つまり，情報の統合ポイントと意思決定のポイントを合致させる）．しかし現実には，情報の統合ポイントよりも組織上は上のポジションに意思決定の権限をもっている人がいることも多い．権限委譲が十分に行われず，情報の統合ポイントと意思決定ポイントがずれているのである．上の事業部制をとっているような例で，さらにその上に事業本部長がいて，彼の最終決裁がないと意思決定できないような状況になってしまっているのが，これにあたる．

第二の原則は，情報の統合のポイントはなるべく現場に近い方がいい，という原則である．現場はすべての情報の発生源である．その現場に近いところに，情報の統合のポイントを置く．もちろん，その統合ポイントを意思決定のポイントにもする．現場からの距離が問題になるのは，情報の遅れ，雑音による劣化などの現象が距離が遠ければ起きやすくなり，情報効率が悪くなるからである．こうした現場に近い情報統合が達成されるケースの多くは，先に述べたような日常的な人的接触のパターンを通じて，「いつの間にかの」情報統合ができているケースである．

第三の原則は，自己充足的な組織単位をつくれるのであれば，なるべくそれをつくって情報の統合が現場に近いところで行われるようにするといい，

という原則である．

　この原則は，情報効率という点で見たときの，望ましい部門化のあり方の原則にもなっている．自己充足的組織単位は，その組織の中にある機能，情報統合だけでその組織単位に割り当てられた仕事が十分に行える，という単位である．イメージとしては，仕事を行うのに必要な職能がすべてそろったグループ，部門を考えればよい．自己充足的組織単位である部門は，他の部門とは独立に意思決定を行うことができる．他の部門との調整があまりいらなくなる．メーカーの事業部，銀行の支店が自己充足的でありうる組織単位の例である．自己充足的単位は，組織全体の一種のレプリカであるといえるかもしれない．

　一般的に言えば，製品別，顧客別の部門化，地域別の部門化は，自己充足単位をつくりやすい方法であり，職能別の部門化は，自己充足単位をつくりにくい方式である．もちろんメーカーの営業所のように，地域的な単位ではあっても，製造という機能をもたないために自己充足的でない組織単位もある．組織を自己充足単位に分けることによって，その単位の自律性を高め，かつ他部門との調整の負担を減らすことができる．

コンフリクトの吹き出しと解消

　組織の内部では，人々の間にさまざまな対立（コンフリクト）が発生する可能性がある．たとえば，同一の情報であっても，製造部門と営業部門とではその解釈が異なるということがありうる．むしろ，そのような対立があるのが普通である．それぞれの部門の人々の頭の中に蓄積された情報（知識）に違いがあり，ものの見方や考え方に違いがあるからである．

　さらには，複数の事業部が限られた研究開発予算をめぐって，ぶんどり合戦をするというようなもっと利害が表面化する対立もある．それぞれの事業部が，自分の言い分がもっとも会社のためになると言い張ってコンフリクトが起きる．

　組織構造のあり方次第で，コンフリクトが生まれやすくなったり，生まれにくくなったりする．あるいは，生まれたコンフリクトが解消されるメカニズムを組織構造はなんらかの形で（たとえば，すぐに社長決裁に持ち込まれるという構造）用意しているのが普通である．つまり組織構造は，部門の間

のコンフリクトの吹き出しと解消の基本的なメカニズムを決めている．

　たとえば，銀行の審査部門をどのように位置づけるかという構造的な選択で，融資の際にそれを慎重に行おうとする傾向のある審査部門と積極的に貸し出しを行いたい営業部門との間のコンフリクトが大きく顕在化するかどうかが決まってくる．審査部門を完全に営業部門とは独立の本社機構の主要部門と位置づける構造と，複数の営業部門（たとえば大企業担当営業部門と中小企業担当営業部門）がそれぞれに審査部門をもつ構造とを比べてみると，完全独立型の審査部門という構造の方が，貸し付けに関する意見の違いが表面化しやすい．

　なぜなら，個々の営業部門の中に審査機能があれば，その審査機能の担当者の上司は結局その営業部門の責任者になるからである．その上司の意向に審査部門は従わなければならない．その営業部門の中での営業担当者と審査担当者の間のコンフリクトは，営業部門長のところでおそらく営業寄りに解決，解消されてしまう．しかし，本社に完全独立の審査部門があれば，ある貸し付け案件に関する審査と営業の意見の違いは本社レベルまで持ち上がることになる．コンフリクトが表面化するのである．バブル期の日本の銀行は審査部門をいくつかの営業部門の下に置いた．それが，日本の銀行がリスクを無視した貸し付けに走った一つの構造的な理由であったと言われている．

　こうしたコンフリクトに対しては，その発生を少なくしようとする対応がありうる．情報統合と意思決定のポイントを同じにしようとするのは，ある意味でそういった対応でもある．

　しかし，組織の中でコンフリクトの発生は避けられないとすれば，コンフリクトをなくそうとするより，建設的なコンフリクトの吹き出させ方，解消の仕方を考える方が生産的である．

　建設的なコンフリクトの吹き出させ方とは，そのコンフリクトが吹き出して顕在化することによって，重要な問題の存在をきちんと多くの人に知らせるような吹き出させ方，あるいはそのコンフリクトを解消しようとして多くの人が前向きの努力をするようになる，そういった吹き出させ方である．先にあげた日本の銀行の審査部門の構造は，不健康なコンフリクトの吹き出させ方の例になってしまっている．

人材とのマッチング

　組織構造と人材とのマッチングの問題には，二種類の問題がある．一つは，一般的な人材の管理能力の限界と組織構造とのマッチングの問題である．管理者の統制範囲の限界の一般的議論が，その典型例である．もう一つは，ある組織構造とそれをとろうとする企業の人材の特徴からくるマッチングの問題である．

　管理者の統制範囲の問題は，コントロールスパンの問題といって，古くから議論の対象になってきた．統制範囲を広げれば，管理者の数を減らすことができるというメリットがある．しかし，他方では，管理者が個々の部下の行動を十分に監督できなくなったり，部下に適切な指示を与えられなくなったり，部下から求められた決済をさばききれなくなったりするという欠点がある．つまり，仕事の調整がうまくいかなくなる．

　逆に，統制範囲を狭くすれば，調整は十分に行われるが，管理者の数が増え，調整のためのコストが増大するという欠点がある．管理者がプレイング・マネジャーであるというケースを除き，管理者は直接仕事を行わない人々である．管理者の数が増えれば，組織的な非効率が発生する．統制範囲が広すぎても，また狭すぎても問題が出てくる．だとすれば，その中間のどこかに，最適な統制範囲が存在するはずである．

　昔から，最適な統制範囲がどの程度かに関してさまざまな議論がたたかわされてきた．その人数に関しては，7人から8人という説から，15人から16人という説まで，多様である．最適な統制範囲は，仕事の性質や管理者の能力に依存しており，これが普遍的に最適な統制範囲だとは言えない．

　第二の問題，構造と人材の特徴のマッチングについては，多くの企業が悩んでいる．たとえば，仮に,海外の子会社や国内の関係会社に多くの権限を委譲するような組織構造にしたいと本社が考えたとしても，それらの一応一つの企業としてすべての機能をもって独立して運営される企業体を切り盛りできるだけの人材が自社にはそろっていない，という理由でそうした組織構造の採用をあきらめるケースもありうる．あるいは，地域別に分かれて細分化してしまった営業組織を全国的に束ねる強力な営業本部をつくりたいと思っても，その本部長や本部スタッフの仕事をきちんとこなせる人材がいない

がために，地域別組織を維持し続けるという企業もありそうである．

　構造と人材のマッチングの問題はじつは，双方向で考える必要がある．もっともオーソドックスな方向は，企業の人材に見合った組織構造を企業がもつ，というマッチングである．人材の特性が取られるべき構造を決めている．それが，一般的には正しいであろう．

　しかし，仕事は人を育てるともいう．それは，構造が人材を生み出す，とも言い換えられる．それを考えると，構造の特徴が人材を生み出すというマッチングの方向が考えられる．構造に見合った人材が生まれてくるように，構造を選択するのである．

　それは，多少のミスマッチを覚悟する考え方である．ある組織構造を採用した時点では，じつは人材との間に多少のミスマッチ（つまり人材不足）が

有機的組織と機械的組織——バーンズ＆ストーカーの研究

　バーンズ＆ストーカーは，イギリスの職場組織の研究から，組織構造には2種類の類型があることを発見した．一つは，機械的組織であり，もう一つは，有機的組織である．二つを対比すると次のようになる．

機械的組織	有機的組織
職能的な専門化	知識と経験に基づく専門化
職務・権限の明確化	職務・権限の柔軟性
職位権限に基づくパワー	専門知識に基づくパワー
ピラミッド型の権限構造	ネットワーク型の伝達構造
上層部への情報の集中	情報の分散
垂直的な命令と指示の伝達	水平的な情報と助言の伝達
組織忠誠心と上司への服従	仕事や技術への忠誠心
企業固有のローカルな知識の強調	コスモポリタンな知識の強調

　バーンズ＆ストーカーは，機械的組織は安定した環境のもとでの仕事に適し，有機的組織は不安定で変化にとむ環境のもとでの仕事に適していることを発見した．同じく，イギリスのウッドワードは，大量生産技術を用いている組織には機械的組織が適し，個別受注生産や装置生産技術を用いている組織には有機的組織が適していることを発見した．これらの発見が，コンティンジェンシー理論を生み出す重要なきっかけとなった（J.ウッドワード『新しい企業組織』日本能率協会）．

あるが，それを多少無理してこなしているうちに人が育ってくる，ということである．戦略の議論の際にオーバーエクステンションという戦略の有効性を述べたが，組織構造でも類似の議論がありうる．

組織構造のあり方が人材育成に貢献するルートは，いくつか考えられる．

第一のルートは，組織構造が人々の思考様式に変化を与えることである．それは，組織構造が決める人々の守備範囲のくくり方により，かなり人々の思考の範囲を決めるからである．人は自分の守備範囲に合った思考のパターンをとりがちになるものである．

たとえば，職能制の組織構造をとれば，職能というものをいつの間にか自分の思考の範囲とする人が多くなる．そうなれば，生産なら生産の専門家としての思考の範囲で効率的な行動がとれるような思考様式ができ上がっていく．反対に，事業部制にして事業部長というポジションを作れば，そのポジションが要求する「事業全体を眺める」という思考様式を，そのポジションを任される人々はもたざるをえなくなる．さらには，なるべく大きな権限が職能を超えて与えられるようなポジションを多くつくるようにすれば，大きな発想をもった人の数が組織内に増えていくだろう．

第二のルートは，組織構造がその中で重視する役割などを明示するために，組織内の価値観の設定に一定の影響を組織構造がもつことである．たとえば，組織構造の中で，多くの人から見て組織の今後の変化を象徴するような重要と思われるような役割が新たにつくられたとしよう．それは，人々の役割モデルをつくったことになっている．「あんな役割をできるように自分もなりたい」と多くの人が思う「目標」を，役割と権限の体系が示唆しているのである．つまり，組織内価値観を組織構造がつくり，その価値観に合うような人材になろうと若い人たちが思う．それによって，組織構造の人材育成効果が生まれてくる．

「事業部制の大きな意義は，それが経営者候補者を育てることだ」と言ったのは，戦前に事業部制を誰にも教えられずに独創的につくり上げた松下幸之助であった．構造が先か，人材が先か．組織構造と人材のマッチングの問題は，ダイナミックに考える必要がある．

人間的な副次効果

　以上に述べてきたのは，組織構造が組織の中の人々の動きに与える，いわば直接的効果であった．それは，組織構造が，人々の間の情報の流れに影響を与え，意思決定に影響を与え，努力に影響を与え，仕事の経験を変え，思考様式や価値観に影響を与えるから生まれる．しかし，組織構造のもつ効果はそこにとどまらない．さらに人間的な二次的インパクトとでもいうべきものを引き起こす．この副次効果がときにはもっとも重要で，しかし副次的であるだけにもっとも見逃されやすい．

　そうした副次効果としてかなり一般的に存在すると思われる主なものは，次の三つのものに対する組織構造の影響である．

1. 組織内パワー関係
2. 組織内競争のパターン
3. 自律感あるいは参画意識

　組織内パワー関係とは，組織の中の人々の間の非公式の権力関係，優劣関係である．それに一番大きなインパクトをもつのは，もちろん公式の権限の体系である．公式の権限，すなわち一種のパワーなのであるから，権限体系は組織構造が組織内パワー関係にインパクトをもつ，最大の源泉である．しかし，権限ばかりでなく，分業のあり方や伝達と協議のあり方もまた，じつは非公式なパワー関係の形成に大きなインパクトをもつことが多い．

　たとえば，組織構造はしばしば「誰が重要な情報をもつか」を決めている．そうした情報が集中的に集まる役割をつくれば，その役割の担当者にパワーが生まれる．情報がパワーの源泉になるのは，よく知られた事実である．あるいは，組織構造は誰が「トップが注目している部門を担当するか」も決めている．トップが注目している部門とは，業績的に大きな貢献をする部門，企業の伝統を担っている部門，将来的に重要と注力している部門，などである．こうした部門の担当者の社内パワーが強くなる可能性が高い．そうすれば，組織内のさまざまな相互作用の過程で，そのパワー関係に左右されて「パワーの強い人の意見が通りやすい」ということになるのはきわめて自然な組織現象である．また，コンフリクトの吹き出し口と調整役を組織構造が

決めれば，その調整にあたる人は一種のパワーをもつにいたるであろう．あるいは，権限の体系の中で評価の機能を多くもつようなポジションをつくれば，そこにパワーが集まり始める可能性も強い．

　もちろん，こうしたさまざまな例で実際にパワーが生まれるかどうかは，組織構造だけでなく，それを埋める個人の人的な属性にも大きく依存する．しかし，組織構造のつくられ方が，さまざまにパワー関係を生む大きな要因であることも確かである．パワーが生まれること自体が悪いことかどうかは事情によるが，組織構造を設計する際には，そうして生まれるパワー関係が組織の協働にとっていい相互作用を生むかどうかを考える必要がある．

　第二に，組織構造によってくくられた部門化のあり方，あるいは役割の設置の仕方次第で，組織内の「内部競争のパターン」にもインパクトがあることがある．人間の集団の中に類似性の高い二つのグループができると，自然にその二つのグループの間の「比較」を人々が始めることがよくある．何かを取り合いしているわけではないのだが，成績の比較をしてしまう．その比較から競争が生まれる．内部競争という組織内の相互作用である．その内部競争のエネルギーが目的で，組織のくくり方が決まることもある．

　たとえば事業部制の一つのメリットは，「よその事業部には利益で負けるな」といった内部競争のエネルギーが生まれうることである．職能制組織であれば，「生産に負けるな」と販売部門が競争意識を燃やすことは考えにくい．そもそも比較ができない類似点のない二つの組織単位だと，みんなが思っているからである．

　あるいは，社長候補の実力を見極めるために，候補者たちを競わせることもしばしば行われる．そして，そうした内部競争がうまく生まれるように，組織構造をそのためにつくり替えたりすることもある．情報の流れの効率性は多少無視しても，内部競争が生み出してくれるメリットが大きいと判断される場合である．

　たとえば，複数の事業を大きく束ねた事業本部や社内カンパニーをつくり，そのそれぞれの責任者として次の社長候補とおぼしき人たちをあてる，というような構造設計もありうる．もちろんそのとき，事業を大きく束ねた本当の理由が公表されることはまずなく，一応，表向きには「情報効率の向上」とか，「意思決定のスピードアップ」といったような理由をつけてそうした

構造変更は公表されるであろう．

　第三に，組織構造は人々の心理的エネルギーに影響を与えることもある．たとえば，組織構造の変化があまりにドラスティックで，その変化によって象徴されている組織の方向の変化への緊張感を高める，という形での影響である．あるいは，組織構造が人々にどのくらいの自律感あるいは参画意識を与えられるかによる心理的エネルギーへの影響である．

　たとえば，権限が現場に近いところに下りている組織，拘束の小さい組織，単位組織の規模の小さい組織，そういったところでは，自律感が生まれやすい．「自分も参加している，自分たちの組織」，あるいは「自分たちがなんとかしなければ自分のグループの存続は危うい」といった感覚を人々がもちやすい．それを，「組織へのオーナー意識」と呼ぶこともある．その自律感から心理的エネルギーが生まれる．

　組織構造と心理的エネルギーとのかかわりは複雑である．自律感だけでなく，上で述べた内部競争意識も，組織構造が心理的エネルギーに及ぼす影響の一つである．こうしたさまざまな影響が，組織構造の設計から人間臭く生まれてくる．それもまた，組織構造の設計の重要な考慮要因なのである．

　以上で述べてきたように，組織構造は，人々の行動や，知識，思考様式，心理的エネルギーに影響を間接的に及ぼす．これらの間接的な影響は累積的であり，時間がたつとともに，組織の中の情報の流れや情報の統合の仕方，コンフリクトの解消の仕方など，直接的に影響を受ける要素にも影響し始める．これらの，直接，間接の影響，短期，長期の影響を考慮に入れて，組織にとって望ましい協働のパターンを生み出すような組織構造の決定が行われる．

　そうした決定の実際を例示的に見るために，次節では，企業組織全体の全社的組織構造の選択のいくつかの典型的ケースを論じよう．そして，それぞれの選択でこの節の論理がどのように適用されるかを考える．

3　いくつかの全社的組織構造の試み

事業部制か職能別組織か

　企業組織の全社的な部門化において，もっとも代表的な構造選択の問題は，

図10-2　職能別組織

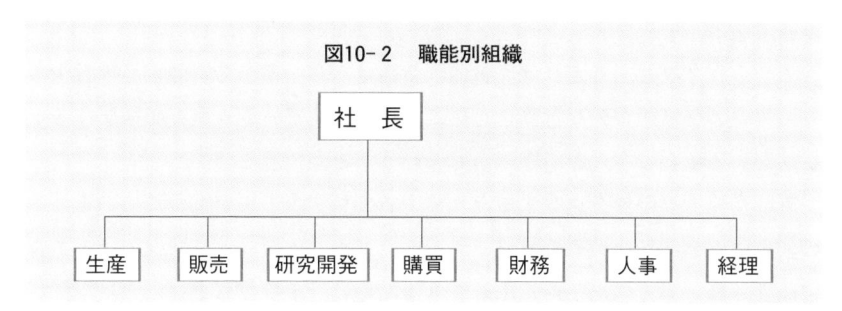

```
         社　長
  ┌───┬───┬───┬───┬───┬───┬───┐
 生産 販売 研究開発 購買 財務 人事 経理
```

　すでにたびたび触れてきた，職能（機能）別組織と事業部制組織の間の選択であろう．職能別組織とは，企業の主要職能をもとに組織を編成する方法であり，事業部制組織とは，製品あるいは地域，時には顧客を単位として複数の職能をもつ自己充足単位を設ける部門化の方法である．職能別組織では，企業全体が一つの自己充足的組織単位をなしている．それに対して，事業部制組織は，複数の自己充足的単位からなる連邦型の組織である．両者の間に，またこのほかにもさまざまな組織構造のバリエーションがあるが，これらについては後述しよう．

　職能別組織の利点は，何よりもまず，専門化の利益を享受できることである．組織全体を複数の自己充足単位に分けるのと比べれば，それぞれの職能部門の規模が大きく，その内部でより専門的な分業を行うことができる．製造部門は製造部門でまた営業部門は営業部門で，規模の経済も実現しやすい．

　しかし，同時に分業による問題も発生しやすい．部門の業績の評価基準も異なるために，どこがうまくやっているかの評価が難しい．互いに責任をなすりつけ合うという事態が生じることもある．また，評価基準が異なるがゆえの対立も出てくる．製造部門はコストを削減するために，製品の品種を限定することを主張するであろうし，営業部門は売り上げを増やすために品種の増加を要求することが多い．また，それぞれの職能部門が専門化集団として独自の考え方やものの見方を生み出すために，部門間のコンフリクトが発生しやすい．同じデータでも，部門によって解釈が異なるかもしれない．

　これらの対立を解消するのは，トップの役割である．そのために，トップの貴重な時間がとられてしまう．とくに，企業が複数の製品を作っている場合に，トップの負担は大きくなってしまう．それぞれの製品に関して，製造と営業，製造と開発，営業と開発の間の調整を行うのは，トップしかいない

からである．

　このような長短を考えれば，職能別組織は，単一事業で製品の品種も少なく，規模の経済が重要な意味をもち，強力なリーダーシップを発揮しうるトップがいる場合に有効な組織であるということができるであろう．

　職能別組織の限界を克服するために，さまざまな工夫が行われている．その代表は，横断的な機構の設置である．それぞれの製品が，共通のチャネルに販売され，よく似た技術で生産されるために，それぞれを自己充足単位に分けるわけにはいかない．しかし，製品ごとの製造・販売・開発の調整を緊密に行わなければならないような状況では，製品別の委員会，あるいは製品マネジャーという制度が採用されることがある．

　このうち，製品マネジャー制度は，食品，トイレタリー，化粧品など，品種の数が多い企業でよく採用されている．企業によって，製品マネジャーの権限はまちまちである．単なる連絡係に近い場合もあれば，予算をもち，職

事業部制の成立――チャンドラーの研究

　現在多くの企業で採用されている事業部制という組織構造がはじめて生み出されたのは，化学会社のデュポンであった．デュポンは，第1次世界大戦後，事業の多角化をすすめたが，それにともなって旧来の職能別組織ではさまざまな問題が発生しはじめた．この問題に対応するために生み出されたのが，事業部制組織である．次いで事業部制を採用したのは，GMである．GMの創立者，デュラントは，次々に会社を買収しては，巨大な自動車会社をつくりあげた．買収された会社は，それぞれ独立して経営された．そのため，内部の経営効率は極端に低下し，GMは大きな経営危機を迎えた．GMは，デュポンに支援をもとめ，スローンを中心に新しい管理組織が導入された．それは，事業運営の責任はこれまでどおり分権化するが，その成果をROI（投下資本利益率）をもとにきっちりと管理しようとするものであった．

　この二つの会社の例は対照的で，デュポンは，組織を分権化することによって，GMは管理の集権化によって，事業部制に移行した．この2社と，シアーズ・ローバック，スタンダード・オイルの組織変更の歴史を詳しく分析したアメリカの経営史家，チャンドラーは，その研究をもとに，「構造は戦略に従う」という命題を主張した．事業部制は，多くの場合，事業の多角化という戦略の結果として生み出されるのである（A.D.チャンドラー『経営戦略と組織』実業之日本社）．

　日本では，松下電器がすでに1933年に事業部制に移行している．しかし，これは例外で，日本で事業部制の採用が本格化したのは，1960年代である．これは日本企業の多角化が始まった時期でもある．

図10-3 事業部制組織

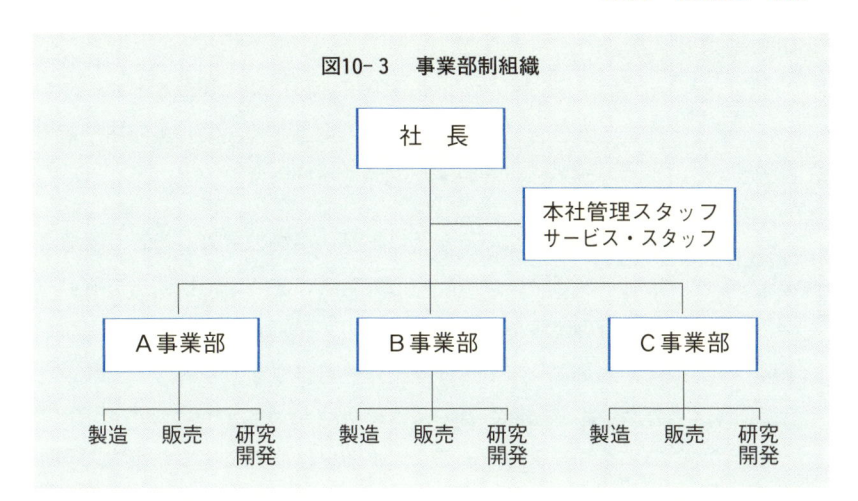

```
                    社　長
                      ├──── 本社管理スタッフ
                      │     サービス・スタッフ
      ┌───────────────┼───────────────┐
   A事業部          B事業部          C事業部
   ┌─┼─┐           ┌─┼─┐           ┌─┼─┐
  製 販 研          製 販 研          製 販 研
  造 売 究          造 売 究          造 売 究
        開                開                開
        発                発                発
```

能マネジャーと同等の権限をもっている場合もある．このときには，組織構造は，後に述べるマトリックス組織に近い性質をもち始める．

　職能別組織のもう一つの問題は，事業全体を眺められる視野の広さをもった管理者の育成である．それぞれの管理者は，多くの場合，一つの職能の中で育ってくるために，職能には精通していても，全体的な視野に欠けるという場合が少なくない．

　しかし普通，複数の事業を営む企業のほとんどが，事業部制を基本的には採用する．職能別のタテ割りでは，事業ごとに違う市場と技術の要請をまとめて総合的な事業としての意思決定をしていくことが難しいのが，もっとも基本的な理由である．つまり，市場に関する現場情報と技術や生産に関する現場情報が統合されるのが，職能制のように本社のトップマネジメントのレベルになってしまうのでは，現場情報と意思決定のポイントとの距離が長くなりすぎるからである．その二つの情報の流れを事業部長のところで完結させて，自己充足的な組織をつくろうというわけである．

　さらに，各事業の業務的な意思決定からトップマネジメントが解放されることによって，全社的な長期的意思決定にトップマネジメントが専念できるようにもなる．また，内部競争や，自律感，あるいは学習面でのメリットも事業部制にはある．すでに指摘したとおりである．

事業部制の悩み

しかし事業部制をとる場合にも，いくつかの大きな解決すべき問題や選択がまだ残っていることが多い．その主なものをあげれば，

> (a) 事業部を何を中心にくくるか．つまり「事業の定義」をどうするのか．市場（あるいは顧客）中心の定義にするか，技術（あるいは製品）中心の定義にするか
> (b) 事業部に分割してしまうと非能率になるような，事業部間で共通利用可能な資源や職能をどのように扱うか
> (c) 事業部のすき間に落ちるような，あるいは事業部をまたがるような総合的な製品や新しい技術への全社的な対応の体制をどうつくるか

aの問題をより具体的に言えば，A，Bという二つの異なった製品群を作っている企業が，ア，イ，ウ，という三つの異なった顧客層にそれぞれを売っているとしよう．

このとき，事業の定義を市場軸ですれば，事業部は三つ，ア，イ，ウとなる．そのときは，Aの生産や開発をしている部門とBの生産や開発を担当している部門をそれぞれの三つの事業部とどのように関係させるか，が問題になる．

逆に，技術軸で事業の定義をすれば，事業部はA事業部とB事業部ということになる．このときには，ア，イ，ウのそれぞれの顧客への販売とマーケティングを担当している部門をどのように二つの事業部と関係させるかが問題となる．単純に販売組織を事業部ごとに分けて所属させるようなことをすると，一つの顧客のところへ二つの事業部からそれぞれに売り込みに行って「お宅はもうちょっと整理してくれないか」と顧客に言われたりする．

多くの企業で，生産や開発は地理的にあるいは技術的にひとまとまりになった工場を中心に行われていて，顧客別にも，製品別にも簡単には分けられないことが多い．あるいは，販売組織の面から見ても，三つの顧客群のそれぞれに販売組織があるのはまれで，一つの営業所の中で三つの顧客群への対応をしているのが普通である．

このような場合には，ｂの共通利用可能な資源や職能という問題が絡んでくる．販売組織や工場が，複数の事業部で共通利用可能なのである．こうした共通利用可能な資源の効率的な利用を第一義にすれば，それは普通，職能制組織になってしまう．したがって，ｂの問題への配慮とは，「事業部制をとりながら職能制の長所をどの程度取り入れられるか」という問題にもなる．

したがって，こうした単純な論理での正解はないのが普通である．そのときには多くの場合，内部競争，パワー関係，組織内価値観，自律感といった，前節で副次的効果と呼んだ効果を中心に考慮をすると解が得られることが多い．たとえば，技術軸で事業部を定義すれば，生産や技術のパワーや価値観が前面に出てくることになる．それがその企業の状況からして望ましいかを判断することになる．あるいは，生産や技術の情報の流れがおそらく優先されることになる．それでも，市場競争に大きなマイナスがないかも判断する必要がある．

ｃの事業部のすき間の問題に対しては，基本的な対応は三つある．一つは，各事業部の独自の対応に任せること．いわば，勝手にすき間をうめ，あるいはまたがるようなことを単独でさせて，重複が起きるならそのとき内部競争などで解決する方法である．

第二は，事業部間の調整を行う横断的な組織をつくることである．プロジェクトチーム，横断的委員会などだが，なかなか本質的な解決になりにくい．その理由は，これらの横断的組織がしばしばパワー関係に十分な影響を与えられないままに，「ほかに手がないから」といった程度の理由で十分なコミットなしにつくられるからである．

第三のいき方が，事業のくくり方そのものにメスを入れて，事業部の再編成をすることである．ここでも，情報の流れや意思決定のスピード，資源の効率的利用，といった単純な論理だけでは正解がでないことが多い．二次的なインパクトをさまざまに考えた総合判断が必要になる．

マトリックス組織と戦略的事業単位（SBU）

上の議論でも示唆されているように，事業部制にはいくつかの本質的な欠点がある．それでも，ほかの組織形態に比べて欠点が少ないので，多くの企業が採用していると言っていいだろう．ここでは，二つの本質的な欠点を解

図10-4　マトリックス組織

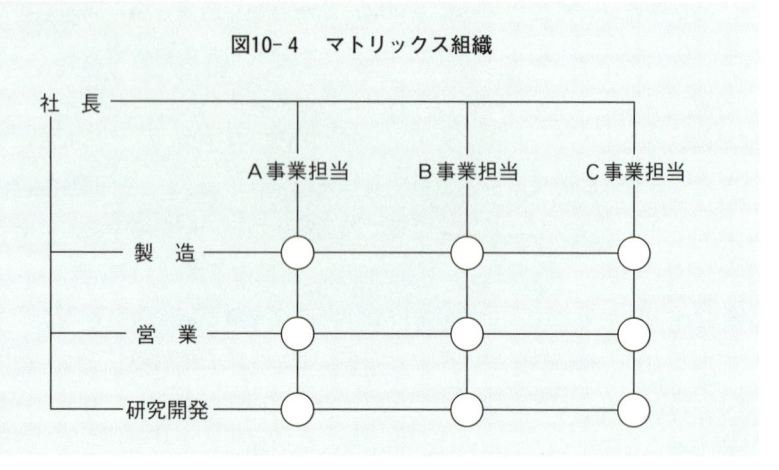

```
社長 ──┬──────────┬──────────┬──────────┐
        │A事業担当  │B事業担当  │C事業担当
製　造─┼────○────┼────○────┼────○────
営　業─┼────○────┼────○────┼────○────
研究開発┼────○────┼────○────┼────○────
```

決するために考えられた組織構造の工夫を論じよう．

　一つの欠点は，事業軸は強くなるが，組織として職能軸が弱くなり，あるいは生産技術や設備への二重投資になるといったbであげたような問題が強くなることである．それへの解決の一つの方法として考えられたのが，マトリックス組織である．

　マトリックス組織とは，組織の全体的な編成原理を事業部軸一本を中心にするのではなく，職能軸も等しく軸とし，二元的な組織編成をすることである．たとえば，A事業部の生産担当の部門は，A事業部長の指揮下にあるばかりでなく，本社の生産担当役員の指揮下にも入る．事業をタテ，職能をヨコに見立てて，一人の生産部長がタテ，ヨコ両方の指揮下にはいるところから，マトリックス組織といわれる．

　この組織の最大の弱点は，一人の管理者に二人のボスができてしまうことである．そのために，その管理者がコンフリクトの吹き出し口になってしまい，そのコンフリクトの調整の手段がなくなること．あるいはパワー関係や情報の流れが複雑になること，などである．そのような複雑なマネジメントをできるような組織なら，そもそもマトリックスにする必要のある問題点をマトリックス構造をつくらずに運用プロセスで解決できることが多い．したがって，議論としては魅力的な組織構造だが，実際には機能しにくい．

　事業部制のもう一つの欠点は，環境の変化とともに，昔は意味のあった各事業部の戦略的方向や事業部のくくり方そのものに問題が出てくることであ

る．事業部の独立性を重んじるほど，この問題は大きくなる．事業部の独立性を重んじるためにその事業部の全社的な方向づけを定義しなおす，あるいは他の事業部と合併するといった行動が，事業部の独立性の侵害をできれば避けたいという配慮のために，とりにくくなるのである．

　たとえば，昔はラジオ事業部という事業のくくりが十分に意味をもった．しかし，時代の変化とともに，カセットテープレコーダーやステレオと同じくくりにしなければ，事業の競争性という観点からは意味をなさなくなっている．

　この例のように問題があまりにも明白であれば，事業部の編成替えという方策に訴えるべきであろう．しかし，そこまで明白でない場合（たとえばオーディオ機器としてのCDと，情報端末としての光ディスク装置の場合）に，事業部間の統合された戦略が必要な場合はどうしたらいいのか．

　あるいは，事業部のくくり方自体がさまざまな業務管理上の理由でつくられ，それが戦略的な事業計画を立てる単位としてはふさわしくなくなっている場合もある．たとえば，単位組織の規模を大きくしすぎないようにという配慮で，管理の範囲を限定して管理を容易にするために，一つの大きな事業のなかの個々の工場自体を事業部にしている場合もある．そんなとき，工場が「事業の戦略」を立てるにはふさわしくない単位であることは，明らかであろう．

　こうした場合はすべて，事業部という組織単位が日常的な業務の管理を主眼につくられた組織で，それが戦略的な意思決定の単位として不向きであるケースである．そんな状況になったらどうするか．一つの答えが，事業部制を業務管理のためには残したまま，戦略策定の組織単位を事業部制の上に重ね合わせるようにつくることである．その組織単位が，戦略組織単位（Strategic Business Unit, SBU）と呼ばれるものである．

　この組織構造は，情報の統合のあり方と思考の範囲を日常の業務管理より広くして戦略的意思決定をさせるようにすることを目的とする．さらには，戦略策定の際の組織内のパワー関係を，既存の事業部間のパワー関係に引きずられすぎないようにすることも，一つの目的であろう．なぜかといえば，既存の事業部間のパワー関係は現在の収益の大きいものがパワーをもつ，ということになりがちで，そのパワー関係を反映した資源配分ではまずいこと

があるからである．つまり，将来を考えた長期戦略のために注力をしなければならない「今はまだ収益力の弱い分野」は，現在のパワーは弱いのが普通で，そこへ資源配分が重点的にまわるためには，「戦略策定の際のパワー関係」を既存のパワー関係とは変える必要がある．

社内ベンチャー，分社化，アメーバ的細分化

　最近あちらこちらの企業で社内ベンチャーという試みが見られる．それは，新事業の開発のために，社内で自由にベンチャーをつくらせ，それを小さな独立企業のごとくに運営させる，といった試みである．事業の種を見つけた個人が自分でベンチャーを始めることを，本社が援助する仕組みである．

　この仕組みのもつ意義はいくつかある．まず，事業の種の情報をもった人間が事業の責任者になるという点では，情報の統合が現場に近いところで行われる．また，一つの独立企業のごとくに運営を任されるという点からくる自律感が，新事業のたち上げに必要な心理的エネルギーをもたらす．企業が担当者を指名するのではなく，名乗り出た者にやらせるというやり方をとった場合には，自律感からくる心理的エネルギーはさらに高まる．

　また，独立的に運営させることは既存事業の管理の体系からベンチャーをはずすことを意味するが，それによって，既存事業や本社のパワー関係の悪影響や，既存事業との情報の統合のされすぎを防ごうとしている．さらには，既存事業の思考の範囲からくる既存の思考様式からの隔離も意図されている．つまり，本社の介入や既存事業からの汚染を最小限にすることに目的の一部があるのである．

　そうした「独立的運営」がもっとすすんだものが，社内ではなく社外に別組織をつくって事業経営をさせようとするものである．「分社」と呼ばれる組織形態がそれにあたる．

　分社の論理は，社内ベンチャーの論理とほぼ同じである．それが社内にとどまらないところまでいくのは，自律感や既存の思考様式，パワー関係，情報統合からの隔離の必要性と効果がそれだけ大きい場合だからである．

　組織を法的に独立させることには，たんに自律性を高めるということ以外の大きなメリットもある．法的に独立した企業となると，銀行や外部の投資家，外部の労働市場と接触することが必要となる．そのときには本社（親会

社）に対して，言うべきことを言う必要が出てくる．本社の言いなりになっていたのでは，必要な行動がとれないからである．ある組織を法的に独立させるのは，本社のパワーが強くなりすぎるのを防ぐための手段の一つである．

分社化の傾向は，いずれも大きな組織を部分的に分解しようという動き，と解することができる．そうした「小さな単位組織」への動きは，社内ベンチャーや分社ばかりでなく，大企業の大組織のあちらこちらで試みられている．

その一つがアメーバ的な細分化である．たとえば，工場の中の一つの工程を，独立の事業部かのごとくに細分化してしまう．その「工程組織」にとっては，自分の作業した仕掛り品を渡す後工程が自分の顧客，自分の前工程が納入業者，ということになる．その工程の班長は事業部長で，決算も月次で行う．そんなことをしている企業がある（京セラ，松下電池）．

これは極端な例だが，そのように細分化して組織単位を小さくし，かつ自律感を高めることによって，人々の情報への感度を高め，また組織単位内の情報流通をよくし，また心理的エネルギーを大きくしようとしているのである．こうした組織は，たしかに情報統合という点では劣る面があろう．小さく細分化した情報にもとづいた局所的決定がとられる危険があるからである．しかし，こうした組織の成功は，情報統合のデメリットを補って余りあるメリットが情報への感度と心理的エネルギーの面で生まれていることを示している．

小さい本社を好む傾向も優良企業に共通である．ここでも，その論拠は現場に近いところで意思決定をすること（つまり本社が現場にかかわるような決定をあまりしない）のメリット，自律感をもった経営を現場がするためには本社が介入できないほどいい，ことなど社内ベンチャーからはじめたこの章の一連の議論と同じである．小さな本社とは，必要以外のパワーをもたない本社，過度の情報統合をしない本社，現場の拘束条件をあまりつくらない本社，そういったものの象徴的な表現なのである．

4　選択の基本的トレードオフ

四つのトレードオフ

　前節であげた典型的な組織構造の選択にかぎらず，会議のあり方の選択から企業の全社的組織構造の決定にいたるまで，多くの組織構造の選択には同じようなトレードオフが表れる．あちら立てればこちらが立たず，とでもいう二律背反に見える次の四つの選択である．

1. 集権と分権
2. 分化と統合
3. 調和とコンフリクト
4. 戦略と効率

　第一は「集権と分権」というトレードオフである．事業部制と職能制の間の選択はある意味で，事業部制の分権と職能制の集権との間の選択である．分権にも意味があり，論理がある．集権にも耳を傾けるべき意義がある．その二つの方向の間のバランスをとる必要がどうしても出てくる．事業部制の問題にかぎらず，「小さい組織」の本質的問題も集権と分権の話であった．

　第二の基本的トレードオフは，「分化と統合」である．分化とは，企業組織の各部分がその部門の仕事を達成しやすいように，意思決定の分権をし，その部門独特の経営の仕方を工夫し，人々の志向や考え方もその部門独特のものになっていくことをいう．たとえば，営業部門が営業なりの意思決定のやり方をもち，それなりのメンタリティをもつ，といった具合である．その「くせ」は，たとえば工場では不向きなものも多いであろう．

　しかし，組織が部門間の協働システムであることは誰しも認める．だから，統合ということの必要性が出てくる．そのためには，営業も工場に合わせて，あえて多少都合の悪いことも我慢するとか，全体的に最適な意思決定のためには部門の利害を超えた調整に応じる，あるいはあらかじめそのための会議をひんぱんに開くとか，さまざまな統合のためのメカニズムが必要となる．

　分化の方向を強くすれば，統合が難しくなる．統合を重視して企業組織を

編成すれば，各部門に必要な分化の程度が弱くなってしまう危険がある．だから，トレードオフなのである．

第三のトレードオフは，「調和とコンフリクト」の間のトレードオフである．組織として協働し，一体化していくには，調和が必要である．しかし一方で調和を重んじすぎると，それは妥協に堕する危険がある．むしろある程度のコンフリクトは，組織の健康度の維持のためには必要でさえある．コンフリクトが生まれるということは，部門の主張が強いことである．そのような強い主張をする部門は強力な競争力をもつことが多く，それはそれでいいことなのである．全体は平和だが，それが主張の弱い部門の合成だからおとなしくてコンフリクトも起きない，というのでは，組織全体の競争力はないだろう．かといって，コンフリクトばかりでその調整にマネジメントの大半の時間が使われるようでも，もちろん困る．

組織構造の選択の第四のトレードオフは，「戦略と効率」の間のトレードオフである．戦略とは長期的かつ環境志向の考え方の代名詞として使っている．効率とは，短期的かつ組織内部志向の考え方の象徴である．長期は短期

分化と統合——ローレンス＆ローシュの研究

　ローレンス＆ローシュは，条件適応（コンティンジェンシー）理論の立場から，企業の分化と統合を説明する理論をつくりだした．企業の分化とは，部門ごとにその仕事に適した組織構造，思考様式（目標志向，時間志向，対人志向）が生み出され，その結果として企業内部に違いが生み出されるという側面をさす．これは，適切な分業のために必須の側面である．しかし，同時に，これらの違いをもった人々は，企業全体の仕事のために協力し合わなければならない．これが統合である．

　彼らは，企業の内部の研究開発部門，販売部門，製造部門の三つに焦点を合わせ，分化と統合の研究を行った．その結果，①変化が激しい不確実な環境で事業を行っている企業は，これらの部門の間の分化の程度が高いこと，②高業績の企業は，その分化の程度に対応した複雑性をもつ統合の機構を生み出していること，③高業績の企業は，分化の結果として生じるコンフリクトの解消のために，問題を表面化し，徹底して問題解決をはかるという問題直視というコンフリクトの解消手段を用いていること，などが明らかにされた．

　ここから，彼らは，どのような組織にも普遍的に成り立つ理想的な組織編成は存在せず，企業がおかれた環境に応じて，最適な組織編成が異なることを主張した（P.R.ローレンス＆J.W.ローシュ『組織の条件適応理論』産業能率大学出版部）．

の連続でしかなく，環境の中での組織の競争力は内部がしっかりしてこそ生まれてくるのだが，しかし，しばしばこの二つの間のトレードオフが生まれる．なぜ事業部制からSBUが生まれてきたかを考えれば，効率志向の行きすぎの是正のために，戦略志向の組織構造が生まれてきたことがよくわかるであろう．

　ほとんどすべての組織構造の選択に，こうした四つのトレードオフがつきまとう．そのトレードオフのバランスを正しくとることは難しい．はっきりした理論もまだない．しかし必要なことは，そうしたトレードオフの存在を意識し，それを考慮して選択をすることである．

　この四つのトレードオフの底には，組織のもっとも基本的なトレードオフが横たわっている．「自律と規律」の間のトレードオフである．規律が，集権，統合，調和，効率の底にある概念である．そして，分権，分化，コンフリクト，戦略の背後には自律がある．部分の自律と全体の規律，と考えれば，このトレードオフは部分と全体の間のきわめて本質的なトレードオフであることがわかるであろう．

　前章で述べたように，人間の集団には自己組織能力がある．自律を強調しても，なお全体の規律が自己組織的に生まれる能力がある．しかし，やはり前章で指摘したように，自己組織能力にも限界がある．規律を生み出すために，規律を自律的につくり出すだけでなく，他律的な規律のつくり方も一方で必要なのである．

　自律と他律の並存が組織のマネジメントの本質だと，前章で述べた．そのことからすれば，ここにあげた四つのトレードオフを単純に「二律背反」と捉えるのは正しくないだろう．分権でありながら集権の部分をつくる．分化をしながらそれを統合できるような高度の統合メカニズムを目指す．調和を重んじながら，コンフリクトを一方で奨励する．効率と戦略との両立を狙う．そうして，自律の中の規律を目指していく．

　多くの優良企業はたしかにそうしている．たんにトレードオフの解決を単純なバランスに求めない．

　もちろん，「単純なバランスでないもの」は，すべて組織構造の枠の中だけでの巧妙な選択だけで果たせるものではないだろう．組織構造以外の経営の手段（たとえば，経営理念，インセンティブ，などなど）をトータルにミ

ックスしてこそ果たせるものである.

組織のゆれ動き

　上に述べた基本的トレードオフは,「単純なバランスを超えた解決」を経営に要請している.ある特定のバランスをつくり,それをつねに維持しようという単純なバランスづくりでなく,時間とともにそのバランスを変化させ,そのために組織はゆれ動いているように見えるが,ダイナミックな時間軸を長期的に見通せば,じつは長期的にはバランスがとれるようにしている.そうした,ダイナミックなバランスを志向することが多いのである.それが,組織のゆれ動きである.

　たとえば,組織はときに集権を志向し,そして次には分権を志向し,さらに再び集権のにおいを強くする.分化と統合,調和とコンフリクト,戦略と効率,自律と規律,いずれについても,二つの方向の間でどちらを軸足にして組織構造を選択するかを,行きつ戻りつしてゆれ動いていく.

　ゆれ動きは,ためらいであることもあるだろう.トレードオフの最適点を求めようとしての試行錯誤であることもあるだろう.しかし,ゆれ動くことそのものがじつは最適なダイナミックなバランスのとり方であることも多いのである.

　おそらくそのゆれ動きの背後には,組織という大きな船に複雑なバランスをつねにとりつづけるわけにはいかない,という考え方がある.ある時点での,基本的な舵取りは一つでなければならない.たとえば,分化を強調すべき時期がある.そのときに,「統合も等しく重要」と言っては,組織はかえって混乱する.行きすぎを覚悟で,あえて分化だけに軸足をしばらくはおいてしまうことが必要なのである.そして,次の時期には,統合に軸足をおくのである.

　「単純でないバランス」とは,定常的な最適バランスをつくって固定しようとするのではない.動くことによる長期的なダイナミックなバランスであることもある.

　組織のゆれ動きは,じつは組織構造の設計にだけ特有の問題ではない.企業成長にかなり広く見られるパラドキシカルな現象である.それは第Ⅲ部で,企業成長のパラドックスの一部として再び取り上げられるだろう.

(演習問題)
1. あるメーカーに90人の部員からなる技術開発部があるとします．この組織を三つの課に分けて，一人の課長が30人の部下を直接管理する案と，10の課をつくり一人の課長が10人の部下を直接管理する案とがあります．どちらがいいかがどのような条件で決まってくるか考えなさい．
2. カンパニー制という名前の組織の作り方が最近の日本企業では流行のように取り入れられています．その内容を調べ，それが事業部制と本質的にどのように違うのか，違わないのか，考えなさい．
3. 「組織構造は戦略に従う」という言葉があります．なぜそう言えるのでしょうか．一方で「戦略は構造に従う」という言葉もあります．その意味はどういうことだと思いますか．両方の言葉がともに正しいとすれば，それぞれどういう意味で正しいのでしょうか．

第11章

インセンティブシステム

　前章で論じた組織構造は協働の基本的な枠組みである．しかし，この枠組みが決まったからといって，協働が起こるわけではない．人々の協働を生み出すためには，人々の協働意欲を引き出さなければならない．組織構造は，ちょうど線路のようなものだといえるかもしれない．線路を敷いたからといって，電車が走るわけではない．電車が走るだけのエネルギーを供給する仕組みがいる．人間の場合には，協働にエネルギーを投入しようという意思を引き出す必要がある．その役割を演じるのがインセンティブシステムである．
　物的資源（モノ）としての機械は決まった性能をもっている．カネも決まった購買力をもっている．しかし，ヒトという資源の貢献は，その能力が同じであっても，心理的エネルギー次第で，組織への貢献は大きく異なる．これが，ヒトの特殊性であり，難しさであり，面白さである．
　ヒトの心理的エネルギーを引き出すにあたって主な役割を担うのが，組織が与えるインセンティブである．人々をコミットさせ，やる気を起こさせ，心理的なエネルギーを生み出させることがどうしても必要である．バーナードが彼の古典的名著『経営者の役割』で言っているように，「組織の本質的要素は，人々が自分の努力をその協働システムに提供しようとする，その意欲（willingness）にある．……組織のエネルギーの源は人々の個人的な努力であり，人が自分の努力を組織に提供するのはインセンティブのゆえである．……したがってどんな種類の組織でも，十分なインセンティブを与えられるかどうかが，その組織の存続をかけたもっとも強調される仕事となる」．

1　個人のモチベーション

　インセンティブ（誘因）とは，達成意欲を引き起こす源泉となるものである．あるいは別な表現を使えば，インセンティブは，個人がもっている欲求を刺激して個人のモチベーション（動機づけ）を高め，そのモチベーションゆえに人々が組織の協働へと努力を注ぎ込むようにするために，組織が働く人々に与えるもののことである．欲求とモチベーションは個人がもつもの，インセンティブは組織が与えるもの，そういう言葉の区別をここではしよう．
　そうしたインセンティブのあり方を考える準備として，次の三つの段階で考えてみよう．

> 1．人は一般にどんな欲求をもっているか
> 2．人は「企業組織に」何を求めるか
> 3．組織はどんなインセンティブを与えられるか

この節で第一と第二の問題を扱い，次節で第三の問題を扱う．

人は何を欲するか：マズローの欲求五段階説

　企業組織に働く場合だけでなく，人はさまざまな欲求をもっている．それらの欲求を五つの段階に階層的に分けた「五段階説」を説得的に展開したのは，アメリカの心理学者マズローである．人が企業組織の中で働く状況ばかりでなく，より一般的にもつ欲求である（マズロー『人間性の心理学』）．
　その五段階とは次のとおりである．

> 1．生理的欲求（physiological）
> 2．安全欲求（safety）
> 3．愛情欲求（love）
> 4．尊厳欲求（esteem）
> 5．自己実現欲求（self—actualization）

　これらの欲求は，低次のものから高次のものに分けられる．もっとも低次なのは生理的欲求であり，高次なのは自己実現欲求である．低次の欲求が満

たされると、またそれが満たされたときに限って、一段階上の高次の欲求が出現するというのが欲求段階説である。欲求段階説は、実験や観察によって科学的に確かめられているわけではないが、人々に直感的にアピールするものをもっている。「衣食足りて礼節を知る」という東洋の諺も、このような側面を指摘したものと解釈できる。

　生理的欲求とは、人が生物として生きていくために必要なものに対する欲求で、たとえば飢えをいやそうとする欲求である。この欲求がもっとも基本的で、これが満たされなければ第二段階以上の欲求を求めたりはしないが、しかしこの欲求が満たされれば、それをとことんまで追求しようともせず、次の段階に人間の目は移っていく。それが「安全」に対する欲求である。ここでは、生理的、物理的安全ばかりでなく、社会生活上の安全、たとえば雇用の安全、なども考えるべきであろう。

　その安全の欲求もかなり満たされると、人の目は「愛情」へと向かう。家族、友人など周りの人々との間の心の通い合う関係、その人たちと同じものに所属しているという感情、そういったものを人は求めはじめる。

　その次にくるのが、「尊厳」への欲求だと、マズローは言う。これは、自分に対する「確固として基盤のある」安定的な高い評価への欲求、と言っていいだろう。確固とした基盤のある、とは、その評価が本当の能力や成果あるいは他者からの尊敬、といったものにベースをおく、という意味である。

　この欲求には二つの種類がある。一つは自分の力、成績、自信、独立、自由、自分の重要性などに対する欲求である。「内発的」なもの、と言っていい。もう一つは、社会的な認知、名誉、尊敬、に対する欲求である。「外発的」なものと言っていいだろう。この外発的な尊厳欲求は、社会的な存在としてのヒトにとってはきわめて重要なものである。

　こうした四つの段階の欲求がすべて満たされると、人間の欲求が最後に向かうのは、「自己実現」である。自分がなにをすることができるかを確かめ、それを実現しようとする。自己を表現しようとする。自己実現の欲求は尽きることがない。

企業組織に求めるもの

　こうした欲求を、企業に働く人々ももっている。もちろん、企業にこれら

すべての欲求を求めることはないだろうし，すべての欲求を企業が満たすわけはないが，企業との関連でも五つの欲求のすべてが何らかの形で姿を現すと考えることができるし，またそう考えることが必要である．

それは，人々にとって企業組織とはなになのか，ということに関連する．すでに第8章で述べたように，企業はもちろん経済活動の場であるが，同時に社会生活の場でもある．つまり，働いて収入を得る場であり，また仕事というものをする場であるが，しかし，それだけではない．人々が組織をつくって継続的に同じメンバーと働けば，自然にそこに人間関係が生まれる．人の集まりである社会が生まれる．つまり，企業組織は経済活動の場であると同時に，自分が深くかかわる小社会でもある．職場社会という社会である．

つまり，企業とは，収入を得る場であり，仕事をする場であり，人間関係をもつ場なのである．その三つの面から，人々は企業になにものかを求め，それが与えられたとき，人々は真にコミットし，心理的エネルギーがモチベーションを高め，それゆえにより一生懸命働くようになる．

まず，生理的欲求としては，収入がそれを満たすための手段としての意味をもつ．収入の意味はそれだけではないが，しかし，まずカネを手に入れなければヒトは食べていけない．快適な職場，苦痛の少ない職場の提供も，生理的欲求を満たす手段である．しかし，それだけではないことは，マズローの五段階を見ればすぐわかる．安全もヒトは欲しい．それは雇用の保証であったり，仕事のうえでの物理的危険からの安全であったり，あるいは病気などに対する保険，などさまざまな安全欲求が企業に関してもある．

そして次に「愛情」欲求がある．職場の人間関係の中で，人々と親しみ，心豊かな関係をもちたい．そういうグループに参加し，所属したい，という欲求である．簡単に言えば，人は仲間を欲しがり，連帯を求めるのである．

ここまでの三つの段階の欲求は，人がなぜある企業に勤めたいか，そこを去りたくないと思うか，といった「企業で，あるいはある職場で，働きに行く」欲求に関連したものである．しかし，いったん働くことになる人間が，成果をあげよう，協働をしよう，一生懸命やろう，というエネルギーを出すようになるためには，これらの三つだけでは，効果はあるであろうが不十分である．人が企業に求める「尊厳」と「自己実現」の欲求を満たすことが，どうしても必要になる．

「尊厳」に関して人が企業に求めるものは，じつは非常に多い．働く人の社会的な生活の大半が企業で行われることを考えれば，無理からぬことである．内発的な尊厳欲求としては，自分の仕事に関して，人は成果をあげたい，それによって自分に自信をもちたい，あるいは自由に自分の仕事をしたい，そして情報をもっていたい（情報をもつことは自分が重要であると感じるために，しばしば必要である）．あるいは意味のある仕事をしているという実感をもちたい．そんな欲求をもっているだろう．したがって，成果の上がる仕事，自信をもちうる仕事，自由にできる仕事，情報をたくさん知りうる仕事など，「意義のある仕事」に対する欲求を人はもつ．

外発的な尊厳欲求はもっと大きいかもしれない．職場社会での社会的認知や尊敬，名誉，評価，そういったものに対する欲求である．企業組織の中で，人々が地位にこだわり，人事評価にきわめて神経質になるのは，それが外発的な尊厳欲求に直接的に関連するからである．それがまた，人に権力への志向をもたせることもある．あるいは，大半の人々が金銭的な報酬の多少にきわめて敏感なのも，なにも生理的欲求や安全欲求を満たす手段としてのカネに敏感なのではなく，それが職場社会の中での「社会的認知」の尺度になっているときに，カネの多少が「評価の高低」につながって，尊厳欲求に関連してくるために敏感なのである．

企業の中での「自己実現」欲求とは，いわゆる仕事の面白さ，である．「自分がなにをできるかを確かめ，その限界を広げ，そして自己を表現しようとする」ということは，仕事の場でもよくある．職人が昔から言う「道を究めようとする」というのは，自己実現欲求のもっともいい例である．

こうして，人々は企業にさまざまなものを求める．カネ，人の仲間，名誉，権力，地位，情報，仕事の面白さ，などを求めるのである．それを人々に分配しているのが，組織のインセンティブシステムなのである．

2　組織のインセンティブシステム

組織が与えるインセンティブ

前節の議論は組織の中の個人の立場の議論であったが，経営をする立場か

ら考えた場合，組織としてどんなインセンティブを人々の欲求を満たすために与えられるのか．その議論は，前項の議論を企業の経営という立場から整理しなおす議論から始められるだろう．

組織が与えられるインセンティブは，大別して次の五つからなると考えるとわかりやすい．

1．物質的インセンティブ
2．評価的インセンティブ
3．人的インセンティブ
4．理念的インセンティブ
5．自己実現的インセンティブ

物質的インセンティブとは，金銭的報酬をその典型例とする，人間の物質的な欲求に中心をおいたインセンティブである．いわば，「モノやカネを人々に分け与える」ことによってインセンティブを与えようとする．その結果満たされるものは，マズローの言う生理的欲求と安全欲求が中心である．しかし，バーナードも言うように，この欲求はある程度満たされると人々の協働へのエネルギーを駆り立てるものとしての意義は限られたものになるのが普通である．

評価的インセンティブとは，人々の，企業の中での行動を組織がなんらかの形で評価すること自体がもつインセンティブである．評価が与えられることによって，ヒトはその尊厳欲求を満たせたり満たせなかったりする．評価がその人の社会的な認知の程度を決めるからである．評価の対象は，仕事の成果でもいいし，あるいは仕事とは直接には関連しない組織内部での貢献に対する評価でもいい．また評価を与えるのがいわゆる上司でなくても，仲間内の評価ということもありうる．

評価の仕方は，なんらかの基準との比較ということをとることが多いだろうが，その基準は自分が設定するものかもしれない．絶対的に外部から与えられるものかもしれない．あるいは，類似の仕事をしている人々の成果が基準に使われるかもしれない．そのときには評価は相対評価となる．

上司が与える評価は，しばしば物質的インセンティブの基礎として使われるが，物質的な分配がなくても評価がはっきりと伝わるのであれば，人間に

とってそれだけで欲求を満たす基礎となることがよくある．それが評価的インセンティブの面白いところである．たとえば，上司にみんなの前で褒められると，べつにボーナスにつながらなくともそれだけで多くの人はうれしいと感じて，やる気がでてくるであろう．

評価的インセンティブはまた，人間の自己実現欲求のベースにもなる．それは「自己を実現する」という「実現の程度」を感じるベースに，組織が与えるなんらかの評価が必要なことがあるからである．芸術家が自己の感覚のほとばしりとして自己実現を芸術表現にぶつけるのとは違って，企業の中での仕事に関連した自己実現はなんらかの実現の程度の尺度を外に求めることが必要である．それは，芸術家の自己実現すらその欲求の満足を感じるためには社会の評価が必要であることが多いことを考えれば，当然であろう．自分がなにをどこまで果たしているかのフィードバックが必要なのである．その役割を評価的インセンティブが果たすことがある．

人的インセンティブには，二種類ある．一つは職場で接する人々の人間的魅力というインセンティブ．とくに，組織を率いる人間の個性，人格，人間的魅力に惹かれて，組織の人々のコミットメントが高まり，組織への努力の注入が大きくなる．「あの人のためならば」「あの人についていきたい」，そんなきわめて人間的な，属人的なインセンティブである．その源泉をよく，

動機づけ＝衛生理論——ハーズバーグの研究

ハーズバーグは，組織が与えることのできるインセンティブには2種類のものがあることを主張した．第1は，それを与えても，人々はとくに満足を高めないが，それが与えられなければ不満を感じるというインセンティブである．会社の方針と管理様式，監督者や同僚との関係，給与や物的な作業条件などがそれである．このようなインセンティブは衛生要因と呼ばれる．衛生要因をいくら改善しても，人々の満足は向上しない．

第2は，それを与えられることによって，人々の満足が高まるようなインセンティブである．職務の内容，職務の達成，達成の評価などがこれにあたる．これらは動機づけ要因（モチベーター）と呼ばれる．人々の満足を高めるためには，動機づけ要因を与えなければならないのである．この理論は，人々の欲求に質的な違いがあり，現在の社会では人々は低次の欲求を充足するインセンティブによっては満足しないということを主張したものであると解することもできる（F. B. ハーズバーグ『仕事と人間性』東洋経済新報社）．

リーダーの統率力，牽引力といったりする．この点はリーダーシップの議論に関係し，第13章でさらに扱われる．

　第二の人的インセンティブは，仲間の居心地のよさ，グループへの所属のインセンティブである．どのような考え方の人々が集まっているのか，そこでどのような関係をもてるような職場になっているのか，という人的なインセンティブである．こうした二種類の人的インセンティブはいずれも，基本的には人間の愛情欲求に働きかけるものといえるだろう．

　理念的インセンティブとは，いわば思想や価値観を達成意欲の源泉とするようなインセンティブのことである．組織あるいは経営者がかかげる思想に人々が共鳴して，それが人々の組織へのコミットメントをつくりだし，人々をして組織に努力を注入させる．人はパンのみにて生くるにあらず，である．その源泉を経営理念と呼ぶことにしよう．

　理念は人を動かす．「正しいことをしている」という感覚を組織の人々がもつとき，あるいは「意義のある仕事をしている」「自分の存在価値がわかる」と人々が思えるとき，組織に命が吹き込まれる，と言ってもいいだろう．組織にとってそうした使命感や価値観が大事であることを強調している人は，古今東西を問わず多い．経営理念の重要性を説く松下幸之助も，あるいは，組織に使命感と価値観を吹き込むことが組織をたんなる人間の集団を超えたコミットした有機体にすると説くセルズニックも，同じように理念的なインセンティブの重要性を言っている．経営理念や組織文化については，第14章でくわしくふれる．

　自己実現的インセンティブとは，仕事の達成やそれ以外の組織への貢献に対して自分自身での満足感を得られるような状況づくりを組織がする，という意味で組織が与えるインセンティブである．そのベースに評価的インセンティブがあることはすでに述べた．それ以外にも，仕事の種類に工夫の自由を与える，大きな権限の自由を与える，などによって仕事そのものの面白さを追求できる状況をつくる，というインセンティブの与え方もありうる．つまり，仕事そのものが面白い，役割に満足を覚える，といったタイプのインセンティブである．

　このような五つのインセンティブと前節の個人の五つの欲求との対応関係を，主なものに限ってまとめれば，次のようになる．

物質的インセンティブ────→生理的欲求，安全欲求
評価的インセンティブ────→尊厳欲求，自己実現欲求
人的インセンティブ─────→愛情欲求
理念的インセンティブ────→尊厳欲求，自己実現欲求
自己実現的インセンティブ──→自己実現欲求

見えやすいインセンティブ，見えにくいインセンティブ

　このようなインセンティブを与える具体的な経営の手段は，じつにさまざまである．たんに金銭的な報酬の決め方の問題だけがインセンティブの問題でないことは，もはや一目瞭然であろう．

　しかし，企業のもっとも基本的な本質が経済組織体である以上，企業が人々に与えることができるインセンティブの中心は，金銭的報酬を中心とした物質的インセンティブと評価的インセンティブになることもまた，当然のことであろう．

　そうした二つのインセンティブを与えるための見えやすいインセンティブシステムが，仕事の成果の評価とそれへの報奨の与え方の仕組みである．それを評価報奨システムと呼ぼう．それは，企業が設計する多様なインセンティブシステムの中心的存在として位置づけるのが適切であろう．評価報奨システムをさらに具体化した仕組みが，人事評価制度であり，賃金制度なのである．

　人事制度の根幹をなすのは，業績評価と人事考課のあり方である．それは普通，企業の中のインセンティブシステムのもっとも大切で具体的な部分である．なぜなら，人事考課が評価的インセンティブの中心であると同時に，物質的インセンティブとしての給与をはじめとしてそれ以外のさまざまなインセンティブの決定のベースになるからである．

　さらに，人事考課は，他のインセンティブを与える際のベースのシステムとしても機能している．たとえば，人事評価にもとづく昇進や仕事の割り振りが人的インセンティブを決め，自己実現的インセンティブも決めたりする．

　つまり，人事考課は，個人にとって次のようなものを決めている．

- 金銭的報酬
- 仕事の自由度と権限
- 仕事の面白さ
- 社会的な認知

すべて，人事考課にもとづく昇進や仕事の決定がもたらすインセンティブ効果である．人事考課をたんに，「人の業績と能力を正確に評価するためのプロセス」などと考えてはならない．そう考えれば，情報と判断の正確性だけが鍵になる．しかし，インセンティブシステムとしての重要性があまりに強いから，他の人々が得るインセンティブとの間の公平性や納得性が，人事考課ではむしろより重要な鍵になる．

人事考課や昇進のような見えやすいインセンティブを企業は与えているだけではない．物質的あるいは評価的インセンティブを企業組織の中で提供しているのは，なにも具体的な報奨制度や人事制度ばかりではない．さまざまな見えにくいインセンティブシステムが機能している．

職場の物理的環境のあり方が，物質的なインセンティブにつながることがある．たとえば，オフィスが都心にあること，あるいは職場が東京にあることが，人々に勤めるインセンティブを与えたりする．東南アジアで冷房の利いた工場を造ることが働く意欲につながったり，アメリカで個室をもらうことがインセンティブになったりもする．

業績測定も，測定しそれを人々に知らしめるだけで，しばしば評価的インセンティブにつながる．測定された業績にもとづいて給与や昇進が直接に影響を受けなくても，インセンティブ効果が生まれることがある．それは，業績測定が人々にとってのスコアカードになるからである．そのスコアの比較自体が，人々の競争心を刺激する．つまり，業績測定が内部競争の場をつくり，人々の間の自己評価機能をもたらすことがある．

あるいは，組織の中の権限と役割の体系のつくり方が，インセンティブの基礎を目に見えにくい形で決めていることもある．そうした組織構造は，それぞれのポジションの仕事の内容を決め，組織の中の地位を決め，また働く仲間がどのような種類の人たちになるかを決めている．それがしばしば，評価的インセンティブや人的インセンティブの基礎になる．社内で大いに注目

される緊急プロジェクト制度をつくって，そのプロジェクトに参加を求められることは大変名誉なことだという社内常識をつくり上げた企業がある．このプロジェクト制度そのものは組織構造の設計なのであるが，そうした設計をすることによって，「参加の名誉」という評価的インセンティブの源を一つつくり出している．さらには，そのプロジェクトで社内の優秀な同僚と切磋琢磨できることそのものが，人的インセンティブの源にもなりうる．

　同じようにして，経営の理念も組織の風土も，組織の価値観を決める．それは理念的インセンティブの基礎をつくっている．あるいは，組織の採用のあり方はかなりの程度どのような人が集まるかを決め，したがって人的なインセンティブを決めているし，誰がリーダーかが人的インセンティブの大きな部分を構成している．

　このように，組織の与えるインセンティブの仕組みは，見えやすいもの見えにくいものを合わせてじつに多様になっている．その全体的な議論は，この第Ⅱ部のすべての章の議論が関係することになる．それだけ総合的で，かつ重要な問題なのである．

　しかし，そうしたインセンティブシステムの多様性を強調して広い視野の重要性を説くと同時に，多様なインセンティブシステムの中心に位置する評価報奨システムの基本的重要性もまた強調されるべきである．

評価報奨システムの影響の多面性

　仕事の成果の評価とそれへの報奨の与え方の仕組みという意味での評価報奨システムは，じつに多面的な影響を人々の行動に与える．だから，重要なのである．その多面的影響を見ることによって，評価報奨システムのみならずより広義のインセンティブシステムがじつに複雑な影響をもちうることを理解しておこう．その複雑さゆえに，第4節で述べるようにインセンティブシステムの選択のトレードオフもまた複雑になるのである．

　評価報奨システムのつくられ方次第で，人々の行動がどのように変わるのか．どのような影響がでるのか．一般的には，次の五つの面で評価報奨システムは人々の行動に影響を与える．

1. 目的整合的な行動の選択

2．自分の仕事への努力の注入
3．他の人々との協力
4．学習
5．情報伝達

　目的整合的な行動の選択とは，個人が自分に任された意思決定を，組織目的にかなったように選択するか，という問題である．たとえば，評価報奨システムが短期の業績をあまりに重く見るようにつくられていると，人々の行動は短期的な視野で行われるようになってしまう．あるいは，減点主義の人事考課が強いと，人々の行動は保守的になって組織としては望ましくないほどになってしまう．

　評価報奨システムのあり方は，個人の努力の水準にも大きな影響をもつ．言い換えれば，心理的エネルギーを生みだすのに評価報奨システムが貢献する効果をもつ．普通，個人の業績と個人への評価報奨とを連動するようにすると（つまり成果主義人事評価のようなもの），個人の努力の注入は大きくなる．

　しかし，それは同時に，他の人々との協力を第二義的に人々が考えてしまうことになりかねない．つまり評価報奨システムの第三の効果は，それが人々の協力関係に影響をもつことである．そのために，協力関係が重要な意味をもつ人々を一つのインセンティブの対象として，集団インセンティブを与える方法がある．これは，個人の努力を大きくさせようとするためのインセンティブと矛盾することがある．

　評価報奨システムの第四の大切な効果は，人々の学習活動の水準を左右することである．学習は基本的にはまず個人がするものである．そしてその成果を他の人々と分かち合うような行動をとれば，それが組織の学習として個人のレベルを超えた効果をもちはじめる．そうした学習とその伝達のために人々がどのくらい努力をするかは，学習の成果が個人のインセンティブとしてどのくらい本人にはね返ってくるかに基本的には依存している．

　たとえば，学習の結果として仕事のやり方がうまくなることによって仕事の能率が上がったとき，その成果を組織と個人がどう分け合うのか．もしその成果がすべて組織にとられてしまうなら（たとえばコストダウンに成功し

ても，その分だけの利益は本人の成果に関係をつけない評価報奨システム），そもそも学習活動には努力が向かわず，仕事のやり方の工夫をしないままにその範囲で努力を普通にやっていく，という行動が生まれる可能性は強い．

　学習だけでなく，一般に情報伝達活動にどの程度エネルギーをさくかも，評価報奨システムのつくられ方で左右される面がある．企業は刻々変わっていく環境の中で事業を行っている．その変化を捉えるのは，現場に直接，接している人々である．その人々が接する情報は，たんにその人がもっていただけでは意味は大きくないが，組織の他の部署に伝わってはじめて大きな意味があるというものが多い．たとえば，新製品についての顧客のニーズの情報を営業の人間がもっていても，それが製品開発の担当部門に伝わらなければ意味はない．そこでは，情報伝達が大きな意味をもつ．それをしようと思うような評価報奨システムかどうか，といった問題である．この効果は，いわば評価報奨システムが情報の協働関係をつくりだすのにどのくらい貢献するか，という第五の効果である．

　こうした五つの効果はしばしば矛盾する．一つの効果を中心に考えた評価報奨システムは，他の効果にとってはむしろマイナスであることも多い．たとえば，個人の努力の刺激のための個人業績中心のインセンティブと協働の推進のための集団中心のインセンティブの間の矛盾は，すでにふれた．

　あるいは，個人の努力を刺激するために今期の業績にきわめて大きな比重をおいたボーナス制度のようなものをつくると，それは結果として個人に大きな危険を負担させることにもなる．業績が環境の要因で悪くなれば，その結果が「努力はしたけれど，環境のせいで結果が悪かった」，その個人にはねかえってくるからである．そのために個人は，より危険の小さいような行動の選択，組織の目から見れば保守的すぎる行動の選択をしてしまうかもしれない．

　こうして一つの評価報奨システムから生まれうる，相互に矛盾しかねない複数の効果の間のトータルバランスをとっていくことが必要となってくる．

3 インセンティブシステムの設計

システム設計の基本事項

　評価報奨システムを中心に，インセンティブシステムの機能について前節でくわしく触れた．その議論をベースに，評価報奨システムのみならずインセンティブシステム一般の設計のための基本的に考慮しなければならない事項をこの節では議論しよう．

　企業のつくるインセンティブシステムは，人々に物質的なインセンティブと評価的インセンティブを与えることが中心になると前節で強調した．その議論をまとめると，インセンティブシステムが提供するものは，物質的な意味での金銭的報酬，評価的な意味での権力（あるいは「エラサ」）や名誉，が中心になる，ということである．しかし，それ以外にも，インセンティブシステムは仕事を人々に分配しており，その結果，仕事の意義と仕事の遂行のうえでの自由もまた，インセンティブシステムが結局は分配している．

　つまり，インセンティブシステムとは，多くの人が欲しがる，カネ，権力，名誉，仕事，自由，などを組織の人々の間に分配する仕組みになっているのである．

　とすれば，インセンティブシステムの設計の際にまず考えなければならないのは，次の二点である．

> 1．何を分配の中心にするか
> 2．中心的ではない変数も含めて，全体のバランスをどうするか

　たとえば，人事の給与の査定の方式は，明らかにカネの分配を中心にした仕組みである．そうした人事給与の査定を企業内のインセンティブシステムのきわめて大きな中心と位置づける設計をすれば，それは結局，カネの分配をインセンティブシステムの中心とした，ということになる．だが，給与ばかりでなく名誉やその他の分配をも重要なファクターとして積極的に位置づけるようなインセンティブシステムの設計にすれば，カネのインパクトは薄められる．たとえば，人事給与システムを中心的なインセンティブシステム

とするにしても，給与の微妙な格差がたんなる金額の意味を超えた象徴的な意味をもつような扱いにすれば（多くの日本企業がこうした慣行をもっているようである），給与の多少が実は名誉の分配に意味を大きく帯びてくるようなインセンティブシステムになるだろう．

何をインセンティブシステムの中心分配変数とするか，その他の変数とのバランス関係をどのように構築するのか，それがインセンティブシステム設計のもっとも基本的な事項なのである．

分配の中心と定めたインセンティブ項目（たとえばカネ）の分配のベースあるいは分配決定の尺度を何にするかが，第三のインセンティブシステム設計の基本事項である．もとより，企業組織が経済組織体である以上，このインセンティブシステム分配のベースは，基本的には組織業績への貢献の大きさ，ということに抽象的にはなるであろう．つまり，その人に分配されるインセンティブとその人の組織業績への貢献が釣り合っていることが，望ましいインセンティブシステムの基礎要件なのである．

このインセンティブと貢献の釣り合いという要件は，組織の中の働く人々が一段と努力を注ぐことを確保するためのインセンティブシステムとしても必要であるが，さらにさかのぼって，そもそもこの組織に属することをなぜその人が納得しているかと問えば，それはその人にとって組織からもらうインセンティブが自分の貢献から釣り合っていると感じているからであろう．この考え方を，組織維持の誘因理論と呼ぶ．この節で望ましいインセンティブシステムの基礎要件としてあげている，貢献とインセンティブの釣り合いという条件は，誘因理論の応用である．

インセンティブ決定のベース：貢献をどう測るか

しかし，抽象的に「組織業績への貢献」とはいうものの，その貢献を具体的に何で測るのか，ということになるとさまざまなオプションが登場する．その内のどのような貢献測定の仕方を中心にするのか，あるいはさまざまな貢献測定の総合化をどのように図ろうとするか．それが，インセンティブシステム設計の具体的設計として最初の大きな問題である．

貢献は，企業の経済的成果への直接的貢献としての業績を中心に測られるのが普通であろう．しかし，人の組織への貢献はそうした直接的な業績だけ

図11-1　インセンティブの分配

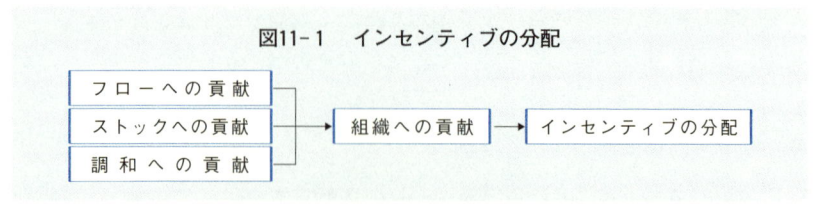

```
フローへの貢献 ┐
ストックへの貢献 ├→ 組織への貢献 → インセンティブの分配
調和への貢献   ┘
```

で測りきれないところに難しさがある．「業績以外」には，主に二つある．

　第一は，業績が普通フローの測定で行われる（たとえば，ある期間の販売額，利益額，いずれもフローである）のに対して，ストックの蓄積への貢献を測らねばならない．たとえば，技術蓄積への貢献，企業の信用やイメージづくりへの貢献，などは，いずれも企業の経済的成果を生むために必要なストックの蓄積への貢献であるが，フローとしての業績とは違って，単純には測りにくいものである．

　第二は，職場社会の社会的な調和づくりへの貢献である．経済活動をする企業は，しかし同時に社会集団で，その社会集団としての調和がなんらかの意味で大きく欠けていたら，経済活動体としての効率にも必ず影響が出てくる．そこで，フローとしての業績だけでは測りにくい，この種の貢献への評価が必要になってくる．

　こうした「業績以外」の貢献の評価の問題が根底にあって，しかし業績評価の問題として顕在化する典型的なケースが，「短期か長期か」という問題，そして「個人か集団か」という問題である．いずれも，形のうえでは，業績測定のベースを短期にすべきか長期にすべきか，あるいは個人の業績中心にすべきか集団の業績か，といった「業績測定上の問題」であるが，その本質はストックへの貢献，社会集団への貢献，をどう測るか，ということにつながっている．

　短期と長期の問題はストックへの貢献につながり，個人か集団かの問題は職場社会の社会的な調和への貢献の問題がつながっている．短期で測れば，貢献とインセンティブが素早く対応するという意味では，インセンティブを分配される側には励みになる．しかし，短期だけにフロー中心の測定になりやすく，ストックへの貢献を測りにくくなる．

　あるいは個人中心に業績を測れば，個人にとってはやはりインセンティブと貢献の対応がはっきりするという利点があるのだが，「集団への貢献」と

いった要素を個人に分解して測定するのが非常に難しいために,「測るのが難しい要因はつい無視されがちになる」というデメリットが出てくる. そこで, 多くのインセンティブシステムはインセンティブの決定のベースを多様化し, そのうえで統合化しようとする努力をすることになる. たとえば,「小集団の短期的な業績をストックへの貢献との比較で測定するようにして, それをインセンティブの中心的なベースとする」といった解決策がよくとられる.

小集団の業績の例は, 課を単位にした利益計算をすることである. 部や事業部といった大ぐくりの業績測定だけでなく, そこまで細分化してあえて利益計算をする. しかし, 個人のレベルまでは落とさない. その利益の額を必ずストック変数との相対比較になおして, インセンティブにつなげる. たとえば新規顧客の開拓量とか, それの代理変数としての顧客数, 売上高, などとの比率あるいは総合評価になおした利益評価である.

これらは例にすぎないが, そのような具体例が考慮しているのが, 結局ストックの問題, 集団の問題であることがわかるだろう.

インセンティブのうまい組み合わせ:インセンティブの経済

組織が分配するインセンティブは, いくつかの理由で, その供給を無制限にするわけにはいかない. したがって, インセンティブの供給は,「経済的に」つまりバランスと効率を考えて行う必要が出てくる. 言葉を換えれば, いくつかのインセンティブをうまく組み合わせて, 全体として組織側に過大な負担がなく, しかしインセンティブを与えられる個人の側にはそれなりのモチベーションがわくような, そうしたうまい組み合わせ,「経済的な」組み合わせをつくり出すようにインセンティブシステムの全体を設計すること. それが, インセンティブシステム設計が成功するための大きな条件である. この要件を, インセンティブの経済, と呼ぶことがある.

もっともわかりやすいのが, 金銭的インセンティブの場合である. 金銭的インセンティブは, たしかに人々に分配すればそれだけモチベーションが上がる可能性は高いのだが, 企業が経済組織体として存続していくためには, 企業が生み出す付加価値を超えて人々に金銭的なインセンティブを分配するわけにはいかない. 短期的に緊急避難措置としてそういうことがありえても,

長期的には不可能である．金銭的インセンティブの分配の源泉は付加価値しかなく，それが分配の上限となっている．

あるいは，権限や名誉を具体的に担うことの多い，「地位」というインセンティブも，その供給にはおのずと限りがある．地位は乱発すると，「意味のある」地位ではなくなってしまう面があるからである．

インセンティブの供給が「経済的」に行われなければならない理由は，次の二つである．

1. 異なったインセンティブが物質的源泉をめぐって競合関係にある
2. インセンティブによっては，ある人にそれを与えれば自然にそれが他の人に与えることを排除するものがある

たとえば，上でインセンティブシステムが分配するものとしてあげられた名誉や仕事そのものでも，それらを供給するには結局，資金がいることがある．名誉の象徴としての個室を与えようとすれば，それを造るスペースと資金がいる．研究者の仕事のインセンティブを高めようと自由に研究させようとすると，研究設備や研究予算がいる．結局は，物質的な源泉をめぐって異なったインセンティブは競合関係をもってしまう．だから，一見，金銭的なインセンティブでないものでも，あれもこれも与えるわけにはいかなくなる．

第二の例は，たとえば地位である．ある人をある地位につけるということは，ほかの人はその地位にはつけなくなることを意味している．あるいは，人事考課といった評価的なインセンティブでも，部下の誰かを一番優秀と評価すれば，それはほかの人は一番ではないことを同時に意味してしまう．

こうしたインセンティブの特徴を考えたうえで，組織あるいは経営者として，さまざまなインセンティブをその効果と経済をトータルに考えながら組み合わせていく必要がある．その組み合わせがうまくいくかは，もちろん状況に依存する．

たとえば，個人の事情，組織の事情，労働市場の事情，他の経営の仕組みのインセンティブ効果，などの状況に応じて，望ましいインセンティブシステムのあり方は変わってくる．とくに，インセンティブを受け取る個人の側の状況に依存するところが大である．たとえば，外部労働市場が発達し，労働の流動性が高い状況（たとえばアメリカ）では，個人への給与が単純に金

銭的なインセンティブという性格をもつのみならず，組織から個人への評価の程度を示す指標として意味をとくに大きくもつようになる．そこでは，評価的インセンティブと物質的インセンティブの連動を大きくしないと，個人に受け入れられないインセンティブシステムになってしまう危険がある．

あるいは，仕事の環境の変動が大きく，不確実性が高いような環境で個人のインセンティブを短期の業績に大きく連動させると，結果としてその個人は環境のリスクに連動して自分のインセンティブが決まってしまうことになる．極端に言えば，環境のリスクをすべて個人が負ってしまうことにもなりかねない．そのようなインセンティブシステムは，人々に必要以上にリスク回避をさせる危険がある．組織としては十分耐えられるリスクでも，個人がそれに連動しすぎて個人では負いきれないリスクというものも多いからである．

そうした状況依存性は高いものの，「インセンティブのうまい組み合わせ」の現実の成功例には，比較的共通に見られる特徴がいくつかある．

その第一は，物質的なインセンティブに依存する度合いをあまり大きくしない，ということである．それは，個人の側の事情から言えば，人の欲求の五段階説でもわかるように，人々の達成意欲の源泉としての物質的インセンティブは，いったん生理学的欲求や安全欲求が満たされると，それほどに意味をもたなくなる．また組織の側の事情からしても，インセンティブの経済を確保するためには，物質的インセンティブへの依存が大きいのは望ましくない．

第二の特徴は，「分散」ということである．そしてその前提として，いくつかのインセンティブ変数を明示的に用意することである．分散には，二つの意味がある．一つは，インセンティブの特定の少数の人への集中を防ぐこと，つまり非集中である．分散のもう一つの意味は，組織に働く多くの人が，それぞれにどれかのインセンティブの分配を受けられるように，異なったインセンティブの個人間分配を相似形にしないことである．

つまり，非相似という意味の分散である．たとえば，金銭的インセンティブに恵まれた人に，同時に権力や名誉を与えすぎないほうがいい．その分配をカネの分配と変えることにより，インセンティブの公平性を維持しやすくなる．日本企業の年功人事で成功してきた事例の多くは，「年齢によって地

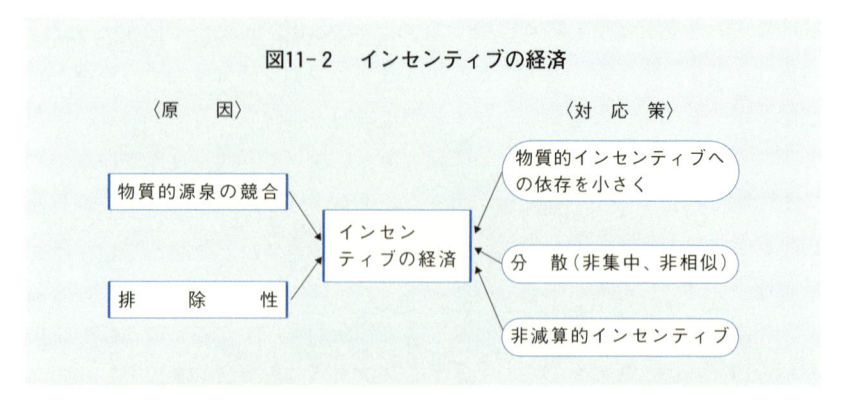

図11-2　インセンティブの経済

〈原　因〉
- 物質的源泉の競合
- 排除性

→ インセンティブの経済 →

〈対応策〉
- 物質的インセンティブへの依存を小さく
- 分　散（非集中、非相似）
- 非減算的インセンティブ

位と給与を分配し，実力によって仕事の実際の権限や自由を分配する」という面がある．年功といってもそれは地位中心の年功で，仕事の中身については実力主義的年功人事とでもいうべき性格をもっていることが多い．だからこそ機能してきた．それはインセンティブの分散の一つの具体例である．

　第三のポイントは，非減算的インセンティブの発見と効果的な利用である．非減算的インセンティブとは，ある人にインセンティブを与えることによってほかの人へのインセンティブを減らさざるをえないような性質の小さいインセンティブ，ということである．減算的インセンティブの典型的な例は，原資に限りのあるボーナスである．算術的に足し算されるようにでき上がっているインセンティブで原資に限りのあるものは，すべて減算的である．もちろん，ほとんどのインセンティブはなにがしかの減算性をもっている．それが，インセンティブの経済を考える必要が出てくる本質的な理由である．しかし，その減算性が少ないようなインセンティブもありうる．たとえば，評価の軸を多様に用意したうえでの評価的インセンティブは，ある人がある軸で高い評価を受けても，それ自体では他の人が他の評価軸で高い評価を受けられる可能性を排除していない．つまり減算性が少ないのである．

成果主義的人事のむつかしさ：一つの応用

　組織業績への貢献の大きさに応じたインセンティブの分配をするという原則を人事制度という具体的なインセンティブシステムの例に適用すると，「成果主義的人事」が望ましい，という結論に落ち着きやすい．たしかに，概念的にはそうである．概念的とは，貢献がきちんと測れ，しかもその貢献

を一人ひとりの個人のレベルに落としてきちんと測定できるのなら、ということである．そして、個々人の成果に応じたインセンティブ分配が、職場社会の調和に過度のマイナスをもたらさないのなら、ということでもある．

ともに現実にはむつかしい．だから、成果主義的なインセンティブシステムが、部分的には多くの企業が取り入れようとしても、貫徹することが少ない、もっともな理由がある．インセンティブシステム設計の議論の一つの応用例として、成果主義人事のむつかしさと人事評価の鍵要因について、議論しておこう．

成果主義的人事のむつかしさは、三点に集約できるであろう．第一点は、組織の中での能力の適正利用のむつかしさ．第二点は、能力がもたらす組織への貢献の測定のむつかしさ．第三点は、第二点から生まれてくるのだが、貢献の評価への納得性確保のむつかしさ．

第一点の能力の適正利用のむつかしさとは、人々の能力をどのように使うのが組織として望ましいか、という点についてかなり厄介な原理的問題があることである．つまり、成果主義で貢献の高い人、あるいはその背後の能力の高い人を浮かび上がらせることができたとしても、組織全体での能力の適正利用のためには、単純に貢献の大きい人に大きく報いる、その人たちが能力を発揮できるようにする、というやり方だけでは問題が出るからである．

組織集団の中には、能力の高い人もいれば、普通の人もいる．彼らが全体として一つの集団をなしている．その集団の中での個人の能力の適正な利用については、二つのポイントがある．第一のポイントは、能力の高い人がその能力を発揮させられるようにいかに使うか．第二のポイントは、普通の人の普通の能力をいかに集団として発揮してもらうか．

ともに大切である．しかし、二者択一的になりやすい．単純に能力主義、成果主義をとると、かえってマイナスが生まれることがあるのは、それが第一のポイントのためにはよくても、第二のポイントでかなりのマイナスが生まれるからである．普通の能力の人に疎外感が生まれたり、彼らを不当に低く見てしまってかえって非効率が出るからである．

普通の能力の人が世の中には圧倒的に多い．その人たちが応分の努力をしてはじめて、組織としての成果が上がる．日本企業はこの本質をよく理解してきた．そのために前項で述べたようなインセンティブの分散をやってきた

ようなものである.

　しかし，それをやりすぎると，悪平等になる．多くの日本企業が今はこの段階にまで達している危険がある．能力のある一部の人々が不当に低く扱われ，そのために悪平等が生まれてしまう．第一のポイントにもっと注意を払うべき状況になっている．

　能力については，その適正利用の考え方が難しいばかりでなく，能力が生み出す成果の評価も非常にむつかしい．野球選手の打率や勝率のように，客観性の高い数字が出にくいからである．それが，成果主義的人事の第二のむつかしさである．そのむつかしさの原点は，すでにフロー，ストック，長期，短期，個人，集団，という形で前々項で説明した，貢献測定の困難さ，である．

　したがって，客観的な測定などそもそもできないものについて，成果主義といって一人の人の成果を測ろうとして，一体，本人の納得性をどのように確保するのか．そのむつかしさが，成果主義的人事の第三のむつかしさである．しかし，成果の評価には評価される人々の納得がある程度なければ，評価結果がきちんと受け止められて，それをよくするように人々が前向きの努力をするということが起きない．納得性はきわめて基本的に重要な要件なのである．だから，評価の代用物としての年功のような「まぎれのない」ものが必要以上に幅を利かせてしまう．

　このむつかしい問題に対して，対応の基本的なスタンスは次のようになると思われる．

　まず，能力や成果の人事評価には，客観性や公平性はないと思い定めるべきであろう．人事評価には主観的な部分が残らざるをえないし，評価結果の公平ということもない．しかし，評価される側が評価結果を「のみ込め」なければならない．そのために，「納得性」をなんとかしてつくる工夫をする．

　最近，成果主義の人事と関連して，目標管理システムを導入する企業が多い．きわめて面倒な仕組みなのだが，あえてそれを実行しようとする企業の真のねらいは，目標達成をベースとする成果評価の納得性づくりにあるのだろう．目標管理のプロセス全体の中で自分の意見が反映できる機会があること，そしてこの面倒なプロセスに上司と人事部がエネルギーを割いているということ，この二点が納得性の原点のように思える．つまり，このシステム

の本質は，決してインセンティブを高めるための管理の方法という点にだけあるのではなく，むしろ，本人の意見上申を含んだ面倒なプロセスを経由することによって，成果評価についての納得性を高めることにある．

　ただし目標管理方式にも，問題は多い．その最大のものは，最初の目標設定という部分の問題であろう．目標設定は，明示化できる成果に対して目標を設定しがちになる（もしくは短期的な成果に対する目標になる），達成度の高さによって評価の高低を決めてしまうとするとリスクを恐れて当事者が目標自体を抑える可能性が出てくる，環境変化が激しい場合，例えば一年ごとの目標設定だと一年後の実情にそぐわない可能性がでてくる，などである．

　こうした問題があっても，なお納得性の確保というメリットは大きいのであろう．また，納得性の確保という点では，成果主義人事と連動して労働市場での評価がどうなっているかという「市場主義賃金」が使われることが多くなっている．この仕事の成果は企業にとってはこのくらいだと市場が判断している，という賃金である．この場合，面倒なプロセスを経たから納得性が生まれるというのではなく，市場の声という「客観性の衣」が納得性のポイントになっている．

　しかし市場主義賃金には本質的に問題がある．衣はあくまで衣でしかない．ある企業の中だからこそ意味のある存在である人も，他の企業への転用可能性という観点からの市場評価では低い評価になってしまうことが多々あり，さらに，そもそも組織をつくって企業が事業をしているのは，たんに市場で買える能力部品を組み合わせて簡単に作れるような事業価値以上のものを企業という組織がチームとして生み出しているからであろう．そのときに，市場での部品価値とでもいうべきある一人の人の市場主義賃金にその人の評価を頼るのは，組織をつくって仕事をしているということの本質に反する．

　じつはこの種のやり方は，評価の責任を「市場に転嫁している」という面がある．日本のように流動性の低い労働市場では，労働市場での転用可能性に重点をおいた評価は組織内の評価として使いにくい．しかも，それは転職の可能性が高まったとしても同じである．人々の能力がかなり企業特異性をもっているという状況がこれからも続くとすれば，その評価を「市場に転嫁」するわけにはいかない．

　どんなにむつかしくとも，納得性の源泉を組織内の評価プロセスに求める

こと．それが人事の納得性の基本である．

4　選択の基本的トレードオフ

四つのトレードオフ

どのようなインセンティブシステムをもとうとするか，という決定は，実はインセンティブシステムにつきもののいくつかの基本的トレードオフに決着をつけることになっている．そのトレードオフの総体を意識してインセンティブシステムの選択は行われる必要がある．主なトレードオフは，次の四つのものである．

1. 燃える人とくさる人
2. 競争と協調
3. リスクと努力
4. 過去と将来

第一のトレードオフは，インセンティブの減算性によって発生してしまうトレードオフである．つまり，インセンティブをすべての人に無限に与えることができないために，報われる人と報われない人が出てくる．そのために，あるインセンティブシステムで燃える人があれば，くさる人が必ず出る可能性が高いということである．このトレードオフを考えるとき，燃えるためのインセンティブシステムだけでなく，くさらないためのインセンティブシステムや「一時的な敗者」への復活の重要性が意識されることになるだろう．

第二のトレードオフは，競争と協調の間のトレードオフである．これを言い換えれば，個人と集団の間のトレードオフと言ってもいい．個人へのインセンティブを多くして，それによって個人が競争することは，組織のエネルギーを高めるための大きな手段である．しかし，組織である以上，協働と協調がどうしても必要になる．それは集団のインセンティブへ目を向けなければいけないことを意味する．

このトレードオフは同時に，インセンティブシステムが個人に与える評価の正確さと，個人がもつ情報のほかへの伝達の意欲の間のトレードオフでも

ある．つまり，個人の評価を正確にして競争を起こそうとすれば，その個人は自分がもっている情報をほかに伝達する意欲をそがれる面がある．

　それは一つには，自分に関しての都合の悪い情報を伝えれば自分の評価が下がるような状況におかれた人が，その情報が組織としてはぜひ他の部署で知るべき情報であるにもかかわらず，その情報を自分だけのところに秘めておく可能性があるからである．もう一つには，他人がその情報を手に入れることによって他人の業績が上がることが自分の相対的評価を下げて都合が悪いと思う人がありうることである．それゆえに他人にも有用な情報であるにもかかわらず，その伝達意欲が生まれない．

　第三のトレードオフは，リスクと努力である．このトレードオフは，短期的業績とその人のインセンティブをどの程度連動させるべきか，ということに関してよく表れる．人々の仕事の達成への努力を大きくしたいと思えば，業績にインセンティブを連動させる程度を多くすることによって励みを大きくできる．歩合給制度がその典型である．しかし，業績は人々の努力だけで決まるのではなく，環境要因という不確実な要因によって変動する．とすれば，業績とインセンティブとの連動が高いことは，人に多くのリスクを負わせることになる．その点からは，業績との連動を低くした方がいい面もある．そうしないと，人々の行動が保守的になりすぎる危険がある．努力をとるか，リスク削減をとるか，そのトレードオフである．

　第四のトレードオフは，過去と将来のトレードオフである．すでに上がった企業成果へのインセンティブを与えようとすれば，将来への蓄積へのインセンティブが小さくなる．それを逆にすると，反対に現実の成果へのインセンティブが「将来のために」という言い訳のもとに小さくなる．つまりは，ストックとフローとの間のトレードオフであり，長期と短期の間のトレードオフでもある．

総合のバランス

　こうしたいくつかの本質的なトレードオフゆえに，インセンティブシステムの選択には微妙なバランスが要求されることになる．そして，ほとんど例外なく，こうしたトレードオフゆえに，複数のインセンティブを同時に使うことがどうしても必要になる．その時，複数の異なったインセンティブは，

じつは相互に矛盾するメッセージを組織の人々に送りかねない．いや，それが普通である．その矛盾にどう対処するか．基本的には，矛盾するメッセージを個々のインセンティブシステムが送ることを容認し，しかし，その矛盾の総体が，総合バランスにつながることを目指すしかないだろう．

こうしたむつかしいバランスは，すべての状況が起きる前に予知して準備しておくことなど，ほとんど不可能であろう．ですから，バーナードの言うように，インセンティブのミックスは変化し，生成されていくしかない．

その変化と生成を容易にする一つの状況が，じつは企業組織が成長しているという状況である．成長は，物質的なインセンティブの源泉を大きくするばかりでなく，組織を大きくすることによって，権威の源泉，誇り，組織の格，などを大きくする．つまり評価的，理念的，自己実現的なインセンティブを大きくする源泉になるのである．そうした源泉が多様になり，大きくなれば，「矛盾するインセンティブの総合的バランス」をとりやすくなる．それでもむつかしいバランスだが，企業が成長しないときと比べれば，やはりバランスはとりやすい．

だからこそ，企業は成長への本能をもつ．それは，日本に限らない．働く人のインセンティブを，たんに物質的なものに限定せずに，さまざまなものを求めるのだと想定すれば，自然に出てくる企業行動である．

(演習問題)
1. 次の三つの職種について，「ひとはなぜ働くのか」についての一般論を考えてみなさい．職種の間を貫く一般論はどの程度可能でしょうか．
　　①銀行の窓口係，②メーカーの研究開発担当者，③事業部長
2. 企業成長は働く人々にインセンティブを与えるためにきわめて重要だとよく言われます．なぜそう言えるのか，企業成長が果たせる役割をくわしく論じなさい．
3. 給与などの金銭的報酬が組織のインセンティブとしてとくに重視されることが多い理由を，多面的に考えなさい．この傾向は，アメリカの方が日本よりは強いと言われています．それはなぜだと思いますか．

第12章

計画とコントロール：プロセスとシステム

　組織構造の設計は組織的な協働の枠組みを決め，インセンティブシステムはその枠組みの中で人々の協働の意欲を引き出すためにつくられる．しかし，人々に仕事への意欲が生まれても，人々のとる行動が直ちに環境の要請に応えるようなものになったり，協働がきちんと生まれるとは限らない．

　さらに具体的に仕事とそのための協働が円滑にすすむためには，人々が仕事の計画をそれぞれにつくり，行動の準備をきちんと行う必要がある．たとえば，顧客のニーズに応えられるように営業スタッフは，顧客の将来動向を考えながら自分の行動の計画をつくって行動の準備をする．生産部門と，仕事の計画と実行についての相談と調整のためのコミュニケーションをとる必要も生じる．そのためにも，自分の計画をもっていなければ，生産側に要求することを決められない．

　こうして計画をするという作業がほとんどの仕事で必須になるが，しかし計画の実行が始まると，予想と違うことも当然起きる．そこで，実行しながら修正行動をとることが必要になる．

　つまり，組織としての協働作業がきちんと進んでいくためには，計画と実行とコントロールのプロセスが組織の中のあちこちでさまざまな人々によって遂行される必要がある．それが，組織のマネジメントとして多くの人が行うことの中心的なことである．そして，その計画とコントロールのプロセスを組織全体で各人が行えば，その集合体はかなり巨大なプロセスになる．それを各人がバラバラに行うのではなく，ある程度の秩序をもってシステマティックに行わなければ，混乱が起きるだろう．そのためには，計画とコントロールのためのシステム的な仕組みの準備が，組織全体をまとめる経営者の

立場として必要になるだろう．

　この章はそうした計画とコントロールについて，組織の中の人々自身が行う計画とコントロールのプロセスと，そうしたプロセス全体を統御するために経営側が設計する計画とコントロールの全体システム，その二つのトピックスを扱う．

　コントロールというとすぐに「制御」あるいは「管理」というニュアンスが出てしまうかも知れないが，計画とコントロールのシステムの本質は人々を制御するためのシステムではない．むしろ，人々の間のさまざまなコミュニケーションと情報の流れを促進し，秩序立てるためのシステムである．

　組織構造の設計によって（とくにその中の伝達と協議の関係の部分の設計から）誰が誰に報告するかというコミュニケーションの流れの枠組みは決まっている．しかし，それは流れのパイプを決めたようなもので，パイプがあれば実際に情報が流れるわけではない．このパイプの中にどのような情報をいつ流すのか，その流れをどう促進し秩序立てるか．それを計画とコントロールのシステムが決めている．その情報の流れにそって，個々の人々が自分で行う計画とコントロールのプロセスが動き出し，協働し合うのである．

1　人々が行う計画とコントロールのプロセス

誰もが行う計画とコントロールのサイクル

　計画とは，事前にあらかじめ将来とるべき行動の案を練っておくことである．コントロールとは，その計画にそって動きだした後で，計画どおりにはことが進まないときに修正行動をとることである．つまり，事前の計画，中間と事後のコントロール，といえる．計画をもとに行動が起こり，その行動をもとにコントロールが行われる．コントロールの結果，修正のための行動がとられる．

　こうしたサイクルをよく，PDSC（Plan, Do, See, Check）のサイクルと言ったりする．計画をつくり（Plan），それを実行し（Do），その結果を見て（See），チェックして必要な修正を加えて（Check），その修正をさらに実行をしていく，というサイクルである．

そうした計画とコントロールは，組織の中のさまざまなレベルで，さまざまな人々がそれぞれ行っている．自分の責任の業務について，計画とコントロールをみんなが何らかの形で行うのだから，その個々の計画とコントロールのプロセスは，組織に働く人々の数だけある，と言っても言い過ぎではない．まずい計画づくりも，いい加減なコントロールもあるだろう．しかし，すべての人が何らかの形で計画とコントロールを行っている．

　そして，企業組織が階層組織であることを考えれば，上司が自分の責任の組織全体に対して行う計画とコントロールのプロセスの中に，その部下自身が自分の業務に関して行う計画とコントロールのプロセスが含まれている．

　たとえば，後のくわしい例であげるが，現場の作業者は自分の仕事を計画し，コントロールしている．その上司は，作業者による仕事の遂行プロセスを彼に任せたうえで，それをきちんと行わせるように計画とコントロールを彼に対して行っている．まるで入れ子構造のように，計画とコントロールが階層を通じてつながり合っている．序章で解説した組織の三角形を思い出せばいい．入れ子状態の多数の小さな三角形の一つひとつの頂点ごとに，その三角形のための計画とコントロールのプロセスがあるのである．

　そうした膨大な計画とコントロールのプロセスの入れ子集合体全体を束ね，その中で計画とコントロール活動を促進しかつ調整するための仕組みが，組織としての計画とコントロールのシステムである．

　組織の各々の個人にとって，なぜ計画やコントロールが必要なのか．計画やコントロールが必要となる主な理由は次の二つであろう．

　第一の理由は，企業や個人がなんらかの目標を達成しようとして行っている仕事は，不確実な環境の中で行われている，ということである．

　目標とは，将来のある状態である．年度末までに一定のパーセントの利益を上げたいというのが目標になるかもしれないし，三年後には，ある商品を一定の金額までは売りたいというのが目標になるかもしれない．この目標を達成するために，個々の人が仕事の行動をとる．その行動をとるのに，その場その場で行き当たりばったりで行動を決めるより，あらかじめ考えておいたほうがいい．これが計画である．このような計画をもたずにその場その場で対応していたのでは，目標の達成はおぼつかない．

　しかし，あらかじめ決めた行動をとれば必ず目標が達成されるわけではな

い．計画された行動によって目標が達成されるかどうかは，環境次第で違ってくる．そして，その環境は不確実で変化していく．したがって，環境の変化に合わせて，行動を変えなければならない．そのために，計画と実績とのギャップを継続的に検知することによって，行動を変える必要があるかどうかを知る．また，ギャップがなぜ出てきたかを分析することによって，どのような修正行動をとるべきか考える．この検知と修正がコントロールである．

個人にとって計画とコントロールが必要になる第二の理由は，組織のほかの協働メンバーとの行動の調整のためである．

組織の中では，さまざまな分業が行われている．組織が目標を達成するためには，この分業の調整を行わなければならない．その分業の調整には，二つのやり方がありうる．一つは，自分が何らかの行動をするたびに，上司や他部門に一々連絡をし，決裁を仰いで，その後に行動をとる．大変な面倒が想像できる．

第二のやり方は，あらかじめ自分の行動の計画をつくる段階で上司や他部門と相談をし，いったん実行に入ったら大きな変化がないかぎりとくに上司や他部門とは連絡をとらずに実行していく．これなら，大きな変化が起きて修正行動をとるときにだけ調整の具体的作業が必要になる．調整はずいぶんと楽になる．

具体例で考えてみよう．ある衣料品を製造し，販売している会社があったとしよう．この会社には，衣料品を製造する製造部門と，販売を行う販売部門がある．この会社は，衣料品の製造・販売を通じて，今期末までに10億円の売り上げと1億円の利益をあげるという目標をもっていたとしよう．計画とコントロールのプロセスがない場合には，販売部門や製造部門は関連しそうな情報をすべて上司である社長に報告し，社長はその情報をもとに，製造部門と販売部門に指示を出さなければならない．また，毎月の売り上げに応じて生産を決めるために，販売部門と製造部門はつねに情報交換をしなければならない．それが，計画をもたないその場限りの活動の調整の方法である．

しかし，この会社が月次の製造計画と販売計画をつくっていたらどうだろうか．そして，各部門がその計画を伝達しあって，互いにどのような計画で動き出すかを知っているとしたらどうだろう．まず，社長が事前に調整する必要は大きく減る．また，実行段階に入ってからも，社長はまずその計画が

実行されているかどうかの実績を報告させればよい．計画と実績の間にギャップがないときには，社長は何らのアクションをとる必要はない．ギャップがあるときにのみ，そのギャップがなぜ出てきたのかを知るための情報を取り寄せればよい．各部門間の直接の連絡も，同じようにギャップが出てきたときだけ行えばいいということになるだろう．そのギャップの分析を部門の間で協議して行うのであれば，社長自身が修正行動を決めるために決裁する必要も大いに減らせるだろう．

このように，計画とコントロールのプロセスをきちんと各部門で行わせることによって，上下間でも部門間でも，調整のための負荷を大きく減らすことができる．

考えるための計画づくり：計画の個人的意義

前項で，不確実な環境のもとで目標を達成する準備のためには，計画することが不可欠だと，書いた．そのとおりであるが，なぜ不可欠なのか．計画を作る人自身にとって，なぜ計画をすることがとくに意義があるのか．

その意義を一言で言えば，計画を策定する人々が計画の策定を通じて，自分自身の仕事とそれを取りまく環境について考えるようになる，そしてよりよく環境を理解するようになる，ということである．

一般に計画するということは，三つのことを意味する．第一は，環境のゆく末を，環境の中に働いているメカニズムを，事前によく考えるということ．将来がどうなるだろうという予測はそこから生まれる．第二は，どのような目標を達成しようかを考えるということ．第三は，その環境と目標のもとでは，今どのような行動をとる必要があるかを考えること．これらの三つの側面を事前に考えることがそれぞれに計画策定の個人的意義をもたらす．

第一の，事前によく考えることのもたらす意義は大きく分けて二つある．一つは，環境のキー・パラメターの理解が深まることである．その理解ゆえに，環境が変化したときにそれを敏感に捉えられるようになる．また，その変化がどのような性質のものかを理解しやすくするために，修正行動も考えやすくなるだろう．

事前によく考えることのもう一つの意義は，不確実性を減らすような努力をとることである．たとえば，需要環境の例をとれば，将来の需要はどうせ

わかりはしない，などと言っていないで，少しでもより精度の高い予測ができるように努力をし，情報を収集する努力を払うことによって，需要予測の不確実性を減らすことができる．

　計画によって目標が決まることの意義は，一般的にはっきりした具体的な目標のある状態の方が人間の達成意欲はわきやすい，ということから明らかであろう．また目標をはっきりしておけばこそ，それを達成できたときの喜びもある．

　計画の第三の個人的意義は，いまとらなければならない行動の選択をせまられることである．意思決定の強制，あるいは目前のタスクの自然な浮かび上がり，と言ってもいい．ともすれば選択を先送りにするのが人間の常であるとすれば，この意義は大きい．

　こうした計画することの意義は，意外に小さく見積もられがちである．松下電器産業の元社長・山下俊彦は，計画について次のように述べている．

　「私は，事業にとって計画がなにより大事だと思う．それにはまず，計画段階で全員の知恵を集めて徹底的に考え抜く．そうして計画が出来上がれば，仕事は60％もできたも同然である．計画の精度が低く，大きく狂うようであれば，それはヤマカンであって計画とはいえない．そして計画の達成に意欲を燃やし努力すれば，感激も生まれる」（山下俊彦『ぼくでも社長が務まった』東洋経済新報社）

　つまり，計画づくりは，人々に深く考えることを促すために意義があるのである．

「制御のため」と「影響のため」：コントロールの個人的意義

　しかし，どんなに事前に考え抜いていたとしても，計画が実行段階に入ると，ほぼ同時に，コントロールが必要になってくる．どんなに緻密な計画をつくっても，計画どおりいかないのが現実だからである．その事態に対処し，適切な行動を環境の変化に合わせてとるようにするための行動がコントロールである．

　そのコントロールには，二つのタイプのものがある．第一のタイプは，制御としてのコントロールとでも呼べるものである．それは制御しなければならない仕事をもっている人が，自分で適宜制御活動を行っていくときのコン

図12-1　二つのコントロール

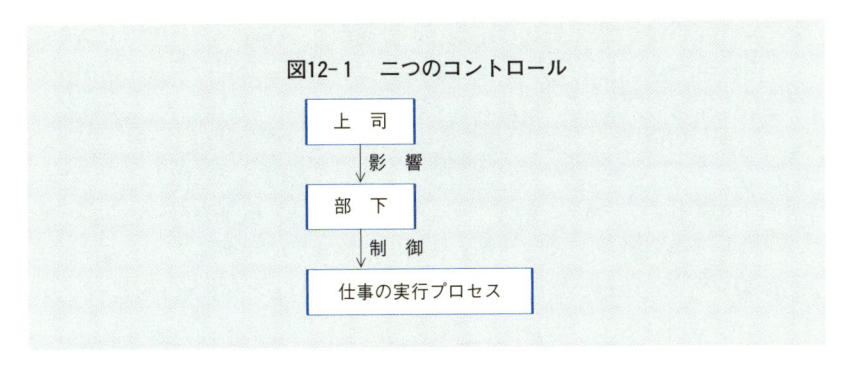

```
  ┌──────┐
  │ 上 司 │
  └──┬───┘
     │ 影 響
     ▼
  ┌──────┐
  │ 部 下 │
  └──┬───┘
     │ 制 御
     ▼
  ┌──────────┐
  │仕事の実行プロセス│
  └──────────┘
```

トロールである．たとえば，工場の生産作業を担当する作業者が，機械の調子，資材の質，部品の在庫，などの変化を見ながら，作業計画を時々刻々変えていく，といった例である．この制御は，自分のとる行動と環境とのからみ合いで仕事の成果（たとえば，製品をいくつ一時間で作れるか）が決まってきて，その成果のフィードバックを見ながら，適宜修正行動をとっていく．ちょうど，自動エアコンのサーモスタットの役割をその人が果たしている．

　もう一つのタイプのコントロールは，影響としてのコントロールと呼ぶべきものである．今，この作業者の上司を考えよう．その上司は，作業者が適切な作業計画をつくり，そしてそれを適宜修正していくことを望んでいる．そのような適切な制御活動がとられるようにするために上司がとる行動がさまざまにある．

　ときには，それは自分が作業者の代わりに彼の作業計画を変えてしまうことかもしれない．修正命令を出すことである．この行動の本質は制御としてのコントロールである．作業者の行動が上司にとって制御すべきものになっている．しかし，それをいつもやっていたのでは，彼に仕事を任せている意味がない．そうして役割を分担し，権限を委譲して任せた以上，部下の行動を直接制御するのは基本的には例外である．

　ではどんなコントロールがほかにあるか．具体的にもっとも大きなものは，業績評価である．上司が作業者の業績を一定の時間の後に（たとえば月ごとに）事後的に評価する．その評価が，事後的に行われることなのだが現実には作業者による生産の制御活動に影響を与える．事後的に業績評価が行われるということを作業者があらかじめ知っているために，作業者はいい評価を得ようとして適切な制御活動をとろうとする．事後の業績評価のありようが，

今の作業者の行動を変えている．それが影響としてのコントロールである．

この例でもわかるように，生産作業に限らずなにであれ，上司が部下に仕事を委任したとき，必ず二つのコントロールが起こる．部下は仕事の制御というコントロールを行う．上司は影響としてのコントロールを業績評価などを通じて部下に対して行うと同時に，例外として部下に対する制御としてのコントロールも行う（ここで言う影響とは，第9章でマネジメントのプロセスの根幹として述べた，影響というプロセスと同じものである）．

制御としてのコントロールは，言葉を換えれば，自分でするコントロールである．影響としてのコントロールは，他人に任せた制御の間接的なコントロールである．ともに，作業者と上司，それぞれの人にとってコントロールをすることは意義がある．

コントロールのプロセス

では，二つのタイプのコントロールは，それぞれ典型的にどのようなプロセスで行われるのか．

制御としてのコントロールは，典型的なフィードバックコントロールである．そこでは，

1. なにかの制御行動をとる
2. その行動の結果として生まれる成果を測定，観察する
3. 観察された成果をあるべき基準と比べて，評価する

という三つのステップが繰り返される．成果の評価がフィードバックされて次の制御行動が決められていくので，フィードバックコントロールの名前がある．エアコンのサーモスタットがその典型例である．

影響としてのコントロールのプロセスの典型を，業績評価による影響に求めれば，そこでは次のようなプロセスが起きるのが普通である．

1. 目標とすべき成果水準を決める（上司が与える場合，部下の自己申告，協議，などさまざまな決定の仕方がある）
2. 部下が仕事の制御活動を実行する
3. 一定の期間の後に，その期間成果の測定，観察をする

4．その成果を評価基準と比較して，上司が評価する
5．その評価にもとづいて上司は報奨あるいはペナルティーを決める

　このようなプロセスは，コントロールの相手が人間だからこそ意味がある．サーモスタットが相手では，業績評価も報奨やペナルティも意味をなさない．サーモスタットはそれらに影響されることはない．人間だから影響される．

　その意味で，制御としてのコントロールと影響としてのコントロールの間には決定的な違いがある．人間的要素の違いである．そこに，この二つのコントロールを区別する必要がある．同じ「コントロール」という言葉を使い，一つのコントロールシステムの制度の枠内で二つが並行して起きるものだから，混同しやすいのである．

　混同も，ただの混乱ならばいいが，二つの違いを理解しないために間違ったコントロールをしてしまう危険がある．その危険のよくある例が，部下に対するコントロールを制御としてのコントロールとばかり考えてしまう場合のパラドックスである．部下のコントロールを制御一点張りで考える場合，もっともいい制御のやり方は，上で述べたフィードバックを事細かに，頻繁に行うことである．しかし問題は，成果を観察され測定されている対象がサーモスタットという機械ではなく，知覚と感情をもった人間であることである．あまりに細かく，頻繁に測定されフィードバック情報を要求されれば，人間はいやになってしまう．自分は信じてもらっていないと思ってしまう．そうすると，自分に任されたはずの仕事の制御活動も熱心にやる気がなくなってしまう．言われたとおりやればいいや，と思ってしまう．

　つまり，部下を制御としてのコントロール一点張りでコントロールしようとすると，結果として仕事のコントロールがそれほどうまくいかなくなってしまうというパラドックスである．したがって，制御と影響という二つのタイプを分けて考え，適切に使い分けることが必要となる．

　一つの計画とコントロールのシステムの中で，二つの異なったタイプのコントロールが並行的に起きるような仕組みを組織がもつことが多い．その理由は三つある．

　第一は，究極の目的は二つのタイプのコントロールとも「仕事の制御」にあること．第二に，上司は影響としてのコントロールをやりながら，時に制

御としてのコントロールもするから．第三は，二つのコントロールはその実際のプロセスが似ていて，一つの制度が両方に役立つ情報を提供するから．たとえば，成果の測定とそれを評価基準と比べての評価，という二つのステップは，制御にせよ影響にせよ共通している．

この三番目の理由が，もっとも本質的な理由だろう．二つのコントロールはともに，なんらかの基準からの現実の乖離を測って，「異常を感知する」「努力と成果を評価する」という二つのことを中心にして行われている．

とすれば，さまざまなレベルで行われるさまざまなコントロールのプロセスを支える仕組みとしてのコントロールシステムの設計では，①異常の感知のためのフィードバック情報の提供と，②努力と成果の評価のための仕組みづくり，この2点が中心的問題となるであろう．

2　計画コントロールシステムの意義

膨大なプロセス集積体の中の情報の流れ

前項での議論のエッセンスは，部下は制御としてのコントロールを行い，上司は影響としてのコントロールを行い，そのいずれもがフィードバックのプロセスを必要とする，というものであった．そして，それぞれのコントロールのための「異常の感知」のための基準の役割を果たしているのが，事前に立てる計画である．計画があるからこそ，何か異常が起きていることが現実の成果の観察から可能になる．

前項の説明は，たった二人の上司と部下の計画とコントロールのプロセスとして説明した．それでも，くわしく見ていくとかなり複雑になる．しかし，大きな組織になると，こうしたプロセスが膨大に上下左右に集積している．その全体の計画とコントロールのプロセスの集合体は，何も手当てせずにほっておいて自然にうまくいく（たとえば，みんながきちんと計画をつくる，相互に協働としてつじつまの合った修正行動が取られる）はずはないことは，容易に想像がつく．したがって，計画とコントロールのためのシステム的な仕掛けが，どうしてもある規模以上の組織には必要となる．

そうした膨大な計画とコントロールのプロセスの全体を促進し，束ね，調

整するための仕組みが，計画とコントロールのシステム，略して計画コントロールシステムである．

　実際，企業組織の中は計画コントロールシステムで満ちている．企業経営に関してとられている行動もほとんどが計画とコントロールである．たとえば，来期の予算をつくる，というのは，予算という財務的な表現をとった計画づくりのことである．あるいは，その予算からの現実の乖離を定期的に追いかけて，その大きさによってどんな修正行動をとればいいのかを考える，ということもよく行われる．さらには，事後的に当初の計画と実績とは比較して業績の評価をする，というのもよく見られるコントロール活動である．それらが，一連のフォーマットで，一定の測定を行って，一定の間隔で，全部門がそろって，システマティックに行われているのが大半の組織である．

　こうした計画とコントロールの膨大なプロセスを人々が行っていくベースになっているのは，じつは情報である．自分の仕事の環境についての情報を集めて計画をつくる．自分の計画を他部署に情報として流して調整がとれるようにする．上司に次期の計画を承認してもらうために計画を説明するプロセスをとおして，その部門の目指そうとしている方向についての情報を上司は知るようになる．あるいは，環境変化についての情報が流れてきてはじめて人は修正行動の必要を考えはじめる．

　つまり，計画とコントロールのプロセスの背後には必ず幾重もの情報の流れが存在する．環境と担当者の間で，部門の間で，上司と部下の間で，さまざまに情報が流れる．連絡，調整，束ね，すべてがコミュニケーションである．したがって計画とコントロールのプロセス全体を統御するためのシステム（計画コントロールシステム）をつくるということは，組織の中の，情報の流れの仕組みの大きな部分を実際にはつくっていることになっている．

　計画コントロールシステムと，組織の中の情報の流れの仕組みの関係は双方向である．一つには，計画とコントロールには情報の流れが必要であるという方向．つまり情報が流れる仕組みがあって，はじめて計画とコントロールのプロセスが成立する．もう一つは，計画とコントロールのプロセスのあり方が，そのために必要な情報の流れを促進するという意味で組織の中を実際に流れる情報をかなり決めてしまうという方向．

　つまり，第9章と第10章で組織のマネジメントあるいは組織構造の中心の

一つとしてのコミュニケーション・システム（伝達と協議の体系）をあげたが，そのコミュニケーションの実際の運用をかなり決めているのは，計画コントロールシステムなのである．

計画コントロールシステムは，たんに上司が部下の行動を統制するためにつくるものではない．そのシステムを通して起こる，さまざまな情報の流れが本質的に重要なのである．そして，計画コントロールシステムがいつのまにかそのシステムの運用に必要な情報の流れだけを組織の中で強調してしまうことがよくある．それもまた，計画コントロールシステムのインパクトとして深く認識すべきことである．

計画とコントロールの組織的意義

前節では，計画すること，コントロールすることの意義を，そのプロセスを行っている個人にとっての意義として説明した．ここでは，そうした個人的意義に加えて，組織全体の観点から計画とコントロールがシステムとして束ねられていくことの意義を考えてみよう．

計画策定がシステマティックに行われることの組織的意義の第一は，前項でもふれたように，計画をつくるプロセスが組織内のコミュニケーションの場になっていることである．自分の計画を上司に伝え承認してもらうプロセスは，まさにコミュニケーションである．他部署との連絡が計画策定のプロセスで起きるのもコミュニケーションである．このようなコミュニケーションを通じて，他の部署の状況がよりよく理解され，それによって計画策定がより合理化される．そのコミュニケーションの結果として，「全体計画」という組織全体の活動の共通のフレームワークが共有されれば，それによって，協働がよりスムーズに行われるようになるであろう．

システマティックな計画策定の組織的意義の第二は，計画策定のプロセスで計画をつくっている本人と上司が相互作用することによって，上司の側から部下の行動へさまざまな影響を与えることができることである．

たとえば，部下の計画を聞き，それに修正の示唆をしたり，その計画を承認したりすることによって，上司は部下の目標設定のプロセスに影響を与えていることになる．あるいは，計画が承認されるということは，その計画に盛り込まれた目標とそれを達成するための努力を，上司が認めたことになっ

ている．それは，達成すべき業績の背後の必要とされる努力水準へのインパクトが生まれることになりうる．

つまり，部門と部門が出合う場，上司と部下が出会う場，それをシステマティックにつくっているのが，計画システムの組織的意義である．

コントロールがシステマティックに行われることの組織的意義の第一も，やはりコミュニケーションの場をそれが提供していることである．とくに，コントロールが部下の評価のプロセスと一体になることが多いので，コントロールシステムは上司と部下の間の定期的なコミュニケーションの場を提供している．そこで流れる情報によって，上司自身も自分としての適切な修正行動をとれることになる．そのための情報システムを，コントロールシステムが提供していることになっている．

コントロールがシステマティックに行われることの第二の組織的意義は，組織内のさまざまな部署を横断的に眺められる評価のシステムをコントロールシステムが実質的に提供していることである．コントロールシステムが提供するフィードバック情報は，そのコントロールの対象になっている部署の責任者が計画とどの程度違う実績をもたらしたかを明らかにする．そのギャップ情報が，システマティックに多くの部署を横断的に共通の尺度で提供されることによって，多くの人のヨコの横断的評価が可能になる．

そうした評価の場となる可能性が高いことは，評価の対象者である部下たちが知っている．したがって，その評価をよくしたいと努力する可能性が高い．それは，コントロールシステムが部下たちのインセンティブシステムとして機能する可能性があるということである．それが，コントロールがシステマティックに行われることの第三の組織的な意義である．

3　計画コントロールシステムの設計

計画システムの設計

計画策定システムの設計にあたっては，いくつかの設計パラメターがある．ここでは，代表的な設計パラメターを取り上げ，それぞれがシステムの効果にどのようなインパクトをもつかの論理を説明してみよう．

計画システムの設計パラメターとしては、次の五つが重要なものであろう．

1. 計画の主体
2. 計画の具体性
3. 計画の修正のサイクル
4. 業績評価との連結
5. 計画のフォーマット

第一の設計パラメターは，誰が計画をつくるか，ということである．ここでは二つの対照的な選択肢がある．一つは，計画の対象になっている事柄の意思決定をする人，つまり計画をそれを実行するラインの人が計画をつくるという選択肢である．もう一つは，計画スタッフが計画をつくるという選択肢である．

ラインがつくった計画を積み上げていくことによって全体の計画をつくるというやり方を，ボトムアップ方式あるいは積み上げ方式の計画という．スタッフが中心となってまず全体計画をつくり，それを具体化するというやり方を，トップダウン方式という．一般的には，ラインが計画をつくった方が，現場で実際に実行できる計画ができ上がる可能性が強い．さらに，実際に担当するラインがつくることによって，計画の個人的意義と上で述べた意義も実現できるし，実行への意欲も高まるであろう．さらに，計画の組織的意義として述べたコミュニケーションの場の提供という役割も，ラインが計画づくりをすればこそ果たせる．しかし，ラインが主導で計画をつくったときには，それで全体としての整合化が図れるか，あるいは広く環境全体の動向に注意を払ったものか，といった心配がある．

この欠点を回避するために，ラインがまず計画を策定し，スタッフがそれを調整するという形がとられることが多い．

第二の設計パラメターは，計画をどの程度具体化するかである．どの程度まで具体化すべきかは，計画の対象によって異なる．長期的な戦略的計画は，集計レベルの抽象的なものにならざるをえないであろう．これに対して，短期の計画はより具体的なものにすることができる．しかし，短期の計画であっても，環境がきわめて不確実な場合には具体的な計画を策定することは難しいであろう．

計画をできるかぎり具体的に考えることには，いくつかの効果がある．抽象的なレベルで計画を議論していたのでは，総論賛成ということで整合化はやりやすいが，そのような整合化は整合化になっていないケースが多い．また，具体的なレベルになればなるほど，さまざまな部署の意見の対立が鮮明となり，情報の共有がすすみ，創造的な問題解決が促進される可能性もある．しかし，具体的であればつねによいというわけでもない．あまりに具体的なレベルで考えすぎてしまうと，細事にとらわれ，大きな輪郭を見失ってしまう危険もある．

　計画の期間とは別に，計画をどの程度の期間で見直すかも，計画策定システムの重要なパラメターである．たとえば，五年の長期計画であっても，五年ごとに見直すというやり方があるし，毎年見直すというやり方もある．後者のやり方を，ローリング計画という．計画を頻繁に見直すことの利点は，見直しのたびに情報の共有が進み，計画の妥当性が高まることである．しかし，いずれすぐに見直されるからというのであれば，計画策定過程での真剣な問題解決が行われなくなる危険があり，個人的な意義も実現されないかもしれない．また，計画が頻繁に見直されるのであれば，計画の調整の機能も低下するかもしれない．

　計画システムの設計の第四のパラメターは，計画と業績評価との連動のさせ方である．計画された内容が，計画期間の間に達成すべき目標と行うべき意思決定として現場の人々を導いていく機能を果たせるための本質的な要件の一つは，計画した内容をみんなが真剣に指針として受け止めることである．そのためには，自分でつくったものの方が他人から押し付けられた指針よりも真剣に受け止めやすいから，計画は実行する本人がつくる方がいい．第一の設計のパラメターのところでそれは述べた．

　計画が真剣に受け止められるためのもう一つの条件は，計画の内容が事後的な業績評価と連動することである．事後的に評価されると思えばこそ，人々は真剣に気にする．でなければ，計画は言いっぱなしの無責任なスローガンになってしまう危険が大きい．

　しかし，計画のどの部分を業績評価と連動させるかは，そう簡単な問題ではない．なぜなら，計画はあくまで事前の予想にもとづいた行動案とその成果の予想である．ところが環境は，予想をしなかった変化をすることが多い．

そのとき，事前の行動案を見直すことなくそのまま指針として既定路線どおり行動するのは，決して望ましいことではない．行動の修正こそが望ましい．とすると，事前につくるはずの計画そのものでは，業績評価と単純には連動させられない．

また，計画と業績評価とを結びつけた場合には，計画の策定の段階でのコミュニケーションにバイアスがかかる危険がある．計画の目標を低く設定しておいた方が，高い評価を受けることができるからである．

しかし，なんらかの形で連動させなければ，そもそも計画を真剣に受け止めなくなる危険がある．業績評価との連動は最重要の設計パラメターである．

計画システムの設計のもう一つのパラメターは，一見つまらないことに見えることである．それは，どんなフォーマットの文書を計画のアウトプットを述べる文書として要求するか，ということである．

たとえば，計画のもっとも大事な内容を一ページのメモにまとめよ，と要求する企業がある．アメリカのジョンソン＆ジョンソンである．あるいはホンダでは，大きなプロジェクトのプロポーザルには，A00基本要件というものを簡潔にまとめることが要求されている．それは，プロジェクトのもっとも基本的な狙いと性格，本質的にそのプロジェクトでなにをしたいのか，どのような貢献が生まれるか，を述べたものである．

こうしたフォーマットは，人の思考を導く水路の役割をする．たとえば，1ページメモやA00要件のように，短く本質だけをわかりやすく述べるのを要請されれば，人に深い思考をせまることになる．多くのことを考えた揚げ句に，枝葉を切り捨てることを要求することとなる．財務数字の予想を並べさせるようなフォーマットをつくれば，人々の思考はついそちらに向かってしまう．フォーマットは，計画のプロセスでの人々のコミュニケーションと議論の焦点を実質的につくる役割を果たす．だから，「たかがフォーマット」が大切なのである．

こうしてあげてきた五つの設計のパラメターは，なにも公式の，大きな組織全体をおおう計画システムをつくるときにだけ重要なのではない．実は，どのような組織の単位であれ，多くの人々が参加して全体の計画をつくるといった場合には必ずなんらかの形で決められなければならない．

計画が複雑で，シリアスなもので，そして多くの人々を巻き込んで長期に

わたるプロセスとして行われるものであればあるほど，ここにあげたような設計のパラメターをどう設定するかによって，計画することから生まれる貢献が左右されることは当然であろう．計画のプロセスは，人々の思考とコミュニケーションのプロセスである．そのプロセスに適切な場を与えるのが，ここにあげたような設計のパラメターの役割である．

コントロールシステムの設計

コントロールシステムの設計の主なパラメターは，次のようなものである．

1. 目標となるべき変数
2. その測定法
3. 事前の基準値の決定方式
4. 成果測定の結果のコミュニケーションの仕方
5. 事後的な評価基準の決定方式

第一の目標となる変数とは，コントロールの対象にする仕事や人の成果を測定しようとする変数である．予算管理では，事業部利益とか売上高とか製造費用，あるいは利益率，成長率，改善率，などとなる．

第二のパラメターは，その変数の測定法である．たとえば利益といっても，部門の利益をどう計算したらいいかは，簡単な問題ではない．その利益計算にどんな項目が含まれるかどうかで，コントロールの対象になる人々の行動に変化が出てくることは，管理会計の大きな問題となっている．利益のみならず，測定が簡単でない変数は多い．たとえば，「品質」というのを一体何で測るのか．あるいは「人材の育成」という責任変数をどう測定するのか．

第一と第二のパラメターは結局，業績測定の問題で，どこの組織でも非常に重要なパラメターである．そして，その業績変数は，事業の状況に応じてそして測定対象になっている人々の行動のパターンを考えて，慎重に決めなければならない．それが，人々の行動をガイドしてしまうからである．

たとえば，戦略の章でたびたび例に出したヤマト運輸は，そのサービス網の全国展開のプロセスで，サービスの向上による宅急便そのものの普及の促進という課題と現場の営業所の利益との間のジレンマに悩まされた．普及のためにサービスを拡大しようとすれば，現場でさまざまなコストがかかる．

たとえばトラック投入台数の増加である．しかし，現場の営業所長たちは，ついつい毎月計算されてくる営業所利益の数字が気になってしまう．それが業績測定になっていると普通には思えるからである．だから，いくら本社がサービス向上をスローガンに掲げても，現場は動かなかった．

そこでヤマト運輸社長の小倉氏は，「サービス第一，利益第二」とはっきり宣言した．利益という業績よりもサービスという業績が優先順位が高いと，目標となるべき主要な変数を明確にしたのである．「第二」を明言しているところが大切である．そして，そのサービスの水準を測定するために，未達率という数字を全営業所の業績測定として徹底させた．未達率とは，配達予定日までに実際に荷物の配達ができなかった率である．営業所長の神経が未達率に集中するようになってはじめて，サービス向上という戦略的課題が実際に現場で大きく前進し始めたのである．業績測定の工夫の大切さを教える事例である．

もちろん，多くの場合，変数によっては客観的な数値による測定ができないことも多い．そういうときには，主観的な観察，あるいは「目による測定」というのがあってもいい．そのむつかしい観察をするのが，管理者の役割の一つであるはずである．その観察を管理者に義務づけるようなコントロールシステムの設計をすればいいのである．

そうした測定は適時行われ，その測定結果を何らかの基準と比較して「異常の感知」をするのが普通である．つまりフィードバックとは，つねになにかとの差をフィードバックするのである．たとえば，ある工場長が工場を見回って，みずからの目による観察によって異常を感知するとしよう．彼の観察が測定にあたるのだが，その観察は彼の頭の中にある「正常な状態の工場のあり方」という基準との比較で，フィードバック情報となっている．

そのフィードバックのためには，事前になんらかの意味で基準値を決めておく必要がある．その決定の方式を，コントロールシステムは定める必要がある．それが，コントロールシステム設計の第三のパラメターである．

上の工場長によるコントロールの例では，「彼の頭の中にある正常状態の感覚」を基準値とする，と決められている．目標管理での目標の自己申告制度では，その基準値を部下の自己申告にもとづく上司との話し合いで決める，という方式をとっている．あるいは，過去の実績値を基準値とするという決

定方式もよくとられる．

　計画システムでつくられる計画の一部は，じつはこの基準値を含んでいる必要がある．つまり，計画システムのアウトプットとして目標変数の事前の基準値を決めるのである．そうならなければ，事前につくる計画が人々の制御活動に意味をもつ指針にならなくなってしまう．ここで計画システムとコントロールシステムとの連動のため接点が一つ生まれる．計画とコントロールの連動はきわめて重要なことである．

　測定された成果は，基準値と比較されてフィードバック情報となるが，その情報はたんに作られるだけでは意味はない．制御としてのコントロールを行う人々，影響としてのコントロールを行う人々に何らかの形で伝わらなければ，意味がない．ある仕事の成果のフィードバック情報のコミュニケーションを誰に，どんな形で行うかを決めるのも，コントロールシステム設計の重要なパラメターである．もちろん，そのコミュニケーションは制御活動をしている本人には必ずされなければならない，というのは自明である．その本人以外にどう伝えるのか，が問題である．それがコントロールシステム設計の第四のパラメターである．

　先の工場長の見回りのケースでは，ことは比較的簡単で，工場長自身はすでに知っているわけだし，彼が関係者に彼の気づいたことを知らせるだけでいい．しかし，それほど簡単でない場合もある．

　それは，フィードバック情報の対象になっているのが，人間が制御している仕事の成果で，必ず対象になる人が存在するからである．人間は，自分の成果を測定されるだけでそれに注意を集中し始める傾向がある．たとえば，品質を成果変数として測定し始めれば，人の注意は自然にそちらに向かう．未達率を測り始めれば，営業所長の注意はそこに向かう．ましてや，基準値との違いのフィードバック情報であれば，それが誰にどんな形で伝わるかに対して人々は微妙にかつ敏感に反応するのが普通である．

　たとえば，多くの営業所のコントロールの場合，すべての営業所の営業実績のフィードバックを全営業所に公表する，というコミュニケーションの方式をとるだけで，営業所の間の競争が生まれる，などということはよくある．フィードバックのコミュニケーションの方式次第で，影響としてのコントロールが生まれ始めるというケースである．あるいは，工場で不良品率の班別

実績をまとめて張り出すだけで，不良品率の多い班が改善努力を大きくしようと奮起したりするのも，もう一つの例である．

　コントロールシステム設計の第五のパラメターは，業績測定とならんでおそらくもっとも大切なパラメターである，事後の評価基準の決定方式である．事後の評価基準とは，測定された成果の実績と比較されるべき目標変数の水準のことである．この水準として第三のパラメターで決められた事前の基準値と同じものが使われることも多いが，現実に起きたさまざまな環境変化を考慮して事前の基準値とは異なった水準に事後の評価基準が設定されることも十分にありうる．事前基準値では，環境が予想よりもよすぎた場合には甘い評価基準になってしまうし，逆に環境が思わぬ悪化をしたときには不当にきつい評価基準になることもある．

　この事後基準の「妥当な」設定はむつかしい．なぜなら，実際に起こった環境変化を考慮したうえで，「この環境のもとで適切な制御行動がとられたなら，この程度の成果があがってしかるべきだった」という成果の水準を事後基準は決めなければならないからである．それがむつかしいからこそ，事前の基準値をあえて使ってしまったり，似たような仕事をしている人々の実績の平均値をこの事後基準に使ったり，さまざまな代用品の工夫が行われる．

　しかし，その設定がどのように困難であろうとも，この基準が結局は評価の対象になっている人の業績評価の決め手になる．その評価がフェアに行われなければ，その評価を人々が気にかけるからこそ生まれる「影響としてのコントロール」の主な部分が機能しなくなってしまう．だからこそ，大切なのである．

計画とコントロールの逆機能

　この章では，計画とコントロールについて，個人としてのプロセスの意義，組織としての意義と設計，その二つの問題を考えてきた．そこでの暗黙の前提は，計画もコントロールも意義が大きく，いわば「いいこと」である，という前提であった．しかし，現実にはいいことばかりではない．計画とコントロールはしばしば，逆機能をもつこともある．プロセスとしてもシステムとしても，計画とコントロールが「できすぎている」と，企業の経営を硬直化させる危険も一方ではらんでいる．

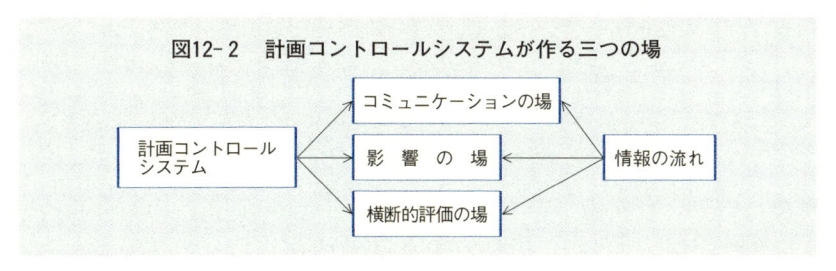

図12-2　計画コントロールシステムが作る三つの場

```
                    ┌─ コミュニケーションの場 ─┐
計画コントロール  ──┼─    影 響 の 場      ─┼─ 情報の流れ
   システム         └─  横断的評価の場     ─┘
```

　たとえば，計画のプロセスの複雑化にともなって，スタッフと本社に権力が集まってしまい，計画が現場から遊離する．あるいは，計画に固執するあまり，環境変化への柔軟な対応ができなくなる．計画を緻密にたてようとするあまり，分析ばかりして肝心の行動をいつまでもとらない（分析マヒ症候群）．計画のための計画をたてるのにエネルギーをさきすぎて，実行へのエネルギーがあまり残らなくなる．

　コントロールがきびしく行われるため，現場に自由がなくなる．評価ばかり気にして保守的な行動に人々が走る．コントロールの情報収集に走るあまり，人々が「自分は信用されていないのか」とかえって疑心暗鬼になる．

　これらが，計画とコントロールの逆機能である．こうした現象がなぜ計画とコントロールから起きるのか．

　その原因はほとんどの場合，システムを運用する人間の弱さと誤解にある．たとえば，複雑な現実の中にむりやりでも秩序らしいものをつくって安心しようとする人間の弱さ．それが分析できないことまで分析したがる傾向を生む．あるいは，秩序を押しつけて権力を誇示しようとする人間の弱さ．それが本社やスタッフの過剰な介入を招く．あるいは，いったん指針のようなものができると，その指針ではすでに具合が悪くなりかかっていると知っていても，それに代わるものが出てこないかぎりそれにしがみつく人間の弱さ．それが計画への固執を生む．

　人間についての誤解もある．大きな組織の中のコミュニケーションがどのような雑音に満ちたものであるかの誤解．それが過度に複雑な計画やコントロールの仕組みをつくっても機能すると思わせてしまう．また，人々の分析力と合理性の程度についての誤解．あまりに合理的な人間を仮定してしまうことによって，過度に分析思考の，過度に緻密な計画やコントロールを招く．

　また，人々がプラスの評価とマイナスの評価，プラスの情報とマイナスの

情報に等しく反応するという誤解．実際にはマイナスの側への反応の方が強いために，プラスの評価が一方で用意されていても人々が保守的な行動をとってしまう．自由な行動をとりにくくなっている．

　こうした人間の弱さや誤解があるものの，計画やコントロールのシステムを無用と思うのはまた間違いである．人間は弱さや誤解ばかりの存在ではない．逆機能はあるものの，計画とコントロールのシステムなしには，組織の中のコミュニケーションが動き出さない．組織の中の情報の流れが活発化しない．

　計画とコントロールの仕組みのあるべき姿を考えるときの最大のトレードオフは，こうした逆機能と順機能をどのようにバランスをとっていくか，ということである．象徴的に言えば，「病気になりにくい，シンプルでしかし微妙なシステムづくり」のトレードオフである．

(演習問題)
1. 計画と業績評価の連動はなぜ必要なのでしょうか．しかし，必要と言われつつも，なかなか連動は実際には行われることが少ないようです．なぜそれが行なわれにくいのでしょうか．
2. ほとんどの企業が何らかの意味での予算制度を持っています．その具体例を調べ，予算制度が計画とコントロールのために実際にどのような役割を果たしているのか（あるいは果たしていないのか），くわしく述べなさい．そうした役割に関して，企業の予算制度と官庁の予算制度の間に，どのような違いがあると思いますか．
3. 計画とコントロールの順機能と逆機能をあらためてまとめなさい．順機能と逆機能のトレードオフをどのように判断すべきか，それに影響しそうな要因をあげなさい．

第13章

経営理念と組織文化

　第10章から第12章まで，組織の比較的ハードでシステム的な側面での経営の手段について論じてきた．第9章で分類した経営の働きかけの三つのパターン（戦略，経営システム，理念と人）のうち，第二のパターンの働きかけについて，論じてきたわけである．第10章の組織構造，第11章のインセンティブシステム，第12章の計画とコントロールは，いずれも経営システムの話であった．

　しかし，組織を構成する人間はたんにシステム部品のようなものではない．おのれの感情も考え方ももった，生身の人間である．たんに欲望だけをもった存在ではなく，思想も理念も欲しいと思い，自分の存在意義をつねに問うている存在である．そういう人間の集まりとしての企業組織の経営には，ハードでシステム的な側面だけでなく，ソフトで理念的あるいは文化的な側面も必要である．言い換えれば，いかにも人間的な側面とより直接的にかかわる経営からの働きかけがいるのである．

　この章から後の第Ⅱ部の議論は，組織のマネジメントのソフトな側面を対象とした，「理念と人による統御」について論じよう．経営理念と組織文化，リーダーシップ，そして人の配置と育成，という三つの章である．

　この章では，経営理念と組織文化を扱う．第9章の文章をふたたび繰り返せば，経営理念と組織文化による経営とは，「経営者が経営の理念を表明し納得を求め，そして組織の文化の形成に大きな努力を払うことによって，人々のもつ四つの基礎要因（目的，情報，思考様式，感情）に影響を与えようとする経営の働きかけである」．

1　経営理念とは何か

経営理念とは

　経営理念の重要性を繰り返し説いている著名な経営者の一人に，松下幸之助がいる．彼自身の言葉からまず引用してみよう．

　「私は六十年にわたって事業経営にたずさわってきた．そして，その体験を通じて感じるのは経営理念というものの大切さである．いいかえれば"この会社は何のために存在しているのか．この経営をどういう目的で，またどのようなやり方で行っていくのか"という点について，しっかりとした基本の考え方をもつということである．事業経営においては，……一番根本になるのは正しい経営理念である．それが根底にあってこそ，人も技術も資金もはじめて真に生かされてくるし，また一面それらはそうした正しい経営理念のあるところから生まれてきやすいともいえる」

　彼が産業人の使命という経営理念を打ちだしたのは，昭和7年のことであった．この年を，松下電器では使命を知ったという意味で創業命知第一年としている．経営理念の確立がどのような意味をもったのか，ふたたび彼自身の言葉を引いてみる．

　「そのように一つの経営理念というものを明確にもった結果，私自身それ以前にくらべて非常に信念的に強固なものができてきた．そして従業員に対しても，また得意先に対しても，言うべきことを言い，なすべきことをなすという力強い経営ができるようになった．また従業員も私の（経営理念の）発表を聞いて非常に感激し，いわば使命感に燃えて仕事に取り組むという姿が生まれてきた．一言にしていえば，経営に魂が入ったといってもいいような状態になったわけである．そして，それからは，われながら驚くほど事業は急速に発展したのである」

この引用にもあるように，経営理念とは，二つのことについての基本的考え方である．第一は，組織の理念的目的（この企業は何のために存在するか）．第二は，経営のやり方と人々の行動についての基本的考え方．つまり，組織の目的についての理念と経営行動の規範についての理念．その二つの部分から経営理念は構成されている．

第一の組織目的についての理念の例は，松下電器で言えば，「産業報国の精神」である．言葉としては古い感じはあるが，組織が金もうけのための存在ではなく，広く社会的な意義をもとうとすることを強調するものである．同じように広い社会的広がりをもった理念を強調する名経営者は多い．

第二の，経営規範とでもいうべき経営のやり方についての理念の例は，「人を生かす」「参加の経営」「人間尊重経営」「顧客とともに生きる」「浮利は追わず」「和の経営」などなど，これまたさまざまな例がある．

経営理念の意義

しかし，こうした経営理念はしばしば，歯が浮くようなきれいな言葉で飾られることも多く，そのくせ社長室の額には入っているが現場ではあまり意識も実行もされない，という例がじつは多い．しかし，創業記念日や入社式の社長の演説にのみ登場する．それでは，「あれは建前」と多くの人が思ってしまうであろう．

それにもかかわらず，多くの名経営者はほぼ例外なく，経営理念の重要性を強調する．それは，じつは組織に働く人々が理念を欲しがっている面がかなりあるからであろう．その人々の欲求に，名経営者たちはきちんと応えようとしている．あるいは，応えられたから名経営者と言われるような実績を残せた，と言えるかも知れない．建前と本音のむつかしい一致をなしとげられたのである．

組織で働く人々が経営理念を必要とする理由は，少なくとも三つある．

第一は，組織で働く人々が理念的なインセンティブを欲するからである．人はパンのみにて生くるにあらず，である．正しいと思える理念をもって人々が働くとき，人々のモチベーションは一段と高まる．この理由は，組織目的としての理念という部分に，とくにあてはまるだろう．

第二に，理念は人の意欲をかき立てるばかりでなく，人々が行動をとり，

判断するときの指針を与える．つまり判断基準としての理念を人々は欲するのである．この理由は，組織目的としての理念にもあてはまるし，経営規範としての理念にもあてはまるであろう．

　第三には，理念はコミュニケーションのベースを提供する．同じ理念を共有している人たちの間でコミュニケーションが起きるから，伝えられるメッセージのもつ意味が正確に伝わるのである．この理由もまた，経営の理念の二つの部分の両方にあてはまるであろう．

　こうして経営理念は，モチベーションのベース，判断のベース，コミュニケーションのベースを提供する．そういったものが必要であるとは，組織というものが，まず第一に人々の心理的エネルギーと生きがいの場であることを意味し，第二に人々の信条の場であることを意味し，そして第三に組織が情報伝達の場であることを意味している．

　アメリカの社会学者セルズニックは，組織のリーダーの本質的な役割は組織に理念を注入することだと言い，理念を注入されることによってはじめて組織がたんなる人の集まりや機能を工学的に集めたものでなくなり，命を吹き込まれた社会的な有機体になる，と言った．経営理念が組織を本当の生きた存在にする，と言ってもいい．

　しかし，こうした経営理念は，単純化して言えば，組織があるいは経営者が，人々に与えよう，もってもらおうとするものである．そしてそれが人々に真に受け入れられ，共有されてはじめて，モチベーション，判断，コミュニケーションに生きてくる．しかし，経営理念というような主観的なものを，組織から与えられることを人々はなぜ受け入れるのか．本来ならば，基本的な考え方や価値観は個人の心の中の問題，組織は仕事の場の話であって，両者は関係ない，関係をもたせたくない，となぜ多くの人々が思わないのか．

　一つには，仕事を中心にした人間生活の場の中で人々は，自分のしていることに意味を与えてくれるもの，複雑な現実を整理して見せてくれる枠のようなものを自然に欲しているからである．そして多くの人が，自分単独ではそれをつくることができないでいる．だから，それが他者から与えられるものでも，自分が納得できるものならばいい．

　二つには，大多数の人々にとって，仕事の場が人生の中で占める重要性がきわめて大きいのである．たとえ最終目的が生活の糧を得るための仕事の場

であっても，そこで人々は起きている時間の大半を使う．そして仕事の遂行のために，あるいはそこでの人間関係の処理のために，多くの心理的エネルギーを使う．だとすれば，それだけの時間とエネルギーの投入の対象から意味を導くための経営理念をどうしても求めたくなる．それが仕事に関連した理念であるがゆえに，組織あるいは経営者がそれを提供しようすることに対してさほど抵抗は出なくなる．

しかしこうした理念は，すでに述べたようにたんなるスローガンに終わることも多い．建前としての経営理念や社是が社長室の額の中に立派にかかげてあるが，組織の内部では本気で受け取られていない，ということはよく起こることはすでに指摘した．

では，どのようにすれば，経営理念は組織の内部に根づくのか．その答えは，「経営理念が本当に組織文化の一部になったとき」である．つまり，経営理念から組織文化への転化に，経営の大きな鍵が存在する．もちろん，そもそも経営者がきちんとした理念をもたなければ話にならない．しかし，経営者個人の頭の中と口から出る言葉の中に経営理念が存在しているだけでは，組織にとっても経営にとっても意味は小さい．組織の人々の間に存在する組織文化の中に経営理念が浸透していってはじめて，経営理念はモチベーションにも，判断にも，コミュニケーションのためにも組織的意義をもつ．

では，組織文化とは何なのか．どのようにして生まれ，定着していくものなのか．経営理念と組織文化の関係はどのように理解したらいいか．

2　組織文化とは何か

組織文化とは

経営理念は経営者のもの，組織文化はみんなもの，と比喩的に言えるであろう．ですから，経営理念が組織文化の一部になるということは，組織の人々の間に経営理念が浸透するということを意味する．

組織文化とは，組織のメンバーが共有するものの考え方，ものの見方，感じ方，である．ときには企業文化と呼ばれ，あるいは組織風土や社風といわれるものと本質的に同じであると言っていい．

どの組織にも，強弱，よしあしの差はあっても，組織文化はある．「官僚的な組織」「ダイナミックな，新しいことが好きな組織」「堅くて保守的な企業」，そういった言葉で表現されるなにかがどの組織にもある．同じ大学を卒業した学生が，卒業後勤めた企業の社風によってかなり変わってくるのは，誰もが自分の周りで経験することである．

「組織のものの考え方，感じ方」をより厳密に言えば，抽象的なレベルで二つの部分からなる．

第一は，組織の価値観である．人々は何に価値をおくか．何が大切で，何がより大切でないか．そうした「価値観」として組織の多くの人に共有されているものが，組織としての価値観である．それが組織文化のもっとも基本的な部分である．

組織文化の第二の部分は，人々に共有されたパラダイム（つまり環境についての世界観と認識・思考のルール）である．われわれの身の回りではさまざまな出来事が起こっている．それを人はさまざまな形で認識し，その出来事から意味を汲み出し，それにもとづいて判断をし，最後に行動をとっている．その認識から判断，行動に至るまでのそれぞれの個人の中で行われる思考のプロセスの中で，一つの組織の中の人々に共通項が生まれてくることがしばしばある．その「認識と思考のパターン」がパラダイムである．個々人がもつパラダイムが多くの人に共有されているとき（あるいは共通部分が大きいとき），その共有されているものを「組織のパラダイム」という．

その認識と思考のパターンの出発点は，人々がもつ世界観，企業観，人間観である．自分を取り巻く世界についての信念，と言えるであろう．あるいは，信念という強い言葉を使わずに，世界のイメージ，という言葉でもよい．それは，企業とは何か，市場とは，顧客は何を欲しているか，企業で働く人は何を求めているか，などの前提からなっている．「企業は道場である」（TDK），「わが社は，コンピュータではなく，問題解決のサービスを売る」（IBM），「物を売る前に人を育てる」（松下電器）などは，企業とはなにか，わが社はどんな会社か，に対する解答であり，世界観を表現したものである．

認識と思考のパターンの第二の部分は，認識と思考のためのルールである．情報はどのようにして獲得されるべきか（たとえば，現場からつねに発見をしろ），どのように思考の焦点を合わせるべきか（たとえば，つねに顧客第

一），知識や情報はどのように表現されるべきか（たとえば，一枚以上のメモは作るな）．こうしたルールを，一つの組織の中では半ば無意識のうちに共有しているものである．

つまり，組織文化の第二の部分としてのパラダイムは，自分を取り巻く世界についてのイメージ，あるいは信念としての「世界観」と認識や思考のルール，という二つの部分からなっているのである．

以上のように，組織文化を抽象的に捉えると，組織の価値観と組織のパラダイムという二つの部分からなることがわかる．そして，価値観とパラダイムはお互いに支持し，補強し合っている．

たとえば，何が重要で，何に価値があるかという判断が違えば，世の中の見方もまた人間観にもその違いが反映されてくるだろう．認識や思考のルールも違ってくるだろう．また逆に，価値観はパラダイムによって基礎を与えられ，世界観によって正当化される．「なにしろ個人としてはそれが重要な

パラダイム——クーンの概念

科学史に詳しい読者なら，この概念が科学史家のトーマス・クーンを通じて有名になった概念であると気づかれるであろう．彼は，科学の発展にかんする新しい理論を提示した．そのなかで彼は，パラダイムという概念を提唱したのである．科学は，宗教やイデオロギーとは違って，経験やデータをもとにどちらが正しいかを判断できるという特徴をもつと考えられていた．ある理論が提唱され，そこから導かれた仮説がデータに合わなければ，理論が訂正されるというかたちで科学は進歩するし，またそうでなければならないと，考えられていた．この一般的な考え方にたいして，クーンは，現実の科学の発展はそうはなっていない，と反論したのである．彼は，科学の発展は，ある支配的な考え方のもとでの漸進的な進歩と，支配的な考え方の革命的，非連続的な変化という二つのプロセスから成り立つと考え，この支配的な考え方をパラダイムと呼んだのである．彼は，パラダイムが変わるときには，データや論理による説得は通用しないと主張した．むしろ，それは革命というかたちをとるというのである．

クーンは，「パラダイムとは，一般的に認められた科学的業績で，一時期の間，専門家にたいして問い方や答え方のモデルを与えるもの」と定義しているが，一般にも，またクーン自身も，それを科学者の間で共有された基本的な世界観，対象の世界についてのイメージという意味で使っている．このような共通の世界観が存在する企業は多いし，企業の発展のプロセスには，クーンのいうパラダイム革命にあたるような，非連続的な変化が見られることが多い（T.クーン『科学革命の構造』みすゞ書房）．

のだ」ということだけでは，その価値観が組織の中で正当化される可能性は小さい．しかし，人々が共有する世界観のもとでは，たしかにその重要性がよりクリアになる，ということであれば，正当化の可能性が高くなり，したがって，組織の中でその価値観が共有される可能性も高くなるであろう．つまりパラダイムは，価値観を正当化する根拠や価値観の共通の分かりやすい表現のための基礎を与えるのである．

このように，組織文化を構成する二大要因である組織の価値観と組織のパラダイムは，たがいに強化しあって，一つの組織文化をなしている．言葉を換えれば，価値観とパラダイムの間にすき間や離齬があれば，それは組織文化として定着することはないだろう．

そして，組織の価値観と組織のパラダイムは，主に経営理念の二つの部分と対応していると考えていいだろう．

組織の価値観は，組織の理念的目的，主に組織の存在意義を与える経営理念の第一の部分に対応している．もちろん，経営者が，組織の人々の間に共有される価値観のすべてを決めているというわけではない．しかし，経営者が提唱する組織の理念的目的は，人々の価値観に反映されるようになってはじめて，組織の中で機能するようになるであろう．

組織のパラダイムは，経営理念の第二の部分，経営と行動の規範に主に影響されるであろう．もちろん，ここでも以下に述べるように，経営理念が組織のパラダイムのすべてを規定できるわけではない．しかし，経営理念としての経営規範は，人々のパラダイムに反映されてはじめて組織としての意味をもつ．

先に，理念は経営者のもの，組織文化はみんなのもの，と述べた．経営者の理念と人々のもつ組織文化との間に，きちんとした関係ができることが望ましい．その間にギャップができたとき，経営理念は組織としては機能しない．実際のさまざまな仕事の大半をするのは，経営者ではなく働く人々だからである．

組織文化の具体的表現としての行動規範

価値観やパラダイムは，もともと抽象的なものである．その抽象性は長所でもあるが，同時に短所でもある．

図13-1　組織文化の内容

抽象的レベル　　　　　具体的レベル

1. 価値観
2. パラダイム
3. 行動規範

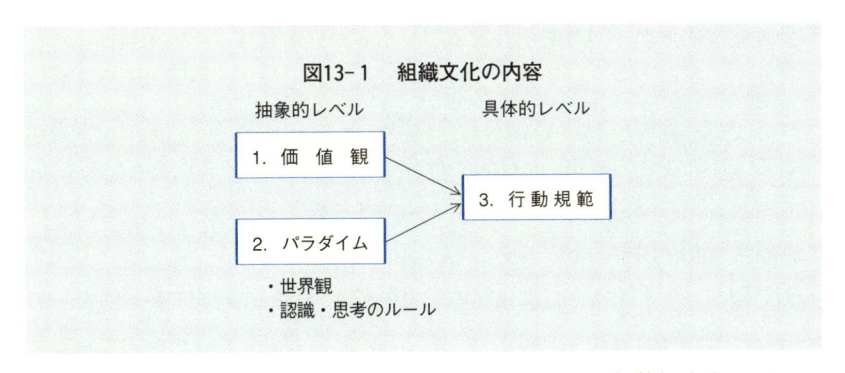

・世界観
・認識・思考のルール

　抽象性の長所は，融通が利くということである．ある価値観をもてば，一定の具体的行動しかできなくなるというものでもない．環境に応じて，一つの価値観にしたがっていても，具体的行動は変わることが十分にありうる．パラダイムでもそうである．その融通性があるために，それは一定の安定性の源にもなる．この変わらないものは，人々に安定感を与え，ゆれ動く環境の中での思考の原点を与えてくれる可能性がある．

　しかし，抽象性は価値観やパラダイムの限界でもある．具体的にわかりにくい，いかようにも解釈できてしまう，だから具体的な共通の指針となりにくい，といった限界である．したがって，組織文化の基礎が価値観とパラダイムからなっているとしても，それをより具体的に表現して組織の人々にわかりやすくなっているものがないと，困るのである．

　その役割を果たしているのが，行動規範である．組織の中で遭遇するさまざまな状況で，人々はいかに行動すべきかについての内面化されたルール，暗黙のルールである．たとえば，先輩には，また上司には，さらには顧客にはどういう態度で接するべきか，などについての目に見えない規則である．そして，仕事の進め方についての目に見えない「当たり前の手順」も多くの組織の中にはある．たとえば，顧客からのクレームの情報が入ってきたときに，なにはさておいてもクレームになったことを素早く解決するための意思決定をするのが常識，というルールもあれば，そのクレームのどこまでが自分の責任でどこからは顧客の責任であるかをまずはっきりさせるための行動をとるのが普通，というルールもありうる．クレームに対しても，行動規範が異なれば反応は違うのである．

　このような行動規範は，価値観とパラダイムの具体的表現と考えていい．

行動規範が価値観やパラダイムと矛盾したものであれば，その矛盾ゆえに行動規範としては機能しなくなるであろう．

こうした具体的なレベルでの行動規範も含めて，組織文化を三つの要素からなるものと捉えるのが，一般的にわかりやすいであろう．つまり，価値観，パラダイム，行動規範，として組織の中の多くの人々に共有されたもの，それが組織文化の内容的な定義である．

価値観，パラダイム，行動規範の三つの要素は互いに緊密に関連し合っているし，たがいの境界も不明確である．しかし，おおまかな概念的整理としては，組織文化の内容をこの三つのものに分けて考え，そして抽象と具体的表現の二つのレベルがあると理解すると，わかりやすいと思われる．

一つの企業に組織文化があると言えるためには，価値観，世界観，行動規範のすべてが共有されている必要は必ずしもないだろう．価値観は多くのメンバーは共有していないが，パラダイムはかなり共有されている，ということがあってもいい．そのときには，共有されているパラダイムの方だけが組織文化の中身になる．しかし，すでに述べたように，パラダイムの共有のためには，価値観の共有が必要な場合が多い．また，価値観の共有のためにも，パラダイムの共有が必要である．価値観は，なにしろそれが大切だからというよりは，それが大切な理由が納得されたときのほうが，内面化されやすいからである．したがって組織文化が色濃く存在する企業では，価値観もパラダイムも共有されているのが普通である．

同じことは，価値観と規範，パラダイムと規範に関しても言える．規範も，それを支える価値観，その根拠を与えるパラダイムが共有されているときに，内面化され，共有されやすい．また，行動規範が共有されているときには，その背後にある価値観や世界観も共有されやすい．

「共有」とは，完全な共有から程度の低い共有まで，かなり幅がある．組織文化が存在すると言えるためには，その共有の程度がかなり高くなければならないが，どの程度の共有が厳密には必要かは，あまりはっきりしないグレーゾーンの話である．以下では，「相当程度の共有が見られる」場合に組織文化が存在するといえる，と解釈しておく．

組織文化の意義と機能

では一体，組織文化は人々にとってどんな意義をもち，組織にとってどんな機能を果たすものなのだろうか．それは大きく分けて，価値観の共有の意義とパラダイムの共有の意義，ならびに行動規範の共有の意義とに分かれる．

組織に働く人々が個人としてなぜ経営理念を欲するか，必要とするかを前節で述べた．その説明がそのまま価値観共有の意義になっている．モチベーション，判断の基準，コミュニケーション，の三つである．前節の議論の際には，組織の個々の人が一人の人間としてなぜ理念的なものを欲しがるのかを解説した．その際にはメンバーの間での共有ということはあまり表面に出さなかったが，価値観が組織のメンバーの間で「共有」されることによって，以上で述べた意義はさらに加速される．それが，じつは経営理念が代表する価値観が組織の中で共有されることの基本的な意義なのである．

たとえば，理念的なインセンティブが経営理念という形で与えられ，それを周りの人々も共有していることによって，価値観の共有が起きてくる．それは個々の人間にとって見れば価値観の「相互確認」が可能になっているということである．相互確認によって，価値観はますます強固なものになり，人々が努力の注入を大きくしようとするモチベーションがより高まるだろう．

判断基準の共有は，価値観の共有からばかりでなく，パラダイムの共有からも起きうる．どちらにせよ判断基準の共有が起きたときには，意思決定のすり合わせが容易になるだろう．組織は本来協働体なのだが，その協働を成立させるために必要な意思決定のすり合わせが，判断基準の共有によってよほど楽になる．価値観の共有がコミュニケーションを容易にし，それがまた意思決定のすり合わせを容易にすることも明らかであろう．

パラダイムを共有することから生まれる意義の第一は，やはり人々の間のコミュニケーションを容易にすることである．国と国との間にカルチャーギャップがあって，それゆえに起きる問題が異文化コミュニケーションであるのと同じように，同じ組織の人々の間の認識と情報処理のパターンが共有されていないと，コミュニケーションに手間ヒマがかかって仕方がないであろう．一つの出来事の解釈と意味づけが人によって大きく違えば，コミュニケ

図13-2　組織文化の意義

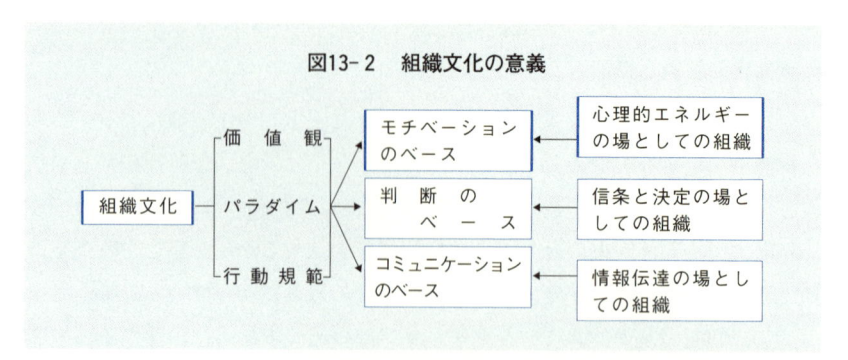

```
                 ┌─ 価 値 観 ─┐  ┌─────────┐   ┌──────────────┐
                 │           │  │モチベーション│←─│心理的エネルギー│
                 │           │  │のベース     │   │の場としての組織│
                 │           │  └─────────┘   └──────────────┘
  ┌──────┐       │           │  ┌─────────┐   ┌──────────────┐
  │組織文化│──────┼─ パラダイム ┼─→│判 断 の    │←─│信条と決定の場と│
  └──────┘       │           │  │  ベース    │   │しての組織     │
                 │           │  └─────────┘   └──────────────┘
                 │           │  ┌─────────┐   ┌──────────────┐
                 │           │  │コミュニケーション│←─│情報伝達の場とし│
                 └─ 行 動 規 範 ─┘│のベース     │   │ての組織       │
                                └─────────┘   └──────────────┘
```

ーションが難しくなるのは当然である．パラダイムが共有されているときは，同一の情報からよく似た意味が引き出される．言葉の意味も正確に通じる．

　パラダイムを共有しているということは，人々が決めたことを行動に移す際にも影響がでる．自分の判断を他人も共有しているということを知っていることが，自分は間違っていないという自信のようなものを与える効果があるのである．また企業の戦略や組織構造，管理システムがパラダイムと合致しているときには，人々は，それらに対して信頼感をもつ．またそれにしたがうことが必要だ，と認識する．これがパラダイム共有の第二の意義である．

　パラダイム共有の第三の意義は，人々の学習への効果である．共有されたパラダイムはまず，どのようなことが学習すべき重要な情報かを暗黙のうちに指し示しているという意味で，学習活動を促進する．さらに，各人がする学習や経験の結果のコミュニケーションと共有のためにも，同じパラダイムを人々が共有していることは貢献するだろう．世界観としてのパラダイムは，世界は何から成りたっているか，世界の事物はいかに分類されるかについての分類の枠組みを与える．企業によって技術の分類，製品の分類，組織の分類，顧客の分類の枠組みが違うが，これらは組織の中で共有されたパラダイムの違いから生み出されたものである．

　行動規範を共有する意義は，まず，それが人々の行動を自発的に制御し，組織の公式的な規則がなくても，人々の行動の調整を可能にすることである．しかも，このような規範は，曖昧性を含んでいるために，公式的な規則よりも柔軟で適応力にとんでいる．したがって，規則にとらわれすぎて官僚的な弊害が出るということはない．もちろん，曖昧であるがゆえに，誤解の原因になることもある．

行動規範の共有の第二の意義は，意思決定が早くなることである．組織の各人にとってどんな状況のもとではどんなことをしなければならないかはっきりしているから，考えや調整するための時間が少なくてすむようになる．

こうして組織文化の存在は，個人の意思決定，行動，努力，学習，とさまざまな局面で影響を与える．その影響は，個々人の努力や意思決定をドラマティックに変えるというわけではない．「ほんの少し」ずつ，しかし継続的にあちこちでそういう影響が組織文化によって与えられていく．そのような影響のタイプがじつはもっとも組織にとっては大切なことである．ちりも積もれば山となる，と言ってもよい．アメリカの政治家キッシンジャーが言ったように，無数のことが少しずつベターに実行されることこそ，組織としての力の源泉である．組織文化はそうした影響を「いつのまにか」与えてしまう，「見えない構造」なのである．

ここまで述べてきたのは，組織文化が組織のメンバーに対して与える影響であったが，組織文化は対外的な機能をもつこともある．それは，色濃い組織文化が企業イメージと評判を外部につくりうるからである．「あの企業は品質重視だ」「技術のリーダーになることを社是とする企業だ」というような企業イメージが，組織文化が企業の外に伝えられることによってでき上がることがある．

以上のように，組織文化の意義は，それを構成する価値観，パラダイム，行動規範が組織のメンバーの間に「共有」されていることの意義であった．鍵は「共有」にあるのである．とすれば，組織文化がいかに生まれてきて，そして共有されるのかを理解しておくことは，組織文化を通しての経営の働きを考える際のきわめて重要な鍵となる．経営する側の働きかけは，共有プロセスを促進することが主な行動になるのである．それを，次節で扱おう．

3　組織文化の生成と共有

価値観とパラダイムの生成

まず，組織の価値観の生成の議論からはじめよう．

組織の価値観の源泉の背後にはもちろん，企業が存在する一般社会の文化

的環境がある．しかし，議論を組織固有の価値観の源泉に限れば，それは普通二つある．その一つは，第1節で述べた経営理念である．自らの経営理念を組織の価値観にすべく，経営者が懸命に努力するのである．

組織の価値観のもう一つの大きな源泉は，組織の過去の成功体験である．

組織の成功体験は，その成功を導いた考え方，仕事の仕方などを「正しいもの」として人々に意識させ，信じさせる．そのために，その考え方や経営の仕方，さらにはその背後にある価値観が人々によって共有される可能性は高くなる．人は自分でやってみてはじめて信じるということが多いし，また自分で体験したことだけを信じるという面も強い．そして成功は，なににもまして説得的なのである．

こうした成功体験が価値観となって共有される源泉になるためには，たんに体験の共有があるだけではまだ不十分である．その体験をなんらかの言葉で表現し，人々の意識の中に価値観として意識させることが必要になる．やや大げさな言葉を使えば，体験の言語化が必要なのである．そのプロセスは自然発生であることもあるだろう．みんながいつの間にか同じ言葉で成功体験の抽象化を始めている，ということもあるだろう．あるいは，経営者が成功体験の背後にある考え方や経営の仕方を適切な言葉で表現しようと努力し，その表現に人々が納得をする，という形で体験の言語化が行われることもあるだろう．

じつは経営者によって打ち出される経営理念は，企業の初期の段階での成功体験の抽象化・言語化を経営者がすることによってつくられる部分が少なからずある．成功したその時にはまだ明示的には言語表現できなかったことも含めて，あらためてなぜ成功したかを考えてみると，納得のいく理由があった．それを言語化して経営理念とするのである．このように理念が成功体験によって裏づけられているとき，その価値観は強固に組織に根づき，したがって，次項に述べるような共有の可能性も高くなるだろう．

次に，パラダイムの生成メカニズムについて．

認識や思考のパターンとしてのパラダイムが組織の中で生まれてくる背景には，組織の価値観の場合と同じように，その企業のおかれた社会がもっているパラダイムがあるだろう．たとえば，日本の国内でも，関西系の企業と東京の企業とはどこかものの考え方，感じ方が微妙に違う，といったような

ことがありうる．しかしそれ以外にも，組織固有のパラダイムの源泉がある．
　その一つは，明らかに組織の価値観である．人はある価値観をもつとき，その価値観に合ったようにものを見る，判断をする，という傾向がある．したがって認識と思考のパターンは価値観に左右される面がある．
　しかし，それだけではない．人々が日常的にしている仕事，接している現象，接触をもつ人々のタイプ，そういった日常的な経験が自然と人々の認識と思考のパターンをつくり上げるのに貢献している．
　その日常的経験の総体を，四つの観点から分けて考えるのがパラダイムの生成を議論するのにわかりやすい．

1．モノと技術の影響
2．市場の影響
3．経営システムの影響
4．具体的な手本

　まず，人の認識と思考のパターンは，その人が仕事で扱っているモノの性質やそのモノを扱うための技術の特質に影響を受けやすい．たとえば，変動の大きい株式を扱う証券会社の人と変化の少ない預金や貸金を扱う銀行の人とでは，同じ経済現象の認識でもあるいは仕事のやり方でも，違いが出てくる．化学材料の混ざり方のほんの少しの違いが最終製品の品質に大きな影響を及ぼすファインケミカルの企業の人は，きわめて微細なことをつねに気にする必要があり，慎重になるのが望ましいが，重電のような大きな機械を造る人はむしろ全体を考え細部は後回しにする思考が望ましいことも多い．
　あるいは生産システムの製作を担当していて，一つの部品が他の部品とうまく接続しなくても大きなシステム全体が動かなくなってしまうような仕事を細分化して担当している人は，他の部分との調整にものすごく気を使う．しかし，小さくまとまりのある単品を作っている人は，むしろ「わが道を行き，その中でオリジナリティを」という思考になるのが普通だろう．
　こうして人の思考は，扱うモノと技術の特性に合ったように，そういうモノや技術を扱うのに効率的なように変わっていく．それが組織文化としてのパラダイムをつくるもっとも基礎的な要因の一つである．
　もう一つの要因は，市場の影響である．これは，市場の競争の状態や顧客

のタイプの影響である．競争のない所（たとえば，以前の電電公社）で育った組織は，つい，親方日の丸的な考えが支配し，のんびりした殿様商売になってしまう．あるいは，きわめてきびしい顧客に文句を言われながら鍛えられていく技術者とおとなしい顧客をむしろ自分の都合で動かしてきた技術者では，「顧客のニーズにはどう応えるのが当たり前か」についてのパラダイムがやはり違うだろう．

　パラダイム生成に影響を及ぼす日常的経験の総体を決めている第三の要因は，その企業の経営システムである．組織の権限の体系，インセンティブシステム，計画とコントロールのシステム，といった経営システムのあり方である．

　経営システムはおおよそ二つのルートで人々のパラダイムを規定していく．一つは，経営システムのあり方が人々の相互の接触と影響のパターンを決めるからである．いつも管理部が細かい計算を現場に要求するような経営システムのもとでは，人々の思考はつい「細部の厳格な計算」を重視するようになる．あるいは，何を決めるにもトップの入った会議で決めるというような経営システムをとっている企業では，人々の思考が社内のおさまりのよさを重視するようになって，いわゆる官僚的なパラダイムが生まれやすくなるのは自然である．人事のローテーションが職能間でほとんどないような企業では，セクショナリズムを生むだろう．同じように，トップ企業とは違うユニークな商品を開発することによって生き残ることができるようなチャレンジャー企業は，異質な人々との接触と相互作用を通じて，変化に敏感で，変化を積極的に仕掛けるということに価値をおく文化を生み出している．

　もう一つのルートは，経営システムが人々のなにを「評価」するか，の基本を決めることによってパラダイム形成に影響する．たとえば企業内の実質的なパワー関係を経営システムは決めているが，それは「どのような仕事やポジションがこの企業では偉いか」を決めていることになっている．その意味で，人々の「評価尺度」をかなりの程度決めている．何が大切か，何が偉いか，によって人々の行動は微妙に影響を受ける．大切なこと，偉いと思われていることを自分もきちんとできるようになりたいと思うのは，人間として自然である．そう思って行動していくうちに，その行動に適したパラダイムを人は形成するようになる．

人々の日常的経験の総体がパラダイム形成に大きな役割を果たすということは，日常的経験のプロセスが人々の学習のプロセスになっていることを意味している．その学習のプロセスが多くの人々の相互作用として行われるからこそ，学習の結果の共有現象が起きる．それは，経験そのものを共有することからも起きるし，経験を伝えることによって疑似経験を多くの人がすることによっても起きる．学習プロセスのどこかで共有のための現象が起きることによって，共通のパラダイムが生まれてくる．

これはパラダイムだけでなく，価値観についても類似のことが言える．多くの経験の集積と人々の間の相互作用によって，組織文化は生まれ，定着してくるのである．

共有と伝承のメカニズム

しかし，組織文化の定着は，人々の間の日常的な経験の総体にただゆだねるだけでは，とても起きないだろう．文化が生成しかかったとしても，あるいは組織の一部では生まれたとしても，全体的に共有されるにはさらに経営としての努力が必要である．そして，共有されてはじめて組織文化は定着し，大きな意義をもつ．その共有のメカニズム，さらには世代を超えた共有ともいうべき伝承のメカニズムについて，議論をしておこう．それが，じつは組織文化の議論としてもっとも重要な議論なのである．

組織文化の場合，それが価値観の部分であれパラダイムの部分であれ，その共有プロセスは明らかに生成プロセスと連続している．生成プロセスが広がり，深化していくと，それが共有につながるという面があるのである．したがって，組織文化の共有プロセスの最大のポイントは，前項で述べたような組織文化生成のメカニズムをきちんと意識して強化することである．

たとえば，成功体験から生まれてきうる価値観が本当に組織文化になっていくための第一歩は，それが組織のどこかで言語化されることが考えられていることだ，と前項で書いた．しかし，考えられているだけでは不十分である．共有のためには，それが組織の多くのメンバーに浸透し，そして世代を経て伝承されていく必要がある．たとえば，そのためには，言語表現に大きな注意が支払われる必要がある．共有化につながりやすい，わかりやすい，人々が飛びつくような表現が重要なのである．経営者とは，一面，言葉の魔

術師でなければならない．

　この例が示すように，生成と共有とはつながっていることを意識して，前項で生成のメカニズムとして議論した内容を，共有という視点からさらに強調すべきものを選び，整理してみると，価値観とパラダイムの両方に共通する共有メカニズムとしては，次の五つのステップがあると思われる．

1．わかりやすくかつ理想を感じさせる言語での表現
2．具体的行動の共有
3．象徴の共有
4．教育
5．選抜

　第一の，わかりやすくかつ理想を感じさせる言語での表現，の一つの例が，納得しやすくかつ人々に訴えるような社是の明文化である．たとえば，本田技研ではその設立間もない1954年に，「企業発展の原動力は思想である」という持論の本田宗一郎が次のような「わが社の運営の基本方針」を掲げた．まだ会社が中小企業だったころである（括弧の中は著者加筆）．

1．（企業を）人間完成の場たらしめること
2．視野を世界に拡げること
3．理論尊重の上に立つこと
4．完全な調和と律動の中で生産すること
5．仕事と生産を（資本よりも）優先すること
6．つねに正義を味方とすること

　この社是のように，言語はわかりやすくなければならない．また，理想を訴えるようなものである必要もある．あまりに現実的すぎるものは，人々の共有する価値観にはなりにくい．たしかに，人間はドロドロした場面ではきわめて現実的にしか動かないかもしれない．しかし，「人は理念だけでは生きていけない．理念がなければ生きる資格がない」．

　「わかりやすくかつ理想を感じさせる」ような価値観やパラダイムの表現のもう一つの例が，企業の「神話」である．創業のときの感動的な事件が企業の中で語り継がれていく，というようなことはよくある．あるいは伝説的

な名セールスマンの話や卓越した技術者の技術者魂の表れが語り継がれたりする．それらが神話の例である．そうした神話が，組織の価値観やパラダイムを間接的ながら，しかしわかりやすく表現している．

　神話は，組織文化の表現の仕方としてはかなり象徴的な表現の仕方である．その意味で，神話は以下に第三の手段として述べる「象徴の共有」という意義もある．

　組織文化の共有の第二の手段は，具体的行動の共有である．それは，多くの人に組織の価値観やパラダイムと深く関連する具体的な経験を共有させる，ということである．たとえば，徹底的な顧客志向をしようとする企業が技術者や本社スタッフにも顧客回りを義務づけたり，典型的なキャリア・パスを多くの人が共有することによって組織文化の共有につなげようとしたりするのが，その例である．

　あるいは，○○キャンペーンや××運動をみんなで共同でやることで価値観やパラダイムの浸透が図られることもあるし，価値観を象徴するような儀式（たとえば，経営理念の確認と経営方針の伝達のための儀式に世界中から数千人のマネジャーを集める）を多くの人の参加のもとでやるのも「具体的行動の共有」である．

　第三の手段は，象徴の共有である．組織の中の人々が価値観やパラダイムを象徴するようななにものかを共有するのである．しかし，象徴とは空なるものである．だから象徴を具象化する「なにものか」を工夫しなければ，象徴の共有はできない．その「なにものか」のもっとも典型的な例が企業の英雄である．松下電器の松下幸之助，本田技研の本田宗一郎，がそのもっともわかりやすい例である．英雄は一人でなくてもいい．大小さまざまな英雄が必要であろう．

　象徴となりうる「なにものか」のほかの例としては，象徴的アクション，というのもありうる．経営者自らが多くの人に見えやすい形で価値観やパラダイムを象徴するような行動をとって見せるのである．たとえば，顧客のクレームに対して経営者自らが出向いてお詫びをする，誰しもが驚くような規模で新技術開発に大きな資源配分をする，といったようなことである．人々は経営者の背中を見ている．

　日本の企業にかなり見られる象徴の共有のもう一つの例は，創業者の一族

が「オーナー一族」として企業の中心に位置し続けることである．松下，トヨタといったところがすぐ連想できるし，また三井，三菱，住友，といった日本の戦前の財閥もその例であろう．「君臨すれども統治せず」という象徴的存在になることによって，経営の直接的機能をオーナー一族が担当するのではなく，組織の価値観の象徴になることにはそれなりの意義がある．

組織文化の共有と伝承の第四の手段は，企業内教育や研修である．人材の育成，能力の研磨ということを目的にした教育ではなく，組織の価値観やパラダイムを説くためのさまざまな教育的手段がとられることも多い．その一つが，経営者が組織の人々にさまざまな機会を通してねばり強く語りかけることである．組織文化が強固であるという企業ほど，企業内教育に熱心であるという傾向がある．

組織文化の共有と伝承のための目立たないが重要な手段は，人の採用をはじめとした人の選抜である．これが第五の手段である．企業はどんな人を採用するかを決める．この判断に際して，企業の価値観が意識的にあるいは無意識的に判断基準になるのは当然である．その結果，企業の価値観と一致する価値観をもつ人が採用されがちである．それを通じて価値観が伝承されてしまうことになる．同じように，より影響力の大きい地位にどのような人を昇進させるかの選抜にあたっても，企業の価値観やパラダイムが判断基準となって，その人が具体的に象徴している価値観やパラダイムが伝承されるということも大いにある．サラリーマンはみな，結局，人事を見ている．

なぜ定着しないか

多くの企業が経営理念と称するものをもちながら，それが現場では真剣に受け止められていないということが案外多い．あるいは，組織文化を変えよう，といいながら，実際には何も起きずにみんながあきらめている，といったこともよく起きる．経営理念や組織文化がたんなるお題目で終わっているのである．そうなってしまうケースというのは，一般には次のどれかの場合に該当するであろう．

1. トップの具体的なコミットメントの不足
2. 具体的行動による共通体験の不足

3．評価などの経営システム的条件の不足

　もっとも致命的なのは，トップのコミットメント不足である．理想をかかげた経営理念を打ち出してはみたものの，じつはトップ自身がそれを信じていない，とか，組織文化の変革を叫ぶトップが平気で古い体質そのままの行動を自分ではとっている（たとえば顧客重視と強調しながらそのじつ，コストのことばかりを気にする経営者），とか．

　そんなときにどうして部下が，本気で経営理念や組織文化を受け止めるだろうか．コミットメントの示し方もいくらかの演出もいるだろう．しかし大切なのは示し方にあるのではなく，コミットメントの大きさそのものにある．

　どんな理念も組織文化も，具体的な行動を通して共通体験を多くの人々が共有しないかぎり組織に根づかないことはたびたび強調してきた．行動するということは，学習するということなのである．ですから，第二として，具体的行動の共通体験が不足することが，組織文化の定着を妨げる大きな原因になる．しかも，具体的な行動の意義はたんに学習だけではない．さらに深い意義もある．だからこそ重要なのである．

　第一に，具体的な行動を多くの人が共有するような規模で実施するということは，それ自体コミットメントの表れでもある．具体的行動のために使われる資源と時間の総量が，コミットメントを象徴しているのである．

　第二に，具体的な行動を共有する場は，じつはその体験を共有するだけの場に終わるのではなく，その場でさまざまなコミュニケーションと相互作用が起こる場にもなっている．たとえば，大規模な販売キャンペーンを本社スタッフも動員して行うということは，販売の大切さを本社スタッフが体験する場になっているだけではなく，販売の現場で本社スタッフと営業スタッフがさまざまな接触をし，コミュニケーションを深める場になっている．そうして人々の間の相互作用が巻き起こされるきっかけをその場が提供している．そのきっかけではじまる相互作用が，組織文化の定着のためにさまざまな機能を果たすことがありうる．

　第三の経営システム的条件は，生まれかけた組織文化，浸透し始めた経営理念が深く定着するために必要な条件である．組織文化の生成そのものよりは，定着の方に関係がある．組織の中の権限関係，情報の流れ，評価のあり

方，などが実際に人々の日常的経験を決めている大きな要因である．そこに配慮の目が届かずに，かっこいい経営理念だけを唱えていても，やはり人々は本気にならない．人々の行動が実際に変わってこない．

こうした三つのよくある不足条件を考えただけでも，組織文化の生成や変革は当然長期的なプロセスになることがよくわかる．一年や二年でできることではない．組織文化の革新はじつにむつかしいのである．しかし逆に考えれば，それだけ長期的な努力の必要性があるだけに，いったんうまく定着すると，組織文化の効果や機能もまた長続きする，と言えるであろう．

4　組織文化の逆機能

組織文化が企業の経営にプラスに機能する面を中心にこれまでは議論してきたが，しかし組織文化にはその機能のちょうど裏側に逆機能もある．

それは，一つの価値観，一つのパラダイムが組織の多くの人によって共有されていく，という組織文化の生成と定着のプロセスは，当然のように次のような二つの帰結をもたらすからである．

1．思考様式の均質化
2．自己保存本能

思考様式の均質化

思考様式の均質化は，価値観とパラダイムの共有そのものを別な表現にしただけである．したがって，それが組織文化の定着の帰結であることは自明である．

それほど自明でないのは，なぜそれが逆機能をもつことがありうるのか，であろう．その基本的理由は，変化と自由というものへの対応が，思考様式の均質化のゆえにできにくくなるからである．

まず，変化であるが，思考様式が均質化してくると，その思考様式で処理するのに好適な環境を相手にしているうちはいいのだが，環境が変わったときにとたんに脆さを見せることがある．そもそも環境の変化が見えないことすらある．それまでの世界観で世界を見ていると，世界の中で起こっている

重要な出来事がもつ新しい意味を理解できないことが多い．新しい環境に好適な思考様式に適応していくための種が，古い思考様式に均質化してしまった組織の中には多くないのである．また，そのような種があったとしても，企業の中の支配的な思向様式によってかき消されてしまう．多数の企業が新事業開発でつまずくのは，その企業の組織文化が新しい事業に適合していないからであることが多い．

　事業の転換，既存事業の市場や技術の変化，国境を越えての事業進出，など現代の企業に要請されている新しい環境への挑戦は多い．そのいずれでも，従来の事業と環境で形成され機能してきた組織文化が逆機能をはじめる可能性がかなりある．

　自由の問題は，もう少し厄介である．まず言えることは，思考様式の均質化は人々の思考の多様性を奪う危険がある，という意味で個人の自由に抵触する部分がある．それゆえに，二つのデメリットが生じる．一つは，上に述べた，多様な考え方の存在を抹殺する危険があることである．それは別な言葉で言えば，個性を殺した人間の集まりとして企業ができ上がってしまう危険である．多様性の小さくなった組織が環境変化に弱いのは，生物の種の保存の歴史を見ても明らかである．

　もう一つのデメリットは，個人が自由を失っていくと，働くインセンティブが基本的に弱くなる危険が出てくることである．個人が組織文化の中で窒息してしまって，生き生きと働けなくなるのである．

自己保存の本能

　組織文化の定着の第二の帰結は，組織文化が組織により強い自己保存本能を与えることである．もともと，組織文化が強くなくても，組織に依存した生活をしている人々が多ければ，自己保存本能が働く．強い組織文化はその本能をさらに強いものにする．

　それは，組織の存続のために人々が大きな努力を傾ける源泉になる，という意味で決して悪いことではない．しかし，その自己保存がいつの間にか，組織そのものの存続ではなく，組織文化の存続を目的としてしまうようになると，肝心の組織の存続を危うくするような行動を組織がとり始めてしまう危険がある．

その原因は二つある．一つは思い込み，もう一つはしがみつきである．

思い込みとは，強い組織文化ゆえにその価値観そのパラダイム以外に事業をやっていく価値観やパラダイムがあることに目がいかなくなることをいう．なにかを意識的に守りたいからそうなるのではない．慣性で，それ以外の思考様式への感受性が鈍ってしまうのである．思い込んで，これが重要と人々が思うことだけを組織が認識し，行動するようになる．

あるいは組織の価値観やパラダイムにとって好都合なこと，解釈しやすいことだけを選択的に認識し，情報処理するようにいつの間にかなる．そのために組織文化の自己保存が続くと同時に，組織の行動そのものは環境の要請からややピンがずれてくることもありうる．そうして，組織文化が自己保存される一方で，組織そのものの存在意義が失われてくる．

しかも，パラダイムが通じなくなったということを，人々に説得するのはむつかしい．科学史の世界でクーンがこの概念をはじめて使ったのも，科学者の間にある考え方やものの見方が通じなくなったということを説得するのがいかにむつかしいかを，言うためだった．企業も同様である．あるパラダイムがもはや通じなくなったということを，論理やデータで説得することはむつかしい．それを信奉する人々にとっては，既存のパラダイムも，まだまだ通じるように思えるのである．

人々の思い込みだけでなく，しがみつきもそうしたことのもう一つの原因である．この場合は，人々が組織文化を保存しようとするのはかなり意識的であり，それを保存することが自分にとって都合がいいからである．人は誰しも，自分の価値観は正しく，自分のパラダイムは適切で，自分の知っていることは重要である，と思いたい性向をもっている．それが自分のアイデンティティの大きな部分だからである．

その組織文化が環境の要請にうまく合っていないと認識する前に，人々は多くの証拠を要求するのがつねである．失敗の証拠が圧倒的に累積した後でなければ，古い価値観とパラダイムを手放そうとしないのが，つねである．それが，人情としては非常に自然な，しがみつきである．それが組織文化を自己保存させ，しかし環境とのかかわりでの組織の行動をおかしくする．

組織文化のパラドックス

このような組織文化のもつ逆機能が企業にとってもっとも重大なものとなるのは，企業が事業の革新を行わねばならないときであろう．新事業への進出，既存事業の経営のやり方の変更，といった企業革新のためには，過去に培ってきた組織文化の少なくとも一部は障害になるだろう．企業の革新は，組織文化の革新と同義語になる．

成功は失敗の母，とよく言う．それは，過去の成功に役立った組織文化が，あるいは過去の成功ゆえに人々が信頼を寄せてきた組織文化が，新しい環境への人々の対応を遅くさせたり，まずい対応をとらせることから起きる．

そこに，変化に関しての組織文化の本質的なパラドックスが存在する．過去の成功は組織文化ゆえの成功であった．しかし，将来の失敗もまた，現在の組織文化ゆえかもしれない．

そのようなとき，簡単に組織文化を悪者にするわけにはいかない．過去の成功がなければ，将来の失敗を心配する以前に，現在の自分たちが存在しないからである．そこで必要なのは，過去は過去として認め，しかし将来への展望の中での変化の必要性を多くの人が心底認識することである．過去にしがみつくことだけが，まずいのである．強い組織文化があること自体が悪いのではないことを，認識することである．

個人の自由とのかかわりでも，組織文化のパラドックスが存在する．強い組織文化が個人の自由を拘束する危険を，すでに述べた．しかし，ここにはじつはかなり厄介な問題がある．組織文化がまったくなければ人々は本当に自由なのか，ということである．組織文化があるゆえに，ある程度均質化された思考様式の存在ゆえに，かえって人々は自由であるということはないだろうか．

二つの面でそれはありうる．一つは，組織文化という大枠があった方が，かえって個人はその中で自由をより感じられるということが十分ある．自由を感じるには，なにか参照枠がいる．もう一つは，組織文化ゆえに多くの現象について組織の中でいちいち個人が思い悩み，調整をし合う必要がなくなっていることである．それゆえに，思い悩み調整をするためのエネルギーと時間を，もっと自由にほかの事柄に使えるようになっている可能性がある．

つまり組織文化ゆえの個人の自由，というのもあるのである．問題は，そのレベルを越えて組織文化が拘束的になった場合である．そのときには，やはり自由の欠如ゆえの問題がさまざまに発生するだろう．

変化にしろ，自由にしろ，組織文化がもつ機能と逆機能は単純な白黒の問題ではない．どちらの極端に走っても具合の悪い状況の中で，二つの軸の間のバランスをとっていかざるをえない．そのパラドックスの解決こそが，組織文化のマネジメントの真の課題であろう．

(演習問題)
1. 経営理念は社長室の額の中にだけある，という現実になってしまっている企業が多くあります．社長室の額の中だけでなく人々の心の中にも経営理念が浸透している企業との差は何でしょうか．経営理念が社長室の額から出て現場に浸透するためには，何が必要なのでしょうか．
2. 組織文化は「見えない構造」とも呼ばれ，作ろうとしなくても自然にできてしまうものです．なぜ自然にできてしまうものなのでしょうか．
3. 銀行と証券会社の社員間には，通常タイプの違いがあると言われます．なぜでしょうか．それは銀行と証券会社の組織文化のゆえでしょうか．そうだとすると，それぞれの組織文化とはどんなものだと思いますか．あるいはそもそもタイプの違う人が銀行と証券に行くのでしょうか．

第14章

リーダーシップ

　前章では，組織のマネジメントの中のソフトで人的な側面の第一として，経営理念と組織文化を論じた．この章では，そうした経営理念を提供し，あるいは組織文化をつくり上げ，さらには組織のマネジメントのさまざまな決定をしていくリーダーたちのリーダーシップに焦点を当てて，議論しよう．リーダーたる人が率いて，はじめて組織は動く．その単純な事実からも，リーダーシップの議論が組織のマネジメントの人的側面として最重要のトピックになることはわかるであろう．

　優れたリーダーシップとはどのようなものか，という命題は，経営学が成立するはるか以前から，おおげさに言えば，人類の歴史が始まって以来の基本的命題であった．先哲，賢人と呼ばれる人々は，つねになにがしか，リーダーとリーダーシップについて語ってきた．また，名君と呼ばれた優れたリーダーは，その言動を通じて，リーダーシップについてのさまざまな教訓を残してきた．また，愚帝，暗君と呼ばれた人々も，反面教師として，優れたリーダーは何をしてはならないかについて教訓を残してきた．哲学，倫理学，歴史，宗教，政治，軍事など，さまざまな分野で優れたリーダーシップについての研究や考察が行われてきた．その歴史は長い．

　しかし，それにもかかわらず，優れたリーダーシップとは何かについて，明確な結論は得られていないのが現状である．それは理論やマニュアルではなく，歴史や文学から学ぶべきもの，実践を通じて体感するものかもしれない．理論や技術よりはアートであると言ってよいのかもしれない．

　この章では，この複雑な現象を理論的に議論するための基本的な枠組みを提供してみよう．まだきちんとした理論にはなってはいないが，われわれが

考えるリーダーシップの理解の枠組みである．

1　リーダーシップとは何か

リーダーシップという言葉とリーダーの役割

　リーダーシップという言葉は，経営学の本でも広くも狭くもさまざまに使われる言葉であるが，その一般的な定義は，「人を統率する力」というものであろう．その「統率」という言葉の広さ狭さによって，リーダーシップという言葉がさまざまなニュアンスで使われる．

　この本でのリーダーシップという言葉のイメージは，「あの人にはリーダーシップがあるから人がついていく」というような日常会話で自然に使われるときのリーダーシップをイメージすればよい．つまり，「あの人」がもっている何かの特性で，人の集団を率いていくために中心的な役割を果たしている，なにものかである．

　人を統率する力という言葉には，二つのニュアンスがあるだろう．一つは，「他人をして，その人についていこうと思わせるその人の力」というニュアンス．もう一つは，多くの人をまとめ上げるというニュアンス．そして，第二のニュアンスの「まとめあげる」ことができるのは，そのまとめようとする人の言うことを人々が聞こうとするからである．その人の言うことに従うから，まとまるのである．

　つまり，「人がついてくる」，あるいは「人についてこさせる」ところに，リードすること，あるいはリーダーシップの本質がある．あの人に従おう，あの人のもとで存分に自分の力を出したい，という思いを集団の人々にもたせることができるのが，リーダーシップである．

　つまりリーダーシップをシンプルに定義すれば，

　「人について行こうと思わせ，そして彼らをまとめる属人的影響力」

　ということになるだろう．この定義の細かいニュアンスを，この節ではいくつかの視点から解説し，リーダーシップが何であって，何でないかを読者によく理解してもらおう．

　人がついてこようが嫌がろうが，リーダーというポジションは企業組織の

図14-1　リーダーの三つの顔

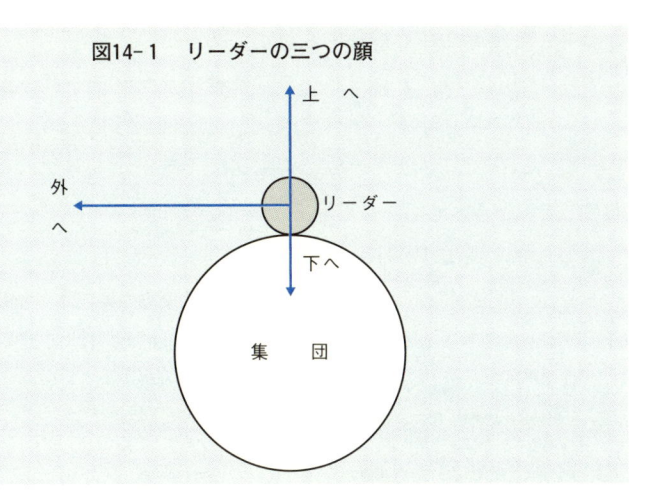

中には多数ある．社長も，事業本部長も，部長も課長も，係長も，その下に人間の集団を率いているかぎり，それぞれの集団のリーダーである．組織の三角形の中の，どの小さな三角形の頂点にも，リーダーが存在する．そして現実には，リーダーシップのないリーダーも数多くいそうである．

　リーダーシップがあろうがなかろうが，集団を率いるリーダーの役割は図14-1のように外，上，下への三方向にある．つまり，リーダーは外への顔，上への顔，そして下への顔，と三つの顔をもっている．下への顔とは，集団の内への顔と言い換えてもよい．リーダーシップは，この三つの顔の中で，下への顔，内への顔に関するものである．

　リーダーの外への顔とは，その集団を代表して，集団の外の世界に働きかけるという役割のことである．組織あるいは部門を代表して，その利害関係を主張する，発言する，行動する，集団と外界との良好な関係をつくりだし，それを維持する，などの役割である．

　組織はつねに外部との関係をもっている．企業全体は，外部のさまざまな個人や機関と関係をもっている．企業内のある部門は，外部の個人や組織だけでなく，内部の他の部門とも関係をもっている．営業部門は，顧客だけでなく社内の製造部門や開発部門とも関係をもっている．これらの部門は，同じ会社の中とはいえ，営業部門にとっては外部なのである．

　社長は会社を代表し，部長は部を代表する．集団の利益を主張することもあるし，集団を売り込むこともある．それが，リーダーが集団を代表して外

部に対して働きかける，という役割である．

大きな組織では，多様なレベルに多様なリーダーが存在している．したがって，全体の長を除き，すべてのリーダーはさらにその上に上司をもっている．あるいは，リーダーが率いる集団は，さらに上層部の管理組織のもとにある．そのとき，集団を代表して上へ働きかけるのもリーダーの役割である．

上の世界も集団からすれば外ではあるが，そこはしかし同一組織の中ではあるし上下関係があるので，問題は複雑になっている．上司のいるリーダーは，下の集団のリーダーであると同時に，上の集団では部下なのである．そういう複雑な立場にいながら，しかし上への働きかけを集団を代表して行うのが，上司のいるリーダーの「上への顔」としての役割である．その際，上下に挟まれたこのリーダーの役割は，連結の機能である．上から与えられた仕事と，集団としてなすべき仕事との両立である．多くの場合，両者の間には対立がある．この対立を解消して，集団がなすべき仕事を決めるというのが，連結の基本的な機能である．

その集団がなすべき仕事を実際に遂行できるように，集団についてきてもらい，集団をまとめていくのが，リーダーの下向きの顔である．集団内への役割であり，リーダーとしてのもっとも本質的な役割である．集団に向けてのリーダーの役割は，さらに次の三つに分けられるのが普通である．

1. 仕事の遂行
2. 集団の維持
3. 仕事と集団の変革

組織の中での業務の協働をきちんと行うための集団のリーダーのもっとも基本的な役割が，集団の仕事をなし遂げることである．そのためには，次のような集団内マネジメントを行うことがリーダーに期待されている．

1. 集団の基本的な任務，役割，目標を決定する
2. 価値，行動規範を設定する
3. 仕事の仕方を指示する
4. 集団ならびに個々の部下を動機づける
5. 集団ならびに個々の部下の仕事の結果を評価し，適切な行動をとる

まず第一に，その集団の基本的な任務，役割，目標を設定しなければならない．まず，集団として何を成し遂げるかを決めることである．組織が進むべき方向を決めることだと言ってよい．ただし，すでに上司がいるリーダーにとっては，この決定は上から与えられていることも多い．

それと緊密に関係しているのが，第二の組織，あるいは集団の価値観の設定である．集団として守るべき価値，基本的な規範の設定である．第三は，それをどのような方法で実現するかを決め，部下に対して指示を与えなければならない．部下の個々人の目標，任務，仕事のやり方の決定である．第四は，部下がそれぞれの仕事により熱心に，しかも積極的に取り組むことができるようにすること，つまり動機づけである．第五は，組織あるいは集団の行動の評価とそれに対応したアクションである．仕事が予定通りにすすんでいるかどうか，そうでないとしたらどのようなアクションをとるか，部下の貢献をいかに評価するか，などのアクションである．集団として，適切な成果が生み出されていないときは，適当なコントロール活動を行うことが必要だし，個々の部下の成果や業績に対応して賞や罰を与えることも必要である．

永続的な組織では，集団の仕事を成し遂げることだけが，リーダーの役割ではない．「集団をまとめる」といったときに，そこに込められている意味は，たんに仕事を遂行すればいいだけではなく，集団としての能力やまとまりを維持することであろう．それはたとえば，集団の中に経験や知識の蓄積をつくることであり，あるいは社会集団としてのその人間のグループのまとまりを維持することである．

集団は，たんに仕事の場であるだけでなく，社会的な相互作用の場でもある．その社会的な相互作用の場の維持が必要なのである．仕事はうまくいったが，集団がバラバラになってしまったのでは意味がない．集団としての一体感をつくりだす，集団としての活力を維持する，社会的な安定を維持するなどの機能がそれである．つまり，具体的には，

- 集団の学習を促進させる，教育する
- 社会的な相互作用の場としての集団を維持する

ことである．

リーダーの役割の第三のものは，現在の仕事を遂行し，集団を維持するだ

けでなく，変革を行うことである．仕事そのものの内容の変革，集団として性格や能力の変革，さまざまな変革がありうるが，変化していく環境の中でその集団の存在意義を保つためには，変革という役割はリーダーにとって必須のものである．

マネジメントとリーダーシップの違い

こうして，仕事の遂行，集団の維持，変革という三つの役割を，集団のリーダーはもつということになるが，その役割全体は，じつはこの本で組織のマネジメントと呼んでいるものとほとんど同じものである．つまり，リーダーの役割とは，彼が率いる集団という組織体のマネジメントを行うことなのである．

では，その彼が自分の率いる集団に対して行うマネジメント全体と，「人についてこさせる属人的影響力」としての彼のリーダーシップとはどういう関係にあるのか．

それを理解するには，第9章の組織のマネジメントの概念的枠組みを使えばいい．そこでは，マネジメントとは三つの経営の働きかけと定義された．戦略による統御，経営システムによる統御，理念と人による統御，である．リーダーシップは，理念と人の統御の中のさらに一つの項目として位置づけられている．

ある集団のリーダーとしての役割でも，話はまったく同じである．図14-2にあるように，リーダーシップは理念と人による統御を構成する一つの部分である．理念と人の統御の中で，理念という思想や価値観によって統御するのではなく，リーダーの属人的特性で集団の統御をしていく，そのためにリーダーのもつべき「力」が，リーダーシップなのである．

したがって，リーダーシップは，マネジメントの一部である．もちろん，リーダーシップがあるだけではマネジメント全体にはならない．戦略もシステムも必要である．

ただし，リーダーシップ以外のマネジメント（戦略やシステム）のやり方のうまい人にとっては，そのうまいということがその人への属人的信頼感となり，したがってそれがリーダーシップに貢献する，という形の面白い関係もある．したがって，リーダーシップはマネジメントの一部であるが，ほか

図14-2 リーダーシップの位置づけ

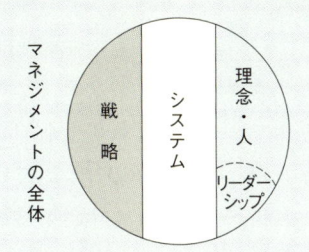

（図：マネジメントの全体の中に、戦略、システム、理念・人、リーダーシップが位置づけられている円図）

のマネジメントの部分と無関係ではないのである．ただし，無関係ではないからといって，概念として混同してはいけない．概念としては，集団のマネジメントと集団のリーダー個人のリーダーシップとは別の概念で，リーダーシップはマネジメントの大切な一部の要素になっているのである．

　リーダーシップの概念で大切なのは，それが「属人的」特性についての概念であることである．リーダーその人がもっている特性ゆえに人がついていく，ということが本質的なのである．その属人的とは，三つの意味で属人的でありうる．一つは，人そのものの個人的人格的特性，第二にはその人の個人としての行動，第三にはその人の立場．そういった三つの側面でのその人への部下たちの認識によって，「あの人についていこう」と部下たちが思ったり思わなかったりするのである．

　属人的でない影響力を出そうとするマネジメントの部分は多い．戦略でも，経営システムの設計にせよ，理念にせよ，マネジメントとして意味をもつのは，戦略の内容であり，経営システムの仕組みであり，理念の魅力である．そうしたものが，人々の行動に影響を与えることによって，組織全体，集団全体の協働ができていく．しかし，リーダーシップは属人的なものである．人というものの大切さがもっとも色濃く出るマネジメントの一部である．

　リーダーシップという属人的影響力の対象としては，リーダーの三つの役割（仕事の遂行，集団の維持，変革）のいずれもが対象になる．三つの役割を同時にもつのであれば，その三つの役割を総合的に果たすために，リーダーシップが意味をもってくる．ただし，リーダーシップについての過去の議論の多くが，仕事の遂行に限定しているため，変革のリーダーシップを通常のリーダーシップとは別なものとして扱うこともあるが，概念的にはリーダ

ーシップは一つの概念で，その影響の対象が遂行，維持，変革，と三つありうると理解すればよい．ただし，与えられた仕事の遂行のためのリーダーシップと変革のためのリーダーシップでは望ましい要件は違うかも知れない．

　このようにマネジメントとリーダーシップの違いを理解すると，リーダーシップのないリーダーというケースが十分ありうることがわかるだろう．戦略をつくるのはうまいが，どうも属人的に魅力のないリーダー，とかである．

　さらに確認のために言うと，リーダーシップはリーダーの三つの顔のうち，主に下への顔についての概念である（主に，と言ったのは，上司がある優秀な部下には，ついていってもいいと思う状況が例外的にせよありうるからである）．その下への顔をリーダーシップによってしっかりともてれば，そのリーダーは外と上への顔の役割もきちんと果たせるであろう．そういう関連はあるけれど，リーダーシップはあくまで集団を率いるリーダーの部下たちへの概念である．

　この本ではこうして，リーダーシップという言葉を狭く定義して用いている．しかし，リーダーシップという便利な言葉は，その定義をかなり限定的にしないと，言葉の意味が広がりすぎて，意味がないのと同じになってしまう．それと同じ現象が，経営学の世界では戦略という便利な言葉に起きがちである．何でも戦略になり，なんでもリーダーシップになってしまうのである．それでは概念として使い勝手が悪くて仕方がないので，この本では，リーダーシップという言葉のイメージにもっとも忠実だと思われる狭い定義を用いている．

2　リーダーシップの源泉とパラドックス

フォロワーが決めるリーダーシップの源泉

　リーダーシップの本質は，「人がついてくる」ということである．ついてくるとは，ついていく人たち（フォロワーと呼ぼう）がついていくことを決めている，ということである．それは，「この先，このリーダーの言うことに従うのがいい」と考えているということである．つまり，フォロワーがリーダーをリーダーとして受け入れているからこそ，リーダーシップを発揮で

きる状況になっている．

　つまり，リーダーシップの鍵は，フォロワーによるリーダーの「受容」なのである．形のうえでのリーダーには，組織の中の職位さえあればなれるのだが，真にリーダーシップが発揮できるリーダーになるためには，集団の人々にリーダーとして受け入れられなくてはならない．

　では，なぜ人は他人をリーダーとして「受容」するのか．なぜ，他人の言うことに従おうと思うのか．その問題は，リーダーシップとは少しニュアンスが違うが，人になにかを強制する力としてのパワーの源泉として古くから議論の対象となってきた．その一般的結論が，リーダーシップの源泉の議論として使える．

　パワー関係の理論によれば，パワーの源泉は次の五つのものである．

1．懲罰を与える力
2．報奨を与える力
3．判断への信頼感
4．個人としての魅力
5．正当性

　第一は，フォロワーがリーダーに従わなかったときに懲罰を科す力のことを言う．組織の中の職位の権限がその職位についたリーダーに与えているのは，こうした力である．懲罰とは逆の，報奨を与えることのできる力も，通常は，職位の権限と緊密に関係している．罰を負の報奨だと考えれば，すでにあげた懲罰力と同じものであると言える．懲罰や報奨は，昇進を決める，仕事を決める，昇給を決める，必要な予算を配分する，などさまざまな形をとりうる．その権限がパワーの源泉となる．もちろん，公式的でない報奨もある．褒める，尊敬するなどは，非公式の報奨である．このような報奨を与える力をもつことによって，リーダーはパワーを獲得できる．

　第三のパワーの源泉は，リーダーの下す判断への信頼感から派生する．たとえば，人々が，医者の指示にしたがって，監視がないにもかかわらず，家でも決められた時間に決められた量の薬をのみ，酒を控えるのは，医者が患者に対して賞罰を与える公式的な権限をもつからではない．医者はそれがきっちりと順守されているかどうかを知る手段もない．それにもかかわらず，

人々が医者の指示にしたがうのは，医者が人の健康に関して専門的な知識をもっていてその判断には信頼がおけると思っているからであり，それにしたがうのが自分自身のためにもなると考えるからである．

　企業の中の集団でも同じである．二人の人間がリーダーたる地位にいたとして，その二人の間で部下たちがもつ判断への信頼感が大きく違う場合，当然信頼感の小さいリーダーはパワーはもてないだろう．人々に真のリーダーとして受け入れられないであろう．

　第四のパワーの源泉は，リーダーの人間的な魅力である．何を魅力として認めるかは，部下の側の判断に依存する．リーダーの人格，人間関係への思いやり，さらにはリーダーと自分自身の共通性（たとえば，同じ大学の出身であるとか，同じ地方の出身であるとか，よく似た哲学や考え方をもつとか），過去の恩義などがその理由となる．こうした人間的魅力が生み出すリーダーとの一体感が，リーダーのパワーの源泉となる．

　非公式の報奨を与える力は，多くの場合，このパワー源泉と緊密に関係している．魅力のあるリーダー，尊敬しているリーダーから褒められたときには，その効果は大きい．人間的魅力と多くの人が感じるものは，そうした人間関係への配慮の深さから生まれてくることが多い．

　第五のパワー源泉も，第四のものと同様，部下の側の判断に依存している．リーダーの指示や命令にしたがうのが当然で正当だという，部下の側の認識がもたらすパワーである．リーダーの過去の努力実績，リーダーの真剣さやコミットメント，その社会的立場，社会的信頼，社会的慣行との合致など，正当性の理由になりうるものは幅が広い．

　この正当性というパワーの源泉はかなり微妙なものではあるが，しかし究極的には人が他人の権力に従うという本来はしたくないかもしれないことを受け入れる際の，究極の判断基準になるものであろう．たとえ人間的魅力があっても，判断への信頼感があっても，権力の正当性がないと感じるリーダーには，従うことを多くの人が躊躇する．たとえば，クーデターなどで政権を掌握した軍事のリーダーがしばしばこの正当性を欠くためにリーダーシップを十分に発揮できず，結局は懲罰の力（反対する人間は逮捕する）に頼るようになるのはこのためである．あるいは，長いこと年功人事で凝り固まった日本の企業がいきなり社長に若い人を抜擢しようとするとき，本人の人間

的魅力や判断への信頼感が十分にあっても，正当性の感覚を何かで担保できないと，人々が彼のリーダーシップを受け入れようとしないであろう．

もう一つ正当性というパワーの源泉として強調すべきは，正当性を与えるものとしてのコミットメントの重要性である．ある人が集団の中でパワーをもっていても当然と人々が思える鍵の一つは，その人がその集団に対してどのくらい真剣にリスクを負ってコミットしているか，である．コミットメントをした人には，正当性が生まれる．コミットしない人には，いかに地位があっても正当性は生まれない．

以上のパワーの源泉のうち，懲罰と報奨は，いわば組織がそのリーダーに公式に与えた力で，彼の立場がもっているパワーの源泉である．属人的ではなく，地位的なパワーと言っていいだろう．それに対して，判断への信頼感，人間的な魅力，正当性という後半の三つの源泉はいずれもフォロワーたちがそれを感じるがゆえに，リーダーに実質的にパワーが発生する，あるいはそのパワーを受け入れてもいいとフォロワーが思うようなパワーの源泉であ

パワー・ギャップとリーダーシップ

中間管理職のリーダーシップの発揮にかんして深刻な問題は，パワー・ギャップである．パワー・ギャップとは，中間管理職に与えられた公式的な権限（パワー）と，中間管理職が実際に必要とするパワーとの差である．このようなパワー・ギャップが発生するのは，中間管理職の仕事が，自分が統括する部門のなかで完結しないからである．中間管理職が仕事を成し遂げようとすると，他の部門や上司を動かすことが必要となる．ところが，これらの人々にたいして，中間管理職は命令して動かす権限を与えられていない．しかし，これらの人々が動いてくれなければ，中間管理職はうまく仕事を成し遂げることができない．この矛盾は，パワー・ギャップから生じる．

このパワー・ギャップをうめるには，中間管理職は，職位の権限以外に，独自のパワーの源泉をもたなければならない．本論で述べた，専門知識，個人としての魅力，正当性などは，パワー・ギャップをうめるためのパワーの源泉となる．

通常リーダーシップは，自分自身と部下とを含む集団のなかで発揮されるものであるが，大きな組織の中間管理職にとっては，上司，他の部門を動かすことができるような影響力も必要である．このような影響力が必要となるのは，中間管理職の仕事が他の人々の仕事と相互依存関係にあるからである（金井壽宏『変革型ミドルの探求』白桃書房，J.P.コッター『ザ・ゼネラル・マネジャー』J.P.コッター『パワー・イン・マネジメント』白桃書房）．

る．これは，属人的な源泉と言っていい．

　地位的なパワーをもっているからといって，リーダーは何でも命じることができるわけではない．リーダーが，部下のどの範囲の行動に対して影響を与えることができるかをパワーの範囲というが，地位的なパワーの範囲はそれほど広くない．一方，人間的魅力，判断への信頼感，正当性をもつリーダーは，より広い範囲の意思決定に対して影響を及ぼすことができるであろう．

　したがって，属人的影響力としての真のリーダーシップの源泉になりうるのは，人間的魅力，判断への信頼感，正当性，という三つのものになる．そして，究極的な属人的影響力の大きさは，結局フォロワーが決めていることがよくわかる．

　それにしては，地位的な源泉にリーダーシップの源泉を求めようとする人が，現実には多すぎないだろうか．それでは，地位のパワーはあるがリーダーシップはない，という例になってしまうだろう．

リーダーシップの二重のパラドックス

　以上のように考えると，リーダーシップを真に発揮しようと考えるリーダーにとっては，自らの人間的魅力を高める，判断への信頼感を増す，正当性を高める，という三つの源泉に向けての努力が有効だと理解できる．

　この内で，リーダーの仕事のうえの行動が効果的に源泉につながり，リーダーシップが発揮しやすくなるような源泉は，主に判断への信頼感であり，次に正当性を高めることであろう．人間的魅力はもちろん大切ではあるが，それ自身はまさに個人の人格の問題で，自己陶冶，自己研鑽が必要だという以上にはここでの議論にはなじまない．

　なぜ判断への信頼感を高めることが仕事のうえでの行動とつながっているかといえば，第1節であげたような仕事の遂行，集団の維持，変革のそれぞれのマネジメントのために，リーダーはじつに多様な判断をその集団ためにする立場にあるからである．その判断はたとえば，目標の設定の判断であったり，部下への指示の判断であったり，部下たちに直接結果が見られているような判断が多い．したがって，判断への信頼感をもてるかどうか，部下たちにつねにチェックされているのと同じなのである．

　正当性確保の努力がリーダーの仕事上の行動と関連をもつのは，たとえば，

リーダーがリスクをとって集団のためにコミットするような行動をとるかどうかを，人々が見ているからである．コミットすれば正当性が増し，コミットしなければ正当性は減る．コミットメント以外にも仕事上の行動がリーダーの人望を高めたり社会的立場をよくしたりすることがあれば，それもまた正当性の強化につながるだろう．しかし，そうした正当性へ影響を与える機会は，判断への信頼感へ影響を与える機会よりも少ないのが普通であろう．

したがって，リーダーシップの源泉をより大きくして，自分がリーダーシップをより強力に発揮できるようにしたいリーダーとしては，判断への信頼感が増すような方向での集団のための判断をなるべく多くすればいい，ということになる．しかし，話はそう一筋縄にはいかない．そこでは，じつはさまざまなパラドックスが生まれやすいからである．

リーダーが仕事のうえでとる判断から生まれる，集団のメンバーからのリーダーへの信頼感へのインパクトについて，二つのタイプのパラドックスが生まれうる．第一のタイプのパラドックスは，一つの判断が集団メンバーからすれば信頼感を増す方向にも機能し，同時に減ずる方向にも機能するというパラドックスである．増と減をどうバランスをとればいいのか，リーダーは困ってしまう．

第二のパラドックスはさらに深刻で，メンバーの信頼感をうるような判断が集団としての業績達成度にはマイナスのインパクトをもちかねない，というパラドックスである．その場合に信頼感をうるような判断をすれば，リーダーシップは発揮しやすくなるが，集団のパフォーマンスは落ちる，という悩みが出る．そのうえ，集団のパフォーマンスがしばしばそのリーダーが集団に与えることができる報奨の大きさに影響することが多いために（たとえば，チームの業績に応じてボーナスの総額が決まる），リーダーにとってのリーダーシップだけの観点から見ても，判断の信頼感向上というメリットと報奨を与える力の減少というデメリットという相反する効果を，リーダーシップの五つの源泉の中で受け止めざるをえなくなる．

第一のパラドックスの典型例は，部下の仕事の自由度に関する判断である．自由をより大きく与えると，それを喜び，そうした判断をするリーダーへの信頼感を増す人たちもいる．しかし，人によっては指示されて動く方が楽だという人もいる．その人にとっては，自由を与えるような判断をするとは，

ほかの判断も信頼できないということになりかねない．それは，言葉を換えれば，自由を与えることによる信頼向上と規律を与えることによる信頼向上と，ともにありうるということである．自由と規律のパラドックスとしてマネジメント一般についてよく言われることが，ここでも顔を出している．

第二のパラドックスの典型例は，業績悪化時の雇用維持の判断である．雇用を守り抜くという判断をすれば，そうした判断をするリーダーの判断への信頼感は，雇用を守られる人たちにとっては高まるであろう．しかし，雇用保証を過度に行えば，業績には悪影響が及ぶし，それが従業員への利益分配も低くしてしまう．従業員の信頼をとるか，企業の業績をとるか，また貢献してくれた従業員への報奨の財源をとるか，という経営者の悩みである．その悩みは，たんに従業員のモチベーションと企業業績の相反の悩みであるばかりでなく，リーダーシップの源泉とのかかわりでの悩みでもある．

第1節で見たように，リーダーは，仕事の遂行，集団の維持，仕事と集団の変革という三つの役割をもっている．その役割ごとに，さらに細かく分かれたリーダーとしてのマネジメントの仕事が第1節でリストアップされている．こうしたさまざまなマネジメントのための判断が，リーダーが預かっている集団のパフォーマンスにパラドキシカルなインパクトをもつことは，組織のマネジメントの各章でまとめてきた．

たとえば，自律と他律の併存のパラドックス（第9章），集権と分権，分化と統合，調和とコンフリクト（以上，第10章），燃える人とくさる人，競争と協調，リスクと努力（以上，第11章），自由と規律（第12章），個性と均質化（第13章），といった具合である．

それは，一つの判断が，リーダーシップの源泉にどのような影響を与えるかを考える以前に，一つのリーダー行動が集団としてのパフォーマンスに与える影響自体が，すでにパラドキシカルで，ジレンマに満ちている，ということを意味していた．

ここで言っているリーダーシップの源泉とのかかわりでのパラドックスは，そうした集団のパフォーマンスでのパラドックスを総合的にとらえたうえでリーダーが下す判断が，今度は判断への信頼感とか正当性，あるいは報奨を与える力といったリーダーシップの源泉に相反するインパクトをもってしまうというパラドックスなのである．

いわば，二重のパラドックスがリーダーシップとリーダーによる判断の間には存在しているのである．この二重性をわかりやすく解説するために，「部下の仕事の能力を向上させるためのリーダーの指導」という具体例で見てみよう．

部下の仕事の能力を向上させるために，どのような指導をすべきかに関してもさまざまなジレンマがある．実際に，どうすれば能力が向上し，集団のパフォーマンスにプラスの影響が出るかを考える段階で，多くのジレンマがある．

たとえば，細かな指示を与えて指導するのか，まずやらせてみて失敗から学ばせるのか，目標を与えて挑戦させるか，自分自身で目標を決めさせるのか，などなど，リーダーとして考慮しなければならないことは多い．学習の時間や効率を考えれば，指示を与えたり，マニュアルを整備して教育するのが妥当かもしれない．しかし，学習の深さや独創性の開発という観点からは，まずやらせてみる，あえて失敗させてみるという教育が効果的かもしれない．

自ら工夫し，努力して身につけた経験の方が，人から教えられた経験よりも，より深いものとなることが多い．消極的な部下には，リーダーが無理やり目標を与え，あえて挑戦させるということも必要だろうし，自律的な部下には，目標の決定を自分で行わせ，自律的な成長を支援するということも必要である．自信を失っている部下には，まず小さな成功を経験させ，自信を回復させるということも必要であるし，過信している部下にはあえて失敗させることも必要かもしれない．

こうして，具体的な指導法の決定は，その能力向上という直接効果という点で，すでにジレンマあるいはパラドックスに満ちている．そのうえ，細かな指導をすれば能力が上がるかも知れないが，部下の仕事に口出しをしすぎるリーダーとして受け取られて，リーダーシップの源泉にはかえってマイナスの影響があるのかも知れない．あるいは，あえて無理目標を与えて成長を期待するというやり方は能力向上にはプラスかも知れないが，無理をさせられた部下は，もうあの上司はごめんだと思うかも知れない（つまり，判断の信頼感へのマイナス効果）．

リーダーシップに関するこうした二重のパラドックスの存在は，リーダーたろうとする人にとっては，悪いニュースかも知れない．しかし，そのパラ

ドックスを乗り越えてこそ，リーダーとして成長できるのである．

哲学，原理原則の必要性

　前項では，仕事の自由，雇用の維持，能力向上のための指導，という，それぞれリーダーの行動のただ一つの局面を例としてとりあげて，その一つの局面ですら二重のパラドックスにリーダーは直面せざるを得ないことを説明した．

　リーダーシップの発揮が大切だ，とよく簡単に言う．この言葉を，リーダーシップの源泉の確保と，その源泉をフルに活用してのリーダーとしての役割の達成，という二つの意味の合計だとすると，リーダーシップの発揮のためにはかなりのパラドキシカルな総合判断をリーダーはしなければならないことがわかるだろう．そして，そうした判断を要求する事柄は，第1節で説明したような集団のマネジメントの各々のステップごとに，多数ある．それほど多数のことに対して，このようなジレンマに満ちた判断をすることを，リーダーは迫られているのである．そんな複雑な問題に対して，どう対処したらいいのか．

　そうしたリーダーのあるべき姿として，二つのタイプの理論がある．

　一つは，普遍主義の理論ともいうべきものであり，どのような条件のもとでも，優れたリーダーの行動は共通しているという主張である．たとえば，リカートは，現代の社会では，参加を基礎とした配慮が，優れたリーダーシップの基本であると主張している．また，人間関係も仕事も，ともに重視しているリーダーが優れたリーダーだという主張もある．しかし，この主張は，リーダーが直面するジレンマに対する解答にはなっていない．

　もう一つは，相対主義あるいはコンティンジェンシー理論の解答である．これによれば，適切なリーダーシップは，部下の個人属性，集団の文化，仕事の性質，環境の性質などによって，異なると考えられる．

　リーダーが直面している状況の複雑さ，人間の複雑さを考えれば，後者のコンティンジェンシー理論の方が，現実的に示唆に富んでいると思われるかもしれない．しかし，普遍主義の主張にも聞くべきものがある．複雑な問題には，意外と単純な解答が効果があることがある．

　コンティンジェンシー理論から導かれるもっとも重要な示唆は，リーダー

は状況に応じて適切な行動をとらなければならないという示唆である．たしかにそのとおりで，状況を洞察して，必要な行動を選択するということは必要である．しかし，さまざまな状況で，状況を分析し，それに応じた行動をとろうとしたときには，次のような問題が発生する．

　第一に，そのような行動は，部下ならびに関係者に，計算づくのものであるという印象を与えがちであることである．読みは必要なのだが，読んでいる，計算しているということが読まれてしまった場合にはその効果は激減する．部下に対する配慮が読みのうえであるという印象を与えた上司がどのように見られるかを，考えてみればよい．状況に合わせて適切な行動をとるという姿勢そのものが，日和見的であるという印象を与えるという，マイナスの効果をもつことがある．それは，判断への信頼感というリーダーシップの源泉に大きなマイナス効果をもつであろう．

　第二に，そのような行動は，リーダーを疲弊させてしまう．部下の様子を見，環境と仕事の性質を考え，集団の雰囲気を見きわめる，これらの仕事は

リーダーシップのコンティンジェンシー理論

　ローシュ＆モースは，職場における仕事の性質によって，望ましい最適なリーダーシップのスタイルが異なることを明らかにした．彼らは，参加型，指示型，自由放任型の三つのスタイルを区別し，研究所と工場の双方で，どのようなスタイルで行動している組織の業績が高いかを調査した．その結果，高い業績をあげている工場では，指示型のスタイルをとるリーダーの比率が高く，高い業績をあげている研究所では，参加型のスタイルをとるリーダーの比率が高かった．この違いは，仕事の不確実性の程度（不確実性が高いときには部下のもつ情報を利用する必要がある）と，構成メンバーの考え方の違い（研究所の人々は権威主義を嫌うが，工場の人々は権威にたいして従順である）からもたらされたものであると，考えられている．

　ブルーム＆イェットンは，意思決定の性質によって，部下の参加にかんするリーダーシップのスタイルを変えるべきだとして，リーダーシップの規範理論を主張している．彼らによれば，どのようなリーダーシップのスタイルがよいかは，組織の中での情報の分布と，意思決定にたいする部下の協力の必要性に依存している．情報が組織全体に分布しているとき，あるいは部下の協力が必要なときには，より参加的なスタイルが望ましい．

　また，革新のアイデアを生み出すためには，より参加的なスタイルが望ましく，革新の実行のためには，より専制的（指示的）なスタイルが望ましいという説もある（野中郁次郎ほか『組織現象の理論と測定』千倉書房）．

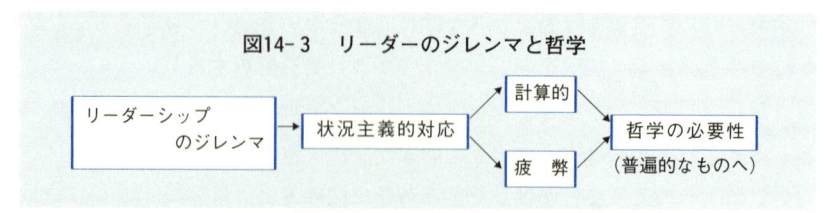

図14-3　リーダーのジレンマと哲学

リーダーシップのジレンマ → 状況主義的対応 → 計算的／疲弊 → 哲学の必要性（普遍的なものへ）

たしかに必要だ．それがリーダーの仕事だといえば，まさにそのとおりである．しかし，状況の変化に合わせて適切な行動をとろうとすれば，大変な計算の努力がいる．とりわけ，不確実な環境ではそうである．このような行動をとろうとすれば，リーダーは文字どおり，疲弊してしまう．

このような問題があるとすれば，むしろ，どのような状況でも，一定の考え方によって行動するという，普遍主義の理論が提唱するやり方が適しているかもしれない．

そこで必要となるのは，哲学である．理念，思想である．優れた経営者といわれる人々は，たしかに状況に応じた臨機応変な対応力をもっている．しかし，他方で，このような人々は，原理原則をもっている．ときにはかたくななまでにそれに固執する．多くの経営者が，哲学や思想を求める理由はここにあるのかもしれない．もし，普遍主義に意味があるとすれば，それはリーダーに，確固とした基盤，信念を与えるからである．

第13章では，松下幸之助の言葉を引用した．この中で彼は，「そのような一つの経営理念というものを明確にもった結果，……従業員に対しても，また得意先に対しても，言うべきことを言い，なすべきことをなすという力強い経営を行うことができるようになった」と言っている．同じように，フランスのかつての優良企業シュルンベルジェの経営者，ジャン・リブーは，不確実な世界では「飛行機の安全ベルトにあたる確固とした基盤が必要だ」とも語っている．哲学，理念，思想が，その基盤となるのである．このような基盤が，複雑なジレンマを解く鍵かもしれない．部下に，リーダーとはそのようなものだということを知らせること，むしろ，それに合わせて部下の考え方を変えていくことが，リーダーシップの基本だといえるのかもしれない．

もちろん，ある哲学にこだわることが，問題を起こすことがあるかもしれない．むしろ，こだわりが問題をむつかしくしてしまうこともある．こだわりと対の関係にあるのが，工夫あるいは創造である．優れたリーダーは，原

理原則へのこだわりから，原理原則と現実の矛盾を創造的に解消するような考え方を生み出している．上で述べたパラドックスは，調停不可能な矛盾ではない．それを解消したり，止揚したりすることは可能である．そのためにも，原理原則へのこだわりがいる．

3　リーダーシップの条件

　一つの企業組織の中のさまざまなポジションで，それぞれにリーダーシップが発揮されることが，組織のマネジメントのためには必要である．前節までの議論では，その発揮を考えるための基礎的な概念枠組みを考えてきた．この節では，実際にリーダーシップが組織内のあちこちで発揮されるようになるために必要と思われる三つの条件について，論じておこう．
　補佐役の重要性，変革型リーダーの条件，リーダーたるべき人材が育つ条件，その三点である．

補佐役の重要性

　リーダーシップが発揮されるためには補佐役が必要である，というとまたパラドックスに聞こえるかも知れない．
　しかし，リーダーシップというむつかしい機能を果たすのは容易ではないため，しばしばリーダーシップの機能の分業が起こる．家庭でも，父親のリーダーシップと母親のリーダーシップとは異なる．同じように，職場でも，異なったリーダーがリーダーシップを分業するということがありうる．複雑で重要な仕事を行うときには，一人のリーダーではなく，複数のリーダーが仕事を担当したり，一人のリーダーのもとに補佐役がつけられたりすることがある．
　リーダーシップの分業あるいは補佐役の問題は，リーダーに関する理論の世界ではあまり議論されてこなかったが，現実にはきわめて重要である．成功した経営者の多くは，名補佐役をもっていた．松下幸之助に対する高橋荒太郎，本田宗一郎に対する藤沢武夫である．伝統的な商家の番頭も，リーダーシップの機能の分業を担当していたと考えることができるかもしれない．アメリカの大統領制にも，大統領補佐官という制度がある．軍隊にも，指令

官に対する参謀は補佐役である．ビジネスの世界でも，社長につかえる副社長や専務は，補佐役の役割を果たしていることがある．部長に対する副部長あるいは次長，課長に対する課長補佐という形で，リーダーシップを分担している場合もある．

リーダーシップの分担がどのようにして行われるべきか，補佐役の仕事はなにかについては，理論はない．むしろ，その理論づくりはこれからの課題である．しかし，それを考えるためのいくつかの手がかりはある．

補佐役は，リーダーとの関係でいくつかの重要な機能を果たしている．

第一は，補完である．リーダーの不足を補うことである．その基本は，異質の組み合わせである．リーダーの行動は，そのパーソナリティや哲学によって制約されている．

この制約を克服する一つの方法は，リーダーとは異質な哲学やパーソナリティをもつ人をリーダーの補佐役とすることである．それによって，リーダーの不足を補うことができる．静と動，内と外，陽と陰，このような異質な組み合わせがリーダーシップのジレンマを解消する手だてとなる．

昔の軍隊では，指令官と参謀の間の性格の補完が重視されていたようである．また，ビジネスの世界でもリーダーとそれをささえる補佐役は，対照的な性格をもっていることが多いようである．

しかし，このような異質の組み合わせをうまく機能させるのは容易ではない．性格や哲学が違う人が共同して仕事するむつかしさを考えてみれば，このむつかしさはすぐに理解できるであろう．また，リーダーと補佐役から命令を受ける部下の立場に立って考えてみればよい．このような異質の組み合わせは望ましいものではあるが，むつかしいものでもある．リーダーと補佐役との間にさまざまな葛藤を生み出す可能性がある．そうなることの方が圧倒的に多いと言えるかもしれない．この葛藤を処理するには，リーダーと補佐役の間に，強い絆がなければならない．

補佐役の第二の機能は，狭い意味での補佐である．リーダーといえども人間であり，限られた認識能力しかもっていない．限られた時間しかない．その能力や時間の不足を補うためにも，補佐役による補佐が必要なのである．将軍に対する参謀，指揮者に対するコンサートマスターは，補佐役の典型例である．社長に対する戦略スタッフもそうである．この場合の補佐役の条件

は，専門性である．この場合にも，心理的な葛藤が存在しうるが，その葛藤は上で述べたような性格の補完ほど深刻なものではないことが多いであろう．

　補佐役の第三の機能は，諌言である．リーダーを諌めることである．組織の頂点に立つリーダーは，大きな権力を握ることになる．このような権力がリーダーの暴走や腐敗をもたらすことは少なくない．歴史を見ると，優れたリーダーでも，長期にわたって権力を握り続けることによって，独善的な判断をもとに暴走し，組織に大きな不幸や損害をもたらした例がいかに多いかを学ぶことができる．ビジネスの世界も例外ではない．

　このようなリーダーに対して，組織的に批判を行うのはむつかしい．その役割を演じるのが，人としての補佐役である．人は誰しも，自分に対する批判は聞きたくない．聞かなければならないということが理性ではわかっていても，感情が制御できなくなることもある．このようなリーダーを戒め，諌めることは，補佐役の重要な役割である．この場合も，リーダーと補佐役との間には複雑な葛藤が生じる．

　第四の機能は，「てこ」としての補佐役である．リーダーの意図を拡大し，より徹底させるという意味での補佐役である．リーダーの力を拡大する，リーダーの意図を増幅するなどの役割がそれである．

　リーダーと補佐役との関係はきわめて微妙である．ここでも，補佐役がいかに行動すべきかについて，明確な処方箋を書くことは大変むつかしい．しかも，リーダーと補佐役との間には，複雑な心理的葛藤が生じることが多い．とくに，補佐役は，さまざまな葛藤とジレンマに直面する．日本の小説で，補佐役が題材になることが多いのは，このような心理的葛藤がリーダーとの間に起こり，そこに複雑な問題が生じることが多いからであろう．

変革型リーダーの条件

　よく言われるように，リーダーには二つの型がある，調整型リーダーと変革型リーダーである．調整型とは，現在の組織の大枠の中でさまざまなもめごとを調整することによって，リーダーとしての機能を果たす型．変革型とは，組織の大枠の変更も含めてさまざまな革新を行うリーダー．調整型は「まとめる」リーダー，変革型は「変える」リーダー，とも言える．

一つの企業組織全体としてリーダーシップが組織の中のあちこちで発揮されるためには，二つの型のリーダーがともに必要であろう．しかし，今の多くの日本企業は組織全体でのリーダーシップ発揮の条件として，変革型リーダーをより多く必要としていると思われる．従来よりも多く，そして調整型よりも多く．

しかし，調整型リーダーを変革型リーダーに変えるのは，むつかしい．なぜかと言えば，一つにはパーソナリティが違う．二つの型のそれぞれになりそうな人は，すでにパーソナリティが違うから，調整型に向いたパーソナリティの人に変革型への転換を迫っても，本人にとってはつらいし，不可能かも知れない．

リーダーシップとの関連でより深刻な第二の問題は，リーダーシップの源泉としての判断への信頼感と正当性について，調整型リーダーだった人を変革型リーダーとして組織の人々は認めない可能性が強いことである．

正当性としては，過去に調整型だったということ自体が変革型としての正当性を欠くと認識されるだろう．判断への信頼感という観点で見ると，調整型リーダーがする判断と変革型リーダーのする判断とでは，タイプにかなりの違いがあるため，調整型としての判断の信頼感はあっても，変革型としての判断の信頼感は生まれにくい．

したがって，調整型リーダーからは，変革型リーダーとしてのリーダーシップが生まれにくい．パーソナリティとしてむつかしいばかりでなく，リーダーシップの源泉を欠いているからである．そういう状況の中で変革型リーダーがより多く必要とされているとすれば，組織としてそのようなリーダーへの条件を備えた人を見つけること，そうした条件をつけさせるように育成に努力すること，その二つが必要になるだろう．

変革型リーダーたる人が備えていなければならない条件は，変革のための判断ができる能力を本人がもっていることと，そうした判断への信頼感を人々がもてることである．その能力と信頼感のベースになる条件は，次の四つのように思われる．

1. 大きな視野
2. 深い思考

3．筋の通った決断
4．ぶれない判断

　まず第一の条件から．大きな視野で物事を捉えようとするから，短期的な判断になりにくく，また思いも掛けぬ重要な要因を見落としにくい．そのうえ，しばしば大きな視野の中には細かな人間の感情のひだへの視点も含まれているので，現場で動く人間たちの心情を汲み取った判断が生まれやすい．

　その視野の広さに加えて，最終判断に至るまでの物事を考える「深さ」がリーダーには必要である．あれはどうなる，ここはどうなっている．過去の事例はどんなことが起きたか．ここから必然的に起きそうな反応は何か．さまざまなことを，ああでもないこうでもないと考える深さである．

　それがあると，もちろん正しい判断につながりやすいというメリットがあるのだが，そればかりでなく，そうした「思考実験」あるいは「模擬演習」が頭の中でできていると，実際に事が動き始めた後に必ず起きる，偶然や思いもかけない出来事のもつ意味を直ちに理解しやすくなる．したがって，瞬間的な修正判断がつきやすくなる．深く考えていない人は，その場であらためて考え始めるため，判断が遅くなり，つい焦ってしまうことにもなる．

　しかし，視野の大きさや思考の深さがあっても，最終的な決断をいつまでもできない人はリーダーの条件を欠いている．「決める」ことが大切なのである．ときには，決める内容以上に，とにかく決めて方向が定まること自体の方がよほど大切なことがかなりある．

　だから，リーダーは決断しなければ話がはじまらない．そして，その決断が「筋の通った」ものであることが重要である．多少視野が狭くてもいい，思考がやや浅くてもいい，とにかくそれなりの視野と深さのある筋がきちんと通った思考をしてほしい．そして，その通した筋に合った決断を，早くして，そこからぶれないでほしい．

　筋が通っているとは，二つの意味がある．一つは，論理があることである．論理があるから，人々が納得性が高まる．もちろん，どんな論理でもいいというのではない．しかし，とにかく論理的に破綻しているようなものでは，その判断を聞かされた，あるいはその判断に従う人たちは悲惨である．筋が通っていることの第二の意味は，その人の従来の主張と首尾一貫しているが，

あるいは変更があるのなら，その変更の理由にきちんとした説明があることである．つまり，過去から現在へと，「一つの筋」という首尾一貫性があることである．首尾一貫によってわかりやすくなる．首尾一貫が信頼を生む．

つまり，筋の通った決断があるという条件は，二つの効果をもつ．まず，決断ができる人であるという信頼感．第二に，筋が通った人だという信頼感．その二つの信頼感が人々をして，リーダーについていかせる．

変革型リーダーの第四の条件は，判断が「ぶれないこと」である．

変革には，状況変化や抵抗がつきものである．その多くはリーダー自らがかかわらざるをえない．リーダーとしてそれへの対処がきちんとできないで，状況が変わるたびに判断がぶれると，いかに背後に理由があっても，組織としては右往左往することになる．それでは，混乱が起きてしまう．

状況変化や抵抗へいちいち対応してしまってその度に基本方針がぶれるようなリーダーには，誰もついていかないだろう．ぶれるということは，信頼感を損ねるし，第一，ぶれてしまったことによってそれまでやっていた変革の努力のはしごを外されることになってしまう人が出てくるだろう．はしごを外されることほど，変革というリスクの伴うプロセスで人々が嫌うことはないだろう．

しかし，ぶれないことはむつかしい．真面目な人ほど，むつかしい．真面目に目の前の状況変化ばかりを見ていると，方針を変えざるを得ないとつい思ってしまう．さまざまな抵抗があれば，ついそれを考えて，多少は自分への非難を避けたい欲も出て，「まあここまでやったからいいか」とぶれてしまうのである．

ぶれないリーダーたちを観察していると，二つの特徴をしばしば共有しているように思う．誠意と論理，である．

誠意とは，おそらくその人の信念や哲学に裏打ちされた，他人に対する誠意，自分の責務に対する誠意である．その誠意が，首尾一貫しないと他人に迷惑がかかるという心理を大切にさせ，ぶれてしまうと自分の責務を果たせなくなるという心理を強める．その結果，ぶれずに踏みとどまる．

論理とは，思考の深さから生まれた，自分たちがやりはじめた変革のプロセスの正しさについての論理的バックアップである．そのバックアップが，ぶれなくても大丈夫，ぶれない方がよりよいという論理的な基盤を与えてく

れる．その支えがなければ，誠意だけでは変革のプレッシャーには対抗できないだろう．

(演習問題)
1. 「何もする必要のない管理者が，最良のリーダーである」という逆説的な表現があります．この逆説の真の意味を，この章のリーダーシップの議論を使って説明しなさい．
2. パワーの源泉としての「正当性」を，次の三つの事例で考えなさい．彼らは本当に正当性を持っているのでしょうか．もっている場合があるとすれば，正当性そのものの理由は何でしょうか．
　　①大企業のサラリーマン社長，②現場からのたたき上げの工場長，③旧共産主義国の共産党書記長
3. 補佐役の仕事をうまく実行できるためには，補佐役はどのような性格や条件を持っているべきでしょうか．補佐すべき相手（主人役）のタイプによってその条件は変わるでしょうか．あるいは，そもそも主人向きと補佐役向きのタイプがあるのでしょうか．

第15章

人の配置, 育成, 選抜

「人は経営の要」「経営は人事に尽きる」とよく言われる. 誇張とさえ思われるほどの響きをもつ言葉であるが, 本質をついている. マネジメントに携わる人は誰しも, 人事が組織のマネジメントでとりわけ重要な役割を演じていることを否定しないだろう. この章では, それほどに重要だと言われる人事について考える. 組織のマネジメント全体の枠組みの中で, ソフトで人的な側面の最後の部分である.

標準的な日本企業では, 職能としての人事に多様な機能が含まれている. 採用, 評価, 給与や報奨の決定, 昇進や昇格の決定, 配置の決定, 教育や研修, 福利厚生, 組合との折衝などである. これらの仕事は, 理論的には, 異なった課題をもっている. そのうち, 評価, 報奨としての昇進・昇格の決定, 給与の決定などの一般的に「処遇」と言われる部分については, インセンティブシステムの議論がその理論的基礎をなす.

人事という分野は, 処遇以外にも, 人材の配置, 育成, 選抜, といった問題を含んでいる. この章では, 配置, 育成, 選抜という三つのプロセスについて, それぞれの課題と相互のダイナミックスを議論しよう. 相互のダイナミックスとは, この三つが相互に関連し合い, 互いに影響を与え合っていることをさす. たとえば, 配置がその仕事を通じた人材育成につながり, あるいは配置のための選抜が必要となる, といった具合である. 三つのプロセスの間のぐるぐる回り（つまりダイナミックス）に人事の本質的課題がある, と言っていいだろう.

配置も育成も選抜も人事部門だけが担当しているのではない. 職場の中での配置, 育成, 選抜を職場の管理者は行っている. また経営者にとっても,

後継者も含んだ経営幹部の配置，育成，選抜はもっとも大切な問題であろう．

1　人の配置

人の配置が決めているもの

　人の配置は，三つのことを決めている．一つは，ある仕事を誰が行うかという，人と仕事の対応関係．第二には，人と人との接触関係．仕事のうえでどのような連携を誰と誰がとるかを，人の配置は決めている．第三には，人の物理的位置．誰がどういう物理的環境（たとえば土地）で仕事をするかを，人の配置は決めている．その仕事を実行する場所で，その人は働かなければならないからである．

　この三つのものを，一つの配置決定が決めてしまっている．そこから，人の配置の多面的な影響が生まれてくる．

　第一と第二の関係の場合，人の配置が組織構造の上でのポジションに人を具体的に当てはめることであるがゆえに，職務対応と人的接触関係が決まっている．誰にどのような職務と権限を与えるか，そして，誰と誰の間に伝達と協議の関係が生まれるかの決定である．

　第三の物理的位置の決定という意義は，あまり語られることが少ないので，とくに述べておいた方がいいだろう．案外重要なのである．

　たとえば，働く場所が同じ（たとえば，同じフロアの隣同士の場所）ようなポジションに配置された二人の人間は，物理的に位置が近くなる．その近さゆえに，人的な接触が生じやすいし，感情の絆が発生するかもしれない．人的なネットワークも生まれうる．同じ釜の飯をたべた間柄，という表現は，しばしば物理的な位置の近さを表現している．

　逆に，組織構造上は近い関係にあるはずのポジションに配置されていても，働く物理的場所が地理的に離れていると，つい連絡が疎遠になったりする．さらには，優秀な研究者のいる研究所に配置された若い技術者が，仕事上はその研究者と関係はないのに，いつの間にか影響を受ける機会が生まれ（たとえば，終業後の勉強会を誰かが組織する），育っていく．こうした例は，いずれも人の配置の物理的側面が，人々の間の接触パターンの基礎になるた

めに，意思決定にも人材育成にも，さまざまな影響がでることを示唆している．物理的配置は，人間にとってきわめて重要なのである．

人の配置は，人と仕事との関係を決め，人と人との相互作用の場を決め，人と仕事環境との関係を決めている，総合的な組織の場の決定なのである．その場には，組織構造上の場と物理的な場の両方がある．両方が貢献して総合的な組織の場が決まってくる．それだからこそ，多面的な影響が出てくる．その影響の広がりゆえに，人の配置が大切なのである．

四つの直接的影響と一つの間接効果

人の配置が組織の人々の行動に与える直接的な影響としては，次の四つのものへの影響が主なものであろう．

1. 仕事の効率，意思決定の有効性（適材適所）
2. インセンティブ
3. 人材形成
4. インフォーマル・グループ

第一の影響は，人の配置が人と仕事との関係を決めていることから生まれる．ある仕事に向いた人，その仕事に適した能力や適性をもった人を起用した場合とそうでない場合の仕事の効率を考えてみればよい．適材適所が達成できるかどうか，という問題である．

いくら優れた組織構造をつくっても，また巧妙な管理システムを設計しても，適材を得ることができなければ，組織はうまくはたらかない．もちろん，企業が利用できる人の資源には限りがあるから，すべての仕事に関して最適の人を得ることはできない．現実的には，人の能力をうまく生かせるように人の配置ができているか，が問題となる．

適材適所になるかどうかを決めるもっとも重要な要素は，意思決定の質だが，その質を決めるのは，なにも本人の能力だけではない．その人の性格や気質が，重要である場合もある．積極的で攻撃的な性格をもつ人が意思決定をする場合と，消極的で慎重な人が意思決定をする場合とを比較してみればよい．たとえ，同じ職務を与えられていても，また同じ能力をもっていても，意思決定の結果はかなり異なるであろう．

さらに，それぞれの人がもつ属人的なネットワークもまた，適材適所かどうかを決める要因である．たとえ，公式的な情報伝達経路を通じて得られる情報は人によって変わらなくとも，社内あるいは社外とのネットワークが人によって違うために，意思決定に利用される情報やその実行の際の協力体制が異なってくる．また，その人と誰が組み合わされて配置されているかということも，仕事の効率や意思決定の有効性を決めるであろう．たとえば，うまい補完関係になるような組み合わせになっているか，ということである．

人の配置の第二の影響は，配置された地位や仕事そのものがもつインセンティブ効果である．すでに第11章で企業が与える評価的インセンティブとしての地位や仕事の意義を議論した．その効果である．

たとえば，本人の適性がないとしても，本人の希望をかなえてやることが，本人ならびに周囲の人々にとって大きなインセンティブ効果をもつことがある．現場でコツコツ働いてきた人を，管理職の仕事につける，というのは，本人の意欲だけでなく，現場全体の士気を高めることになるであろう．インセンティブ効果は，配置されたその人だけに対するものではない，よりシンボリックな期待効果をもつ可能性があるのである．

人の配置の第三の直接的影響は，ある人にどのような仕事をさせるかが人材の形成に大きな影響をもつことである．人の仕事への配置は，その人の知識や熟練の獲得のパターンを決める．意欲をもった人々が，ある仕事に配属され，その仕事をうまくやりとげようとすると，それに適した能力を形成するであろう．仕事に関する情報が獲得されるだけでない．仕事に適合したものの見方や考え方も，知らず知らずのうちに身につけるであろう．

人の能力は，仕事を離れた教育訓練と職場での体験学習の両方を通じて形成されるが，企業の中での能力の形成を考えると，後者の比重のほうが圧倒的に大きい．人の配置は，その体験学習の機会を決めることによって企業の将来の人材の蓄積をも決めるのである．

人の配置の第四の影響は，それが企業内部の非公式のグループの形成に影響を及ぼすことである．ある職場で，人々（上司，同僚，部下）とともに仕事をしていると，たんに仕事に関する知識や能力が形成されるだけではなく，ともに働く人々についての知識や，人々との感情的な絆が形成される．このような感情によって結びついた集団をインフォーマル・グループと呼び，こ

のようにして形成された人と人との絆を，属人的なネットワークと呼ぶことにしよう．

　職場は，公式的な（フォーマルな）仕事の集団である．しかし，人々が仕事を通じて接触をしていると，必ずそこにインフォーマルな集団が形成されていく．そのインフォーマル集団は，企業にとって，またそこで働く人にとって，無視できない存在である．それは，人々の決定や学習に次のような影響を及ぼすからである．

　第一に，それは，職場の行動規範を決める．どの程度真剣に働くべきか，どの程度規律を守るべきか，などの行動規範は，このインフォーマル集団の中で自然発生的に決まることが多い．人々は親しい仲間の中での自分の位置を測りながら，行動を決めていく．

　第二に，インフォーマル・グループがもたらす属人的なネットワークは，人々の情報ネットワークとして重要な意味をもち，人々がその職場から異動した後も残存し，コミュニケーションや影響の手段として機能しつづける．ときには，それが，企業の公式的な伝達経路よりも強い働きをすることもある．企業の中で○○人脈，××派と呼ばれるような人と人とのつながり，あるいは派閥が形成されることもある．とくに，日本のように長期雇用が行わ

ホーソン実験——メイヨー＆レスリスバーガーの研究

　メイヨー＆レスリスバーガーらのハーバード大学の研究グループは，ウエスタン・エレクトリック社のホーソン工場で，1927年から32年にかけて一連の実験を行った．この実験は，さまざまな作業条件が作業の効率にどのような影響を及ぼすかを知るために行われた．女子工員が選ばれ，実験室に隔離された．実験室では，疲労や単調感と作業能率との関係についてのさまざまな仮説を検証するために，照明の明るさや休憩の時間など作業条件が操作され，実験が行われた．しかし，実験では仮説を検証することはできなかった．作業条件をどのように変えても，時間がたつとともに作業の能率はほぼ一貫して上昇したのである．この後，賃金の支払い条件を操作して実験が行われたが，結果はほぼ同じであった．

　この一連の実験を通じて，物理的・生理的・経済的な条件よりも，人々の感情，集団の雰囲気や集団規範が，作業の能率により大きな影響を及ぼすことが明らかになったのである．この研究がきっかけになって，人間関係論という新しい理論が生み出されることになった．また，この研究を契機に，集団の規範と，それを遵守させようとする集団圧力の問題に研究者の関心が向けられるようになった（E．メイヨー『産業文明における人間問題』日本能率協会）．

れている職場では，このような属人的なネットワークが，長期的に続くことが多い．

　第三に，インフォーマル・グループは，人の育成の環境をも決める．人はまねて育つ．あるいは刺激されて育つ．そのまねや刺激の源泉はインフォーマル・グループの中の尊敬できる人，互いに切磋琢磨しあう人，であることが多い．人は，親しみも感じかつ身近にいる人に影響されるのである．

　以上，人の配置がもつ四つの具体的影響を説明してきた．そうした直接的影響のほかに，人の配置には，もう一つの重要な意味がある．それは，会社の方針を伝えるというメッセージ効果という間接的影響である．

　人々は，自分の将来の仕事，将来のポジションに関心をもっている．それゆえに，人々は他の人々の配置，とりわけ自分とよく似た立場にある先輩や同僚の処遇に関心をもっている．これらの人々がどのような処遇を受けるかを知ることによって，将来の自分の地位を予測できる．それゆえに，会社がどのような人の配置をするかは，会社の将来の方針を知る重要な手がかりになるのである．人事は，実質的な意味だけでなく，シンボリックな意味をももつのである．言葉によって会社の方針を示すよりも，誰もが優秀だと思う人物をある仕事につければ，その仕事が会社にとってどれほど重要かを伝えることにもなる．人事配置は，経営者から社員への大きなインパクトをもつ「言葉」になるのである．

　人の配置を決める際には，こうした合計五つの効果を総合的に考える必要がある．

ローテーションのもつ意味

　日本の多くの企業では，定期的に人の異動，人事異動が行われている．ローテーションである．それは，ある程度規則的な「人の配置の変更」，と呼べるだろう．このような異動が行われる理由はさまざまである．銀行や役所のように，不正の早期発見が異動の一つの目的とされているところもある．しかし，以下のように多くの企業に共通の狙いもある．

　①**過度の専門化の抑制**　過度の専門化がすすむと，部門間のコミュニケーションが難しくなったり，職務の転換が難しくなって，技術や環境の変化についていけなくなることもある．また，個々の人の昇進の経路も制約されてし

まう．

②**ネットワーク財産の蓄積という効果** 人々が，職場を変えることによって，さまざまな人的つながりが形成される．このようにして形成されたネットワークは，公式的な情報伝達経路を補完する重要な働きをすることもある．情報の中には，公式的な経路では流れない，流れにくいものもある．

③**適性の発見** 本人も，また人事の責任者も人の能力を知りつくしているわけではない．異動を通じて，人の能力の発見，適性の発見がすすむ．

適材適所を狙おうとして犯しやすい過ちの一つは，仕事と人とのマッチングをある時点でのみ評価してしまうことである．人の能力は固定的ではない．能力は仕事によって伸びたりする．また，配置の決定をする側も配置される本人も，その人の能力を十分に知っているとはかぎらない．ある仕事をしてみることによって，本人も周囲も，その能力に気づくことがある．

ある時点でのマッチングだけを考えると，このような発見の機会を逃してしまう．むしろ，適材適所は，ある時点での静態的なものというより，時間をかけて，発見され，修正されていく，動態的なものと考えるべきだろう．

このような動学的な視点から見れば，たとえば「四割任用」という考え方（つまり四割の能力があれば任用してしまう考え方，ホンダの人事方針だという）も合理性をもつのだろう．

④**インセンティブ効果** 異動が昇進をともなう場合には，この効果ははっきりとしている．しかし，形式的な昇進がなくても，注目されるスター・ポジションに異動させることも，重要なインセンティブ効果をもつことがある．

⑤**異種混合による組織の活性化** はじめは異質な集団も，時間がたち，インフォーマル集団が形成されてくると，同質化し始める．同質的な集団は，居心地がよい．しかし，その居心地のよさが，逆に，集団としての活力を失わせる原因となることもある．人の異動は，この集団としての居心地のよさにゆさぶりをかけ，インフォーマル集団の新陳代謝と，集団としての活性化に貢献する．

2　人の育成

人はいかにして育つか

　人材育成という言葉があるが，案外，誤解を生みやすい言葉である．人を他律的に「育成できる」と錯覚しそうな言葉だからである．

　人が育つプロセスの本質は，基本的にはそれが「自学」のプロセスであることである．自分で学ぼうとしなければ，自分で育とうとしなければ，人は育たない．「人を育てるため」に周りの人間ができることは，その自学のプロセスの刺激をつくり，具体的目標を示し，プロセスの成果のフィードバックをしてあげることである．厳密に言えば，人は育てられない．育つのを助けることができるだけである．

　その自学のプロセスがうまくいっているようなケースの観察から，一般論として，人が企業の中で大きく育つためには次の三つの条件が必要だと思われる．組織のマネジメントとしては，こうした条件をなるべく多くの人に準備することが重要になるだろう．

1. 高い志
2. 大きな仕事の場
3. 大きな思索の場

　第一の条件は，「志の高さ」．たんに自分の私利私欲を追うのではない公の心をもち，多くの人々のために何をすべきか目的を高くもつ．もちろん，たんなる理想主義や言葉が空疎に響く私論ではない．足元を見つつ，しかし遠くを見る目線は高い．それが，多くのことを考えさせ，自己修練の契機になる．しかし，志の高さはそもそも素質であり，人の個性である．それを多数の人がもっているとは思えない．その素質を持っている人を選ぶ必要がある．勢い，少数になるだろう．

　第二の条件は，「仕事の場の大きさ」である．それも，若いころに経験する仕事の場の大きさである．大きな仕事は，当然に幅の広い思考を要求する．仕事であれば，空疎なことも言っていられない．そして，大きな仕事の達成

のプロセスでは，深い悩みとぎりぎりの決断がときに訪れる．そうした経験の総体が，人が育つための栄養剤になっている．人は，仕事の場の大きさに応じて育つ．

　第三の条件は，「思索の場の深さと広さ」である．思索とは，読書を糧として古人の思索とともに自己の思索を磨くのでもいい．似た立場にある他者との対話を通じて，内省的に自らに思いをはせる思索でもいい．まったく異質な人々との知的交流から刺激を受けるのでもよい．その思索のスケールが大切なのである．

　小さいことを日頃から考えている人は，小さく育つ．小さなことばかりを考えている人は，大きな問題が出てきても，くせとして問題の大きさを測れない．問題の本質がわからない．だからそれを小さな問題として処理をしてしまう．それは大切な教訓を得る機会をむざむざ逃がしてしまうことになる．現象的には同じ経験をしていても，である．したがって，スケールの大きな思考のできる訓練の機会を自分で少なくしている．内省的な思索を大きな場でもつ人は，大きなことを考え，その考えるクセが，人間の器量を大きくするのである．

　つまり，「人は，志の高さに，仕事の場の大きさに，思索の場の大きさに，それぞれに応じて育つ」．

　以上では，志とか思索とか，多少大げさな言葉を使っているが，この三つの条件は，経営者予備軍のリーダーの育つプロセスから現場の作業者の熟練形成のプロセスまで，共通して言える条件だと思われる．リーダーたちは，志を世界に目指すかも知れないが，現場の作業者の高い志はその分野での日本の真のプロフェッショナルになる，ということかも知れない．その作業者も，仕事に関連して深い思索をきちんとする人，自分の技術に関して「なぜ」をつねに問う人ほど，成長するだろう．経営者候補者には，世界の歴史の動きと自社の長期的将来に，ときに思索を広げることが要請されるだろう．

　具体的な状況とその人の立場によって，この三つの条件の具体的表れは変わるだろうが，この三条件が整ったときに，その人の自学のプロセスは大いに促進される．組織のマネジメントの役割は，この三つの条件が多くの人に整うように，さまざまな手配りをすることである．

OJTの意義とあるべき姿

　そうした自学の促進と援助の手段のことが，人材育成の手段という名前で呼ばれているのである．その手段は大きく二つに分かれる．一つは体験学習，もう一つは研修である．体験学習は仕事を通じて人が学習して育っていくことで，その手段をOJT（On the job training）と言う．それに対して，ここで言う研修は仕事の場を離れた教育訓練で，Off-JTと言われたりする．

　企業における人材育成の基本は，体験学習である．つまり，体験を通して，仕事によって人は育つ．Off-JTはあくまで補助の手段である．

　それには，OJTが仕事に密接に関連しているという当たり前の理由のほかに，二つ理由がある．一つは，現場での体験学習では学習の成果の現実的フィードバックが早く，プレッシャーも高いことである．仕事がうまくいくかいかないかがフィードバックである．すぐに結果が出る．しかも，成果がうまくなかったときのプレッシャーは高い．

　OJTが中心になるもう一つの理由は，OJTが，業務知識とか判断能力とかの形成されるべき能力・知識以外にも，組織の慣行とか組織文化とかいった目に見えないものを人々が感じ取っていくプロセスにもなっていることである．それが人々のものの考え方の一部を形成していく．その形成のプロセスが，組織にとっては「人が育つ」ことの一部なのである．

　こうした体験学習としてのOJTが効果的にいくためには，次の三つの条件が揃う必要がある．

1．体験の場づくり
2．体験の深さの確保の仕組み
3．目指すべき目標の提示

　この三つの条件は，それぞれ体験学習がうまくいくことを素朴に考えれば必要性が納得できる．まず，体験の場がなければ体験ができない．場があっても体験は深くなければ学習にはつながらない．体験から何を学ぶべきかの方向性がないと学習はバラバラになる．

　体験の場づくりのための手段として典型的にあげられるのが，人事のローテーションとキャリアパスである．これについてはすでに上で述べた．ある

いは企業戦略によって企業活動の分野を決めているのも，じつはそこで働く人々の体験の場づくりになっている．企業が事業活動から学習して情報的経営資源を蓄積していくということのかなりの部分は，OJTが起きることなのである．したがって，企業戦略もまた，人材育成の一つの手段として考えるべきものである．

その意味では，最近の日本企業の海外進出という戦略によって，海外の事業所という体験の場が広がってきているのは経営者予備軍のためのOJTの場として大きな意味のあることである．海外の事業所では，人々は国内よりも幅の広い責任をもち，また上司への相談をあまりできずに自分の判断でものを決めなければならないことが多くなる．つまり，国内ではなかなかない，幅広い経営と大きな体験の場になっているのである．それを，企業のOJTの一環として積極的に利用すべきだろう．

OJTのための第二の条件は，体験の深さの確保である．

このための仕組みとしては，人事評価の厳しさがまずあげられる．評価が厳しければ，仕事は厳しくなるだろう．仕事が厳しくなれば，そこでの体験は深くなってそれが後に残る学習につながりやすい．あるいは人事評価だけでなく，周りの見る目とでもいうべきピア・プレッシャー（同僚からの圧力）もまた仕事を厳しくするだろう．仕事の厳しさばかりでなく，体験から学ぶ姿勢も大切である．それには，本人がその気になるばかりでなく，上司の指導も必要だろうし，あるいは組織文化として学ぶことを重んじる文化が必要だろう．

人は同じ体験からさまざまに違うことを学ぶ可能性がある．そのとき，何を学ぼうとするかの目標になにかの共通性があった方が，組織としては望ましい．それが，目指すべき目標の提示である．それが，OJTのための第三の条件である．

それはある意味で自然にできている部分もある．どこの組織にも，スタープレーヤーがいる．中核と思われる仕事やポジションがある．そういったものが人々の役割モデル（その役割を自分も果たせるようになりたいと人々が思う，模倣の対象）を提供している．つまり，「どんな人がその組織でエライと思われているか」である．その役割モデルが，目指すべき目標に自然になっていることが多い．

それはそれでいいのだが，人々が目指すべき方向が変わるときには，新しい役割モデルをつくる必要がある．そうしなければ，OJTのわかりやすい目標がなくなってしまう．あるいは，間違った古い役割モデルを相変わらず人々は目指してしまう．それでは，OJTが組織の変化を妨げることになりかねない．

もう一つの目標の提示の方法は，企業のビジョンの提示である．「こんな企業になりたい」というビジョンを掲げることによって，人々の学習の目標が提示される．そのビジョンが現場の手ざわり感覚のあるものであれば，そうなる可能性は高い．

OJTは，ときとして企業の意図を超える状況で起きる．その壮大な例が，第二次世界大戦直後の日本で起きた，大規模な経営者予備軍のOJTである．

それは，昭和23年（1948）の進駐軍による公職追放（パージ）によって当時の大企業のトップ層が一気に引退せざるをえなくなったことから始まった．当然，若手の役員にすぎなかった人たちが準備もなくトップにならざるをえない．しかし，新社長になった人々の圧倒的多数が成功を収めたのではなかった．やはり経験不足で失敗した人々も多くいた．しかし，パージによってトップが若返ったばかりでなく，多くのさらに若い人々が40歳前後の若さで役員になっていった．その中から，高度成長期の日本を担った名経営者が数多く生まれていった．東京電力の木川田一隆，日立の駒井健一郎，八幡製鉄の稲山嘉寛，住友金属の日向方斎，旭化成の宮崎輝，日本電気の小林宏治，伊藤忠の越後正一，三井物産の水上達雄，三菱商事の藤野忠次郎，などがその代表例である．

このパージの効果を社長の若返りと理解する向きもあるが，実際にはその次の世代の社長たちの「育成効果」が最大の効果だったようだ．社会全体で起きた，壮大なOJTの例である．そして，この例の場合，上であげた成功するOJTの三つの条件がすべてそろっている．体験の場づくりがパージによって行われ，その場は現実の経営を役員として補佐する，しかも混乱期の日本の厳しい状況の中での深い体験の場であった．そして，どのような人材を目指すべきかもはっきりしていた．敗戦国日本を再興するための産業界のリーダーが目指すべき目標であった．

研修の意義

　職場を離れた研修も，人材の育成にとって重要な手段となる．OJTが教育の中心だが，Off-JTとしての研修にも意義はある．

　企業内研修にはじつにさまざまなものがあるが，その意義は，大別して三つある．

　第一は業務知識の伝達である．第二は，研修の場で集まった人々の間の人的ネットワークの形成である．人々が知り合うことに意味がある．第三は，研修を受けることが一種の儀式で，それに参加できることがインセンティブになっているという意義である．新任管理職研修の意義の大半はそれであろう．それは昇進の祝いの正式な儀式のようなものである．

　では，研修の建前としてよくいわれる「能力開発」や「意識変革」についてはどうだろうか．研修で意思決定能力が開発できたり，顧客志向に意識が変わったりすれば，それは手っとり早い企業革新の方法のように見える．しかし，それには限界がある．もちろん，研修に費やす時間の長さにも関係があるだろうが，たとえ一週間のカンヅメ研修をやったとしても，経営の意思決定能力の開発や意識改革がどの程度できるか，疑問である．

　しかし，よく考えられたプログラムならば，かなり意義のあることが可能であるケースもある．そうした研修から期待しうることは意思決定の能力が開発できてしまう，などということではなく，それより微妙でかつ意味のある三つのことである．それらを象徴的に，「芽が出る」「種をまく」「畑をきれいにする」と表現しておこう．

　①芽が出る　研修の参加者は現場での経験からさまざまな能力をもち，意識をもっている．その中には，現場では必ずしも花が開いていない者も多いだろう．そういう潜在的な能力や意識の種を，人々はもっている．その，すでにその人がもっていた種から，研修の場での刺激によって芽が出始める，ということはありうる．研修の場での刺激が意義深いものであるなら，であるが．その芽が，実際に仕事に意味のある植物にまで育つかは，研修後の現場の状態で決まるだろう．

　だからといって，この芽が出始めるという効果を過小評価してはならない．現場を離れて研修の刺激を受けなければ芽は出なかったかもしれない．芽が

出なければ，花が咲きようがない．

②種をまく　参加者が研修の場で受ける刺激から，あるいはそこで読み，知り，議論することから，なにかしらの種が彼の中にまかれることがある．参加者は自分ではそのときは意識もしないかもしれない．その種がその後どこかで突然芽を出すことがある．

研修で読んだ事例の中に登場したある経営者の面白い経営行動や意思決定を，自分が似たような問題に直面したとき突然思い出す．その事例ではなにが大切だったか，成功あるいは失敗の原因はなにだったか，それが頭に浮かんでくる．

その種をもとに，現場で彼は能力開発に乗りだし，あるいは自分の意識を反省したりする．それが現場で芽が出始める，ということである．そのための種が研修でまかれている．

③畑をきれいにする　研修のプログラムが，参加者の経験になんらかの意味でつながっている場合には，研修の刺激と研修の場での思考によって，自分がそれまで経験してきたことの整理ができて大きなフレームワークの中に位置づけられたり，あるいは自分の経験の中で意味が薄いもの，将来には役立たないもの，を「薄い」「役立たない」と意識できることがある．そうしたことを「畑をきれいにする」と表現している．つまりは，経験の整理をしたり，雑草を抜いたりする機会を研修が与えているのである．

きれいになった畑には，種がつきやすいし，芽も出やすい．出た芽も育ちやすいだろう．現場主義でOJT中心の日本の企業にとっては，現場での経験の整理としての「畑をきれいにする」という効果は，研修の意義のとくに大きなものであろう．

こうした三つの意義を生むことができるような研修のプログラムを立案し実行するのは決してやさしいことではないし，時間とエネルギーの投入を参加者がしなければそうした効果も生まれない．とくに，参加者が考えさせられなければ，こうした効果は期待できないだろう．

しかし，もしそれが可能だとしたら，こうした効果が企業の能力開発や意識変革にもつ意味は大きい．芽が出るだけでも大変なものである．種がまかれ，畑がきれいになることの長期的影響もまた大きい．それは「三つの効果しかない」と表現すべきことではないだろう．

3 人の選抜

選抜の三つのパラメター

　人を配置するためには，何らかの形の選抜を行わなければならない．また，人が育つための条件づくりの対象者も，何らかの選抜の結果で決めなければならない．すべての人に同じような育成条件を手厚く与えることは，不可能であろう．

　そうした選抜を，個々の配置や育成の決定ごとに行うのだが，企業組織としてはかなり定期的な選抜のためのルールあるいは慣行をつくるのが普通である．つまり，昇進の慣行である．たとえば，管理職への選抜には，おおよそどのような層から，どのくらいの資格を条件に，誰が選抜するか，という慣行である．典型的な日本の大企業のホワイトカラーの場合，この慣行は入社後5年から10年間は給与，ボーナス，昇進のスピードなどに大きな差がつくことはほとんどなく，そこから先でもしばらくは年功によって管理職への昇進のスピードが決まり，個人間の差もあまりない，という慣行であろう．

　そうした選抜の慣行について，組織のマネジメントとして決めなければならない主なパラメターは，選抜のスピード，程度，選抜の主体，この三つであろう．

　選抜のスピードと程度は，セットで決められることが多いだろう．どのくらいの早さで，どのくらいのポジションまで早い人は昇進させるか，そして個人間の差をどのくらいつけるか，というような慣行である．選抜の主体とは，そうした選抜を誰が行うのか，というパラメターである．典型的な選択肢としては，本社の人事部がその選抜の最終決定をすべて行うか，現場の組織の長が自分の部下の中からの選抜を行うか，二つが両極としてあるだろう．それは，選抜の決定権についての集権か分権かという選択だと考えればいい．

　日本の多くの企業での慣行としては，ローテーションをかなり行って人々はさまざまな仕事をし，同時にさまざまな上司のもとで働く．そして，昇進などに決定的な差がつくまでかなり時間をかける．また，その最終的選抜は人事部が行っている．

図15-1　選抜の日米比較

パラメータ	日　本	アメリカ
選抜のスピード	遅　い	早　い
選抜の程度	小さい	大きい
選抜の主体	人事部集権	事業部分権

　つまり，選抜のスピードは遅く，選抜の程度もあまり激しくなく，多様な職務での長期間の人事評価の累積をもとに人事部が集権的に最終的な選抜を決めている，とまとめられるだろう．

　長期的評価，あちこちでの多様な評価，そして最終的な集権的選抜，激しくない選抜の程度，はいずれも長所と短所を両方もっている．

　もっとも大きな長所は，人々に自分の能力蓄積を時間をかけて行うインセンティブをもたらすことである．入社後すぐに仕事の面で決定的に成果をあげたいという短期的競争はしなくてもよくなる．長期的に自分のキャリアを考えての行動がとれるのである．そうした動機が，長期的な昇進を約束された一部のエリートにだけ生まれるのではなく，多数の人々に生まれる．

　第二の長所は，人事評価から恣意性をかなり減らせる．短期の評価だけで人事の評価をすれば，そこには運の要素が入ったり，あるいはたまたまそのときの評価者になった人の主観が入りすぎたり，あるいは潜在的な能力には合わない仕事で評価されたり，さまざまな意味での恣意性が評価に入ることは避けがたい．長期の評価であれば，運も平均化するだろうし，いろいろな仕事も経験するだろう．評価者も何人か交代するだろう．

　また人事が集権的であるということは，上司が行う人事評価が人事部に集まるということでもある．そこで二つの効果が生まれる．一つは，評価する者がじつは評価されている面が出てくることである．同じ人間に対する評価をあまりに恣意的にしてしまうと，それは人事部の段階でただちにわかってしまう．それは，評価者としては失格であることを他人に見せてしまうことになる．勢い，人々は評価を客観的にしようと努めるようになる．

　第二の効果は，評価の相場とでもいうべきものが人事部で生まれることである．多くの評価が集まることによって，その中から相場が生まれてくる．

その相場に外れたような主観的なひどい評価はできなくなる.
　いずれの効果も,現場で行われる上司による評価をより恣意性の少ないものにするだろう.
　こうした選抜と評価をする一方で,評価の結果としての地位や給与の配分においては平等性を保とうという配慮が多くの日本企業に見られる.地位の間の給与の格差を小さくしたり,地位と給与の間に逆転が起きるような（つまり年若い上司がもらう給与は,高年齢の部下の給与より低いことがありうる）ことをして「地位ではいい待遇を受けている者が,同時に金銭的にも大きな格差をもつ」ことの少ないような配慮をしている.このような「選抜の程度を激しくしない」慣行の長所は,職場社会の秩序と調和を保ちやすいことであろう.
　このような長所がある一方で,短所もある.長期評価は,短期で勝負するような仕事の評価の仕方としては不適切であるし,長期では時間視野が長すぎて必要なインセンティブにつながらない危険がある.選抜の程度を激しくしないこともまた,インセンティブ要因としては強くならないというマイナスをもっている.そして,平等と言えばいい表現だが,悪平等に近いほど差がつかないということも起こりうる.人事部への集権は,人々の現場での行動と密接にかかわっている現場の管理者の情報より密度の薄い情報で選別が行われる危険をはらんでいる.

選抜の鍵としての納得性

　実際,そうした短所がかなり顕在化してしまった企業も多いようである.それは,あまりにも年功というものに依存しすぎた,選抜とも言えないような選抜のやり方になってしまって,しかも職位の間の処遇の差（たとえば部長と現場作業員）も小さくなってしまって,悪平等が現実化したと思われる.
　そうした短所の顕在化は,じつは選抜ということをそもそも避け,なるべく平等,公平を目指そうとする傾向をもちすぎたために起きたのであろう.なぜ選抜や格差がきらわれるかといえば,選抜されなかった人々のモラル,差をつけられて不利になった人々のモラルを気にするからであろう.つまり,選抜されなかった人の不満の最小化が,あたかも目的になったかのごとくの選抜のあり方になってしまっている.それはそれで,意味はある.しかし,

組織のマネジメントとして、適材適所、人材育成などを目指す人の配置のための選抜のあり方としては、やはり問題が多いであろう。

したがって、選抜はやらなければならない。不満が出たとしても、その解消や最小化に配慮するにしても、選別がきちんとされた選抜はしなければならない。選抜は、そもそもゼロサムの現象である。一つのポストは一人の人間しか占められず、しかもポストの数は限られている。誰かがそのポストを取れば、その分が他の人にとっては利用可能でなくなる、という意味でゼロサム（ゼロ和）なのである。

最後には選別になってしまう人事で、人々の不満を必要以上に大きくしないための鍵は人事の「納得性」であろう。人事のもとになる評価を人間がする以上、客観性というのはどこかで欠ける。またゼロサムである以上、人事には公平性というものもつきつめれば存在しない。昇進できなかった人の多くは、やはり自分に関しては、なされた評価より高い自己採点をしているのが普通である。そうした評価に客観性がない以上、究極の公平は完全な平等しかないのだが、ゼロサムの原則がそれを不可能にしている。もちろん、客観的になろうとする努力は必要である。公平であろうとする努力も必要である。しかし、それは結局は到達できない目標のようなものである。

そのような状況だからこそ、人々が、とくに不満をもちかねない人々が納得するような根拠がある人事のやり方、人事評価のあり方が必要なのである。選抜に究極に必要とされるのは、納得性である。

納得性の確保の鍵は二つあると思われる。一つはチャンスの公平性、もう一つは人事評価の公正さである。

チャンスの公平さとは、少なくとも人事昇進のチャンスが自分にはどうしようもない理由によって閉じられていない、あるいは不平等にチャンスが小さくない、ということである。たとえば、階級差別のある社会では、階級によるチャンスの不公平があるだろう。

チャンスの公平さを確保するためには、みんなに等しくチャンスを開くことである。努力すれば、いい人事をしてもらえるという期待を、できるだけ多くの人にもたせることである。トヨタでは、必ず管理職を現場の人の中から選ぶという不文律がある。これは、多くの人に機会を開いているということを示すメッセージでもある。このように、チャンスの公平さのためには学

歴無視とか，敗者復活とかが重要になる．

　第二の鍵は，評価の公正さである．客観的にはなりえない人事評価をいかに客観性に近づけるか，という努力である．

　そのための第一のポイントは，評価の尺度の中心に客観性の高いとみんなが納得するもの（少なくともほかの尺度との比較で）をもってくることである．その例が，明確な業績の指標である．実績のハッキリする数値である．人事の納得性を目指す企業が，恣意的な操作のしにくい市場での業績評価指標（たとえば売り上げ，利益，など）を，たとえその指標に欠陥が多少あっても，やはり評価の中心にしようとするのはこのためである．プロ野球の打者は，打率の数字をやはり中心に評価すべきなのである．いかに打率が打撃能力のすべてではなくとも．

　第二のポイントは公正さを心がけていることがはっきりとわかるような評価のプロセスをもつことでである．たとえば，評価している側も，評価の結果を評価されているという感覚をもてるようなプロセスが望ましいであろう．あるいは，評価する側がそれだけの手間ヒマをきちんとかけることである．手間ヒマは，単純のように見えるが，じつはその事実そのものが評価の結果とは別に評価される側に納得性を生むことができる．単なるごまかしの手間ヒマでなく，真剣な手間ヒマは納得性のわかりやすい源なのである．

4　人事のダイナミックスとジレンマ

人事のダイナミックス

　以上の説明でも明らかになっていると思うが，人の配置，育成，選抜という三つの変数の間には，緊密な相互依存関係がある．配置は育成に影響を与える．仕事が人を育てるからである．さまざまな育成の結果，選抜できる人材が育ってくる．そうして選抜した人材ならば，適切な配置がやりやすくなる．また，育成のための選抜も必要である．さらには，どんな人材が蓄積されているにせよ，配置のためにはとにかく選抜をしなければならない．

　図15-2にあるように，三つの変数の間にはぐるぐる回りの関係があると思われる．そのダイナミックな関係を，人事のダイナミックスと呼ぶことに

図15-2　人事のダイナミックス：日本型

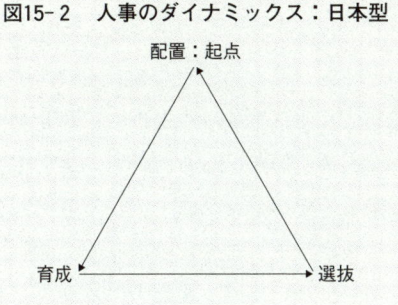

```
       配置：起点
         △
        ／＼
       ／　＼
      ／　　＼
   育成―――選抜
```

しよう．このダイナミックスをきちんと動かしていくことが，組織のマネジメントとしての人事のもっとも中心的な課題である．

　このような三角形のダイナミックスとして人事を考えたとき，それについての方針決定として最初に大事になるのは，ぐるぐる回りの起点としてどこを選ぶか，という起点の選択である．もちろん，ぐるぐる回っているのだから，どこを起点にしても三つの変数はそれぞれにその中での具体的選択を必要としている．配置には配置の選択があるのである．

　この章での説明は，起点として配置を選んで説明をしてきた．それには，じつは意味がある．第一の意味はもちろん，組織のマネジメント全体の中で，そして環境のマネジメントとしての戦略の決定を受けてそれを実行していくための組織のマネジメントとしては，戦略の実行に直接影響する人事配置が最重要事項だからである．しかし，それだけではない．配置からはじめた第二の意味は，配置がまず行なわれ，そこから育成が起き，そしてその結果を見て選抜をする，という思考の流れが，多くの日本企業の人事のダイナミックスの考え方だと思えるからである．

　ポイントは，選抜からはじまるのではない，というところにある．配置を起点にするダイナミックスは，戦略実行への貢献を人事の最重要課題と考えていると同時に，「種まき型」のダイナミックスなのである．まず配置して，そこで種をまいて，それが育って，その後に選抜をする，という流れになるからである．

　そうでなくて，選抜を起点として選べば，それは「刈り取り型」とでもいうべき人事のダイナミックスの考え方を象徴しているように思われる．どんな人材蓄積があるにせよ，まずすべては選抜から始まる．選抜して配置する

ということは，当面の業務の実行を最優先に考えるということにもなる．そして，配置の結果として育成が進むと，それはもちろん次の選抜のためにベースとはなる．この考え方では，過去からの育成の蓄積をともかく利用するための選抜から思考をスタートさせる．だから，刈り取り型とそれを呼んだのである．そのうえ，選抜の対象になる範囲が，企業組織の中の蓄積ばかりでなく広く外部の労働市場での蓄積にまで広がる可能性を，このダイナミックスは秘めている．それは，ますます刈り取り型である．

　人事のダイナミックスについての，組織のマネジメントとしての基本方針の選択は，起点についての方針だけではない．このダイナミックスを回転させるスピードについての基本方針の選択もまた，重要であろう．速いスピードを選択すれば，人事評価は自然に短期志向になるだろうし，その結果，人の配置換えも早くすることになる．育成も促成栽培を目指すようになるであろう．逆に遅いスピードを選択すれば，長期的評価で長期間の配置，育成にも時間をかけることになるだろう．

　日本の企業の人事ダイナミックスは配置起点の遅いスピード，アメリカの企業の人事ダイナミックスは選抜起点の速いスピード，と国によるダイナミックスの一般的違いもあるようである．さまざまなダイナミックスの選択が可能であろう．大切なことは，こうしたダイナミックスの全体像をもったうえで，ダイナミックスについての選択と，個々の配置や育成や選抜の選択を行うことである．

人事のジレンマ

　それらの人事についての選択では，これまでの章でさまざまなタイプのジレンマやパラドックスを説明してきたように，やはりいくつかの深刻なジレンマが存在する．それが，人事についての選択をむつかしくさせている．

1．効率・育成・インフォーマルグループのジレンマ
2．核づくりのジレンマ
3．ゼロサムのジレンマ
4．エリート選抜のジレンマ

　第一のジレンマは，人の配置を考える際に，配置の結果生まれる三つの効

果の間に，相反する関係が生まれてしまうというジレンマである．意思決定の効率を考えれば，ベテランは動かしたくないかもしれないが，仕事による学習のことを考えれば若手の育成のためにそのポジションを若手に任せた方がいい，そんな話はよくありそうだ．あるいは，インフォーマル・グループの関係で感情の波を立てたくないが，しかし意思決定の効率からすれば当然すべき人事異動がある，といった例がありうる．あるいは，人の和を考える人事と実力主義の人事は必ずしも一致しない．そのパラドックスをどうバランスよくとっていくのか．一般論としては，三つの効果のバランスをとりながら人の配置をする必要がある，という基本的なことしか言えないだろう．

第二のジレンマは，組織に働く人々の中で，中核になる人々とそうではない人々がどうしても出てくるが，その核づくりの必要性から生まれるジレンマである．中核とは，組織が組織として継続していくために組織文化の継続性を担い，あるいは組織に長期的にコミットする人たちのことである．

そうした人々が必要である一方，ときには組織の本流とかなり異質な人を登用することを戦略が要請することがある．それを中途採用でしなければならない，あるいは異質な人々を抜擢選抜する必要があるかもしれない．それをどの程度までしたらいいか，というジレンマである．

たとえば，中途採用が多いのはたしかにメリットがあるが，しかし組織の歴史と風土の伝統を知らない人が増えすぎると具合が悪い．あるいは，組織の若さを保とうとすれば早く若手を中核に位置づけるような若返り人事が必要になるが，それでは中高年の人々の多くを中核でないと位置づけざるをえなくなる．しかし年配者の処遇をどうしたらいいのか．

このジレンマの本質は，組織保存のための要請と，若さや異質性の導入の要請とが衝突することである．それは本質的なジレンマではあるが，それへの対策としてはときに逆説的な対応が意味をもつ．

たとえば，中高年対策をもっとも効果的に解決できるのは，若手の抜擢をかなり大量に行う企業である．逆説的に聞こえるかもしれないが，年齢の逆転を「あるべからざる恥しいこと」にしないで，「まあ普通にあること」と常識化してしまうことによって，逆転された側の心理的問題を和らげる．さらには，逆転された人々が増えれば，その人々を無用に「窓際」に追いやることなく，有効な活用の道を考えるのが自然になる．みんなが，それぞれの

貢献をすることが自然になればそれでよいのである．

人事の第三のジレンマは，一つのポストは一人の人間しか占められず，しかもポストの数は限られている，ということからくるジレンマである．すでに述べたゼロサムのジレンマである．じつは，人事のジレンマの中でもっともきついのはこのジレンマで，また多くの人事の悩みの根源でもある．誰かを昇進させれば，誰か他の人は諦めざるをえない．誰かを一番優秀と評価すれば，その序列では他の人は一番ではなくなる．あたり前の算術である．それだけに，きびしい．人事は究極的には，選別にならざるをえない面がある．

この第三のジレンマと緊密に関係しているのが，次の第四のジレンマである．企業の中での人材育成の基本が仕事にあるとしたとき，どの範囲の人材をいつの段階から育成すべきかという問題である．

企業の長期的な発展を考えた場合には，大きな発想のできるエリートが必要である．このようなエリートを育てるためには，早い段階からエリート選別を行って，大きなステージを与えるようなキャリアパスを用意することが必要である．しかし，このような選別を早く行ってしまうと，選ばれなかった人々のやる気が低下してしまう．かといって，多くの人々にまんべんなく機会を与えていたのであれば，大きな発想のできる人物を育てるのはむつかしい．多くの企業がこのジレンマに直面している．

管理職インフレの弊害

こうした人事のジレンマに身動きがとれなくなって人事のダイナミックスがうまくまわらなくしてしまった典型的な例が，多くの日本企業で80年代以降深刻になってきた，そして90年代にはさらに深刻度を増した，管理職インフレという現象である．

日本では，中央官庁や一部の企業を除き，エリートをつくらず，できるだけ多くの人々を平等に処遇するという選択を行ってきた企業が圧倒的に多い．しかも，その処遇を，なるべく多くの人々を管理職のポストにつけることを中心に行ってきた．それによって，企業の一体感を高め，多くの人々のやる気を引き出すことに成功してきたのだが，同時に，それが問題を引き起こしてもいる．

80年代以降，日本の人口構造の中で四十代，五十代の管理職適齢期の人々

の比率がどんどんと高まってきた．そうした人口構造の変化があったにもかかわらず日本企業の多くは，80年代以前と同じように，ある一定の年齢を超えると「管理職」として遇するという基本姿勢を大きく変更しなかった．その慣行の維持と高齢化がドッキングしたとき，管理職なる名称をもった人々の数が必要以上に増えた．ホワイトカラーの三分の一が管理職と呼ばれる処遇を受けている会社は珍しくない．それを管理職インフレと呼ぼう．

　そうした管理職の増加を可能にするために，多くの管理のポストがつくられた．そのポスト数の捻出は，組織の単位を小さく割ることによって賄われた．あるいは，よく意味のよくわからないポストが一つの組織の中に複数置かれる，という形がとられた．部付部長，主席部員，主任調査役……．

　こうしたことの影響は，たんに人件費が増えたことではなかった．三つの面で深刻な影響が出た．一つには，管理機構が複雑になり，会議が多くなり，不必要な調整が増えた．第二に，それでもまだポストが足りずに，多くの人々の昇進が遅くなった．さらに深刻なのは，人材育成上の影響である．それが第三の，長期的にはもっとも恐ろしい影響である．多くの組織単位が小さくなったことにより，三十代後半から四十代前半の人材形成の大切な時期に，この世代の人々が経験する仕事の場が小さくなってしまった．そして，その小さな場を経験できる年齢すら，昇格年齢の遅れで遅めになっていく．

　人は若いころに経験する仕事の場の大きさに応じて育つ．その仕事の場が小さくなり，経験の始まる年齢が遅くなっていった．経営をできる人材が育成しにくくなっていく環境が，いつの間にか組織の中につくられていったのが，80年代の日本だったのである．

　90年代の日本企業の動きの鈍さは，こうした歴史的背景のもとでよりよく理解できるようになる．組織の若さの欠如を引き起こし，組織の動きを遅くし，そして経営が滞る，その原因の構造的な種はすでに80年代にまかれていた．管理職インフレは，90年代に入っても止むことがなかった．

　管理職インフレの背後の最大の理由は，人事のジレンマゆえに選別を避けたということであろう．とくに，エリート選別のジレンマを考えると，あまりに多くの同年齢層の人たちがいるときに，誰かをとくに早くエリートとして選ぶことには大きな抵抗があったのであろう．

　管理職インフレの弊害の最大のものは，経営幹部候補生の育成へのマイナ

ス効果であろう．そのために，大きな発想ができるエリートが少なくなり，企業は戦略面でもマネジメントのさまざまな面で，飛躍的な変化を起こすための中核的人材の欠乏に悩むことになる．その背後では，選別できないから配置ができない，配置ができないから育成が思うに任せない，という論理が働いている．そして，育たないから経営全体での飛躍ができなくなっている．

つまり，人事のダイナミックスをまわせなくなってきたのである．そのうえ，人事のダイナミックスがいったん停滞すると，ますますまわらなくなるという加速効果がありそうである．

エリート育成の重要性

そうしてまわらなくなった人事のダイナミックスを再回転させるのは，きわめてエネルギーのいる作業である．再回転に伴ってさまざまな人事上の不利を被りかねない人々が組織の中に大量にいるのだから，その抵抗を押しのけて人事のダイナミックスを動かすのは大変なことなのである．

そのエネルギーを出そうと覚悟をする人々が必要とされている．それは，組織の中核としてその組織の長期的発展のために短期的な犠牲も多少はいとわないという人たちである．それは，言葉は悪いかもしれないが，エリートと呼ばれる人々であろう．選ばれた，組織に対する責任意識の強い，あるいは公の心を少なからずもった人々である．それが，企業組織の人事としてはもっとも重要な，経営幹部候補生たちの育成なのである．それは，エリート選抜にならざるをえないであろう．それを避けては通れない．

そうしたエリートの必要性は，なにも現代の日本企業に限った話ではない．歴史がそれを語っている．アメリカの政治評論家リップマンが言うように，「人類の歴史上どのような帝国も，その中心に確信に支えられて統治を担うエリートをなくして長く生きのびた例はない」［中西輝政『大英帝国衰亡史』(PHP研究所，1997）より］

エリートの選別と育成が必要なのは，人事のダイナミックスを回すためだけではない．実際に経営者の器量が下がってきている日本企業の実態，経営者のみならず組織の中のあちこちでリーダーシップを発揮できる人材が少なくなってきているという実態を考えると，その必要性がさらに深刻に理解できるだろう．

経営を担えるエリートとしての人材の育成の条件は，第2節の冒頭で述べたような，「一つの志，二つの場」という条件であろう．こうした三つの条件を経営ということを考えるレベルでどのくらいの数，準備できるか．それが人事の最重要課題であろう．その条件のそろった人たちの中から，ある歩留まりで実際に経営幹部候補が育つのである．その条件整備を，しかも若い世代に与えていく必要がある．育成には時間がかかるからである．

この三つの条件を，多数の人々に平等に準備することはできない．志の高さは，多数の人が持っている素質ではない．その素質をもっている人を選ぶ必要がある．大きな仕事の場を多数の若い人に経験させるような人事配置は無理である．思索の場の大きさも，多数の人に与えられるわけでない．

こうして，「三つの条件整備」を若い世代にするためには，必然的に選ばれた少数者に対して，ということになる．エリートの選抜にならざるをえないのである．

(演習問題)

1. 「同じ釜の飯を食った仲間」という表現が，企業の現場でもしばしば使われます．「同じ釜の飯を食う」とはどのようなことで，それがどのような役割を仲間の人間に対して果たしているのでしょうか．
2. 終身雇用あるいは長期雇用の雇用慣行は，人の育成という観点からみると，どのような長所と短所を持っているかをくわしく考えなさい．
3. 日本の企業の人事ダイナミックスは配置起点の遅いスピード，アメリカの企業の人事ダイナミックスは選抜起点の速いスピード，とこの章で書かれています．そうしたダイナミックスの違いが生まれる理由，そしてその違いが生み出す影響を多面的に考えなさい．

第Ⅲ部

矛盾と発展のマネジメント

第16章

矛盾，学習，心理的エネルギーのダイナミックス

　企業の発展のプロセスではさまざまな矛盾が現れる．矛盾とは，両立しがたい複数のことを考えなければならない状況であり，あるいは企業経営の諸要素の間にうまく整合性がとれないような状況である．ジレンマあるいはトレードオフも矛盾の一種である．企業がジレンマに悩む状況，企業が不均衡に悩む状況，と言い換えてもよい．環境のマネジメントの内部にも，競争と協調のジレンマとか，さまざまなジレンマがあったし，組織のマネジメントの内部にも，自由と規律のジレンマをはじめとするじつに多様なジレンマやパラドックスがあった．

　そうしたさまざまな矛盾は，しばしば解決されるべき課題として現れるだけでなく，経営者によって意図的につくられることすらある．それが企業発展の原動力になるからである．極端にいえば，矛盾のないところに発展はない．したがって，矛盾のマネジメントは経営者の大きな仕事であり，究極の仕事と言える．この第Ⅲ部では，矛盾のマネジメントを論じ，発展のマネジメントを考えてみよう．

　しかし，矛盾が発展に必要とは，やや常識をはずれたことに聞こえる．たしかに，経営の現象をある時点で切って静態的に見ると，あるいは短期的な視野から見ると，矛盾（あるいは不均衡）は決して望ましいものではない．企業と環境との関係あるいは，企業内部の関係にバランスや均衡がとれている状態が望ましいのはいうまでもない．ジグソーパズルのようにすべての要素がうまく噛み合い，バランスがとれているのが短期的にはもっとも効率的である．

　しかし，長期的に，動態的に企業の発展を考えると，そうしてきっちりと

バランスのとれた状況からは変化への誘因が生まれない，あるいは変化に対応しにくいことがわかるだろう．短期的には効率的に見えるバランスのとれた状態も，長期的な効果の点からは，必ずしもつねに望ましいとはかぎらない．また，企業の発展と共に，短期的なバランスは崩され，矛盾が生まれる運命にもある．

それはなぜか．その議論から矛盾と発展のマネジメントの議論を始めよう．

1　生まれてくる矛盾

組織のマネジメントに表れる矛盾

企業組織が抱えてしまう矛盾は，大きく分けると次の三つの源泉から生まれてくると理解していいだろう．

1. 組織のマネジメントに表れる，環境と個人の要請の矛盾
2. 企業の発展自体が生み出す矛盾
3. 組織の慣性と環境との矛盾

組織のマネジメントのための要請は，矛盾の多い要請になることがしばしばである．それが，第II部の組織のマネジメントの各章の議論でジレンマやパラドックスについて，われわれがたびたび触れてきた理由であった．矛盾の多い要請が一つの組織のマネジメントに課せられてしまうために，ジレンマやパラドックスが頻発するのである．

そうした組織のマネジメントのジレンマの源泉は，主に二つある．一つは，環境のマネジメントと組織のマネジメントの，それぞれの要請が相反する方向のものであること．たとえば，環境のマネジメントからすれば事業のリストラが当然に見える．しかし，組織のマネジメント，とりわけ従業員のモチベーションを考えれば，簡単なリストラは望ましくないと思える．二つのマネジメントの要請が矛盾する典型例である．

組織のマネジメントのジレンマのもう一つの源泉は，組織の要請と組織の中の個人の要求との間の矛盾である．たとえば，組織は求心力を求め，規律を求める．しかし，個人はある程度の遠心力と自由を求める気持ちがある．

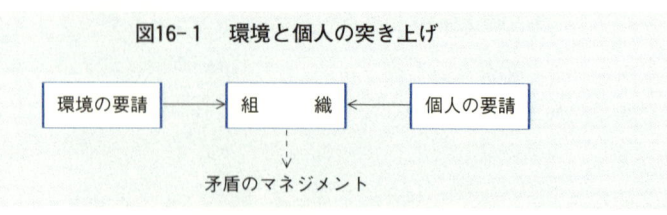

図16-1　環境と個人の突き上げ

環境の要請 → 組　　織 ← 個人の要請
　　　　　　　↓
　　　　矛盾のマネジメント

そこに組織と個人の超克という古くて新しい問題が生まれる．個人の要請に応えなければ，組織の協働は究極的にはうまくいかない．しかし，個人の要請を丸のみにすると，環境の要請に応えられるような組織行動がとれなくなる危険がある．

　つまり，組織のマネジメントは，内なる個人の要請と外なる環境の要請の間で板挟みになっている．そこに多くの矛盾が生まれる源泉がある．それは結局，組織の中の個人と環境との間に挟まった組織のマネジメントが個人の要請と環境の要請の間の矛盾に苦しんでいる，と表現してもいいであろう．つまり，組織のマネジメントの，ジレンマの本当の発生源は，個人と環境の間の矛盾なのである．

　環境のマネジメントの基本的要請のキーワードをあげれば，それは革新，競争，代謝，多様性，といったことになる．企業は革新していく必要がある．競争しなければならない．また，代謝活動を活発にして活性を保たなければ，革新にも競争にもおいていかれる．さらに，変化していく環境に適応していくためには多様性も必要である．そうした要請を組織にしているのである．

　しかし一方，人間の集団が組織として協働システムを持続的に形成していくためには，その中の個人の多くが要請するものに応えていく必要がある．そのマネジメントの基本的要請のキーワードは，安定，調和，保存，凝集性，といったものになる．人々が，そうしたものを求めるのである．

　革新と安定，競争と調和，保存と代謝，多様性と凝集性，いずれも少なくとも表面的には矛盾する．その矛盾にどう対応するのか．矛盾のマネジメントが求められている．

発展が生み出す矛盾

　前項の矛盾は，企業組織を取り巻く環境と企業組織を構成する個人，それぞれが矛盾した要求を企業組織に突きつけるために発生した．それは，組織

が発展しようがしまいが，つねにどの組織も抱える本質的な矛盾であった．

しかし，発展する組織，つまりは何らかの成功ゆえに発展している組織にとっては，もう一段レベルの違う矛盾の源がある．それは，発展そのものという矛盾の発生源である．組織が発展すること自体が，あらたな矛盾を生み出すことがかなりある．

たとえば，戦略の成功がその戦略の有効性の理由をなくしてしまい，したがって従来の戦略を実行し続けようとすれば，そこに矛盾が発生してしまうことがある．わかりやすい例としては，高級志向のニッチ戦略がある．この戦略が成功すると，結果として多くの顧客が自社製品を使うようになる．そうなれば，その製品は普及してしまったことになり，高級イメージは失われ，自分はニッチメーカーではなくなってしまう．ニッチャーは，その対象市場を掘り尽くしてしまうと，生存の適所を食い尽くし，さらなる成長の余地を失ってしまうのである．

このような，「自己矛盾」とでも形容すべき矛盾が発展の結果として生まれてきてしまうのには，三つ理由がある．

一つは，環境自体が自分の発展に対する反応として変わってしまうこと．上であげた高級ニッチ戦略の例はまさにそうで，市場にさらなるニッチがない状態になってしまったのである．あるいは，ある企業の戦略によって被害をこうむる競争相手は，意識的に競争条件を変えるような新しい戦略を展開するであろう．そうした競争的反応の結果，それまで成功してきた戦略の成功の理由が無にされていく危険がある．

第二の理由は，発展が企業内部の組織のマネジメントの従来の体制に矛盾や不均衡をもたらすケースである．たとえば，発展によって企業の規模は拡大するであろう．規模の拡大によって，企業のそれまでのやり方が通用しなくなってしまうかもしれない．小さなときは，社長が何から何まで具体的に指示をすることによって仕事を進めることができたかもしれない．しかし，規模が大きくなってくると，それが不可能になってくる．組織のマネジメントのあり方と環境の要請の間に，矛盾が出てくるのである．

あるいは，国際的に事業が発展していくと，国内事業の管理のためにつくられた組織の体制が，国際的に広がってしまった環境との間に矛盾を起こし始める例もある．単純な例で言えば，日本語で会議をするのが当たり前で，

必要ならば気心の知れた同僚に気楽に電話で相談すれば解決のついていたさまざまな案件が，アメリカの事業所との間では英語でコミュニケーションをせざるをえない．そのため，英語が不自由な日本国内のスタッフでは，気楽に電話で片をつけるというマネジメントのスタイルは通用しなくなってくる．そのとき，英語という新たな要請を無視して従来の体制のままに放置すると，社内のコミュニケーション不足などの矛盾が生まれてきてしまう．

発展が矛盾をもたらす第三の理由は，人々の学習能力とそれがもたらす蓄積そのものである．企業の発展のプロセスは，その発展に貢献したさまざまな仕事のプロセスを通じての，人々の学習のプロセスでもある．人々は日常の仕事を通じて，さまざまな情報を獲得していく．その仕事に適合したものの見方や考え方を獲得していく．それは，企業にとって貴重な経営資源になると同時に，企業の内部のさまざまな不均衡をつくり出す．

それは，小さなスケールでも，大きなスケールでも起きる．小さな例で言えば，ある機械工が同時に三台の機械を使って生産している現場を考えてみよう．人間は仕事を通じて学習することができるので，機械の使い方に習熟すれば，最初は三台しか使えなかった機械工は，その三台の機械の操作に熟練していく．その結果，生産性があがり，発展がおこる．しかしそのうちに，四台の機械を使いこなせるようになるまで熟練がすすむかもしれない．そのとき，機械が三台のままでは，機械工の能力と機械の量との間に矛盾，不均衡が発生する．

大きなスケールで言えば，ある事業でつちかった技術がその事業だけで使われている場合がある．その技術蓄積ができたために，その事業での発展があった．しかし発展の結果，まだまだ進歩できるその技術のポテンシャルをその市場は使えないかも知れない．それでその技術がほかに転用されないままでいるとすれば，未利用なまま放置されることになる．それは，未利用でもったいないというポテンシャルと現実の利用法の間の矛盾をもたらしている．このように，人々が学習をしているとき，企業の中では発展によってつねに矛盾や不均衡がつくり出されている．

こうして，発展が生み出す矛盾に企業は対応しなければならない．ここでも，矛盾のマネジメントが求められている．

慣性がもたらす環境との矛盾

　企業の発展がもたらすのは，前項で述べたような明白な矛盾ばかりではない．ひそやかな矛盾も生まれる．

　たとえば，長期にわたる成功は，企業の中に，気のゆるみ，油断，慢心をもたらすかもしれない．それによって，企業内部の人々は，かつてほどは熱心に仕事に取り組まなくなるかもしれない．また，外界に対する感度が失われるかもしれない．それらは惰性，あるいは慣性が企業組織の中に発展ゆえに生まれてくる，という例である．発展は，明白な矛盾を生み出すばかりでなく，慣性をも生み出す．

　これは，発展ゆえに成功のおごりを生むという形で慣性を企業組織の中で生み出した例であったが，企業組織の中にはそうでなくともつねに慣性の発生源がある．発展しても発展しなくても，組織の中の慣性はある．しかし慣性は，企業の発展のためには敵であることが多い．その慣性と環境の要請との間に，巨大なギャップつまり矛盾が発生する危険があるからである．

　企業の発展には，さまざまな新陳代謝が不可欠である．新事業，新市場，新技術，新組織，新戦略，新人事，などである．そうしたさまざまな新しいことを始めることは同時に，それまでしていた古いことをときには捨てることであり，少なくとも古いものの常識では対応できないことを試みることである．しかし，人間には慣性がある．組織には過去の価値観やパラダイムや利害がしみついている．そのため，手慣れたことをしつづけている方が楽でいい．つい古いものの常識で判断しがちになる．古いものからの「汚染」である．しかし，それらから脱却しなければ，新しいものへの挑戦に必要なエネルギーも新しいものの見方も生まれてこない．その意味で，意識とエネルギーの両面での慣性とのたたかいが，企業の発展には必要となる．

　しかし，いくつかの意味で，組織には慣性のロック（錠）がかかっている．そのロックが企業の発展への動きの障害となる．そのロックを一つひとつ解錠していくのが，慣性とのたたかいなのである．慣性のロックには，大きく分けてシステムロックとヒューマンロックがある．システムロックは，企業の仕事の仕組みや組織の仕組みといったシステム構造のために慣性のロックがかかっているもの．ヒューマンロックとは，企業を構成する人々のものの

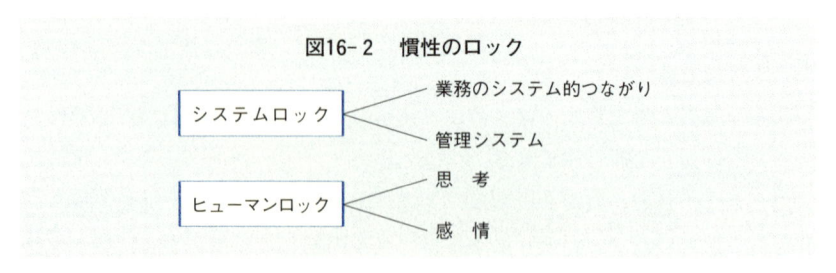

図16-2　慣性のロック

```
システムロック ─┬─ 業務のシステム的つながり
                └─ 管理システム

ヒューマンロック ─┬─ 思　考
                  └─ 感　情
```

考え方や感情のために，慣性のロックがかかっている．

　システムロックには，二つ大きなものがある．その一つが業務のシステム的つながりというロックである．これは，すべての仕事や業務がほかの仕事と絡み合っていて，そのシステム全体の一部だけを部分修正するのがむつかしいことを言う．そのようなとき，「Aという新しいことをするには，BとCが変わらなければ意味がないが，それらの変更がむつかしいから，A自体も変えられない」といった，現象が生じる．仕事のシステム全体を変えるのは多くの人の合意がいるために，結局，なにも変えられなくなってしまう．そこで，慣性にしばられた動きを組織はする．

　第二のシステムロックは，管理の仕組み，評価のあり方のロックである．たとえば，減点主義の人事をしているために，みんなが失敗の少ない手慣れた仕事をするようになって新しいことができない．あるいは評価を細分化しているために，多くの人が関与する企業の活動内容の変更を言い出す人がいない，といった例である．ここでも，慣性が働いてしまう．

　こうしたシステムロックは，じつは組織のマネジメントの必要性があってそもそもつくられた仕組みゆえのものだから，余計にロックがかかりやすい．

　ヒューマンロックにも二つある．一つは人々のものの考え方の慣性，つまり思考のロックである．人々が古いパラダイムからなかなか抜けられないために，新陳代謝への動きが鈍るということである．もう一つのロックは，感情のロックで，新しい変化を提案する人々への感情的な抵抗があって，新しい動きにブレーキがかかってしまう．「あいつの言い出したことだから，いやだ」という話である．その結果，組織は旧態依然とした行動をとりつづける．案外，このロックが一番きついかもしれない．

　こうしたロックを外す道を考えなければ，企業の発展のマネジメントは動いていかない．だが，慣性のロックがかかった状態は，その状態なりにさま

ざまなつじつまが合った状態である．それが「鍵がかかっている」ということで，ジグソーパズルの均衡は，悪い状態，古い状態でそれなりにとれてしまっている．したがって，組織の内部だけを見れば，矛盾が少ない状態とも言える．

しかしその慣性は，環境の要請との間に巨大な矛盾をもつ危険がある．その慣性のままで組織が推移しても発展が続くような環境ならいいが，それはあまり期待できないであろう．

したがって，慣性とは，組織の内部では矛盾がなく，しかし環境との間で矛盾を持ちかねない，という厄介な状態だと言える．その状態から抜け出すためには，じつはあえて組織の内部に慣性を打破する方向での矛盾が生まれる必要がある．その矛盾を解決しようとする学習とエネルギーが，慣性から抜け出すために利用できるからである．そして，そうした内部の矛盾は多くの場合，かなり意図的につくり出される必要がある．自然に放置しただけでは，企業が危機的状況になってはじめて慣性からの脱却がはじまるということになってしまう．それでは，手遅れになる危険も大きい．

慣性とのたたかいのために，矛盾の創造という矛盾のマネジメントが求められている．

2　矛盾と発展のマネジメント

矛盾の解消，矛盾の積極的利用

こうして企業の発展にともなってさまざまな矛盾が，三つの源泉（組織マネジメント，発展そのもの，慣性）が絡み合って生み出される．そうした矛盾への経営としての対応を矛盾のマネジメントと呼ぶとすると，それには大きく分けて二つのスタンスがある．

第一は，矛盾の解決を目指す，という当たり前のスタンスである．しかし，少なくとも目先の矛盾がかなり必然的に生まれてきてしまうものであるから，その解消だけを第一義的目的とするような行動をとれば，そもそも発展にはつながらない．たとえば，ニッチ戦略のもたらす矛盾がいやだからといって，あまり市場での大きな成功を求めようとせずにニッチを残し続ける，

という矛盾の解消法をとれば，それは発展を望まないという解決策になってしまう．それでは，本末転倒である．企業の発展とともにかなり必然的に生まれてくる矛盾の解決は，単純ではない．

　矛盾のマネジメントの第二のスタンスは，矛盾の解消を目指すのではなくむしろ矛盾の積極的利用を目指す，というスタンスである．ときには，矛盾をわざわざ創造することが目指されるかも知れない．つくり出される矛盾のもたらす効果によって，新たな発展の源泉が手に入るのであれば，矛盾の創造もありうる選択肢である．

　たとえば，ある事業に進出したいが，しかしそこでの競争力が今は十分にはないというケースで，矛盾の積極的利用がありうる．競争力がないのに今，進出してしまうのである．そこで当然，競争力がないのに競争しなければならないという矛盾が生まれる．その矛盾の解消のプロセスは，現場が切迫した状況の中で少しずつ競争力を積み上げていくしかない．その解消のためのエネルギーが，矛盾ゆえに出てくる．その結果，明日には競争力が強化されて，その事業への進出と今日の競争力のなさという今日の矛盾がかえって意義をもつことになる．第17章で扱う，オーバーエクステンション（過度拡張）という戦略のパターンがこれである．

　あるいは，ある矛盾Aの解決のために，別の矛盾Bが生み出すエネルギーを使う，という矛盾の利用もあるだろう．中高年が多くてポストが与えられなくて困っているというポストと年功の間の矛盾の解決のために，若手抜擢を積極的に進める，という前章で述べたパラドキシカルな例がその例である．若手を抜擢すれば，若手と中高年の間の軋轢が生まれる危険がある．しかし，その危険をはらんだ状況があまりにあちらこちらにあるようになると，軋轢を生むような文句を言える状況ではない，文句を言わずに新しい状況に対応することを考えようというエネルギーが生まれる．そこで，じつは中高年がポストがなくとも働き場所が得られるような工夫をどうするかを，みんなが懸命に考えるようになる．つまり若手と中高年の間の矛盾Bを，中高年と年功の間の矛盾Aの解消に利用しようとするのである．

　この例でも，矛盾Aの解消は，単純にバランスをとるとかけんか両成敗にする，というような解消の仕方ではなかった．ダイナミックに，さまざまな条件が変化していく中で，一つの矛盾に見えていた部分がもはや矛盾ではな

くなるような別な大きな状況がつくられている．つまり，ダイナミックに矛盾は解消されている．

　それがおそらく，矛盾のマネジメントの第一のスタンス，矛盾の解消のためのもっとも有効な基本的解決方向であろう．ダイナミックな解消あるいはダイナミックなバランスとりという方向である．矛盾をそのままほかの条件を変えずに解消しようとするのは，きわめて難しい．矛盾は，かえって事柄をいったん難しくするような石を投げてやることによって，ダイナミックに解消に向かうものなのである．

　矛盾のダイナミックな解消にせよ，矛盾の積極的利用にせよ，そうした矛盾のマネジメントの二つの基本的方向がうまく機能しうるという論理は，どんなものなのか．それが，どのように発展のマネジメントとつながるのか．

　その基礎論理をなすのは，「学習と心理的エネルギーのダイナミズム」であるとわれわれは考える．この章の後半ではそのダイナミズムの基礎理論を扱う．第17章（パラダイム転換のマネジメント）と第18章（企業成長のパラドックス）は，その応用的な位置づけの章である．第17章では慣性とのたたかいの問題を考え，第18章では企業の成長プロセスで表れるさまざまなパラドックスとそのマネジメントを扱う．

　この第Ⅲ部で議論されているマネジメントのあり方は，これまで第Ⅰ部と第Ⅱ部で議論してきたようなマネジメントのあり方とはかなり色合いが違う．そうした新しいマネジメントの基礎的パラダイムとでも言うべきものの一つの概念的枠組みとして，第19章では場のマネジメントという考え方についての解説をする．そこでも，組織に働く人々の学習と心理的エネルギーのダイナミックな相互作用が，概念的基礎になっている．

　矛盾と発展のマネジメントとは，学習と心理的エネルギーのダイナミックなマネジメントでもある．

　矛盾と発展のマネジメントは，まだ十分研究されていない分野である．そうした未成熟な分野についてのわれわれの試論をこうした教科書であえて取り上げる理由は，それが環境のマネジメントや組織のマネジメントと並んで企業のマネジメント全体にとって重要だと確信しているからである．

なぜ学習と心理的エネルギーのダイナミズムか

　学習とは，情報や知識の獲得であり，認識の変化を起こさせる活動である．それを，組織に働く人々はなんらかの形でつねに行っている．心理的エネルギーとは，人間の欲求と主体性を発現させ，人間を行動へと駆り立てる源となる心理的な力のことである．組織に働く人々はたしかに，なにがしかのあるいは大量の心理的エネルギーをもって企業活動に取り組んでいる．

　人々の学習活動は，一定のペースや仕方で終始するわけではない．心理的エネルギーもさまざまな理由で時とともに変化するだろう．そうした学習と心理的エネルギーのダイナミズムが企業の発展の一番の基礎である，とわれわれは考える．そのダイナミズムを理解することが矛盾のマネジメントの理解には不可欠だと考える．なぜか．

　企業の学習によって，企業の情報蓄積やものの考え方が変化する．第1章の言葉を使えば，見えざる資産という情報的経営資源の変化が学習によって起きる．第Ⅰ部で論じたように，情報的経営資源は企業の競争力の真の源泉である．また，たんに競争だけでなく，多角化による企業成長の源泉となる範囲の経済は，言葉を換えれば情報的経営資源の有効利用にその本質がある．つまり，競争戦略でも多角化戦略でも，市場の情報，技術，組織のものの考え方，ブランド，信用，そういった情報的経営資源こそが企業の発展の源泉なのである．

　企業のもう一つの発展の源泉は，人々の心理的エネルギーである．それは二重の意味で，企業の発展の源泉である．一つの意味は，エネルギーがあってこそ人々の企業活動への努力は大きくなる，ということである．「やる気」の問題である．もう一つの意味は，そのエネルギーは情報的経営資源の価値を大きくするためにも貢献する，ということである．まず，エネルギーは情報的経営資源を大きくする道としての学習に必要である．そしてさらに，エネルギーがあれば，既存の情報的経営資源のうまい組み合わせから効果的な企業活動を編み出そうとする努力が大きくなるだろう．

　学習がなくても，エネルギーが高まれば企業は発展する．しかし学習があればもっと発展する．エネルギーが少なくても，学習があれば企業は発展する．しかしエネルギーが少ないと学習が早晩途切れるし，エネルギーがあれ

ば学習の成果はもっと大きくなる．

　こうして企業の発展は本質的に情報蓄積とエネルギーのストックに依存している．したがって企業の発展は学習とエネルギーのダイナミズムに依存することになる．そして，その学習とエネルギーのダイナミズムを左右する鍵を矛盾のマネジメントが握っている．学習にせよ，心理的エネルギーの昂揚にしろ，ダイナミックで人間くさい活動である．そういった活動を引き起こすきっかけを，矛盾が与える．持続させるベースを，矛盾のマネジメントがもたらすさまざまな現象が与える．それは前項ですでに述べたとおりである．

3　学習のダイナミズム

企業における個人の学習

　企業の学習とは，つまるところはそこに働く個々の人々の学習活動の集積である．たんに個人が独自に学習しているのとはたしかに異なる「集団的」あるいは「組織的」な違いが，企業における個人の学習にはある．しかし，学習活動の主体はあくまでも個人である．その個人の学習の活性化が，結局は企業の学習の活性化につながり，企業の発展につながる．個人の学習の場が企業という経済活動をしている人間集団の中で起こることを考えると，その活性化を考える際のキーポイントがいくつか浮かび上がってくる．

　第一のポイントは，「行動」を媒介とした学習の重要性である．基本的に，企業に働く人々は仕事をしている．学生のように，学習だけを専門にしているわけではない．しかし，そこにじつは有利さと意味がある．

　仕事のプロセスという行動そのものの過程から，人は学んでいる．仕事がうまくいけば，それは仕事の前に想定していたこと（これを仮説と呼んでいいだろう）が正しいことを確認したことになる．それは学習である．あるいは，仕事がうまくいかなければ，事前の仮説が間違っていたのである．どこが，なぜ間違っていたのかを考えるプロセスもまた学習である．それが，経験学習ということである．learning by doingである．あるいは，オン・ザ・ジョブ・トレーニング（OJT）の基本がこれである．

　行動が，つまり仕事が媒介になって学習が起こるとすれば，学習の活性化

のための重要なヒントは，仕事や行動の仕方を工夫することが学習の活性化につながるという事実である．企業における学習にとってはポイントの一つ

玄人と素人——サイモン＆チェースの実験

　経営学者のサイモンと心理学者のチェースは，専門家と素人との違いについて興味深い実験を行った．彼らは，人間の記憶には2種類のものがあると考えていた．一つは長期記憶で，ほぼ無限の容量をもち，記憶された情報はなかなか消えない．もう一つは短期記憶で，限られた容量で忘却もはやい．長期記憶の情報は，いったん短期記憶に送られ，それをもとに思考が行われる．短期記憶は，コンピュータでいえばCPUにあたる．短期記憶の容量は限られているという仮説に合わないのは，さまざまな分野の玄人である．彼らは短期記憶に大量の情報を取り込み，そこで高度な思考を行う．その典型は，チェスのプロあるいは有段者である．サイモンは，なぜそれが可能なのかを確かめようとした．
　チェスの有段者（M），中級者（A），初心者（B）を集め，盤の再現実験をした．チェスの盤面を1回に5秒間だけ見せ，何回で完全に再現できるかを測定する実験である．まず，実際の中盤戦の盤面を再現させる実験をしてみた．その結果は，下の左図のようになった．有段者（M）は，平均4回で完全な再現ができたが，初心者（B）は7回でも完全な再現は不可能であった．つぎに，ランダムな配列が問題として出された．その結果は，下の右図に示されている．驚くべきことに，今度は，有段者（M）の再現率がもっとも低かったのである．
　この実験から，二つの示唆を引き出すことができる．第1に，ある分野の専門家と呼ばれる人々が，その分野にかんして高度な思考ができるのは，記憶容量が大きいからではない．彼らが短期記憶に大量の情報をしまいこめるのは，情報をパターン化しているからである．これにより，限られた記憶容量を有効に利用できるからである．専門家は情報を圧縮する技術を知っているのである．第2に，一度あるパターンを習得すると，パターンに合わない情報は，記憶が難しいという示唆である．組織化された情報は，それに合わない情報を無視させ，なかなか消去できないといえるのかもしれない．

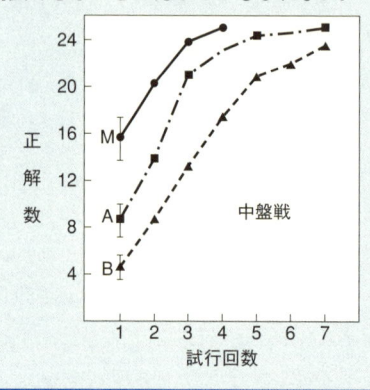

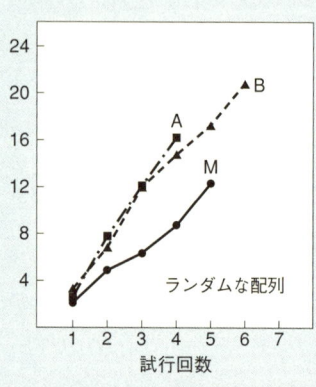

である．たとえば，毎日同じ仕事を反復的に繰り返している場合よりも，仕事の全体像がわかるように，さまざまな仕事を経験した場合の方が，学習の効率は高いであろう．また，無理のない簡単な仕事をしているよりも，適度に難しい仕事をしている方が，学習の効率は高いであろう．かといって，あまりに難しい仕事に取り組めば，学習の効果は上がらないだろう．

　第二のポイントは，人は模倣によって学ぶ，ということである．学ぶことすなわちまねることである．あるいは，学ぶことの第一歩はまずまねることである．反面教師もまたまねの一種と考えていいだろう．反面をまねるのである．このような学習を社会的学習という．

　まねの対象は，多くの場合，自分の周囲の人々である．自分が遭遇する出来事である．したがって，周囲の条件づくりが個人の学習に大きな影響を及ぼすことになる．まねる内容は，たんに知識だけでなく，学習の仕方，努力の注ぎ方，ものの考え方，といったものにまで及ぶであろう．あるいは集団の影響によって組織文化に染まる，組織パラダイムがしみつく，といった現象も「まね」というポイントから生まれる．こうした，周辺状況，集団力学の影響が個人の学習の活性化にはあることを，明確に意識する必要がある．

　個人の学習の活性化を考えるうえでの第三のポイントは，学習の結果としての情報蓄積やものの考え方には，消去困難性とでも言うべき「保守性」があることである．多くの人は，自分の知っていることを重要と考え，ついそれに拘泥してしまう傾向を否応なしにもっている．現状の学習結果についしがみつくのである．だから消去が困難になる．新しいものを入れるのが困難になる．この点への配慮をしないと，個人の学習はじつは活性化されない．

　この困難性は，知識の編成原理あるいは思考の様式として第13章（経営理念と組織文化）でくわしく述べたパラダイムには，とくに強い．人のものの考え方は本当に変わりにくい．

　そうした困難があることを考えると，二つのヒントが出てくる．一つは，過去の学習の結果をどのように取り除くかを真正面から考えないかぎり，新しい学習はしにくい，ということ．アンラーニング（学習棄却）の重要性である．

　もう一つのヒントは，二種類の学習を区別することである．第一は，既存のパラダイムのもとでの学習である．漸進的，累積的，連続的な学習である．

これをパラダイム内部での学習と呼ぶことにしよう．第二は，パラダイムの転換や創造を伴うような学習である．企業の中で共有されている基本的な思考の枠組みの変化を伴うような学習である．非連続的，飛躍的，革新的な学習である．これをパラダイム転換を伴うような学習と呼ぶことにしよう．

既存のパラダイムの内部の学習を活性化したいのか，あるいはパラダイム転換を引き起こしたいのか，その方法論から困難さまで大きく違う．二つを混同してはならない．一般的にいえば，パラダイム転換を伴うような学習が起こるのは，それほど頻繁なことではない．

企業の内外を問わず，学習には心理的エネルギーがいる．学習したいというエネルギーである．あるいは学習の効率を高めようとするエネルギーである．前節で矛盾の効用として述べたことの多くは，矛盾がその解決へのエネルギーを供給して学習活動を活性化するということであった．エネルギーは，パラダイム内部の学習であれ，パラダイムを変える学習であれ，必要である．しかし，パラダイム転換を伴う学習を引き起こすのには，パラダイムの内部での学習と比べると，格段に大きな心理的エネルギーの動員が必要である．

組織の学習のダイナミズム

企業の学習は，組織という人間の集団の学習である．その集団全体の情報の蓄積であり，知識の獲得であり，認識の変化である．それは個人の学習の相互作用の集積である．たしかに個人が学習の主体である．しかし，その個人は周りの人々の学習のあり方に影響を受ける．その影響から，個人の学習の間の相互作用が生まれ，その相互作用の結果，組織独特の学習現象も生まれてくる．

企業の学習プロセス考えるために必要なのは，「組織的なプロセス」としての視点である．企業における情報や知識の獲得過程を，たんに時間経過の中で起こる現象として捉えるだけでなく，情報や知識が組織内のどこで獲得され，どのように伝播していくかという視点が必要である．

組織における知識は，大きく，二つのレベルに分けることができる．

第一は，個人的な知識のプールである．組織のメンバーの記憶の中に保存されている知識である．その中には，じつに多様なものが含まれている．組織の仕事に関係するものから，組織の仕事に関係しない多様な知識もある．

組織的知識創造の理論

　日本発の組織的知識創造理論として，野中郁次郎の理論がある．野中はポラニーに従って，知識というものは暗黙知と形式知に分類できるとする．暗黙知は，特定状況に関する個人的知識であり，形式化したり他人に伝えたりするのが難しい．形式知は，形式的・論理的言語によって伝達できる知識である．アナログ知とデジタル知，経験知と理性知，と言い換えてもよい．

　この二つの知の間には，相互作用がある．人は暗黙知を経験から修得し，それを他人に伝えようとして形式知に変換する．職人が経験からつかんだカンを，他人に分かるように言語表現をする，というような変換である．あるいは，形式知の集積から新しい暗黙知を個人が獲得することがある．この暗黙知と形式知の社会的相互作用をつうじて人間の知識が創造される．それが組織の中で起きているプロセスを四つの知識変換モードで解明しようとするのが，野中が提唱した組織的知識創造の理論である．四つのモードとは，共同化（個人の暗黙知からグループの暗黙知を創造する，Socialization），表出化（暗黙知から形式知を創造する，Externalization），連結化（個別の形式知から体系的な形式知を創造する，Combination），内面化（形式知から暗黙知を創造する，Internalization）である．

　共同化とは，経験を共有することによって，メンタル・モデルや技能などの暗黙知を創造するプロセスである．表出化とは，暗黙知がメタファー，アナロジー，コンセプト，仮説，モデル，などの形をとりながらしだいに形式知として明示的になっていくプロセスである．連結化とは，異なった形式知を組み合わせて新たな形式知，新たな知識体系を創り出すプロセスである．内面化とは，形式知を暗黙知へと体化するプロセスで，行動による学習と関連したプロセスである．

　この四つのプロセスが，共同化を起点として，SECIという順序（四つのプロセスの頭文字の順序）で次々と組織内で起きていくような知識スパイラルが組織的知識創造理論の中核である．このプロセスがSECIモデルと呼ばれる（野中郁次郎・竹内弘高『知識創造企業』梅本勝博訳，東洋経済新報社）．

知識スパイラルとその内容の変化

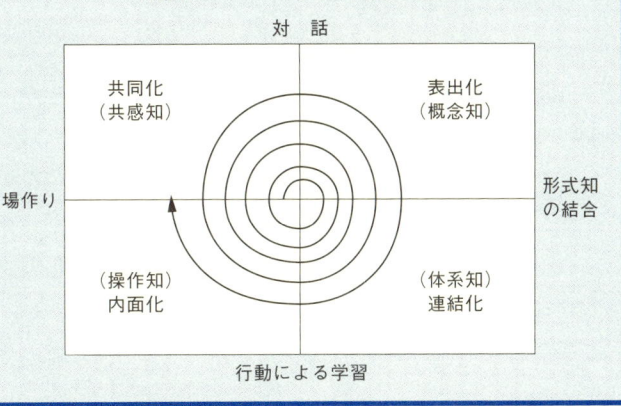

	対　話	
場作り	共同化（共感知）	表出化（概念知）
	内面化（操作知）	連結化（体系知）	形式知の結合
	行動による学習	

もちろん，どれが関連し，どれが関連しないかについて，明確な境界があるわけではない．その境界は，個人の組織への一体感，心理的エネルギーのレベル，どのような知識が組織に関連しているかについての個人の知識，などによって決められる．こうした個人の知識が，組織が潜在的に利用できる知識のプールである．

　第二は，組織的に共有され，分有された知識，つまり組織的知識である．組織内部の人々が共通に利用できるような形で保存され，伝承されている知識である．その保存の方法は，じつに多様である．組織のルール，手続き，職務記述書などは，どのように仕事をすれば効率的かについての組織の知識を表現したものである．組織文化と総称される組織の行動規範や価値観，慣習も，「組織の中では何が重要か」「ここではいかに行動すべきか」についての知識の集大成である．「困ったときには現場へいけ」とか「五回のなぜを繰り返せ」という格言や武勇伝という形で知識が共有され，伝承されることもある．誰がどのような知識をもっているかについての地図（組織内の人脈図）も，知識を分有しながらそれらが共有になっていくために必要な手段である．

　組織における知識は不変のものではなく，変化し，発展する．そのプロセスが組織学習のプロセスである．その中には，まったく新しい知識の創造，知識の累積的な蓄積，有効性を失った知識の棄却と新しい知識による知識の更新，一部の人にしか知られていなかった知識の共有化，などが含まれる．組織的な知識の獲得の方法はじつに多様である．その方法も，先に述べた二つのレベルで論じることができる．

　第一のレベルは，組織の個人レベルでの知識の獲得である．それは日常の経験，論理的な推論や類推，実験，直感やひらめき，模倣，対話，他者からの批判や反省，教育や訓練など多様な手段によって行われる．組織は，このプロセスを活性化することによって，潜在的に利用可能な知識プールを増大させることができる．あるいは，中途採用，新規採用という形で，新たな経験をもった人を取り込むことによっても，組織的に利用可能な知識のプールを広げることができる．

　第二のレベルは，組織的な知識獲得のプロセスである．そこには二つの方法がある．

第一の方法は，個人的な知識の組織的な共有知識への転換である．知識の客観化である．個人の経験のマニュアル化や概念化，格言化，規則化などは，個人的な知識の組織的な知識への客観化のもっとも基本的な方法である．人々が漠然と暗黙のうちに共有しているイメージを，言語あるいは図式として表現するという行為も，個人的な知識の組織的な知識への転換である．

　第二の方法は，人々の知識を組織的な意思決定に取り込むという形での，個人的な知識の共有化である．知識の共有化は，まずコミュニケーションの段階で起こる．組織内のコミュニケーションの多くは，受け取った情報をそのまま他者に伝えることではなく，情報の編集というプロセスを含んでいる．たとえば営業の担当者は，顧客のニーズを開発の担当者がわかる言葉に翻訳しなければならない．「編集」とは，受け取った情報を加工し，圧縮するプロセスである．これも，人々の知識を共有化するために必要な手段である．また，組織内部での人々の間の相互作用によって，個人では得られなかったような問題解決のアイデアが創造されるというのも，組織に固有の知識獲得の方法である．

　以上で述べた知識獲得の方法は，潜在的に利用可能な個人の知識プールの中に保存されている有用な知識を発見し，それを組み合わせて，組織的に利用可能な形に転化するプロセスである．組織的な学習とは，ほぼ無限の容量をもつ個人的な知識プールの集合体の再発見と活性化のプロセスだといえるだろう．

　ここでいう知識の中には，組織のパラダイムのような「知識についての知識」，あるいは知識の有効性の判断や解釈のための知識という，メタ知識も含まれる．組織としてのメタ知識は，個人の場合と同様，大きな消去困難性をもっている．

　しかし一方で，その種の知識あるいはパラダイムは，効率的な知識獲得や組織内のコミュニケーションにはぜひ必要なものである．しかし，そのパラダイムが固定化し始めると，組織の学習はそのパラダイムにのるものだけになってしまい，知識はその範囲で深まりはするが固形化も起こる．それに応じて学習の退化が起き始める．

　したがって，パラダイム転換の必要性が生まれてくる．それは矛盾と発展のマネジメントとしてきわめて重要なことなので，次章でのメインテーマと

して扱う.

4　心理的エネルギーのダイナミズム

組織としての有効エネルギーの生成

　心理的エネルギーとは，人間の欲求と主体性を発現させ，人間を行動へと駆り立てる源となる心理的な力のことである．この定義は，個人のエネルギー（以後，エネルギーといえば心理的エネルギーのことをさすものとする）にも組織のエネルギーにもあてはまる定義である．しかし，組織のエネルギーとは何だろうか．

　究極的には，組織のエネルギーの供給源は組織に働く一人ひとりの個人である．その個人に源泉をもつ組織のエネルギーが企業活動に有益なように顕在化し有効利用されるのには，多少のステップがいる．

　まず，一人ひとりの個人は，その心の中にある量の心理的エネルギーを秘めていると考えよう．それが個人の潜在エネルギーである．個人はその潜在エネルギーのはけ口をいくつももっている．そのはけ口の一つが，企業のための活動である．企業目的のために有効な形で個人の潜在エネルギーが顕在化したものを，個人の顕在エネルギーと呼ぼう．そして，これらの個人の顕在エネルギーのベクトル和あるいはベクトル的合成の結果として組織目的のために有効となるエネルギーの総量を，組織の有効エネルギーということにしよう．ここでの「和」とは，多数の個人のエネルギーの合計という意味である．この組織の有効エネルギーが企業活動にとって直接的に意味のある「組織としてのエネルギー」である．

　ここでいうベクトル和とは，単純な算術的な和ではない．個人の顕在エネルギーがベクトルとして大きさと方向をもつものと考え，そのベクトル的合成の結果としてはじめて出てくる「和」である．その合成のプロセスで，各個人の顕在エネルギーのベクトルはさまざまな影響を受け，その個人がただ一人で単独活動しているときのベクトルの単純和とは違う合成の結果が出る．その合成のプロセスを理解することが，じつは組織の集団としてのエネルギーの本質を理解することになる．それを表16-1のようなマトリックス

表16-1　有効エネルギーの合成と場のエネルギー

		影響のメカニズム	
		組織から個人への直接的働きかけ	組織という場における個人間相互作用
ステップ	潜在エネルギーの顕在化	1	3
	顕在エネルギーの有効化	2	4

で考えてみよう．

　組織の有効エネルギーはその源泉を，究極的には個人にもつ．が，一人の個人のエネルギーが組織の有効エネルギーとなっていくには，二つのステップが必要である．それが顕在化と有効化である．簡単に言えば，顕在化とは個人の顕在エネルギーのベクトルが大きくなること．有効化とは，そのベクトルの方向が組織目的にそった方向を向くこと，である．

　顕在化と有効化のステップは，組織というものとのかかわりでは，大別して二つのメカニズムによって個人が影響されることによって行われる．一つは，組織がその経営のために設けるさまざまな経営システムやプロセスによって，各個人に直接的に働きかけて個人に影響を与えるメカニズム．もう一つは，個人がその周囲のほかの個人の行動に影響され，個人間の相互作用を起こすことによって，個人のエネルギーベクトルが変化するというメカニズムである．

　表16-1のセル1の例は，組織が提供するインセンティブシステムやリーダーシップによって個人のモチベーションが高まり，その結果個人がより多くのエネルギーを組織のために使おうと思うこと．セル2の例は，個人間のベクトル合わせを管理者の調整やコントロールのシステムが行うことによって，個人がバラバラに行動するときより大きなエネルギー水準を組織目的に有効な方向へ向けさせること．

　セル3の例は，ちょうど祭りの騒ぎの中に人が入ると生き生きしはじめるように，周りの人間が一所懸命に働いているとそれにつられてその人も働きはじめること．ときには，他人の活動にあおられて，競争心が生まれ，その他人とは違う方向へとエネルギーを顕在化させることもあるだろう．セル4の例は，集団の中でもまれているうちに，みんなの間の意思疎通ができるようになり，あるいは有力なメンバーに影響されて，個人間のベクトル合わせ

が促進される場合，いずれも，集団力学あるいは相互作用が鍵となってエネルギーの顕在化，有効化が促進されている．

セル1とセル2のプロセスの結果として生まれてくるエネルギーは，それを個人に還元できる．しかし，セル3とセル4のプロセスで生まれるエネルギーは，組織という場での相互作用があればこそ生まれるもので，その発生を完全に個人には還元できず，むしろ組織という場に帰属させた方がわかりやすい．真の意味で，個人のエネルギーが組織という場でベクトル的に合成され，その合成の相互作用ゆえに個人単独の場合では生まれえないエネルギーが発生する．これを場のエネルギーと呼ぶことにしよう．いわば，組織が供給する，あるいは組織であるがゆえに生まれるエネルギーである．場のエネルギーを引き出すメカニズムやプロセスは，そのかなりの部分が経営者によって現実には提供されている．

場のエネルギーの供給メカニズム

場のエネルギーが供給される代表的なメカニズム（と経営としての働きかけ）として，三つのものがある．

第一は，組織の価値観や組織そのものへ個人が一体化することの促進である．一体感の生みだす組織の凝集力や使命感の共有は，個人の内発的な動機にはたらきかけることによって，個人からより大きな顕在エネルギーを引き出す．そればかりでなく，各人のエネルギーのベクトル合わせを促進する．いずれも組織の有効エネルギーを高める．経営者が，企業としての一体感の維持に大きな努力を払い，経営理念の共有のために懸命になるのは，この場のエネルギーを高めるためである．

第二には，エネルギーの伝染によって，個人だけの場合には発生しない場のエネルギーをつくろうとする方法がある．言い換えれば，ある部分での高いエネルギーは他の部分でのエネルギーを引き出すという相乗効果がある．成功が成功を呼ぶ，とでも言おうか．

たとえば，ある段階での事業の成功が，次の段階での成功の期待を高め，組織の勢いをつくり上げる，というのは時間的な伝染効果の例である．あるいは，空間的な伝染効果もある．ある個人あるいは集団の成功，あるいは高エネルギーがほかの個人あるいは集団のエネルギー水準を高める，というの

がその例である．経営者が，小さな成功を組織に体験させ，それを組織内で伝播させるというリーダーシップをとって組織に勢いをつくろうとするのが，しばしば見られる．これは，伝染効果による場のエネルギーづくりの例である．

　第三の方法は，組織内の緊張水準を高めることによって，有効エネルギーを大きくしようとするものである．人々の組織への一体感が高い場合には，緊張度の上昇は集団の凝集性を高め，個々人からより大きな顕在エネルギーを引き出すとともに，エネルギーのベクトル合わせを促進する．

　ここでは，矛盾や不均衡が大きな役割を果たす．矛盾をきっかけとして，組織の緊張水準が高まり，不均衡の解決のためのエネルギーが生まれてくる．経営者が，危機感を訴えたり，場合によっては実際に危機をつくりだしたりするのは，組織的な緊張から生まれる場のエネルギーを求めての経営行動である．

ポジティブエネルギーとネガティブエネルギー

　エネルギーを顕在化させ，有効化させるさまざまな手段を述べたが，そうした手段の，どれをきっかけとして生まれてくるエネルギーかによって，そのエネルギーの持続性やダイナミズムに微妙な影響が出てくることを理解する必要がある．ポジティブエネルギーとネガティブエネルギーの区別である．

　ポジティブエネルギーとは，成功がもたらす喜び，成功できそうだという期待がきっかけとなって顕在化されるエネルギーである．ポジティブ，つまり「いいこと」を目指すエネルギーである．これに対してネガティブエネルギーとは，困った状態がきっかけとなって，そこから抜け出したいという意思が供給するエネルギーである．ネガティブ，つまり「具合の悪いこと」を避けるエネルギーである．矛盾や不均衡，危機に直面したときに生じるのは，少なくともその初期ではネガティブエネルギーである．

　それぞれのエネルギーは，固有のダイナミズムをもっている．それを瞬発力と持続性という二つの観点から考えてみよう．

　一般に，ネガティブエネルギーの方が瞬発力は強いだろう．危機に瀕した組織のがんばり，あるいは俗にいう火事場の馬鹿力を考えれば容易に納得がいく．しかし，持続性ではむしろ逆である．ネガティブエネルギーは，困っ

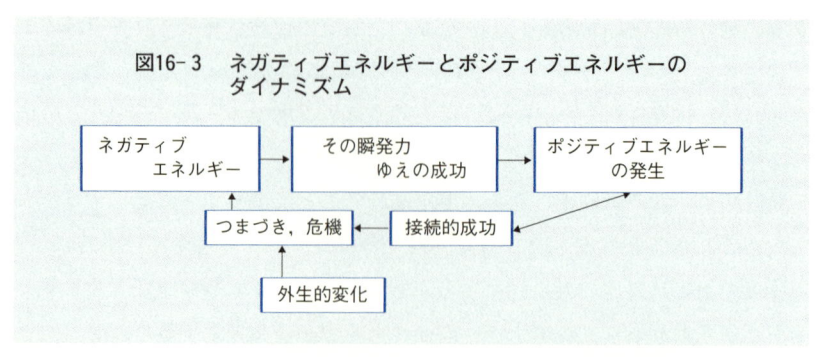

図16-3 ネガティブエネルギーとポジティブエネルギーのダイナミズム

ネガティブエネルギー → その瞬発力ゆえの成功 → ポジティブエネルギーの発生 → 接続的成功 → つまずき, 危機 → (ネガティブエネルギー)
外生的変化 → つまずき, 危機

た状態が解消されたときには，消滅してしまう．また，具合の悪い状態が長引いたときには，それが常態となり，人々の心にそれを当たり前のことと合理化する心理的な適応が起こってしまう．その結果，心理的には具合が悪いと意識されなくなり，エネルギーは消滅してしまうこともある．したがって，通常ネガティブエネルギーは持続性をあまりもたない．

ポジティブエネルギーの持続性はかなりありうる．成功がもたらすポジティブエネルギーが，よりよい行動と努力を供給し，それがさらなる成功をもたらすと，よりいっそうのポジティブエネルギーを供給するという善循環が生まれることがしばしばある．組織全体の勢いは，このような善循環からもたらされる．もちろん，このような善循環も無限につづくわけではない．成功の喜びも，いずれは減衰していく．しかし，ポジティブエネルギーは，ネガティブエネルギーよりも持続性をもっている，と考えるのは妥当であろう．簡単に言えば，困ったことは解消するが，達成には限界がないからである．

ネガティブエネルギーを動員する手段としては，危機を訴えるとか，矛盾や不均衡をつくることがあげられる．これに対して，ポジティブエネルギーを引き出すためには，①挑戦的な目標や夢を与える，②小さな成功を経験させる，③成功を持続させるように組織に勢いをつける，④自由を与え，実験をさせてみるなどの方法がとられる．

企業の発展のためには，組織のエネルギーを継続的に供給していく必要がある．そのためには，二つのエネルギーのダイナミズムの違いをうまく利用することが必要であろう．それは，ネガティブエネルギーの瞬発力を利用してエネルギーをまず生み，そのエネルギーによって成功がもたらされた後には重点をポジティブエネルギーの引き出しに移す．しかし，それでも持続が

永久につづくわけではないから，ときにネガティブエネルギーを生み出すための，矛盾や不均衡の創造が必要となる．幸運な組織には，周期的に回復可能な危機がやってくる．それがネガティブエネルギーを外部から供給してくれる．

ネガティブエネルギーとポジティブエネルギーの間には，ネガティブエネルギーからポジティブエネルギーが生まれてくるという内在的転化のプロセスもある．その典型例は，困難な仕事をはじめてしまう場合である．困難ゆえにネガティブエネルギーが生まれる．そのエネルギーに助けられて努力しているうちに仕事がうまくいき始める．そうなると，仕事が面白くなって今度はポジティブエネルギーが生まれ始める．

こうして，二つのエネルギーのダイナミズムを利用し，ネガティブエネルギーをポジティブエネルギーに転化させ，ポジティブが減衰すると，ふたたびネガティブエネルギーを引き出すような機会をつくるという行動が必要になってくる．つねに危機感を訴えるだけでは，エネルギーの持続は起こらないし，また発展と安定ばかりが続いてもかえってよくない．両方が交互にくるところに意味がある．それが，企業の心理的エネルギーのダイナミズムの長期的パターンであろう．

5　学習とエネルギーの相互作用と矛盾のマネジメント

学習のために必要な心理的エネルギー

学習とエネルギーの間の相互作用は，二通りの相互作用がある．まず第一の相互作用は，学習のためにエネルギーが必要だという関係．ですから，心理的エネルギーが高まれば，学習がより活発に行われるようになる．

しかし，そうした一方通行だけではない．学習によって心理的エネルギーが変化し，そのエネルギー変化がさらに学習を変化させていくという，フィードバック関係がある．それがもっともダイナミックな相互作用であろう．

まず，学習のために心理的エネルギーが必要だということについて．

すでに述べたように，学習は行動を媒介として行われることも多く，そしてまねるということを出発点とする．したがって，企業の中の学習はなかば

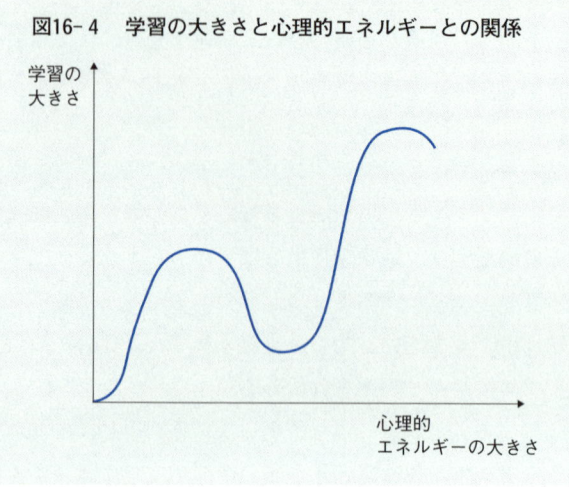

図16-4　学習の大きさと心理的エネルギーとの関係

　自然発生的なところがある．人々は，とくに意識しなくても仕事から学ぶことができる．周囲から学ぶことができる．しかし，仕事に情熱を傾けているときには，より多くのことが学習され，学習も深くなるであろう．積極的に周りを観察するようにもなるだろう．学習の強度は，人々の心理的エネルギーに依存している．人々の心理的エネルギーを顕在化させることによって，学習，つまり情報的経営資源の蓄積を促進できるのである．それが学習とエネルギーの間のもっとも基礎的な相互作用である．つまり，学習のために，心理的エネルギーが必要だという関係がまずある．

　学習にはパラダイム内部での学習と，パラダイムを変えるような学習とがある．前者はシングルループ学習と呼ばれ，後者はダブルループ学習と呼ばれる．ダブルとは，後者が学習の仕方の学習という性格をもつからである．この二つの学習の存在は，学習の強度と必要なエネルギー水準の間の関係を複雑な非線形関係にする．それを示したのが図16-4ある．

　心理学の諸研究によれば，エネルギーと学習との間には，逆U字型の関係が認められている．それが図の左半分の意味である．エネルギー水準があがるにしたがって学習の強度は高まるが，しかしあるピークを過ぎるとかえって下がり始める．過度のエネルギーの投入は，フラストレーションを高め，学習を空転させるからである．しかし，企業の中で行われる学習には，シングルループ学習とダブルループ学習があるとすれば，エネルギー投入に対応

した学習の強度は，二つのピークをもっていると考えることができる．

　一般に，人々はよほど大きな心理的不均衡に遭遇しないかぎり，既存のパラダイムを変えない．したがってダブルループ学習のために必要な学習の強度はかなり高く，その学習強度を支えられるようなエネルギー水準はきわめて高い必要がある．図でいえば，エネルギーをかなりつぎ込むとシングルループ学習の強度はかえって下がるが，さらにエネルギーをつぎ込まないとダブルループ学習に必要な学習強度を達成できない．それが右のピークである．ここでも逆U字関係があって，あまりに高いエネルギー水準はパラダイム転換すらも空転させる可能性がある．もっとも，この状態を心配しなければならない企業はあまりないだろう．ほとんどの企業は，二つ目のピークの左側の部分でパラダイム転換に必要なエネルギーを確保できなくて困るのである．

　パラダイムの内部での学習は，継続的につづく学習であり，パラダイム転換のための学習は間欠的にしか必要ない学習である．したがって，シングルループ学習のためには持続的なエネルギーの供給が必要であり，パラダイム転換を伴うような学習には，大きな心理的エネルギーの噴出あるいは瞬発が必要である．

　ポジティブエネルギーの持続性とネガティブエネルギーの瞬発性を考えると，パラダイム内部の学習には基本的にポジティブエネルギーが必要である．それだけでもいいが，パラダイム転換を伴うような学習にはネガティブエネルギーの瞬発性が必要とされることが多いと予想される．企業のパラダイム転換が大きな矛盾，不均衡，危機をきっかけとしてしか起こりにくい理由の一つは，ここにある．

学習と心理的エネルギーのフィードバック関係

　学習と心理的エネルギーとのフィードバックのルートは，学習による情報蓄積を媒介とするものと，学習による組織の中の情報共有を媒介するものと二つある．

　つまり，次のような二つのルートである．

1．学習→情報蓄積→成功→エネルギー変化
2．学習→情報共有→相互励起→ポジティブエネルギー

まず,第一のルートについて.

このルートでは,あるエネルギー水準に支えられて学習が起こると,それが情報蓄積をつくり出し,事業活動がうまくいき始める.その成功がさらにエネルギー水準の変化をもたらす.そうして変わったエネルギー水準によって,学習の強度がさらに変わっていく.

このルートで鍵になるのは,成功がエネルギーの増加をもたらすのか衰退をもたらすのか,という点である.前者なら,フィードバックは正のサイクルをとり,善循環が始まる.成功がエネルギーを高め,さらに学習が進むのである.それが,「学習によって仕事がうまくいき,それが仕事を面白くするというポジティブエネルギーをつくり出す」というケースである.

しかし,成功はエネルギーを衰退させるかもしれない.大学受験を目標に学習していた人々が,大学に合格すると学習しなくなるのは,その典型例である.学習がもたらした成功そのものが学習の必要性の源をなくし,そのための心理的エネルギーを減衰させる.このとき,フィードバックは負のサイクルを描くことになる.この場合は,このプロセスの外からエネルギーを注入しなければ,学習は継続しなくなる.

第二のルートは,個人ではなく組織学習に着目したルートである.

組織学習の特徴は,それが大勢の人間の間の情報共有のプロセスを必ずもつことである.その情報共有によって,組織全体の情報蓄積を厚くするということが起こるのだが,それだけではない.蓄積の厚みだけでなく,組織学習には人々が情報を「共有しているという感覚」をもてるという意義もある.

情報蓄積を厚くすることの効果は,第一のフィードバックで扱った現象である.情報共有の感覚が生まれることは,それとは別にエネルギーに影響を与える.それがここで言いたいフィードバックである.

多くの人は,自分が関係する周りの人々と共通の情報や信条や考え方をもつことで,相互確認をし,相互に信頼し合う.その確認と信頼から,相互励起が起きうる.相互励起とは,お互いに心理的エネルギーの昂揚状態を起こさしめる状態のことである.その結果,ポジティブエネルギーが生まれる.つまり,自分が一人でなく,大きな輪の中の一人であることによって充実感が生まれるとか,元気になるとか,ということである.組織の勢いとか,一体感とか,祭りの中のエネルギーの伝染効果とかからエネルギーが生まれる

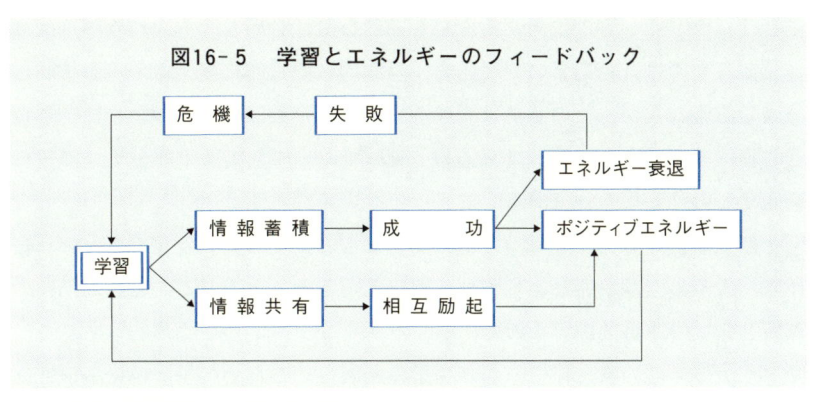

図16-5　学習とエネルギーのフィードバック

```
        ┌─── 危 機 ←─── 失 敗 ───┐
        ↓                          │
        │           ┌──→ エネルギー衰退
        │           │
        ├→ 情報蓄積 → 成  功 →  ポジティブエネルギー
   学習 │                          ↑
        │                          │
        └→ 情報共有 → 相互励起 ────┘
        ↑_____|
```

のは，すべてこうした相互励起のメカニズムゆえである．

　この相互励起のためには，組織学習のプロセスそのものが貢献していることに注目する必要がある．相互に情報共有し合うこと自体がエネルギー水準を高めるのである．コミュニケーションがよくなれば，なんとなくみんなが生き生きしてくるのがその例である．

矛盾のマネジメントとのつながり

　矛盾のマネジメントとは，矛盾のダイナミックな解消と矛盾を利用した慣性とのたたかいや別な矛盾への対応であった．それと学習と心理的エネルギーのダイナミズムとの関係は，すでにさまざまな形で出てきている．

　その関係は大別して二つある．一つは，矛盾の解消のためには，学習が必要だし，人々が矛盾をのみ込んで，それなりに矛盾であるにもかかわらず納得するために心理的エネルギーが必要だという関係である．第二には，逆にある矛盾の存在によって学習や心理的エネルギーの供給が加速されるという関係である．その加速ゆえに慣性とのたたかいが可能になったり，あるいは別な矛盾が解消されていくことになる．

　こうした役割を矛盾が果たせるのは，矛盾の存在が関係者にとっては望ましくない状態であって，だからこそそれを解消しようとして人々は考え，努力し，学習するからである．そこでは矛盾が，学習のための心理的エネルギーの供給のきっかけの役割を果たしている．また，学習の目標をも与えている．つまり，刺激と目標の提供が，矛盾の基本的な役割なのである．

　矛盾が必要だとか，矛盾をむしろ創造する経営とか，この章で言っている

ことはパラドキシカルに聞こえるかも知れない．しかし，そのパラドックスに見えるものは，企業という存在を，静態的に固定的に捉えるから生まれる認識である．だが，その認識は間違っている．企業は生き物のように，学習と心理的エネルギーで変化する存在なのである．「企業は矛盾をテコに自らを変えていける生き物である」と言ってもいいだろう．

その企業自らの変化とは，カネの変化でも，工場設備の変化でもない．結局は，人々のもつ情報とエネルギーの自己革新のことである．それが企業の革新と発展の本質的内容なのである．だからこそ，学習と心理的エネルギーのダイナミズムの概念枠組みが，企業の発展とそのための矛盾のマネジメントの基礎理論になる．

(演習問題)
1. 一人の人間の成長のプロセスであらわれるさまざまな矛盾や不均衡を考え，それがなぜ生まれるのか，どのように成長に貢献していくかを考えなさい．それと類似の点を企業に当てはめると，どのようなことが企業成長について言えるでしょうか．そして，個人の成長と企業の成長の違いは何だと思いますか．
2. 個人の学習と組織の学習とは，何が似ていて，どこが違うでしょうか．組織学習の定義をよく考えた上で，分析しなさい．
3. 戦後の日本企業の発展過程で，ポジティブエネルギーとネガティブエネルギーのダイナミズムがどのようにあらわれてきたか，考えなさい．そして，「失われた十年」と揶揄される90年代の日本企業にはなぜネガティブエネルギーが大きく生まれなかったのか，考えなさい．

第17章

パラダイム転換のマネジメント

　企業の学習と心理的エネルギーのダイナミックな絡み合いが企業の発展につながっていく一つの典型的な例は，企業のパラダイム転換である．そのプロセスは多くの矛盾をはらみ，また企業の発展にとっても一般的にきわめて重要なプロセスでもある．この章では，前章の基礎枠組みの応用例として，また矛盾と発展のマネジメントの典型例として，パラダイム転換の問題を取り上げる．そして，パラダイム転換の具体例としての企業の脱成熟化の問題を，議論しよう．これもまた，多くの企業にとって発展のために避けて通ることのできない問題である．

　企業におけるパラダイムとは，第13章で述べたように，組織文化の重要な構成要素である．それは，企業のメンバーが共通にもっている，企業それ自体，企業をとりまく環境，企業の中で働く人々についてのイメージ（世界観）とその中での共有された思考様式である．そうした世界観と思考様式が，人々の認識のパターンを決め，情報処理と意思決定のパターンを決め，知識獲得の方法論や知識の整理の枠組みとなる．

　企業内のすべての人々が，金太郎飴のようにまったく同じパラダイムを共有しているわけではない．しかし，それぞれの企業の中枢部をはじめ多数の人々がこれが正統なものの見方だと考える，しばしば暗黙の共通理解がある．この共通理解がパラダイムなのである．

　このようなパラダイムがあるからこそ，組織的な知識獲得が促進され，知識の共有，分有がすすみ，コミュニケーションが容易になる．しかし，企業をとりまく世界が変わると，このパラダイムも変わらなければならない．世界についてのイメージも変わらなければならない．さもなければ，誤ったイ

メージ，誤った思考様式から導かれた決定は，どこかで齟齬をきたすからである．

しかし，このパラダイムの転換は難しい．とりわけ，あるパラダイムのもとで大きな成功を体験した企業ほど，その転換は難しい．前章で述べたように，企業組織にある四つの慣性のロックのうちの，もっとも手ごわいものとして指摘した「思考のロック」がかかっているからである．思考のロックすなわちパラダイムのロックである．

1　パラダイム転換のむつかしさ

パラダイムの功罪

前章で，パラダイムとは，「知識についての知識」，あるいは知識の有効性の判断や解釈のための知識という，メタ知識のことだと述べた．

パラダイムは，ある意味でつねに功罪半ばしている．まず功を言えば，パラダイムは組織の中の個々の人々の効率的な知識獲得の枠組みとしてきわめて重要であるし，さらには組織内の人々の間のコミュニケーションを円滑にするためにはパラダイム共有はきわめて有効である．

しかし一方で，その種の知識あるいはパラダイムが固定化し始めると，組織の学習はそのパラダイムにのるものだけになってしまい，知識はその範囲で深まりはするが固形化も起こる．それに応じて学習の退化が起き始める．そのうえ，組織としてのメタ知識は，個人の場合と同様，大きな消去困難性をもっている．

そこで，パラダイム内部の学習と，パラダイムを変える学習の間に深刻なジレンマが生まれる．パラダイムがなければ，組織のような大人数での学習は効率的にはすすまない．しかし，ときにはそのパラダイムが邪魔になる．パラダイムがない方がいいときがある．そのときには，パラダイムを壊し転換させるような学習をする必要がある．しかしその場合，混乱が起き，学習効率は短期的に落ちる．

このジレンマから抜け出す道は，組織学習の長期的なダイナミズムを考え，パラダイム内学習とパラダイム転換が交互に起きるようなプロセスをもつよ

うに努めることである．それがもっとも望ましい組織学習のダイナミズムなのである．多くの企業の経営者が，「既成概念の打破」をほとんど周期的に説くのは，ここに理由がある．既成概念の打破はつねに起きている方がいいのではない．普通は，既成概念をベースにその内部で効率的な学習をした方がいい．しかし，ときどき，組織の中の既成概念を世の中の変化に応じて，あるいは先駆けて，壊す必要が生まれるのである．

しかし，パラダイム転換への動きはパラダイム内学習のプロセスから自然には生まれない．むしろ逆で，パラダイム内学習はそのパラダイムの中での知識の深耕や体系化を進行させ，そのパラダイムをますます転換のむつかしい精緻なものにつくり上げていくのが組織のつねである．したがってパラダイム転換は，パラダイム内学習の延長線上でない外在的な働きかけがないとむつかしい．その働きかけがどのような形で起こるのか，そしてその結果新しいパラダイムがどのようにしてつくられ，その内部での学習が新たにどのようにしてすすんでいくか．そのダイナミズムをきちんと起こすことが，パラダイム転換のマネジメントである．

パラダイム転換は学習の仕方の転換であり，それは新しい学習の仕方の学習である．パラダイムが認識や知識獲得の方法や整理の仕方であるということは，その転換が「学習の方法や仕方」の転換になることを意味する．いわばメタ学習なのである．そこにむつかしさの根源がある．

そのためには，前章で述べた学習のダイナミズム，心理的エネルギーのダイナミズム，そして学習と心理的エネルギーの相互作用，ポジティブエネルギーとネガティブエネルギーの使い分け，などのほとんどのメカニズムを総動員する必要がある．

なぜパラダイム転換はむつかしいのか

パラダイム転換はさまざまな理由でむつかしいが，その最大の理由は，パラダイムがしばしば暗黙のうちにしかもたれていない，一種の思い込みになっていることである．自分が思い込んでいることが何であるか自体に気づくのには，かなり大きなきっかけがなければならない．

また，パラダイムは「なぜ変えなければならないのか」という説得をしなければ人が変えようとしないものだからである．そうした大幅な意識改革を

ヘンリー・フォードの失敗

　ヘンリー・フォードは，単一車種の大量生産によって，金持ちの独占物であった自動車を大衆化するという戦略によって大きな成功を収めた．この成功を象徴するのがT型フォードであり，移動組立ラインであった．1908年に発売されたT型フォードは，バナジウム鋼，流星トランスミッションなどさまざまなイノベーションの産物を，825ドルという低価格で提供するものであった．その後も，価格は下げられ，新しいイノベーションが取り入れられていった．1928年の生産中止までの間に，1500万台以上のT型フォードが生産された．この成功に最初のかげりが見えはじめたのは第一次大戦後の不況である．このときも，フォードは，これまでの戦略に従って対応した．一つは，一層の値下げであり，標準車の値段は550ドルから395ドルに下げられた．もう一つは，新たなイノベーションの導入であり，それまで高級車にしか導入されていなかった電気式スターターの搭載，新式のタイヤの導入，さらにはボディーカラーの多様化がそれである．しかし，単一車種を大量につくるという基本方針は貫かれた．この段階で，彼の部下であるヌードセンは，T型に依存しすぎた戦略に警鐘を鳴らしているが，それは無視され，彼は，1921年2月にフォードを去った．しかし，フォードの対応策は，少なくとも短期的には，成功をもたらした．1923年にはT型フォードの生産は212万台と最高記録を樹立する．アメリカでのシェアは57％に達した．しかし，1925年にはそのシェアは45％に低下している．その原因は，GMとりわけシボレー事業部が，スタイルを重視した車を導入し，しかも毎年のモデルチェンジによって，車を計画的に陳腐化つまり旧式化させるという新たな戦略を実行に移したからである．T型は経済性では優れていたが，スタイルがあまりにも旧型で，T型に飽きた人々はシボレーに乗り換えていったのである．しのびよる危機に対応するため，ヘンリー・フォードの息子のエドセルとその義兄のカンツラーは，パラダイムの変更を説得したが頑として聞き入れようとはしなかった．
　しかし，ヘンリー・フォードも，新しいエンジンの開発を始め，新たなイノベーションのための研究開発を行っている．1927年には，T型にかわってA型が導入された．当時の新技術を取り入れた新たな標準車種であり，シボレーよりも100ドル安い495ドルの価格で販売された．この対応も，技術革新と低価格の組み合わせという既存のパラダイムの枠内で行われた．これも，少なくとも短期的には，成功を収める．発売以前にディーラーの手元には50万台の注文がまいこんだほどである．しかし，その成功も長続きはしなかった．シボレーのモデルチェンジによって，A型の優位性が切り崩されてしまったからである．
　それに続く大恐慌の危機にたいしても，同様の対応が行われた．それまで高級車にしか採用されていなかったV8エンジンを搭載したB型フォードを開発し，高級車の1／4の価格の460ドルで販売するという戦略が採用された．そのために，手づくりでしか生産できなかったV8エンジンを量産するという技術的なイノベーションが行われた．このような繰り返しによって，フォードはパラダイム転換のタイミングをますます遅らせてしまったのである．

大勢の人間からなる組織でやろうとするのには，大変な手間ひまがかかる．

　さらに，パラダイム転換はトップ主導で行うのがむつかしい．トップは，既存のパラダイムの中で成功を収めた人だからこそその地位にまでなれたはずの人である．とすれば，既存のパラダイムとの馴染みがもっとも強い人である．本人は考え方が変わったと自認しても，周りの人はそうとは認めてくれないかもしれないし，新しい考え方も本人が思うほどには変わっていないことが多い．

　パラダイム転換のためには，新しいパラダイムが創造され，しかもそれが具体的なモデルとして提示されていなければならない．それを生むのに時間がかかり，またそれを多くの人に説得するのにも時間がかかる．科学論の世界でパラダイムという言葉を最初に使ったクーンによれば，「パラダイムとは一般に認められた科学的業績で，一時期の専門家に対して，問い方と答え方のモデルを与えるもの」である．パラダイムは，抽象的なコンセプトによってではなく，実体をもつ手本を通じて人々の間に受け入れられていくのである．

　たとえば，企業の安定的な発展のためにはリスクを回避すべきだと考える人々をリスクに挑戦させるためには，単にリスクへの挑戦の必要性を説くだけでなく，リスクへの挑戦が実際に成果を生むものだということをわからせる具体的成功例が必要なのである．

　古いパラダイムが通用しなくなったということを人々に説得するには，データだけでは不十分である．あるパラダイムを反証すると思われるデータであっても，そのパラダイムを信奉する人々は，自分たちのパラダイムの妥当性を示す証拠と捉えてしまうことすらある．異なったパラダイム間での論理的な説得は，きわめてむつかしい．環境が変わっても，パラダイムはすぐに通用しなくなるわけではない．これまでのパラダイムをもとにした対応策も，少なくとも短期的には通用する．だからこそ，パラダイムの転換はむつかしいのである．

2　パラダイム転換のマネジメント：四つのステップ

　企業革新は非常にしばしば，パラダイム転換と同じことになる．それに取

り組んできた企業の成功事例を見ると，パラダイム転換の成功には共通のパターンがある．それは，おおよそ次の四つのステップからなるパラダイム転換のマネジメントのステップである．

1. トップによるゆさぶり
2. ミドルによる突出
3. 変革の連鎖反応
4. 新しいパラダイムの確立

第一の「ゆさぶり」は，トップの能動的なアクションを通じて，組織の中にさまざまな問題，矛盾，アンバランスを生み出すステップである．第二の「突出」は，トップが提起した問題を創造的に解決することによって，新しいパラダイムの手本を示す集団の出現である．第三の「連鎖反応」は，その突出から変化の渦が起こり，その集団を核にして，企業全体のパラダイム転換が促進されるステップである．第四の「確立」は，第三の連鎖反応と同時並行的に進むもので，新しいパラダイムが明確に再構築され，組織の中で公認されていくプロセスである．

トップによるゆさぶり

企業という組織体あるいは社会全体の発展の引き金になるのは，矛盾や不均衡である．大きな矛盾や不均衡を解消しようとする努力の中から，新しい戦略発想が創造される．どのような社会も企業も何らかの矛盾や不均衡をかかえている．しかし，その多くは既存の発想の枠の中で解消されていく．パラダイム転換につながるような発想の転換をもたらすためには，この矛盾や不均衡を増幅しなければならない．矛盾や不均衡を増幅し，発想の転換のための土壌をつくるのが「ゆさぶり」である．

「ゆさぶり」の手段は多様である．その代表的な手段としては，次のようなものがある．

1. 将来の中核技術あるいは市場分野への，無理とすら思えるような資源投入
2. 大幅な機構改革による人的資源の大胆な傾斜配分

3．トップによる現状否定あるいはトップの交代
4．きわめて挑戦的な全社目標，部門目標の設定

　ときには，CI（コーポレイト・アイデンティティ）やTQC，全社運動が，「ゆさぶり」の手段として用いられることもある．しかし，これらの全員巻き込み型のゆさぶりは，変革のためのエネルギーをディスチャージし，大きな変革にとって必須のものであるエネルギーのタメをなくす危険がある．

　「ゆさぶり」がかけられる時点では，しばしばトップに新しいパラダイムの明確な展望があるわけではない．しかし新しいものの考え方についてのゆるやかな方向性のようなものはあるだろう．「部品を内部で製造しないと商品に特徴を出せない」「総合金融サービスの時代が来る」「企業の安定的な成長のためには三本柱が必要だ」「総合エレクトロニクスメーカーからの脱皮」といった漠然としたゆるやかな方向性である．もしこのアイデアがありきたりのものではなく，人々のものの見方に刺激を与えるものであるときには，このアイデアそのものが「ゆさぶり」の手段となることもある．

　「ゆさぶり」の段階では，トップマネジメントが重要な役割を演じる．「ゆさぶり」はトップのミドルに対する挑戦（チャレンジ）であるとも言える．このチャレンジに対するレスポンスとして，新しい発想がミドルレベルで創造される．したがって，「ゆさぶり」はパラダイム転換の引き金ではあっても，パラダイム転換の起爆剤ではない．起爆は，次項で説明するミドルレベルの突出で起きる．トップの役割は，あくまでもパラダイム転換のための土壌づくりなのである．

　「ゆさぶり」という転換の土壌づくりが，つねにパラダイム転換につながるという保証はない．それがパラダイム転換を誘発することにつながるためには，次の三つの条件が必要である．その条件をもったゆさぶりが，適切なゆさぶりである．

　第一は，「ゆさぶり」が企業の中で，どれだけの矛盾や問題を引き起こすことができるかということである．つまり，矛盾の大きさ，という条件である．この段階では，トップのアクションが重要な役割を演じるが，それは問題解決者としてではなく，問題創造者としての役割である．人々の変革へのエネルギーを触発するような問題を提起できたときに，「ゆさぶり」はパラ

ダイム転換を誘発しやすい．そのためには，「ゆさぶり」は，人々の感情を動員し，共振させるような仕事の場（技術分野，事業分野，市場，組織編成の仕方など）で引き起こされなければならない．仕事の場での矛盾ほど，人々が敏感に反応するものはない．その矛盾の量の大きさが，この第一条件である．

　第二は，既成の発想の枠組みを超克するだけの心理的エネルギーのタメをつくることができるかどうかである．「ゆさぶり」が生みだす現状への不満，危機感は，変革と創造への心理的エネルギーの供給源である．発想の転換は，既存の発想の枠組みでは解決できない問題に直面し，しかもその難問を解決するだけのエネルギーのタメがあるときに起こる．必要とされる変革の程度が大きければ大きいほど，エネルギーのタメも大きくなければならない．ときには，「ゆさぶり」が効きすぎて本当の危機が演出されてしまうこともありうるが，その危険を承知のうえで，タメをつくらなければならない．矛盾と危機は，ミドルの創造力とエネルギーを動員するための駆動力である．

　適切なゆさぶりの第三の条件は，ゆさぶりによって供給されるポジティブエネルギーの量である．外圧によってもたらされた受動的な危機は，案外パラダイム転換につながることは少ないようである．それは，外圧の危機からもたらされるエネルギーはネガティブエネルギーで，そのエネルギーは持続性に欠けるという特徴をもっているからである．したがって，持続性に欠ければパラダイム転換の長い道筋は歩けない．

　変革のエネルギーを持続させるには，「やればできそうだ」という気持ちからくるエネルギーが必要である．つまり，ポジティブエネルギーである．それが，パラダイム転換へのゆさぶりが供給しなければならないものなのである．「ゆさぶり」の段階でポジティブエネルギーを供給できる一つの大きな典型例が，トップがさし示す将来についてのゆるやかなビジョンである．「このような企業になりたい」「わが社はこの方向に進まなければならない」といった，戦略というにはあまりにも曖昧であるが，人々を共感させるビジョンがあると，ポジティブエネルギーは供給される．しかも，ビジョンというだけでなく，それがトップの能動的なアクションによっても裏打ちされたとき，「ゆさぶり」はパラダイム転換の引き金になれる．

ミドルによる突出

　トップによる「ゆさぶり」は，パラダイム転換の前提条件であって，パラダイム転換の実体をなすものではない．パラダイム転換とは企業内の発想法や行動様式の転換であり，そしてそういう転換の結果としての仕事の内容の変化（製品の変化，市場のターゲットの変化，組織の編成替えなど）である．

　そうした発想の変化と仕事の変化が実際に起きるのにあたって中心的な役割を占めるのは，ミドルである．トップは変革の基本的な方向は示唆できても，それを実際にどのように実現するかを具体的に示すことはできない．新しい発想や行動様式さらに具体的な商品は，現場や市場の情報とトップの戦略的な意図に関する情報の双方に接触できるミドルによって生み出される．ミドルの中から，新しい企業のあり方を示唆する新しい行動様式が創造されたとき，パラダイム転換は第二のステップに移る．

　そのステップを「突出」というのは，一部のミドルが先頭をきって，あるいは群れから突出して，変化をリードし，体現していくからである．その突出が，あとにつづく波及の源泉となる．

　突出集団とは，「ゆさぶり」によってトップが生みだした矛盾や危機を創造的に解消しようとして，新しい発想や行動様式の中核となるアイデア，それを体現する新事業，商品，サービスを実際に創造する集団である．突出集団はミドルレベルの変化仕掛け人集団として自然発生的に生まれることもあれば，公式に編成されたプロジェクトチームが突出集団になることもある．

　突出集団は，最初は，小人数であることが多い．多人数の集団では，創造的な飛躍をもたらすような集団力学を生みだすことはむつかしい．それは，意図としては創造的なアイデアを練り上げようとはしても，集団的プロセスの中で既存の発想の枠組みへの妥協が起こりやすいからである．突出集団内での既存の発想の枠組みを超越したアイデアの創造の一つの鍵となるのは，突出集団のリーダーのリーダーシップである．危機状態にある集団の中で，妥協を許さず，矛盾の創造的な解消を促進するリーダーシップがどうしても必要となるだろう．

　この「ミドルの突出」という段階では，トップはわき役である．仕掛け人集団が自然発生的に現れてくる場合には，仕掛け人集団の発掘と支援，育成

がわき役としてのトップの仕事である．仕掛け人集団の声は，既存の組織秩序の中で打ち消されてしまいがちである．既成の思考の枠組みを信じている人々にとって，それを超越したアイデアや行動は危険な雑音でしかないからである．トップの役割はこの雑音を拾い上げ，ヒト・モノ・カネならびに精神的な支援を目立たないように送り続けることである．そうした，ミドルを中心とした現場での創造的問題解決のための周辺条件の整備が，トップの役割の一つである．

つまり，こうした革新のプロセスでは，二人の人間のリーダーシップがペアとして存在している必要がある．一人はトップである．もう一人はミドルの突出集団のリーダーである．それはキャッチボールのようなもので，二人がそろっていないと，プロセスは順調には進まない．

創造的な突出のための周辺条件の第一は，社内の雑音からの隔離である．アメリカの３Ｍには「失敗への道は善意によって舗装されている」という諺がある．周囲の人々の善意のアドバイスや干渉がじつは新しい試みを企業内で失敗させている最大の原因だというのである．そういった社内からの雑音，あるいは汚染は，突出集団のアイデアを既成秩序へ回帰させる危険がある．

もう一つの条件は集団内に十分な異質性を取り込むことである．創造の基本は異種交配であると言われているが，機能や事業分野を超えた混成部隊は異質な発想の異種交配を可能にし，既成の分業秩序を超えた発想の広がりを生み出す．もちろん，異質集団内でのベクトル合わせはむつかしい．しかし「ゆさぶり」を通じて生み出された危機感は，混成部隊内のベクトル合わせを促進する．さらには，問題解決までのタイムリミットが明示されると，そうしたベクトル合わせに貢献することも多い．納期があるからこそ，人々はまとまり，力を合わせる．危機とタイム・プレッシャーの中では，目標の優先順位が単純化されるからである．

ときには予算，職務ルールなどのいっさいの組織的障害を取り除き，当事者の思考の枠組みと能力だけが制約条件となるような状況がつくり出されることもある．組織的障害が取り除かれることによって，目に見えない思考の枠組みの壁が自覚されるようになるし，弁解の余地がなくされることによって，心理的エネルギーの噴出が起きる．

挑戦的な目標の設定が創造的な突出の条件となることもある．「三％のコ

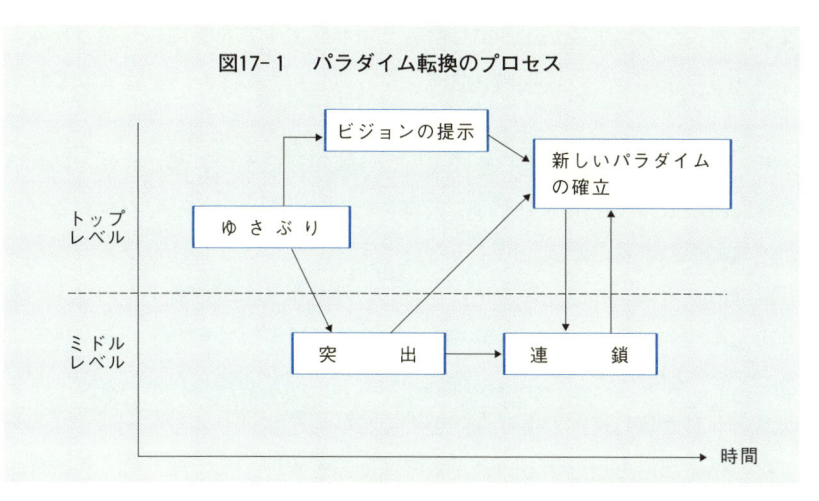

図17-1　パラダイム転換のプロセス

```
トップレベル:  ゆさぶり → ビジョンの提示 → 新しいパラダイムの確立
                  ↓                              ↑
ミドルレベル:    突　出  →  連　鎖  ─────────────┘
                                                     → 時間
```

ストダウンはむつかしいが，三割のコストダウンはすぐできる」という諺がある．一ケタ高い目標の設定は発想の飛躍を促し，「できなくてもともと」という健全な「ひらきなおり」をもたらすからだろう．ちょっとの無理しか含まない目標は，人々の視野を狭くしてしまう危険がある．

　ミドルによる突出という段階で何よりも重要なことは，まず成功の実績をつくり上げることである．実績こそが新しい発想の有効性を人々に説得する根拠となる．実績を通じて，突出集団の新しいパラダイムと，それを体現する事業，商品，サービスが変革のシンボルになる．パラダイムはそれだけではあまりに抽象的すぎる．その転換のためには，具体的なシンボルがいる．

　トップのゆさぶりを受けて現れるミドルの突出集団は，パラダイム転換の鍵であり，種である．彼らが生み出した新しい行動様式，製品，考え方は，もしそれをうまく利用できれば，パラダイム転換のテコとなりうる．しかし，突出がそれだけで終わってしまえば，パラダイム転換にはつながらない．それは，文字どおり突出として，企業全体から遊離したものになってしまう．

　したがって，それに続く第三，第四のプロセスが必要なのである．この二つのプロセスは，トップレベルとミドルレベルの双方で，同時並行的に起こらなければならない．

変革の連鎖反応と新しいパラダイムの確立

　パラダイム転換の第三ステップは突出集団を核に，変化の渦を巻き起こす

ことである．突出集団が生み出した新しいパラダイムを社内に伝播させること，発想の変化をさらに増幅させること，新しい発想をシステムとして体系化することである．

　そのためには，変化が変化を呼ぶという連鎖反応が引き起こされなければならない．この連鎖反応が十分な広がりをもったとき，全社レベルでのパラダイム転換の渦巻きが現れてくる．たとえば，キヤノンはオートボーイという画期的なカメラの開発に成功し，新しいパラダイムでの事業のあり方が滑り出してすぐ，AE－1という一眼レフの開発，ミニコピアというパーソナルコピアの開発と，立て続けに類似の発想での開発が違った商品分野で起きた．そうした連鎖反応が会社全体を変えていくテコになる．

　この連鎖反応を促進する力となるのは，ミドル間，部門間に働く複雑で微妙な集団間力学である．「××に続け」「○○に負けるな」という心理が連鎖反応の起爆剤になる．この段階でのトップは「連鎖反応の扇動役」である．

　連鎖反応を促進するための切り札は，人事である．突出集団やそれに続く集団のリーダーやメンバーの処遇である．二つのタイプの人事配置が，連鎖反応の促進のために意味がありうる．一つは，自然発生的な突出集団として変革のモデルの役割を演じた人々を，ドラマティックに昇進させるのである．その人物を，組織の中の他の部門での「役割モデル」となるべき人々として，組織として大いに認知するのである．第二のタイプの人事配置は，変革の突出集団の人々を他の部門へと送り出すという人事配置である．人は新しい発想を伝えるための基本的な手段なのである．

　連鎖反応という変化の渦の大きさを決定するもう一つの要因は，最初の「ゆさぶり」や突出の性質である．それが社内の多様な部署と連関をもち，それによって多様な部署で矛盾を生み出しているときには，変化の渦も大きくなる．変化のニーズのないところでは，変化は起こらないのである．企業内のある部署で，そこで変化が起こると，それが企業全体に広がるようなところをレバレッジ・ポイントという．それは，企業全体に対して，心理的な共感性を与えるところ，技術的な波及効果をもつところ，他の部門に新しい問題を投げかけるところなのである．

　第四ステップである「新しいパラダイムの確立」は，第三ステップと同時進行的に生じる変化であり，ミドルレベルでの行動に呼応して，トップレベ

ルで，最初の漠然としたパラダイムの方向性が具体的な戦略ビジョンなどに裏打ちされたものへと練り上げられていくプロセスである．それによって，ミドルの突出に戦略的な意味づけが与えられ，組織的な公認が与えられる．

　この第四のステップの特徴は，全社的な戦略とか仕事の仕組みとかの具体的な経営の仕方そのものが，新しいパラダイムを支えあるいは象徴する方向へ具体的変化を大きく起こすことである．パラダイムの確立といっても，それは抽象的な次元にとどまるものであってはならない．

　しかし，そうした変化は，単にミドルの個々の行動を追認するだけにとどまっていてはならない．それでは，変化の渦は大きくはならないし，新しいパラダイムの確立にまでは，とても至らないであろう．新しいパラダイムの確立のためのトップによる努力は，ミドルの行動をより大きなスケールで拡大再生産できるだけの広がりをもったものでなければならない．

　拡大再生産の一つの例が，新しいパラダイムの再構築を企業戦略の面で行うときにしばしばとられる，企業ドメインの切り口の転換，というトップのアクションである．ミドルが突出して何かの新しい市場の方向性を見つけだしてきたとき，その新しい方向性をより抽象的な言葉で的確に表現し，それを新しい切り口として組織全体に提示するのである．

　その提示された新しい切り口で人々が自分の担当の仕事の分野を観察してみると，既存のパラダイムの枠内では見えなかった新しい事業の方向性に気づくようになる，といった例である．そうした気づきが企業の中のあちこちで生まれてきて，新しい事業の試み，そのために新しい仕事の仕組みが現場で実験されていくと，新ドメインと古い事業のあり方や仕事の仕組みとの緊張関係がさらに生まれてくる．その緊張関係あるいは矛盾が，変化の渦をさらに拡大していく契機をつくる．こうして，一つのミドルの突出行動からスケールの大きな連鎖反応が拡大再生産されていくのである．その拡大再生産が，新しいパラダイムの現実的確立に貢献するのである．

トップとミドルの運動論

　以上の四つのステップの説明に，トップとミドルの両方が登場した．パラダイム転換は，トップ主導で行えるものでもなければ，ミドルから自然発生的に生み出されるものでもない．両方が絡み合った運動論が必要である．

言葉を換えれば，トップとミドルの役割の分担は，トップの戦略志向性とミドルの現場創造性，ということになるだろう．この二つをうまく連携させることによって生み出される企業の中のダイナミックな運動の流れが必要なのである．それがトップとミドルの運動論である．

日本の企業はこれまでさまざまな運動論的マネジメントを展開してきたが，それには現場型の全員巻き込み型の運動が多かった．しかし，パラダイム転換のマネジメントとしては，大衆型運動論はうまく機能しそうにない．現場の大衆は，現実に日々の仕事を毎日こなさなければならない，超現実主義者の集まりだからである．既存のパラダイムがもっとも浸透していないと，そもそもパラダイム共有の意義がない，そういう人々なのである．その人たちを単純に巻き込んでパラダイムを転換しようと抽象的な運動を行おうとしても，かえって現場で誤解と混乱が起きるだけであろう．

だからこそ，トップからのゆるやかなゆさぶりに始まる，トップとミドルが交代して役割を果たし，その中で現場の仕事が少しずつ変化し，その現場の仕事の変化がパラダイム転換を象徴していく，という一見手間のかかるプロセスが必要なのである．

このプロセスの特徴をとくに従来の全員巻き込み型運動論との比較のうえでまとめれば，おそらく次の二つになる．

1．トップとミドルの交代での役まわり
2．集中から分散へ

第一の特徴は，四つのステップそのものにすでに色濃く表れている．トップダウンだけでもできない，ミドルだけでも無理なのである．トップとミドルの両方が，ペアとしてうまく組み合わされる必要がある．

第二の特徴は，まず一部を変え，そしてそれを全体に広めるという形の運動論ともいうべき方法論のことである．一気に全員を巻き込むものでもなければ，全体的なトップダウンの一気呵成の進行でもない．一部の変化から連鎖反応で全体が渦になっていく，というイメージである．

それは，集中によるきっかけづくりと最初の成功，その成功の分散による組織全体への波及，というプロセスである．「集中による分散」ともいうべき新しい運動論が，パラダイム転換には必要とされているのである．そして，

集中にも分散にも，トップとミドルがそれぞれに果たすべき役割がある．

3　パラダイム転換としての脱成熟化

脱成熟化とその遅れ

　売上高のかなりの比率を占める主力事業の成長が鈍化した（あるいは予測される）とき，企業の成長力を回復するために，新しい事業へ進出をしたり，既存事業を新しい戦略発想で再活性化することを，脱成熟化と呼ぶ．企業の発展のもっとも正統的なあり方である．それは，パラダイム転換の一つの重要な例でもある．

　脱成熟化には，基本的には二つの方向がある．第一は，新事業の開発による事業構造の転換である．多くの多角化の試みがこれにあたる．第二は，新商品あるいは新ビジネス・システムによる成熟事業の再活性化である．人口に膾炙（かいしゃ）した，この20年間でももっとも顕著な脱成熟化の成功例が，アサヒビールの「スーパードライ」によるビール業界第三位から第一位への躍進であろう．この二つの道は，一方を選べば他方を選ぶことはできないという排他性をもつものではない．二つの道を同時に追求することも可能である．

　いずれの道を選ぶにせよ，脱成熟化の過程では，主力事業のなかで培われてきた事業運営についての基本的な考え方（パラダイム）の転換が必要である．たとえば鉄鋼業の脱成熟化を図ろうとするとき，製鉄事業に特有の考え方をいつのまにかエンジニアリングやエレクトロニクス事業に適用してしまうことはよくある．知らないうちに染み込んだ考え方でいつの間にかものを考え，判断をしてしまうのは，よくあることである．そこが訂正され，新しいパラダイムで新事業を行わないかぎり，脱成熟化には成功しない．

　さらに言えば，市場が成熟しているということを認識すること自体，パラダイム転換を必要とするといってもいい．鉄は国家なりというパラダイムで育った人たちは，じつは鉄鋼業が成熟化してしまっていて，もはやそれほどの成長性も魅力も多くの人が感じない産業に変わってしまったという認識自体，受け入れにくい認識変化なのであろう．理屈ではわかる．頭ではわかる．しかし，感情では，心と胃ではわからない．日本の大手鉄鋼メーカーが脱成

熟化のアクションを本格化したのは，粗鋼生産量がピークから下り坂になって10年以上もたってからである．

脱成熟化には，しかし，そのプロセスを開始した後にパラダイム転換をしなければならないというむつかしさがあるばかりでなく，脱成熟化に真剣に取り組むタイミング自体も多くの場合遅れてしまうというむつかしさがある．したがって，パラダイム転換にプラス・アルファしたむつかしさがあることになる．それも含めてここでは考えてみよう．

なぜ，脱成熟化のためのアクションは，ともすれば遅れがちになるのか．

このような対応の遅れは，じつは，組織という集団における思考や感情の力学の自然な結果である．それが脱成熟化の障害となり，その遅れをもたらすのである．

すでに前項の末尾で述べたように，第一の障害は，主力事業の成熟化という事実そのものの認識のむつかしさである．業界の成熟化は一気に起こるのではなく，波動をもって忍び寄る．産業の需要の変動は谷もあるが山も迎える．しかし，山と谷をならして見ると，明らかにトレンドとしては停滞あるいは下降をたどっている．しかし，企業の多くの人々は，山の方をより見たい．谷にはあまり注目したくない．だから，市場のデータは「まだいける」というシグナルを送りつづけているように錯覚されやすい．多くの企業は何度かの山と谷を経験してはじめて，成熟という事実に気づく．

第二の障害は，これまでの事業運営のパラダイムでも十分に対応可能だという意識である．成熟期に入っても，これまでのパラダイムが一挙に通用しなくなるわけではない．既存のパラダイムにもとづいたアクションを強化すれば，市場はそれなりに応える．そのために「まだ大丈夫」という淡い期待をもたせ，問題が先送りになり，問題がよりいっそう深刻化する．

第三の障害は，規模感覚のまひである．大規模な本業の脱成熟化に対応して成長力を取り戻すには，ある程度の規模の新事業を追加しなければならない．しかし，ある程度の事業規模を達成できそうな成長業種は限られている．機会はきわめて限られているように見える．また，そのような業種は，他社も目をつけるために，進出後の競争も厳しく，成功は難しい．

これとよく似ているのは，利益感覚のまひである．主力事業が成熟すると，事業は回収期に入り，企業の利益率は上昇する．この利益率を基準にすると，

他分野は魅力のないものに見えてくる．また，増収・増益という基調を破りかねない先行投資に，経営者が躊躇することもある．

最後は，本流意識である．とくに単品・モノカルチャーの会社では本流意識が強く，新事業への人事異動が左遷とみなされ，新事業担当者の意気を消沈させる．このような状況で，新事業への探索的な投資が行われたとしても，投資は小出しになりがちで，成果をあげるまでに至らない．それが「やはり本業に依存するしかない」という意識を強めてしまう．

脱成熟化の四つの段階

これらの障害を克服するには何が必要となるのだろうか．脱成熟化に成功した企業は，一連のアクションを通じて，変化の流れをつくりだしている．

その流れの中には，前節で述べたパラダイム転換のプロセスがさまざまなレベルで，さまざまな分野で起きていく．脱成熟化のプロセスは，パラダイム転換のプロセスの渦を多数その中に内包した大きな川の流れのようなものである．もちろん，パラダイム転換だけではなく，それにはない流れも加わっている．その全体をこの節では見てみよう．しかし，その中心にパラダイム転換があることもまた強調していいだろう．

脱成熟化は，一回限りの重要な意思決定によって実現されるのではなく，多くの人々の長い期間にわたる数多くの意思決定とアクションの流れの結果であり，その産物である．その長期間のプロセスは四つの段階からなっているとモデル化できる．それらの段階は現実には相互に浸透し合って，時間的に明確に区切ることのできるものではない．しかし，順序として次のような段階がある．

第一段階は，主力事業部門が成熟した，あるいは成熟が間近に迫っているということを認識するプロセスである．これまでの事業運営の発想（パラダイム）では，企業として健全な発展は望めないということを，組織として認識する段階である．この段階を「成熟の認識」のプロセスと呼ぶことにしよう．上で述べたように，これが難しい．これ自体，一つのパラダイム転換なのである．

第二段階は，成熟の認識を背景に，これまでのパラダイムとは異なったアクション，あるいは新事業への進出が開始され，つづけられる段階である．

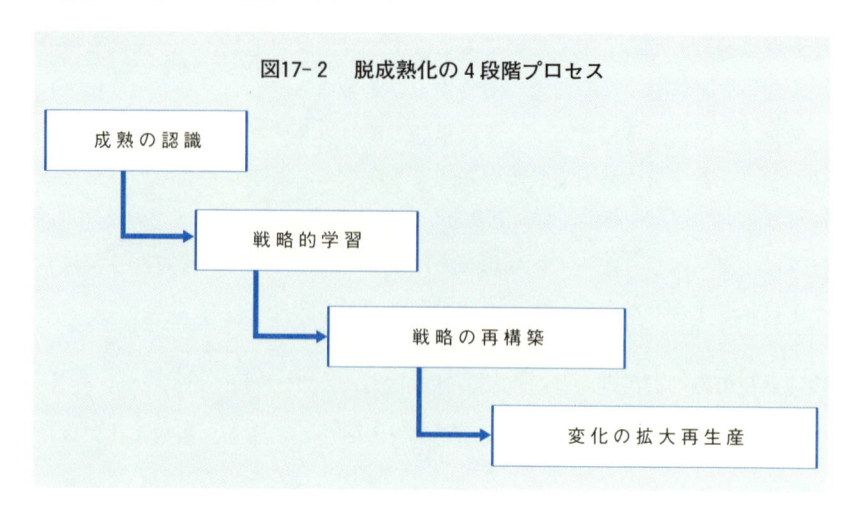

図17-2 脱成熟化の4段階プロセス

成熟の認識 → 戦略的学習 → 戦略の再構築 → 変化の拡大再生産

一見すると，場当たり的で，後から振り返ってみると，無駄な回り道と思われるアクションが数多くとられる時期である．そうしたアクションと多くの失敗から，企業は学んでいく．この段階を「戦略的学習」の段階と呼べる．こうしたアクションの開始は，成熟の認識が組織全体に浸透しないうちに始まることが多い．

　第三段階は，戦略的な学習を通じて，徐々に明確な戦略が浮かび上がってくる段階である．企業の進むべき方向，企業の再成長の「ドライビング・フォース」となる資源や能力が明らかになる．この段階では，経営資源の傾斜的再配分が行われ始める．経営者の重大な決断が見られる時期でもある．この段階を「戦略の再構築」の段階と呼ぶことができる．

　最後の段階は，企業が新たな成長軌道の中で，自信にあふれた戦略を展開する時期である．新しい戦略的方向が定着する時期でもある．この段階を「変化の拡大再生産」の段階と呼ぶことができる．

　これらの四つのプロセスはお互いに重なり合っている（図17-2）．それぞれのプロセスがいつ開始され，どの程度の期間つづくかは，企業によって異なる．しかし，期間の違いはあれ，この四つのプロセスは多くの企業に共通して見られる．

成熟の認識

　主力事業が成熟化した，あるいは成熟化しそうだという認識が，組織の中

に浸透していくのには意外に手間取る．外部の観察者から見るとしごく当然のこの事実の認識が，組織の中に浸透するには時間がかかるし，大変な努力が必要である．市場からの矛盾したシグナル，依然として威力を発揮しつづける既存の発想の枠組み（パラダイム），事業に対する心理的な愛着，組織部門間の利害対立などが，認識を遅らせる原因である．

　この認識は，まずごく一部の人々から始まる．ときにそれはトップであり，ときに突出するミドルである．企業の日常的現場からやや距離をおいて，広く世界を見ている人がもっとも早く成熟の危機を認識することが多い．しかし，その認識は簡単には組織の共有とならない．トップが認識しても，である．そこでゆさぶりが必要になる．ゆさぶられて一部で突出が始まる．彼らの説得によって，徐々に認識の輪が広がっていく（変化の渦）．それがクリティカル・マスに達した後は，急速に広まっていく．しかし，その段階でも，成熟を認めようとしない「頑迷な保守派」が存在している．これらの人々は，この段階では障害物であるが，後の段階できわめて重要な積極的役割を演じることもある．このプロセスでは成熟の認識の強さも変化する．最初の漠然とした危機意識が，強い危機感へと変わっていく．

　成熟の認識がどの程度の早さで浸透するかは，企業によって異なるであろう．その浸透が遅いのは，「単品・モノカルチャー」の企業である．「単品・モノカルチャー」企業とは，単一の事業が企業の売上高のほとんどを占め，その事業に適合した発想の枠組みが強固にかつ広範に共有されているような企業である．このような企業では，成熟の認識の浸透は遅くなりがちで，ピークをかなり過ぎて，業績が低迷しだしてから認識が広まることが多い．これらの企業では，脱成熟化の遅れの原因として，すでに指摘した現象が起こりやすいからである．

　この段階は，いわば，脱成熟化への助走期である．この助走期には，企業の中で二つの重要な，目に見えない変化が進行している．一つは，パワーの集中である．本業が成熟化したということを，論理やデータで人々に説得することはむつかしい．脱成熟化へのアクションを始動するには，論理の超越が必要である．たとえば，「変化は善である．なぜなら，変化はその性質からして善であるから」といったような論理を超越した説得が必要である．それができるのは，ふつうパワーをもったトップ経営者である．だから，パワ

ーの集中が起こりやすい．経営者へのパワーの集中を認めようという目に見えないコンセンサスは，組織という人の集団が成熟化とそれがもたらす危機の認識を表現する，組織的な意思である．

　第二は，変化へのエネルギーのタメをつくりだすプロセスである．エネルギーのタメをつくるには，不要なエネルギーのディスチャージ（放出）を避けることが必要である．危機の解消には直接つながらない機構改革，全社運動は不要なディスチャージをもたらしかねない．しかし，成熟の認識が遅れ，企業内に自信喪失と相互不信が広まっているときには，小さな成功を通じて自信を回復させるようなアクションが必要となることもある．エネルギーは，自信喪失，諦めという形でもディスチャージされていくからである．

戦略的学習

　第二段階は，さまざまなアクション（事業開発・製品開発）が，試行錯誤的にとられる段階である．事後的に見ると，無駄な回り道に見えるアクションが数多く出てくる時期であり，後で失敗とわかるようなアクションがとられる時期である．企業内部の人々があまり語りたがらない時期である．長い歴史の中で忘れ去られていく時期でもある．脱成熟化に成功した企業のほとんどが，このような時期を経験している．

　たしかに，このような回り道，失敗はないにこしたことはない．しかし，初期の段階での失敗は，脱成熟化に伴う必然的なコストであるように思える．なぜこのような失敗が起こるのか．

　その理由の第一は，事業を創造することに必然的に伴うリスクである．脱成熟化は，新しい事業の創造を必要とする．事業創造がいかにリスクを伴うかは，新しく設立された企業の多くが，数年のうちに崩壊していくというよく知られた事実を見ても明らかである．大企業の豊富な経営資源を利用したとしても，失敗のリスクをゼロにすることはできない．

　第二は，新しい事業あるいは戦略に，既存事業のパラダイムを持ち込むことからくる失敗である．それぞれの業界で成功を収めるには，その事業と適合した発想の枠組みが必要である．しかし，組織がもっているパラダイムは簡単には変わらない．「新しい事業は新しい考え方で」と認識されていてもなおかつ，人々はついつい既存のパラダイムを持ち込んでしまう．それは

「汚染」とでも呼ぶべき現象である．とくに，既存事業とのシナジーが強いと考えられている分野ほど，汚染に伴う失敗が多いようである．

　企業の長い歴史を見てみると，この段階での回り道あるいは失敗は，企業にとって重要な機能を果たしている場合が多い．失敗の効用ともいうべきものが存在しているのである．

　第一は，既存の経営資源（とりわけ情報的経営資源と呼ばれる技術やノウハウ，ヒトの技能，企業イメージやブランド）のポテンシャルの発見と，その限界の見きわめの機会を与えることである．経営者は，経営資源のポテンシャルのすべてを知りつくしているわけではない．経営資源のポテンシャルは，むしろ実際のアクションを通じて偶然の機会に発見されることが多い．

　第二は，新たな中核技術が蓄積されるという効果である．キヤノンは30年ほど前にシンクロリーダーという録音装置を開発したことがある．事業としては失敗に終わったが，それは電子技術という技術蓄積をもたらした．試行錯誤の過程で，予想もしなかった新たな技術やノウハウが蓄積されたのである．繊維産業は，合成繊維への進出によって，高分子技術を蓄積した．いくつかの企業では合成繊維は思ったほどの成果をあげなかったが，そこで蓄積された技術がその後に開花した例もある．

　第三は，人材の育成という効果である．試行錯誤のプロセスで，新事業開発の経験をもつ人材の発掘と育成が行われる．これらは，本格的な脱成熟化にとって必須の人材である．事業家の育成のためのもっとも効果的な方法は，オン・ザ・ジョブでの体験的学習である．

　以上のような効果を考えると，この時期は学習の時期，「戦略的な学習」の時期であると言えるであろう．その学習の結果が，次の段階の飛躍を可能にする．失敗をおそれて慎重にしすぎると，こうした学習の機会をもたないでしまう危険がある．そのときには，表面的にはトライをしないのだから，目に見える失敗もない．しかしその裏には，目に見えない機会損失がある．新しい学習をし，企業の幅を広げる機会を逸する危険である．戦略的学習の段階でのさまざまな失敗に積極的な意味があるとしたら，それは，このような機会損失を避けるられるということであろう．

　この戦略的学習の具体的内容となるさまざまな実験的アクションは，トップの指示でとられるものばかりではない．多くは，ミドルの突出によって組

織のあちらこちらで自然発生的にアクションがとられていく．誰も全体像をはっきりとは把握しないままに，多くの実験が行われる．それを非効率な実験と呼ぶべきではないだろう．むしろこの段階の成功の鍵は，そうした創発的な実験が多く起こるような状況をいかにつくれるか，にある．創発と突出を許すような状況であればこそ，失敗のリスクを冒しても試みようとするエネルギーが生まれてくるのである．

この戦略的学習の段階では，社内でさまざまな反対が起こる．たとえば，当社が競争できるような分野ではないから，そのような分野には進出すべきではないといったような反対である．しかし，このような反対のある分野で意外に成功が多いようである．逆に，社内の誰もが反対しないような分野への進出は，意外に成功が少ない．

なぜこのような反対が出てくるか，このような反対があるような分野で成功が出てくるかについては，いくつかの理由がある．第一は，反対のあるような分野にはほかの会社も進出しないことが多く，そのために競争が少なく，成功が収めやすいという理由である．この理由については，次の章で，事前合理性と事後合理性の問題として，議論することにしよう．

第二の理由は，このような反対があると，新しい事業を推進する人々は，事業についてより深く考える必要があることである．組織内の反対への内省が，新事業の落とし穴を教えてくれる．

第三は，反対が推進派の心理的エネルギーの動員に貢献することである．反対を押し切って進出した以上，後に引けないという気持ちが出てくる．

回り道や失敗と同様，反対もない方がよいように思える．しかし，反対という逆の動きが，意外に大きな貢献をしている．

戦略の再構築と変化の拡大再生産

脱成熟化の第三段階は，新しい戦略構想が徐々に確立される段階である．第二段階からこの第三段階への移行のきっかけとなるは，しばしば次の二つである．

第一は，新しい発想（パラダイム）を体現する成功例の出現である．試行錯誤的なアクションの中から生み出された成功例を見ることによって人々は，新しいパラダイムの輪郭とその有効性を知ることができる．第二は，そ

の成功例の方向でのトップの大きな決断である．トップの決断によって，新しい戦略的方向が一気にはっきりするし，組織的に認知されることになる．

　この段階では，企業の将来の成長の方向がはっきりとし始め，それが新たなドメインとして言葉によって表現され始まる．企業の成長の「ドライビング・フォース」となる経営資源が何かが識別され，意識されるようになってくる．具体的なモデルを通じて新たな事業発想がはっきりし始め，それがより多くの人々に共有されるようになる．試行錯誤の中で，何に価値があったか，どれが回り道であったかが，理解され始める．過去の成功や失敗に対して，はっきりとした意味と理論的な説明が与えられるようになる．

　脱成熟化の第四の段階は，変化の拡大再生産である．新しいパラダイムが浸透し，企業のあちこちで変化が起こり始める時期である．人々は，試行錯誤のプロセスでの失敗を徐々に忘れていく．成功の体験だけが記憶され，経営者の先見力に対する信頼が回復される．人々の間に自信も芽生えてくる．新しいパラダイムに対する信頼が生み出され，日常の行動を通じてその妥当性が確認されていく．

　新しい事業の成功に触発されて，成熟事業部門の中でも新たな戦略展開が図られることもある．その主役になるのはしばしば，意外かも知れないが，そもそも当初は成熟を認識しようとしない頑迷な保守派である．これらの人々は，新規部門へのライバル意識から，成熟事業の新たな戦略展開の方法を確立しようとすることも多い．じつはそこから生まれる利益の方が，新事業の利益よりも大きいことが多い．その論理の本質は，第二章で競争戦略のダイナミックな差別化を論じた際に述べた，肯定技術と否定技術の面白い組み合わせの論理と同じである．

　そこでは保守派と革新派の間に，ライバル意識が生まれ，模倣が起き，そして結果として奇妙なキャッチボールが起きている．あたかも協力関係が生み出されたことになっている．そのキャッチボールの結果，企業全体が共振し始め，やりようによっては，成熟部門も活性化できるという自信が高まってきたりする．たとえば東レや帝人という繊維企業が多角化しようと本格的な努力をし始めたころ，あたかも新規事業に対抗するかのように，本業やその周辺でも新しいイノベーションが起こっている．新合繊というミラクル繊維の誕生は，成熟した合繊事業でのイノベーションの例である．

しかし，いくつかの企業では変化の拡大再生産がやりすぎとも思えるレベルに達することがある．たとえば，初期の多角化プロジェクトのいくつかが成功するとともに，トップが暴走し始めて多角化戦線の無謀な拡大が始まることがある．最初は反対を唱えていた人々の発言力が低下し，反対が起こらなくなるからである．しかし，社内から表だった反対を受けないプロジェクトは意外に失敗が多い．

いい意味での拡大再生産は，自動的に起こるわけではない．大きな努力がいる．しかも，この道筋は尾根筋をたどるようなプロセスであり，ちょっと気を抜くと脱成熟化の軌道からズレてしまう，そんなプロセスである．このような道筋をたどるのは難しい．しかも，新しく進出した事業も，いずれは成熟化する．その中で成長を続けるのは容易なことではない．つねに，脱成熟化をくりかえしていかなければならない．あるいは，次の章で述べるように，無理をしてこのような道筋をたどろうとしない方がよいのかもしれない．

曲がりくねったプロセスのマネジメント

以上の脱成熟化のプロセスについてもっとも大切なのは，脱成熟化を一直線のプロセスとしてではなく，迂余曲折のあるプロセスとして認識することである．人はともすれば，無駄な回り道を避け，ストレートに最終目標に到達するほうが望ましいと考え，そのための方法を探ろうとしがちである．この考え方は，個人の場合には正しいかもしれない．

しかし，組織という人間集団においては，このような回り道は積極的な意味をもつことが多い．回り道は，むしろ脱成熟化の必須のプロセスであるというべきなのかもしれない．脱成熟化の鍵は，この曲がりくねったプロセスを直線化することではなく，その曲がりくねったプロセスを利用しながら，うまく舵取りをしてプロセス全体のマネジメントをしていくことである．

曲がりくねったプロセスのマネジメントは，じつは第19章で「場のプロセスのマネジメント」という議論で述べることとその本質は同じである．ここで，その本質を「曲がりくねり」というキーワードに即して説明しておけば，二つのことが大切となると言えるだろう．

第一のポイントは，曲がりくねりのカーブを，わからないなりにも「カーブがあるもの」と認識してどこでカーブになりそうかを予想して一応の準備

をすることである．もちろん，思いもかけないカーブも出てくるので，完全な計画をあらかじめつくるということではありえない．しかし，カーブがくるはずという認識，カーブがきたら驚かずに道なりにカーブを切るハンドル操作をすればいい，と思うことが大切なのである．それは，突然のカーブに驚いて道から放り出されるドライバーよりは，よほどましである．

　第二のポイントは，その曲がりくねりを逆に利用することによって，組織全体の変化の流れを作るようにすることである．保守派と革新派の奇妙なキャッチボールを上で紹介したが，そうしたキャッチボールが起きるように，たとえば新事業の進行プロセスでの大切な会議にはすべて保守派をきちんとメンバーにしておく，という目配りが大切になったりする．保守派をシャットアウトして新事業を進めれば，たしかに反対は聞かずにすむ．しかし，それでは反対の効用を利用することもできないし，保守派に革新の成功を現場感覚をもって伝える機会も失うことになる．

　曲がりくねりを拒否しようとするのではなく受け入れ，曲がりくねりに反発するのではなく逆に利用するようにマネジする．それが曲がりくねったプロセスのマネジメントの本質であろう．

（演習問題）

1. パラダイム転換をうまくマネジできるトップマネジメントの条件を，その行うべき行動，実行のスタイル，組織のメンバーとのコミュニケーションのパターン，という観点を含めて，幅広く考えなさい．あなたは，誰を具体的に想定してこの条件を考えましたか．
2. 全員巻き込み型のゆさぶりが，変革のエネルギーのディスチャージになってしまい，大きなエネルギーのタメをなくす危険があるのは，なぜでしょうか．
3. 脱成熟化のための成熟の認識のプロセス自体を，一つのパラダイム転換のプロセスと考え，ゆさぶり，突出，連鎖反応，確立，というステップで説明しなさい．

第18章

企業成長のパラドックス

　前章の終わりに，脱成熟化への道は曲がりくねった道である，その曲がりくねりの中での多くの失敗が必要だ，とも述べた．曲がりくねりの効用を説き，失敗の効用を説いた．あるいはこの第Ⅲ部全体の一つの基本的なメッセージは，じつは矛盾が効用をもつ，ということである．

　これらの指摘は，常識的ではないかもしれない．発展の道は直線であるのがいいと誰しも思うだろうし，失敗はない方がいいとも普通は思うのが当然である．反対もない方がいいし，矛盾も起きない方が望ましいと思いたい．

　しかし，企業成長のプロセスにはこうした「不」常識的な，パラドックスとでも言うべき現象が数多く見られる．非常識なのではない．常識と異なるという意味での，「不常識」が，企業の成長の常であるように思われる．

　したがって，企業の発展のマネジメントは，これらのパラドックスを当然考えに入れる必要がある．発展のマネジメントは一面，パラドックスのマネジメントでもある．

　この章では，企業成長のプロセスによく見られるパラドキシカルな現象の主なものをあげ，なぜそれらの現象が成長につきものでかつ意義があるのかを，第16章の学習と心理的エネルギーのダイナミズムの概念枠組みをベースに説明してみよう．たとえば，失敗の効用，辺境の創造性，オーバーエクステンション（無理な背伸びの戦略），ゆれ動き，そして偶然の効用，といった現象が企業成長のパラドックスとして取り上げられる．

　こうしたパラドックスに企業はただ翻弄されるだけではない．企業は受け身に対応するだけでなく，積極的に「パラドックスのマネジメント」をどうしたらいいかを考える必要がある．そのマネジメントは，矛盾と発展のマネ

ジメントの本質になっていくだろう．企業成長のプロセスにさまざまな矛盾が登場するからこそ，その発展的解決が一見パラドキシカルに見える．毒をもって毒を制するように，「矛盾をもって矛盾を制する」のが，パラドックスのマネジメントの特徴であろう．

1　失敗の効用

失敗の効用の実例

　多くの企業の脱成熟化の成功例に共通するのは，脱成熟化がストレートなプロセスではなく回り道を含むプロセスであり，多くの失敗が横たわる道だ，と前章で述べた．具体例で見てみよう．

　アメリカの電子メーカー，モトローラは，もともと自動車ラジオのメーカーであったが，戦後はテレビなどの通信機器に進出し，成長を遂げてきた．しかし，テレビの国際競争力の低下によって，企業成長が鈍化するという成熟化を迎えた．成熟化の初期の段階では，同社は，めったやたらな多角化を行った．その多くは，買収という手段によるものであったが，一時は，戦略なき会社とからかわれることさえあった．しかし，そうした失敗の後にはじめて戦略を確立し，通信機，半導体，コンピュータを三本の柱とする事業構造を確立した．

　日本でもその例は多い．たとえば，終戦直後の帝人は人絹の成熟化に直面し，合成繊維（ポリエステル）への多角化に取り組んだ．この合成繊維も，成熟化を迎えると，帝人は，多様な方向への多角化に取り組むことになった．そのために未来事業部が設置され，食料，石油，自動車販売，化粧品，医薬などの事業への多角化が開始された．その多くは成功しなかったが，現在では，医薬事業が会社の柱にまで育ってきている．

　カメラ・メーカーからの脱成熟化に成功したキヤノンも同様である．初期の多角化のプロジェクトであったシンクロリーダーは，失敗に終わったし，電卓もカシオとの戦いに敗北してしまった．そうした失敗の結果もあってしかし，現在では複写機やプリンターを中心として世界的なメーカーに育っている．焼酎の成熟化に直面した宝酒造は，ビールに進出し，手痛い打撃をこ

うむった．新しいタイプの焼酎「純」の成功は，その失敗の後に起こった成功であった．

　失敗はなにも脱成熟化のプロセスにだけあるのではない．企業成長のあらゆる所で，成長をもたらした成功事例の陰で必ず相当な数の失敗を，同じ企業が経験している．あたかも，技術開発の成功の陰に多くの失敗した実験があることに酷似している．

なぜ失敗に意味があるのか

　こうした失敗が意味をもちうる理由は，基本的には失敗が学習と心理的エネルギーの両面でプラスの効果をもちうるからである．

　まず，学習面での失敗の意味について．

　もちろん，失敗すること自体がいいのではない．失敗にいたってしまうプロセスに意味がある．企業がさまざまな学習をすることである．前章で述べた脱成熟化のための戦略的学習の例をとれば，そこには二つの種類の学習があった．

　第一は，事業あるいは表面上の企業採算という点では失敗した事業経験が，企業のその後の中核となる情報的経営資源の蓄積に大きく貢献する場合である．キヤノンの例がその典型であろう．その新しい資源は，それまでその企業がもっていた経営資源のポテンシャルとはあまり関係がないもので，新しいものが付け加わるケースである．そういった新しいものの学習には，採算上の失敗はかなりつきものであろう．

　第二の種類の学習は，それまでその企業がもっていなかった経営資源を学習するのではなく，すでにポテンシャルとしてもっていた情報的経営資源の価値や限界をはっきり認識でき，それまで十分に認識されていなかった自分の能力を見直す，という学習である．それは，付け加えではなく，すでにあるものの発見である．

　その発見のためには，採算上の失敗になるような実験が必要であることが多い．もちろん，失敗しなければ発見ができないのではない．成功しつつかつ自分の能力を再発見するという幸せなケースもあるにはあるだろう．しかし，失敗するぐらいの実験をかなりしなければ，自社の能力のポテンシャルの限界がはっきりと見えてくることはない，とはいえる．

こうした実験に意味がある本質的な理由は，自社の能力のポテンシャルとその限界をじつは誰もよく知らない，というところにある．それが企業の人々によって客観的に正確に把握されているのであれば，この第二の学習の意義はない．しかしそうではないから，失敗を伴う実験をすることによって，既存の能力のポテンシャルを発見することに意味がある．
　とすると，失敗をおそれて実験をしないということは，自分の能力の限界を試さないことになってしまう危険がある．折角あるポテンシャルを十分に認識し利用する機会を，みすみす見逃してしまうことになる．このケースは，企業成長にとっては一番深刻かもしれない．実験をしないのだから，表面上は失敗が起きない．誰も傷つかない．しかし，「じつは大きな魚を逃している」かもしれないのである．
　じつは，この問題の本質はもっと根が深い．上では，能力のポテンシャルの発見という例をとらえて失敗の意義を述べたのだが，問題の本質は，企業が行動をとる前にどれだけその行動の合理性について判断が可能か，ということにつながっていく．それを議論するために，事前合理性と事後合理性の区別が必要になる．
　ある行動（たとえば新事業への進出）をとろうと企業が判断するとき，その行動がなんらかの意味で成功するという可能性があるという論理を企業はもっているはずである．つまり，事前には合理的と判断したから，ある行動をとる．しかしその行動自身には失敗しても，その失敗にいたるプロセスで自社の能力のポテンシャルを発見するということは，事前に考えていた合理性はじつは成り立たなかったが，事後的に別の合理性を発見したようなものである．
　つまり，行動の前と後で区別すれば，事前合理性とは，事前にもっている知識や認識の範囲で判断した合理性である．事後合理性とは，行動のプロセスから学習した新しい知識や認識で判断すると合理的と判断できる，というものである．行動すること自体によって，学習が起き，人々の知識や認識が変化するところから，二つの合理性の違いが生まれる．
　この二つの合理性の組み合わせから，表18-1のように四つのケースを考えることができる．
　企業が行動をとりやすいのは，もちろんケース1とケース2である．しか

表18-1　事前合理性と事後合理性

		事後合理性	
		あり	なし
事前合理性	あり	ケース1	ケース2
	なし	ケース3	ケース4

し，実際に成功しうるのは，ケース1とケース3である．ケース2は事前の判断が間違って失敗する．ケース3も事前の判断は間違っているが，行動は新しい意味で合理的だったのである．意図した合理性とは違う意味で，合理的であったのである．その結果，行動自体が採算的に成功する場合もあるだろう．しかし，そうではなくて採算的に失敗しても，新しい学習をして新しい合理性を発見したという意味では，成功と言える場合が十分あるだろう．

しかしこれは，事前に合理性がない（あるいはわからない）と思われているケースだけに，事前合理性を重んじ，それだけを判断基準に行動をとろうとする傾向の強い企業がこの行動をとる可能性は小さい．したがって，じつは行動を起こさないという「目に見えない失敗」が起きるのである．

したがって，このケースの事後合理性のメリットを享受するためには，事前合理性だけをあまりに重んじすぎないスタンスが必要とされることになる．それが失敗を恐れず実験をする，実験の結果として失敗の事例が出ても構わない，というスタンスなのである．もちろん，事前に合理性がないことが明白である行動を企業がとるとは考えにくい．したがって，事前合理性のあるなしのボーダーラインのケースについて，事前合理性の明白さを要求しすぎないというスタンス，と言い換えてもよい．

もちろんただ実験すればいいのではない．そうして実験的に行動をとるスタンスをもてば，当然失敗は多くなる．それと同時に失敗にいたるプロセスで，「思いがけないこと」が起こる．事前には思ってもみなかったことである．思いがけないことから事後合理性の発現と発見が始まる．その思いがけない経験からどの程度学習できるかが，ケース3の意義を，そして失敗の効用を，大きくできるかどうかの分かれ道である．

失敗は，心理的エネルギーの供給という観点からも意味をもつ．

その一つは，学習のためのエネルギーの供給である．人間は失敗から学習

することがじつは多い．それは，失敗が学習のための心理的エネルギーを供給するからでもある．採算上の失敗，事前の目標を達成できない失敗，そうした失敗を挽回しようとするエネルギーが学習を促進する．

たんに，学習を促進するばかりでなく，失敗はエネルギーの束ねにも貢献することが多い．それは，失敗のもたらす危機が人々の目標構造を単純化するからである．危機状態になると，目標の優先順位はおのずと明らかになってくる．手続きを守るという目標を大切にする役所であっても，災害で危機状態が生み出されれば，手続きを守るという目標は第二次的なものになる．

企業の場合も同様である．危機状態では，たとえばカネに困っていればまず資金繰りをつけるという目標が最優先となり，目標は単純化する．また，ある事業が危機状態にある場合には，その事業への資源投入が最優先されるであろう．このような目標の単純化によって，企業の中のさまざまな人々の心理的エネルギーは束ねられやすくなり，組織としてより大きなベクトルを生み出すのである．

失敗のマネジメント

失敗は，ただそれが起きたときにどう対処するか，という対応だけを考えればいいのではない．もっと広い観点からの「失敗のマネジメント」とでもいうべきものがありうる．

第一は何よりもまず，失敗を恐れず実験が十分な大きさと範囲で行われるような組織文化をつくることである．こうした実験は，トップだけが決心すればすむことではない．実際には，現場のミドルが自分で手を挙げて実験をしようとしなければ，そもそも実験の種すらトップ（あるいはそのスタッフ）は知らないのが普通である．つまり，トップは二重の意味で，知らない．一つは，実験の種がどのようなもので，どこにあるかについて．二つには，その実験のくわしい実態やその成果の可能性について．したがって，二重に知らないトップが実験を多くさせるような状況をつくり出せるには，リスクと失敗への許容度を上げ，挑戦を多くするような人事体制も含めた配慮が必要である．その一つが，失敗の処遇のあり方である．実際に失敗した人をどのように処遇するか，実験への意欲を失わせないようなものにする必要がある．

もう一つの失敗のマネジメントの根幹は，失敗のプロセスで起きる思いが

図18-1　失敗のマネジメント

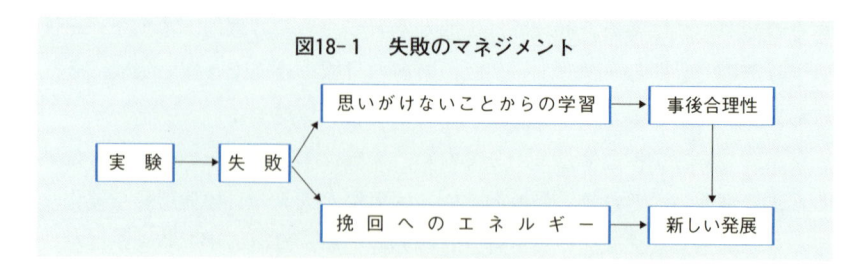

実験 → 失敗 → 思いがけないことからの学習 → 事後合理性
　　　　　　→ 挽回へのエネルギー → 新しい発展
事後合理性 → 新しい発展

けないことからいかに組織として学ぶか，という対応である．そのためには，思いがけないことが起きたときにそれを敏感に察知し追求できることが必要であるし，また失敗した人が学ぶノウハウの伝承，共有の手段を工夫する必要がある．失敗した人々の処遇を誤れば，失敗の学習は個人あるいは集団レベルにとどまり，組織レベルにまでいたらないであろう．

2　辺境の創造性

辺境の創造性の実例

　企業の成長には，すでにある事業の成長に引きずられた成長（受動的成長）と，企業自身の創造による成長（能動的成長）とがある．市場の創造，需要の創造や掘り起こしによる成長が後者である．後者の成長は，通常，新しい戦略，パラダイムを伴っている．そしてこのような新しい創造は，業界の中枢企業ではなく，中枢の企業と比べると情報も十分でなく，経営資源も豊かでない辺境の企業によって生み出されることが多い．

　たとえば，かつての流通革命の主役となったダイエーやイトーヨーカ堂は，スーパーを始めた当時は，文字どおり辺境の企業であった．流通革命の主役になったのは，流通に関して十分な情報と経営資源を当時もっていたはずのデパートではなかった．デパートの中で，スーパー事業を成功させたところはわずかしかない．また，ファミリーレストランという新しい業態を成功させ，日本に外食の新しい生活スタイルをつくりだしたのも，もともと小さな食品スーパーであったすかいらーくである．宅配便を成功させたヤマト運輸も，また，引越しの総合サービスという業態を創造したアート引越センター

も，辺境の企業であった．

　これらの企業は，その業界の中枢の企業と比べると，ヒト，モノ，カネ，情報という経営資源に関しては，明らかに劣位であった．それにも関らず，中枢の企業ではなく，これらの企業が新しい戦略を創造しているのである．

　中枢の企業は，新しい創造をしにくいばかりでなく，自分たちのとってきた戦略が通用しなくなっても，なかなかその戦略を変えようとしない傾向がある．辺境の創造性に対して，中枢の保守性があるのである．そのために戦略の転換が遅れる．

　中枢の企業は，日常の経験，市場からの情報を通じて，市場の変化を敏感に感じ取れる状況にあるはずである．それにもかかわらず，中枢の企業が戦略を変えるのには，長い時間が必要である．単一車種の大量生産で成功を収めたヘンリー・フォードは，消費者が多様な車種を求め始めても，それに対応しようとはせずに，単一の車を作りつづけ，性能を上げ値段を下げることにあらゆる努力を集中した．また，石油ショック後のGMやフォードは，燃費のよい小型車への移行に後れをとった．日本の紡績企業の多くも，ヨーロッパやアメリカの先例を十分に承知していながら，その轍を踏んでしまった．

　日本の鉄鋼業が，事業の多角化に本格的に取り組んだのは，80年代に入ってからで，粗鋼の生産量のピークの年，1973年からほぼ10年が経過してからであった．業界の中枢企業は，日常の経験を通じて，業界の変化に関してももっとも優れた情報をもっているはずである．それにもかかわらず，業界の変化に気づかない，あるいは気づいていても対応が遅れるのである．

　こうした辺境と中枢の違いとその創造性への影響は，なにも一つの産業の中の辺境と中枢企業にだけあるのではない．一つの大きな組織の中でも，辺境と中枢はある．傍流と本流と言ってもいい．多くの企業が危機に瀕したときにそれを救うのは，しばしば傍流の人々である．

辺境の創造性はなぜ生まれるか

　なぜ，このようなパラドックスが生まれるのか．そこには，第16章で述べた学習と心理的エネルギーのダイナミズムが深くかかわっている．

　このパラドックスを解く第一の鍵は，辺境の脆弱性である．辺境の企業や一つの企業の中での辺境の事業は，つねに企業や事業の存続が危ぶまれる限

界組織であることが多い．このような限界組織は，中枢の組織と比べると，環境の変化に対して敏感である．環境の小さな変化が，組織の存続を危うくするからである．そのために，辺境の企業（以後，辺境企業と言った場合は，辺境企業と辺境事業の両方を含む）は，外界の変化に対して敏感にならざるをえない．このような外界に対する敏感さが，新しい戦略，ときには新しいパラダイムの創造のチャンスの発見につながることがある．つまり学習への敏感さがある，と言っていい．

　しかし，チャンスを発見しても，それをうまく利用するだけの資源がない．辺境の企業が，新しい戦略を実行に移すためには，資源の不足を補う，何ものかが必要である．それは，これらの企業家が創造する新しいコンセプトである．これが，辺境の創造性を説明する第二の要素である．辺境の企業は，経営資源の不足を知恵と，そこから創造された新しいコンセプト，アイデアによって補う．

　たとえばヤマト運輸は，かつては業界の名門企業であったが，長距離輸送便の流れに乗り遅れ，辺境の企業になってしまった．この企業が注目したチャンスは，宅配便である．しかし宅配便は，不定期で，小口，顧客も特定できない．中枢の企業を含め，多くの企業は，そこにはビジネスチャンスはないと見ていた．しかし，ヤマト運輸は，そこにビジネス・チャンスをつくり出す可能性を見つけたのである．そのきっかけとなったのは，「地域」と「密度」というコンセプトであった．たとえ不定期不特定顧客であっても，地域を単位として見れば，必ず一定量の荷物は出てくるはずである．また，その地域で継続的なサービスをしていれば，その地域での密度は上がってくるはずである．この考え方が，日本における宅配便という新しい事業の創造のテコになったのである．

　この二つの鍵，環境に対する敏感さと知恵の動員を支えているのは，心理的エネルギーである．チャンスの発見，それを利用するための知恵の動員は，自然には起こらない．限界企業が生き残る方法は多様である．これまでの戦略を継続し，さらに効率化をすすめれば生存も可能である．しかし，ある種の企業，企業家は，そのような道を選ばずに，新しい戦略の創造を目指すのである．それを可能にするのは，これらの人々がもっている大きな心理的エネルギーである，とわれわれは考えている．

このような心理的エネルギーはまれなものである．もちろん辺境の組織はたくさんある．その中で新しい戦略やパラダイムを創造することができるのはごくわずかであることが，この大きな心理的エネルギーの供給が希少であるということを暗示している．経済学者のシュンペーターは言っている．

「新しいことを行うのは，慣行的なものや試験ずみのことを行うよりも，実際に困難であり，趣を異にしているだけでなく，経済主体は新しいことに反対し，たとえ実際上の困難が存在しない場合でもこれに反対する．……慣行の軌道が不適切なものになったり，もっと適切な新しいものがそれ自体まったく特別な困難を示さない場合においてすら，人々の思考は慣行の軌道に立ち返ってくる」

つまり，創造は既存の秩序を破壊する．その破壊をしようとするジャンプには，それなりの心理的エネルギーがいる．それだけの量の心理的エネルギーは，そう簡単にはころがっていない．

辺境の企業の創造性と比べれば，中枢の企業は保守的である．その保守性は，まず第一に，エネルギーの長期的なダイナミズムから説明できる．企業が発展し，安定化していくとともに，企業の中の心理的エネルギーは長期的に衰退していく．それが，変化に対する鈍感さをもたらす．また，大きな余裕資源をもっている中枢の企業は，小さな変化を無視しても，すぐに崩壊するわけではない．そのために，鈍感さが，大きな問題，深刻な問題をもたらさないのである．

中枢の企業の保守性をもたらす第二の理由は，企業の中で共有されたパラダイムである．前章で詳しく述べたように，あるパラダイムのもとで大きな成功を経験してきた企業では，そのパラダイムを捨て，新しいパラダイムを創造することはきわめてむつかしい．まず，環境からはパラダイムに合う情報のみが選択的に取り入れられる．また，パラダイムに合わない情報が取り入れられた場合でも，それを組織内で伝達するのはむつかしい．また，パラダイムが通じなくなったということを論理やデータで説得するのはむつかしい．しかも，かなり危機的状態になっても，パラダイムは依然として有効である，あるいはそのように見える．

中枢の企業の保守性の第三の理由は，彼らには失うものが多いことである．新しい路線，新しい分野，新しい考え方，そのどれに乗り換える，あるいは

図18-2　中枢と辺境

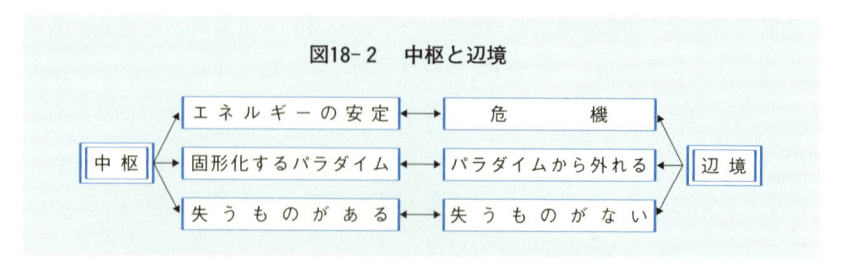

中枢 → エネルギーの安定 ↔ 危機 ← 辺境
中枢 → 固形化するパラダイム ↔ パラダイムから外れる ← 辺境
中枢 → 失うものがある ↔ 失うものがない ← 辺境

それらを付け加えるにせよ，古いもので築いた基盤の意味をなくすリスクがある．ときには，組織の中で犠牲者がでる．さらには，短期的には既存の事業に悪影響が出るかもしれない．そうしたさまざまな意味で，失うものが多いのが，中枢企業なのである．それが彼らをためらわせる．逆に，辺境の企業はもともと失うべきものをあまりもっていない．

辺境のマネジメント

　企業のマネジメントという立場から辺境の創造性というパラドックスへの対応を考えるとき，このパラドックスがとくに意味をもつのは，自社が産業の中枢の企業である場合の企業としての対応と，組織内の傍流と本流という現象についての「傍流の組織内マネジメント」という問題とであろう．中枢の企業の問題とその理由についてはすでに上で述べたので，それへの対応策の基本は明らかであろう．ここでは，傍流のマネジメントの問題を少し触れておこう．

　組織の中の傍流にとって，最大の敵は組織の凝集性である．組織としてまとまりをもつ，同じような文化をもつ，といった凝集性への要請が生まれるのは，組織としてはある意味で当然である．それがしかし，しばしば本流への凝集性になってしまう．その結果，傍流は人事や資源配分の面でもセカンドランクにされてしまい，ときには存続さえ危うくされる．また，傍流から新しい芽が生まれても，組織としてそれを取り上げなくなってしまう．

　そうした危険をさけ，組織全体として健康体でいるためには，三つの基本的対応が必要である．第一は傍流が生きていける土壌をつくることである．その手段として，ときには隔離が必要かもしれない．あるいは分社をして，傍流を別組織にする必要があるかもしれない．第二には，傍流に社内での競争上のポジションを与えることである．本流とときに競えるような状況を資

源配分，プロジェクト設計などで工夫することである．あるいは，人事登用で傍流の出身者の人事に配慮することである．こうした競争上の配慮は，傍流を温室にしてしまわないためにも必要である．第三は，異分子の存在を許容するような風土づくりである．異質なものからこそ新しいものが生まれるという考えを，多くの人がもつように配慮することである．

3　オーバーエクステンション

オーバーエクステンションの実例

オーバーエクステンション（overextension）とは，かなり過度だと思われるくらいに伸びようとする戦略をとることである．背伸び戦略といってもいい．多くの企業は成長の踊り場でオーバーエクステンションをやり遂げて，その結果成功してきた．

オーバーエクステンションとは，自社の現有の資源（とくに情報的経営資源）の水準からすれば不足なところや無理なところのある戦略を，それを承知でとることである．たとえば，終戦後の日本の自動車産業振興の産業政策がその例である．ときの一万田日銀総裁は「裾野のひろい乗用車生産で日本に国際競争力なし」として，産業振興に反対した．しかし通産省は，裾野が広いからこそ自動車産業を育てること自体，かなりの無理をしても波及効果の大きさからすれば望ましい戦略で，能力は車を造るプロセスでできてくるものだ，と言った．日本の自動車産業の現在の国際競争力からすれば，こうした論争があったこと自体が夢のような話だが，まさにこのオーバーエクステンションは成功し，日本の産業基盤を発展させた．

もう一つの例は，アンバランスな投資である．企業の体力からすると無理な投資を思い切ってするという現象である．終戦直後，東レは，ナイロンへの進出のために，デュポンから，技術を導入した．それに要した資金は，当時の同社の資本金の約1.5倍だったという．

1969年，シャープの佐伯旭専務（当時）は，半導体への進出を決定する．社内とりわけ技術者の間には，「カネ食い虫」といわれている半導体事業への進出を危ぶむ声もあった．資金もなかった．しかし，大阪・千里の万国博

覧会への出展を取りやめ，そのカネで奈良の天理に半導体の工場が建設された．「千里より天理」だったのである．それは，短期的にはシャープに大きな危機をもたらしたが，長期的に振り返ってみると，シャープにとっては重要な技術蓄積につながった．ホンダも，その成長の過程では，何度か無理と思われるような投資を行っている．多くの成長企業は，短期的な危機につながりかねない無理な投資をすることがあるのである．

オーバーエクステンションの効用

　こうしたオーバーエクステンションが企業の発展に貢献する基本的理由は，オーバーエクステンションが生みだす学習と心理的エネルギーのダイナミズムにある．

　オーバーエクステンションは，短期的には企業内に不均衡を生みだす．自分が十分な実力を全般的にはもたない事業活動を，始めてしまうからである．能力と戦略の間に不均衡が生まれ，矛盾が表面化する．その矛盾が，学習を促進させ，心理的エネルギーを顕在化させる．無理の効用といえるかもしれない．

　オーバーエクステンションは，その背伸びした分野で事業活動の場をつくってしまうことによって，企業の学習の場をつくっている．競争の圧力のもとでの，日常の仕事による学習である．それが企業の学習の幅を広げる．無理とも思える遠い分野に進出した場合に，この効果が顕著である．新しい分野に関するノウハウや技術は，わざわざその分野に進出しなくても，研究開発だけを行っていても，蓄積できるかもしれない．しかし，実際の市場で競争をしてみることによって，実験室では得られない深いノウハウが獲得できるのである．

　このような無理は，どこで行われてもよいというわけではない．無理が企業の発展につながるところとそうでないところとがある．それは，無理が企業の学習をどの程度促進するかにかかっている．無理が意味をもつ第一の場所は，それが，企業の鍵となる資源，中核（コア）資源を形づくるところである．東レのナイロンはその典型である．シャープの半導体もその例である．

　このような中核技術での無理は，たとえ事業的に大きな成功にならなくても，企業の中に貴重な財産を残すのである．もしこのようなところでのオー

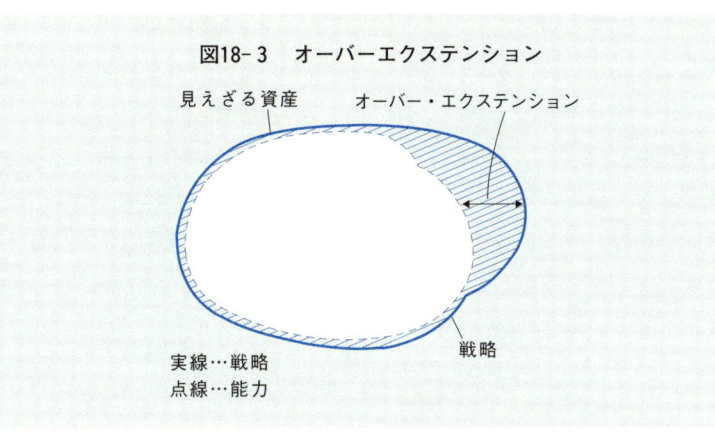

図18-3　オーバーエクステンション

見えざる資産　　オーバー・エクステンション

戦略

実線…戦略
点線…能力

バーエクステンションが失敗に終わって企業の具合が悪くなっても，中核の資源の厚い蓄積ができていれば，企業の再建ができることがある．たとえば，大王製紙や山陽特殊鋼は一度倒産して立ち直った会社であるが，両者に共通しているのは，中核となる技術への先行投資が，企業倒産の原因となりかつその技術蓄積が企業再建の原動力となったことである．

　第二の場所は，企業内部に技術やノウハウの波及効果を及ぼす事業へのオーバーエクステンションである．この場合にも，企業内のさまざまな部署で，技術やノウハウの波及効果をもたらす．たとえば，電子メーカーにとっての半導体技術は，中核技術であるばかりでなく波及効果の大きい技術でもある．

オーバーエクステンションのマネジメント

　オーバーエクステンションのマネジメントでまず肝心なのは，どこでオーバーエクステンションをするのか，という見きわめである．オーバーエクステンションの効用は，基本的には学習である．その学習の意義の高い分野でなければ，無理をする意味がない．

　学習にポイントがあることから，その学習活動への手配りがきちんと行われることが，オーバーエクステンションのマネジメントの第二のポイントになる．ただ苦労をするのがオーバーエクステンションの目的ではない．オーバーエクステンションした分野で，学習に向いた人選，学習の結果の伝播，学習の実りの多い活動を重点にする，などさまざまな手配りがいる．

　第三のポイントは，大きな戦略的ビジョンの提示である．なぜオーバーエ

クステンションするのか，オーバーエクステンションの結果どのような新しいポテンシャルが企業の未来に開けてくるのか，そういった将来のビジョンがなければ人々は無理をしたがらないだろう．

オーバーエクステンションのマネジメントの第四のポイントは，企業の体力のチェックである．オーバーエクステンションは，いわば赤字というコストを払って学習をするようなものである．その赤字の大きさは企業の体力の限界の中にあるかどうか，のチェックである．この体力の部分でもオーバーエクステンションするのは，無理ではなく無謀である．

4　ゆれ動き

さまざまなゆれ動き

この本でわれわれは，企業のマネジメントにおけるさまざまなジレンマや矛盾の存在を強調してきた．だからこそマネジメントはやさしくないと言ってきた．二つの矛盾する要請の間の悩みは，あちらこちらででてきた．企業成長は，そうしたジレンマへの対応の連続と言えるだろう．その結果，企業はジレンマの二つの極の間をゆれ動くような経路をしばしばたどる．

たとえば，1960年代のアメリカの総合電機メーカーGEは，「利益なき成長」とやゆされるほど，成長と多角化を重視した．逆に，1970年代の同社は，収益を重視し，その結果として，将来の成長の種となる技術の蓄積が遅れてしまった．そして1980年代に入ると，今度は，M&Aで急激な事業の再構築に取り組み始めた．

先にあげた帝人は，レーヨン中心の堅実な経営を戦後しばらくしていたが，大屋社長時代は，ポリエステルをはじめ，石油や食品など未来事業へ積極的に進出をした．それにつづく徳末社長時代は，過度に拡大した事業の整理に取り組まなければならなかった．これは，極端な例であるかもしれないが，あるときには過剰なほど成長志向，拡大志向になり，あるときには保守的にすぎると思われるほど,消極的になったりするのはよく見られる現象である．

組織の内部のマネジメントでも，ゆれ動きはよく見られる．たとえば，組織構造として集権がいいのか分権がいいのか，という問題も，集権の時代の

次に分権の時代，そしてまた集権の時代，とゆれ動く企業が多い．事業部制をとったり，それをやめたり，それを繰り返しながら組織が大きくなっていく企業もある．自由の強調と規律の強調の間でゆれ動く企業もある．

つまり，ほどよいバランスをつねにとってスムーズな成長経路をたどっていくことは，ほとんどない．企業は振子のようにゆれ動くのが普通である．ゆれながら，成長していく．

ひとゆれ大きなゆれがくる前に，逆の方向へわざと振子を振る経営者もいる．ちょうど振子の場合と同じように，逆に振ってエネルギーのタメをつくるのである．松下電器の山下俊彦元社長が事業部制に関してとった行動が，その例と解釈していいだろう．

松下電器は，事業部制をとる会社として有名である．松下電器の事業部制は，たんなる組織構造ではない．それは，企業理念と密接不可分なものであり，松下電器の文化でもある．各事業部は，企業の一員であると同時に，お互いにしのぎをけずる競争者でもある．各事業部は，毎期毎期の収益（売上高利益率）によって評価される経営責任単位である．これは，松下電器の強みの源泉でもあった．

もちろん，これがもたらした矛盾もあった．かつて録音機事業部とラジオ事業部が，まったく重複して，同じ商品を開発したことがある．録音機事業部は，カセット式テープレコーダーにラジオをつけて，「ラジカセ」を開発し，ラジオ事業部は，ラジオにカセットをつけた「ラジカセ」を開発したのである．どちらの商品がよいかは，本社ではなく，市場によって評価されるべきだ，というのが松下電器の考え方である．

しかし，松下電器が，従来の家電から新しい分野（たとえばOAやシステム商品など）に進出するようになってくると，このようなやり方は通用しなくなってくる．むしろ，事業部間の協調と，長期的な視野での投資が必要になってくる．このような状況では，短期の収益責任をゆるめることが必要である．事業部が短期的な収益で追われていたのでは，先行投資もできないし，他の事業部との共同も難しい．しかし，山下俊彦元社長がとった行動は逆だった．むしろ，短期の収益を中心とした事業部の自己責任をより厳しく追及するという行動に出たのである．これは，内外の期待に反した行動であった．

山下の意図の一部は，自己責任の考え方の再確認とともに事業部制の矛盾

をいったん増幅することにあったと解釈していいだろう．それから数年の後，松下電器は事業部の統合，事業部の上部組織として事業本部の設置，松下電器貿易という輸出部門の別会社の本社への統合，といった企業組織の統合化への道を歩み始める．人々もそれを受け入れた．一時期の事業部制の強化はまさに振子を逆に振って，きたるべき組織改革へのエネルギーのタメをつくったことになっている．

2001年には，中村社長が事業部制の解体を揚げた組織の大変革に乗り出した．別な方向へと振子を振る時期が来たのであろう．

なぜゆれ動くのか

企業がゆれ動くということは，二つの極の間を行ったり来たりするということである．そうして企業は長期的なバランス，ダイナミックなバランスをとっている．

たとえば成長目標と収益目標の間のゆれ動きの場合では，成長目標ばかりを追求していたのでは，収益的にいずれ大きな問題が出てくる．そこで軌道修正が必要になる．この軌道修正が，間欠的に行われることによって，ある時点ではバランスを欠いているが，一定の長い期間を見れば，バランスがとれているという結果がもたらされる．

したがってゆれ動きは，二つの矛盾しかねない要請を満たしていくためにきわめて基本的な原理なのである．「ある時点では一つの焦点だけ．しかし，その焦点を時間とともに変えていく」という原理である．その意味では，ゆれ動きはダイナミックな矛盾の解消のために行われている．矛盾のマネジメントの基本的原理の一つともいえる．

しかし，二つの極の間のバランスのとり方は，この方法だけではない．つねに中庸をいく経営をするというのも，一つのバランスの取り方ではあろう．なぜ，多くの企業は「つねに中庸」という方法をとらずにゆれ動きによってバランスをとろうとするのか．

理由は二つある．一つは，組織という人間集団における複雑なことの伝わり方の限界である．組織としての理解能力の限界といってもいい．焦点を二つもち，その間の微妙なそして変化していくバランスをつねにとりつづけられるほど組織には敏捷性はないと思う方が現実的である．とすれば，ある時

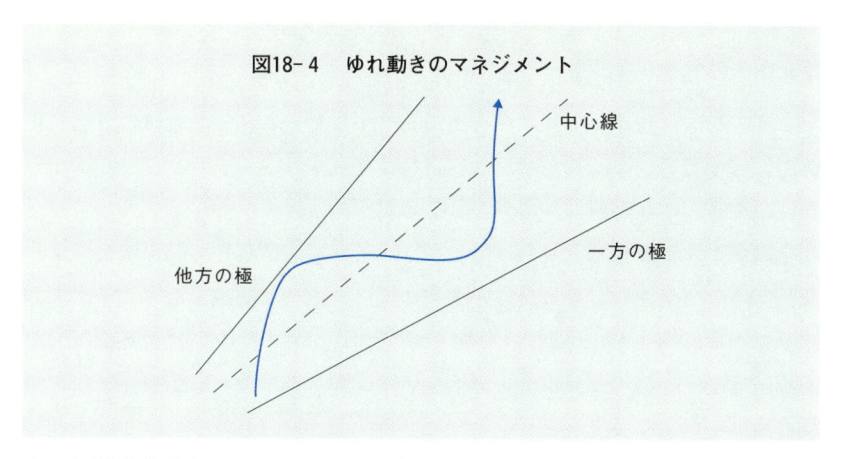

図18-4　ゆれ動きのマネジメント

中心線
他方の極
一方の極

点で組織内をまとめそのベクトルの統合をするためには，そのときの行動の焦点あるいは目的は単純化され一元化されていた方がいい．したがって，一時期には焦点は一つ，なのである．それは組織が勢いにのっているときほど強い傾向であろう．勢いにのったときに多元的な目標を設定すると，勢いが分散してしまう危険がある．

　焦点が一つになる必要が大きい二つ目の理由は，一つの焦点から生まれる組織の凝集性である．集中力と言ってもいい．学習とエネルギーのフィードバックの項で述べたような，相互励起の作用が人々の間にあるとすれば，皆が同じ方向に向かって走っていることから生まれる心理的エネルギーがあることになる．一つの焦点から，組織の凝集的な心理的エネルギーが生まれる．

　企業がゆれ動くのは，長期的バランスのためだけではない．第二の理由は，振子をときに逆に振ることによってエネルギーのタメが生まれ，次の段階の行動への心理的エネルギーが蓄積されることである．その「振る」という経営行動の結果，企業はゆれ動く．

　第三の理由は，ゆれ動きは変化であり，変化は刺激になる，ということである．企業を活性的に保つために，そうした刺激を企業組織全体が受けることがきわめて重要になっている．その刺激のためには，企業の路線をさまざまな状況とタイミングで変えていく必要がある．変化そのものに意義があるから変える，とでも言えるような変化への理由である．

ゆれ動きのマネジメント

　こうしたゆれ動きの中には，自然に発生するものもある．組織の自己修正機能と言ってもいい．しかし，ただ自然に発生するのにまかせていてはならないだろう．ゆれ動きもマネジされる必要がある．

　そのポイントとして三つあげておこう．第一は，ゆれ動く路線がどのような長期的なバランスをとるためのものかをハッキリと認識したうえで，振ることである．つまり，「ゆれ」を繰り返す以上，ゆれの中心線があるはずである．その中心線とはなにかを考えないゆれ動きは，たんなる右往左往や動揺と変わらなくなってしまう．

　第二のポイントは，タイミングである．一つのゆれから反対の方向へ振るタイミングである．それが遅すぎると，もともとゆれによってやや極端な路線へと振るわけだから，企業が軌道をはずれてしまう．しかし，タイミングが早すぎると，組織にいつも混乱ばかりが発生し，またほどほどの中庸に見えるものに終始して中途半端に終わる．そうしたタイミングを計るために認識する必要があるのは，ゆれ動きのためのトップでの振れと組織全体が振れてくるまでの時間的遅れの大きさである．トップのレベルで振り始めてから，それが組織に浸透するまでにはかなりの時間がかかる．ときには，一年単位の時間が必要なこともあるだろう．

　トップでの振れと組織全体での振れとの間の食い違いは，時間的遅れにあるばかりではなく，振れの幅についてもある．それを考えてゆれ動きの幅を決めるのが，ゆれ動きのマネジメントの第三のポイントである．多くの場合は，トップで振れる幅が大きくてもそれがかなり減衰して組織全体の振れにつながる．したがって，トップのレベルでは「必要以上に」ゆれ動く必要がある．ただ，場合によっては，トップのゆれがかなり増幅されて組織全体のゆれ動きを激しくすることもある．そのあたりの見きわめが難しい．

5 パラドックス・マネジメントの本質

偶然とプロセス

　以上であげてきた企業成長のパラドックスは，企業の発展につきもののパラドックスのすべてではないだろう．読者は自分で自分なりのパラドックスのリストを作ることができるだろう．

　そうしたパラドックスに企業は対応していかなければならない．パラドックスに受動的に対応するのみならず，パラドックスを積極的に利用した経営が必要であろう．そのためのパラドックスのマネジメントのポイントを，これまでとりあげられたパラドックスごとに手短に考えてきた．そうしたポイントの背後に流れる，パラドックス・マネジメントの本質とでもいうべきものがありそうである．この章を閉じる前に，それを論じておこう．

　もちろん，もっとも基本的なことは，パラドックスのマネジメントが学習と心理的エネルギーのダイナミズムのマネジメントであることである．それはすでにたびたび強調した．

　それ以外に，二つの本質的な側面がパラドックスのマネジメントにはあると思われる．一つは，パラドックスのマネジメントでは，「思いがけないこと」がたびたび起こる，ということである．そうした，偶然に思えることへの対処が，パラドックスのマネジメントの一つの本質である．

　もう一つの本質は，パラドックスのマネジメントが時間のかかる「プロセス」であることである．前章の言葉を使えば，曲がりくねった回り道にも見えるプロセスなのである．そのプロセス全体のマネジメントをしていく必要がある．あらかじめプログラムをセットして，あとはほっておいてもいい，というものではない．プロセスのそこかしこに注意深く目を配り，思いがけないアクシデントに対応しながら流れのマネジメントをしていく．そういった意味での「プロセスのマネジメント」なのである．

偶然のマネジメント

　ここでいう偶然とは，出会い頭のランダムな出来事ばかりではない．それ

も含めて，当事者にとって「思いがけないこと」をさす．ランダムに見えることも含めて，偶然に見えることはじつはなんらかの理由があって起きている．しかし，当事者にしてみれば，事前には予想もしなかったような理由で何かが起きる．理由ばかりでなく起きること自体もわからなかった．それは，人間の事前の認識や知識にはかなり限界のあるものであり，その限界を超えたことが起きるから，「思いがけないこと」であり，偶然に見えるのである．

そうした思いがけないことがあるからこそ，発展が生まれる．すべて事前に予想された範囲ばかりで事業活動が終始するのであれば，そこにはあまり長期的な発展はない．あるいは，パラドックスとは，自分の知識の限界の中でパラドックスに見えるのであって，その限界を超えることをなんとかして起こすことがパラドックスのマネジメントに必要である．

失敗の効用の項で，思いがけない経験の意義を強調した．事後合理性という概念そのものが思いがけないことの重要性を物語っている．傍流の中から創造的なものが生まれてくるにしても，どの傍流がそうなるかは事前にはわからない．オーバーエクステンションのプロセスでもゆれ動きのプロセスでも，偶然の出来事に助けられることがしばしばある．

そうした偶然あるいは思いがけないことのマネジメントのためには，二つのことを考える必要がある．一つは，偶然のきっかけの利用の仕方．思いがけないことをどう利用するか，という問題である．もう一つは，思いがけないことはなぜ起こるのか，を考えること．どうも偶然が発生しやすい人，思いがけないことが生まれやすい状況というものがありそうで，ただ万遍なく思いがけないことが起こっているだけでもなさそうなのである．極端な言い方をすれば，「偶然はどうしたら起こせるか」である．

偶然に起きる思いがけないきっかけを利用するためには，少なくとも四つの条件が必要である．

1．素朴な疑問を考える姿勢
2．大きな戦略的地図
3．本質的な思考
4．資源の自由度

第一の条件は，まずその思いがけないことに目を向けることである．それを見逃さないことである．そのためには，自分の周りの出来事を固定観念だけで捉えるのではなく，素朴に不思議なことは不思議だと疑問をもつ姿勢が必要であろう．人々が「素朴に」ひっかからなければ，偶然は組織を通り過ぎていってしまう．それは偶然への感受性の問題である．

　第二のポイントは，そうした偶然の出来事が自分にとって意味があると直観できるための条件である．それには，偶然のきっかけを位置づけ意味づける「地図」を，組織の人々がもっている必要がある．その地図の役割を果たすのが，大きなビジョンであり，戦略である．その地図のどこかに「関係がある」と思えるからこそ，思いがけないことに人はこだわる．これは，偶然への評価能力の問題である．

　その地図によって一応のひっかかりができても，その思いがけないことの本当の意味やその影響をきちんと考えなければ，そのきっかけを利用してパラドックスのマネジメントにつなげ，企業の発展につなげていけるものではない．そこで第三の条件が必要になる．本質的な深い思考である．偶然に起きたことがなぜ起きたのかをよく考えてこそ，その利用の道が考えられる．これは，偶然への分析能力の問題である．

　第四の条件，資源の自由度は，そのような思考によって生まれる新しい行動へのアイデアを実行に移せるような資源的裏づけの必要性を言ったものである．その行動へ資源を動かせる状況がつくれなければ，アイデアはアイデアだけで終わってしまう．現場が無理に資源をひねり出すのでもいい．資源をひねり出し，資源の用途変更を認めるあるいはそれに目をつぶる自由度がなければ，偶然を企業行動につなげることはできない．

　思いがけないことの利用を考えるより，「偶然はどう起こせるか」を考えることの方がより難しい．ここでは二つの指摘をしておきたい．第一は，偶然の出来事の確率的側面を考えれば，より多く思いがけないことを起こすには，それが起こるもとになる実験的行動をよりたくさんとることである．つまり，観察の数を増やすには実験の数を増やすことだ，という簡単な事実である．そのためには，実験を許容するような状況づくりが必要となる．それについては，失敗の効用の節ですでに述べたのでここでは繰り返さない．

　第二の指摘は，意味のある偶然が起きやすいような活動領域の設定である．

第一の指摘は実験の回数についてだったが，実験の領域も意味のある偶然を起こすためには重要な考慮要件である．

そのための一つの条件は，本質的なこと，素朴に大切なことを徹底してやること，あるいは原理的に正しいことの領域で実験をやることである．正しいこと，本質的に大切なことから，意味のある偶然が起きやすい．もう一つの条件は，活動領域の計画的な多様性づくりである．本質的な正しいこと，といってもその数は多いだろう．その中で，多様性を考えて網を張っておくのである．

半導体の原理の発見者であるバーディーンの言葉に「計画された偶然性」というのがある．彼がトランジスタを発明したプロセスがまさにこれだった．その意味は，一定の大きな意図を明確にもち，そのうえで実験が起こるべき領域をさまざまに考えて設定し，そこではじめて偶然が生まれてくる，ということである．多様性のためには，たとえば組織の人的構成を異質な人々を組み合わせるようにする，といったことが必要になる．

プロセスのマネジメント

パラドックスのマネジメントは，変化のプロセスのマネジメントである．曲がりくねったプロセスのマネジメントであり，それは直線化を考えない方がいいプロセスである．

変化は時間の経過とともに何事によらず起きていくのだが，企業の成長のパラドックスでは，事態が変化していくプロセスそのものが重要である．失敗に効用があるのは，失敗の経験が成功の種を蒔いて，いずれ成功に転化してくるからである．傍流や辺境が意味があるのは，それが新しい本流にと変わってくるからである．いつまでも傍流でいるのでは意味はない．また，オーバーエクステンションのよさは無理が解消されていく変化のプロセスがあるからである．無理が無理のままでありつづければ，企業は崩壊してしまう．ゆれ動きはまさに，動くこと変化していくことに意義がある．

そうした変化のプロセス，変化の流れをマネジしていく必要が，パラドックスのマネジメントにはある．そこでは，きっかけ，潮の流れといったことを注意深く観察する必要が出てくる．そのために，タイミングの見定め，勢いの利用，といったことが大切になる．

イノベーションにおける偶然と必然

　ほとんどすべてのイノベーションの事例には，偶然と必然が同居している．人間のある意図をもった計画的実験と思いもかけぬ偶然の現象との間でゆれ動きながら，人々はイノベーションへの努力を続け，その成果として新技術が生まれてくる．それは，「偶然を必然がつかまえる」とでも呼ぶべきスタンスで考えるべき，面白い現象である．
　2001年のノーベル賞の白川さんも2002年のノーベル賞の田中さんもともに，実験のさいにミスをしたおかげで奇妙な現象が起きた．その結果を見てしかし，彼らはそれを捨てなかった．そこから生まれた「なぜ」を追求して，大きな発見をした．まさに，偶然を必然がつかまえている．
　認識すべき重要なことは第一に，イノベーションでは偶然に生まれるきっかけを必然の論理がつかまえることが重要である，ということである．第二に，偶然の必然化のプロセスには構造があると認識すべきである．たんなるでたらめのプロセスでもなく，ただ幸運がたまたま起きているだけでもない．偶然も必然も，ともに存在しなければ，イノベーションは生まれないのである．
　技術開発は，自然の世界の中にじつはすでに存在している原理を発見する闘いである．そのプロセスを行う人間の認知能力はきわめて限られている一方で，自然が含んでいる現象はあまりに豊かである．だから，その中の一つの現象にぶちあたった一人の人間からすれば，意外としか言いようがない．偶然に見える．
　だが，偶然のきっかけはあくまできっかけで，それをめざとく見つけてその背後の論理を解明できなければ，イノベーションにはつながらない．いわば一回限りの現象を，固定化し永続化し，知識化する作業が必要である．それは偶然から必然を作り出すとでも表現すべき，論理性の高い作業である．それが，イノベーションにおける必然である．
　偶然の必然化には，次の三つのステップとそれぞれへの努力と能力が必要である．
　　1．偶然が生まれる　　　　→偶然の現象の起きる確率を高める努力
　　2．偶然に眼をつける　　　→その現象を評価する能力
　　3．偶然を固定化する　　　→その現象の論理を解明する能力
　こうした努力や能力には，企業によってうまい下手があるようである．その差の理由は，せんじつめれば二つしかない．一つは，偶然のきっかけを生むための努力投入量が大きいこと．第二に，偶然の観察者の側に受け皿が用意されていること．受け皿とは，偶然の評価能力であり，固定化能力である．努力投入と受け皿がゆたかな企業は，「偶然を制御する」というパラドキシカルなことができるようになる．偶然に身を委ねつつ，しかしいかに偶然に弄ばれないようにするか．
　イノベーションにおける偶然は，たんなる出会い頭ではない．技術という相互依存性の高い論理システムの中に，必然性をもって取り込まれていく偶然である．イノベーションとは，偶然の中から情報をくみ出す必然的なメカニズムを内蔵している技術システムという開放知識系の時間発展なのである．

しかし，流れのマネジメントでもっとも大切なことは，流れにはゆり戻し，打ち返し，逆流，といったことがつきものであることも認識することであろう．企業のゆれ動きの原因の一部は，そうした「逆の振れ」が反作用として組織には必ず現れることにもある．

しばしば，ゆり戻しは失望につながりやすい．ある流れにプロセスが乗ったと思ったそばから，逆の動きが組織のどこかで始まる．多くの場合，それはそう信じる人々がいて，それなりの善意でゆり戻しが始まる．

そのゆり戻しにどう対応できるかで，プロセスのマネジメントの全体の成功の分かれ道がくることが多い．きっかけはまだつくりやすい．意図して起こす変化の流れもやりやすい．しかし，ゆり戻しをどう全体の流れに組み込んでいくかがプロセスのマネジメントのもっとも難しいポイントであろう．

だからこそ，プロセスのマネジメントが，回り道のマネジメントになるのである．その直線化を単純に志向してはならない．もともとがパラドックスのマネジメントである．一筋縄ではいかないとはじめから覚悟するのが，自然でもあろう．

(演習問題)

1. 明治維新をなしとげた集団が，薩摩，長州，土佐各藩の下級武士団を中心としていたことを，辺境の創造性の論理で説明してみなさい．
2. 「イノベーションには偶然が必要である」「イノベーションは偶然だけではだめで，必然のプロセスが必要である」．ともに正しいと思われますが，二つが両立するように，それぞれの文章の意味を説明しなさい．その意味に即して，2002年のノーベル化学賞に輝いた田中耕一さんの例を説明しなさい．田中さんもまた，偶然の発見から大きな成果を作り出しました．彼の仲間には雑音としてしか見えなかった実験結果を，田中さんはなぜ大切なものとしてつかめたと思いますか．
3. 企業成長には「うねり」という現象がよく見られます．急激な成長期とゆるやかな成長期（あるいは足踏み）が交互にあらわれることです．なぜそのような現象があらわれやすいのでしょうか．

第19章

場のマネジメント

　経営とは，序章でも述べたように，他人を通して大きな仕事をすることである．しかも，大勢の人たちの協働を促して，大きな仕事をしてもらうことである．自分一人で考える，頑張る，それは経営のエッセンスではない．他人に仕事をしてもらうことがエッセンスなのである．

　そして，たんに与えられた仕事を他人にこなしてもらうだけでなく，学習もしてもらう，心理的エネルギーも高めてもらう，さまざまなことを他人である組織に働く人々にやってもらうのが，経営という大変な仕事である．そのうえ，そうした経営の仕事に対して，この第Ⅲ部で強調しているように，さまざまな矛盾をはらんだ要請がある．その矛盾をこなしながら，発展へのきっかけにしていく必要がある．

　そこでの鍵は，人々の自律的な動きをうまく引っ張り出すことであろう．だから，パラダイム転換のためのミドルの突出が起きる．であるので，辺境で創造性が生まれる．いずれも，経営者が命令すればすぐに生まれるようなものではない．

　たしかに，経営のうまい人というのは，人々が働く状況をうまく設定し，その中での人々の自律的動きが個人レベルでもお互いの相互作用というレベルでも起きるように工夫しているように見える．その自律的な動き，自律的な相互作用のおかげで，経営者がいちいち指示をださなくても現場がことを動かし，問題を解決していく．矛盾をのみ込んでいく．そこから発展のきっかけをつくり出してくる．

　なぜそれが可能になるのか．それを素朴に考えると，じつは「場」という考え方を中心に据えると理解しやすくなりそうである．矛盾をのみ込む場，

発展のダイナミズムの容れものとしての場，そこで人々が相互に情報を交換し，自律的に動きを決め，しかしその自律がバラバラに終わることのないような容れものとしての場．

　この章の目的は，「場」という概念を中心において組織のマネジメントのパラダイムを考えることである．それによって，矛盾と発展のマネジメントを考える一般論の足場を提供し，さらには経営のプロセスに関する議論を深める足場をも提供する．

　場という言葉は，現実の経営の中でしばしば日常的に使われる言葉である．それも，組織の，あるいは人間の社会の動きの微妙な消息を伝えるのによく使われる．たとえば，

　「場が自然に生まれたおかげで，みんな生き生きと動くようになった」
　「その場の雰囲気の中では，あの決定をのむのが当然と思った」
　「場がうまくできないために，みんなの意識がうまく統一できない」

　場は，物理的な場所のこともあれば，抽象的な状況全体を指すこともある．こうした「場」という便利な言葉の概念的内容はなになのか．場という概念を中心的レンズとして組織のマネジメントを見てみると，なにが見えてくるか．それを考えるのが本章の目的である．

1　場の定義と機能

「場」とそれが生むもの

　場とは，人々が参加し，意識・無意識のうちに相互に観察し，コミュニケーションを行い，相互に理解し，相互に働きかけ合い，共通の体験をする，その状況の枠組みのことである．

　その枠組みはある意味で，人々の間の情報的相互作用の容れもの，と言ってもいい．その容れものの中で，人々がさまざまな様式やチャネルを通じて情報を交換し合い，刺激し合う．それが情報的相互作用である．

　人間の間の情報交換の様式は，じつにさまざまである．たんに言葉での会話や文書での連絡に限定する必要はなく，顔の表情や仕草，声のトーンなどでの情報交換もあるし，ボディランゲージもある．さらには人間には観察能

力があるので，一連の出来事を見せること，それを観察することが情報交換になったりもする．人間は，五感をもったじつに高性能の情報受発信装置なのである．それゆえに，語られぬ言葉，見えざる仕草，暗黙の了解，といった微妙な情報交換の手段すら可能になる．それらを含めて，「さまざまな様式」なのである．

こうした情報的相互作用の結果，二つのことがいわば自然発生的に起きる．
一つは，人々の間の共通理解が増すこと．第二は，人々の間の心理的共振が起きること．この二つが，場の生み出す「秩序」と以下では言ったりする．

共通理解とは，周囲の人々と同じ見解をもつに至る，という意味と，あるいはある集団の人々とは自分は現実の理解が異なるということをお互いに理解する，という意味と，二つの意味での「理解」がありうるが，そのどちらでもいい．とにかく共通理解が，情報的相互作用から生まれうる．それは，第16章の言葉を使えば，組織の中の学習の一部である．

共通理解は，組織の中の協働のためには，非常に必要なことである．

第9章で提示した枠組みを思い出してほしい．組織に働く人々は，仕事をしている．その仕事の内容は，事業のための業務行動であり，学習である．そして，そうした行動や学習として何を選択するか，という意思決定を人々はしている．それを人々は個々に行っているのだが，そうした個々人の決定や学習や実行が組織として一つのまとまりをもつ必要がある．それが「協働」ということである．

その協働のためには，人々の行動が相互に整合的なものである必要がある．そうした整合性をもった協働のためには，情報的相互作用の結果として生まれる共通理解が大きな意味をもつ．共通理解があるから，個々に行われる意思決定がバラバラにならず整合性のあるものになる．共通の理解があるから，関係者の間の調整をしようとすると調整がスムーズにすすみやすくなる．

組織の中の情報的相互作用から生まれる第二の効果は，心理的共振である．

心理的共振とは，心理的な周波数の共有というイメージで捉えればよい．祭りの輪の中で人々が生き生きとするのは，この共振のわかりやすい例である．あるいは，自分が周囲に理解されたと感じるとき，人の心理的エネルギー水準が高くなるのもまた共振の例である．共感性の少ない上司のもとでエネルギー水準が低くなるのは，マイナスの共振である．

情報的相互作用からこうした人々の心理的エネルギーが生まれてくる効果がありうるのは、人が他者との関係の中でものを考える、感じる存在で、周囲に自分と類似の見方、類似の感じ方をする人々を見つけたとき、心理的共振をするからである。その共振の結果、心理的な連帯感にもつながる。つまり共感である。また、相互刺激によって人々の心理的エネルギーの水準が高まることも予想される。いわば、他者からの心理的エネルギーの注入である。共感に至らなくとも、元気のいい人の近くにいると、自分もつい元気が出てくる。そのような現象である。

共通理解も心理的共振も、情報的相互作用から生まれてくる。共通理解は情報の共有のことでもあるから、情報的相互作用から共通理解が生まれるのは、人間が情報的存在（つまり情報処理の装置）であることから自然に生まれる。人間はしかし、情報的存在であると同時に心理的存在でもある。その心理的存在としての部分は、情報的存在の部分に少なからぬ影響を受けている。だからこそ、情報的相互作用から心理的エネルギーが生まれたり減衰したりするのである。

焦点，あるいは容れものの必要性

こうして、意思決定面と心理面の両方でさまざまな影響をもちうる可能性のある情報的相互作用が、実際に組織の中の人々の共通理解を促し、心理的共振を作り出せるためには、情報的相互作用がなんらかの焦点、なんらかの集中をもって行われる必要がある。焦点も集中もない相互作用は、散漫になり、拡散してしまう危険があるからである。そうなってしまっては、共通理解も心理的共振も、生まれない。

つまり焦点や集中によって、人々の間の相互影響が強まる。そのためには、情報的相互作用がある種の「容れもの」の中で起きる必要がある。散漫な、拡散して自分に戻ってこない、他者と関係をもてないような情報的行為でなく、たがいに影響をし合い、その結果としてお互いが変わっていけるような情報的相互作用になるためには、お互いの行為が行き交う通路、発信された情報が反射し合う壁、そしてレンズが太陽光を集めるように、収束を促す装置が必要になる。つまり、情報的相互作用の通路、反射壁、そして収束装置として機能するような、「情報的相互作用の容れもの」とでもいうべきもの

が必要になる．その容れものを，この章では「場」と呼んでいる．

　場という容れものは，水を入れたやかんに似ている．やかんを熱するとやかんの壁を通して中の水に熱が加わる．そして，水の分子の間に熱エネルギーゆえの相互作用が起きて，やかんの壁の形に沿って対流という現象が生まれる．熱い水が上へと動き，冷たい水は下へと動いて，全体が流れをつくる．その流れはやかんの壁という容れものがあるからこそ生まれる流れで，しかもその流れの形はやかんという容れものの形に応じて決まってくる．海の水のように境界で区切られていない水にいくら熱を加えても，熱は拡散してしまい，水の間の相互作用は一つの焦点をもつには至らない．きれいな対流は起きない．やかんという容れものがあってはじめて，水の分子の相互作用は相互作用らしくなって，焦点をもち，なんらかの結果を生むことができる．

　人々の間の情報的相互作用も同じである．その情報的相互作用から共通理解と心理的共振が生まれてくるためには，情報的相互作用の容れものが必要である．場という容れものがあってはじめて，人々の間の情報の交換の中から人々の共通理解と心理的共振という一種の秩序が生まれてくる．

場の定義

　より厳密に言えば，場はつぎのように定義される：

> 　場とは，そこに参加するメンバーがつぎの四つの「場の基本要素」をある程度以上に共有することによって，さまざまな様式による密度の高い情報的相互作用が継続的に生まれるような状況的枠組みのことをいう．
> 　A．アジェンダ（情報は何に関するものか）
> 　B．解釈コード（情報はどう解釈すべきか）
> 　C．情報のキャリアー（情報を伝えている媒体）
> 　D．連帯欲求

　A．アジェンダ（主題）　会議の議題がその典型例で，情報的相互作用が何に関するものかを指定している．指定は，ごく詳細でも，あるいは一種の「方向性」のようなおおまかな指定でもかまわない．「われわれは何についてのコミュニケーションをしたいのか」を示すものである．これがメンバーの

間に共有されていないと,一体,何に関する情報的相互作用をしているのか訳がわからない.

B.解釈コード 情報的相互作用に参加するメンバーが発信するさまざまなシグナルがどのような意味であるかを,解釈するルール.このルールを共有していないと,コミュニケーションは成立しない.ある特定の状況での特定の発言,表情,仕草などがどのような意味をもつかは,発信者の社会の慣習を理解していたり,その状況に至るまでの歴史的組織的経過を了解していないと,正確な解釈ができないことが多い.このとき,解釈コードの共有とは,場の参加者がこうした理解や了解をかなり共通にもっていることである.

C.情報のキャリヤー（媒体） これは,会話がされる言葉であったり,コンピュータの画面の言葉やグラフであったりする.そうした当たり前のキャリヤー以外に,もっと微妙なキャリヤーも存在するのが普通である.たとえば,会議という場では,そのメンバーの表情,口調,などのボディーランゲージも情報をキャリーするし,あるいは会議に参加すべきある部署の人間が欠席しているという事実そのものがすでに情報のキャリヤーになることもある.さらには,ものいわぬ機械の存在や,人々が忙しく立ち働いている行動そのものが,情報のキャリヤーであったりする.

言語がキャリヤーである場合,その言語を共通に理解していないと,コミュニケーションは成立しない.日本語で行われる会議に日本語を理解しない外国人が参加しても,言語でのコミュニケーションはできない.ただし,会議の雰囲気を感じるとか,特定の人の声のトーンや仕草から何かを読みとるということはできる.その場合には,声が聞こえる,人の仕草を見ることができる,というのが情報のキャリヤーの共有の条件である.

このように,会議に参加していることに代表される「物理的空間の共有」は,しばしば自動的にさまざまな情報のキャリヤーの共有を可能にしている.人間が五感をもち,観察能力があるからである.人と人とのコミュニケーションで,フェイスツーフェイスの重要性がよく言われる.それは,対面によって二人の人間が物理的空間を共有していることによる情報のキャリヤーの飛躍的増大（たとえば電子メールでの対話と比べて）の意義を言っているのである.空間は情報のキャリヤーで満ちているのである.

D.連帯欲求 自分以外の人々となんらかのつながりをもちたいという欲

求．ヒトは一人で生きていくものでなく，社会的な存在であるということの根源にある欲求である．他者との連関，他者との共感，そうしたものの背後にあるものである．こうした連帯欲求を共有していてはじめて，情報的相互作用が心理的共振につながる．連帯欲求を人々が程度の違いこそあれ共有しているということは，他者との共通部分をもちたがっていることである．したがって，情報的相互作用で交わされる情報や相互作用の結果としてもつ状況理解について他者との共通部分を発見すると，共振がはじまるのである．他人との関係をもちたがらない人間では，なかなか共振は起こらない．

　連帯欲求には，文化的背景とかそれまでのいきさつとか，さまざまな理由でメンバーの間に高低の差がある．だから，この欲求の共有度が低ければ，同じような情報的相互作用をしていても，そしてアジェンダや解釈コードや情報のキャリヤーを共有していても，場としての機能の程度が低くなることが十分ありうる．

　場という容れものの成立のためには，こうした「場の基本要素」の共有が必要である．この共有がなければ，情報的相互作用が「密度高くまた継続して」行われることは期待しがたいからである．

2　場の位置づけ，場のメカニズム

組織のマネジメントでの場の位置づけ

　では，こうした情報的相互作用の容れものとしての場が，組織のマネジメントとどのような関係をもつのか．

　図19-1は，組織のマネジメントの全体像とその中での場というものの位置づけを示すための図である．この図は，図9-4をもとにして，かつ場というものと情報的相互作用というものを，経営の手段変数と意思決定，心理的エネルギーの間に入れて，より詳細にした図である．簡単に言えば，場という概念は，通常の経営の働きかけ変数あるいは経営の統御の手段と組織の人々の意思決定と心理的エネルギーをつなぐリンクとして重要なのである．

　この図の意味するところは，場は経営の働きかけ変数の選択次第で，うまく生まれたり壊れたりする．その場の機能によって，共通理解と心理的共振

図19-1　組織の経営と場

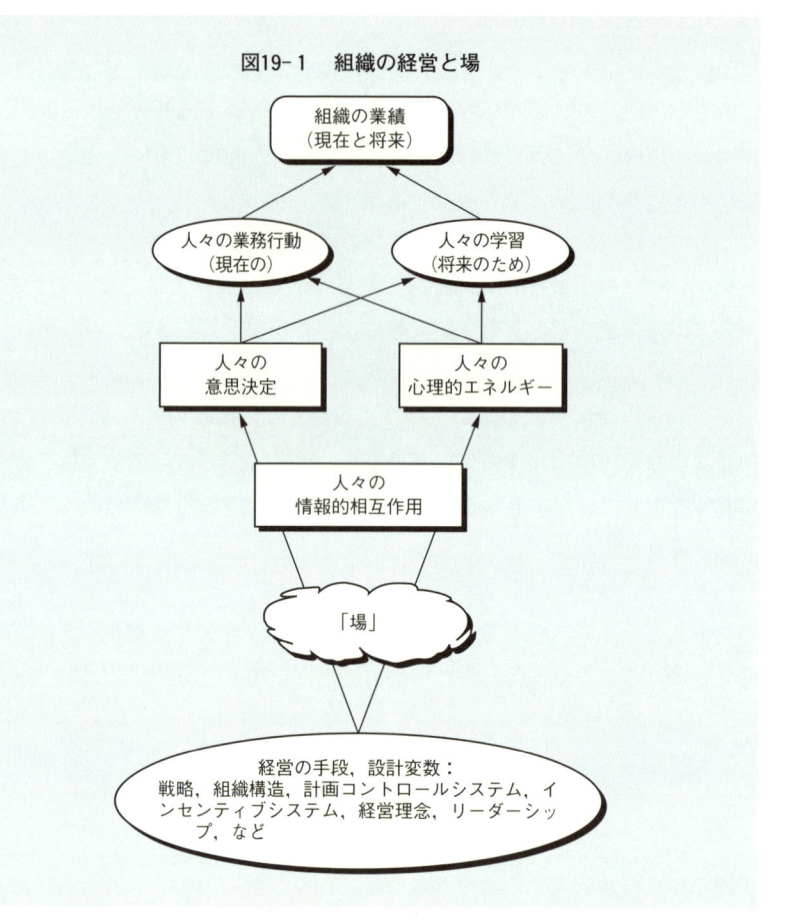

```
              組織の業績
             （現在と将来）
              ↑        ↑
    人々の業務行動    人々の学習
     （現在の）     （将来のため）
       ↑  ↖     ↗  ↑
    人々の        人々の
    意思決定      心理的エネルギー
       ↑           ↑
         人々の
       情報的相互作用
            ↑
           「場」
            ↑
        経営の手段，設計変数：
     戦略，組織構造，計画コントロールシステム，イ
     ンセンティブシステム，経営理念，リーダーシッ
     プ，など
```

が人々の間に生まれうる．その理解と共振が，組織としての業績を決める基礎となっている人々の意思決定と心理的エネルギーに影響を与える．だから，場が大切なのである．

　意思決定と心理的エネルギーは，人々の間の情報的相互作用から生まれてくる．だからこの図で，意思決定と心理的エネルギーへと情報的相互作用から矢印が伸びている．そして，その情報的相互作用のあり方を左右する容れものとして，場がある．

　組織のマネジメントの三つの統御のあり方は，戦略による統御，経営システムによる統御，理念と人による統御，と三つに大別されると第9章で説明した．それが，経営者・管理者による，設計行動である．さらに細かいこと

を言えば，人事配置や研修プログラム，オフィスや研究所の部屋のレイアウトなどから，会議の招集，そのフォーマットなど，じつに細かい手段も多くある．そうした大小さまざまな手段が，経営者から管理者まで組織のさまざまな管理階層でとられて，組織のマネジメントの全体が行われている．

　こうした経営のための手段は，業務行動と学習に関する人々の意思決定と心理的エネルギーに働きかけようとするものであるが，その働きかけは，あくまで人々の間の情報的相互作用に影響を与えることによって可能になっている．それが，この図で経営の働きかけ変数と意思決定・心理的エネルギーの間に，情報的相互作用と場の二つの中間項がはさまっている理由である．

　図の下部分にある多様な経営の働きかけの手段は，人々の間に適切な場をつくり出せるかどうか，そしてその場をうまく生かしていけるかどうか，でその有効性が決まってくる．そういう見方が，この図の背後にある基本的な見方である．つまり，場という容れものが人々の情報的相互作用のあり方を決め，その情報的相互作用が人々の意思決定と心理的エネルギーに影響を与えていく．それが，組織の経営の全体像の中での，場の位置づけである．

　経営の働きかけは，具体的に目に見える形では，図19−1でいうところの「経営の手段」を通じて行われる．しかし，こうした目に見える経営の手段が目に見えない「意思決定」や「心理的エネルギー」に対して，どのような形で働きかけるのか．

　これまでの経営の理論は，経営組織や経営システムの「構造」に関する議論が多かった．たとえば，組織の権限体系としての組織構造，インセンティブシステムの設計，などである．この本の第Ⅱ部でも，そうした理論が説明されている．それらは，必要な理論である．しかし，構造の議論だけでは経営現象の理解には不十分であろう．

　それは，構造に代表される「経営の働きかけ」と人々の「決定」や「エネルギー」の間には，膨大な現象が起きているからである．この二つのレベルの現象の間には，個人の自律性と現場の自己組織が大量に存在するために，論理的にもかなり距離がある．たとえば，ある組織構造を設計すると，どのような論理経路で人々の意思決定や心理的エネルギーに影響が及ぶのか．かなり複雑な論理経路が想像され，それはわかりにくい．

　この部分は，経営の「プロセス」に関する議論である．こうした経営のプ

ロセスに関する議論が，構造に関する議論と並んで必要とされている．

　経営の実務に携わる方々からすれば，構造についての選択は「重要ではあるが，ときどきするもの」でしかないであろう．しかし，経営のプロセスは，毎日起きている．経営者や管理者は，プロセスへの対応が日常的な主な仕事である．実務の世界では，重要性の中心はプロセスにある．

　もちろん，プロセスについての議論がこれまでになかったわけではない．経営の理論的な分野に限っても，「非公式組織」「グループダイナミックス」「リーダーシップ」という観点からの議論はあったし，この本でも計画とコントロールのプロセスを扱った第12章からリーダーシップの第14章までは，プロセスのあり方を議論したものと理解してもらっていい．さらに，第III部の学習と心理的エネルギーのダイナミズムから成長のパラドックスに至る議論も，プロセスの議論であった．

　場が容れものとなっている情報的相互作用は，「プロセス」の話である．人々がお互いにかかわり合い，お互いにコミュニケートし合う，そのプロセスから共通理解（情報秩序）が生まれ，心理的エネルギーが湧いてくる．

　目に見える構造から目に見えないプロセスへ．それが場の理論が扱うものである（以下の説明は，伊丹敬之『場のマネジメント』NTT出版にさらにくわしい）．

場はいかにして秩序とエネルギーを生むか

　いま，場のアジェンダ，解釈コード，情報のキャリヤー，連帯欲求のかなりの共有ができているとしよう．つまり，場は生まれている．その場が，人々の情報的相互作用をどのように刺激し，場の中から，どのように共通理解という秩序や心理的共振というエネルギーが生まれてくるのか．少なくとも「半自律的」である個々の人々の間に，なぜ相互作用の結果，秩序やエネルギーが「わいてくる」のか．そのメカニズムのおおまかな姿を示すのが，図19-2である．

　一般的には，なんらかの情報が外部から組織のどこかにもたらされたとき，それに対して場としての共通理解を生む必要が生じるところから場の中での情報的相互作用が始まる．つまり，外部からのシグナルが場の中のプロセスを起動させるきっかけになる．

図19-2　秩序とエネルギーの発生

```
         外部からの
        シグナル受信
             │
             ▼
        人々の個別の理解
        ／          ＼
  周囲の共感者との    全体からの
   相互作用        フィードバック
   ／                    ＼
・ローカルな「共通理解」  ・有力な「全体理解」
  の形成    ----全体での統合努力----  の台頭
・ローカルな共振        ・全体での共振
        ＼            ／
         ▼          ▼
   ・「全体の共通理解」という秩序への収れん
   ・全体の心理的エネルギーの発生
```

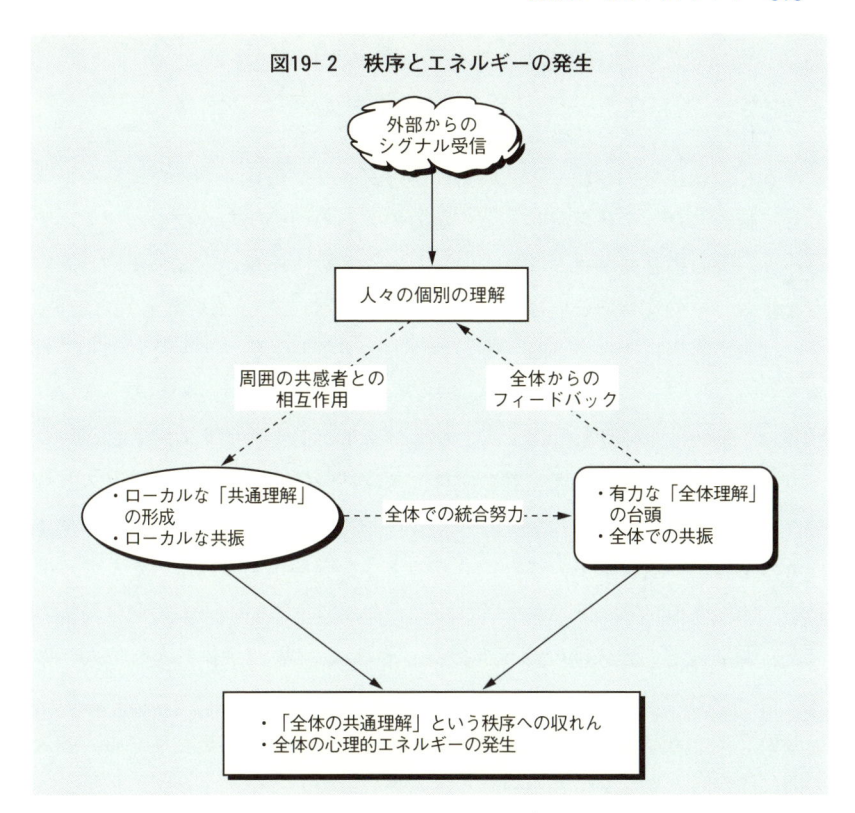

　その外部シグナルの受信は，場のメンバーの各人になんらかの理解を生むであろう．図の外部シグナルからの矢印である．おそらく，人々の理解は，当初はさまざまである．別な言葉で言えば，バラバラである．

　そうしたさまざまな個別の理解をもった人々が，自分と接触の多い人々との間で相互作用を始める．そして，自分と意見の近い人とはより強い相互作用をするだろう．その結果，そうした近い人のローカルなグループでローカルな共通理解が生まれてくる．

　さらに，共感のある人々との接触からその人たちの間にローカルの共振も生まれるだろう．これが，人々の個別の理解からローカルな共通理解，共振へつながるという矢印の意味である．それをつなげているのが，周囲の共感者との相互作用である，という意味で矢印の上にそう書いてある．

　そうしたローカルな共通理解が一つの場の中のあちこちで生まれ始めても，違うグループの理解には隔たりがあることが多いであろう．そこで，グ

ループ間の意見交換，調整のプロセスが動き出す．それが，「全体での統合努力」である．このプロセスは，会議でも廊下での立ち話でもいい．あるいは，全体のマネジャーによる積極的な統合努力でもいい．

そうした統合努力が続くと，いくつかのグループのローカルな理解を全体として統合した「全体理解」として勢力の強いものが明らかになってくるであろう．勢力の強さとは，支持者の数という多数決原理かも知れないし，有力なメンバーの支持あるいは上の人間の意思表示，というものかも知れない．それは，その場にできている「統合の仕方の了解」に応じて生まれてくるものである．

勢力の強い「全体理解」は，有力な全体理解として台頭する．さらに，ローカルなグループ間の相互接触のプロセスは同時に相互刺激のプロセスともなりえて，全体での共振につながる．こうして暫定的に生まれる主力の全体理解の情報，あるいは主力以外にもどのような理解がありうるのかという情報が，個々人にフィードバックされる．そのプロセスが，主力の全体理解の枠から個別理解への矢印の意味である．それは，「場の全体」から個人へのフィードバックである．

そのフィードバックのプロセスは，さまざまな具体的形をとりうる．各人の間に誰からともなく情報がめぐる，調整のためのミーティングの結果が各人に知らされる．全体から個へのフィードバックのプロセスはじつにさまざまで，それが多様に用意されていることが「いい場」の一つの条件であろう．

この全体情報を受けて，個々人の理解はおそらく変容するであろう．その変容後の個人の理解を第二の起点に，前回と同じローカルな共通理解形成のプロセスが再び始まる．パターンは前回と同じだが，しかし個人の理解や共感の相手が変わっている可能性がある．

こうして，点線の矢印でつながった三角プロセスがぐるぐると回ることになる．このぐるぐる回りのループを，「ミクロマクロループ」と呼ぶ．個人というミクロと，全体理解というマクロとをつなぐループなので，こうした名前がついている．

ミクロマクロループが何回か回っているうちに，有力な全体理解を多くのローカルなグループが共有するようになることがありうる．つまり，ある有力な全体理解が支配的になるのである．そのとき，「全体の共通理解」が生

まれたのである．

　ローカルな共通理解と有力な全体理解から，「全体の共通理解」への二つの矢印の意味は，そうした意味である．

　そのときが，場のメカニズムの一つのサイクルがいったん終わるときである．その収れんに至るまでのプロセスで，相互刺激が起き，全体的な心理的エネルギーが生まれていることがしばしばある．

　心理的エネルギーがかなり自律性の高い相互作用をしている人々の間に生まれてくるのは，「半自律」ということが二重に心理的エネルギーの発生にプラスの影響をもつ可能性が高いからである．

　まず，人は自律的であるがゆえにエネルギーが生まれてくる面がある．自律性が高ければ，その人は自分の仕事を自分でコントロールする割合が高いことになる．多くの人にとってそれは，他人に命令されてただ従うだけという場合よりも，心理的エネルギーを駆り立てられる可能性が強い．

　しかし同時に，人は他人と集団を組んで相互刺激をするからこそ，心理的エネルギーがわいてくる面もある．一人だけのぽつんとした個人では生まれないエネルギーが，相互作用から生まれる．情報的相互作用のプロセスで，人々の間に心理的刺激の交換と心理的な共振が起きるからである．その刺激と共振から，情報的相互作用のプロセスの渦の中に巻き込まれた人々だけに，心理的エネルギーがわいてくる．このプロセスは，すでに図16-5で説明した，相互励起によるポジティブエネルギー創出のことである．

　共通理解の場合と同じように，情報的相互作用があればつねに自動的に心理的エネルギーがわいてくるわけではない．そのエネルギーが生まれやすいような状況整備をするのも，場の機能の一つなのである．

3　場のマネジメントとは

場の生成のマネジメント：場の設定と創発

　場のマネジメントとは，組織の中にさまざまな場を生み出し，それらの場を機能させて行くことによって組織を経営しようとするマネジメントのあり方，である．

それは,「場を生成させるためのマネジメント」(生成のマネジメント)と「生成した場をいきいきと動かして行くためのマネジメント」(プロセスのマネジメント)と,その二つからなるだろう.

場の生成のマネジメントを考えるとき,組織の中での場の生成の仕方には二つのタイプがあることを認識しておく必要がある.つまり,場の生成のあり方に,①他律的あるいは設計的な生まれ方と②自律的あるいは創発的な生まれ方と,二つあるのである.

他律的な生まれ方とは,経営する側の人間によって場が設定されることによって場が生まれるということである.場のメンバーにとっては,「他律」なのである.場の自律的な生まれ方とは,自然発生的に組織のメンバーの中のある人たちが自分たちで場を生み出すような生まれ方である.それぞれの場の生成の現象を,場の設定,場の創発,と呼べるだろう.

したがって,場の生成のマネジメントは,場の設定と場の創発のためのマネジメントに分けると考えやすいだろう.

場の設定のマネジメントとは,具体的な場が生まれるように経営が仕掛けることである.そこでは,場の四つの基本要素を経営の働きかけで設定し,共有を促進させる作業が中心になるだろう.より具体的には,つぎの三つのステップである.これに,場のメンバーの選定そのものが加わることもある.

1. 場の基本要素の設定(アジェンダの決定,など)
2. 場の基本要素の共有への働きかけ
3. ミクロマクロループのあり方への工夫(誰が誰に連絡するようにしておくか,など)

①場の基本要素の設定　場のアジェンダとは,自分たちの組織の仕事の具体的内容である.仕事の中の重点はこれだ,という理解が必要である.解釈コードとは,外部からの情報をどう解釈するか,こんなことを組織の中のある部署が言い出したらそれはこういう意味で理解すべきだ,という解釈のルールである.

そして,組織内部で情報の流通がよくなるように,情報のキャリヤーとしてどのようなものが効果的かを考えてそれを設置する必要がある.会議室の仕切りをガラスにして中で誰がどんな案件の会議をしているかが自然に情報

として伝わるように工夫するのも，その一つだろう．

　こうした設定は，最初の段階でごくくわしいところまでマネジャーの側から設定できるという性格のものではないであろう．細かいアジェンダにしろ，解釈コードの細部にしろ，情報のキャリヤーにしろ，組織のメンバーとの相互作用の中から，より具体的なものは浮かび上がってくるだろう．マネジメントの仕事は，その場のプロセスが動き出すように，キックオフのための場の基本要素の「あらあらの設定」をすることである．

　②**場の基本要素の共有への働きかけ**　ここでも，要素の設定の場合と同じように，キックオフはマネジャーによって，その後の具体的共有の動きは場の中で，それぞれに行われるものであろう．しかしマネジャーは，彼が考える場のアジェンダを熱心に説き，解釈コードについて彼がこうありたいと思う方向について説明し，そして人々が連帯欲求をもって相互作用をするように一体感をつくり出す必要がある．そうした「場の共有」のためのキックオフ作業は，マネジャーの大きな仕事である．

職場の物理的デザイン

　本書では取り上げなかったが，組織のなかの人々の協働に大きな影響を及ぼすのは，職場の物理的デザインである．この側面については，意外なことにあまり研究は進んでいない．当然のことだと考えられたからであろう．

　職場の物理的デザインは，人々の接触とコミュニケーションのパターンを決め，それを媒介にして，人々の協働にさまざまな影響を及ぼすはずである．

　たとえば，自動化が進んできた作業現場をもつ組織では，人が仕事をする場所を集約するという試みが行われている．それによって，人と人との接触の機会が増え，仕事の単調化を避けることができるというメリットがある．また，お互いの作業の内容を知ることができ，交代が行いやすいというメリットもでてくる．

　国際的に見ると，職場のデザインの違いは顕著である．日本のホワイトカラーの職場では，大部屋で仕事が行われることが多い．これにたいして，アメリカのホワイトカラーは個室で仕事をすることが多い．大部屋で机を並べて仕事をしていると，人々の間の情報共有が自然に進むというメリットがある．また人と人が直接会うことによって，仕事の調整も行いやすい．逆に1人で深く考えることがむつかしいという欠点もある．また個室型のデザインでは，文書によるコミュニケーションが増えるという特徴もある．アメリカでも，情報の共有を重視する企業では，日本の職場のように大部屋のデザインを導入するところが増えている．

　このように，職場の物理的なデザインは，協働の様式に大きな影響を及ぼすことがわかっているが，まだ未知の分野であるといえるであろう．

③ミクロマクロループのあり方への工夫　場の共有の作業と並行して，ミクロマクロループのあり方について，工夫をする必要がある．それが第三のステップである．ミクロマクロループは，場のメンバーが自分の意見や理解と組織の全体の動向との間でフィードバックを起こすループである．このループゆえに，個々の人々が全体のことを考えるようになっている．このループの工夫で大切なことが二つある．一つは，誰と誰とが頻繁に接触をするかというパターンの工夫．第二は，どのようにして全体の動向を組織のメンバーが知れるように工夫するか，ということである．

　部下同士の間の接触と連絡のパターンは，彼ら自身の間のローカルな相互作用を活発で意味深いものにするために工夫される必要がある．そして，彼らが全体の動向を知るための工夫も，当然マクロとのフィードバックのために必要である．

　こうしたミクロマクロループの工夫にとって，物理的空間の共有が意味をもつことが多い．空間の共有は，さまざまな情報のキャリヤーを生むと同時に，その共有を簡単にしてくれる．それによって，多様なミクロマクロループが自然に可能になっていく．

　以上が設定のマネジメントの概要だが，場の中では，場の創発のマネジメントもまた重要である．創発のマネジメントとは，場が自律的に自分で生まれてくるプロセス（それを創発という）になんらかの影響を与えようとする経営の努力である．

　創発のマネジメントという言葉を聞くと，矛盾しているように思えるかも知れない．創発という自律的プロセスを他律的にマネジできるのか，という疑問がありうるからである．たしかに，創発プロセスの多くの部分を他律的にマネジはできない．それではそもそも「創発」ではなくなってしまう．

　しかし，こうした創発現象がどこかでなんらかの形で起きることを経営の側があらかじめ期待し，その創発のためのきわめて基礎的な準備，たとえば経営理念の共有，みんなが自発的に集まれるスペースの準備，などを行う，ということはありうる．その基盤のもとで，場の萌芽が創発してきたり，場が最終的に生まれるプロセスが創発的に起きる．そのような状況をさして，場を創発させる，と言う．場の創発自体は自律的現象なのだが，経営側から見たときには，「場を創発させる」という多少は他律的な表現も意味をもち

うるのである．

　言い換えれば，創発のマネジメントは，どんな場がどのような状況で出てくるかは事前には細かくは想定できないが，しかし場が必要に応じて生まれてくるように目配りをする，という経営行為である．

　そのための経営努力の中心的役割を果たすのは，場のインフラ整備と場の創発へのきっかけづくり，この二つである．

　場のインフラ整備とは，場の基本要素について，共有度をあらかじめ高めるための経営行動である．いわば場の生成の基盤整備である．この範疇に入る経営行動の例を，通常の経営の言葉により近い表現で言うならば，たとえば，経営理念で強く結ばれた組織をつくることによって，組織全体としての方向性としてのアジェンダの共有を高めたり，連帯欲求のより強い組織にしておくこと，あるいは事業戦略の焦点を絞ることによって具体的な事業行動のアジェンダを明確に設定すること，などである．さらには，計画コントロールシステムをつくって情報の流れの基盤をつくったりすることも，インフラ整備の例であろう．

　場の創発へのきっかけづくりは多くの場合，組織の中にゆらぎを意図的に引き起こす，あるいは偶然生まれるゆらぎをあえて放置したり増幅したりする，ということである．この部分は，パラダイム転換のマネジメントでトップによるゆさぶりの重要性を強調したが，まさにそれである．そうしたゆさぶりが大切なのは，人々の間に場を創発することができるからである．そしてその創発には，ミドルの突出が大きな役割を果たすはずである．

　場の生成は，ダイナミックなものである．場は生まれる．場は育つ．そのダイナミックなプロセスの中で，場は設定される部分もあり，しかし創発の部分もある．経営による場の設定の努力と，人々による場の創発とが交互にくる．ちょうど，パラダイム転換のマネジメントの枠組みの中で，トップとミドルの交互の運動論の重要性を述べた．それを場のマネジメントの言葉で置き換えれば，経営による場の設定の努力と，場の創発を促進するような準備作業的な経営の努力が，トップの側の作業としてあり，人々による場の創発がミドルの側の作業としてある，という運動論になる．

　つまり，場を生成させる設定努力と場が生まれるように創発に任せること，そのミックスが場の生成のマネジメントである．

場のプロセスのマネジメント：場の舵取り

　場のプロセスマネジメントとは，場のプロセスの舵取りのことである．場が生まれた後で，その中で起きる情報的相互作用のプロセスの舵を取っていき，そのプロセスを統御することである（その典型例が，第18章のパラドックスマネジメントのあり方として述べた，「曲がりくねったプロセスのマネジメント」である）．

　たとえば，場の中で情報の流れが滞っている場合にはその障害を取り除き，解釈のあり方が場のメンバーの間で深刻な違いが生まれていたら，その統一解釈を得るように努力し，さらには場の相互作用をキックオフするようなきっかけをつくり，最後には議論には終止符をうって行動をとるように促す．そういったプロセス全体の舵取りのことである．

　ここで「舵取り」という言葉を使い，「プロセス管理」とか「プロセス制御」という言葉を使わないのは，「上が下をコントロールする」という「支配」的なイメージをもたないような中立的な言葉を使いたいからである．

　その舵取りのステップは，つぎの五つにまとめられるであろう．

1. かき回す（あるいは，ゆらぎを与える）
2. 切れ端を拾い上げる
3. 道をつける
4. 流れをつくる
5. 留めを打つ（あるいは，仮り留めを打つ）

　これは，場の中で秩序がないあるいは既成秩序を壊すような段階から新しい秩序が生まれてくる段階まで進行することが想定されていることを考えた，その順序に即した舵取りの基本ステップである．

　五つのステップはすべて，動詞として表現してある．その主語は経営者あるいは管理者である．トップでもミドルでもいい．自分がマネジしなければならないプロセスに対する，マネジャーとしての舵取りである．彼らがプロセスの進行に応じて，「すること」が舵取りなのである．

　じつは，この五つのステップは場にだけに限定される舵取りのステップではなく，広く応用可能である．ただし，場でのかなり自律性の高いプロセス

を念頭に置いてひらたい言葉でまとめたものである．それでも，ここでの言葉はパラドックスマネジメントのプロセス論の議論と非常に似ている．

「かき回す」とは，それまでの秩序や均衡をこわすことである．そして，新しい秩序へと向かうようなきっかけをつくることである．「かき回す」ことの主な目的は，「刺激」にある．かき回す必要があるのは，大きな秩序形成が新しく必要になる状況になったとき，多くの組織がすでに既成の秩序，なんらかの均衡をもっているからである．

人間にはなにごとにも「先行する理解」というものがあり，多くの場合は無意識であるそれぞれの人の先行的理解の集まりとして，組織全体としては一応の秩序をもっている．場の言葉で言えば，じつは場の出発点で，そこに集められたメンバーの先行的理解が暗黙のうちのアジェンダや解釈コードの枠を，つくってしまっている．

そうした均衡状態をこわすことから，舵取りのプロセスは始まる．そのために「かき回す」．かき回すとは，ゆさぶりをかけると表現してもいい．

「切れ端を拾い上げる」とは，かき回された人々がやり始めるさまざまなことの中から，きらりと光るもの，その組織のあるべき姿を示唆するようなことをマネジャーが取り上げることである．切れ端とは，たとえば「こんな特徴が自社の製品にあるといい」と誰かが言い出すことだったり，「ある小さな技術的な壁を越えた技術開発の実験結果が出た」ということである．切れ端は，あくまでマネジャーではなく，組織の人々が提供するものである．切れ端は，ミドルによる突出によって生まれるものであろう．

そうした切れ端となる人々の行動を拾い上げることの具体的な行動の一つの例は，場のアジェンダの方向性に合った行動に大きな賞賛の声を出すことである．あるいは，外部からのシグナルを的確に解釈した情報的相互作用をしていると思える人に，その的確さを評価する声を出すことである．

「道をつける」とは，いくつかの切れ端からそれらが指している方向をまとめ，それを適切な言葉で明示的に表現して，示すことである．切れ端だけでは，組織の方向性は出てこない．それだけならば，単発の刺激で終わる．人々の動きを切れ端が示唆する方向へ刺激し，そして導くためには，「道をつける」必要がある．このステップは，パラダイム転換でも変革の渦を作り出すためにトップがとることが必要と強調される．

道は，人々にその存在とその方向性が理解できてはじめて意味をもつ．そのためには，「旗をかかげる」ことがしばしば意味をもつ．かかげられた旗が，道をつけている．道を示している．旗にあたるものは，「目標」であったり，「戦略」であったりする．

さらに，切れ端を見せられても方向を示されても，それだけで人々が自動的にその方向へ動くとはかぎらない．さまざまな理由で躊躇する人たちがいる．よく理解できていないために，動けない人々もいる．中には，反対意見をはっきりともっている人々もいる．そういう人々が道の方向へ動き出すように本当に道をつけるには，彼らの「迷う背中を押す」ことがしばしば必要となる．

あるいは，動き出してはいるものの動きが鈍い場合にも，背中を押してやる必要がある．さらには，いい動きをしている人を見つけて，その背中を押し，先頭を走ってもらうことによって道の方向を強化することもありうる．さまざまな理由で，背中を押すことが必要である．

しかし，いちいち個々の人の背中を押して動かすのでは，管理者は手がいくつあっても足りない．そこで，人々が「相互に背中を押し合う」ような状況をつくれれば，もっといい．あるいは，道の方向にまだ動こうとしない人もいる．そういう人々を巻き込むことが必要である．お互いの背中の押し合いと巻き込みは，流れができると可能になることが多い．そのために「流れをつくる」．「流れをつくる」とは，多くの人が同時に集団で同じ方向へ動く状態（つまり流れ）をつくり，多くの人がその流れに乗るように仕向けることである．

流れができると，その流れの中で人々は自然に相互に刺激し合うことになるだろう．あるいは，流れができれば，その流れへ位置のポテンシャルの落差ができて，周りの人もそこへ引きつけられていく．つまり，巻き込まれるようになる．まさに，場の効果である．パラダイム転換のマネジメントで，変革の連鎖反応が渦のようになることの重要性を指摘したが，それがまさにここで言う「流れをつくる」ということなのである．

「留めを打つ」とは，その流れの方向をあらためてみんなで確認するために立ち止まることであり，その流れの方向でそれぞれの人がするべきことを最終的に束ねることである．

場の中の情報的相互作用という自律的プロセスは，ただ放置しておいても自ら終わることは少ない．むしろ，ただ放置されれば，場の熱気やエネルギーを失いながらしばらくは継続していくだろう．それではかえってまずい．無駄な情報的相互作用をやらされている，と場の人々が思ってしまうと，かえってマイナスの影響がでる．

　そこで，いったん留めを打つ必要がでてくる．ときにはそれは「仮り留め」でもいい．「議論と実験に終止符を打つ」とマネジャーがいわば宣言する必要がある．

　留めは，かき回すことでこわされた秩序あるいは均衡から，別な秩序あるいは均衡へと移ったことの確認でもある．その秩序が究極的に望ましいことであるかどうかがわからないときには，「仮り留め」を打つことになるだろう．それがかっこの中の仮り留めの意味である．しかし，仮り留めであっても，プロセスには留めが適宜打たれる必要がある．それが生体のリズムであり，組織のリズムである．

プロセス下手の構造好き

　場はプロセスに依存し，そしてプロセスの中で生まれている．第2節で「構造からプロセスへ」という転換が必要と言ったが，そうしたマネジメントの重心移動の要にあたるのが，場のプロセスの舵取りなのである．

　舵取りをうまくするためには，場のディテールがわからなかければならない．たとえば，どの切れ端を取り上げればよいのか．どのタイミングで流れをつくり始めるのか．多くのことが，一瞬の好機を生かせるかどうかにかかっている．そのチャンスを見逃すと，同じことをもっと後に行っても効果は小さい．場の舵取りでは，ディテールとタイミングがきわめて大切である．舵取りはプロセスマネジメントの典型である．

　そうした場の舵取りにはもちろん，人によって得手不得手がある．それは，ある意味で仕方がない．しかし，舵取りがうまくなく，その意味でプロセス下手の人ほど，「構造」に解決策を求めようとする傾向がある．それがじつは問題をさらに悪化させることも多い．たとえば，事業部の間の調整がうまくいかないからといってすぐに組織構造そのものをいじって組織の改編を行う，といった具合である．「プロセス下手の構造好き」である．

もちろん，図19-1の組織の経営の全体像と場の関連の図でも述べたように，経営の手段としての「構造」は大切である．しかし，舵取り下手の人は舵取りがうまくいっていないために発生するさまざまなトラブルの原因を，「構造」に押しつけがちである．構造面での手を打つことが，解決策と勘違いする．そして，じつは問題を放置したままにする．

さらに悪いことに，そうして改変される構造がますます人々の情報的相互作用の自由度とエネルギーを殺すこともよくある．場のプロセスがうまく機能しなくなる方向に，それとは気づかずに構造をつくり替えてしまうのである．その愚は犯さない方がよい．

4 マネジメントのパラダイム転換

ヒエラルキーパラダイムと場のパラダイム

場のマネジメントという言葉は新しいかも知れないが，その内容はこれまで組織の経営の現場で意識・無意識のうちに行われてきたことである．そこでは，経営の具体的手段にとくに変わったものが出てくるわけではない．しかし，経営の手段を選択し，経営のさまざまな仕組みを設計する際に，場の概念による思考プロセスを中心に置こうとするパラダイムが場のマネジメントの考え方である．それを，場のパラダイム，と呼ぼう．

そのパラダイムのもとでは，たとえば次のような質問を発することになるであろう．

「こういう組織構造にしたら，場が生まれやすくなるか」

「この戦略は場のプロセスを活発化するに十分なアジェンダ設定になっているか」

「この組織の中での場の機能を活発にするためには，どんな情報のキャリヤーを工夫し，どのような物理的なオフィス配置を考えたらいいか」

「重要な会議のメンバーや議題，議論の仕方をどう工夫すると，場が活発になるか」

こうして質問を発してみると，組織構造も戦略も大切，しかし人々の空間的配置やオフィスのレイアウトもまたきわめて重要，ということがこのパラ

ダイムから見えてくる．また，なぜ会議の設定の仕方が経営の鍵であるかがわかる．場の生成とプロセスに大きな影響があるからである．

　場という概念を中心にすえて組織のマネジメントを考えようとする場のパラダイムは，これまでのマネジメントの考え方からのどのようなパラダイム転換になっているのか．

　これまで経営学の教科書などで常識的に受け入れられてきたと思われるマネジメントのパラダイムは，ヒエラルキーパラダイムとでも呼ぶべきものである．それは，組織を何よりも上下の階層関係と捉え，その中で上司が部下に命令することが組織のマネジメントの中心であると考えるようなマネジメントのパラダイムである．もちろん，必要な部分の多いパラダイムである．この本での第Ⅱ部の組織のマネジメントの解説は，このパラダイムにしたがっている部分が多いと言っていい．しかし，それだけでいいのか，という疑問が，さまざまな理由で生まれる．一つの疑問のきっかけは，この第Ⅲ部で述べている矛盾と発展のマネジメントのさまざまな経営現象である．それらを理解するには，構造を中心とする経営のパラダイムではどうも不十分である．そこで，場のパラダイムのようなものをもつ必要が出てくる．

　典型的なヒエラルキーパラダイムと場のパラダイムをよりくわしく比較したのが，表19-1である．

　ヒエラルキーパラダイムは，組織を階層（ヒエラルキー）と考え，そのヒエラルキーの中でのタテの命令系統を中心にかなり中央集権的にマネジメントを考えようとする考え方である．アメリカ的な組織のマネジメントは基本的にこうしたパラダイムであったと思われる．それがもっとも色濃く出ているのが，近代組織論のパラダイムであろう．

　このパラダイムでは，企業組織を意思決定する個人の集合体とみる．マネジメントとは，その多くの個人の意思決定をマネジすることであり，その内容は象徴的に言えば，多くの決定は自分で下し，部下には命令し，彼らが命令どおりに動くように動機づけること，となる．

　そうした経営行動の焦点となるのは，システム設計とリーダーシップである．部下に影響を与え，指令し，報告を受け，評価するためのシステムの設計がまず重要であり，設計されたシステムの要所要所に有能な管理者をリーダーとして配置し，彼らのリーダーシップでその下の部下をマネジしていく．

表19-1 ヒエラルキーパラダイムと場のパラダイム

	ヒエラルキーパラダイム	場のパラダイム
1．組織とは	意思決定する個人の集合体	情報的相互作用の束
2．マネジメントとは	決定し，命令し，動機づけること	方向を示し，土壌を整え，承認すること
3．経営行動の焦点	システム設計とリーダーシップ	場の生成と舵取り
4．マネジャーの役割	先頭に立ってリードする	流れを見ながら舵を取る
	中央に情報を集め，自分で決定する	部下に任せ，ときに自ら決断する
5．メンバーの役割	与えられた仕事を遂行する	仕事の細部は自分でつくる
	想定外事項は上司と相談して決める	想定外は回りと相談しながら自分で動く

　このようなヒエラルキーパラダイムのもとでのマネジャーの役割は，自分の組織単位の先頭に立って個人の集まりをリードしていくことであり，自分は組織単位の中央にいてそこへ情報を集めて，自分で決定をすることになる．もちろん，ヒエラルキーパラダイムでも権限委譲は起きるのだが，こうした中央集権的志向はどうしても強くなり，象徴的に言えば，「50％は部下に任せ，50％は自分で決定する」ということになろうか．

　そうしたイメージでのもとでの組織のメンバー（つまり部下）の役割は，上司の決定した自分の仕事を遂行することであり，そこで想定されていなかった状況が起きれば，上司と相談したうえで行動を変えることになるだろう．

　多少のカリカチュアはあるものの，こうしたイメージでヒエラルキーパラダイム，アメリカ型近代組織論の経営のパラダイムは捉えられるであろう．

　それに対して場のパラダイムでは，組織を情報的相互作用の束とみる．個人は，ある意味で背景に退いてしまっている．その情報的相互作用の集まりを，場によってマネジする．この「場で起きていること」を適切にもっていくのが経営ということになる．

　組織を個人という点の間の「相互作用の束」と捉えると，その「相互作用の束」のマネジメントとは，組織全体としての方向を示し，その方向の中で情報的相互作用が起きやすくなるように土壌を整え，さらに必要な場合にはその情報的相互作用から生まれてくる具体的な行動案に承認を与えることとなる．経営行動の焦点は，システム設計ではなく「場の生成」となり，そうした場を動かしていくためのプロセスの「舵取り」が重要となる．

　このような場のパラダイムのもとでも，当然マネジャーは必要である．そ

の役割は，場のプロセスの流れを見ながら，そして場をとりまく外部環境の動きをにらみ合わせながら，プロセスの舵を取る作業が中心となる．舵取りをすべてマネジャーだけでする必要はないが（上で述べたように自然発生的な舵取りも十分ありうる），舵取り役としての役割をマネジャーが担う部分があることは確かである．

　「舵取り」という言葉で象徴されるように，場のマネジャーに中央集権的なイメージはそれほどなく，多くの具体的行動が部下に任され，ときにマネジャーとして自らの決断が必要となる．象徴的にヒエラルキーパラダイムとの比較を言えば，「70％は部下に任せ，20％は下からの提案を承認し，しかし残りの10％は下に任せず自分が決断する」，ということになろうか．

　場のパラダイムでの組織のメンバー（部下）の役割は，自律性が高い．もちろん，自分の仕事の大枠は，マネジャーから方向づけを与えられているだろうし，さらに周囲を見渡せば自然と決まってくる部分も多いであろう．しかし，仕事の細部は自分がつくることになろう．仕事のディテールの大部分が他人から与えられているわけではないのである．

　そして，事前に仕事の内容を想定した状況とは違ってきた場合には，場のプロセスの中で自分が取るべき行動が見えてくるのが場のパラダイムである．それが，「周りと相談しながら自分で動く」ということの意味である．上司との相談は「周りの相談」の中の部分，しかし重要な部分となるだろう．さらに言えば，「周りと相談する」という表現の中には，「周りを見渡して，自分なりに周囲の意向や状況を勘案する」という意味を込めるべきであろう．

アメリカンフットボールからサッカーへ

　スポーツの世界に，ヒエラルキーパラダイムと場のパラダイムとを象徴的に表す絶好の例がある．アメリカンフットボールとサッカーである．二つのスポーツとはともにボールを相手のゴールに入れることを争うゲームで，類似の部分が多い．歴史的起源を見ればそれもそのはずで，サッカーというゲームの一変種としてボールを手で持って走ってもいいというルールを入れたラグビーというゲームが，サッカー発生の国イギリスで生まれた．そのラグビーをさらに分業化しシステム化したゲームが，アメリカで生まれたアメリカンフットボールである．こうした歴史的起源の類似性はあるが，アメリカ

ンフットボールとサッカーのプレーのマネジメントはかなり異なる．

　アメリカンフットボールは，細かく分業がされたシステムで，オフェンス（攻撃）とディフェンス（守備）という二つのグループに一つのチームの中で分業され，さらに各グループの中でも各人の役割は細かく決まっている．そして，プレーの進行も時計仕掛けのようにきちんと進む．分業が徹底され，スペシャリストが育成される．そのスペシャリストは，クォーターバックの指令のもとに，くわしくつくられたプランに従って行動する．ゲームはたびたび中断し，そのたびに新しいプランの行動が企画される．動と静のリズムをもって，全体が時計仕掛けのようにシステマティックに動いていく．クォーターバックというリーダー役の個人の役割は，きわめて大きくなっている．

　これと比べると，サッカーでは状況はずいぶん違う．

　サッカーには，オフェンスとディフェンスのグループ分けはない．一組の選手が攻撃も守備もする．選手の間に役割分担はもちろんあるが，アメリカンフットボールのような細かな分業ではない．プレーの進行も細切れではない．一つのプレーが長く続き，いくつもの思いがけないことが起きる．

　誰かにボールが当たって，ボールが思わぬところに転がる．アメリカンフットボールなら，その時点でゲームは止まって，新規まきなおしである．サッカーではゲームはそのまま続行する．そのボールを取ろうとして数人のプレーヤーはボールに群がる．しかし，そのほかのプレーヤーはそこから次の展開を予想しながら，自分の動きを決めている．どこかへボールが蹴られると，そのボールの行方に応じてまたプレーヤーたちは自分の動きを決めて展開していく．

　そうした長い一つのプレーの間中，個々の選手はボールを見，敵味方の動きを見て，声をかけ合いながら自分の行動を自分で決めて行かざるをえない．クォーターバックのように細かい命令を出す人はいない．誰がパスの中心になるかという役割は決まっているものの，すべてが事前に決められた役割どおりに動けばいいというものでもない．状況は刻々と変わるのである．

　そうして多くの選手が自律的に自分の動きを決めていっても，でたらめな動きにはならない．「前へ進む」という共通の意志とほかの選手の動きを観察する能力が個々の選手にあり，さらにどのような基本的なパターンのレパートリーを自分たちはもっているかという共通の理解があるからである．で

たらめどころか，しばしば流れるような美しい動きが生まれることがある．

表19-1でまとめた二つのマネジメントのパラダイムの違いは，アメリカンフットボールとサッカーでの「プレーのマネジメント」の違いに驚くほど似ている．

アメリカンフットボールがヒエラルキーパラダイム，サッカーが場のパラダイムである．アメリカンフットボールは，中央集権的，分業的，システム的，そしてリーダー中心でメンバーはいわば歯車になっているゲームである．そのイメージは，近代組織論に象徴されるようなアメリカの組織経営を彷彿とさせる．

サッカーでは，分権的で役割は重なり合い判然としないことも多く，そしてプロセスが重要となる．リーダーはヒーローのような役割ではなく，メンバーが自律的に大きな役割を果たしている．そのイメージは，いい意味での日本の経営を彷彿とさせ，そして場のマネジメントを想像させる．

ヒエラルキーパラダイムから場のパラダイムへのパラダイム転換は，スポーツの世界で言えば，アメリカンフットボールの考え方からサッカーの考え方への転換なのである．そうした，マネジメントのパラダイム転換があってもいい．

ヒエラルキーパラダイムと場のパラダイムは，両立しないものではない．パラダイムのミックスがあっていい．いや，パラダイムのミックスがあるべきなのである．しかし，これまでの経営のパラダイムは，ヒエラルキーパラダイムが中心でありすぎた．そこから，場のパラダイムにも等しく視座を移して，ヒエラルキーパラダイムときちんとミックスさせて使うという考え方は当然あっていい．そうした視座の移動という意味でのパラダイム転換が，ここで提唱しているパラダイム転換である．

世界的に人気のあるサッカーのマネジメントパラダイムが場のパラダイムに近いのは，じつはこうしたパラダイムの世界的普遍性を暗示しているようでもある．

（演習問題）
1. パラダイム転換のためのトップとミドルの交互の運動論を，場のマネジメントの言葉と論理でくわしく説明しなさい．

2. 社運を賭けたような巨大な設備投資をすることが，さまざまな場を企業の中に生むことがあります．たとえば，工場の建設や機械の搬入というわかりやすい現象が人々にさまざまなメッセージを伝え，それが場を生むきっかけになります．どのような場が設計の現場で，営業の現場で，本社で，それぞれ生まれてくるか，想像してみなさい．

3. 場のパラダイムとヒエラルキーのパラダイムの共存がどのような形であり得るかを，オーケストラの指揮者のあり方の例で考えなさい．指揮者が，ヒエラルキーのマネジャーでもあり，同時に場のマネジャーであると考えるとよいでしょう．

第 IV 部

企業と経営者

第20章

企業という生き物，経営者の役割

　企業は生き物である．物理的な存在，固定した存在，孤立した存在ではなく，生き物のごとく変化し，生き物のごとく多様な側面をあわせ持った，そして社会の中に生きる存在，生かされている存在である．

　その生き物としての企業のマネジメントを，第Ⅰ部から第Ⅲ部まで，環境のマネジメント，組織のマネジメント，矛盾のマネジメント，として解説してきた．企業という組織体の長，あるいはその組織体の三角形の中のさらに小さな三角形の下部組織単位のリーダーの立場に立って，組織の外へのマネジメント，組織の中へのマネジメント，そして内と外の要請の矛盾のマネジメント，と議論してきたわけである．

　この本の最後の部である第Ⅳ部では，企業という生き物をより広い社会の中に位置づけた議論をし，そしてその企業の責任者たる経営者の役割，その規律づけやチェックの問題を論じたい．企業という生き物そのものをより大きな外の目から見るような議論である．

　序章で，三つの企業の本質を解説した．技術的変換体，情報蓄積体，資金結合体，というそれぞれに企業の本質的側面と思われるものである．この章では，この三つの本質に加えて，さらに二つの企業の本質的側面が指摘される．第一には，市場という大海の中の資源配分体としての企業，という本質である．企業の中で，さまざまな資源配分が行われ，それは市場の中で行われる資源配分と対をなしている，という議論である．そして，その資源配分の結果としてじつは企業は，富，権力，名誉，時間，など多くの人が本源的に欲すると思われるものを企業関係者の間で分配する機構として機能していることが指摘される．

そうした分配機構として企業が存在することを考えると，企業の経営者の役割はたんに利益を上げる，株主に報いる，というような単純なものではない，もっと社会性を帯びたものであることが明らかになるだろう．だからこそ，経営者の規律づけとチェックの問題としてのコーポレートガバナンスが，たんに企業の健康維持の問題にとどまらず，もっと社会性を色濃くもった問題として浮かび上がってくるのである．コーポレートガバナンスの議論は，第21章で行われる．

1　企業という生き物

資源配分体としての企業

　企業という組織体の中で，さまざまな資源配分が経営者，管理者によって行われている．企業内のさまざまな部署や分野にどのくらいのヒトとカネを新規投入するか，あるいは現有の設備やヒトをどの製品にどの業務に投入するか．すべて，ヒト，モノ，カネ，情報という経営資源をどの用途に振り向けるか，という決定である．その資源配分の決定を行っているのが，企業組織の管理機構であり，その中心にいる経営者である．

　経済学で資源配分というと，多くの人はすぐに市場メカニズムを想起する．しかし，現実の経済全体の中での資源配分は，市場を通して行われている部分も大きいが，企業組織の中で経営の決定として行われている部分もまたかなりの比重を占めている．

　たとえば，市場では誰も命令しているわけではないのにITという新しい分野で働こうとする人々が増えたり，その分野で行われる設備投資が大きくなっていく．たしかに，市場メカニズムを通じて，古い分野からITへ労働移動が起き，設備投資の移動も起きている．

　しかし，企業の中でもそうした資源移動は起きる．古い事業部を廃止し，IT関連の新事業を立ち上げようとしてヒトを転属させる．古い事業に投入されていた資金を回収して，IT関連の設備投資に投入する．そうした決定は，転属するヒトの自由意思で決まるのではなく，資金引き上げをする古い事業部の自主的判断でもなく，経営の判断と命令で決まっている．

つまり，企業組織の中で行われる資源配分は，組織の階層構造を通じた権限による指示，という形を最終的にはとる資源配分なのである．それは，人々の個人としての自由な判断だけで決まる市場での資源配分とは異なる．もちろん，その最終決定に至るまでに個々の人々に意見表明の機会が与えられるであろうが，最終的には組織体としての判断が優先する．その最終判断には従うということが，じつは組織に属するということの本質だからである．
　市場も企業組織も，こうして資源配分のメカニズムとして機能している．もちろん，企業組織の中の資源配分はその企業が市場経済の一員である以上，企業を取り巻く市場全体での資源配分の動きに逆らうわけにはいかない．二つの資源配分はつながっている．いわば，市場という資源配分の大きな海の中で，企業組織という島ができて，その島の中でも資源配分が行われている．
　その意味で言えば，企業は市場という海の中の組織という島なのである．
　しかし，市場というメカニズムと，組織というメカニズムの内容や本質はかなり異なる．市場メカニズムの簡単な定義は，「個々の経済単位が自分の利害だけを考えて，自由に取引相手を選んでそこで取引しているパターンである」となる．市場の中には，「神の見えざる手」しか調整役はいない．一方，経済活動が組織という場で行われるとは，人々が組織の中で「組織メカニズム」にしたがって，資源のやりとりを行い，共同の開発を行い，ヒエラルキーの調整を経て生産活動を行っていることである．
　組織メカニズムの簡単な定義は，「組織に属している人たちがその組織全体の共同利益のことを考えながら，最終的には組織のヒエラルキーの調整を受けて，自分の利害だけではなくて，全体の利益のために調整を受けた結果にしたがう約束のもとに，資源配分を行っているメカニズム」となる．企業組織の中では，経営者による「見える手」が調整役として働いている．
　見えざる手による調整という表現を使ったのは，イギリスの経済学者アダム・スミスであった．見える手による調整という表現を使ったのは，アメリカの経営史学者アルフレッド・チャンドラーであった．このように市場と組織という言葉を定義すれば，われわれの住んでいる経済社会は，いつの時代でもどこの国でも，その中の資源配分を「市場」というメカニズムと「組織」というメカニズムの両方をミックスさせて行ってきた．つまり，見える手と見えざる手のミックスが，社会の本質なのである．

市場では，ある資源の買い手と売り手が価格を主な手段として交渉をし，その結果，両者が合意すれば売り手から買い手に資源が移転する．部品企業と組立企業の間の部品という資源の売買がこの例である．組織では，なんらかの目的でつくられた共同体としての組織の中で，ある人から別な人へ資源がその組織の共同目的を達成するように「話し合いと上からの指示」によって移転されていく．部品も作り，組み立てもしている大企業の中で，部品部門から組み立て部門へ，会社全体の生産計画にしたがって部品という資源が移動していくのが，そのわかりやすい例である．

こうした二つのメカニズムのミックスが，どこの国でもいつの時代でも観察される．

一国全体の資源配分を考えてみると，「世の中すべて市場」というケースと，「世の中すべて組織」というケースの両極の間に現実は位置する．

前者は，経済学の教科書に書いてあるように，世の中は独立個人事業主と独立個人消費者ばかりで，その人たちが自由に市場での交換をやって世の中全体の資源配分ができているというケース．すべてを市場メカニズムに任せるというものである．

後者は，完全な中央集権国家の計画経済，すなわち，すべて中央の指令で生産，販売がなされ，世の中の資源の移転が行われるというものある．実際の市場経済の国はどこも，この二つの極の中間にある．

一つの企業組織の中での資源配分についても，市場的メカニズムを使う部分と組織メカニズムを使う部分とが，またミックスになっている．子会社や事業部が完全独立採算になっていて，社内で取引するときにも自分の利益を考えてやれという状況が市場的なケース．もちろん，組織の中では上司の命令と調整によって最後は事を決するというヒエラルキーのメカニズムが大きな部分を占めている．しかし，現実は二つのミックスである．

では，なぜ見えざる手と見える手という二つのメカニズムが同時に使われるのか．

市場メカニズムが圧倒的に重要なのだと思う市場派は，「なぜ市場だけでよさそうなのに，企業組織が生まれるか」と問う．組織が管理機構の中で行う資源配分の方がより効率的と考える組織派は，「なぜ組織以外にも市場というときに混乱を引き起こすメカニズムを社会が使うのか」と問う．

どちらの方向から問いを立てるにせよ，経済的な問題としては，二つの資源配分メカニズムが経済合理的な優劣に応じて使い分けが行われている，と考えられる．

この問題がシャープに出てくる一つの例が，企業がそれまで外部から買っていた部品（外製）を自社内で作ること（内製）に変えようとするケースであろう．外部購入をしている場合は，その部品の購入取引は市場取引である．その部品にかかわる資源配分は市場メカニズムで価格を中心シグナルとして行われ，低い価格を提供してくれる部品業者に注文が流れる，という形で資源配分が市場で起きる．

それを企業の内製にすると，部品工場とその部品を使う組み立て工場の間で部品の受け渡しが生じるが，これが組織内資源配分の典型例になる．部品生産に必要な資源がその工場に渡るのは，その工場がたんに安い価格を提示するという理由からではなく，企業の技術蓄積のためなどのさまざまな理由も考えての経営者（見える手）による判断の結果である．

二つの資源配分のメカニズムは，それを実行するためにさまざまなコストが生産費用以外にかかる．市場メカニズムで言えば，取引相手を探すコスト，きちんとした契約条件を交渉によって決めるまでのコスト，契約不履行などが起きないように担保するコスト，などである．組織内の階層メカニズムで言えば，管理組織の維持費用，組織の中の人任せで効率化のインセンティブがゆるむというコスト．

こうした資源配分メカニズムのコストを総称して「取引コスト」と言う．それは，市場取引にも組織内取引にも存在する，資源配分を実行するために必要な「調整の費用」である．市場をとるか，組織をとるか，それぞれの状況ごとに見える手と見えざる手の調整費用を比べて，より安い方式が使われるのが自然である．

じつは，そこに企業組織という資源配分体のそもそもの存在理由がある．企業は，見える手の方がより調整費用が安くてすむ場合があるからこそ，この世の中に存在しているのである．

組織は蓄積し，市場は利用する

市場と組織のミックスは歴史の中で揺れ動いてきた．

経済体制の例で言えば，1917年のロシア革命の後の70年間の歴史は，組織の部分を大きくする流れであった．共産主義体制の計画経済が，世界の中のかなりの国々で採用されていった．国全体が一つの「組織」になっていった国が増えていったのである．しかし，90年代の旧社会主義国の崩壊は，それとは逆の方向に歴史の振り子が振れたことを意味した．市場メカニズムへの大きな流れが生まれた．

　日本をはじめとする市場経済体制の国々でも，ミックスは国によって違い，そして市場経済の枠の中でもミックスはやはり時代とともに揺れ動いている．70年代後半からのサッチャー・レーガニズムの流れは，明らかに市場の部分を大きくするような流れであった．とくにその流れが急になったのは，90年代であった．

　その背景には，社会主義の崩壊とIT革命という，ともに世界史的な大きな流れが存在した．社会主義の崩壊は，市場原理主義への一種の信頼の概念的基礎となった．資本主義が勝利したのである．IT革命は，市場取引に必要な情報のやりとりコストを大きく低下させることによって，市場メカニズムのコストを低くする技術的基礎を提供した．ともに，市場と組織のミックスの中での市場の優位性をより大きくする方向に作用した．国際金融市場のこの90年代の大きな拡大は，まさに「市場部分」の拡大で，その背景にはIT革命がある．IT革命は，流通と商業の構造をつくり替えている．それは，市場部分をやはり大きくする動きである．

　つまり，市場への流れが大きくなる歴史的必然があった．そして，IT革命と資本主義の勝利が同時に起きたために，グローバル資本主義が一気に拡大した．しかし，振り子が振れすぎてまた揺り戻しが起きるのもまた，歴史のつねである．この20年間続いてきた「市場への流れ」も，いつかは行き過ぎ，そして揺り戻しもまた起きるだろう．

　なぜ揺り戻しが起きるかと言えば，市場と組織にはそれぞれ得意技とでも言うべきものがあるようで，その得意技がある国の社会全体で必要とされる度合いが歴史の流れとともに変化していって，その必要度に応じてミックスが変わるのである．

　その得意技を象徴的に表現すれば，組織は学習し，市場は実験する．組織は蓄積し，市場は利用する．

その対比の鮮やかな例が，アメリカのパソコン産業にある．

それは現在のパソコンの原型となっている，マウスやアイコンを使って操作するユーザーインターフェイス機能とそれをベースにしたパソコンのコンセプトと基礎技術の開発と産業化である．

この技術を開発したのは，複写機メーカーであるゼロックスのパロアルト研究所という組織であった．ゼロックスは，将来のインフォメーション・アーキテクチャの中心となろうという企業コンセプトを打ち出し，その開発のために優秀なコンピュータサイエンティストを集めて，猛烈な開発を行った．その技術が具体的な商品として結実したのが，現在のパソコンの前身となる「アルト」というワークステーションである．しかし，それを売り出そうとしたところ，ゼロックスの本社があまり真剣な資源投入を結果としてやらなかった．需要の規模や投資と採算などについて，組織内の管理システムがうるさかったのである．

せっかくの技術が生かせずに不満のたまった技術者たちを引き抜いたのが，アップルコンピュータのスティーブ・ジョブズであり，その技術者たちが現在のパソコンの原型であるリサ，マッキントッシュを生み出した．また，パロアルトから離れていったもう一つのグループは，ビル・ゲイツに誘われてマイクロソフトに入り，そこでウィンドウズを開発するに至る．この二社がパソコン時代をつくっていく．

ゼロックスという大組織が，パロアルト研究所で蓄積をした．しかし，その技術資源を利用したのは，アップルやマイクロソフトであり，彼らに続くシリコンバレーのベンチャーたちである．市場メカニズムというメカニズムを利用して，あそこに商売のネタがあるぞと目ざとく考えた企業家たちが，大組織が蓄積したものを掠め取っていって，それをビジネスに仕立てて大儲けするのである．

しかし，市場メカニズムを使って企業家たちが利用するさまざまな資源は，誰かが蓄積しなければこの世に存在しない．多くの場合，そもそもの蓄積を行うのは大きな組織である．パソコンの場合は，ゼロックスという大企業であった．ほかの場合には，大学という組織かも知れない．しかし，いずれにせよ，単独の個人がまったく組織の力を借りずに蓄積したものが大半なのではない．

もう一つ例をシリコンバレーにとれば，IBMが蓄積し，ベンチャーが利用する，ということがじつに広範に起きている．シリコンバレーのベンチャーとして成功した企業に行くと，IBM出身者が多いことに気づかされる．IBMという組織が蓄積をし，そしてIBMはダウンサイジングのプロセスでその蓄積結果を大量に市場に吐き出した．それをシリコンバレーという市場の場が使っている．

　市場のよさの源泉は，組み合わせの自由度の拡大にある．あちこちの組織に存在する芽やポテンシャルを，企業家は幅広く組み合わせられる．その結果，市場では，一人ひとりの利害に応じて素早く資源が動いていく．しかし，市場はそもそも蓄積にはあまり適していない．組織というのは，人が集団を作り，安定的な人のネットワークをつくり，そのネットワークの中で人々がさまざまに学習し，蓄積をしていく．そのネットワークの中で，他人に教えられながら，学習と蓄積が進む．組織というのは，何かを蓄積するのに適している．しかし，蓄積結果を自分で利用するのは，あまりうまくない．

　そう考えると，たとえば，アメリカのシリコンバレーがなぜ成立するかの答えが見えてくる．誰かが蓄積してきたものを利用している場として成立しているのである．しかも，世界中の組織でさまざまに蓄積された資源を，ぜひ使ってくれと人々が世界中から集まっている．そのための人々の活躍の舞台となっている．いわば，アメリカのシリコンバレーは，今や「世界の」マーケットになっている．そこに持ち込まれるのはアメリカからのものだけではない．世界中の組織の中で蓄積されたもの，つまり組織としての資源，人的なネットワークを利用して蓄積されたものが，それを利用して掠め取ろうとする人たちによって持ち込まれるのである．

　一方，日本は組織のメカニズムへと振り子を振っていた時期が長かった．そのために，無駄なことを含めて膨大な蓄積をやってしまったことになっている．そしてその蓄積を，それぞれの組織が自分の中ではうまく使えないでいる．だから，それぞれの組織にあるそういった蓄積をうまく結びつけて，市場で上手に利用する人が出てきてもよい．

　つまり今の日本には，ベンチャーや中小企業が掠め取りのプロセスをやるのに適した環境条件があると思われる．もちろん，そういう活動がやりにくい環境条件も他方にあるので，なかなか上手くいくとは限らないが，少なく

ともポテンシャルは十分にあると思われる．

こうして市場による利用のメリットを強調するからといって，組織というものの意義をわれわれは忘れてはならない．市場は利用するといっても，組織がなくなってもいいわけではない．誰かが蓄積しないといけないからである．利用するだけでは，社会の長期的な発展はない．経済学の教科書では，市場によって資源配分が効率的になるといっているが，それは基本的に，どういう利用が効率的かを議論しているだけである．

市場と組織のミックスに，社会全体の資源配分の本質がある．その両方が，ともに得意技を生かしつつ，共存することが大切なのである．

分配機構としての企業

序章では，企業というものの本質を，技術的変換体，情報蓄積体，資金結合体，という三つの側面で述べた．そして，この節では資源配分体としての企業という本質を述べている．企業内の資源配分を行うマネジメントの組織は，階層組織であり，そこでは必然的に権力の機構が生まれている．経営者を頂点とする三角形という権力の機構である．

そうした四つの本質を総合して考えると，企業がじつはさまざまな人間にとって重要なものの分配機構になっていることがわかる．それが企業の本質の第五で，分配機構としての企業，という本質である．

企業が否応なしにその企業に関係する人々（資金を提供した人々と労働・管理サービスを提供して働く人々）になんらかの形で分配を行ってしまっているのは，少なくとも富，権力，名誉，時間，の四つである．この四つのいずれもが，企業に関係する人々が個人的に関心をもつはずの（あるいはもつことが多い）変数である．

企業はまず，富の分配機構として機能している．第一に，資金提供者と労働・管理サービスの間で企業が生み出した付加価値という富の源泉を分配している．株主は配当という形で，従業員は賃金という形で，分配を受けている．その分配を直接的に決めているのは，企業であり，より直接的には経営者である．そして第二に，働く人々の中でもさまざまに異なった賃金支払いを行うことにより，富の分配をしている．その支払い基準が何であれ，働く人々がまったく同じ分配を受けるということはほとんどありえない．その分

配のあり方を決めているのは，基本的には経営者である．

　つぎに，企業は権力の分配機構としても機能している．株主と労働者の間の権力分配，働く人々の内部での権力の大小関係の決定，など企業の経営行為からいくつもの権力分配が現実に起きている．

　第三に，企業は名誉の分配機構としても機能している．名誉は，多くの場合，企業内の地位や仕事の種類に付属して決まってくる．そして，一つの企業が社会の中でどの程度の重要性をもっているかという社会的評価に応じて，その企業内の地位や仕事の種類がその人の社会的名誉のある部分を決めていることもしばしばある．

　たとえば，大企業の部長は，中小企業の社長よりも富はないかもしれないが名誉は大きい，としばしば多くの人々が暗黙のうちにせよ考えていることがある．それは，企業組織内の地位とその企業の社会的重要性との掛け算で，ある個人の社会的名誉が決まっているという一つの例である．そして，人々の企業組織内の地位や仕事の種類を決めているのが企業あるいは経営者であるために，企業が名誉の分配機構として機能してしまう．

　第四に，企業は時間の分配機構としても機能している．企業は，企業での労働時間として人々から時間をとり，残りが余暇の時間となる．その実質労働時間は，仕事のあり方を決めることによってなかば自動的に行われている．「家で子供と夕食をほとんど食べられないお父さん」がたくさん生まれるという現象は，じつはこの時間配分を企業がやってしまっていることのいい例である．社会生活の場としての企業が個人の人生全体に占める時間的比重の大きさを考えると，この「時間の分配」は，きわめて重要な分配である．

　こうした四つの分配機構の背後に共通に存在するのは，働く人々の間の仕事の分配を企業がしている，という事実である．じつは，仕事の分配が四つの分配機構のかなりの共通基盤なのである．それは，仕事の分配に連動して他の分配が決まることが多いからである．賃金も権力も名誉もそして時間も，誰にどのような仕事を割り振るかによってかなり決まってくる．

　こうした分配機構としての企業という本質から，企業が社会の中で引き起こすさまざまな問題の多くが発生している．

　富の分配は，経済的な平等・不平等の社会問題の出発点になっている．権力の分配は，抑圧や自己疎外にかかわるさまざまな心理的問題の原点の一つ

であろう．名誉の分配は，働く人々の誇りや存在意義の感覚とかかわる部分が多そうである．さらに，時間の分配は，家庭問題から子供の教育問題まで，さまざまな社会問題の原点の一つでもある．

　分配機構としての企業という機能は，企業のもっとも基礎的な本質である「技術的変換体としての企業」という本質とは必ずしも直接的な関係はない．その意味では，企業そのものの社会の中の存在意義と直接かかわっているわけではない．その企業が運営されていくプロセスでほぼ必然的にでてきてしまう副次的機能，副次効果である．しかし，たとえそれが副次的なものであったとしても，そうした機能を企業がもってしまっていることは否定しがたい事実なのである．したがって，企業に関する思考をめぐらすとき，しばしばそこまで考えざるをえない，あるいはそこまで考えないと的外れの結論に到達してしまう危険がある．

　企業という生き物の社会的な役割は，まことに大きい．

2　経営者の役割

　そのように社会的な役割も大きな，企業という組織体のマネジメントをするのが，経営者である．その役割の本質的な意味は何かを，この節では考えてみよう．

　その議論は，三つの観点から行いうる．第一に，環境のマネジメント，組織のマネジメント，矛盾のマネジメント，という三つのマネジメントをするときに，そのマネジメントのプロセスでの経営者の異なった側面のまとめ，という観点．

　第二の観点は，そうしたマネジメントのプロセスを適切に行えるようになるために，経営者がしなければならないこと，そのために経営者に備わっていなければなないものは何か，という観点からの経営者の役割．

　第三の観点として，社会の中での経営者の仕事として，経営者は結局何をしていることになってしまうのか．以下，三つの観点ごとに項を立てて，順に解説していこう．

経営者の四つの顔

　環境のマネジメント，組織のマネジメント，矛盾のマネジメント，という三つのマネジメントを経営者は適切に行っていく必要がある．それだけ複雑な仕事に経営者の仕事は自然になってしまう．そして，その複雑さゆえに，経営者はさまざまな顔をもたざるをえなくなる．典型的には，次の四つの顔である．

　A．トラブルシューター（火消し）
　B．まとめ役
　C．戦略家
　D．伝道師

　第一の顔は，トラブルシューター（もめ事解決人）としての顔である．火消し，と言ってもいい．企業の運営のプロセスではさまざまなトラブルが発生する．顧客とのトラブル，働く人々の間のトラブル，カネが足りないというトラブル．そうしたさまざまなトラブルをその場その場で解決していくのは，しばしば経営担当者の大きな役割である．組織の三角形の頂点には，その下でおきるトラブルの尻が最後には持ち込まれる．このトラブルシューティングは，三つのマネジメントの実行プロセスで生じるさまざまな手違いの解決と考えていいだろう．

　経営者の第二の顔は，人の集団のまとめ役としての顔である．組織のマネジメントの大半と，矛盾のマネジメントのかなりの部分がこれに該当する．人の和をつくる，やる気をださせる．適材適所で仕事を割り振る．リーダーシップを発揮する．さまざまな「まとめ役」としての仕事がある．その仕事は，人々の心理や集団の力学への「小さな気配り」の集まり，といった匂いも強い．「管理者」と言ったとき，多くの人がイメージするのは，この顔であろう．しかし，その顔は四つの顔の中の一つに過ぎないことを認識すべきである．

　戦略家とは，自分の率いる組織（単位）がどのような方向を目指すべきか「大きな地図」を描く人である．それが三角形の頂点で必要とされる，第三の顔である．それは基本的には環境の中での自分の位置づけであり，方向づ

けである．したがって，環境のマネジメントの大半と，矛盾のマネジメントの大きな部分がこの顔に該当する．「大きな地図を描く」という顔は，これからの日本の企業にますます必要度が大きくなる役割であろう．

経営者の最後の顔は，伝道師としての顔である．そのエッセンスは，組織への価値観の注入である．自分達のしていることの意義，価値，それをささえる理念．組織に働く人々の多くは，どこかでそういった価値的基盤を求めている．「人はパンのみにて生くるにあらず」とは，企業組織にも言えることである．

その価値の注入ができてはじめて，組織はたんに機能集団であることを乗り越え，それぞれの人にとって意味のある，生命を吹き込まれた社会的有機体になる．価値の注入は，環境のマネジメントにも，組織のマネジメントにも，矛盾のマネジメントにも必要となるだろう．とくに，矛盾の解決の模索の中から新しい発展の道を見つけていくようなマネジメントにおいては，そうした苦しいプロセスを人々が通り抜けるための，伝道師としての顔が組織のどこかになければならないだろう．

総合判断者としての経営者

経営者はこうした四つの顔を兼ね備え，そして時に応じてそれを適切に使い分けなければならない．しかも，その適切な使い分けの際に経営者が考慮しなければならないのは，企業が五つの本質を同時にもっている社会的存在だということである．たんに資金結合体としての企業のために，資金提供者へのリターンの利益配分だけを考えていればいいのではなく，情報蓄積のことも，技術的変換と資源配分の効率も考える必要がある．さらには，企業が富，権力，名誉，時間の分配機構になってしまっていることもきちんと考えなければいけない．

マネジメントのための四つの顔と，企業としての五つの本質．その全体を考えるのが経営者の仕事なのである．そこで行われる経営者の判断は，まさしく総合判断，とでも言わざるをえないものである．経営とは真に総合判断のアートなのである．

たとえば，従業員に甘くしすぎれば，賃金が収益を圧迫して資金結合体としての企業が死ぬ．しかし，資金結合体の面を重んじすぎると，情報蓄積体

としての企業が死んでしまうような人員のカット，技術投資のカットが起きてしまう危険もある．そのバランスをとる作業が経営なのである．

あるいは，企業内の権力機構や統治機構も，民主的な行き方を志向するとついつい悪平等になってしまうし，だからといって強圧的な権力の多用をしてしまえば抑圧が人々の生気を奪ってしまう．その総合バランスが経営の真の問題なのである．

四つの顔にしても，火消しの顔ばかりが強くなれば，小さなマネジメントはできるかも知れないが，組織への価値観の注入などは行えなくなる．他方，伝道師の役割ばかりをしていては，現実に発生するトラブルへの対応も出来ないだろうし，組織の方向性を示すこともできない．四つの顔を総合的に使い分ける必要がある．

経営者に必要な基礎要件——マクロの思考と哲学

そうしたさまざまな総合判断が適切に行えるために，経営者にはどのような要件が備わっていなければならないのか．その基礎要件として，二つのものがあげられる．

一つは，企業という多面的な存在を一つの存在として，しかも多面的にとらえるための「マクロの思考枠組み」である．マクロとは，企業の業務のミクロの現場ではなく，企業全体を大づかみに捉える，という意味である．思考枠組みという言葉を使ったのは，分析とか理論にはなっていなくとも，「ものごとのとらえ方」というほどのことを表現したかったからである．そのマクロの思考の枠組みの基礎を，じつはこの本のような経営学の教科書が提供しようとしているのである．しかし大切なことは，こうした教科書の内容をベースにはするものの，自分としての思考の枠組みを自分でつくり上げる必要があるということである．

第二に経営者が総合判断のために必要と思われるのは，判断の基軸を提供する「哲学」である．総合的に考えて，しかし最後は一つの結論を出さなければならない．どう行動すべきかを決めなければならない．その判断，あるいは決断をするためには，自分の判断を導く哲学がいる．哲学のない人は，ただ単純な利害得失の計算ができるだけで，総合判断には至らない．あるいは至らないままに，ただ乱暴に結論にジャンプしてしまう．

その哲学は，基本的に二つのものについて必要である．一つは，環境のマネジメントのための，環境についての自分なりの哲学．自分の企業が置かれた環境の世界の動き，歴史の流れについての大きな地図を自分なりに持つ必要がある．それは，世界観と言ってもいいだろう．第二には，組織と矛盾のマネジメントのための，人間集団のあり方，本性についての哲学．組織観，と言っていいだろう．

世界観──自社を冷静に捉える

　世界観が必要なのは，多くの企業が世界地図の中で自分を位置づけざるをえない時代がきているからである．

　世界のフロントランナーになった企業，あるいは世界的な競争の荒波にもまれる企業，そのどちらにしても世界地図の中で冷静にものを考える必要がある．しかも，その世界地図の行方は不透明である．その中で，企業としての方向を決め，ジャンプをしばしばしなければならない．

　不透明ゆえに，自分の哲学，その人なりの世界観をもたなければ，なにも大切なことは「理解」できない．理解するとは，この不透明な時代では，「正解を読む」ことではなく，「自分なりに納得をする」ことでしかありえないだろう．世界観をもたない人には，自分なりの納得はありえない．他人の言うことをうのみにするしか道はなくなる．それでは決断はできない．ジャンプをするには，哲学がいる．

　さらに，多くの日本の経営者は，戦後50年の短い時間であまりにも世界的に発展したため，いまだに日本という存在の位置づけが自然体でできていないように思える．

　一方では，しばしば「小国日本」のイメージがどこかに残ってしまっている．そのために，世界的な規模の発言ができない．あるいは，その「劣等感」の裏返しか，ときには必要以上に世界一を求めたり，誇ったりする．いずれも，望ましいことではない．もっと冷静に，世界の中の日本を自然体で，等身大で考えるためにも，世界観が必要である．

組織観──集団の生理と力学の理解

　経営者が備えるべき第二の哲学は，人間集団についての哲学としての組織

観である.

　人の集団はどのような生理と力学をもつものか．大規模で複雑な組織を統御していくための仕組みは，どのような点に大きな注意を払わなければならないか．そうしたことを考えるための「組織を見る目」である．

　日本の企業は，小集団活動のような小さな組織の人間集団の経営では，世界的にも優れている．生産システムのノウハウの蓄積でも，世界に広まるだけの深いものをもっている．しかし，大規模複雑組織の経営については，世界的に経営がうまいと評価されている企業は日本にはまだほとんどない．日本発のノウハウや知識も，こと大規模組織の経営という領域では，あまり見られない．

　たとえば，松下幸之助の事業部制は，大規模組織の経営という領域では世界に先駆けたすぐれた見識であった．しかし，複数の事業部が複雑に入り組んで仕事をする「システム」分野，あるいは事業展開が世界全体に広がってしまった組織での国際経営では，松下電器もまだ悩んでいる．松下電器ばかりでなく，大半の日本の企業が大規模複雑組織の経営に悩んでいる．

　そうした大規模複雑組織の経営について，もっと深い組織観を多くのトップがもつ必要がある．その組織観を養うために，組織の生理，力学，病理について，もっと深く学ぶ必要がある．材料は，組織論の学術書でもいいし，歴史の書物でもいい．あるいは含蓄のある組織観をもった経営者の本でもいい．毛沢東は中国の史書を愛読してその政治手法を学んだという．どのような材料であれ，多様な材料をベースにした深い思考とそれを支える人間理解が必要である．

　マクロの思考枠組みにしろ，哲学にしろ，経営者が自分自身で若いうちから自分の中に築いて来なければならないものである．他人からの簡単な借り物で深い総合判断ができるわけがない．

　しかし，危惧されるような事態もあるようだ．それは，こうした複雑な総合判断を余儀なくされる経営の判断について，「複雑だと言っていると思考が混乱する．あるいは判断基準が曖昧になってきっぱりとした決断ができない」という人が案外いることである．そこまではたしかにそうなのだが，その後にこう続くことが多い．「だから経営判断を単純化できる枠組みをもつ必要がある」

そしてしばしば，その単純化の枠組みとして，株価を最大にするという目的を企業目的として設定する，ということにつながっているのが最近の時流のようである．株価を大きくできるかどうか，それを最後の判断基準にして経営の判断をすれば，単純になって組織内にも伝わりやすいというのである．

株価をその単純化の基準に用いていいかどうかということ自体にも大きな疑問が生じるが，しかしそれ以上に問題なのは，「曖昧になってしまうから単純化する」という発想自体が，企業という複雑な存在について判断を下し，その複雑な生き物を率いてる立場の経営者という存在の意味とそぐなわいということである．

経営者とは，あくまでも総合判断者なのである．企業の内と外，企業のマネジメントで生まれるさまざまな矛盾，そうしたものの総合判断こそが，経営という仕事の本質なのである．

分配の決定者としての経営者

そうした総合判断を，技術的変換体から分配機構としての企業の本質に至るまで，五つの本質をもった企業に対して，経営者は行わなければならない．その企業の中で，日本の就労人口の大半，絶対数にして5000万人を超す人々が働いている．その事実は，企業経営者はその5000万人を超す人々の人生のきわめて多様な局面を左右する立場にある，ということを教えている．とくに，企業が好むと好まざるとにかかわらず，人々の間で富と権力と名誉と時間を分配する機構として機能してしまっているだけに，そう言える．

経営者の行う総合判断の結果，人々の富の分配が変わり，権力の分布も影響を受け，名誉の分配もまた変わる．そして，人々が企業活動に対して費やす時間もまた，結局は経営者の行う判断の帰結として影響を受けてくる．つまり，経営者はたんなる知的意味での判断者なのではなく，人々の間のさまざまな分配の決定者という役割を否応なしに果たさざるをえないのである．

経営とはいかに大変で大切な仕事か，こう考えてくると戦慄する思いで理解するのではなかろうか．それだけ，経営者の責任は重い．

だからこそ，経営者の役割は企業の時価総額，株価を最大にすることだ，というような単純化は正しくないのである．経営者の役割は，たんに利益を上げるということを超えて，じつに大きな社会的役割でもあるのである．

したがって，それだけ大きな役割を実質的に果たしてしまっている経営者だけに，その行動を誰がどのような手段でチェックするのか，規律づけるのか，という問題は企業そのものの健全な発展にとっても，あるいは企業に関連して生きている多くの人々にとっても，重要な問題となってくる．

それが，コーポレートガバナンスの問題の本質である．それを，この本の最終章となる次章で論じよう．

(演習問題)
1. この章で出てきた「資源配分体としての企業」という企業の側面は，序章で出てきた技術的変換体，情報蓄積体，資金結合体，という三つの側面とどのように関係しているでしょうか．
2. アメリカのシリコンバレーには世界中から，起業をしたい人，起業したい人を助けて自分も儲けたい人が集まると言われています．実際に起業したい人たちの多くは，その起業の種になる蓄積を既存の大きな組織（大企業，大学など）で学んだ人たちです．こうした起業のメカニズムと大企業の中で新事業が生まれてくることの多い日本の場合とを比べて，その違いを多面的に考えなさい．たとえば，どちらが実験を多く生むのに適し，どちらが育ちはじめた事業を長期に育成するのに適しているか．あるいは，シリコンバレーのようなメカニズムが日本でも可能になるでしょうか．なるとすれば，どのような条件が必要でしょうか．
3. 戦後の名経営者といわれる，松下電器産業の松下幸之助，本田技研工業の本田宗一郎，ソニーの井深大の三人の伝記を読み，彼らが果たしていた経営者の役割を，「四つの顔」「総合判断者」としての役割の観点から，くわしく考えなさい（あるいは，身近にいる経営者について，同じ分析をしてみなさい）．

第21章

コーポレートガバナンス

　コーポレートガバナンス（企業統治）とは，企業そのものを誰がどのように統治するか，という問題である．その中心的課題は経営者のチェックである．つまり，企業を経営する経営者を統治することがコーポレートガバナンスの中核なのである．

　企業という経済組織体は，カネの結合体でもあり，ヒトの結合体でもある．ヒトもカネも企業活動には必ず必要で，この二つの側面をすべての企業はコインの両面のようにもっている．その二面性が企業の本質なのである．

　カネの結合体の中核は，「逃げない資本」を提供している株主であろう．ヒトの結合体の中核は，企業にコミットして「逃げない労働」を提供しているコア従業員であろう．この二つの集団が，前章で解説したような分配の決定者としての経営者へのチェックを深刻に行う利害と能力をもっている．したがって，株主と従業員という二つの集団が経営者をどのようにチェックするのか，それがもっとも本質的問題となる．

　コーポレートガバナンスは，社会的存在としての企業の健康維持のためにどうしても必要な制度あるいは慣行である．企業という存在の社会的意義，市場とならぶ社会全体の資源配分機構としての意味の大きさを考えれば，企業というものを統治の対象とする議論は当然あるべきである．そして，その企業の中で経営者が果たしている「人々の間の分配の決定者」としての役割の重大さを考えれば，経営者へのチェックとしてのコーポレートガバナンスの議論なくしては，経営の議論は完結しないことも理解できるであろう．

　それが，この本の最終章としてコーポレートガバナンスを取り上げるゆえんである．

1　コーポレートガバナンスとは何か

コーポレートガバナンスの定義

　コーポレートガバナンス，つまり企業統治，のもっともシンプルな定義は，
「企業が望ましいパフォーマンスを発揮し続けるための，企業の『市民権者』による経営に対する影響力の行使」
というものであろう．
　コーポレートガバナンスは，企業のマネジメントとは違う．企業のマネジメントは，経営者をはじめとする経営管理職層によって行われる，事業活動の統御行為である．その統御行為を，企業の市民権者は経営管理職層に託している．その統御行為の担当者たる経営層，とくに経営者に対するチェックが，コーポレートガバナンスなのである．つまり，上の定義に照らして言えば，影響力の行使の対象は，経営者なのである．したがって，コーポレートガバナンスは次のようにも定義できる．
　「コーポレートガバナンスとは，企業の経営者に対するチェックのことで，規律づけと任免を含む」
　それはちょうど，国の行政（政治も含む）が国の市民権者によって政府に託されていて，その政府に対する市民権者によるチェックが通常は選挙という形で行われるのと似ている．
　この定義は問題の核心をついていると思われるが，しかし一般的に広く見られる定義とはちがう．一般的には，コーポレートガバナンスの中にしばしば二つのものが入っていることが見られる．一つは，企業の行動を決める意思決定のことを，「企業を統治する」という言葉の感覚から，コーポレートガバナンスに入れる定義がある．しかし，それは上でも述べたように，企業のマネジメントの問題であって，コーポレートガバナンスとは違うと考える方がわかりやすい．
　もう一つは，「株主の利益のために」とか「株主による」といった具合に，コーポレートガバナンスの定義の中にコーポレートガバナンスの目的や，主体を限定する文言が入っていることがよくある．ここでの定義との違いを言

えば，企業の望ましいパフォーマンスとは誰のために望ましいのかを，あらかじめ株主に限定している．あるいは，ここでは企業の市民権者によるチェックとしているところを，その市民権者をあらかじめ株主に限定している．

つまり，コーポレートガバナンスについては，その対象，目的，主体，と三つのものをどのように設定するか，範囲あるいは定義を決めなければならない．企業の方向性を決める意思決定そのものをコーポレートガバナンスの対象に含めるか，あるいはそれを委託したはずの経営者のチェックにコーポレートガバナンスの対象を限定して，意思決定を含めないか．コーポレートガバナンスの目的と主体を株主に限定するか，それよりも広くとるか．

ここでの定義は，コーポレートガバナンスの対象は経営者のチェックに限ったうえで，目的と主体については，必ずしも株主には限定しない定義となっている．それは，コーポレートガバナンスの目的と主体を誰に設定するかということ自体が，じつはコーポレートガバナンス論の議論の対象となるべきと思われるからである．

それは，コーポレートガバナンスの主権論，とでもいうべき議論の分野である．言葉を換えれば，企業の市民権者とは誰のことか，を議論する分野である．市民権者が主権をもつことのできる人たちだからである．

その市民権者を誰にするかの選択がなされた後で，コーポレートガバナンスのメカニズム論とでも言うべき議論が始められる．どのようなメカニズムを用意すると，経営者のチェックは有効に機能しうるのか，を議論する分野である．つまり，コーポレートガバナンスについての議論は，主権論とメカニズム論の両方からなるのである．コーポレートガバナンスを，株主による株主のための統治行為という定義から出発してしまうと，コーポレートガバナンスの本質を不適切に狭め，かつ本質的な解決へ届くことを放棄してしまうことになりかねないように思われる．

企業の主権者と統治への参加

まず第一に，企業の「市民権者」あるいは「主権者」を誰と想定してガバナンスを考えようとするか，をきちんと明確に想定する必要がある．それは，別な言葉で言えば，企業という経済体を構成する主体は誰か，ということである．国になぞらえれば，国を構成する主体は誰かである．

国の場合，その国の国籍あるいは市民権をもつ人間が，構成主体である．たしかに，その国の利害関係者と枠を広げれば，その国に在留する外国人もあるいは近隣諸国の国民もまたある国の利害関係者になりうる．しかし，誰が国を構成しているのかと問われれば，市民権をもつ国民が，国の内部者，当事者なのである．

それと同じように企業という経済体の場合，企業の内部者・当事者といえば，その企業を構成するに必要な資本と労働という本源的な資源を提供している人々であろう．つまり，株主と従業員（経営者を含む）が企業の構成員であり，企業の内部者である．

たしかに企業には，この二つの人々のグループ以外に，大切な利害関係者がいる．顧客は当然大切であるし，取引先も重要である．企業にカネを貸しているという意味での取引先である銀行もまた，重要な利害関係者である．企業の存在する地域社会の人々もまた，重要な利害関係者であろう．だからこそ，多くのコーポレートガバナンスの議論では，彼らをステークホルダーとしてガバナンスの主体として想定するのである．

しかし，彼らは企業の市民権者，主権者にふさわしいだろうか．

たしかに彼らは，企業という経済体が誕生した後に，その外部の存在として深い利害関係をもつ人々ではある．しかし，企業という経済体の構成者そのものではない．別な言葉で言えば，彼らがいなくとも企業は生まれうる．しかし，株主と従業員がいなければ，そもそも企業が存在しえない．株主の提供する「逃げない資本」としての株主資本（借入金は返済期限がきたら返済という形で企業から離れることを想定した資本で，「逃げる資本」である．株主資本には返済期限はない），従業員の提供する企業活動の必須の要素である労働サービス，その二つがなければそもそも企業という存在が誕生できない．

企業の主権者を誰にするかということは，企業の内と外との境界を決めることである．誰が内部者で誰が外部者なのか．誰が市民権をもち，誰がもっていないのか．

企業の主権者となるにふさわしい条件は，二つあると思われる．一つは，その企業が生まれるのに不可欠な資源を提供していること．第二に，その企業の事業の盛衰によってもっとも大きなリスクを被り，コミットしているこ

と．別な言葉で言えば，その企業から逃げない資源をコミットしていることである．

　この二つの条件に該当しそうなのは，逃げない資本をリスクを負って提供している株主と，その企業に長期的にコミットしている経営者や働く人々（この人たちをまとめて，ここではコア従業員と呼ぼう）である．従業員の中にも，その企業にコミットしている人もいれば，短期のアルバイト的な人もいる．後者の人はこの二つの条件には合致しない．したがって，企業の主権者たる資格はないであろう．しかし，長期的にコミットしているコア従業員は，企業の成立に必須な「逃げない労働」を提供し，リスクも被っている．株主のように「逃げない資本」を提供してリスクを分担しているのと，同じことである．

　したがって，企業のステークホルダーといわれる人々の中で，株主と従業員（厳密にはコア従業員）だけがコーポレートガバナンスの参加者になる市民権者としての資格をもっていると思われる．

　顧客は，もちろん企業の行動によって大きな影響を受ける利害関係者ではあるが，企業の市民ではない．内部者ではない．さらに言えば，顧客の重要性は株主や従業員よりもはるかに大きい．いわば，顧客という大切な存在は，株主や従業員のさらに上にある，企業活動が奉仕すべき対象である．顧客の支持が得られてはじめて，企業は経済体として存続していける．顧客は企業の生殺与奪の権を握っている外部者である．企業の市民ではない．取引先も，企業とは経済的な取引関係にある人々でたしかに利害関係者ではあるが，企業の内部者でもなく，リスクの負担も小さい．

　地域社会も，企業の行動に影響を受け，かつ企業のインフラを提供し，企業を生かしている存在として，当然企業に対して何らかのコントロールをする権利をもっている．しかし，それは企業の外部者としての企業への働きかけであり，内部者としてのコーポレートガバナンスにかかわるべき存在ではないだろう．

　そもそもステークホルダー論がコーポレートガバナンスの議論として出てきた大きな原因は，株主だけを企業の統治者とする議論への疑問からだったと思われる．

　当たり前に考えて，従業員も企業の統治に関連するとは誰もが思う．しか

し他方で，企業とは労働契約という形で経済的取引関係にある従業員は，企業の外部者のようにも思える．事実，会社法が規定する法人としての会社では，社員とは株主を指す．つまり，会社法では会社という法人の内部構成者は株主だけなのである．

しかし，組織体としての企業を考えれば，従業員が（とくにコア従業員）企業の内部者であることは，常識的にすぐ納得できる．だからこそ，従業員のことを社員と呼ぶ慣行が生まれるのである．しかし，その従業員だけを，他の利害関係者を差し置いて企業統治への参加者にするのは，ためらいが生まれる．だから，広く利害関係者全体が企業統治にかかわると考えるのが穏当に思えてくる．

しかし，企業の内部者という考えをきちんともってコーポレートガバナンスへの参加資格の線引きをする方が，意味が大きいと思われる．さもないと，企業の利害関係者全員が，その利害関係の濃さに無関係に統治に参加することになってしまう．そして，みんなが治めるという原則になってしまうと，じつは誰も治めない，という現実が生まれがちになる危険も大きい．いわば，全員責任の無責任である．

そうした問題を避けるためにも，企業の活動について格段のコミットメントとリスクを負っている，企業の内部者たる株主とコア従業員にだけガバナンスへの参加資格を認める方がいいと思われる．

ステークホルダーを企業の「マネジメント」のうえで大切にするという考え方は説得的であるが，ステークホルダー全体を企業の「ガバナンス」に参加させるという主張とは別なものと考えるべきであろう．

もっとも，現行の会社法では，株主だけが市民権者かの如くの規定になっている．しかし，概念的な幅の広い議論のためには，少なくとも潜在的な市民権者候補として株主と従業員の両方が入るような議論の枠組みにしておく必要がある．後に述べるドイツの共同決定法では，従業員もまた市民権者として法律的にきちんと位置づけられている．

こうして，株主と従業員という二つのグループが企業の主権者（あるいは少なくともその候補者）であるとして，彼らが考える「望ましいパフォーマンス」とは何と考えるべきであろうか．それは，企業という経済体が社会の中で果たしている基本的な機能は何かという問いとつながる．その機能をき

ちんと果たしているということが，少なくとも望ましいパフォーマンスの最低条件である．

　企業とは，インプットを市場から取り入れ，それになんらかの技術的変換をほどこしてアウトプットに変えて市場に提供している存在である．つまり，技術的変換体である．そのプロセスで，価値が付加されている（つまりインプットの価値よりもアウトプットの価値の方が大きい）ことが企業の基本的機能である．その基本的機能を遂行するための本源的資源として，内部者の提供する資本と労働サービスがあるのである．

　こう考えると，企業の望ましいパフォーマンスとは，付加価値が効率的・効果的に生み出されていること，ということになるだろう．この付加価値機能がきちんと果たされていれば，その付加価値の中から従業員への分配と株主への分配が行えることになる．そして，企業の主権とは，こうした付加価値を生み出すための基本政策の決定とその付加価値の分配に優先的に与ることになる．さらに，政策の決定・遂行・果実の分配のすべてのプロセスは，経営者層にその任務の多くを委託して行われることになる．したがって，その経営者のチェック，規律づけ，任免が，コーポレートガバナンスの実質的内容となる．そこが，企業の主権者が実際に統治に参加すべき意味のある部分なのである．

2　コーポレートガバナンスの主権論

主権の社会的受容の三つの論理

　企業の主権の問題は，結局，権力の問題である．誰が企業を統治するうえでのより大きな力，つまり権力をもつか，という問題だからである．

　すでに述べたように，株主と従業員（とくにコア従業員）を主権者候補と考えれば，コーポレートガバナンスの主権論の問題の本質は，この二つのグループがどのようなミックスで主権をもつか（どちらがよりメインの存在となるか）という問題となる．

　どのような社会的な組織であれ，その組織の権力構造はいくつかの意味で社会的構築物である．社会のルールがそれを決めるという意味でも，社会の

中のその組織の有り様や貢献がその権力構造によって影響を受けるという意味でも，さらには，社会の中にそうした権力構造が根づかなければその権力構造が長く機能することはないだろうという意味でも，企業の主権のあり方は社会的構築物なのである．

そうした社会的構築物がある社会の中に発生し，定着し，そして継続していくためには，たんに法制度でルールを決めたというだけでは不十分である．人々がそれを受容しなければ，本当に社会的に機能が継続していくことはないだろう．

したがって，企業の主権のあり方が社会的にどのような論理で存在意義をもち，人々に受容されていくのか，という問題を議論することが，コーポレートガバナンスの主権論の主たる内容になる．

そこには以下に述べるように，①経済合理性，②制度的有効性，③社会的親和性，という三つの論理が存在すると思われる

経済合理性

企業という社会的組織は，あくまで経済組織体である．ヒトの結合体という側面とカネの結合体という側面をもった，経済組織体である．したがって，主権のあり方の経済合理性がもっとも大切なことはいうまでもない．つまり，従業員主権メインであろうと株主主権メインにしろ，経済合理性がなければその社会で受容されないということである．

よりくわしく言えば，ある主権概念の経済合理性は二つの側面から考えるべきと思われる．公正性と効率性である．

ある主権のあり方に人々が経済的公正さを大きく認めなければ，その主権の概念は経済合理性をもちえない．公正性とは，貢献の大きさ，リスク負担の大きさ，コミットメントの大きさ，の三つの観点から判断される．

効率性の概念は，誰がメインの主権者であるかによって企業の意思決定に影響が及ぶときの，意思決定の効率性のことである．多くの経済システムの効率性の概念でよく見られるように，この本でも「情報」と「インセンティブ」の観点から主権のあり方の経済効率を議論する．インセンティブが整合的だから，正しい意思決定が行われるようになる，人々が努力をつぎ込むようになる，という論理がインセンティブ効率性の論理である．意思決定をす

る人が正しい情報をもてるようになるから，正しい意思決定が行われる可能性が高まる，というのが情報効率の論理である．

この経済合理性の問題は，観点を変えれば，誰が企業の競争力の源泉をつくり出しているのか，という問題である．企業が発展して望ましいパフォーマンスを継続していくためには，競争力を維持発展させていくことが必須である．その競争力を源泉を提供している人々が企業の主権者のメインの存在になることがもっとも経済合理的である，ということになる．

制度的有効性

しかし，社会的構築物としての企業の主権のあり方の社会的受容の論理を考えるには，単純な経済合理性を超えてさらに多面的な思考が要求される．それが，制度的有効性と社会的親和性である．

平たく言えば，社会の中で制度的に有効性を発揮できる条件が整えられなければ，ある主権のあり方（たとえば従業員主権メイン）は長く機能しない，というのが制度的有効性である．さらに，その社会の中の常識的な通念との親和性があり，歴史的状況が許すような主権の考え方でなければ，やはり定着はしない，という議論が社会的親和性の議論である．

主権のあり方の制度的有効性には二つの論理がある．

一つは現実的機能性である．現実の条件の中で，ある主権のあり方が企業活動の円滑な運営のために機能できるのか，という論理である．現実的条件のもとで機能できないような主権概念は，どのように理念的に正当であっても社会的定着にも受容にも至らないだろう．たとえば，資金調達という面で，じつは従業員主権という主権概念は現実的機能性の障害にぶつかる可能性がある．従業員主権の原理で統治されている企業に資本が集まるか，という懸念が生まれるからである．もし資本が集まらなければ，経済体としての企業は立ち行かないだろう．

第二の制度的有効性は，チェック有効性である．ある主権の考え方で統治される企業の行動，とくに経営者の行動が何かの理由で（偶発的理由でもよい）機能不全を起こし不健康な状態に立ち至ったとき，それをチェックし，機能を回復させるためのメカニズムが存在するか，という有効性である．つまり，チェックが有効に効くようになっているか，という問題である．

このチェック有効性の問題は，とくに経営者へのチェックが本質的な問題であるコーポレートガバナンスにとってはきわめて重大な問題である．そしてそれは，じつは次節で述べる主権のメカニズム論の一部ともなる．

つまり，ある主権概念が社会的に継続して用いられるためには，経営者のチェックが有効にできるようになっていないと難しい，というのがここでの議論だが，主権のメカニズム論はさらにどのようなメカニズムの工夫をするとある主権のあり方の有効性を保ちやすいかというプロセス論になる．

社会的親和性と権力の正当性

主権概念の社会的受容の第三の論理は，社会的親和性の論理である．

その社会の中で多くの人が共有している考え方に近いような主権概念は，社会的親和性が高いといえる．あるいは，歴史的状況がある主権の概念を社会的に受け入れやすくしている，という意味での社会的親和性もあるだろう．

たとえば，労使協調をしなければ企業が崩壊するという瀬戸際に立たされているような企業が多いような歴史的状況があれば（終戦直後の日本の歴史的状況がそうだった），従業員に実質的な主権を渡すような企業統治の原理の方が社会全体にとって受け入れやすくなる可能性は強い．

社会的親和性の論理の中で大きな役割を占めると思われるのは，権力の正当性についての社会通念と，ある主権概念との親和性である．

企業組織の経営とは，その組織が所有する物的財産を自由に左右することばかりでなく，その組織の中で働く人々の運命を左右するような決定をしばしば行うことである．つまり，組織に所属するモノとヒトの運命を左右することにつながる．その意味で，経営とは大きな力をもつことに等しくなる面がある．そして，その経営者をチェックする権力がコーポレートガバナンスである．

その権力は何によって正当化されるのか．なぜ，企業のモノとヒトの運命を左右する力をもつ存在に対する権力をある特定の集団がもつことを，人々が許すのか．

問題の本質は，一国の政治の世界での権力の正当性の問題と同じである．一国の政治は，その国の中のモノとヒトの運命を左右することを決めることがしばしばある．その政治権力を最終的に担う集団が，その正当性をなぜ主

張できるのか．その正当性は，中世ヨーロッパでは神から王が権利を授かったからという王権神授説であった．現代の民主主義社会では，主権在民の概念が基礎にあり，為政者は市民の選挙によって選ばれている，正当に政治権力を担っている，という論理であろう．

　企業であれ政治であれ，権力の正当性についての社会通念はその社会の伝統に深く根ざしたものであることが多い．したがって，国による特徴が出てくる．たとえば，ゲルマン共同体のドイツと日本型共同体の日本のコーポレートガバナンスの構造に案外類似点が多いことが後に指摘されるが，その原因の一つは社会的な権力の正当性の通念が，同じような共同体ベースの社会ということで日本とドイツの間で似通っていることではないかと思われる．

　権力の正当性についての社会的感覚としては，二つのものがあると思われる．一つは，企業という経済組織体を共同体と見なし，その共同体へのコミットメントを権力の正当性の根拠とする感覚である．コミットメント主義，とでも言えるかも知れない．企業とともにリスクを負い，企業とともに運命共同体になっているのが従業員たちだと考えると，従業員主権がメインであっておかしくない，という感覚が生まれやすいのがこの権力の正当性の感覚である．

　第二の正当性の感覚は，財産の所有がその所有している財産の処分の権利を与えるという権力の正当性の感覚である．それは，株式という財産証券を所有しているとその財産にかかわっている人々の運命を左右できる権力をもってもおかしくない，という感覚である．この正当性感覚は，土地という財産所有が公的権力とつながってきたアングロサクソン的伝統の社会では，社会的親和性が高いと思われる．しかし，日本とドイツにはそうした素地は小さく，共同体感覚の共通性があるようである．

3　コーポレートガバナンスのメカニズム論

一時的な不健康からの回復メカニズム

　コーポレートガバナンスのメカニズム論の本質は，権力のチェック，経営者のチェックである，とすでに上で述べた．

絶対権力は絶対に腐敗する，とは政治学の世界の有名な箴言であるが，経営の世界でも経営権力は腐敗しがちであると思った方がいいだろう．そうした経営者の腐敗あるいは能力不足という一時的な不健康から回復させるためのメカニズムを企業組織や企業制度が内蔵していないと，一時的な不健康が恒常化しついには回復不可能な状態にまで企業を追い込むことになるだろう．

　それを避け，企業が望ましいパフォーマンスへと回復できるようなメカニズムをもたないと，企業が望ましいパフォーマンスを維持し続けられるようにというコーポレートガバナンスの目的は達成できない．つまり，一時的に不健康になった状態から回復できるメカニズムをどのように設計するかという論理が，経営者へのチェックメカニズムの本質であり，コーポレートガバナンスのメカニズム論の中心課題である．

　もちろん，企業の主権者による経営への影響力の行使には，直接参加と間接参加の両方がある．その二つの参加のあり方のそれぞれに，メカニズム論があっていい．しかし，株主とコア従業員という二つの主権者候補のそれぞれの人数の多さを考えると，そしてそもそも企業の経営が経営者に基本的には委託して行われていることを考えると，間接参加のメカニズム論が中心課題になる．そして，間接参加のあり方がすなわち経営者のチェックということなのである．

　たとえば，国政を考えてみればいい．国民主権の代理者たる国会議員を代理主権者の集団と考えれば，その集団には選挙での洗礼というチェックメカニズムがある．さらにその主権代理者集団の中から選ばれてリーダーとなる首相には議会での選任そして不信任投票というチェックのメカニズムがある．いずれも，最終の主権者である国民としては間接参加のメカニズムである．

　その間接参加のメカニズムを考えるときの一つの大切なポイントは，それが「一時的な不健康」からの回復のためのメカニズムであるという点である．決して，恒久的に不健康になってしまった企業体の回復のためのメカニズムを考えることではない．恒久的に不健康になってしまった企業体は，基本的に解散すべきである．そこからの回復のためのメカニズムを用意しようとすると，牛刀をもって青菜を断つ，かのごとくの過剰メカニズムになって大い

なるムダが生じるであろう．

　企業のみならず政府をはじめすべての組織は，さまざまな理由で一時的な不健康に陥る危険をもっている．運が悪くて不健康になることもあるし，組織自身に病弊が蓄積して不健康になることもある．いずれにせよ，その不健康が組織としてのパフォーマンスを低下させることになる．

　その回復のためにとにかくまず必要なのは，一時的な不健康な状態に経営が立ち至ったときに，経営者への警告と牽制のメカニズムをもつことである．不健康であることを経営者に伝え，経営者自身が不健康さの源泉になっているのであれば退陣することを要請するメカニズムをもつことである．

　そのチェックとは，決して事細かな経営の箸の上げ下ろしの監視でもなければ，経営の成果の短い時間間隔での精査でもない．制度化の目的は，経営者に罰を与えることにもなければ，あらを探すことにもない．経営者を常時監視体制のもとに置くということでもまずい．そこまでやっては経営の委託ということ自体が行えなくなる危険があり，そしてメカニズムがあまりに費用とエネルギーを要求して過剰なものとなる．

　基本的に必要なのは，長期的な大きな観点からの経営者の力量と性向の評価であり，社会の公器としての企業の舵取りを任せられるかの判断である．経営者の行動が大きな目で見てそうした評価基準を満たしていない場合に，組織は一時的に不健康な状態になってしまうであろう．そこからの脱出を助けるためのチェックメカニズムが本質的に大切なのである．

　既存のコーポレートガバナンスの議論の多くは，じつは株主主権を前提としたうえでのメカニズム論が多い．監査役制度の充実，社外取締役によるチェック，執行役員と取締役の分離による執行役員の監視，などなど，それらのほとんどが経営者の一時的な不健康の監視とそこからの回復メカニズムの具体的提案である．

　株主主権を前提としたうえでもさまざまな具体的なメカニズムの提案がありうるということは，誰が主権をもつことが適切かという主権論への決着が付いた後でも，コーポレートガバナンスのメカニズム論が決して自明ではないことを物語っている．じつにさまざまなバリエーションがありうるのである．

退出と発言

　そうしたメカニズム論のさまざまなバリエーションの全体をどのように整理すると，包括的でわかりやすい全体像の理解が得られやすいか．それを，考えてみよう．

　すべての組織に起きがちな一時的な不健康とそこからその組織を回復させるためのメカニズムを一般論として見事に述べたのが，ハーシュマンであった（Hirschman［1966］）．

　彼は，それを「退出」と「発言」という二つのメカニズムのミックスとしてとらえようとする．組織体からの退出による牽制と組織体への発言による牽制，その二つのミックスで一般的に組織体の不健康からの回復メカニズムはつくられている．退出というメカニズムも発言というメカニズムも共に用いて，この二つのミックスとして全体の回復メカニズムを設計すべきである，と言うのである．

　企業組織に即して言えば，「退出」とは企業組織から退出することによって不満の意を表明する，ということである．従業員ならば退職，株主なら資本の引き揚げ（多くの場合は株式の売却）が退出にあたる．あるいは顧客による退出もある．その企業の製品を買わなくなることである．そうしたさまざまな退出が多くなることによって不満が多いという赤信号が経営に対して点灯されて，その結果改善への動きが始まる，というプロセスが想定されている．したがって，一時的な不健康からの回復が可能になりうる．

　発言とは，経営者に直接に不満の声が届くように発言して意見表明を行い，その結果，改善が起きることを期待する，というメカニズムである．たとえば，現行の会社法は株主に対してさまざまな「発言」のメカニズムを用意している．株主総会による株主の議決はまさに発言のいい例である．

　従業員による発言とは，経営者への不満の声を彼らに直接に届くように従業員が発言して，その結果経営者の行動に改善が起きることを期待する，あるいは経営者の交代が実現することを期待する，というメカニズムである．会議での発言，抗議文書の発表，ときには面と向かっての「諫言」，労働組合の決議，とさまざまな発言の形態が思い浮かぶが，発言・告発する本人がすぐに誰かとわかるようなやり方はいずれも従業員の側に大きな弱みが存在

する．最終的に人事権を経営者に握られている，という弱みである．

　退出と発言は，さまざまな形でわれわれの身の回りに存在し，権力者に対する牽制のメカニズムになっている．政治の世界では，選挙を筆頭に発言のメカニズムが大きな牽制力をもっている．逆に経済の世界では，退出のメカニズムが幅を利かせているといっていいだろう．たとえば，競争メカニズムによって企業が健康体でいようとする動機が強く働く（つまりそれだけ牽制されている）のは，基本的には競争に負けて顧客が自社の製品を買わなくなるという「顧客の退出」が最大のチェック機構として働いているからである．

コーポレートガバナンスへの応用

　退出と発言の二つのメカニズムは，コーポレートガバナンスのメカニズム論の中でもじつは頻繁に登場している．

　たとえば，企業買収の脅威や株価の低迷の脅威が経営者へのチェック機構として機能するようなコーポレートガバナンスのメカニズムを「市場志向的なガバナンス」と表現し，金融機関が経営者に対して大きな影響力をもつことによって経営者へのチェック機構として機能するようなコーポレートガバナンスのメカニズムを「機関志向的なガバナンス」と表現することがある．前者の典型例がアメリカ，後者の典型例が日本やドイツ，といった国際比較ができるという（たとえば，寺本［1997］）．日本のメインバンクやドイツのハウスバンクの機能が念頭に置かれている．

　この二つの分類は，退出ベースのメカニズムと発言ベースのメカニズムの例である．市場志向とは，市場における株主の「退出」が基本的に経営者に対する警告と牽制になっていることを意味している．機関志向とは，そうした影響力のある機関が存在して，その「発言」が経営者に対する警告と牽制になることを志向しているのである．

　この市場志向型は，カネの退出をベースにしたコーポレートガバナンスのメカニズムである．カネが退出につながっているのは，じつは無理もないことが多い．それは，ヒトとカネとの本質の違いによって，退出と発言のどちらがしやすいか，かなりストレートに言えることがあるからである．

　カネは，どこにある一万円でも誰が出した一万円でも，同じ一万円としての意味しかもたない．それ以上でもそれ以下でもないという意味で，転用可

能性は無限大で，したがってカネは本質的に流動性が高い．それは，ヒトの転用可能性や流動性と比較してみると明らかである．ヒトは学習し，蓄積する．その蓄積の量も質もタイプも，その当人の資質や努力によって大きく変わる．また，蓄積の起きる企業がどこであるかによって，企業特異性がかなりある．したがって，同じ一人の人間でもカネのような転用可能性は望むべくもない．したがって，流動性はカネと比べればはるかに低い．

　こうしたカネとヒトとの本質的な違いは，ヒトがカネよりも退出しにくいことを意味し，また退出によって企業がこうむる損害もヒトの場合にはかなり代替できにくい場合があることを意味している．一方，カネの転用性や流動性の高さは，退出の容易さを意味している．したがって，ヒトベースのチェックメカニズムは発言を中心にし，カネのチェックメカニズムは退出を中心とするのが適切であろう，ということになる．

　この結論に逆行するようなことが起きているのが，アメリカの労働市場での流動性の高さ（ヒトの退出というメカニズムの多用）であり，日本の資本市場での固定的な資本取引の関係（カネの退出の機会を小さくしている）である．ともに，改善の余地が多い例と思われる．さらに言えば，日本企業はヒトの発言のメカニズムを十分に用意しているだろうか．

　ハーシュマンも言っているように，発言は面倒なプロセスである．発言をすること自体も，発言を有効に届けることも，かなり面倒である．しかし一方，退出は簡単である．退出に伴うコストはあるものの，退出すること自体が面倒だということはない．たとえば，株主を例に取れば，退出のためにはただ株式を売却すればいい．売り注文一つを出すことで可能になる．しかし，株主が発言しようと思ったら，誰にどのような手段で発言するのが有効か，さまざまな面倒なプロセスを実行しなければならない．

　だから，カネについては退出がつい多用される．株式市場が発達すると，市場志向型になりやすくなり，退出のメカニズム中心になりがちになる．

　しかし，それでつねに望ましいとは限らない．ヒトあるいは従業員にとっての退出のむつかしさを考えると，従業員の声の発言のメカニズムをきちんと整備しないと，従業員からのチェックのメカニズムは十分には用意できなくなる危険がある．

　その用意には知恵がいる．「発言」する機会を「巧みに制度化する」とこ

ろに，コーポレートガバナンスのメカニズムの制度設計の一つの大きなポイントがあるのである．

主権論とのマッチ

メカニズム論は，誰がチェックするか，誰のためにチェックするか，という点で，主権論とかかわってくる．もちろん，誰に主権があるかに関係なく，共通に必要とされる経営者のチェックメカニズムもありうるかもしれない．付加価値の生産能力に関したチェックとか，倫理的行動についてのチェックなどがその例であろう．

しかし，主権のあり方に関する議論がどのような結論に落ち着くかに応じて，一般的には主権概念に適したチェックメカニズム，回復メカニズムが準備される必要がある．つまり，主権のあり方をきちんと反映したメカニズムが必要なのである．

例えば，株主主権なら，株主がどのようにチェックできるかの有効な仕組みがいる，という議論である．会社法にそのメカニズムの大枠が準備され，さらに会社法の意図どおりに現実がいくようにという細かい慣行の議論や，制度的強制の議論がたくさんある．

次節で述べるが，日本企業の多くの人々の暗黙のうちの主権概念は従業員主権であると言っていいだろう．そして，その暗黙の概念を実行に移すために，じつは日本企業は株主主権を前提につくられている経営者のチェックメカニズムをバイパスするような慣行をつくってきている傾向がある．もちろん，法律違反をしているのではない．法律の条文に沿いつつ，しかし株主主権のチェックメカニズムを形式的には実行して，しかし実質的には従業員主権にするように試みている，とでも言おうか．

しかし，従業員主権を機能させるためのチェックメカニズムが十分に用意されているわけでもない．そのため，経営者のチェックメカニズムが空洞化し，コーポレートガバナンスのメカニズム論としては機能不全が見られる．

つまり，日本では，主権のあり方とチェックメカニズムがミスマッチの状態にあるのである．アメリカでは主権は株主主権，メカニズムもそれにマッチしている．

ミスマッチがあると，主権のあり方に合うように，メカニズムのサボター

ジュが始まる．まさに，それが日本で起こったガバナンスの空洞化である．

それにもかかわらず，日本企業のコーポレートガバナンスの議論は，相変らず主権論を飛ばしたメカニズム論が多い．それがじつは真剣な議論，有効な議論につながらない最大の原因であろう．メカニズム論を論じる際，主権論とのつながりをきちんと考える必要がある．

4　コーポレートガバナンスの国際比較

アメリカ——揺れる主権の振り子

コーポレートガバナンスの国際比較については，すでに多くのすぐれた分析がなされている．具体的なコーポレートガバナンスのあり方の詳しい比較はそうした書物を参照してもらうとして（参考文献参照），ここではコーポレートガバナンスの主権論とメカニズム論の観点から，アメリカ，ドイツ，日本の法制度と慣行がどのようなまとめになるか，それを概括的に述べておこう．

一つ注意すべきは，こうしたコーポレートガバナンスの国際比較は，法制度だけの比較では実態に迫りきれない，ということである．だから，慣行についての考察がどうしても必要になる．そして，慣行についての議論は，現実の観察から得られるものであるが，そこには多くの人々の断片的な観察はあっても統合的な全体観察は少ない．勢い，印象論的な部分が入らざるをえないが，それを承知であえて三つの国の比較をしてみよう．

主権論でいえば，アメリカは法制度も慣行も基本は株主主権といっていいだろう．メカニズム論としても，株主主権のためのメカニズムがもっとも多量に用意され，それが実際に機能している度合いがもっとも高いと言ってもいいと思われる．さらに，前節でも述べたように，アメリカのガバナンスメカニズムは退出志向，市場型のガバナンスの濃度が，日本やドイツよりも高いと思われる．

ただし，アメリカの法制度は必ずしも日本やドイツと比べて株主の権利が強くなるようにつくられているわけではない．深尾・森田［1997］は，その点をこう述べている．

「実際，日本の株主の地位は弱いと議論されることがあるが，制度的には，取締役任免権，経営判断に関する議決権のいずれをとっても，日本の株主の権限は決して小さくない」

それにもかかわらず，圧倒的に多くの観察が日本やドイツよりもアメリカは株主主権とするのはなぜだろうか．

アメリカの法規制の歴史的変化を研究したマーク・ロウは，「強い経営者，弱い株主」という原題の本で面白いことを言っている（Roe［1994］）．

彼は，アメリカの政治が決めてきたさまざまな金融法制が，金融機関の企

多様な資本主義

フランスの保険会社の会長であるミッシェル・アルベールは，資本主義に少なくとも二つのタイプのものがあると主張している．一つは，イギリスやアメリカに見られる資本主義で，市場を中心とした資本主義である．このような資本主義を彼は「ネオ・アングロサクソン」型の資本主義と呼んでいる．もう一つは，ドイツやオランダなど，ライン川沿いの諸国に見られるような資本主義である．これは，共同体を中心とする資本主義であり，「ライン」型の資本主義と呼ばれる．日本の資本主義も，このタイプに近いと彼は位置づけている．

この2つの資本主義の特徴は，次のように対比することができる．

	ネオ・アングロサクソン型	ライン型
個人観	個人の重視	集団の重視
経営の観点	短期的	長期的
企業観	自由な企業売買	運命共同体的経営
ガバナンス	株主・市場中心	銀行・労働組合
雇用	自由な雇用調整	安定雇用の重視
人材活用	市場からの調達	社内教育訓練
賃金格差	大きい	小さい
社会構造	貧富の二極化	中産階級中心
教育	公立と私立の二極化	企業の学校的機能

経済的にも社会的にも，ライン型の資本主義の方がパフォーマンスは高いと彼は想定する．それにもかかわらず，さまざまな資本主義は，ネオ・アングロサクソン型の方向へ収斂していくとアルベールは予測している．その理由を簡単に述べれば次のようになる．ライン型はアリの資本主義であり，ネオ・アングロサクソンはキリギリスの資本主義である．どちらかを選ぶとなると，人々はキリギリスの資本主義を選んでしまうからである．

このような悲観的結論が成り立つか，それとも人々はより賢明な選択を行うのかは，人々の政治的選択にかかっている．日本でも，ネオ・アングロサクソン型の資本主義を選択すべきだという議論が強くなっているようだ．

業株式保有と株主権限行使を制限してきたという．そして「政治的影響ゆえに米国の銀行などの金融仲介機関の分散化は進み，規模は小さくなった．その結果，企業の株式所有は分散化されてしまい，株主の力は弱くなり，経営者の力が強い．ドイツや日本はその逆である」という．

こうしたアメリカの政治の背後には，経済権力の集中に対する歴史的嫌悪がある．ウォール街による産業支配は悪，というイデオロギーである．だから，銀行も小さいし，金融機関が産業を支配することを妨げようとする．

しかし，アメリカでは経営者が強いとすると，なぜGMやIBMで90年代に入って起きたような，機関投資家などの株主の行動によって経営者が解任されるということが起きるのか，と素朴な疑問が生まれる．つまり，制度的には株主の力がより制限されているアメリカでなぜ，株主主権の経営が多いのか．

答えはむしろ逆なのだろう．アメリカは株主主権の国だからこそ，放っておけば株主主権が強くなりすぎる．だから，巨大な権力の集中した株主の存在を制限する制度が工夫されている．その背後には，「資本所有＝権力」という，権力の正当性の一つの論理が「暗黙の」社会常識として存在するようである．

アメリカでの歴史的事実に対するこうした解釈は，コーポレートガバナンスの法制度の工夫は，じつはそのあり方についての社会の通念との対比で比較しないと，大きな間違いを犯すといういい例であろう．

しかし，こうした「株主制限的法規制」にもかかわらず，アメリカでは株主反革命と言われるほどに80年代以降，株主主権への現実的動きが強くなってきた．その背後に年金資産の拡大がある．金融資産としての株式の価値を高めるような社会的要請が高齢化とともに高まり，それが株主価値重視の方向へと企業を動かし始めた，というのである．

こうした一連の動きは，ある国でのコーポレートガバナンスのあり方が単純な法規制だけでは説明のできない，複雑な動きをすることを物語っている．

つまり，アメリカはまず社会の通念として株主主権であった．しかし，その通念ゆえに株主が強大な権力を集中する危険がある．しかもそれがウォール街に集中する危険があった．それを防ぐために金融機関への規制を行って株主の力を弱めようとした．しかし，年金資産の拡大とともに，年金生活者

のための株主主権への動きが拡大してきたのが，80年代以降の歴史的動きであった．それはまた，アメリカにとっては本卦還りともいうべき，社会通念に合致した動きだったのである．

ドイツ――共同体感覚の反映

主権論で言えば，ドイツのコーポレートガバナンスは，株主と従業員が労資共同決定法という法制度のもとで，主権を形式的には等分に分かち合っている，という状態にある．

それは，役員人事も決める企業の最高意思決定機関である監査役会が，株主代表と労働者代表が同数である，という形で制度的に担保されている．ただし，経営者の選任というような重要事項については，株主側の意向が結局は通るような制度的工夫がなされている．監査役会の議長は株主代表が務めるようになっており，彼は議決同数となったときに余分に一票投じる権利をもっている．それゆえに，実質的には企業主権は株主51％，従業員49％となるように制度ができている，と言うべきであろう．

メカニズム論で言えば，経営者の選出プロセスはこの主権論に合わせて，従業員が49％の権利をもって参加するように法制化されている．

しかし，メカニズム論の世界でのドイツの銀行の影響力は巨大である．彼らはユニバーサルバンクで証券業務を行い，さらにはその証券業務の中で顧客保有の株式を預かっている場合もその株式の議決権を銀行がもてるような制度的余地がある．こうしたことが重なって，ドイツの銀行の企業に対する影響力の強さは日本とアメリカの比ではない．

つまり，主権論はともかく，実態としてのコーポレートガバナンスのメカニズムでは銀行が果たす役割はきわめて大きい．それは，企業の監査役会メンバーにも現れている．金融機関の代表者の数が多く，しばしば議長を務めている（ドイツを代表する企業であるシーメンスの監査役会メンバーを表21-1に掲げておいた．株主代表10人中，5人が金融機関の代表者）．

そのドイツでも，株主主権への動きが90年代以降は強くなっているようである．グローバル資本主義の影響と一般には言われている．それと同時に，年金資産の拡大はドイツでも起きている．金融資産としてのリターンの確保という点での株主への分配の強化が要請されるような金融構造になってきて

表21-1　シーメンスの監査役会のメンバー

株主代表	従業員代表
議長（他の肩書きなし）	副議長，機械工
副議長，アリアンツ保険・執行役員会会長	技能工
ドイツ銀行・執行役員	マスター工具工
ドレスナー銀行・監査役会議長	金属労連（IG Metal）執行委員
バイエル化学・監査役会議長	通信架設工
バイエルン銀行・監査役会議長	工学士
フンボルト財団・理事長	金属労連ミュンヘン地域長
肩書きなし	精密機械工
スイスユニオン銀行・役員会会長	電機技能工
ティッセン製鉄・執行役員会会長	金属労連ベルリン地域長

いる．

　しかし，ドイツの共同決定法の基盤は当面ゆらぎそうにない．1998年に共同決定委員会が採択したコーポレートガバナンス改革の報告書は，「共同決定システムの存続を前提にして，新たな状況に見合ってその制度を改革し，その運用を柔軟化しようという基本姿勢でまとめられている」となっている．

　ドイツのコーポレートガバナンスについて特筆されるべきは，ドイツが世界で唯一，こうした企業主権の領域に踏み込んだ，完全株主主権でない企業法制度をもっている国であることである．従業員の主権を49％とはいえ，法制度で認めたのである．

　ただし，その精神は特筆すべきものの，監査役会に労働者代表として参加するメンバー構成について，監査役会に与えられた企業の主権にかかわる政策・人事決定に本来ふさわしいメンバー構成になっているか，制度の細目については疑問がありうる．たとえば，従業員代表はほとんどが現場労働者代表であること，その企業の従業員代表ばかりでなく労働組合のナショナルセンターの代表者がかなりいること，などは，そのメンバーたちの企業経営に対する経験や見識を含め，ドイツの経営者たちの中にも密かに問題視する人たちが少なくない．

　近年たしかにドイツでも，コーポレートガバナンスのアメリカ化への動きが起きている．その背景には年金資産の増加という金融構造も絡んでいるであろうが，一面，じつは本質的な企業主権論の反省というよりは，制度的に現在のメカニズムがもっている欠陥への反発と解釈できる部分もあるように思われる．

ドイツの労資共同決定法の制定した具体的メカニズムは,「階級対立構造の法的固定化」とでもいうべき皮肉な結果をもたらしてしまった面が少なくないと思われる．

　階級対立とは,資本対労働というマルクス経済学風の古い階級対立である．労働組合のナショナルセンター代表と有力大企業の経営者が監査役会で対峙する構図になっている．法的固定化とは,監査役会でのメンバー構成に二つのグループの代表を同数で入れようとして監査役会の中での対立構造として具体化していることである．資本の代表者は資本の利益を,労働者の代表者は労働側の利益をそれぞれに真正面からぶつけ合う場を法的につくったのである．そのうえで,最後は資本側が勝つように仕組まれている．

　しかし,そうした問題をはらみつつ,ドイツはいかにも「法律的な」対応をきちんとして,企業の主権に従業員を加えるという制度をつくり上げた．その背景には,ゲルマン共同体以来の所有と支配に関するドイツの社会通念との親和性があったのであろう．企業が,株式を所有している株主の所有物,という財産権的にだけ見ることをよしとしない社会通念である．働く人々に応分の権利を与えるべきという,素朴ともいえる共同体感覚がドイツにもあるのではなかろうか．もしそうでなければ,世界にもまれなこうした法制度が生まれたことの説明がむつかしくなるように思われる．

日本——求められる実態に即した議論

　世界にもまれ,という点では,日本もドイツの人後に落ちないかも知れない．ただし,法制度化への努力という点ではなく,同じような共同体感覚を背後に法の建前と企業の現実を両立させる努力という点についてである．

　主権論的に言えば,日本企業のコーポレートガバナンスは,建前は株主主権,本音は従業員主権（あるいはより正確には,従業員メイン,株主サブ）というものであったと思われる．したがって,日本もまたドイツと同じような共同体感覚が背後にあって従業員主権的な考え方に社会的親和性がある,という点では似ているようである．

　こうしたざっくりとしたまとめ方は,多くの企業人の実感と合うと思われるし,日本企業の実態をデータで分析しようとする研究者にも,少なくとも類似の観察が見られるのが一般的である．

現代日本のコーポレートガバナンスの実態調査をした稲上らは，その発見事実をもとにコーポレートガバナンスの日本モデルを次のようにまとめている（稲上［2000］）．

　「企業コミュニティーの存続と発展を重視する，内部昇進型経営者によって担われた，物言わぬ安定株主と株の持ち合い，メインバンク・システムと間接金融，その他のステークホルダー（とりわけ正社員）との長期的信頼関係に支えられた，インサイダー型の二重監督システム」

　現在の日本のコーポレートガバナンスの具体的な特徴をまとめれば，おそらくこうなるだろう．このモデルの本質をあえて短く言えば，「建前は株主主権で，本音は従業員主権」となると思われる．

　稲上のあげる特徴の中で，「物言わぬ株主との株の持ち合い」は株主主権の建前の中で株主の権力行使を無機能化するための手段であるし，「企業コミュニティーの存続と反転を重視し，ステークホルダーの中でとりわけ正社員が重視され，彼らの代表ともいうべき内部昇進型経営者が経営にあたり，かつインサイダー型監督」という部分が，従業員主権の内実をくわしく示している．そうしたコーポレートガバナンスでもカネが集まり，カネの規律がそれほどゆるまなかった理由を，「メインバンクと間接金融」という部分が語っていることになっている．

　稲上はこうした日本モデルを多元主義的モデルと呼んでいるが，じつは多元主義というよりもっと直裁的に「建前は株主主権，現実は従業員主権」と呼ぶ方が本質が明らかになるように思う．

　同じようにデータにもとづいて限りなく従業員主権の概念に近い現実があることを明らかにしているのが，深尾・森田［1997］である．彼らは株主と従業員に対する日本企業の経営者の優先順位の感覚についてのいくつもの調査を引いたうえで，こう言う．

　「日本においては暗黙の契約による雇用維持に対するコミットメントが株主への利益最大化に優先するものとして，すなわち企業の資産に対する請求権は株主より従業員が優先するものとして経営陣に理解されている」

　深尾らはこうした態度を，「コア従業員の雇用維持を一種の制約条件として扱い，収益最大化競争をしている」と表現しようとしている．しかしそれよりは直裁的に，「従業員主権」という主権概念，と理解した方がストレー

トだろう．収益競争もまた誰のために行われているかを考えると，どうも株主のためという答えが出てきにくいからである．

こうした日本のコーポレートガバナンスの実態は，会社法からの逸脱と理解されやすいが，しかし論理的にはコーポレートガバナンスの主権論のあり方としては，経済合理性にもかなりかない，また日本社会との社会的親和性も大きい．だからこそ，戦後の混乱期にある意味で自然発生的に，こうしたコーポレートガバナンスのあり方が生まれてきたのであろう．

しかし，メカニズム論の世界では，日本の悩みはじつは大きい．日本のコーポレートガバナンスが抱えた最大の悩みは，従業員主権という主権概念にマッチしたメカニズムがほとんどつくられていないことである．株主を無機能化するプロセスで，経営者へのチェックメカニズムとして会社法が用意したプロセスの有効性を現実的に著しく小さくしてしまった．そのために，経営者へのチェックに空洞化が生じている．それはきわめて大きな問題である．

そのくせ，建前である株主主権にマッチしたメカニズムについての議論は盛んである．本質的に必要なメカニズムへの議論が少なく，本当は意味が小さいと思われるメカニズム論が多い．これもまた，議論のあり方がこれでいいのかという悩みとなる．この悩みを乗り越えるには，日本企業の従業員主権という現実に即したメカニズム論を展開する必要がある．そして具体的に，どのようなメカニズムの設計の提案が可能か，議論する必要がある．つまり，従業員主権という実態にマッチしたメカニズム設計の議論である．

それと同時に，株主主権的なコーポレートガバナンスのメカニズム設計についても，議論を深める必要がある．なぜなら，実質的に従業員主権がメインとはいえ，日本の企業制度の根幹は株式会社制度なのである．そして，決して株式会社制度を廃することが必要なのではない．第7章でも述べたように，株式会社制度の意義は深い．しかし，この制度にも欠陥がある．その欠陥を十分に承知したうえで，コーポレートガバナンスのメカニズム論をきちんと展開する必要がある．

しかも，そうした議論を日本の経済の中心となっている上場企業を念頭に置いて行うためには，株式市場の存在というものがもたらす影響をも考える必要がある．

その議論は，株式会社での二重の無責任の危険という議論になる．それを

次節で議論しよう．

5　株式会社での二重の無責任とコーポレートガバナンス

二重の無責任

　株式会社とくに上場会社におけるコーポレートガバナンスの最も根本的な問題は，経営者と株主がともに無責任になってしまいがちであるという二重の無責任である．経営者は他人の財産を預かるわけであるから，自分自身の財産を運用するときと比べると，真剣さが不足しがちである．株主は，株価と配当にのみ関心をもち，企業経営にコミットメントをもとうとしないという意味で，無責任になりがちである．公開会社の場合には，後者の問題が深刻な問題として現れてくる．この二重の無責任は，株式会社の成立の初期段階から気づかれていた．第7章で述べたように，アダム・スミスがすでにそれを言っている．

　この二重の無責任は，株式会社の利点の裏返しでもある．財産をもたなくても有能な人材を経営者に登用できるというのが，他の会社制度に対する株式会社制度の決定的な利点である．経営者の無責任は，このことから必然的に出てくる問題である．企業経営に煩わされなくてすむということが，株式会社の株主にとってのメリットであるが，これが株主の無責任の源泉となっている．その制度の長所が欠陥の源泉となっているという意味で，二重の無責任は株式会社制度の宿命ともいえる．

　二重の無責任のうち，経営者の無責任をただす制度については，さまざまな議論が行われ，工夫が積み重ねられてきた．通常は，経営者の無責任をただすことがガバナンスの問題として議論されている．忘れ去られているのは，株主の無責任をただす制度の構築である．

　株主の無責任があまり真剣に議論されてこなかったのには理由がある．株主は，会社の株式を自分の財産としてもっているわけだから，無責任にはなりえないという前提があったのだろう．しかし，株主が有限責任しかもたず，市場で株式を自由に売買できる公開株式会社の場合には，この前提は成り立たない．有限責任からくる無責任という問題はかならず発生する．また，株

主が直接に株式を所有するのではなく，投資信託や年金基金という機関投資家を通じて間接所有をするという状況では，問題はさらに複雑である．株式の名目的な所有者が，最終的な株主の利益になるように行動しているという保証はないからである．

証券市場で大量の株式が取り引きされ，国境を越えて流動しているという経済環境では，公開会社における株主の無責任は深刻な問題を生み出す可能性がある．現に生み出されていると言うべきなのかもしれない．たとえば，株主の協力が得られないために，株主名簿を確定し，委任状を集めるのに苦労している企業は少なくない．委任状が集まらず株主総会の不成立を危惧しなければならない企業すらある．しかし，株主の無責任は，このような表面的な問題だけに限られるのではない．さらに深い問題が隠されている．

公開会社の問題点

公開会社の株主は，二つの経路を通じて企業統治に影響力を行使することができる．一つは市場での株価決定，もう一つは株主総会での議決権の行使である．そのそれぞれに関して，深刻な問題が隠されている．

株主は，市場での価格形成を通じて，経営者を牽制することができる．問題は，この株価がどのようにして形成されるか，株価形成に大きな影響力をもっているのは誰か，である．証券市場は，経済学者が考えるような原子的な市場ではない．機関投資家をはじめとした大口の投資家と，個人の投資家が共に参加しているハイブリッド市場である．素人とプロとが同じ土俵で相撲を取っている特異な市場である．プロの大口投資家は，情報の面でも優位に立っているし，株価形成への影響力も格段に大きい．このハイブリッド市場では，日本でもアメリカでもプロの投資家への集中度が高くなっている．ハイブリッド市場では，個人の投資家は，プロの投資家の動きを増幅するような役割を演じているように見える．

このハイブリッド市場で，個人の株主の無責任はそれほど大きな影響を及ぼさない．深刻なのは，大口の機関投資家，つまりプロの投資家の無責任である．

機関投資家にかかわるもっとも深刻な問題は，大口の資金を動かしているファンドマネージャーの動機と論理から派生する．アメリカでは，多くの場

合，ファンドマネジャーは成功報酬という短期的なインセンティブを与えられている．本来長期的な視野で行動すべき年金基金の管理者でも同様のインセンティブを与えられている．そのために，ファンドマネジャーはどうしても短期的な視野で動きがちである．

短期的な動きは，企業経営にたいするアーリー・ウォーニング（早期警戒警報）として機能するという長所もある．しかし，短期的な行動は，企業経営にマイナスの影響を及ぼすことがある．一部の大口投資家は，いずれ売るつもりで株式をもっている．このような投資家にとって，できるだけ早く売りごろの値段になるような経営をしてくれるのがもっともありがたい．いったん売ってしまうと，そのあとで，株が下がろうが騰ろうが，その投資家にとっては関係がないのである．

このような投資家は，短期的な圧力をかけがちである．市場では，短期的に確実な効果のある経営政策が評価されがちである．また，機関投資家は，大口の株式を保有し，それを市場で売却すれば価値が下がってしまうために，経営者の耳元で「こうすれば株は騰る」と囁き，影響力を行使してしまうこともあるかもしれない．1980年代の不況期のアメリカでは，投資家の短期的な視点が企業経営をゆがめているということが深刻な問題として議論されたが，この問題は解決されたわけではない．現在の高株価が問題を隠しているだけである．

市場での価格形成が，経営者に健全な影響を及ぼすようにするには，市場でどのような競争ルールをつくるか，ファンドマネジャーをいかに規律づけるかを真剣に考えなければならない．

もう一つの深刻な問題は，投資家の論理と，健全な企業経営の論理とが異なることである．先にも述べたように，機関投資家のファンドマネジャーの行動は短期的になりがちである．このことは，ファンドの運営にとってはそれほど深刻な問題は生み出さない．投資の世界では，短期の最善を繰り返すことが，長期の最善につながることが多いからである．ところが，実業の世界では，そうはならないことが圧倒的に多い．長期的な研究開発投資がその典型である．こした投資家の論理が，市場を媒介にして経営者に押しつけられるとすれば，深刻な問題が生み出される．

その典型例は，リストラのやりすぎである．人減らしは，短期的には効果

があるが，長期的には，従業員のモラル低下に伴う管理コストの増大をもたらす．同じく，研究開発投資の抑制は，確実に短期利益を増加させる．

もう一つの典型例は，ストックオプション制度のような刺激報酬制度の導入である．これは，限られた期間の中では効果が上るが，長期的には，報酬コストを増大させる．実際に，マイクロソフトでさえも，ストックオプションを経費計上すると赤字になる．

株主のもう一つの影響経路は，株主総会を通じた議決権の行使である．これが果たして健全な企業経営を促すかどうかについても疑問の余地が十分にある．

会社が通常の状態にあるときは，株主総会は形骸化する宿命にある．小口の株式しかもたない株主にとって，総会出席のコストはそこから得られる期待利益よりも大きい．大口の機関投資家でさえも，株主総会へ出席するよりは，罫線を眺めている方が合理的である．会社についての情報はアナリストを通じて継続的に入ってくる．

合理的に考えると，株主総会に参加することによって便益を得る株主は少ないのである．株主総会に参加するのは，合理的な判断基準に合わない目的をもっている人々である．実際に，一部の電力会社では，株主総会が反原発運動の場になったことがある．したがって，株主総会の活性化は，健全な企業経営を促すとはかぎらない．むしろ，害を及ぼすことすらある．株主総会そのものの存在意義を問い直すことが必要になってくる．

大口株主である機関投資家の議決権行使に関しても，考えなければならない本質的な問題がある．機関投資家は，一種の間接所有者であり，株主のエージェントでしかない．すでに述べたように，ファンドマネジャーが，その短期的なインセンティブ・システムにしたがって議決権を行使してしまうと，企業経営の健全性を損ない，長期利益を求める株主に損害を与えてしまう可能性もある．ここでも，ファンドマネジャーの規律づけが必要になってくる．

ある時点での株主を確定して，その株主に議決権を与えるという現行の制度も限界を露呈しつつある．株式の流動性が高まってくると，株主総会が開かれる時点では株主ではない投資家が議決権を行使することになる．極端な場合，すでに株を売り，株価が下がることによって利益を得るような投資を

行っている投資家さえ議決権をもってしまう．このような株主にも議決権を認めるべきかどうかが議論されなければならない．

また，機関投資家は，自己のポートフォリオ全体の利益を考えて行動するが，それが個々の企業にとってよい結果をもたらすとはかぎらない場合がある．たとえば，ソニーの株の上昇によってより大きな利益を得る機関投資家は，競争相手である松下電器の経営の妨害をするような議決権の行使を発表することによって，ポートフォリオの価値を増やすことができるかもしれない．そもそも，いずれは売るつもりで株をもっている株主に議決権を認めるべきかどうかも，問い直さなければならない．

これらの問題は，日本やドイツではあまり顕在化することはなかった．日本では，銀行や取引先など，長期的コミットメントをもつ法人間の持ち合いによって，ドイツでは，銀行に議決権を預託するという形で，上で述べてきたような問題への対応が行われてきた．日本の銀行が持ち合いを維持するほどの体力をなくしつつあるとすれば，以上の問題について真剣に考えることが必要になっている．

改革のために

株主の無責任が健全な企業経営に及ぼす影響を限定するためには，さまざまな制度改革が必要となってくる．なによりも大切なのは，株主が健全で活力のある企業経営を促進する責任を負うということを明示することである．株主の責任は有限であるということを規定するだけでは不十分である．

第一は，株主総会の制度改革である．たとえば，定期総会の廃止あるいは総会での決議事項の限定，定足数の緩和などの改革が検討されなければならない．このような改革は，取締役会により大きな権限をもたせるという結果になる．そのためには，取締役制度の改革，取締役選考組織の充実を図ることが必要となるであろう

第二は，議決権に関するルール，とりわけ機関投資家の議決権行使に関するルールを確立することである．たとえば，短期所有株主の議決権を制限する，議決権を行使しようとする機関投資家にはそのポートフォリオならびに投資方針の開示を義務づける，議決権を行使した株主には一定の期間の株式保有を義務づける，などの改革の可能性が検討されなければならない．

第三に，機関投資家の直接的な影響力行使に制限をつけることも必要となるかもしれない．アナリストやファンドマネジャーと経営者の接触を制限する，アナリストやファンドマネジャーとの会合の内容を開示させる，などの制度の検討が必要である．

　以上で述べてきた制度は，それぞれ問題をもっている．しかも，しかもそれぞれの制度は，意図せざる逆機能をもたらす可能性もある．何よりも深刻な逆機能は，経営者に対する牽制機能が低下してしまうことである．

　健全で活力のある企業経営を促すための企業統治の一つの基本は，企業に対して長期的なコミットメントをもつ株主の所有比率を高めることである．売るつもりでもっている株主ではなく，もつつもりでもっている株主の比率を高めることである．同族株主は，長期コミットメントをもつ株主であるが，企業が成長するとともに，同族株主の持ち株比率は低下していく．それに代わる，長期株主を育成することが必要である．年金基金はこのような株主としての条件を満たしているが，それが健全な影響を及ぼしうるかどうかは，ファンドマネジャーの行動に大きく依存している．取引先も，コミットメントをもつ株主となりうるかもしれない．

　長期的なコミットメントをもつ株主としてもっと注目されてよいのは，従業員である．従業員は企業内部の事情にも精通しており，健全で活力のある企業経営を維持することに対して高いコミットメントをもっている．しかし，従業員の立場から見ると，収入源と財産を一つの企業に集中してしまうのは危険である．多様な企業の従業員持株会を統合し，その議決権は当該企業の従業員代表が行使するという制度を考えてもよい．

　このような制度をつくるための社会的な支援を可能にするルールがあってもよい．従業員持株を促進する制度の導入，長期保有株主の議決権を相対的に高めるような制度の導入である．

　もちろん，こうした制度にもさまざまな問題がある．たとえば，従業員の発言力を高めることによって，今度は逆にリストラが遅れるなどの問題が出てくるかもしれない．また，従業員の間の意思の統一も難しい．しかし，株主の無責任をただす，あるいは株主の無責任が健全で活力のある企業経営に及ぼす悪影響を最小化しつつ，株主と企業の間によりよい関係を構築するという視点から見ると，考えなければならない問題は多いのである．

（演習問題）
1. 日本でも90年代になると株主の発言力を高めるべきだという意見がかなり大きくなってきました．なぜ，90年代以前にはそれほど大きくなかったのが，最近になって大きくなってきたと思いますか．世界の変化，日本の株価の動向など，幅広く考えなさい．そして，あなたはこの意見に賛成ですか，反対ですか．どのような意味と理由で，賛成あるいは反対ですか．
2. 江戸時代の商家三井家の管理組織であった三井家大元方の経営は，三井家の人々ではなく，番頭たちが担いました．そして大元方は，日本で二番目にできた株式会社である三井組（三井財閥の総本山）として明治維新の際に生まれ変わり，その資本金の三分の一を番頭・手代が出資する「従業員持ち株会社」として出発しました．資本家の牙城のように思われている日本の財閥の一つが，なぜ一種の従業員持ち株会社として出発したと思いますか．その理由は，戦後の財閥解体の後の旧財閥系企業の経営が株式持ち合いのサラリーマン経営になったことと，どこが似ていてどこが違うでしょうか．
3. 従業員の権利をきちんと認めるトップマネジメントへのチェックメカニズムとして，どのようなメカニズムがありうるでしょうか．幅広く考えなさい．現行の会社法は，そのチェックメカニズムをすべて株主とその代理人としての取締役に委託していると言われます．従業員の権利をきちんと認めるメカニズムは，株式会社制度の根幹と抵触せざるを得ないのでしょうか．

参考文献

第Ⅰ部

Aaker, D.A., *Strategic Market Management*, Wiley, 1984（野中郁次郎・北洞忠宏・嶋口充輝・石井淳蔵訳『戦略市場経営』ダイヤモンド社, 1986）.

Abell, D.F., *Defining the Business: The Starting Point of Strategic Planning*, Prentice-Hall, 1980（石井淳蔵訳『事業の定義』千倉書房, 1984）.

Andrews, K., *The Concept of Corporate Strategy*, Irwin, 1971（山田一郎訳,『経営戦略論』産業能率大学出版部, 1976）.

Ansoff, H.I., *Corporate Strategy*, McGraw・Hill, 1965（広田壽亮訳『企業戦略論』産業能率大学出版部, 1977）.

青木昌彦・伊丹敬之『企業の経済学』岩波書店, 1985.

浅沼萬里『日本の企業組織の革新的適応のメカニズム』東洋経済新報社, 1977.

Barney, J., *Gaining and Sustaining Competitive Advantage*, Prentice-Hall, 2001 2nd Ed.

Bartlett, C.A., and S. Ghoshal, *Managing across the Borders*, Harvard Business School Press, 1989（吉原英樹監訳『地球市場時代の企業戦略』日本経済新聞社, 1990）.

Berle, A.A. & G.C. Means, *Modern Corporation and Private Property*, Macmillan, 1932（北島忠男訳『近代株式会社と私有財産』文雅堂銀行研究社, 1958）.

藤本隆宏『生産システムの進化論』1997, 有斐閣.

藤本隆宏・Kim B.Clark『実証研究・製品開発力』（田村明比古訳）ダイヤモンド社, 1993.

藤本隆宏・青島矢一・武石彰編『ビジネス・アーキテクチャー——製品・組織・プロセスの戦略的設計』2001, 有斐閣.

Hofer, C.W. and D.E. Schendel, *Strategy Formulation: Analytical Concept*, West Publishing（奥村昭博・榊原清則・野中郁次郎訳『戦略策定』千倉書房, 1981）.

石井淳蔵『マーケティングの神話』日本経済新聞社, 1993.

石井淳蔵・奥村昭博・加護野忠男・野中郁次郎『経営戦略論』有斐閣, 1985.

今井賢一・伊丹敬之・小池和男『内部組織の経済学』東洋経済新報社, 1983.

伊丹敬之『新・経営戦略の論理』日本経済新聞社, 1985.

伊丹敬之『グローカルマネジメント』日本放送協会出版会, 1993.

伊丹敬之・加護野忠男・伊藤元重編『日本の企業システム第1巻　企業とは何か』有斐閣, 1993.

伊丹敬之・加護野忠男・伊藤元重編『日本の企業システム第2巻　組織と戦略』有斐閣, 1993.

伊丹敬之・加護野忠男・小林孝雄・榊原清則・伊藤元重『競争と革新―自動車産業の企業成長』東洋経済新報社，1988．
加護野忠男『競争優位のシステム―事業戦略の静かな革命』PHP研究所，1999．
小池和男『職場の労働組合と参加・労使関係の日米比較』東洋経済新報社，1977．
小池和男『日本の雇用システム―その普遍性と強み』東洋経済新報社，1994．
Mintzberg, H., et al, *Strategy Safari*, Simon & Schuster, 1998（斉藤嘉則他訳『戦略サファリ』東洋経済新報社，1999）．
西口敏宏『戦略的アウトソーシングの進化』東京大学出版会，2000．
沼上幹『液晶ディスプレイの技術革新史』白桃書房，1999．
沼上幹『行為の経営学―経営における意図せざる結果の探求』白桃書房，2000．
大前研一『ストラテジック・マインド―変革期の企業戦略論』プレジデント社，1984．
小倉昌男『小倉昌男経営学』日経BP，1999．
Penrose, E.T., *The Theory of the Growth of the Firm*, Basil Blackwell, 1959（末松玄六訳『会社成長の理論』ダイヤモンド社，1980）．
Peters, T.J. and R.H. Waterman, Jr., *In Search of Exellence*, Harper and Row, 1982（大前研一訳『エクセレント・カンパニー』講談社，1983）．
Porter, M., *Competitive Strategy*, Free Press, 1980（土岐坤ほか訳『競争の戦略』ダイヤモンド社，1982，1995）．
Porter, M., *Competitive Advantage*, Free Press, 1983（土岐坤ほか訳『競争優位の戦略』ダイヤモンド社，1985）．
Prahad, C. and G. Hamel, *Competing for the Future*, Harvard Business School Press, 1994（一條和生訳『コア・コンピタンス経営』日本経済新聞社，1995）．
榊原清則『企業ドメインの戦略論―構想の大きな会社とは』中公新書，1992．
Saloner, G., et al, *Strategic Management*, John Wiley, 2000（石倉洋子訳『戦略経営論』東洋経済新報社，2002）．
佐藤郁哉『現代演劇のフィールドワーク』東京大学出版会，1999．
関満博『空洞化を超えて』日本経済新聞社，1997．
島田晴雄『ヒューマンウェアの経済学』岩波書店，1988．
新宅純二郎『日本企業の競争戦略―成熟産業の技術転換と企業行動』有斐閣，1994．
土屋守章『企業と戦略』リクルート，1984．
占部都美『企業形態論』白桃書房，1968．
山倉健嗣『組織間関係』有斐閣，1993．
吉原英樹・佐久間昭光・伊丹敬之・加護野忠男『日本企業の多角化戦略』日本経済新聞社，1981．
吉原英樹『日本企業の国際経営』同文舘，1992．

第Ⅱ部

Allison, G.A., *Essence Of Decision: Explaining the Cuban Missile Crisis*, Little Brown,

1971（宮里政玄訳『決定の本質』中央公論社，1977）．
Barnard, C.I., *The Functions of the Executive*, Harvard University Press, 1935（山本安次郎・田杉競・飯野春樹訳『経営者の役割』ダイヤモンド社，1968）．
Burns, T. and G.M. Stalker, *The Management of Innovation*, Tavistock, 1951.
Chandler, A.D., Jr., *Strategy and Structure*, MIT Press, 1962（三菱経済研究所訳『経営戦略と組織』実業之日本社，1967）．
Deal, T.E. and A.A. Kennedy, *Corporate Culture*, Addison-Wesley, 1982（城山三郎訳『シンボリック・マネージャー』新潮社，1983）．
Galbraith, J.R., *Designing Complex Organization*, Addison-Wesley, 1973（梅津祐良訳『横断組織の設計』ダイヤモンド社，1980）．
Hertzberg, F., *Work and the Nature of Man*, World, 1966（北野利信訳『仕事と人間性』東洋経済新報社，1971）．
伊丹敬之『マネジメント・コントロールの理論』岩波書店，1986．
伊丹敬之・加護野忠男・伊藤元重編『日本の企業システム第2巻 組織と戦略』有斐閣，1993．
伊丹敬之・加護野忠男・伊藤元重編『日本の企業システム第3巻 人的資源』有斐閣，1993．
Janis, I.L., *Groupthink, 2nd Ed.*, Houghton Miffin, 1982.
加護野忠男『経営組織の環境適応』白桃書房，1980．
加護野忠男・角田隆太郎・山田幸三・関西生産性本部『リストラクチャリングと組織文化』白桃書房，1993．
金井壽宏『変革型ミドルの探求』白桃書房，1991．
Kanter, R.M., *The Change Masters: Innovation for Productivity in the American Corporation*, Simon and Shuster, 1983（長谷川慶太郎監訳『ザ・チェンジ・マスターズ』二見書房，1984）．
Kotter, J.P, *Power in Management*, AMACOM, 1979（谷光太郎・加護野忠男訳『パワー・イン・マネジメント』白桃書房，1981）
Kotter, J.P., *The General Managers*, Free Press, 1982（金井壽宏訳『ザ・ゼネラル・マネジャー』ダイヤモンド社，1984）．
Kuhn, T., *The Structure of Scientific Revolutions*, Univercity of Chicago Press, 1962（中山茂訳『科学革命の構造』みすず書房，1971）．
Lawrence, P.R. and J.J. Lorsch, *Organization and Environment*, Harvard Business School, 1967（吉田博訳『組織の条件適応理論』産能大学出版部，1977）．
Likert, R., *The New Pattern of Management*, McGraw-Hill, 1961（三隅二不二訳『経営の行動科学』ダイヤモンド社，1964）．
Lorsch, J.W. and J.J. Morse, *Organizations and Their Members: A Contingency Approach*, Harper & Row, 1974（馬場昌雄・服部正中・上村祐一訳『組織・環境・個人・コンティンジェンシー・アプローチ』東京教学社，1977）．

McGregor, A., *The Human Side of Enterprise*, McGraw-Hill, 1960 (高橋達男訳『企業の人間的側面』産業能率大学出版部, 1968).

March, J.G. and H. A. Simon, *Organizations*, Wiley, 1958 (土屋守章訳『オーガニゼーションズ』ダイヤモンド社, 1977).

Maslow, A., *Maslow on Management*, John Wiley, 1998 (金井壽宏監訳・大川修二訳『完全なる経営』日本経済新聞社, 2001).

Maslow, A., *Motivation and Personality, 3rd ed.*, Addison-Wesley, 1987 (小口忠彦訳『人間性の心理学』産業能率大学出版部, 1987).

Mayo, E., *The Human Problems of Industrial Civilization*, Macmillan, 1933 (村本栄一訳『産業文明における人間問題』日本能率協会, 1971).

Merton, R.K., *Social Theory and Social Structure*, Free Press, 1957. (森東吾・森好夫・金沢実・中島竜太郎訳『社会理論と社会構造』みすず書房, 1961).

Miles, R.E. and C.C. Snow, *Organizational Strategy, Structure, and Process*, McGraw-Hill, 1978 (土屋守章・内野崇・中野工訳『戦略型経営』ダイヤモンド社, 1983).

野中郁次郎『組織と市場』千倉書房, 1974.

野中郁次郎・加護野忠男・小松陽一・奥村昭博『組織現象の理論と測定』千倉書房, 1978.

坂下昭宣『組織行動論』白桃書房, 1985.

Selznick, P., *Leadership in Administration*. Harper & Row (北野利信訳『組織とリーダーシップ』ダイヤモンド社, 1963).

Shaver, K.G., *An Introduction to Attribution Process*, Winthrop, 1975 (稲松信雄・生熊譲二訳『帰属理論入門』誠信書房, 1981).

榊原清則・大滝精一・沼上幹『事業創造のダイナミクス』白桃書房, 1990.

Simon, H.A., *Administrative Behavior, 2nd Edition*, Macmillan, 1957 (松田武彦・高柳暁・二村敏子訳『経営行動』ダイヤモンド社, 1965).

高橋伸夫『日本企業の意思決定原理』東京大学出版会, 1997.

戸部良一・鎌田伸一・寺本義也・杉野尾孝生・村井友秀・野中郁次郎『失敗の本質』ダイヤモンド社, 1982.

Vroom, V.H. and P.W. Yetton, *Leadership and Decision Making*, University of Pittburgh Press, 1973.

ウェーバー, M.『権力と支配』(浜島朗訳) 有斐閣, 1967.

Woodward, J., *Industrial Organization*, 1965 (矢島鈞次・中村寿雄訳『新しい企業組織』日本能率協会, 1970).

第Ⅲ部

Argyris, C. and D.A. Shon, *Organizational Learning: A Theory of Action Perspective*, Addition・Wesley, 1978.

Christensen, C, *The Innovator's Dilemma*, Harvard Business School Press, 1997 (玉

田俊平太・伊豆原弓訳『イノベーションのジレンマ』翔泳社, 2001).

Goshal, S. and C. Bartlett, *Individualized Corporation: Fundamentally New Approach to Management*, HarperBusiness, 1999（グロービスマネジメントインシティチュート訳『個を活かす企業』ダイヤモンド社, 1999).

今井賢一編著『イノベーションと組織』東洋経済新報社, 1986.

伊丹敬之『場のマネジメント』NTT出版, 1999.

加護野忠男『企業のパラダイム変革』講談社現代新書, 1988.

加護野忠男『組織認識論』千倉書房, 1988.

Kotter, J.P., *Organizational Dynamics.*, Addison-Wesley, 1980（加護野忠男・谷光太郎訳『組織革新の理論』白桃書房, 1985).

野中郁次郎『企業進化論』日本経済新聞社, 1985.

野中郁次郎・竹内弘高『知識創造企業』（梅本勝博訳）東洋経済新報社, 1996.

シュンペーター, J.A.『経済発展の理論』（塩野谷祐一・中山伊知郎・東畑精一訳）岩波書店, 1977.

竹内弘高・榊原清則・奥村昭博・加護野忠男・野中郁次郎『企業の自己革新』中央公論社, 1986.

Weick, K., *Social Psychology of Organizing, 2nd Edition*, Addison・Wesley, 1979（遠田雄志訳『組織化の社会心理学』文眞堂, 1997).

吉原英樹『戦略的企業革新』東洋経済新報社, 1986.

第Ⅳ部

Albert, M., *Capitalisme contre Capitalisme, Edition de Sueil*, 1991 （小池はるひ訳『資本主義対資本主義』竹内書店新社, 1992).

Dore, R., *Stock Market Capitalism: Welfare Capitalism-Japan and Germany vesus the Anglo-Saxons*, Oxford University Press, 2000 （藤井真人訳『日本型資本主義と市場主義の衝突―日独対アングロサクソン』東洋経済新報社, 2001).

Hirschman, A., *Exit, Voice and Loyalty*, Harvard University Press, 1972（三浦隆之訳『組織社会の論理構造』ミネルヴァ書房, 1975).

稲上毅・連合総合生活開発研究所編『現代日本のコーポレートガバナンス』東洋経済新報社, 2000.

伊丹敬之『人本主義企業』筑摩書房, 1987.

伊丹敬之『日本型コーポレートガバナンス―従業員主権企業の論理と改革』日本経済新聞社, 2000.

深尾光洋・森田泰子『企業ガバナンス構造の国際比較』日本経済新聞社, 1997.

Roe, M., *Strong Managers, Weak Owners: The Political Roots of American Corporate Finance*, Princeton University Press, 1994（北條裕雄・松尾順介監訳『アメリカの企業統治：なぜ経営者は強くなったか』東洋経済新報社, 1996)

事項索引

欧文

A型フォード 456
B型フォード 456
CI（コーポレイト・アイデンティティ） 459
IT革命 537
MBO（マネジメント・バイ・アウト） 131
M＆A 131, 135, 139, 492
　──の狙い 135
　──のリスク 136
Off-JT 408
OJT（オン・ザ・ジョブ・トレーニング） 405, 407, 435
　──の意義 405
PDSCサイクル 324
PPM（プロダクト・ポートフォリオ・マネジメント） 117, 120, 122, 129
ROI（投下資本利益率） 284
SECIモデル 439
SBU（戦略的事業単位） 289
T型フォード 456
TQC 459
V8エンジン 456
X理論 246
Y理論 246

ア 行

アーリー・ウォーニング（早期警戒警報） 577
愛情欲求 299
アイデンティティの危機 111
明らかな違い 56
アジェンダ（主題） 507
当たり前の手順 353
アメリカ型近代組織論 526
アメリカのガバナンスメカニズム 567
誤った集中 107

あるべき姿 23, 24
安全欲求 299
暗黙知 439
暗黙のルール 353
アンラーニング（学習棄却） 437
生きがいの場 348
意義のある仕事 301
意思決定 241, 242, 246
異質集団内でのベクトル合わせ 462
異種混合による組織の活性化 402
異常を感知する 332
一時的な不健康 561
イノベーション 501
　──における偶然と必然 501
移動組立ライン 456
容れもの 506
インセンティブ（誘因） 9, 98, 140, 298
　──効果 306, 402
　──効率性の論理 557
　──とリスクの論理 220
　──のうまい組み合わせ 313
　──の経済 313
　──の分散 315
インセンティブシステム 248, 297, 305
　──設計 250, 310, 317
　──選択の基本的トレードオフ 320
インターネットビジネス 73
ウォール街 569
内向きの仕事 8
内向きの成功要件 27
内向きのマネジメント 13, 14
影響としてのコントロール 329, 330, 331, 342
エクイティキャピタル 184
エクイティファイナンス 202
エネルギーの伝染 444
エネルギーのベクトル合わせ 445
エリート育成の重要性 420
エリート選抜 420, 421

――のジレンマ　418
「大きな地図」を描く人　543
オーバーエクステンション　105, 279, 432, 478, 489, 491, 498, 500
　――の効用　490
　――のマネジメント　491
オフショア生産　175
思い込み　368

カ行

カーニバリゼーション　62
階級対立構造の法的固定化　572
会社機関の設立　187
解釈コード　508
階層関係のマイナス　140
外発的　299
価格差別化　51, 52, 57
拡散型パターン　114
学習　240, 242, 245, 253
　――とエネルギーの間の相互作用　447
　――と心理的エネルギーのダイナミズム　433, 435, 452, 485, 497
　――と心理的エネルギーのフィードバック関係　449
　――の仕方の学習　448
　――の退化　441
　――のダイナミズム　435
　――のためのエネルギーの供給　483
　――の方法や仕方　455
　――への影響　83
学習可能性　218
学習面での失敗の意味　480
核づくりのジレンマ　417
過剰な介入　343
寡占へのM&A　137
価値観　440
　――とパラダイムの共有　354
　――とパラダイムの具体的表現　354
　――の共有　355
　――の「相互確認」　355
価値の違いの認識　43

価値の注入　544
各国資源のグローバル活用　167, 170
活動基地の国際化　157
活動の設計図　24
過度の専門化の抑制　401
カネの技術的変換　2
カネの結合体　5, 6
カネのチェックメカニズム　565
金のなる木　120, 121
株式会社　184, 186, 187
　――での二重の無責任　574
　――制度の問題点　190
株式会社制度　186
　――のメリットと問題点　188
株式発行　193
　――による資金調達　202
株主権限行使　569
株主構成の選択　204
株主至上主義　206
株主資本　197, 198
株主主権　562, 566
　――メイン　557
株主出資金　197
株主制限的法規制　569
株主総会　187
　――の制度改革　579
株主とコア従業員　561
株主のエージェント　578
株主の情報不足　190
株主の無責任をただす制度　575
株主反革命　191
可変的な資源　32
神の見えざる手　266, 534
「刈り取り型」のダイナミックス　415
為替変動　163
　――への対応　178
考えるための計画づくり　327
環境のマネジメント　8, 9, 10, 11, 13, 21, 102, 125, 182, 209, 247
諫言　563
監査役会　570
慣習　440

事項索引　589

感情　244
　　──のロック　430
慣性がもたらす環境との矛盾　429
慣性のロック（錠）　429
間接金融　193
　　──重視　200
　　──のための構造的関係のマネジメント　194
間接参加のメカニズム論　561
完全株主主権でない企業法制度　571
完全な中央集権国家の計画経済　535
カントリーリスク　163
カンバン方式　75, 76, 78
管理者の統制範囲　272
　　──の問題　277
管理職インフレ　418, 419
　　──の弊害　418, 419
管理の仕組み，評価のあり方　430
管理の幅　267
機会コスト　202
機械的組織　278
機関志向的なガバナンス　564
企業活動の基本設計図　20
企業合併　130, 131, 142, 143
企業構造の再編成　93, 125, 132
企業主権　570
企業成長のパラドックス　295, 478
企業戦略　26
企業という生き物　533
　　──の社会的な役割　542
企業統治　551
　　──への参加者　555
企業特異性　33
企業ドメイン　109
　　──の決定　109
企業のアイデンティティ　109
企業の境界線の書き換え　126
企業の構成員　553
企業の国際化　147
企業の最適資本構成　202
企業の市民権者によるチェック　552
企業の主権者　552, 553

企業の心理的エネルギーのダイナミズム　447
企業の「神話」　362
企業のステークホルダー　554
企業の統治者　554
企業のドメイン（領域）　101, 109
企業の内部者　553, 555
企業買収　130, 131
企業は誰のものか　207
企業文化　349
企業別労働組合　216, 227, 230
議決権に関するルール　579
技術開発のポテンシャル　174
技術関連の相乗効果　103
技術関連の多角化　103
技術資源　169
技術的変換　1, 2, 5, 6
技術的変換体としての企業　1
技術の空洞化　156, 172, 173
技術の進化　57
技術の波及効果　104
技術の発展可能性　102
技術ポテンシャル　4
既存能力のポテンシャルの発見　481
気づき　465
規模感覚のまひ　468
規模の経済　133
「逆」輸入　175
客観性の衣　319
キャッシュフロー　118, 119
　　──のバランス効果　121
業界構造への戦略的対応　128
業界構造を決める五つの力　49
境界線　129
　　──の書き換え　129, 130, 131, 132
　　──書き換えのマネジメント　141, 142
業績測定とフィードバックの仕組み　250
業績評価　329
　　──指標　414
　　──との連結　336

競争相手の確定　45, 48
競争戦略　25, 26, 27, 42, 43, 68, 70
　　——のパラドックス　69
競争ドメイン　84, 86, 91, 109
競争の焦点のサイクル　58
競争の焦点の変化　57
競争優位　53
競争領域　85
共通理解　505, 506, 507, 509, 512
共同化　439
協同組合制度　190
共同体感覚　572
協働的努力　13
業務行動　240, 242, 245, 253
業務知識の伝達　408
業務のシステム的つながり　430
業務副次ルート　37, 84
共有のメカニズム　361
共有プロセスの促進　357
巨大企業同士のM&A　137
規律のメカニズム　78, 79
　　——の工夫　79
緊急資金　192, 193
金銭的インセンティブ　313, 314
金融機関の企業株式と保有　568
偶然の効用　478
偶然のマネジメント　498
具体的行動の共有　363
国の発展性　161
国のポートフォリオの全体のパターン
　　163
国のポートフォリオの選択　160
組み合わせの妙　93, 100
クレジットライン　194
グローカル戦略　164, 166
クローズドショップ制　212
グローバリゼーション　148
グローバル資本主義　537, 570
グローバル戦略　164, 166, 171
経営規範　347, 352
経営権の境界線　132
経営資源　30
　　——型設計図　29
　　——スクール　28
　　——の移転　167
　　——の蓄積　110
　　——の蓄積による波及効果　104
　　——の分類　32
経営システムによる働きかけ　248
経営者革命　192
経営者の「見える手」　266
経営者の無責任をただす制度　575
経営者の役割　297, 542
経営者の四つの顔　543
経営者へのチェック　550
経営体制　143
経営独立性コスト　202
経営独立性の維持　206
経営と国境　154
経営とは任せること　254
経営の重層構造　15
経営の政治化　176
経営の独立性　200
経営の働きかけ　246, 251, 253, 511
経営理念　345, 346, 347, 348, 349, 352,
　　355, 358, 364, 365
　　——から組織文化への転化　349
　　——の意義　347
計画コントロールシステム　332, 333,
　　334
計画された偶然性　500
計画システムの設計　335
　　——のパラメター　336
計画とコントロール
　　——の逆機能　342
　　——のサイクル　324
　　——のシステム　248, 250, 251, 323
　　——の組織的意義　334
　　——のプロセス　323, 325, 327
計画の具体性　336
計画の修正のサイクル　336
計画の主体　336
計画のフォーマット　336
計画への固執　343

経験学習　435
経験曲線　39
経済合理性　142, 557
経済体としての企業　1
形式知　439
系列　74, 77
　　──化　76
ゲルマン共同体　560, 572
権限委譲のインパクト　265
権限関係　264
顕在エネルギー　444
顕在化　443
減算的インセンティブ　316
現実的機能性　558
研修の意義　408
建設的なコンフリクトの吹き出させ方　276
健全な「ひらきなおり」　463
現地生産　175
限度を超えた分散　105
現場学習による実験の継続　82
現場での創造的問題解決　462
現場の自己組織性　258
権力の分配機構　541
コアコンピタンス　41
コア従業員　554, 555, 556
コア人材　213
公開会社の問題点　576
合資会社　185, 186, 187
公式の権限　280
公職追放（パージ）　407
構造と人材のマッチングの問題　278
肯定技術　59, 60, 61
　　──と否定技術の組み合わせ　61
　　──の改良　60
工程組織　291
行動規範　353
　　──共有　355
　　──共有の意義　356
行動のプログラム化　270
合弁方式の事業統合　142
合名会社　185

効率・育成・インフォーマルグループのジレンマ　416
ゴーイングコンサーン　189
コーポレートガバナンス　17, 198, 206, 231, 533, 550, 552, 553, 554, 562
　　──のアメリカ化　571
　　──の国際比較　567
　　──の主権論　552, 556, 557, 574
　　──の定義　551
　　──の法制度の工夫　569
　　──のメカニズム論　552, 560, 561, 562, 574
　　──への参加資格　555
顧客との接点での差別化の競争　70
顧客との接点にいたるまでのシステムの競争　70
顧客の確定　48
顧客の退出　564
国際移動のジレンマ　158
国際化戦略　42, 147
国際化の動機　148
国際化の発展段階　151
国際競争力　133
国際的環境マネジメント　147, 148
　　──の問題領域　159
国富論　190
志の高さ　403
個人間のベクトル合わせ　443
個人業績中心のインセンティブ　309
個人的な知識の組織的な共有知識への転換　441
個人的な知識のプール　438
個人の顕在エネルギー　442
個人の自律性　256, 258
個人の潜在エネルギー　442
コスト優位　63
　　──投資型　154
　　──投資型の国際化　153
個性の主張という差別化　53
国境マネジメント　42
固定給　221
固定的賃金　221

固定的な資源　32
個別事業選択の論理　101
コミットメント　381, 383
　──の不足　190
コミュニケーション・システム　334
コミュニケーション・ネットワーク　259
コモンテクノロジー　81
雇用慣行の選択　209, 210
雇用構成　209
　──の選択　211, 214, 219, 228
雇用構造のマネジメント　208
雇用調整　227
雇用と技術の空洞化　172
雇用の期間　211
雇用の空洞化　172
雇用の二重構造　231
雇用の保証　211, 220
コングロマリット　109
コンティンジェンシー理論　278, 388
コントロールシステム設計のパラメター　339
コントロールスパンの問題　277
コントロールのプロセス　330
コンフリクト　271, 272, 276, 294
　──の調整　288
　──の吹き出し口　288
　──の吹き出し口と調整役　280
　──の吹き出しと解消　276
コンプリメント効果　98

サ 行

サービス　217
　──差別化　51, 52, 57
最適な雇用構造　223
最適な統制範囲　277
「再投入」投資　106
財務的リスク　198
差別化　43
　──戦略　42, 56, 68
　──の可能性の拡大　106
　──のポイント　85

　──のポイントの決定　72
参加の名誉　307
産業構造の再編成　132
参入障壁を高めようとする戦略　63
しがみつき　368
時間差をもった相乗効果　99
時間の分配機構　541
事業移管　127, 129, 131, 143
事業活動の基本設計図　84
事業からの撤退　129
事業間の関連性のパターン　101, 113
事業間の資源配分　108
事業構造　91
　──再編のジレンマ　143
　──戦略　26, 27, 92, 107, 146
事業合理性　142
事業全体を眺める　279
事業戦略　25
事業地図の塗り替え　132
事業統合　127, 129, 131
事業の組み合わせ　100
事業の経済合理性　143
事業の構造の選択　92
事業のコスト効率　133
事業の創造のテコ　486
事業の定義　47
事業のポートフォリオ　93
事業部制　284, 285, 288, 493, 547
　──組織　283
事業部制の悩み　286
事業分野の発展性　102
事業ポートフォリオ　100, 105, 108, 113
　──の再編成　126, 128
　──のマネジメント　108, 116
事業連鎖の分業　133
資金　31
資金調達　183
　──の源泉　193
　──の選択　192
資金提供者の間の構成　197
資源合体　131, 132, 133
　──から発生しうるメリット　133

資源・サービスの束　217, 218
資源の共同利用の関係　132
資源の補完関係　132
資源配分体としての企業　533, 540
資源配分のメカニズム　115, 534
　　──のコスト　536
資源配分の論理　124
資源分散のマイナス　111
思考のロック　454
思考様式　244
　　──の均質化　366
事後合理性　481, 482
自己実現的インセンティブ　304
自己実現欲求　299, 301
自己資本　184, 185, 198
　　──比率　198
自己充足的組織単位　274, 283
自己組織化現象　259
事後的な評価基準の決定方式　339
仕事の制御　331
仕事の場の大きさ　403
仕事の分業関係　262
自己保存の本能　367
思索の場の深さと広さ　404
資質や能力の問題　272
市場関連の相乗効果　103
市場関連の多角化　103
市場細分化の次元　45
市場志向的なガバナンス　564
市場主義賃金　319
市場対応行動計画　29
市場でのポジショニング　27
市場というメカニズム　534
市場と組織のミックス　540
市場取引との比較　140
市場の境界　48
市場のすき間　64
市場の成長性　102
市場の選択　160
市場の範囲　47
市場のライフサイクル　95, 97
市場への流れ　537

市場ポジショニング　29
市場立地型投資　153
システム設計　249
システムロック　429, 430
事前合理性　481, 482
　　──と事後合理性の区別　481
　　──と事後合理性の問題　474
事前の基準値の決定方式　339
失敗の効用　478, 479, 498
失敗のマネジメント　474, 483
シナジー効果　98
自分なりに納得をする　546
資本金の資本コスト　201
資本構成の選択　196
資本構造のマネジメント　183, 194
資本コスト　200, 201, 203
資本市場との間の構造的関係　183
資本市場と労働市場との関係　182
資本主義の勝利　537
資本と経営者の調達　189
社会主義の崩壊　537
社会全体の資源配分の本質　540
社会的学習　437
社会的親和性　558, 559
社会的認知の尺度　301
社外取締役　187
社会の通念としての株主主権　569
社是の明文化　362
社内ベンチャー　290, 291
社風　349
従業員主権　566, 573
　　──メイン　557
従業員メイン，株主サブ　572
従業員持株制度　205
集権的な組織　265
集権と分権　292
自由裁量時間　224
終身雇用　227
集団中心のインセンティブ　309
集団の問題　313
集団への貢献　312
集中による分散　467

集中の論理　105
自由と規律のパラドックス　384
重複投資のムダ　133
　　——の排除　134
集約型のパターン　114
主権の社会的受容　556
出資と借り入れ　184
受動的成長　484
ジョイントベンチャー　190
消去困難性　437, 454
象徴的アクション　363
象徴の共有　363
譲渡制度　187
上部労働団体　230
情報　244
情報蓄積体としての企業　3
情報的経営資源　32, 35, 94, 122, 156, 434
　　——の蓄積　448, 480
　　——の移転　157
　　——の移転戦略　168
情報的相互作用　257, 505, 506, 509, 510, 511, 512, 515
　　——の容れもの　506
　　——の束　526
情報伝達の場　348
情報統合　273, 291
情報のキャリヤー（媒体）　508
情報の統合と意思決定のポイント　274
情報，モノ，カネの流れの仕組みの設計　77
職能別組織　283, 284
　　——と事業部制組織の問題　267
職場社会の社会的な調和づくりへの貢献　312
職場の行動規範　400
職場の物理的デザイン　517
職務記述書　215
職務の内容の変更　211
職務の変更　220
所属の感覚　226
所有と支配の分離　191, 192
シリコンバレー　538, 539

自律と規律　295
　　——の間のトレードオフ　294
自律と他律の併存　256
シングルループ学習　448, 449
真剣な手間ヒマ　414
人材育成　252, 403
人事給与システム　310
新事業の開発による事業構造の転換　467
人事考課　305
人事のジレンマ　416, 419
人事のダイナミックス　414, 416
人事配置　252
人的インセンティブ　303, 306
信用割り当て　195
心理的エネルギー　241, 244, 245, 246, 248, 256, 258, 290, 291, 297, 300, 348, 349, 434, 438, 442, 448, 462, 474, 487, 506, 512
　　——の供給　98, 482
心理的共振　505, 506, 507, 509
心理的効果　104
すき間戦略　67
スキル　214, 215
　　——の価値　216
　　——の転換　216
スキルベースの考え方　214, 215, 216, 224
スキルベースの合理性　217
スコアカード　306
ステークホルダー　553, 555, 573
ストックオプション制度　578
ストック型社員　211, 212
ストックの蓄積への貢献　312
ストックの問題　313
スピードの経済　89
スピンオフ　131
成果依存型賃金のインセンティブ効果　222
成果型賃金　223
成果主義的人事　316
　　——のむつかしさ　316

成果中心賃金　221
制御としてのコントロール　328, 330, 331
政治のリスク　163
成熟の認識　470, 471
成長資金　192, 193
成長の経済　93, 96, 98
成長のプロセス自体がもつメリット　96
成長へのM&A　137
静的シナジー　99
静的な相乗効果　99
正当性　380
　　──確保の努力　382
制度的有効性　558
製品差別化　51, 52, 57
製品・市場の広がり　85
製品の定義　47, 48
生理的欲求　299
世界観　350, 453, 546
世界のイメージ　350
「世界の」マーケット　539
絶対権力は絶対に腐敗する　561
ゼロサムの原則　413
ゼロサムのジレンマ　418
全社運動　459
全出資者の有限責任　186
善循環　446
全体での統合努力　514
全体の共通理解　514
全体理解　514
選択と集中　26, 42, 100
選択の基本設計図　92
選択の基本的トレードオフ　292
選抜の鍵としての納得性　412
選抜の主体　410
選抜のスピード　410
選抜の程度　410
選抜の三つのパラメター　410
戦略　20, 143
戦略家　543
戦略組織単位（SBU）　289
戦略的意思決定　289

戦略的学習　470, 472
「戦略的な学習」の時期　474
戦略的提携　127, 139, 141
戦略的プロテクション　87
戦略と効率　295
　　──の間のトレードオフ　293
戦略による働きかけ　247
戦略の再構築　470
戦略のダイナミックス　21
戦略の伝達　248
戦略の論理　42
総合判断者としての経営者　544
総合判断のアート　544
相乗効果　98, 99, 103
相補効果　98, 99
測定法　339
属人的影響力　377, 382
組織維持の誘因理論　311
組織が与えるインセンティブ　301
組織学習のダイナミズム　455
組織学習のプロセス　440
組織観　546
組織業績への貢献　311
組織構造　248, 249, 261, 262, 280
　　──と人材とのマッチング　277
　　──の人材育成効果　279
組織合理性　142
組織集団　3
組織的知識創造の理論　439
組織的統合との比較　140
組織的な知識獲得のプロセス　441
組織的なプロセス　438
組織という場　444
組織というメカニズム　534
組織と価値観　352
組織としてのエネルギー　442
組織と矛盾のマネジメント　546
組織内価値観　279
組織内パワー関係　280
組織に対する「所属」　225
組織のインセンティブシステム　301
組織能力　28

組織のエネルギー　446
組織の学習のダイナミズム　438
組織の価値観　350, 351, 359
　　――の生成　357
組織の慣性　145, 488, 495
組織の凝集性　488, 495
組織の協働　281
組織の行動規範　440
組織の焦点　106
組織の成功体験　358
組織の中の情報の流れの仕組み　333
組織のパラダイム　350, 352
組織の人々の行動に与える直接的な影響　398
組織のフラット化　265
組織のマネジメント　9, 11, 12, 13, 14, 238, 239, 247, 251, 376, 396, 504
　　――に表れる矛盾　425
　　――の人的側面　371
　　――の全体像　252
組織の有効エネルギー　442, 443
組織のゆれ動き　295
組織のルール化　270
組織は学習し，市場は実験する　537
組織は蓄積し，市場は利用する　536, 537
組織風土　349
組織文化　32, 143, 345, 349, 351, 352, 354, 357, 361, 364, 365, 367, 368, 440
　　――生成のメカニズム　361
　　――的軋轢　143
　　――としてのパラダイム　360
　　――の意義　355
　　――の革新　366
　　――の逆機能　366, 367
　　――の共有プロセス　361
　　――の生成　357
　　――のパラドックス　369
　　――のマネジメント　370
組織へのオーナー意識　282
組織メカニズム　534
組織目的　347

組織を見る目　547
外向きの成功要件　27
外向きのマネジメント　13, 14
ソフトの技術　169
尊厳欲求　299

　　　　タ　行

ターゲット設定　43, 44
体験の場づくり　405
体験の深さの確保　406
第三者割当増資　204
退出　563, 564, 565
退出志向，市場型のガバナンス　567
退出と発言　563
ダイナミックシナジー　99, 124
ダイナミックな製品差別化戦略　60
ダイナミックな矛盾の解消　433, 494
ダウンサイジング　539
多角化　93
　　――による成長の維持　98
　　――の広がりの程度　109
　　――の論理　93
多元主義的モデル　573
脱成熟化　467
　　――の障害　468
　　――のためのアクション　468
　　――の四つの段階　469
タテの影響　254, 256
建前は株主主権，本音は従業員主権　572
「種まき型」のダイナミックス　415
多品種少量生産　75
ダブルループ学習　448, 449
短期雇用　214
短期成果依存型賃金　222
短期流動的雇用　221
単純でないバランス　295
「小さな気配り」の集まり　543
地位というインセンティブ　314
チェック有効性　558
知識・情報　4
知識の客観化　441

知識プール　440
チャンスの公平性　413
中核（コア）資源　490
中枢の保守性　485
長期安定的雇用　221, 225
長期一企業保証　229
長期継続的取引関係　77
長期雇用　223, 227
　　──のメリット　229
　　──保証　231
長期的コミットメント　579
長期的評価　411
調整型リーダー　391
調整の費用　536
調和とコンフリクト　293, 295
直接金融　193, 194
直接制御　255
直接ルート　37
積み上げ方式　116
テイクオーバー　191
テイクオーバー・ビッド（TOB）　136
提携　132
ディスクロージャー制度　187
敵対的M&A　135
てこ（レバレッジ）効果　201
哲学　545
撤退　126
　　──障壁　126
伝承のメカニズム　361
テンダー・オファー　136
伝達と協議の関係　268
伝達と協議の体系　334
伝道師　544
ドイツの共同決定法　555
ドイツのコーポレートガバナンス　570
動機づけ＝衛生理論　303
同時共通利用　95
同時多重利用　33, 34, 35
統制範囲　267
動的な相乗効果　99
独占へのM&A　137
独立的運営　290

突出　464
　　──集団　461
トップとミドルの運動論　465
トップによるゆさぶり　458
トップの戦略志向性　466
トップマネジメント　17
富の分配機構　540
ドメイン　124
　　──設定の意義　110
　　──の切り口　111
　　──の定義　112
　　──の表現　111, 112
トラブルシューター（もめ事解決人）　543
取締役　187
　　──会　187
取引コスト　536
努力と成果を評価する　332

ナ　行

内在的転化のプロセス　447
内発的　299
内部競争のパターン　281
内部金融　193, 194
内部資本　197
内部者としてのコーポレートガバナンス　554
内部留保　194, 197, 198, 200, 203
　　──資金　193
　　──の資本コスト　202
内面化　439
流れのマネジメント　501
納得性の確保の鍵　413
納得性のポイント　319
ニーズの核　51, 53, 56
　　──での差別化　53
ニーズの進化　57, 60
ニーズの束　50, 53
逃げない資本　185, 193, 550, 553, 554
逃げる労働　550, 554
逃げる資本　553
二重の無責任　575

日常的経験の総体　359
ニッチ戦略　64
日本型共同体　560
日本のコーポレートガバナンス　572
日本的経営の三種の神器　227
日本的雇用構造の欠点　234
人間性の心理学　298
人間的な副次効果　280
認識と思考のルール　350, 351
認識と思考のパターン　350, 358
「ネオ・アングロサクソン」型の資本主義　568
ネガティブエネルギー　445, 446, 460
　　——の瞬発性　449
ネットワーク財産の蓄積　402
年功序列　227, 229
年功賃金　231
能動的成長　484
望ましいパフォーマンス　555
のれん分け創業　131

ハ　行

場　503, 504, 507
パーソナリティ　392
ハードの技術　169
買収プレミアム　136
ハイブリッド市場　576
ハウスバンク　194, 564
波及効果　103
働く人々の間の仕事の分配　541
発言　563, 564, 565
　　——する機会を「巧みに制度化する」　565
発展が生み出す矛盾　426
発展のマネジメント　424, 478
花形商品　120
話し合いと上からの指示　535
場のアジェンダ　516
場の位置づけ　509, 511
場のインフラ整備　519
場のエネルギー　444, 445
　　——の供給メカニズム　444
場の舵取り　520
場の機能　509
場の共有　517
場の生成のマネジメント　515
場の設定　516
場の創発　516
　　——のマネジメント　518
　　——へのきっかけづくり　519
場の定義　507
　　——と機能　504
場のパラダイム　524, 525, 526, 529
場のプロセスのマネジメント　520
場のマネジメント　503, 515, 529
ハブ・アンド・スポーク　72
パラダイム　350, 351, 368, 437, 441
　　——共有　335, 454
　　——の意義　355
　　——転換　442, 449, 453, 455
　　——転換のマネジメント　455, 457, 466
　　——転換を伴うような学習　438
　　——内部の学習　438, 448, 454
　　——の確立　465
　　——の功罪　454
　　——の生成メカニズム　358
　　——のロック　454
　　——を変える学習　454
パラドキシカルな総合判断　386
パラドックスのマネジメント　478
　　——の本質　497
バリューチェーン　71
パワー関係　272
パワー・ギャップ　381
パワーの源泉　379
範囲の経済　93, 98, 102, 111, 133, 134
反撃への対抗策　61, 62
半自律　515
ヒエラルキーパラダイム　525, 526, 529
非競争への志向　68, 69
非減算的インセンティブ　316
非公式なパワー関係　280
ビジネスシステム　67, 71, 72, 73, 74, 76,

　　　　77, 78, 80, 81, 82, 84, 87, 88, 90, 91, 134
　　　――の構造再編　130
　　　――の戦略　42
　　　――の評価基準　80
　　　――の広がり　85
　　　――の模倣可能性　82
ビジネス・スクリーン　123
ビジネスモデル特許　81
必要性と能力のすれ違い　144
否定技術　59, 60, 61
　　　――の進歩　60
一つの志，二つの場　421
ヒトトータルの考え方　215, 216, 219, 224
ヒトの結合体　5, 6
　　　――とカネの結合体　6
人についてこさせる属人的影響力　376
人の集団のまとめ役　543
人の選抜　364, 410
人の配置　397
　　　――の多面的な影響　397
人々の間の分配の決定者　550
人々の信条の場　348
ヒトベースのチェックメカニズム　565
人を統率する力　372
微妙な差別化の集積　54
ヒューマンウエア　169
　　　――の移転　169
ヒューマンロック　429, 430
評価的インセンティブ　302, 306, 315, 316
評価の公正さ　414
評価の相場　411
評価報奨システム　305, 307, 308, 310
　　　――のつくられ方　309
表出化　439
歩合給　220, 221
ファイブフォース　49
ファブレス・メーカー　77
ファンドマネジャーの動機と論理　576
ファンドマネジャーの規律　578
フィードバック　340

　　　――コントロール　330
フォロワーによるリーダーの「受容」　379
付加価値　2, 3
　　　――の移転　158
　　　――の創出効率　3
武器の差別化　51
副次的効果　287
複数事業の組み合わせの戦略　93
不健康なコンフリクトの吹き出させ方　276
負債資本　197
負債による調達　193
二つのレベルの競争　70
物質的インセンティブ　302, 315
物理的空間の共有　508
部門化　266
ブランド差別化　51, 52, 57
ブランドでの差別化　59
フロー型社員　211, 212
プログラム　269
プロセスのマネジメント　497, 500
プロセス下手の構造好き　523
プロの投資家の無責任　576
分化と統合　292, 293, 295
文化の移動　158
分業関係の構造の決定　76, 83
分業と協働のメリット　12
分業の調整　8
分業のネットワーク　171
分権と集権の問題　265
分社　290
文書化　270
分配機構としての企業　540, 548
分配の決定者としての経営者　548
米国のM&A　137
ベースアップ　212
変革型リーダー　391
　　　――の条件　391
変革のためのエネルギー　459
変革の連鎖反応　463
変化の渦　471

変化の拡大再生産　471, 475
変換の経済効率　3
辺境の企業　486
　　——の創造性　487
辺境の脆弱性　486
辺境の創造性　478, 484, 485, 488
辺境のマネジメント　488
法人　184, 189
　　——形態の選択　188
法的固定化　572
傍流のマネジメント　488
ホーソン実験　400
ポートフォリオ　42
　　——全体の性格づけ　108
　　——投資　100
　　——・マネジメント　115
補佐役の重要性　389
補佐役の問題　389
ポジショニング型設計図　28
ポジショニング・スクール　28
ポジショニング派　28
ポジティブエネルギー　445, 446, 451, 460
　　——の持続性　449
ボトルネック　87
ホワイト・ナイト　137
本国の空洞化対策　167

マ　行

マーケットリーダー　54
曲がりくねったプロセスのマネジメント　476
マクロの思考と哲学　545
マクロの思考枠組み　545
負け犬　121
摩擦回避型の国際化　152
マズローの欲求五段階説　298, 300
マトリックス組織　285, 288
マネジメントとリーダーシップの違い　376, 378
マネジメントのパラダイム転換　524
マルチドメスティック戦略　163, 166

見えざる資産　30, 37, 41, 82, 94, 122, 434
　　——の蓄積　37, 38, 84
見えざる出資　231, 233
見えざる手　535
見えない構造　357
見えにくいインセンティブ　305
見えやすいインセンティブ　305
見える手　79, 535, 536
　　——と見えざる手のミックス　534
　　——による競争　79
　　——による調整　534
ミクロマクロループ　514
　　——のあり方　518
ミドルによる突出　461
ミドルの現場創造性　466
ミドルの創造力とエネルギー　460
ミドルマネジメント　15
魅力と競争の激しさの連動　144
無限責任　185
矛盾するインセンティブの総合的バランス　322
矛盾と発展のマネジメント　13, 15, 425, 431, 433, 453, 525
矛盾の解決　431
矛盾の積極的利用　432, 433
矛盾の創造　431
矛盾のダイナミックな解消　433
矛盾のマネジメント　424, 429, 431, 435, 451, 452
　　——の基本的原理　494
矛盾をもって矛盾を制する　479
名誉の分配機構　541
メインバンク　194, 195, 564
メカニズムのサボタージュ　566
目指すべき目標の提示　406
メタ知識　441
目に見えない失敗　482
目に見えない情報的経営資源　32, 156
目的　244
　　——整合的な行動の選択　308
目標管理システム　318
目標となるべき変数　339

持ち分資本　184, 185
持ち分の証券化と譲渡可能性　186
モチベーション（動機づけ）　298, 300
ものごとのとらえ方　545
ものの考え方の慣性　430
モラール（やる気）　107
問題解決型の意思決定　243
問題児　120, 121

ヤ　行

有機的組織　278
有限会社　187
有限責任　185
有効化　443
友好的M&A　135
ゆさぶり　464
輸出入型の国際化　152
ユニバーサルバンク　570
ゆれ動き　478, 492
　　——のマネジメント　496
横並び　56
　　——投資　106
ヨコの相互作用　254, 256
世の中すべて市場　535
世の中すべて組織　535

ラ　行

ライバル関係　272
ライフサイクル　92
「ライン」型の資本主義　568
落下傘型パターン　114
リーダーシップ　371, 372
　　——の概念　377
　　——の機能の分業　389
　　——の源泉　378
　　——のコンティンジェンシー理論
　　　　387
　　——の条件　389
　　——のジレンマ　390
　　——の二重のパラドックス　382, 385
　　——の発揮　386
　　——の本質　372
リーダーの「上への顔」　374
リーダーの下向きの顔　374
リーダーの外への顔　373
リーダーの役割　373, 374, 375
リードユーザー　51
利益　3
　　——感覚のまひ　469
　　——なき成長　492
リスクとインセンティブの総合判断
　224
リスクの分散　93, 95
立地の選択　160
理念的インセンティブ　304
理念と人による制御　345
理念と人による働きかけ　249
ルーティン化された意思決定　243
ルール化　269
レイオフ　227
例外による管理の原則　270
レバレッジ・ポイント　464
連結化　439
連鎖反応の扇動役　464
連帯欲求　508
労使関係の基本方針の選択　210
労資共同決定法　570
労使関係の選択　212
労働組合組織率　212
労働契約　215
労働提供の不確実性　222
ローテーションのもつ意味　401

人名・企業名索引

欧文

BMW　187
GE　123, 129, 492
GM　74, 77, 284, 456, 485, 569
IBM　73, 350, 539, 569
NEC　109, 112, 130
TDK　350
3M　462
UPS　71
USX　137

ア行

アート引越センター　484
旭化成　407
アサヒビール　467
味の素　96, 103
アップルコンピュータ　538
アマゾン・ドットコム　73
アメリカン・タバコ　137
アルベール, M.　568
イェットン, P. W.　387
一万田尚登　489
出光興産　188
伊藤忠　407
イトーヨーカ堂　484
稲上毅　573
稲山嘉寛　407
インテル　26
ウエスタン・エレクトリック　400
ウッドワード, J.　278
越後正一　407
エドセル　456
エプソン　100, 115
大屋晋三　492
小倉昌男　340

カ行

カシオ　35, 479
カンツラー　456
木川田一隆　407
キッシンジャー, H. A.　357
キヤノン　41, 104, 464, 473, 479, 480
京セラ　81, 291
協和発酵　96
クーン, T.　351, 368, 457
ゲイツ, B.　538
小林宏治　407
駒井健一郎　407
コロンビア・ピクチャー　135
コンパック　90

サ行

サイモン, H. A.　436
佐伯旭　489
サントリー　188
三洋電機　49, 59
山陽特殊鋼　491
シアーズ・ローバック　284
シーメンス　570
資生堂　73, 87
シボレー事業部　456
シャープ　35, 38, 40, 115, 489, 490
シュルンベルジェ　388
シュンペーター, J. A.　487
ジョブズ, S.　538
ジョンソン＆ジョンソン　338
新日本製鐵　155
すかいらーく　484
スターバックスコーヒー　53
スタンダード・オイル　137, 284
ストーカー, G. M.　278
スミス, A.　190, 534, 575
住友　364
住友銀行　195
住友金属　407
スローン, A. P.　284
セブン-イレブン　82, 87, 90

人名・企業名索引　603

セルズニック, P.　304, 348
ゼロックス　538
ソニー　1, 52, 53, 59, 73, 135, 579
ソニー・ピクチャー・エンターテインメント　135

タ　行

ダイエー　484
大王製紙　491
高橋荒太郎　389
宝酒造　479
チェース, W.G.　436
チャンドラー, A.D.　284, 534
通産省　489
帝人　479, 492
デュポン　284, 489
デュラント, W.C.　284
デル・コンピュータ　90
東京電力　407
東芝　130
東レ　489, 490
徳末知夫　492
トステム　89
トヨタ自動車　31, 53, 54, 73, 74, 75, 87, 200, 413

ナ　行

中西輝政　420
中村邦夫　494
日本コカ・コーラ　73
日本たばこ産業　130
日本電気　407
ヌードセン　456
野中郁次郎　439

ハ　行

ハーシュマン, A.O.　563, 565
ハーズバーグ, F.B.　303
バーディーン　500
バーナード, C.I.　297, 322
ハーバード大学　400
バーリ, A.　191

バーンズ, T.　278
パロアルト研究所　538
日立製作所　92, 130, 407
日向万斎　407
ファイアストーン　135
ファルマ　89
フェデラルエクスプレス　71, 72, 87
フォード　456, 485
深尾光洋　567, 573
藤沢武夫　389
富士通　155
藤野忠次郎　407
ブリヂストン　135
ブルーム, V.H.　387
ベネトン　77, 78, 89
フォード, H.　456, 485
ボストン・コンサルティング・グループ　39, 120
ポーター, M.　49
ボッシュ　187
ポラニー, K.　439
ホンダ（本田技研工業）　53, 66, 67, 87, 362, 363, 490
本田宗一郎　362, 363, 389

マ　行

マイクロソフト　538, 578
マグレガー, D.　246
マズロー, A.H.　298, 299
松下幸之助　83, 84, 279, 346, 363, 388, 389, 547
松下電器産業　1, 25, 26, 59, 73, 87, 92, 112, 284, 328, 346, 347, 350, 363, 493, 547, 579
松下電池　291
マツダ　195
マブチモーター　154
ミーンズ, G.C.　191
水上達雄　407
三井　364
三井物産　407
三菱　364

三菱商事　407
三菱電機　130
宮崎輝　407
メイヨー，E．　400
毛沢東　547
モース，J．J．　387
モトローラ　479
森田泰子　567,573

ヤ　行

山下俊彦　328,493
ヤマト運輸　40,67,68,88,90,340,484,486

ユニクロ　154

ラ　行

リーバイ・ストラウス　188
リカート，R．　386
リップマン，W．　420
リブー，J．　388
レスリスバーガー，F．J．　400
レビット，H．J．　259
ロウ，M．　568
ローシュ，J．W．　293,387
ローレンス，P．R．　293

〔著者略歴〕

伊丹 敬之（いたみ・ひろゆき）
1945年　愛知県に生まれる
1967年　一橋大学商学部卒業
現　在　一橋大学大学院商学研究科教授
〔主著〕
『日本企業の多角化戦略』（共著，日本経済新聞社），『経営戦略の論理』（日本経済新聞社），『マネジメント・コントロールの理論』（岩波書店），『人本主義企業』（筑摩書房），『日本産業　三つの波』『場のマネジメント』（いずれもＮＴＴ出版），『経営の未来を見誤るな』『日本型コーポレートガバナンス』（いずれも日本経済新聞社），『経営と国境』（白桃書房）ほか

加護野 忠男（かごの・ただお）
1947年　大阪府に生まれる
1970年　神戸大学経営学部卒業
現　在　神戸大学大学院経営学研究科教授
〔主著〕
『日本企業の多角化戦略』（共著，日本経済新聞社），『経営組織の環境適応』（白桃書房），『日米企業の経営比較』（共著，日本経済新聞社），『経営戦略論』（共著，有斐閣），『組織認識論』（千倉書房），『企業のパラダイム変革』（講談社），『日本型経営の復権』『競争優位のシステム』（いずれもＰＨＰ研究所）ほか

ゼミナール経営学入門

1989年3月15日		1版1刷
2003年2月18日		3版1刷
2008年2月29日		13刷

著　者　伊　丹　敬　之
　　　　加　護　野　忠　男

©1989 Hiroyuki Itami
　　　Tadao Kagono

発行者　羽　土　　　力

発行所　日本経済新聞出版社
　　　　http://www.nikkeibook.com/
　　　　〒100-8066　東京都千代田区大手町1-9-5
　　　　電話(03)3270-0251

奥村印刷／大口製本　ISBN978-4-532-13247-7

┌─────────────────────────────┐
│本書の内容の一部あるいは全部を無断で複写（コピー）│
│することは，法律で認められた場合を除き，著作者およ│
│び出版社の権利の侵害となりますので，その場合にはあ│
│らかじめ小社あて許諾を求めてください。　　　　　　│
└─────────────────────────────┘

Printed in Japan
読後のご感想をホームページにお寄せください。
http://www.nikkeibook.com/bookdirect/kansou.html

本格派テキストのロングセラー

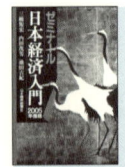

ゼミナール
日本経済入門
三橋規宏・内田茂男・
池田吉紀著
3,150円（税込）

ゼミナール
国際経済入門
伊藤元重著
3,360円（税込）

ゼミナール
現代金融入門
斎藤精一郎著
3,360円（税込）

ゼミナール
経済学入門
福岡正夫著
3,360円（税込）

ゼミナール
ミクロ経済学入門
岩田規久男著
3,262円（税込）

ゼミナール
公共経済学入門
井堀利宏著
3,360円（税込）

ゼミナール
経済政策入門
岩田規久男・飯田泰之著
3,360円（税込）

ゼミナール
国際経済法入門
小室程夫著
4,200円（税込）

ゼミナール
民法入門
道垣内弘人著
3,360円（税込）

ゼミナール
会社法入門
岸田雅雄著
3,465円（税込）

ゼミナール
商法総則・
商行為法入門
岸田雅雄著
2,940円（税込）

ゼミナール
経営学入門
伊丹敬之・加護野忠男著
3,150円（税込）

ゼミナール
現代会計入門
伊藤邦雄著
3,675円（税込）

ゼミナール
企業価値評価
伊藤邦雄著
4,095円（税込）

ゼミナール
マーケティング入門
石井淳蔵・栗木契・
嶋口充輝・余田拓郎著
3,360円（税込）

ゼミナール
経営管理入門
風早正宏著
3,150円（税込）

日本経済新聞出版社
〒100-8066 東京都千代田区大手町1-9-5
http://www.nikkeibook.com/